國家圖書館藏敦煌遺書

中國國家圖書館編

第五十八册　北敦〇四二七九號——北敦〇四三五五號

北京圖書館出版社

圖書在版編目(CIP)數據

國家圖書館藏敦煌遺書·第五十八册/中國國家圖書館編;任繼愈主編.—北京:北京圖書館出版社,2007.7

ISBN 978-7-5013-3210-6

Ⅰ.國… Ⅱ.①中…②任… Ⅲ.敦煌學—文獻 Ⅳ.K870.6

中國版本圖書館CIP數據核字(2007)第035892號

書　　名　國家圖書館藏敦煌遺書·第五十八册
著　　者　中國國家圖書館編　任繼愈主編
責任編輯　徐　蜀　孫　彦
封面設計　李　璀

出　　版　北京圖書館出版社　(100034　北京西城區文津街7號)
發　　行　010-66139745　66151313　66175620　66126153
66174391(傳真)　66126156(門市部)
E-mail　cbs@nlc.gov.cn(投稿)　btsfxb@nlc.gov.cn(郵購)
Website　www.nlcpress.com
經　　銷　新華書店
印　　刷　北京文津閣印務有限責任公司

開　　本　八開
印　　張　48.5
版　　次　2007年7月第1版第1次印刷
印　　數　1-250册(套)

書　　號　ISBN 978-7-5013-3210-6/K·1437
定　　價　990.00圓

編輯委員會

主　　編　任繼愈
常務副主編　方廣錩
副　主　編　李際寧　張志清
編委（按姓氏筆畫排列）　王克芬　王姿怡　吴玉梅　胡新英　陳　穎　黄　霞（常務）　劉玉芬

出版委員會

主　任　詹福瑞
副主任　陳　力
委　員（按姓氏筆畫排列）　李　健　姜　紅　郭又陵　徐　蜀　孫　彦

攝製人員（按姓氏筆畫排列）

于向洋　王富生　王遂新　谷韶軍　張　軍　張紅兵　張　陽　曹　宏　郭春紅　楊　勇　嚴　平

原件修整人員（按姓氏筆畫排列）

朱振彬　杜偉生　李　英　胡玉清　胡秀菊　張　平　劉建明

目録

不逹其福勝彼何況書寫受持讀誦為人
解說須菩提以要言之是經有不可思議不
可稱量无邊功德如來為發大乘者說為發
最上乘者說若有人能受持讀誦廣為人說
如來悉知是人悉見是人皆得成就不可量
不可稱无有邊不可思議功德如是人等則
為荷擔如來阿耨多羅三藐三菩提何以故
須菩提若樂小法者著我見人見衆生見壽
者見則於此經不能聽受讀誦為人解說須
菩提在在處處若有此經一切世間天人阿
脩羅所應供養當知此處則為是塔皆應
恭敬作礼圍遶以諸華香而散其處
復次須菩提善男子善女人受持讀誦此經
若為人輕賤是人先世罪業應墮惡道以今
世人輕賤故先世罪業則為消滅當得阿耨
多羅三藐三菩提須菩提我念過去无量阿
僧祇劫於燃燈佛前得值八百四千万億那
由他諸佛悉皆供養承事无空過者若復
有人於後末世能受持讀誦此經所得功德
於我所供養諸佛功德百分不及一千万億

BD04279 號　金剛般若波羅蜜經　（4–1）

若為人輕賤是人先世罪業應墮惡道以今
世人輕賤故先世罪業則為消滅當得阿耨
多羅三藐三菩提須菩提我念過去无量阿
僧祇劫於燃燈佛前得值八百四千万億那
由他諸佛悉皆供養承事无空過者若復
有人於後末世能受持讀誦此經所得功德
於我所供養諸佛功德百分不及一千万億
分乃至筭數譬喻所不能及須菩提若善男
子善女人於後末世有受持讀誦此經所得
功德我若具說者或有人聞心則狂亂狐疑
不信須菩提當知是經義不可思議果報亦
不可思議
尒時須菩提白佛言世尊善男子善女人發
阿耨多羅三藐三菩提心云何應住云何降
伏其心佛告須菩提善男子善女人發阿耨
多羅三藐三菩提者當生如是心我應滅度
一切衆生滅度一切衆生已而无有一衆生實
滅度者何以故若菩薩有我相人相衆生相
壽者相則非菩薩所以者何須菩提實无有
法發阿耨多羅三藐三菩提者
須菩提於意云何如來於然燈佛所有法得
阿耨多羅三藐三菩提不不也世尊如我解
佛所說義佛於然燈佛所无有法得阿耨多
羅三藐三菩提佛言如是如是須菩提實无
有法如來得阿耨多羅三藐三菩提須菩提
若有法如來得阿耨多羅三藐三菩提者然
燈佛則不與我受記汝於來世當得作佛号

BD04279 號　金剛般若波羅蜜經　（4–2）

阿耨多羅三藐三菩提不不也世尊如我解
佛所説義佛於然燈佛所无有法得阿耨多
羅三藐三菩提佛言如是如是須菩提實无
有法如來得阿耨多羅三藐三菩提須菩提
若有法如來得阿耨多羅三藐三菩提者然
燈佛則不與我受記汝於來世當得作佛号
釋迦牟尼以實无有法得阿耨多羅三藐三
菩提是故然燈佛與我受記作是言汝於來
世當得作佛号釋迦牟尼何以故如來者即
諸法如義若有人言如來得阿耨多羅三藐
三菩提須菩提實无有法佛得阿耨多羅三
藐三菩提須菩提如來所得阿耨多羅三藐
三菩提於是中无實无虛是故如來説一切
法皆是佛法須菩提所言一切法者即非一
切法是故名一切法須菩提譬如人身長大
須菩提言世尊如來説人身長大則為非大
身是名大身須菩提菩薩亦如是若作是
言我當滅度无量衆生則不名菩薩何以故
須菩提實无有法名為菩薩是故佛説一切
法无我无人无衆生无壽者須菩提若菩薩
作是言我當莊嚴佛土是不名菩薩何以故
如來説莊嚴佛土者即非莊嚴是名莊嚴須
菩提若菩薩通達无我法者如來説名真是
菩薩
須菩提於意云何如來有肉眼不如是世尊
如來有肉眼須菩提於意云何如來有天眼
不如是世尊如來有天眼須菩提於意云何

BD04279號　金剛般若波羅蜜經　（4–3）

身是名大身須菩提菩薩亦如是若作是
言我當滅度无量衆生則不名菩薩何以故
須菩提實无有法名為菩薩是故佛説一切
法无我无人无衆生无壽者須菩提若菩薩
作是言我當莊嚴佛土是不名菩薩何以故
如來説莊嚴佛土者即非莊嚴是名莊嚴須
菩提若菩薩通達无我法者如來説名真是
菩薩
須菩提於意云何如來有肉眼不如是世尊
如來有肉眼須菩提於意云何如來有天眼
不如是世尊如來有天眼須菩提於意云何
如來有慧眼不如是世尊如來有慧眼須菩
提於意云何如來有法眼不如是世尊如來
有法眼須菩提於意云何如來有佛眼不如
是世尊如來有佛眼
須菩提於意云何恒河中所有沙佛説是沙
不如是世尊如來説是沙須菩提於意云何
如一恒河中所有沙有如是等恒河是諸恒
河所有沙數佛世界如是寧為多不甚多世
尊佛告須菩提尒所國土中所有衆生若干

BD04279號　金剛般若波羅蜜經　（4–4）

牟尼百福相圓滿　无量功德以嚴身　廣大清淨人樂觀
猶如千日光明照　餘彩无邊光熾盛　如妙寶聚相端嚴
如日初出暎虛空　紅白分明間金色　亦如金山光普照
悉能周遍百千土　能滅衆生无量苦　皆与无邊勝妙樂
諸相具足悉嚴淨　衆生樂觀无猒足　頭髮柔耎紺清色
猶如黑蜂集妙花　大喜大捨淨莊嚴　大慈大悲皆具足
衆妙相好為嚴飾　菩提分法之所成　如來能施衆福利
令彼常蒙大安樂　種種妙德共莊嚴　光明普照千万土
如來光相極圓滿　猶如赫日遍空中　佛如須弥功德具
示現能周於十方　如來金口妙端嚴　齒白齊密如珂雪
如來面貌无倫疋　眉間毫相常右旋　光潤鮮白等頗梨
猶如滿月居空界
佛告妙幢菩薩汝能如是讚佛功德不可思議利益一切令
未知者隨順修學
金光明最勝王經菩提樹神讚歎品第廿九
尒時菩提樹神亦以伽他讚世尊曰
敬礼如來清淨慧　敬礼常求正法慧　敬礼能離非慧法
敬礼恒无分別慧　希有世尊无邊行　希有難見如優曇
希有如海鎮山王　希有善逝光无量　希有調御弘慈願

BD04280號　金光明最勝王經卷一〇　（6–1）

未知者隨順修學
金光明最勝王經菩提樹神讚歎品第廿九
尒時菩提樹神亦以伽他讚世尊曰
敬礼如來清淨慧　敬礼常求正法慧　敬礼能離非慧法
敬礼恒无分別慧　希有世尊无邊行　希有難見如優曇
希有如海鎮山王　希有善逝光无量　希有調御弘慈願
希有釋種明逾日　能說如是經中寶　哀愍利益諸群生
牟尼寂靜諸根定　能入寂靜涅槃城　能住寂靜等持門
能知寂靜深境界　兩足中尊住空寂　聲聞弟子身亦空
一切法體性皆空　一切衆生悉空寂　我常憶念於諸佛
我常樂見諸世尊　我常發起慇重心　常得值遇如來日
我常頂礼於世尊　願常渴仰心不捨　悲泣流淚情无間
常得奉事不知猒　唯願世尊起悲心　和顏常得令我見
佛及聲聞衆清淨　願常普濟於人天　佛身本淨若虛空
亦如幻燄及水月　願說涅槃甘露法　能生一切功德聚
世尊所有淨境界　慈悲正行不思議　聲聞獨覺非所量
大仙菩薩不能測　唯願如來哀愍我　常令覩見大悲身
三業无倦奉慈尊　速出生死歸真際
尒時世尊聞是讚已以梵音聲告樹神曰善哉善哉善女
天汝能於我真實无妄清淨法身自利利他宣陽妙相
以此功德令汝速證最上菩提一切有情同所脩習若得
聞者皆入甘露无生法門
金光明最勝王經大辯才天女讚歎品第卅
尒時大辯才天女即從座起合掌恭敬以直言詞讚世尊曰
南无釋迦牟尼如來應正等覺身真金色咽如螺貝面
如滿月目類青蓮脣口赤好如頗梨色鼻高脩直如截
金挺齒白齊密如拘物頭花身光普照如百千日光彩

BD04280號　金光明最勝王經卷一〇　（6–2）

金光明㝡勝王經大辯才天女讚歎品第卅
尒時大辯才天女即從座起合掌恭敬以直言詞讚世尊曰
南无釋迦牟尼如來應正等覺身真金色咽如螺貝面
如滿月目類青蓮脣口赤好如頗梨色鼻高脩直如截
金挺齒白齊密如拘物頭花身光普照如百千日光彩
暎徹如贍部金所有言詞皆无謬失示三解脫門開三
菩提路心常清淨意樂亦然佛所住處及所行境
亦常清淨離非威儀進止無謬六年苦行三轉法
輪度苦衆生令歸彼岸身相圓滿如拘陁樹六度熏
脩三業无失具一切智自他利滿所有宣說常為衆生
言不虛設於釋種中為大師子堅固勇猛具八解脫
我今隨力稱讚如來少分功德猶如蚊子飲大海水願
以此福廣及有情永離生死成无上道
尒時世尊告大辯天曰善哉善哉汝久脩習具大辯才
今復於我廣陳讚歎令汝速證無上法門相好圓
明普利一切
金光明㝡勝王經付囑品第卅一
尒時世尊普告无量菩薩及諸人天一切大衆汝等當
知我於无量無數大劫勤脩苦行獲甚深法菩提正
因以為汝說汝等誰能發勇猛恭敬守護我涅槃
後於此法門廣宣流布能令正法久住世間尒時
衆中有六十俱胝諸大菩薩六十俱胝諸天大衆異
口同音作如是語世尊我等咸有欣樂之心於佛
世尊無量大劫勤脩苦行所獲甚深微妙之法菩提
正因恭敬護持不惜身命佛涅槃後於此法門廣宣
流布當令正法久住世間尒時諸大菩薩即於佛前
說伽他曰

衆中有六十俱胝諸大菩薩六十俱胝諸天大衆異
口同音作如是語世尊我等咸有欣樂之心於佛
世尊無量大劫勤脩苦行所獲甚深微妙之法菩提
正因恭敬護持不惜身命佛涅槃後於此法門廣宣
流布當令正法久住世間尒時諸大菩薩即於佛前
說伽他曰
世尊真實語　安住於實法　由彼真實故　護持於此經
大悲為甲冑　安住於大慈　由彼慈悲力　護持於此經
福資糧圓滿　生起智資糧　由資糧滿故　護持於此經
降伏一切魔　破滅諸邪論　斷除惡見故　護持於此經
護世并釋梵　乃至阿蘇羅　龍神藥叉等　護持於此經
地上及虛空　久住於斯者　奉持佛教故　護持於此經
四梵住相應　四聖諦嚴飾　降伏四魔故　護持於此經
虛空成質礙　質礙成虛空　諸佛所護持　無能傾動者
尒時四大天王聞說此護持妙法各生隨喜護正法心一時
同聲說伽他曰
我今於此經　及男女眷屬　皆一心擁護　令得廣流通
若有持經者　能作菩提因　我常於四方　擁護而承事
尒時天帝釋合掌恭敬說伽他曰
諸佛證此法　為欲報恩故　饒益菩薩衆　出世演斯經
我於彼諸佛　報恩常供養　護持如是經　及以持經者
尒時覩史多天子合掌恭敬說伽他曰
佛說如是經　若有持能者　當住菩提位　來生覩史天
世尊我慶悅　捨天殊勝報　住於贍部州　宣揚是經典
尒時索訶世界主梵天王合掌恭敬說伽他曰
諸靜慮无量　諸乘及解脫　皆從此經出　是故演斯經
若說是經處　我捨梵天樂　為聽如是經　亦常為擁護

佛說如是經　若有持誦者　當住菩提位　來生覩史天
世尊我慶悅　捨天殊勝報　住於贍部州　宣陽是經典
尒時索訶世界主梵天王合掌恭敬說伽他曰
諸靜慮无量　諸乘及解脫　皆從此經出　是故演斯經
若說是經處　我捨梵天樂　為聽如是經　亦常為擁護
尒時魔王子名曰商主合掌恭敬說伽他曰
若有受持此　正義相應經　不隨魔所行　淨除魔惡業
我等於此經　亦當勤守護　發大精進意　隨處廣流通
尒時魔王合掌恭敬說伽他曰
若有持此經　能伏諸煩惱　如是衆生類　擁護令安樂
若有說是經　諸魔不得便　由佛威神故　我當擁護彼
尒時妙吉祥天子亦於佛前說伽他曰
諸佛妙菩提　於此經中說　若持此經者　是供養如來
我當持此經　為俱胝天說　恭敬聽聞者　勸至菩提處
尒時慈氏菩薩合掌恭敬說伽他曰
若見住菩提　与為不請友　乃至捨身命　為護此經王
我聞如是法　當往覩史天　由世尊加護　廣為人天說
尒時上坐大迦攝波合掌恭敬說伽他曰
佛於聲聞乘　說我勘智慧　我今隨自力　護持如是經
若有持此經　我當攝受彼　授其詞辯力　常隨讚善哉
尒時具壽阿難陁合掌向佛說伽他曰
我親從佛聞　無量衆經典　未曾聞如是　深妙法中王
我今聞是經　親於佛前受　諸樂菩薩者　當為廣宣通
尒時世尊見諸菩薩人天大衆各各發心於此經典流通擁
護勸進菩薩廣利衆生讚言善哉善哉汝等能於如是
微妙經王虔誠流布乃至於我般涅槃後不令散滅
即是無上菩提正因所獲功德於恒沙劫說不能盡

BD04280號　金光明最勝王經卷一〇　（6-5）

若有持此經　我當攝受彼　授其詞辯力　常隨讚善哉
尒時具壽阿難陁合掌向佛說伽他曰
我親從佛聞　無量衆經典　未曾聞如是　深妙法中王
我今聞是經　親於佛前受　諸樂菩薩者　當為廣宣通
尒時世尊見諸菩薩人天大衆各各發心於此經典流通擁
護勸進菩薩廣利衆生讚言善哉善哉汝等能於如是
微妙經王虔誠流布乃至於我般涅槃後不令散滅
即是無上菩提正因所獲功德於恒沙劫說不能盡
若有苾芻苾芻尼鄔波索迦鄔波斯迦及餘善男子善
女人等供養恭敬書寫流通為人解說所獲功德亦
復如是是故汝等應勤脩習尒時無量無邊恒沙
大衆聞佛說已皆大歡喜信受奉行

金光明最勝王經卷第十

鵖 去例　舭 郎胡　鴗 子仕　檎 今巨　鋋 項庭　癚 昔情　哽 吉吉　捫 秋無

BD04280號　金光明最勝王經卷一〇　（6-6）

佛言如是何以故入涅槃宅心越三界入如來
法空座及生菩提座登正覺一地如是之人心超二我何
況沙門而不敬養大力菩薩言如彼一地及與空海二
乘之人[illegible]佛言如是彼二乘人味著三昧[illegible]
昧身於彼空海一地如得酒病惛醉不醒乃至數劫
不得覺酒消始悟方修是行後得佛身如彼人者從
闡提取入六行於行地所一念淨心決定明白金剛智力
阿鞞拔致度脫眾生善慈无盡大力菩薩言如是
人應不持戒於彼沙門應不敬仰佛言為說戒者不
善慢故海波浪故如彼心地八識海澄九識流淨風
能動波浪不起戒性等空持者迷倒如彼之人七六不
集滅定不離三佛而發菩提三无相中順心玄入深敬
寶不失威儀於彼沙門不无恭敬菩薩彼仁者不住
世間動不動法入三空聚滅三有心大力菩薩言彼仁者
於果足滿德佛如來藏佛亦緣佛如是佛所而發菩提
入三聚戒不住其相滅三界心不居寂地不捨可眾入不
調地不可思議尒時舍利弗從坐而起前說偈言
具足波若海　不住涅槃城　如彼妙蓮華　高原非所出
諸佛无量劫　不捨諸煩惱　度世然後得　如泥華所出
如彼六行地　菩薩之所修　如彼三空聚　菩提之真道
我今住不住　如佛之所說　來所還復來　具足然後出
[illegible]今者[illegible]　如[illegible]一元二　[illegible]後[illegible]　[illegible]今登[illegible]覺

入三聚戒不住其相滅三界心不居寂地不捨可衆入不
調地不可思議　尒時舍利弗從坐而起前說偈言
具足波若海　不住涅槃城　如彼妙蓮華　高原非所出
諸佛无量劫　不捨諸煩惱　度世然後得　如泥華所出
如彼六行地　菩薩之所脩　如彼三空聚　菩提之直道
我今住不住　如佛之所說　來所還復來　具足然後出
復令諸衆生　如我一无二　前來後來者　悉令證正覺
尒時佛告舍利弗言不可思議汝當於後成菩薩道无
量衆生超死苦海尒時大衆皆悟菩提諸小衆等入五空
海
金剛三昧經真性空品第六
尒時舍利弗而白佛言尊者脩菩薩道无有名相三戒无
儀云何攝受爲衆生說願佛慈悲爲我宣說佛言善男子
汝今諦聽爲汝宣說善男子善不善法從心化生一切境界意言分
別制之一處衆緣斷滅何以故善男子一本不起三用无施住
於如理六道門杜四緣如順三戒具足舍利弗言云何四緣如
順三戒具足佛言四緣者一謂作擇滅力取緣攝律儀戒二謂
本利淨根力所集起緣攝善法戒三謂本慧大悲力緣攝
衆生戒四謂一覺通智力緣順於如住是謂四緣善男子如
是四大緣力不住事相不无功用離於一處則不可求善男子
如是一事通攝六行是佛菩提薩婆若海舍利弗言不住事
相不无功用是法真空常樂我淨超於二我大般涅槃其心不
繫是大力觀是觀覺中應具三十七道品法佛言如是具卅七
道品法何以故四念處四正懃四如意足五根五力七覺分八正道
等多名一義不一不異以名數故但名但字法不可得不得之法一義无
文无文相義真實空性空性之義如實如如如如之理具一切法
善男子住如理者過三苦海舍利弗言一切万法皆悉言文言
文之相即非爲義如實之義不可言說今者如來云何說法佛
言我說法者以汝衆生在生說故說不可說是故說之我所
說者義語非文衆生說者文語非義非義語者皆悉空
空无空无之言无言於義不言義者皆是妄語如義語者實空
不空空實不實離於二相中間不中不中之法離於三相不
見處所如如如說如无无有无有於无如无有无有无於有

文无文相義真實空性空性之義如實如如如之理具一切法
善男子住如理者過三苦海舍利弗言一切万法皆悉言文言
文之相即非為義如實之義不可言說今者如來云何說法佛
言我說法者以汝衆生在生說故說不可說是故說之我所
說者義語非文衆生說者文語非義非義語者皆悉空
空无空无之言无言於義不言義者皆是妄語如義語者實空
不空空實不實離於二相中間不中不中之法離於三相不
見處所如如如說如无无有无有於无如无有无有无於有
有无不在說說不在故不在於如如不有如不无如說舍利
弗言一切衆生從一闡提闡提之心住何等位得至如來如
來實相佛言從闡提心乃至如來如來實相住五等位一
者信位信此身中真如種子為妄所翳捨離妄心淨心清
白知諸境界意言分別二者思位思者觀諸境界唯是
意言意言分別隨意顯現所見境界非我本識知此本
識非法非義非所取非能取三者脩位脩者常起能起
時先以智道排諸鄣難出離蓋纏四者行位行者離諸
行地心无取捨極淨根利不動心如決定實性大般涅槃
惟性空大五者捨位捨者不住性空正智流易大悲如相
相不住如三藐菩提虛心不證心无邊際不見處所是至
如來善男子五位一覺從本利入若化衆生從其本處舍利
弗言云何從其本處佛言本來无本處於无處空際入
實發菩提而滿成聖道何以故善男子如手執彼空不
得非不得舍利弗言如尊所說在事之先取以本利是念寂
滅寂滅是如惣持諸德該羅万法圓融不二不可思議當知
是法即是摩訶般若波羅蜜是大神呪是大明呪是无
上呪是无等等呪佛言如是如是真如空性性空智火燒
滅諸結平等平等等覺三地妙覺三身於九識中皎然
明淨无有諸影善男子是法非因非緣智自用故非動非
靖用性空故義非有无空相空故善化衆生令彼衆生觀入
是義入是義者是見如來舍利弗言如來義觀不住諸流應
離四禪而超有頂佛言如是何以故一切法名數四禪亦如是
若見如來者如來心自在常在滅盡處不出亦不入內外平
[illegible]

滅諸結平等平等等覺三地妙覺三身於九識中皎然
明淨无有諸影善男子是法非因非緣智自用故非動非
靖用性空故義非有无空相空故善化衆生令彼衆生觀入
是義入是義者是見如來舍利弗言如來義觀不住諸流應
離四禪而超有頂佛言如是何以故一切法名數四禪亦如是
若見如來者如來心自在常在滅盡處不出亦不入內外平
等故善男子如彼諸禪觀皆爲想定是如非復彼何以
故以如觀如實不見觀如相諸相已寂滅寂滅即如義如
彼想禪定是動非是動何以故禪性離諸動非所染非法
非影離諸分別本義故善男子如是觀定乃名爲禪舍利
弗言不可思議如來常以如實而化衆生如是實義多文
廣義利根衆生乃可修之鈍根衆生難可措意云何方便
令彼鈍根得入是諦佛言令彼鈍根受持一四句偈即入實
諦一切佛法攝在一偈中舍利弗言云何一四句偈願爲說之
於是尊者而說偈言　因緣所生義　是義滅非生　滅諸生滅
義　是義生非滅　尒時大衆聞說是偈僉大歡喜皆得滅生
滅生般若性空智海

金剛三昧經如來藏品第七

尒時梵行長者從本際起而白佛言尊者生義不滅滅
義不生如是如義即佛菩提菩提之性則无分別无分別
智分別无窮无窮之相唯分別滅如是義相不可思議不
思議中乃无分別尊者一切數法无量无邊无邊法相一
實義性唯住一性其事云何佛言長者不可思議我說
諸法爲迷者故方便導故一相法相一實義智何以故譬
如一市開四大門是四門中皆歸一市如彼衆庶隨意所入種種
法味亦復如是梵行長者言法若如是我住一味應攝一
切諸味佛言如是如是何以故一味實義如一大海一切衆流
无有不入長者一切法味猶彼衆流名數雖殊其水不異
若住大海則攝衆流住於一味則攝諸味梵行長者言
諸法一味云何三乘道其智有異佛言長者譬如江河淮
海大小異故深淺殊故名文別故水在江中名爲江水水在

如一亦開四大門是四門中皆歸一亦如彼衆庶隨意所入種種
法味亦復如是梵行長者言法若如是我住一味應攝一
切諸味佛言如是如是何以故一味實義如一大海一切衆流
无有不入長者一切法味猶彼衆流名數雖殊其水不異
若住大海則攝衆流住於一味則攝諸味梵行長者言
諸法一味云何三乘道其智有異佛言長者譬如江河淮
海大小異故深淺殊故名文別故水在江中名為江水水在
淮中名為淮水水在河中名為河水俱在海中唯名海水法亦如
是俱在真如唯名佛道長者住一佛道即達三行梵行長
者言云何三行佛言一隨事取行二隨識取行三隨如取
行長者如是三行總攝衆門一切法門无不此入入是行者不
生空相如是入者可謂入如來入如來者入不入梵行長者
言不可思議入如來藏如苗成實无有入處本根利力
利成得本得本實際其智幾何佛言其智无窮略而言
之其智有四何者為四一者定智所謂隨如二者不定智所
謂方便破病三者涅槃智所謂除電覺際四者究竟智
所謂入實具足道長者如是四大事用過去諸佛所說是大
橋梁是大津濟若化衆生應用是智長者用是大用復有
三大事一者於三三昧內外不相棄二者於大義科隨道擇
滅三者於如惠定以悲俱利如是三事成就菩提不行是
事則不能流彼四智為諸大魔所得其便長者汝等大衆
乃至成佛常當脩習勿令蹔失梵行長者言云何三三昧
者所謂空三昧无相三昧无作三昧如是三昧梵行長者言
云何於大義科佛言大謂四大義謂陰界入等科謂本識
是謂於大義科梵行長者言不可思議如是智事自利利
人過三界地不住涅槃入菩薩道如是法相是生滅法以
分別故若離分別法應不滅尒時如來欲宣此義而說偈言
法從分別生　還從分別滅　滅諸分別法　是法非生滅
尒時梵行長者聞說是偈心大忻懌欲宣其義而說偈言
諸法本寂滅　寂滅亦无生　是諸生滅法　是法非无生　彼則不共此
為有斷常故　此則離於二　亦无在一住　若說法有一　是相如毛輪

是謂於大義科梵行長者言不可思議如是智事自利利
人過三界地不住涅槃入菩薩道如是法相是生滅法以
分別故若離分別法應不滅尒時如來欲宣此義而說偈言
法從分別生　還從分別滅　滅諸分別法　是法非生滅
尒時梵行長者聞說是偈心大忻懌欲宣其義而說偈言
諸法本寂滅　寂滅亦无生　是諸生滅法　是法非无生　彼則不共此
為有斷常故　此則離於二　亦无在一住　若說法有一　是相如毛輪
如炎水迷倒　為諸虛妄故　若見於法无　是法同於空　如看无日倒　說法如龜毛
我今聞佛說　知法非二見　亦不依中住　故從无住取　如來所說法
悉從於无住　我從无住處　是處禮如是　敬禮如來相　等空不動智
不著无處所　敬禮无住身　我於一切處　常見諸如來　唯願諸如來
為我說常法
尒時如來而作是言諸善男子汝等諦聽為汝眾等說於
常法善男子常法非常法非說亦非字非諦非解非脫非境
界離諸妄斷際是法非无常離諸常斷見了見識為常是識
常寂滅寂滅亦寂滅善男子知法寂滅者不寂滅心心常寂
滅得寂滅者心常真觀知諸名色唯是癡心癡心分別諸法
更无異事出於名色知法如是不隨文語心心於義不分別我
知我假名即得寂滅若得寂滅即得阿耨多羅三藐三
菩提尒時長者梵行聞說是語而說偈言
名相分別事　及法名為三　真如正妙智　及彼成於五　我今知是法
斷常之所繫　入於生滅道　是斷非是常　如來說空法　遠離於常斷
因緣无不生　不生故不滅　因緣執為有　如採空中華　猶取石女子
畢竟不可得　雖離因緣取　亦不從他滅　及於己義大　依如故得實
是故真如法　常自在如如　一切諸万法　非如識所化　離識法即空
故從空處說　滅諸生滅法　而住於涅槃　大悲之所棄　涅槃滅不住
轉所取能取　入於如來藏
尒時大眾聞說是義皆得正命入於如來如來藏海
金剛三昧經揔持品第八
尒時地藏菩薩從眾中起至于佛前合掌胡跪而白

於彼空處說　滅說生滅法　而住於涅槃　大悲之所棄　涅槃滅不住
轉所取能取　入於如來藏
尒時大衆聞說是義皆得正命入於如來如來藏海

金剛三昧經揔持品第八

尒時地藏菩薩從衆中起至于佛前合掌胡跪而白
佛言尊者我觀大衆心有疑事猶未得決今者如來
欲為除疑我今為衆除疑所問願佛慈悲垂哀聽許佛
言菩薩摩訶薩汝能如是救度衆生是大悲愍不可
思議汝當廣問為汝宣說地藏菩薩言一切諸法云
何不緣生尒時如來欲宣此義而說偈言
若法緣所生　離緣可无法　云何法性无　而緣可生法
尒時地藏菩薩言法若无生云何說法法從心生於
是尊者而說偈言
是心所生法　是法能所取　如醉眼空華　是法然非彼
尒時地藏菩薩言法若如是法則无待无待之法法
應自成於是尊者而說偈言
法本无有无　自他亦復尒　不始亦不終　成敗則不信
尒時地藏菩薩言一切諸法相即本涅槃涅槃及空
相亦如是无如是等法是法應如佛言无如是法是
法是如地藏菩薩言不可思議如是如相非共不共
意取業取即皆空寂空寂心法俱不俱取亦應寂
滅於是尊者而說偈言
一切空寂法　是法寂不空　彼心不空時　是得心不有
尒時地藏菩薩言是法非三諦色空心故滅法本
滅時是法應是滅於是尊者而說偈言
法本无自性　由彼之所生　不於如是處　而有彼如是
尒時地藏菩薩言一切諸法无生无滅云何不一於是
尊者而說偈言
法住處无在　相數空故无　名說二與法　是則能所取
尒時地藏菩薩言一切諸法相不住於二辯亦不住中

滅時是法應　是滅於是尊者而說偈言
法本无自性　由彼之所生　不於如是處　而有彼如是
尒時地藏菩薩言一切諸法无生无滅云何不一於是
尊者而說偈言
法住處无在　相數空故无　名說二與法　是則能所取
尒時地藏菩薩言一切諸法相不住於二坼亦不住中
流心識亦如是去何諸境界從識之所生若識能有生是
識亦從生云何无生識能生有所生於是尊者而說偈言
所生能生二　是二能所緣　俱本各自无　取有空華幻
識生於未時　境不是時生　於境生未時　是時識亦滅
彼即本俱无　亦不有无有　无生識亦无　云何境從有
尒時地藏菩薩言法相如是內外俱空境智二眾本來
寂滅如來所說實相真空如是之法即非集也佛言
如是如實之法无色无住非所集非能集非義非大一
本糾法深功德眾地藏菩薩言不可思議不思議眾
七五不生八六寂滅九相空无有空无有无空无有如尊
所說法義皆空入空无行不失諸業无我我所能所身
見內外結使悉皆寂靜故願亦息如是理觀惠定真如
尊者常說寔如空法即良藥也佛言如是何以故空
故空性无生心常无生空性无滅心常无滅空性无住
心亦无住空性无為心亦无為空无出入離諸得失界陰
入等皆悉亦无心如不著亦復如是菩薩我說諸空
破諸有故地藏菩薩言尊者知有非實如陽炎水
知實非无如火性玉如是觀者是人智也佛言如是何
以故是人真觀觀一寂滅相與不相等以空取以脩空
故不失見佛以見佛故不順三流於大乘中三解脫道
一體无性以其无性故空空故无相无相故无作无作故
无求无求故无願以是業故淨心以心淨故見佛以見佛
故當生淨土菩薩於是深法三化懃脩惠定圓成即
超三界地藏菩薩言如來所說无生无滅即是无常滅

故不失見佛以見佛故不順三流於大乘中三解脫道一體无性以其无性故空空故无相无相故无作无作故无求无求故无願以是業故淨心以心淨故見佛以見佛故當生淨土菩薩於是深法三化懃脩慧定圓成即超三界地藏菩薩言如來所說无生无滅即是无常滅是生滅生生滅滅已寂滅爲常常故不斷是不斷法離諸三界動不動法於有爲法如避火坑依何等法而自呵嘖入彼一門佛言菩薩於三大事呵嘖其心於三大諦而入其行地藏菩薩言云何三事而嘖其心云何三諦而入一行佛言三大事者一謂因二謂果三謂識如是三事從本空无非我真我云何於是而生愛染觀是三事爲繫所飄飄流苦海以如是事常自呵嘖三諦者一謂菩提之道是平等諦非不等諦二謂大覺正智得諦非邪智得諦三謂慧定无異行入諦非雜行入諦以是三諦而脩佛道是人於是法无不得正覺得正覺智流大慈已他俱利成佛菩提地藏菩薩言尊者如是之法則无因緣若无緣法因則不起云何不動法入如來尒時如來欲宣此義而說偈言

一切諸法相　性空无不動　是法於是時　不於是時起
法无有異時　不於異時起　法无動不動　性空故寂滅
性空寂滅時　是法是時現　離相故寂住　寂住故不緣
是諸緣起法　是法緣不生　因緣生滅无　生滅性空寂
緣性能所緣　是緣本緣起　故法起非緣　緣无起亦尒
因緣所生法　是法是因緣　因緣生滅相　彼則无生滅
彼如真實相　本不於出沒　諸法於是時　自生於出沒
是故極淨本　本不因衆力　即於後得處　得得於本得

尒時地藏菩薩聞佛所說心地快然時諸衆等无有疑者知衆心已而說偈言

我知衆心疑　所以懇固問　如來大慈善　分別无有餘
是諸二衆等　皆悉得明了　我今於了義　普化諸衆生

因緣所生法　是法是因緣　因緣生滅相　彼則无生滅
彼如真實相　本不於出沒　諸法於是時　自生於出沒
是故極淨本　本不因衆力　即於後得處　得得於本得
尒時地藏菩薩聞佛所說心地快然時諸衆等无有疑
者知衆心已而說偈言
我知衆心疑　所以慇回問　如來大慈善　分別无有餘
是諸二衆等　皆悉得明了　我今於了義　普化諸衆生
如佛之大悲　不捨於本願　故於一子地　而住於煩惱
尒時如來而告衆言是菩薩者不可思議恒以大悲㧞
衆生苦若有衆生持是經法持是菩薩名即不墮於
惡趣一切鄣難皆悉除滅若有衆生无餘雜念專念是
經如法脩習尒時菩薩常作化身而爲說法擁護是人
終不蹔捨令是人等速得阿耨多羅三藐三菩提汝等
菩薩若化衆生皆令脩習如是大乘決定了義尒時阿
難從坐而起前白佛言如來所說大乘福聚決定斷結
无生覺利不可思議如是之法名爲何經受持是經得
幾所福願佛慈悲爲我宣說佛言善男子是經名者
不可思議過去諸佛之所護念能入如來智海若有衆生持
是經者則於一切經中无所希求是經典法惣持衆法攝
諸經要是諸經法法之繫宗是經名者名攝大乘經又
名金剛三昧又名无量義宗若有人受持是經典者即
名受持百千諸佛如是功德譬如虛空无有邊際不可思
議我所囑累唯是經典阿難言云何心行云何人者受持
經佛言善男子受持是經者是人心无得失常脩梵
行若於戲論常樂靜心入於聚落心常在定若處居家
不著三有是人現世有五種福一者衆所尊敬二者身不
橫夭三者辯荅邪論四者樂度衆生五者能入聖道如
是人者受持是經如彼人者度諸衆生得受供
不佛言如是人者能爲衆生作大福田常行大智權實俱
演是四依僧於諸供養乃至頭目髓腦亦皆得受何
況衣食而不得受善男子如是人者是汝知識是汝橋梁

BD04281號　金剛三昧經　（11–10）

所利所習黑唯是經典阿難言云何心行云何人者受持
經佛言善男子受持是經者是人心无得失常脩梵
行若於戲論常樂靜心入於聚落心常在定若處居家
不著三有是人現世有五種福一者衆所尊敬二者身不
横夭三者辯荅邪論四者樂度衆生五者能入聖道如
是人者受持是經阿難言如彼人者度諸衆生得受供
不佛言如是人者能爲衆生作大福田常行大智權實俱
演是四依僧於諸供養乃至頭目髓腦亦皆得受何
况衣食而不得受善男子如是人者是汝知識是汝橋梁
何况凡夫而不供養阿難言於彼人所受持是經供養是
是人得幾所福佛言若復有人持以滿城金銀而以布
施不如如是人所受持是經一四句偈供養是人善男子
諸衆生持是經者心常在定不失本心若失本心當即懺
悔之法是爲清淨阿難言懺悔先罪不入於過也佛
言如是猶如暗室若遇明燈暗即滅矣善男子无說悔
先所有罪而以爲說入於過去阿難言云何名爲懺悔
佛言依此經教入真實觀一入觀時諸罪悉滅離諸惡
趣當生淨土速成阿耨多羅三藐三菩提佛說是經已
尒時阿難及諸菩薩四部之衆皆大歡喜心得決定
頂禮佛足歡喜奉行

金剛三昧經

作是說諸行是常若是常者即是實諦世尊
有諸外道復言有樂云何知也受者定得可
意報故世尊凡受樂者必定得之所謂大梵
天王大自在天釋提桓因毗紐天及諸人天
以是義故名定有樂世尊有諸外道復言有
樂能令衆生生求望故飢者求食渴者求飲
寒者求煖熱者求涼極者求息病者求差欲
者求色若无樂者彼何緣求以有求者故知
有樂世尊有諸外道復作是言施能得樂世
間之人好施沙門婆羅門貧窮困苦衣服飲
食卧具醫藥象馬車乘末香塗香衆華屋宅
依止燈明作如是等種種惠施為我後世受
可意報是故當知决定有樂世尊有諸外道
復作是言以因緣故當知有樂所謂受樂者
有因緣故名為樂觸若无樂者何得因緣如无
兔角則无因緣有樂因緣則知有樂世尊有
諸外道復作是言上中下故當知有樂謂下
受樂者釋提桓因中受樂者大梵天王上受

BD04282號　大般涅槃經（北本）卷一三　（5–1）

可意報是故當知决定有樂世尊有諸外道
復作是言以因緣故當知有樂所謂受樂者
有因緣故名為樂觸若无樂者何得因緣如无
兔角則无因緣有樂因緣則知有樂世尊有
諸外道復作是言上中下故當知有樂謂下
受樂者釋提桓因中受樂者大梵天王上受
樂者大自在天以有如是上中下故當知有
樂世尊有諸外道復言有淨何以故若无淨
者不應起欲若起欲者當知有淨又復說言
金銀珎寶瑠璃頗梨車璖馬瑙珊瑚真珠璧
玉珂貝流泉河池飲食衣服華香末香塗香
燈燭之明如是等物悉是淨法復次有淨謂
五陰者即是淨器盛諸淨物所謂人天諸仙
阿羅漢辟支佛菩薩諸佛以是義故名之為
淨世尊有諸外道復言有我有所覩見能造
作故譬如有人入陶師家雖復不見陶師之
身以見輪繩定知其家必是陶師我亦如是
眼見色已必知有我若无我者誰能見色聞
聲乃至觸法亦復如是復次有我云何得知
因相故知何等為相喘息視眴壽命役心受
諸苦樂貪求瞋恚如是等法悉是我相是故
當知必定有我復次有我能別味故有人食
果見已知味是故當知必定有我復次有我
云何知也執作業故執鐮能刈執斧能斫執
瓶盛水執車能御如是等事我執能作當知
必定而有我也復次有我云何知也即於生
時欲得乳餔乘宿習故是故當知必定有我

BD04282號　大般涅槃經（北本）卷一三　（5–2）

果見已知味是故當知必定有我復次有我
云何知也執作業故執鎌能刈執斧能斫執
瓶盛水執車能御如是等事我執能作當知
必定而有我也復次有我云何知也即於生
時欲得乳餔乘宿習故是故當知必定有我
復次有我云何知也和合利益他衆生故譬
如瓶衣車乘田宅山林樹木象馬牛羊如是
等物若和合者則有利益此內五陰亦復如
是眼等諸根有和合故則利益我是故當知
必定有我復次有我云何知也有遮法故如
有物故則有遮㝵物若无者則无有遮若有
遮者則知有我是故當知必定有我復次有
我云何知也伴非伴故親與非親非是伴侶
正法耶法亦非伴侶智與非智亦非伴侶沙
門非沙門婆羅門非婆羅門子非子晝非晝
夜非夜我非我如是等法為伴非伴是故當
知必定有我世尊諸外道等種種說有常樂
我淨當知定有常樂我淨世尊以是義故諸
外道等亦得說言我有真諦佛言善男子若
有沙門婆羅門有常有樂有淨有我者是非
沙門非婆羅門何以故迷於生死離一切智
大導師故如是沙門婆羅門等沈沒諸欲善
法羸損故是諸外道繫在貪欲瞋恚癡獄堪
忍愛樂故是諸外道雖知業果自作自受而
猶不能遠離惡法是諸外道非是正法正命
自活何以故无智慧火不能消故是諸外道
雖欲貪着上妙五欲貪於善法不勤脩故是

BD04282號　大般涅槃經（北本）卷一三　（5-3）

沙門非婆羅門何以故迷於生死離一切智
大導師故如是沙門婆羅門等沈沒諸欲善
法羸損故是諸外道繫在貪欲瞋恚癡獄堪
忍愛樂故是諸外道雖知業果自作自受而
猶不能遠離惡法是諸外道非是正法正命
自活何以故无智慧火不能消故是諸外道
雖欲貪着上妙五欲貪於善法不勤脩故是
諸外道雖欲往至正解脫中而持戒足不成
就故是諸外道雖欲求樂而不能求樂因緣
故是諸外道雖復憎惡一切諸苦然其所行
未能遠離諸苦因緣是諸外道雖為四大毒
虵所纏猶行放逸不能謹慎是諸外道无明
所覆遠離善友樂在三界无常熾燃大火之
中而不能出是諸外道遇諸煩惱難愈之病
而復不求大智良醫是諸外道方於未來當
涉无邊嶮遠之路而不知以善法資粮而自
莊嚴是諸外道常為婬欲灾毒所害而反抱
持五欲霜毒是諸外道瞋恚熾盛而復反更
親近惡友是諸外道常為无明之所覆蔽而
反推求耶惡之法是諸外道常為耶見之所
誑惑而反於中生親善想是諸外道希食甘
果而種苦子是諸外道已處煩惱闇室之中
而反遠離大智炬明是諸外道患煩惱渴而
復更飲諸欲醎水是諸外道漂沒生死无邊
大河而復遠離无上船師是諸外道迷於諸
倒言諸行常諸行若常无有是處
大般涅槃經卷第十三

BD04282號　大般涅槃經（北本）卷一三　（5-4）

中而不能出是諸外道遇諸煩惱難愈之病
而復不求大智良醫是諸外道方於未來當
涉无邊嶮遠之路而不知以善法資粮而自
莊嚴是諸外道常為婬欲災毒所害而反抱
持五欲霜毒是諸外道瞋恚熾盛而復反更
親近惡友是諸外道常為无明之所覆蔽而
反推求耶惡之法是諸外道常為耶見之所
誑惑而反於中生親善想是諸外道希食甘
果而種苦子是諸外道已處煩惱闇室之中
而反遠離大智炬明是諸外道患煩惱渴而
復更飲諸欲鹹水是諸外道漂沒生死无邊
大河而復遠離无上船師是諸外道迷於諸
倒言諸行常諸行若常无有是處

大般涅槃經卷第十三

BD04282號　大般涅槃經（北本）卷一三　（5–5）

下人來
法故而衛護之能令聽者
何此經是一切過去未來現在諸
文殊師利是法華經於無量國中乃至
名字不可得聞何況得見受持讀誦文殊師
利譬如強力轉輪聖王欲以威勢降伏諸國
而諸小王不順其命時轉輪王起種種兵而
往討伐王見兵眾戰有功者即大歡喜隨功
賞賜或與田宅聚落城邑或與衣服嚴身之
具或與種種珍寶金銀琉璃車𤦲馬瑙珊瑚
虎珀象馬車乘奴婢人民唯髻中明珠不以
與之所以者何獨王頂上有此一珠若以與
之王諸眷屬必大驚怪文殊師利如來亦復
諸魔王不肯順伏如來賢聖諸將與之共戰
其有功者心亦歡喜於四眾中為說諸經令
其心悅賜以禪定解脫無漏根力諸法之
財又復賜與涅槃之城言得滅度引導其心
令皆歡喜而不為說是法華經文殊師利如
轉輪王見諸兵眾有大功者心甚歡喜以此
難信之珠久在髻中不妄與人而今與之如來
亦復如是於三界中為大法王以法教化一
切眾生見賢聖軍與五陰魔煩惱魔死魔共

BD04283號　妙法蓮華經卷五　（26–1）

其心悅賜以禪定解脫無漏根力諸法之
財又復賜與涅槃之城言得滅度引導其
心皆歡喜而不為說是法華經文殊師利如
轉輪王見諸兵衆有大功者心甚歡喜以此
難信之珠久在髻中不妄與人而今與之如來
亦復如是於三界中為大法王以法教化一
切衆生見賢聖軍與五陰魔煩惱魔死魔共
戰有大功勳滅三毒出三界破魔網尒時如
來亦大歡喜此法華經能令衆生至一切智
一切世間多怨難信先所未說而今說之文
殊師利此法華經是諸如來第一之說於諸
說中最為甚深末後賜與如彼强力之王久
護明珠今乃與之文殊師利此法華經諸佛
如來秘密之藏於諸經中最在其上長夜守
護不妄宣說始於今日乃與汝等而敷演之
尒時世尊欲重宣此義而說偈言
常行忍辱 哀愍一切 乃能演說 佛所讃經
後末世時 持此經者 於家出家 及非菩薩
應生慈悲 斯等不聞 不信是經 則為大失
我得佛道 以諸方便 為說此法 令住其中
譬如强力 轉輪之王 兵戰有功 賞賜諸物
象馬車乘 嚴身之具 及諸田宅 聚落城邑
或與衣服 種種珍寶 奴婢財物 歡喜賜與
如有勇健 能為難事 王解髻中 明珠賜之
如來亦尒 為諸法王 忍辱大力 智慧寶藏
[illegible]

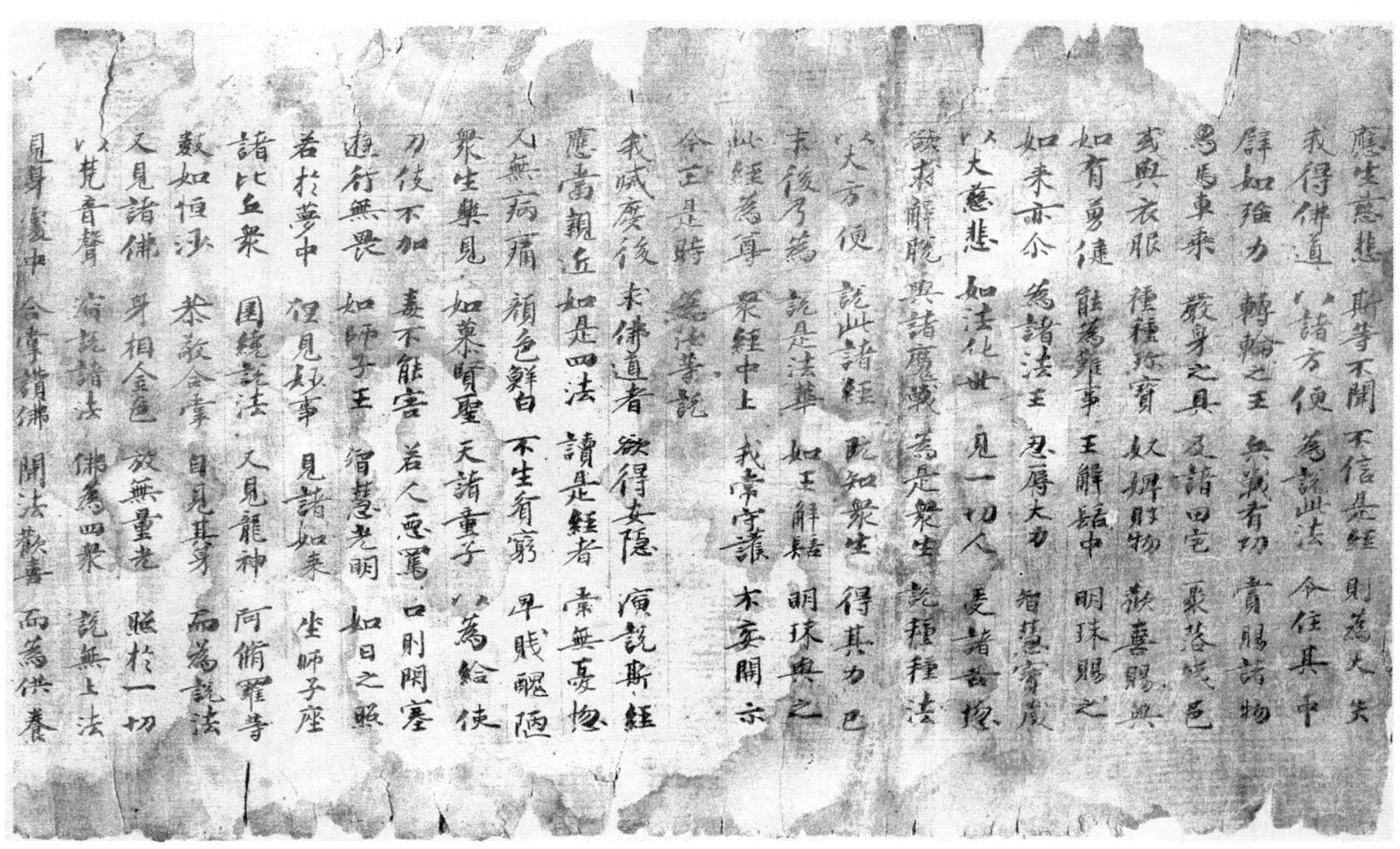

應生慈悲 斯等不聞 不信是經 則為大失
我得佛道 以諸方便 為說此法 令住其中
譬如强力 轉輪之王 兵戰有功 賞賜諸物
象馬車乘 嚴身之具 及諸田宅 聚落城邑
或與衣服 種種珍寶 奴婢財物 歡喜賜與
如有勇健 能為難事 王解髻中 明珠賜之
如來亦尒 為諸法王 忍辱大力 智慧寶藏
以大慈悲 如法化世 見一切人 受諸苦惱
欲求解脫 與諸魔戰 為是衆生 說種種法
以大方便 說此諸經 既知衆生 得其力已
末後乃為 說是法華 如王解髻 明珠與之
此經為尊 衆經中上 我常守護 不妄開示
今正是時 為汝等說
我滅度後 求佛道者 欲得安隱 演說斯經
應當親近 如是四法 讀是經者 常無憂惱
又無病痛 顏色鮮白 不生貧窮 卑賤醜陋
衆生樂見 如慕賢聖 天諸童子 以為給使
刀杖不加 毒不能害 若人惡罵 口則閉塞
遊行無畏 如師子王 智慧光明 如日之照
若於夢中 但見妙事 見諸如來 坐師子座
諸比丘衆 圍繞說法 又見龍神 阿脩羅等
數如恒沙 恭敬合掌 自見其身 而為說法
又見諸佛 身相金色 放無量光 照於一切
以梵音聲 演說諸法 佛為四衆 說無上法
見身處中 合掌讃佛 聞法歡喜 而為供養

若於夢中　但見妙事　見諸如來　坐師子座
諸比丘眾　圍繞說法　又見龍神　阿脩羅等
數如恒沙　恭敬合掌　自見其身　而為說法
又見諸佛　身相金色　放無量光　照於一切
以梵音聲　演說諸法　佛為四眾　說無上法
見身處中　合掌讚佛　聞法歡喜　而為供養
得陀羅尼　證不退智　佛知其心　深入佛道
即為授記　成最正覺　汝善男子　當於來世
得無量智　佛之大道　國土嚴淨　廣大無比
亦有四眾　合掌聽法　又見自身　在山林中
脩習善法　證諸實相　深入禪定　見十方佛
諸佛身金色　百福相莊嚴　聞法為人說　常有是好夢
又夢作國王　捨宮殿眷屬　及上妙五欲　行詣於道場
在菩提樹下　而處師子座　求道過七日　得諸佛之智
成無上道已　起而轉法輪　為四眾說法　經千萬億劫
說無漏妙法　度無量眾生　後當入涅槃　如烟盡燈滅
若後惡世中　說是第一法　是人得大利　如上諸功德

妙法蓮華經從地踊出品第十五

尒時他方國土諸來菩薩摩訶薩過八恒河
沙數於大眾中起合掌作礼而白佛言世尊
若聽我等於佛滅後在此娑婆世界懃加精
進護持讀誦書寫供養是經典者當於此土
而廣說之尒時佛告諸菩薩摩訶薩眾止善
男子不須汝等護持此經所以者何我娑婆
世界自有六萬恒河沙等菩薩摩訶薩一一
菩薩各有六萬恒河沙眷屬是諸人等能於

BD04283號　妙法蓮華經卷五　（26–4）

若聽我等於佛滅後在此娑婆世界懃加精
進護持讀誦書寫供養是經典者當於此土
而廣說之尒時佛告諸菩薩摩訶薩眾止善
男子不須汝等護持此經所以者何我娑婆
世界自有六萬恒河沙等菩薩摩訶薩一一
菩薩各有六萬恒河沙眷屬是諸人等能於
我滅後護持讀誦廣說此經佛說是時娑婆
世界三千大千國土地皆震裂而於其中有
無量千萬億菩薩摩訶薩同時踊出是諸
菩薩身皆金色三十二相無量光明先盡在此
娑婆世界之下此界虛空中住是諸菩薩聞
釋迦牟尼佛所說音聲從下發來一一菩薩
皆是大眾唱導之首各將六萬恒河沙眷屬
況將五萬四萬三萬二萬一萬恒河沙等眷
屬者況復乃至一恒河沙半恒河沙四分之
一乃至千萬億那由他分之一況復千萬億
那由他眷屬況復億萬眷屬況復千萬百萬
乃至一萬況復一千一百乃至一十況復將
五四三二一弟子者況復單已樂遠離行如
是等比無量無邊算數譬喻所不能知是諸
菩薩從地出已各詣虛空七寶妙塔多寶如
來釋迦牟尼佛所到已向二世尊頭面礼足
及至諸寶樹下師子座上佛所亦皆作礼右
繞三匝合掌恭敬以諸菩薩種種讚法而以
讚歎住在一面欣樂瞻仰於二世尊是諸菩
薩摩訶薩從初踊出以諸菩薩種種讚法而

BD04283號　妙法蓮華經卷五　（26–5）

菩薩從地出已各詣虛空七寶妙塔多寶如
來釋迦牟尼佛所到已向二世尊頭面礼足
及至諸寶樹下師子座上佛所亦皆作礼右
繞三帀合掌恭敬以諸菩薩種種讚法而以
讚歎住在一面欣樂瞻仰於二世尊是諸菩
薩摩訶薩從初踊出以諸菩薩種種讚法而
讚於佛如是時間經五十小劫是時釋迦牟
尼佛嘿然而坐及諸四衆亦皆嘿然五十小
劫佛神力故令諸大衆謂如半日尒時四衆
亦以佛神力故見諸菩薩遍滿無量百千萬
億國土虛空是菩薩衆中有四導師一名上
行二名無邊行三名淨行四名安立行是四
菩薩於其衆中最為上首唱導之師在大衆
前各共合掌觀釋迦牟尼佛而問訊言世
尊少病少惱安樂行不所應度者受教易不
不令世尊生疲勞耶尒時四大菩薩而說偈
言
世尊安樂　少病少惱　教化衆生　得無疲惓
又諸衆生　受化易不　不令世尊　生勞苦耶
尒時世尊於菩薩大衆中而作是言如是如
是諸善男子如來安樂少病少惱諸衆生等
易可化度無有疲勞所以者何是諸衆生世
世已來常受我化亦於過去諸佛供養尊重
種諸善根此諸衆生始見我身聞我所說即
皆信受入如來慧除先脩習學小乘者如是

BD04283號　妙法蓮華經卷五　（26–6）

是諸善男子如來安樂少病少惱諸衆生等
易可化度無有疲勞所以者何是諸衆生世
世已來常受我化亦於過去諸佛供養尊重
種諸善根此諸衆生始見我身聞我所說即
皆信受入如來慧除先脩習學小乘者如是
之人我今亦令得聞是經入於佛慧尒時諸
大菩薩而說偈言
善哉善哉　大雄世尊　諸衆生等　易可化度
能問諸佛　甚深智慧　聞已信行　我等隨喜
於時世尊讚歎上首諸大菩薩善哉善哉
善男子汝等能於如來發隨喜心尒時弥勒
菩薩及八千恒河沙諸菩薩衆皆作是念我等
從昔已來不見不聞如是大菩薩摩訶薩衆
從地踊出住世尊前合掌供養問訊如來時
弥勒菩薩摩訶薩知八千恒河沙諸菩薩等
心之所念并欲自決所疑合掌向佛以偈問曰
無量千萬億　大衆諸菩薩　昔所未曾見　願兩足尊說
是從何所來　以何因緣集　巨身大神通　智慧叵思議
其志念堅固　有大忍辱力　衆生所樂見　為從何所來
一一諸菩薩　所將諸眷屬　其數無有量　如恒河沙等
或有大菩薩　將六萬恒沙　如是諸大衆　一心求佛道
是諸大師等　六萬恒河沙　俱來供養佛　及護持是經
將五萬恒沙　其數過於是　四萬及三萬　二萬至一萬
一千一百等　乃至一恒沙　半及三四分　億萬分之一

BD04283號　妙法蓮華經卷五　（26–7）

一一諸菩薩 所将諸眷屬 其數無有量 如恒河沙等
或有大菩薩 将六萬恒沙 如是諸大衆 一心求佛道
是諸大師等 六萬恒河沙 俱来供養佛 及護持是經
将五萬恒沙 其數過於是 四萬及三萬 二萬至一萬
一千一百等 乃至一恒沙 半及三四分 億萬分之一
千萬那由他 萬億諸弟子 乃至於半億 其數復過上
百萬至一萬 一千及一百 五十與一十 乃至三二一
單己無眷屬 樂於獨處者 俱来至佛所 其數轉過上
如是諸大衆 若人行籌數 過於恒沙劫 猶不能盡知
是諸大威德 精進菩薩衆 誰為其說法 教化而成就
從誰初發心 稱揚何佛法 受持行誰經 脩習何佛道
如是諸菩薩 神通大智力 四方地震裂 皆從中踊出
世尊我昔来 未曾見是事 願說其所從 國土之名号
我常遊諸國 未曾見是衆 我於此衆中 乃不識一人
忽然從地出 願說其因緣 今此之大會 無量百千億
是諸菩薩等 皆欲知此事 是諸菩薩衆 本末之因緣
無量德世尊 唯願決衆疑
尒時釋迦牟尼佛分身諸佛從無量千萬億他
方國土来者在於八方諸寶樹下師子座上
結跏趺坐其佛侍者各各見是菩薩大衆於
三千大千世界四方從地踊出住於虚空 各
白其佛言世尊此諸無量無邊阿僧祇菩薩
大衆從何所来尒時諸佛各告侍者諸善男

BD04283號 妙法蓮華經卷五 （26-8）

結跏趺坐其佛侍者各各見是菩薩大衆於
三千大千世界四方從地踊出住於虚空 各
白其佛言世尊此諸無量無邊阿僧祇菩薩
大衆從何所来尒時諸佛各告侍者諸善男
子且待須臾有菩薩摩訶薩名曰弥勒釋迦牟
尼佛之所授記次後作佛已問斯事佛今荅
之汝等自當因是得聞尒時釋迦牟尼佛
告弥勒菩薩善哉善哉阿逸多乃能問佛如
是大事汝等當共一心被精進鎧發堅固意
如来今欲顯發宣示諸佛智慧諸佛自在神
通之力諸佛師子奮迅之力諸佛威猛大勢
之力尒時世尊欲重宣此義而說偈言
當精進一心 我欲說此事 勿得有疑悔 佛智叵思議
汝今出信力 住於忍善中 昔所未聞法 今皆當得聞
我今安慰汝 勿得懷疑懼 佛無不實語 智慧不可量
所得第一法 甚深叵分別 是如今當說 汝等一心聽
尒時世尊說此偈已告弥勒菩薩我今於此
大衆宣告汝等阿逸多是諸大菩薩摩訶薩
無量無數阿僧祇從地踊出汝等昔所未見
者我於是娑婆世界得阿耨多羅三藐三菩
提已教化示導是諸菩薩調伏其心令發道
意此諸菩薩皆於是娑婆世界之下此界虚
空中住於諸經典讀誦通利思惟分別正憶
[illegible]

BD04283號 妙法蓮華經卷五 （26-9）

者我於是娑婆世界得阿耨多羅三藐三菩
提已教化示導是諸菩薩調伏其心令發道
意此諸菩薩皆於是娑婆世界之下此界虛
空中住於諸經典讀誦通利思惟分別正憶
念阿逸多是諸善男子等不樂在衆多有所
說常樂靜處懃行精進未曾休息亦不依
止人天而住常樂深智無有鄣礙亦常樂於諸
佛之法一心精進求無上慧尒時世尊欲重
宣此義而說偈言
阿逸汝當知　是諸大菩薩　從無數劫來　脩習佛智慧
悉是我所化　令發大道心　此等是我子　依止是世界
常行頭陁事　志樂於靜處　捨大衆憒閙　不樂多所說
如是諸子等　學習我道法　晝夜常精進　為求佛道故
在娑婆世界　下方空中住　志念力堅固　常懃求智慧
說種種妙法　其心無所畏　我於伽耶城　菩提樹下坐
得成最正覺　轉無上法輪　尒乃教化之　令初發道心
今皆住不退　悉當得成佛　我今說實語　汝等一心信
我從久遠來　教化是等衆
尒時弥勒菩薩摩訶薩及無數諸菩薩等心
生疑惑怪未曾有而作是念云何世尊於少
時間教化如是無量無邊阿僧祇諸大菩薩
令住阿耨多羅三藐三菩提即白佛言世尊
如來為太子時出於釋宮去伽耶城不遠坐
於道場得成阿耨多羅三藐三菩提從是已

BD04283號　妙法蓮華經卷五　（26–10）

時間教化如是無量無邊阿僧祇諸大菩薩
令住阿耨多羅三藐三菩提即白佛言世尊
如來為太子時出於釋宮去伽耶城不遠坐
於道場得成阿耨多羅三藐三菩提從是已
來始過四十餘年世尊云何於此少時大作
佛事以佛勢力以佛功德教化如是無量大
菩薩衆當成阿耨多羅三藐三菩提世尊此
大菩薩衆假使有人於千萬億劫數不能盡
不得其邊斯等久遠已來於無量無邊諸佛
所殖諸善根成就菩薩道常脩梵行世尊如
此之事世所難信譬如有人色美髮黑年二
十五指百歲人言是我子其百歲人亦指年
少言是我父生育我等是事難信佛亦如是
得道已來其實未久而此大衆諸菩薩等已
於無量千萬億劫為佛道故懃行精進善入
出住無量百千萬億三昧得大神通久脩梵
行善能次第習諸善法巧於問荅人中之寶
一切世間甚為希有今日世尊方云得佛道
時初令發心教化示導令向阿耨多羅三藐
三菩提世尊得佛未久乃能作此大功德事
我等雖復信佛隨宜所說佛所出言未曾虛
妄佛所知者皆悉通達然諸新發意菩薩於
佛滅後若聞是語或不信受而起破法罪業
因緣唯然世尊願為解說除我等疑

BD04283號　妙法蓮華經卷五　（26–11）

我等雖復信佛隨宜所說佛所出言未曾虛
妄佛所知者皆悉通達然諸新發意菩薩於
佛滅後若聞是語或不信受而起破法罪業
因緣唯然世尊願為解說除我等疑及
未來世諸善男子聞此事已亦不生疑尒時
弥勒菩薩欲重宣此義而說偈言
佛昔從釋種　出家近伽耶　坐於菩提樹　尒來尚未久
此諸佛子等　其數不可量　久已行佛道　住於神通力
善學菩薩道　不染世間法　如蓮華在水　從地而踊出
皆起恭敬心　住於世尊前　是事難思議　云何而可信
佛得道甚近　所成就甚多　願為除衆疑　如實分別說
譬如少壯人　年始二十五　示人百歲子　髮白而面皺
是等我所生　子亦說是父　父少而子老　舉世所不信
世尊亦如是　得道來甚近　是諸菩薩等　志固無怯弱
從無量劫來　而行菩薩道　巧於難問答　其心無所畏
忍辱心決定　端正有威德　十方佛所讚　善能分別說
不樂在人衆　常好在禪定　為求佛道故　於下空中住
我等從佛聞　於此事無疑　願佛為未來　演說令開解
若有於此經　生疑不信者　即當墮惡道　願今為解說
是無量菩薩　云何於少時　教化令發心　而住不退地

妙法蓮華經如來壽量品第十六

尒時佛告諸菩薩及一切大衆諸善男子汝
等當信解如來誠諦之語復告大衆汝等當

BD04283號　妙法蓮華經卷五　（26–12）

是無量菩薩　云何於少時　教化令發心　而住不退地
妙法蓮華經如來壽量品第十六
尒時佛告諸菩薩及一切大衆諸善男子汝
等當信解如來誠諦之語復告大衆汝等當
信解如來誠諦之語又復告諸大衆汝等當
信解如來誠諦之語是時菩薩大衆弥勒為
首合掌白佛言世尊唯願說之我等當信受
佛語如是三白已復言唯願說之我等當信
受佛語尒時世尊知諸菩薩三請不止而告
之言汝等諦聽如來祕密神通之力一切世
間天人及阿脩羅皆謂今釋迦牟尼佛出釋
氏宮去伽耶城不遠坐於道場得阿耨多羅
三藐三菩提然善男子我實成佛已來無量
無邊百千萬億那由他劫譬如五百千萬億
那由他阿僧祇三千大千世界假使有人抹
為微塵過於東方五百千萬億那由他阿僧
祇國乃下一塵如是東行盡是微塵諸善男
子於意云何是諸世界可得思惟校計知其
數不弥勒菩薩等俱白佛言世尊是諸世界
無量無邊非筭數所知亦非心力所及一切聲
聞辟支佛以無漏智不能思惟知其限數
我等住阿惟越致地於是事中亦所不達世
尊如是諸世界無量無邊尒時佛告大菩薩

BD04283號　妙法蓮華經卷五　（26–13）

數不弥勒菩薩等俱白佛言世尊是諸世界
無量無邊非筭數所知亦非心力所及一切聲
聞辟支佛以無漏智不能思惟知其限數
我等住阿惟越致地於是事中亦所不達世
尊如是諸世界無量無邊尒時佛告大菩薩
衆諸善男子今當分明宣語汝等是諸世界
若著微塵及不著者盡以爲塵一塵一劫我
成佛已來復過於此百千萬億那由他阿僧
祇劫自從是來我常在此娑婆世界說法教
化亦於餘處百千萬億那由他阿僧祇國導
利衆生諸善男子於是中間我說燃燈佛等
又復言其入於涅槃如是皆以方便分別諸
善男子若有衆生來至我所我以佛眼觀其
信等諸根利鈍隨所應度處處自說名字不
同年紀大小亦復現言當入涅槃又以種種
方便說微妙法能令衆生發歡喜心諸善男
子如來見諸衆生樂於小法德薄垢重者爲
是人說我少出家得阿耨多羅三藐三菩提
然我實成佛已來久遠若斯但以方便教化
衆生令入佛道作如是說諸善男子如來所
演經典皆爲度脫衆生或說己身或說他身
或示己身或示他身或示己事或示他事諸
所言說皆實不虛所以者何如來如實知見
三界之相無有生死若退若出亦無在世及

BD04283號　妙法蓮華經卷五　（26–14）

衆生令入佛道作如是說諸善男子如來所
演經典皆爲度脫衆生或說己身或說他身
或示己身或示他身或示己事或示他事諸
所言說皆實不虛所以者何如來如實知見
三界之相無有生死若退若出亦無在世及
滅度者非實非虛非如非異不如三界見於
三界如斯之事如來明見無有錯謬以諸衆
生有種種性種種欲種種行種種憶想分別
故欲令生諸善根以若干因緣譬喻言辭種
種說法所作佛事未曾暫廢如是我成佛已
來甚大久遠壽命無量阿僧祇劫常住不滅
諸善男子我本行菩薩道所成壽命今猶未
盡復倍上數然今非實滅度而便唱言當取
佛久住於世薄德之人不種善根貧窮下賤
貪著五欲入於憶想妄見網中若見如來常
在不滅便起憍恣而懷厭怠不能生難遭想
恭敬之心是故如來以方便說比丘當知諸
佛出世難可值遇所以者何諸薄德人過無
量百千萬億劫或有見佛或不見者以此事
故我作是言諸比丘如來難可得見斯衆生
等聞如是語必當生於難遭之想心懷戀慕
渴仰於佛便種善根是故如來雖不實滅而
言滅度又善男子諸佛如來法皆如是爲度
衆生皆實不虛譬如良醫智慧聰達明練

BD04283號　妙法蓮華經卷五　（26–15）

故我作是言諸比丘如來難可得見斯衆生
等聞如是語必當生於難遭之想心懷戀慕
渴仰於佛便種善根是故如來雖不實滅而
言滅度又善男子諸佛如來法皆如是為度
衆生皆實不虛譬如良醫智慧聰達明練
藥善治衆病其人多諸子息若十二十乃至
百數以有事緣遠至餘國諸子於後飲他毒
藥藥發悶亂宛轉于地是時其父還來歸家
諸子飲毒或失本心或不失者遙見其父皆
大歡喜拜跪問訊善安隱歸我等愚癡誤服
毒藥願見救療更賜壽命父見子等苦惱
如是依諸經方求好藥草色香美味皆悉具足
擣篩和合與子令服而作是言此大良藥色
香美味皆悉具足汝等可服速除苦惱無復
衆患其諸子中不失心者見此良藥色香俱
好即便服之病盡除愈餘失心者見其父來
雖亦歡喜問訊求索治病然與其藥而不肯
服所以者何毒氣深入失本心故於此好色
香藥而謂不美父作是念此子可愍為毒所
中心皆顛倒雖見我喜求索救療如是好藥
而不肯服我今當設方便令服此藥即作是
言汝等當知我今衰老死時已至是好良藥
今留在此汝可取服勿憂不差作是教已復
至他國遣使還告汝父已死是時諸子聞父
背喪心大憂惱而作是念若父在者慈愍我

BD04283號　妙法蓮華經卷五　（26–16）

而不肯服我今當設方便令服此藥即作是
言汝等當知我今衰老死時已至是好良藥
今留在此汝可取服勿憂不差作是教已復
至他國遣使還告汝父已死是時諸子聞父
背喪心大憂惱而作是念若父在者慈愍我
等能見救護今者捨我遠喪他國自惟孤露
無復恃怙常懷悲感心遂醒悟乃知此藥色
味香美即取服之毒病皆愈其父聞子悉已
得差尋便來歸咸使見之諸善男子於意云
何頗有人能說此良醫虛妄罪不不也世尊
佛言我亦如是成佛已來無量無邊百千萬
億那由他阿僧祇劫為衆生故以方便力言
當滅度亦無有能如法說我虛妄過者尒時
世尊欲重宣此義而說偈言
自我得佛來　所經諸劫數　無量百千萬　億載阿僧祇
常說法教化　無數億衆生　令入於佛道　尒來無量劫
為度衆生故　方便現涅槃　而實不滅度　常住此說法
我常住於此　以諸神通力　令顛到衆生　雖近而不見
衆見我滅度　廣供養舍利　咸皆懷戀慕　而生渴仰心
衆生既信伏　質直意柔軟　一心欲見佛　不自惜身命
時我及衆僧　俱出靈鷲山　我時語衆生　常在此不滅
以方便力故　現有滅不滅　餘國有衆生　恭敬信樂者
我復於彼中　為說無上法　汝等不聞此　但謂我滅度
我見諸衆生　沒在於苦惱　故不為現身　令其生渴仰

BD04283號　妙法蓮華經卷五　（26–17）

衆生既信伏　質直意柔軟　一心欲見佛　不自惜身命
時我及衆僧　俱出靈鷲山　我時語衆生　常在此不滅
以方便力故　現有滅不滅　餘國有衆生　恭敬信樂者
我復於彼中　為說無上法　汝等不聞此　但謂我滅度
我見諸衆生　沒在於苦惱　故不為現身　令其生渴仰
因其心戀慕　乃出為說法　神通力如是　於阿僧祇劫
常在靈鷲山　及餘諸住處　衆生見劫盡　大火所燒時
我此土安隱　天人常充滿　園林諸堂閣　種種寶莊嚴
寶樹多華菓　衆生所遊樂　諸天擊天鼓　常作衆伎樂
雨曼陁羅華　散佛及大衆　我淨土不毀　而衆見燒盡
憂怖諸苦惱　如是悉充滿　是諸罪衆生　以惡業因緣
過阿僧祇劫　不聞三寶名　諸有脩功德　柔和質直者
則皆見我身　在此而說法　或時為此衆　說佛壽無量
久乃見佛者　為說佛難值　我智力如是　慧光照無量
壽命無數劫　久脩業所得　汝等有智者　勿於此生疑
當斷令永盡　佛語實不虛　如醫善方便　為治狂子故
實在而言死　無能說虛妄　我亦為世父　救諸苦患者
為凡夫顛倒　實在而言滅　以常見我故　而生憍恣心
放逸著五欲　墮於惡道中　我常知衆生　行道不行道
隨所應可度　為說種種法　每自作是意　以何令衆生
得入無上慧　速成就佛身

妙法蓮華經分別功德品第十七

尒時大會聞佛說壽命劫數長遠如是無量
無邊阿僧祇衆生得大饒益於時世尊告彌
勒菩薩摩訶薩阿逸多我說是如來壽命長

得入無上慧　速成就佛身

妙法蓮華經分別功德品第十七

尒時大會聞佛說壽命劫數長遠如是無量
無邊阿僧祇衆生得大饒益於時世尊告彌
勒菩薩摩訶薩阿逸多我說是如來壽命長
遠時六百八十萬億那由他恒河沙衆生得
無生法忍復千倍菩薩摩訶薩得聞持陁羅
尼門復有一世界微塵數菩薩摩訶薩得樂
說無礙辯才復有一世界微塵數菩薩摩訶
薩得百千萬億無量旋陁羅尼復有三千大
千世界微塵數菩薩摩訶薩能轉不退法輪
復有二千中國土微塵數菩薩摩訶薩能轉
清淨法輪復有小千國土微塵數菩薩摩訶
薩八生當得阿耨多羅三藐三菩提復有四
四天下微塵數菩薩摩訶薩四生當得阿耨
多羅三藐三菩提復有三四天下微塵數菩
薩摩訶薩三生當得阿耨多羅三藐三菩提
復有二四天下微塵數菩薩摩訶薩二生當
得阿耨多羅三藐三菩提有一四天下微塵
數菩薩摩訶薩一生當得阿耨多羅三藐
三菩提復有八世界微塵數衆生皆發阿耨
多羅三藐三菩提心佛說是諸菩薩摩訶薩
得大法利時於虛空中雨曼陁羅華摩訶曼
陁羅華以散無量百千萬億寶樹下師子座

數菩薩摩訶薩一生當得阿耨多羅三藐
三菩提復有八世界微塵數衆生皆發阿耨
多羅三藐三菩提心佛說是諸菩薩摩訶薩
得大法利時於虛空中雨曼陁羅華摩訶曼
陁羅華以散無量百千萬億寶樹下師子座
上諸佛并散七寶塔中師座上釋迦牟尼佛
及久滅度多寶如來亦散一切諸大菩薩
及四部衆又雨細抹栴檀沉水香等於虛空
中天鼓自鳴妙聲深遠又雨千種天衣垂諸
瓔珞真珠瓔珞摩尼珠瓔珞如意珠瓔珞遍
於九方衆寶香爐燒無價香自然周至供
養大會一一佛上有諸菩薩執持幡蓋次第
而上至于梵天是諸菩薩以妙音聲歌無量
頌讚歎諸佛尒時弥勒菩薩從座而起偏袒右
肩合掌向佛而說偈言
佛說希有法 昔所未曾聞 世尊有大力 壽命不可量
無數諸佛子 聞世尊分別 說得法利者 歡喜充遍身
或住不退地 或得陁羅尼 或無礙樂說 萬億旋捴持
或有大千界 微塵數菩薩 各各皆能轉 不退之法輪
復有中千界 微塵數菩薩 各各皆能轉 清淨之法輪
復有小千界 微塵數菩薩 餘各八生在 當得成佛道
復有四三二 如此四天下 微塵數菩薩 隨數生成佛
或一四天下 微塵數菩薩 餘有一生在 當成一切智
如是等衆生 聞佛壽長遠 得無量無漏 清淨之果報

BD04283號　妙法蓮華經卷五　（26–20）

復有中千界 微塵數菩薩 各各皆能轉 清淨之法輪
復有小千界 微塵數菩薩 餘各八生在 當得成佛道
復有四三二 如此四天下 微塵數菩薩 隨數生成佛
或一四天下 微塵數菩薩 餘有一生在 當成一切智
如是等衆生 聞佛壽長遠 得無量無漏 清淨之果報
復有八世界 微塵數衆生 聞佛說壽命 皆發無上心
世尊說無量 不可思議法 多有所饒益 如虛空無邊
雨天曼陁羅 摩訶曼陁羅 釋梵如恒沙 無數佛土來
雨栴檀沉水 繽紛而亂墜 如鳥飛空下 供散於諸佛
天鼓虛空中 自然出妙聲 天衣千萬種 旋轉而來下
衆寶妙香爐 燒無價之香 自然悉周遍 供養諸世尊
其大菩薩衆 執七寶幡蓋 高妙萬億種 次第至梵天
一一諸佛前 寶幢懸勝幡 亦以千萬偈 歌詠諸如來
如是種種事 昔所未曾有 聞佛壽無量 一切皆歡喜
佛名聞十方 廣饒益衆生 一切具善根 以助無上心
尒時佛告弥勒菩薩摩訶薩阿逸多其有衆
生聞佛壽命長遠如是乃至能生一念信解
所得功德無有限量若有善男子善女人為
阿耨多羅三藐三菩提故於八十萬億那由
他劫行五波羅蜜檀波羅蜜尸羅波羅蜜羼
提波羅蜜毗梨耶波羅蜜禪波羅蜜除般若
波羅蜜以是功德比前功德百分千分百千
萬億分不及其一乃至筭數譬喻所不能知
若善男子有如是功德於阿耨多羅三藐三

BD04283號　妙法蓮華經卷五　（26–21）

他劫行五波羅蜜檀波羅蜜尸羅波羅蜜羼
提波羅蜜毗梨耶波羅蜜禪波羅蜜除般若
波羅蜜以是功德比前功德百分千分百千
萬億分不及其一乃至筭數譬喻所不能知
若善男子有如是功德於阿耨多羅三藐三
菩提退者無有是處尒時世尊欲重宣此
義而說偈言

若人求佛慧　於八十萬億　那由他劫數　行五波羅蜜
於是諸劫中　布施供養佛　及緣覺弟子　并諸菩薩衆
珎異之飲食　上服與臥具　栴檀立精舍　以園林莊嚴
如是等布施　種種皆微妙　盡此諸劫數　以迴向佛道
若復持禁戒　清淨無缺漏　求於無上道　諸佛之所歎
若復行忍辱　住於調柔地　設衆惡來加　其心不傾動
諸有得法者　懷於增上慢　為此所輕惱　如是亦能忍
若復懃精進　志念常堅固　於無量億劫　一心不懈息
又於無數劫　住於空閑處　若坐若經行　除睡常攝心
以是因緣故　能生諸禪定　八十億萬劫　安住心不亂
持此一心福　願求無上道　我得一切智　盡諸禪定際
是人於百千　萬億劫數中　行此諸功德　如上之所說
有善男女等　聞我說壽命　乃至一念心　其福過於彼
若人悉無有　一切諸疑悔　深心須臾信　其福為如此
其有諸菩薩　無量劫行道　聞我說壽命　是則能信受
如是諸人等　頂受此經典　願我於未來　長壽度衆生
如今日世尊　諸釋中之王　道場師子吼　說法無所畏
我等未來世　一切所尊敬　坐於道場時　說壽亦如是

是人於百千　萬億劫數中　行此諸功德　如上之所說
有善男女等　聞我說壽命　乃至一念心　其福過於彼
若人悉無有　一切諸疑悔　深心須臾信　其福為如此
其有諸菩薩　無量劫行道　聞我說壽命　是則能信受
如是諸人等　頂受此經典　願我於未來　長壽度衆生
如今日世尊　諸釋中之王　道場師子吼　說法無所畏
我等未來世　一切所尊敬　坐於道場時　說壽亦如是
若有深心者　清淨而質直　多聞能總持　隨義解佛語
如是之人等　於此無有疑

又阿逸多若有聞佛壽命長遠解其言趣是
人所得功德無有限量能起如來無上之慧
何況廣聞是經若教人聞若自持若教人持
若自書若教人書若以華香瓔珞幢幡繒蓋
香油蘇燈供養經卷是人功德無量無邊能
生一切種智阿逸多若善男子善女人聞我
說壽命長遠深心信解則為見佛常在耆闍
崛山共大菩薩諸聲聞衆圍繞說法又見此
娑婆世界其地瑠璃坦然平正閻浮檀金以
界八道寶樹行列諸臺樓觀皆悉寶成其菩
薩衆咸處其中若有能如是觀者當知是為
深信解相又復如來滅後若聞是經而不毀
呰起隨喜心當知已為深信解相何況讀誦
受持之者斯人則為頂戴如來阿逸多是善
男子善女人不須為我復起塔寺及作僧坊
以四事供養衆僧所以者何是善男子善女

𦬇衆咸處其中若有能如是觀者當知是為
深信解相又復如来滅後若聞是經而不毀
呰起隨喜心當知已為深信解相何况讀誦
受持之者斯人則為頂戴如来阿逸多是善
男子善女人不須為我復起塔寺及作僧坊
以四事供養衆僧所以者何是善男子善女
人受持讀誦是經典者為已起塔造立僧坊
供養衆僧則為以佛舍利起七寶塔高廣漸
小至于梵天懸諸幡蓋及衆寶鈴華香瓔珞
抹香塗香燒香衆鼓伎樂簫笛箜篌種種儛
戲以妙音聲歌唄讚頌則為於無量千萬億
劫作是供養已阿逸多若我滅後聞是經典
有能受持若自書若教人書則為起立僧坊
以赤栴檀作諸殿堂三十有二高八多羅樹
高廣嚴好百千比丘於其中止園林浴池經
行禪窟衣服飲食牀褥湯藥一切具充滿
其中如是僧坊堂閣若干百千萬億其數無
量以此現前供養於我及比丘僧是故我說
如来滅後若有受持讀誦為他人說若自書
若教人書供養經卷不須復起塔寺及造僧
坊供養衆僧况復有人能書持是經兼行布施
持戒忍辱精進一心智慧其德最勝無量無
邊譬如虛空東西南北四維上下無量無邊
是人功德亦復如是無量無邊疾至一切種
智若人讀誦受持是經為他人說若自書若

BD04283號　妙法蓮華經卷五　（26–24）

坊供養衆僧况復有人能書持是經兼行布施
持戒忍辱精進一心智慧其德最勝無量無
邊譬如虛空東西南北四維上下無量無邊
是人功德亦復如是無量無邊疾至一切種
智若人讀誦受持是經為他人說若自書若
教人書復能起塔及造僧坊供養讚歎聲聞
衆僧亦以百千萬億讚歎之法讚歎菩薩功
德又為他人種種因緣隨義解說此法華經
復能清淨持戒與柔和者而共同止忍辱無
瞋志念堅固常貴坐禪得諸深定精進勇猛
攝諸善法利根智慧善荅問難阿逸若我
滅後諸善男子善女人受持讀誦是經典者
復有如是諸善功德當知是人已趣道場近
阿耨多羅三藐三菩提坐道樹下阿逸多是
善男子善女人若坐若立若行處此中便應
起塔一切天人皆應供養如佛之塔尒時世尊
欲重宣此義而說偈言
若我滅度後　能奉持此經　斯人福無量　如上之所說
是則為具足　一切諸供養　以舍利起塔　七寶而莊嚴
表剎甚高廣　漸小至梵天　寶鈴千萬億　風動出妙音
又於無量劫　而供養此塔　華香諸瓔珞　天衣衆伎樂
燃香油蘇燈　周匝常照明　惡世法末時　能持是經者
則為已如上　具足諸供養　若能持此經　則如佛現在
以牛頭栴檀　起僧坊供養　堂有三十二　高八多羅樹

BD04283號　妙法蓮華經卷五　（26–25）

燃香油蘇燈　周迊常照明　惡世法末時　能持是經者
則為已如上　具足諸供養　若能持此經　則如佛現在
以牛頭栴檀　起僧坊供養　堂有三十二　高八多羅樹
上饌妙衣服　牀臥皆具足　百千衆住處　園林諸浴池
經行及禪窟　種種皆嚴好　若有信解心　受持讀誦書
若復教人書　及供養經卷　散華香末香　以須曼瞻蔔
阿提目多伽　薰油常燃之　如是供養者　得無量功德
如虛空無邊　其福亦如是　況復持此經　兼布施持戒
忍辱樂禪定　不瞋不惡口　恭敬於塔廟　謙下諸比丘
遠離自高心　常思惟智慧　有問難不瞋　隨順為解說
若能行是行　功德不可量　若見此法師　成就如是德
應以天華散　天衣覆其身　頭面接足禮　生心如佛想
又應作是念　不久詣道樹　得無漏無為　廣利諸人天
其所住止處　經行若坐臥　乃至說一偈　是中應起塔
莊嚴令妙好　種種以供養　佛子住此地　則是佛受用
常在於其中　經行及坐臥

妙法蓮華經卷第五

BD04283 號　妙法蓮華經卷五　（26–26）

善男子一切諸佛於第一身與諸佛同事於
第二身與諸佛同意於第三身與諸佛同體
善男子是初佛身隨衆生意有多種故現種
種相是故說多第二佛身弟子一意故現一
相是故說一第三佛身過一切種相非執相
境界是故說名不一不二善男子是第一身
依於應身得顯現故是第二身依於法身得
顯現故是法身者是真實有无依處故善男
子如是三身以有義故而說於常以有義故
說於无常化身者恒轉法輪處處隨緣方便
相續不斷絕故是故說常非是本故具足大
用不顯現故說爲无常應身者從无始來相
續不斷一切諸佛不共諸法能攝持故衆生
无盡用亦无盡是故說常非是本故以具足
用不顯現故說爲无常法身者非是行法无
有異相是根本故猶如虛空是故說常善男
子離无分別智更无勝智離法如如无勝境
界是法如如是慧如如是二種如如如如不
一不異是故法身慧清淨故滅清淨故是二

BD04284 號　金光明最勝王經卷二　（3–1）

用不顯現故說爲无常法身者非是行法无
有異相是根本故猶如虛空是故說常善男
子離无分別智更无勝智離法如如无勝境
界是法如如是慧如如是二種如如如如不
一不異是故法身慧清淨故滅清淨故是二
清淨是故法身具足清淨
復次善男子分別三身有四種異有化身非
應身有應身非化身有化身亦應身有非化
身亦非應身何者化身非應身謂諸如來般
涅槃後以願自在故隨緣利益是名化身何
者應身非化身是地前身何者化身亦應身
謂住有餘涅槃之身何者非化身非應身謂
是法身善男子是法身者二无所有所顯現
故何者名爲二无所有於此法身相及相處
二皆是无非有非无非一非異非數非非數
非明非闇如是如如智不見相及相處不見
非有非无不見非一非異不見非數非非數
不見非明非闇是故當知境界清淨智慧清
淨不可分別无有中間爲滅道本故於此法
身能顯如來種種事業
善男子是身因緣境界處所果依於本難思
議故若了此義是身即是大乘是如來性是
如來藏依於此身得發初心修行地心而得
顯現不退地心亦皆得現一生補處心金剛
之心如來之心而悉顯現无量无邊如來妙法
皆悉顯現依此法身不可思議摩訶三昧
而得顯現依此法身得現一切大智是故二
身依於三昧依於智慧而得顯現如此法身

BD04284號　金光明最勝王經卷二　（3–2）

議故若了此義是身即是大乘是如來性是
如來藏依於此身得發初心修行地心而得
顯現不退地心亦皆得現一生補處心金剛
之心如來之心而悉顯現无量无邊如來妙法
皆悉顯現依此法身不可思議摩訶三昧
而得顯現依此法身得現一切大智是故二
身依於三昧依於智慧而得顯現如此法身
依於自體說常說我依大三昧故說於樂依
於大智故說清淨是故如來常住自在安樂
清淨依大三昧一切禪定首楞嚴等一切念
處大法念等大慈大悲一切陀羅尼一切神
通一切自在一切法平等攝受如是佛法悉
皆出現依此大智十力四无所畏四无礙辯
一百八十不共之法一切希有不可思議法
悉皆顯現譬如依如意寶珠无量无邊種種
珎寶悉皆得現如是依大三昧寶依大智慧
寶能出種種无量无邊諸佛妙法善男子如
是法身三昧智慧過一切相不著於相不可
分別非常非斷是名中道雖有分別體无分
別雖有三數而无三體不增不減猶如夢幻
亦无所執亦无能執法體如如是解脫處過
死王境越生死闇一切衆生不能修行所不
能至一切諸佛菩薩之所住處善男子譬如
有人願欲得金處處求覓遂得金礦既得礦
已即便碎之擇取精者爐中銷鍊得清淨金
隨意迴轉作諸鐶釧種種嚴具雖有諸用

BD04284號　金光明最勝王經卷二　（3–3）

南无勝功德佛
南无月賢佛　南无堅固佛
南无妙力佛　南无勝因陁羅智佛
南无勝親佛　南无愛思惟佛
南无勝香佛　南无諍行佛
南无功德含佛　南无大精進思惟佛
南无大光明佛　南无攝受施佛
南无脩行深思惟佛　南无香希佛
南无香為佛　南无種種智佛
南无思惟妙智佛　南无功德莊嚴佛
南无增上行佛　南无智行佛
南无功德山佛　南无聲滿十方佛
南无攝受擇佛　南无信妙佛
南无月見佛　南无功德聚佛
南无法力佛　南无過一切疑佛
南无稱王佛　南无護諸根佛
南无勝意佛　南无甘露光佛
南无思惟甘露佛　南无一切衆上首佛
從此以上一万一千一百佛十二部經一切賢聖
南无愛語佛　南无不可降伏色佛

BD04285號　佛名經（十六卷本）卷一四　（2–1）

南无稱王佛　南无護諸根佛
南无勝意佛　南无甘露光佛
南无思惟甘露佛　南无一切衆上首佛
從此以上一万一千一百佛十二部經一切賢聖
南无愛語佛　南无不可降伏色佛
南无普信佛　南无莊嚴王佛
南无金剛步佛　南无賢作佛
南无功德報光明佛　南无精進力起佛
南无善清淨明佛　南无得脫一切縛佛
南无无垢放頭摩藏勝佛　南无得无导解脫佛
南无十方稱聲无畏佛　南无破一切闇起佛
南无光明王佛　南无大炎積佛
南无无邊行功德寶光明佛
南无法光明佛　南无歡喜王佛
南无能作一切衆生光明破闇勝佛
南无起普光明脩行无邊願稱王佛
南无普滿足不怯弱佛　南无一切見光明佛
南无无垢光莊嚴王佛　南无功德藏山破金剛佛
南无龍王自在王佛

BD04285號　佛名經（十六卷本）卷一四　（2–2）

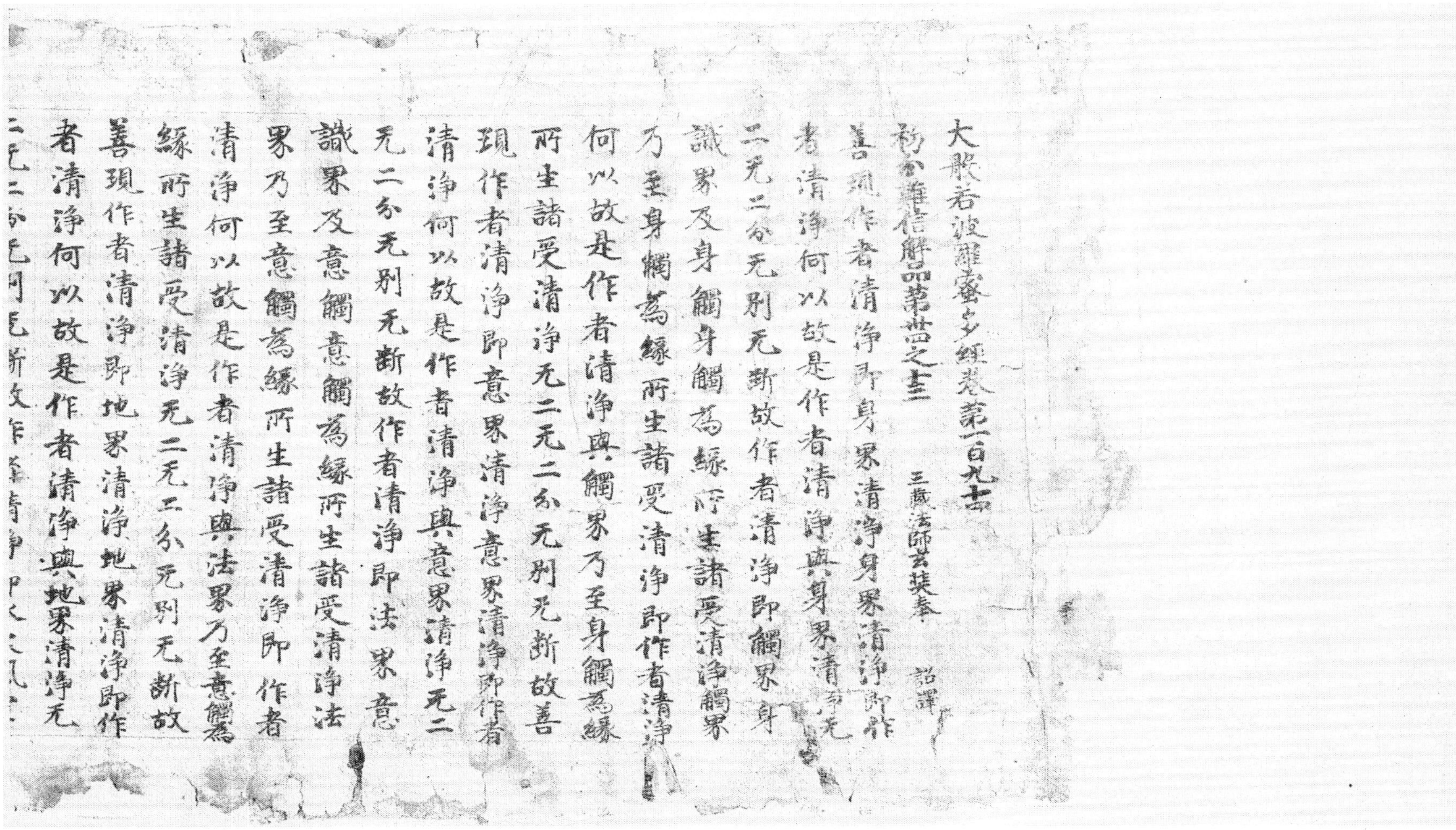
大般若波羅蜜多經卷第一百九十四
初分難信解品第卅四之十三　三藏法師玄奘奉　詔譯
善現作者清淨即身界清淨身界清淨即作
者清淨何以故是作者清淨與身界清淨无
二无二分无別无斷故作者清淨即觸界身
識界及身觸身觸爲緣所生諸受清淨觸界
乃至身觸爲緣所生諸受清淨即作者清淨
何以故是作者清淨與觸界乃至身觸爲緣
所生諸受清淨无二无二分无別无斷故善
現作者清淨即意界清淨意界清淨即作者
清淨何以故是作者清淨與意界清淨无二
无二分无別无斷故作者清淨即法界意
識界及意觸意觸爲緣所生諸受清淨法
界乃至意觸爲緣所生諸受清淨即作者
清淨何以故是作者清淨與法界乃至意觸爲
緣所生諸受清淨无二无二分无別无斷故
善現作者清淨即地界清淨地界清淨即作
者清淨何以故是作者清淨與地界清淨无
二无二分无別无斷故作者清淨即

BD04286號　大般若波羅蜜多經卷一九四　（19–1）

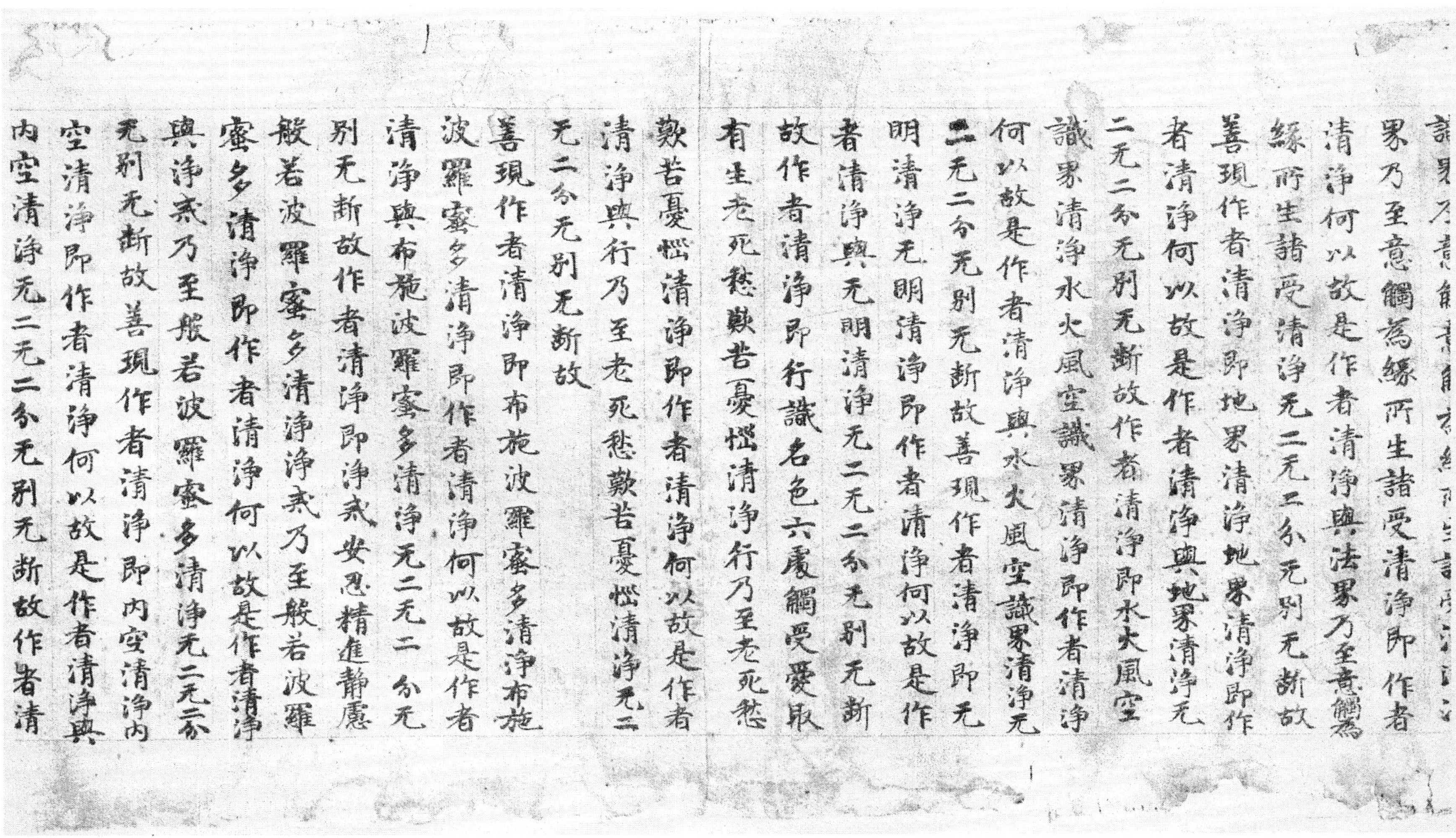
界乃至意觸爲緣所生諸受清淨即作者
清淨何以故是作者清淨與法界乃至意觸爲
緣所生諸受清淨无二无二分无別无斷故
善現作者清淨即地界清淨地界清淨即作
者清淨何以故是作者清淨與地界清淨无
二无二分无別无斷故作者清淨即水火風空
識界清淨水火風空識界清淨即作者清淨
何以故是作者清淨與水火風空識界清淨无
二无二分无別无斷故善現作者清淨即无
明清淨无明清淨即作者清淨何以故是作
者清淨與无明清淨无二无二分无別无斷
故作者清淨即行識名色六處觸受愛取
有生老死愁歎苦憂惱清淨行乃至老死愁
歎苦憂惱清淨即作者清淨何以故是作者
清淨與行乃至老死愁歎苦憂惱清淨无二
无二分无別无斷故
善現作者清淨即布施波羅蜜多清淨布施
波羅蜜多清淨即作者清淨何以故是作者
清淨與布施波羅蜜多清淨无二无二分无
別无斷故作者清淨即淨戒安忍精進靜慮
般若波羅蜜多清淨淨戒乃至般若波羅
蜜多清淨即作者清淨何以故是作者清淨
與淨戒乃至般若波羅蜜多清淨无二无二分
无別无斷故善現作者清淨即內空清淨內
空清淨即作者清淨何以故是作者清淨與
內空清淨无二无二分无別无斷故作者清

BD04286號　大般若波羅蜜多經卷一九四　（19–2）

般若波羅蜜多清淨淨戒乃至般若波羅
蜜多清淨即作者清淨何以故是作者清淨
與淨戒乃至般若波羅蜜多清淨无二无二分
无別无斷故善現作者清淨即內空清淨內
空清淨即作者清淨何以故是作者清淨與
內空清淨无二无二分无別无斷故作者清
淨即外空內外空空空大空勝義空有為空
无為空畢竟空无際空散空无變異空本性
空自相空共相空一切法空不可得空无性
空自性空无性自性空清淨外空乃至无性
自性空清淨即作者清淨何以故是作者清
淨與外空乃至无性自性空清淨无二无二
分无別无斷故善現作者清淨即真如清淨
真如清淨即作者清淨何以故是作者清淨
與真如清淨无二无二分无別无斷故作者
清淨即法界法性不虛妄性不變異性平等
性離生性法定法住實際虛空界不思議界
清淨法界乃至不思議界清淨即作者清淨
何以故是作者清淨與法界乃至不思議界
清淨无二无二分无別无斷故善現作者清
淨即苦聖諦清淨苦聖諦清淨即作者清
淨何以故是作者清淨與苦聖諦清淨无二无
二分无別无斷故作者清淨即集滅道聖諦
清淨集滅道聖諦清淨即作者清淨何以
故是作者清淨與集滅道聖諦清淨无二无
二分无別无斷故
善現作者清淨即四靜慮清淨四靜慮清淨

BD04286號　大般若波羅蜜多經卷一九四　(19–3)

二分无別无斷故作者清淨即集滅道聖諦
清淨集滅道聖諦清淨即作者清淨何以
故是作者清淨與集滅道聖諦清淨无二无
二分无別无斷故
善現作者清淨即四靜慮清淨四靜慮清淨
即作者清淨何以故是作者清淨與四靜慮
清淨无二无二分无別无斷故作者清淨即
四无量四无色定清淨四无量四无色定清淨
即作者清淨何以故是作者清淨與四无量
四无色定清淨无二无二分无別无斷故善
現作者清淨即八解脫清淨八解脫清淨即
作者清淨何以故是作者清淨與八解脫清
淨无二无二分无別无斷故作者清淨即八
勝處九次第定十遍處清淨八勝處九次第
定十遍處清淨即作者清淨何以故是作者
清淨與八勝處九次第定十遍處清淨无二
无二分无別无斷故善現作者清淨即四念
住清淨四念住清淨即作者清淨何以故是
作者清淨與四念住清淨无二无二分无別
无斷故作者清淨即四正斷四神足五根五
力七等覺支八聖道支清淨四正斷乃至八
聖道支清淨即作者清淨何以故是作者清
淨與四正斷乃至八聖道支清淨无二无二分
无別无斷故善現作者清淨即空解脫門清
淨空解脫門清淨即作者清淨何以故是
作者清淨與空解脫門清淨无二无二分无

BD04286號　大般若波羅蜜多經卷一九四　(19–4)

聖道支清淨即作者清淨何以故是作者清
淨與四正斷乃至八聖道支清淨无二无二分
无別无斷故善現作者清淨即空解脫門清
淨空解脫門清淨即作者清淨何以故是
作者清淨與空解脫門清淨无二无二分无
別无斷故作者清淨即无相无願解脫門清
淨无相无願解脫門清淨即作者清淨何以
故是作者清淨與无相无願解脫門清淨无
二无二分无別无斷故善現作者清淨即菩
薩十地清淨菩薩十地清淨即作者清淨何
以故是作者清淨與菩薩十地清淨无二无
二分无別无斷故
善現作者清淨即五眼清淨五眼清淨即作
者清淨何以故是作者清淨與五眼清淨
无二无二分无別无斷故作者清淨即六神
通清淨六神通清淨即作者清淨何以故是作
者清淨與六神通清淨无二无二分无別无
斷故善現作者清淨即佛十力清淨佛十力
清淨即作者清淨何以故是作者清淨與佛
十力清淨无二无二分无別无斷故作者清
淨四无所畏四无礙解大慈大悲大喜大捨
十八佛不共法清淨四无所畏乃至十八佛不
共法清淨即作者清淨何以故是作者清淨
與四无所畏乃至十八佛不共法清淨无二
无二分无別无斷故善現作者清淨即无忘
失法清淨无忘失法清淨即作者清淨何
以故是作者清淨與无忘失法清淨无二无

BD04286號　大般若波羅蜜多經卷一九四　（19-5）

共法清淨即作者清淨何以故是作者清淨
與四无所畏乃至十八佛不共法清淨无二
无二分无別无斷故善現作者清淨即无忘
失法清淨无忘失法清淨即作者清淨何
以故是作者清淨與无忘失法清淨无二无
二分无別无斷故作者清淨即恒住捨性
清淨恒住捨性清淨即作者清淨何以
故是作者清淨與恒住捨性清淨无二无二分
无別无斷故善現作者清淨即一切智清
淨一切智清淨即作者清淨何以故是作者
清淨與一切智清淨无二无二分无別无斷故
作者清淨即道相智一切相智清淨道相
智一切相智清淨即作者清淨何以故是作
者清淨與道相智一切相智清淨无二无二
分无別无斷故善現作者清淨即一切陁
羅尼門清淨一切陁羅尼門清淨即作者清
淨何以故是作者清淨與一切陁羅尼門清
淨无二无二分无別无斷故作者清淨即一
切三摩地門清淨一切三摩地門清淨即作
者清淨何以故是作者清淨與一切三摩地
門清淨无二无二分无別无斷故
善現作者清淨即預流果清淨預流果清
淨即作者清淨何以故是作者清淨與預
流果清淨无二无二分无別无斷故作者清
淨即一來不還阿羅漢果清淨一來不還
阿羅漢果清淨即作者清淨何以故是作者

BD04286號　大般若波羅蜜多經卷一九四　（19-6）

淨即作者清淨何以故是作者清淨與預
流果清淨无二无二分无別无斷故作者清
淨即一來不還阿羅漢果清淨一來不還
阿羅漢果清淨即作者清淨何以故是作者
清淨與一來不還阿羅漢果清淨无二无二分
无別无斷故善現作者清淨即獨覺菩提清
淨獨覺菩提清淨即作者清淨何以故是作
者清淨與獨覺菩提清淨无二无二分无別
无斷故善現作者清淨即一切菩薩摩訶
薩行清淨一切菩薩摩訶薩行清淨即作
者清淨何以故是作者清淨與一切菩薩摩
訶薩行清淨无二无二分无別无斷故善現
作者清淨即諸佛无上正等菩提清淨諸
佛无上正等菩提清淨即作者清淨何以故是
作者清淨與諸佛无上正等菩提清淨无二无
二分无別无斷故
復次善現受者清淨即色清淨色清淨即
受者清淨何以故是受者清淨與色清淨无二
无二分无別无斷故受者清淨即受想行識
清淨受想行識清淨即受者清淨何以故
是受者清淨與受想行識清淨无二无二分
无別无斷故善現受者清淨即眼處清淨眼
處清淨即受者清淨何以故是受者清淨與
眼處清淨无二无二分无別无斷故受者清
淨即耳鼻舌身意處清淨耳鼻舌身意處
清淨即受者清淨何以故是受者清淨與

BD04286號　大般若波羅蜜多經卷一九四　（19–7）

无別无斷故善現受者清淨即眼處清淨即
處清淨即受者清淨何以故是受者清淨與
眼處清淨无二无二分无別无斷故受者清
淨即耳鼻舌身意處清淨耳鼻舌身意處
清淨即受者清淨何以故是受者清淨與
耳鼻舌身意處清淨无二无二分无別无斷
故善現受者清淨即色處清淨色處清淨
即受者清淨何以故是受者清淨與色處
清淨无二无二分无別无斷故受者清淨即
聲香味觸法處清淨聲香味觸法處清淨
即受者清淨何以故是受者清淨與聲香味
觸法處清淨无二无二分无別无斷故
善現受者清淨即眼界清淨眼界清淨即
受者清淨何以故是受者清淨與眼界清淨
无二无二分无別无斷故受者清淨即色界
眼識界及眼觸眼觸為緣所生諸受清淨色
界乃至眼觸為緣所生諸受清淨即受者
清淨何以故是受者清淨與色界乃至眼觸
為緣所生諸受清淨无二无二分无別无斷故善
現受者清淨即耳界清淨耳界清淨即受者
清淨何以故是受者清淨與耳界清淨无二
无二分无別无斷故受者清淨即聲界耳識
界及耳觸耳觸為緣所生諸受清淨聲界乃
至耳觸為緣所生諸受清淨即受者清淨
何以故是受者清淨與聲界乃至耳觸為緣所
生諸受清淨无二无二分无別无斷故善現

BD04286號　大般若波羅蜜多經卷一九四　（19–8）

界及耳觸耳觸為緣所生諸受清淨聲界乃
至耳觸為緣所生諸受清淨即受者清淨
何以故是受者清淨與聲界乃至耳觸為緣所
生諸受清淨无二无二分无別无斷故善現
受者清淨即鼻界清淨鼻界清淨即受者清
淨何以故是受者清淨與鼻界清淨无二无
二分无別无斷故受者清淨即香界鼻識界
及鼻觸鼻觸為緣所生諸受清淨香界乃
至鼻觸為緣所生諸受清淨即受者清淨何
以故是受者清淨與香界乃至鼻觸為緣所
生諸受清淨无二无二分无別无斷故善現受
者清淨即舌界清淨舌界清淨即受者清淨
何以故是受者清淨與舌界清淨无二无二分
无別无斷故受者清淨即味界舌識界及舌
觸舌觸為緣所生諸受清淨味界乃至舌觸
為緣所生諸受清淨即受者清淨何以故
是受者清淨與味界乃至舌觸為緣所生諸
受清淨无二无二分无別无斷故善現受
者清淨即身界清淨身界清淨即受者清
淨何以故是受者清淨與身界清淨无二无二
分无別无斷故受者清淨即觸界身識界
及身觸身觸為緣所生諸受清淨觸界乃至
身觸為緣所生諸受清淨即受者清淨何以
故是受者清淨與觸界乃至身觸為緣所生
諸受清淨无二无二分无別无斷故善現受
者清淨即意界清淨意界清淨即受者清

及身觸身觸為緣所生諸受清淨觸界乃至
身觸為緣所生諸受清淨即受者清淨何以
故是受者清淨與觸界乃至身觸為緣所生
諸受清淨无二无二分无別无斷故善現受
者清淨即意界清淨意界清淨即受者清
淨何以故是受者清淨與意界清淨无二无二
分无別无斷故受者清淨即法界意識界及
意觸意觸為緣所生諸受清淨法界乃至意觸
為緣所生諸受清淨即受者清淨何以故是
受者清淨與法界乃至意觸為緣所生諸受
清淨无二无二分无別无斷故善現受者清淨
即地界清淨地界清淨即受者清淨何以故
是受者清淨與地界清淨无二无二分无別
无斷故受者清淨即水火風空識界清淨水
火風空識界清淨即受者清淨何以故是受
者清淨與水火風空識界清淨无二无二分无
別无斷故善現受者清淨即无明清淨无明
清淨即受者清淨何以故是受者清淨與无
明清淨无二无二分无別无斷故受者清淨
即行識名色六處觸受愛取有生老死愁歎
苦憂惱清淨行乃至老死愁歎苦憂惱清淨
即受者清淨何以故是受者清淨與行乃
至老死愁歎苦憂惱清淨无二无二分无別
无斷故善現受者清淨即布施波羅蜜多
清淨布施波羅蜜多清淨即受者清淨何以
故是受者清淨與布施波羅蜜多清淨无二

即受者清淨何以故是受者清淨與行乃
至老死愁歎苦憂惱清淨无二无二分无別
无斷故善現受者清淨即布施波羅蜜多
清淨布施波羅蜜多清淨即受者清淨何以
故是受者清淨與布施波羅蜜多清淨无二
无二分无別无斷故受者清淨即淨戒安忍精
進靜慮般若波羅蜜多清淨淨戒乃至般若
波羅蜜多清淨即受者清淨何以故是受者
清淨與淨戒乃至般若波羅蜜多清淨无二无
二分无別无斷故善現受者清淨即內空清
淨內空清淨即受者清淨何以故是受者清
淨與內空清淨无二无二分无別无斷故受
者清淨即外空內外空空空大空勝義空有
為空无為空畢竟空无際空散空无變異空
本性空自相空共相空一切法空不可得空
无性空自性空无性自性空清淨外空乃至
无性自性空清淨即受者清淨何以故是受
者清淨與外空乃至无性自性空清淨无二
无二分无別无斷故善現受者清淨即真如
清淨真如清淨即受者清淨何以故是受者
清淨與真如清淨无二无二分无別无斷故
受者清淨即法界法性不虛妄性不變異性
平等性離生性法定法住實際虛空界不思
議界清淨法界乃至不思議界清淨即受者
清淨何以故是受者清淨與法界乃至不思
議界清淨无二无二分无別无斷故善現受
者清淨即苦聖諦清淨苦聖諦清淨即受

BD04286號　大般若波羅蜜多經卷一九四　（19–11）

受者清淨即法界法性不虛妄性不變異性
平等性離生性法定法住實際虛空界不思
議界清淨法界乃至不思議界清淨即受者
清淨何以故是受者清淨與法界乃至不思
議界清淨无二无二分无別无斷故善現受
者清淨即苦聖諦清淨苦聖諦清淨即受
者清淨何以故是受者清淨與苦聖諦清淨
无二无二分无別无斷故受者清淨即集滅道
聖諦清淨集滅道聖諦清淨即受者清淨何
以故是受者清淨與集滅道聖諦清淨无二无
二分无別无斷故
善現受者清淨即四靜慮清淨四靜慮清淨
即受者清淨何以故是受者清淨與四靜慮
清淨无二无二分无別无斷故受者清淨即
四无量四无色定清淨四无量四无色定清淨
即受者清淨何以故是受者清淨與四无量
四无色定清淨无二无二分无別无斷故善
現受者清淨即八解脫清淨八解脫清淨
即受者清淨何以故是受者清淨與八解脫
清淨无二无二分无別无斷故受者清淨即
八勝處九次第定十遍處清淨八勝處九次
第定十遍處清淨即受者清淨何以故是受
者清淨與八勝處九次第定十遍處清淨无
二无二分无別无斷故善現受者清淨即四
念住清淨四念住清淨即受者清淨何以故
是受者清淨與四念住清淨无二无二分无

BD04286號　大般若波羅蜜多經卷一九四　（19–12）

者清淨與八勝處九次第定十遍處清淨无
二无二分无別无斷故善現受者清淨即四
念住清淨四念住清淨即受者清淨何以故
是受者清淨與四念住清淨无二无二分无
別无斷故受者清淨即四正斷四神足五根
五力七等覺支八聖道支清淨四正斷乃至
八聖道支清淨即受者清淨何以故是受者
清淨與四正斷乃至八聖道支清淨无二无
二分无別无斷故善現受者清淨即空解脫
門清淨空解脫門清淨即受者清淨何以故
是受者清淨與空解脫門清淨无二无二分
无別无斷故受者清淨即无相无願解脫門
清淨无相无願解脫門清淨即受者清淨何
以故是受者清淨與无相无願解脫門清淨
无二无二分无別无斷故善現受者清淨即
菩薩十地清淨菩薩十地清淨即受者清淨
何以故是受者清淨與菩薩十地清淨无二
无二分无別无斷故
善現受者清淨即五眼清淨五眼清淨即受
者清淨何以故是受者清淨與五眼清淨无
二无二分无別无斷故受者清淨即六神通
清淨六神通清淨即受者清淨何以故是受
者清淨與六神通清淨无二无二分无別无斷
故善現受者清淨即佛十力清淨佛十力清淨
即受者清淨何以故是受者清淨與佛十力
清淨无二无二分无別无斷故受者清淨即四

BD04286號　大般若波羅蜜多經卷一九四　（19–13）

清淨六神通清淨即受者清淨何以故是受
者清淨與六神通清淨无二无二分无別无斷
故善現受者清淨即佛十力清淨佛十力清淨
即受者清淨何以故是受者清淨與佛十力
清淨无二无二分无別无斷故受者清淨即四
无所畏四无礙解大慈大悲大喜大捨十八佛
不共法清淨四无所畏乃至十八佛不共法清
淨即受者清淨何以故是受者清淨與四无所
畏乃至十八佛不共法清淨无二无二分无別无
斷故善現受者清淨即无忘失法清淨无忘
失法清淨即受者清淨何以故是受者清淨與
无忘失法清淨无二无二分无別无斷故受
者清淨即恒住捨性清淨恒住捨性清淨即
受者清淨何以故是受者清淨與恒住捨性清
淨无二无二分无別无斷故善現受者清淨即
一切智清淨一切智清淨即受者清淨何以
故是受者清淨與一切智清淨无二无二分无
別无斷故受者清淨即道相智一切相智清
淨道相智一切相智清淨即受者清淨何以
故是受者清淨與道相智一切相智清淨无二
无二分无別无斷故善現受者清淨即一切
陁羅尼門清淨一切陁羅尼門清淨即受者
清淨何以故是受者清淨與一切陁羅尼門清
淨何以故是受者清淨與一切陁羅尼門清
淨无二无二分无別无斷故受者清淨即一
切三摩地門清淨一切三摩地門清淨即
[illegible]清淨何以故是受者清淨與一切三摩

BD04286號　大般若波羅蜜多經卷一九四　（19–14）

清淨何以故是受者清淨與一切陁羅尼門清
淨何以故是受者清淨與一切陁羅尼門清
淨无二无二分无別无斷故受者清淨即一
切三摩地門清淨一切三摩地門清淨即
受者清淨何以故是受者清淨與一切三摩
地門清淨无二无二分无別无斷故
善現受者清淨即預流果清淨預流果清淨
即受者清淨何以故是受者清淨與預流果
清淨无二无二分无別无斷故受者清淨即
一來不還阿羅漢果清淨一來不還阿羅漢
果清淨即受者清淨何以故是受者清淨與
一來不還阿羅漢果清淨无二无二分无別
无斷故善現受者清淨即獨覺菩提清淨獨
覺菩提清淨即受者清淨何以故是受者清
淨與獨覺菩提清淨无二无二分无別无斷
故善現受者清淨即一切菩薩摩訶薩行清
淨一切菩薩摩訶薩行清淨即受者清淨何
以故是受者清淨與一切菩薩摩訶薩行清
淨无二无二分无別无斷故善現受者清淨
即諸佛无上正等菩提清淨諸佛无上正等
菩提清淨即受者清淨何以故是受者清淨
與諸佛无上正等菩提清淨无二无二分无
別无別故
復次善現知者清淨即色清淨色清淨即知
者清淨何以故是知者清淨與色清淨无二
无二分无別无斷故知者清淨即受想行
識清淨受想行識清淨即知者清淨何以故

BD04286號　大般若波羅蜜多經卷一九四　（19–15）

別无別故
復次善現知者清淨即色清淨色清淨即知
者清淨何以故是知者清淨與色清淨无二
无二分无別无斷故知者清淨即受想行
識清淨受想行識清淨即知者清淨何以故
是知者清淨與受想行識清淨无二无二分
无別无斷故善現知者清淨即眼處清淨眼
處清淨即知者清淨何以故是知者清淨與
眼處清淨无二无二分无別无斷故知者清淨
即耳鼻舌身意處清淨耳鼻舌身意處
清淨即知者清淨何以故是知者清淨與耳
鼻舌身意處清淨无二无二分无別无斷故
善現知者清淨即色處清淨色處清淨即知
者清淨何以故是知者清淨與色處清淨无
二无二分无別无斷故知者清淨即聲香味
觸法處清淨聲香味觸法處清淨即知者
清淨何以故是知者清淨與聲香味觸法處
清淨无二无二分无別无斷故善現知者清
清即眼界清淨眼界清淨即知者清淨何
以故是知者清淨與眼界清淨无二无二分无
別无斷故知者清淨即色界眼識界及眼觸
眼觸為緣所生諸受清淨色界乃至眼觸為
緣所生諸受清淨即知者清淨何以故是知
者清淨與色界乃至眼觸為緣所生諸受
清淨无二无二分无別无斷故善現知者清
淨即耳界清淨耳界清淨即知者清淨何
以故是知者清淨與耳界清淨无二无二分无

BD04286號　大般若波羅蜜多經卷一九四　（19–16）

眼觸爲緣所生諸受清淨色界乃至眼觸爲
緣所生諸受清淨即知者清淨何以故是知
者清淨與色界乃至眼觸爲緣所生諸受
清淨无二无二分无別无斷故善現知者清
淨即耳界清淨耳界清淨即知者清淨何
以故是知者清淨與耳界清淨无二无二分无
別无斷故知者清淨即聲界耳識界及耳
觸耳觸爲緣所生諸受清淨聲界乃至耳觸
爲緣所生諸受清淨即知者清淨何以故是
知者清淨與聲界乃至耳觸爲緣所生諸受
清淨无二无二分无別无斷故善現知者清
淨即鼻界清淨鼻界清淨即知者清淨何
以故是知者清淨與鼻界清淨无二无二分
无別无斷故知者清淨即香界鼻識界及
鼻觸鼻觸爲緣所生諸受清淨香界乃至
鼻觸爲緣所生諸受清淨即知者清淨何以
故是知者清淨與香界乃至鼻觸爲緣所生諸
受清淨无二无二分无別无斷故善現知者清
淨即舌界清淨舌界清淨即知者清淨何以
故是知者清淨與舌界清淨无二无二分无別
无斷故知者清淨即味界舌識界及舌觸舌
觸爲緣所生諸受清淨味界乃至舌觸爲緣
所生諸受清淨即知者清淨何以故是知者
清淨與味界乃至舌觸爲緣所生諸受清淨
无二无二分无別无斷故善現知者清淨即身
界清淨身界清淨即知者清淨何以故是知
者清淨與身界清淨无二无二分无別无斷

BD04286 號　大般若波羅蜜多經卷一九四　（19–17）

所生諸受清淨即知者清淨何以故是知者
清淨與味界乃至舌觸爲緣所生諸受清淨
无二无二分无別无斷故善現知者清淨即身
界清淨身界清淨即知者清淨何以故是知
者清淨與身界清淨无二无二分无別无斷
故知者清淨即觸界身識界及身觸身觸爲
緣所生諸受清淨觸界乃至身觸爲緣所生
諸受清淨即知者清淨何以故是知者清淨
與觸界乃至身觸爲緣所生諸受清淨无二
无二分无別无斷故善現知者清淨即意
界清淨意界清淨即知者清淨何以故是知
者清淨與意界清淨无二无二分无別无斷
故知者清淨即法界意識界及意觸意觸
爲緣所生諸受清淨法界乃至意觸爲緣
所生諸受清淨即知者清淨何以故是知者
清淨與法界乃至意觸爲緣所生諸受清淨
无二无二分无別无斷故善現知者清淨即
地界清淨地界清淨即知者清淨何以故是知
者清淨與地界清淨无二无二分无別无斷故
知者清淨即水火風空識界清淨水火風空
識界清淨即知者清淨何以故是知者清淨
與水火風空識界清淨无二无二分无別无斷
故善現知者清淨即无明清淨无明清淨即
知者清淨何以故是知者清淨與无明清淨
无二无二分无別无斷故知者清淨即行識
名色六處觸受愛取有生老死愁歎苦憂惱

BD04286 號　大般若波羅蜜多經卷一九四　（19–18）

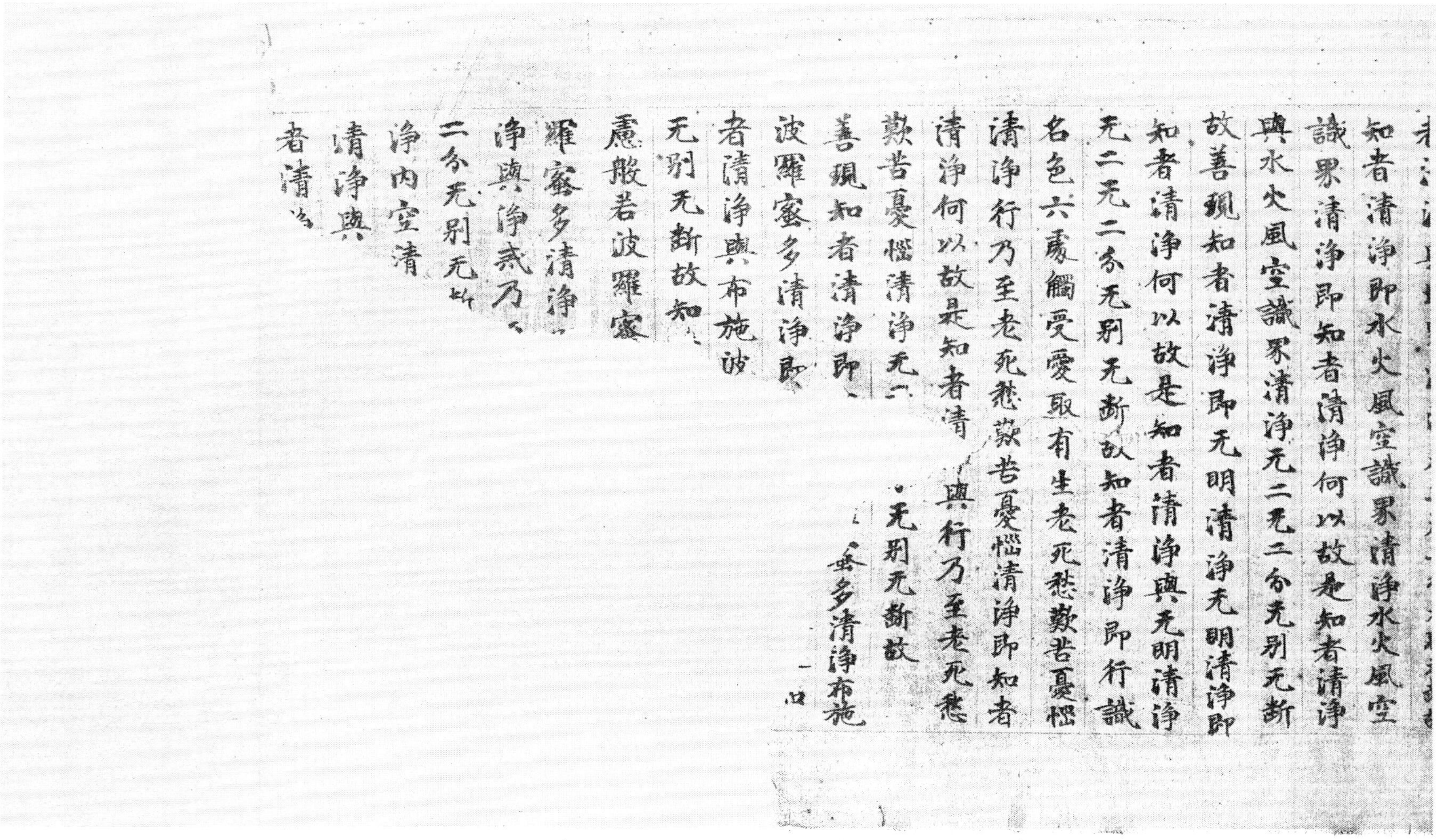

知者清淨即水火風空識界清淨水火風空
識界清淨即知者清淨何以故是知者清淨
與水火風空識界清淨无二无二分无別无斷
故善現知者清淨即无明清淨无明清淨即
知者清淨何以故是知者清淨與无明清淨
无二无二分无別无斷故知者清淨即行識
名色六處觸受愛取有生老死愁歎苦憂惱
清淨行乃至老死愁歎苦憂惱清淨即知者
清淨何以故是知者清　與行乃至老死愁
歎苦憂惱清淨无二　无別无斷故
善現知者清淨即　蜜多清淨布施
波羅蜜多清淨即
者清淨與布施波
无別无斷故知
慮般若波羅蜜
羅蜜多清淨
淨與淨戒乃
二分无別无
淨內空清
清淨與
者清

BD04286號　大般若波羅蜜多經卷一九四　　（19–19）

BD04286號背　勘記　　（1–1）

哀愍諸衆生　故現於世間　超出成正覺　我等甚欣慶
及餘一切衆　喜歎未曾有　我等諸宮殿　蒙光故嚴飾
今以奉世尊　唯垂哀納受　願以此功德　普及於一切
我等與衆生　皆共成佛道
尒時五百万億諸梵天王偈讚佛已各白佛言
唯願世尊轉於法輪多所安隱多所度脫時
諸梵天王而說偈言
世尊轉法輪　擊甘露法鼓　度苦惱衆生　開示涅槃道
唯願受我請　以大微妙音　哀愍而敷演　无量劫習法
尒時大通智勝如来受十方諸梵天王及十
六王子請即時三轉十二行法輪若沙門婆
羅門若天魔梵及餘世間所不能轉謂是
苦是苦集是苦滅是苦滅道及廣說十二因緣
法无明緣行行緣識識緣名色名色緣六入
六入緣觸觸緣受受緣愛愛緣取取緣有有
緣生生緣老死憂悲苦惱无明滅則行滅行滅
則識滅識滅則名色滅名色滅則六入滅六入
滅則觸滅觸滅則受滅受滅則愛滅愛滅則取
滅取滅則有滅有滅則生滅生滅則老死憂
悲苦惱滅佛於天人大衆之中說是法時六
百万億那由他人以不受一切法故而於諸

BD04287號　妙法蓮華經卷三　（9–1）

緣生生緣老死憂悲苦惱无明滅則行滅行滅
則識滅識滅則名色滅名色滅則六入滅六入
滅則觸滅觸滅則受滅受滅則愛滅愛滅則取
滅取滅則有滅有滅則生滅生滅則老死憂
悲苦惱滅佛於天人大衆之中說是法時六
百万億那由他人以不受一切法故而於諸
漏心得解脫皆得深妙禪定三明六通具
八解脫第二第三第四說法時千万億恒
河沙那由他等衆生亦以不受一切法故而
於諸漏心得解脫從是已後諸聲聞衆无量
无邊不可稱數尒時十六王子皆以童子出
家而為沙弥諸根通利智慧明了已曾供養
百千万億諸佛淨脩梵行求阿耨多羅三
藐三菩提俱白佛言世尊是諸无量千万億
大德聲聞皆已成就世尊亦當為我等說阿
耨多羅三藐三菩提法我等聞已皆共脩學
世尊我等志願如来知見深心所念佛自證
知尒時轉輪聖王所將衆中八万億人見十
六王子出家亦求出家王即聽許尒時彼佛
受沙弥請過二万劫已乃於四衆之中說是
大乘經名妙法蓮華教菩薩法佛所護念說
是經已十六沙弥為阿耨多羅三藐三菩提
故皆共受持諷誦通利說是經時十六菩薩
沙弥皆悉信受聲聞衆中亦有信解其餘衆
生千万億種皆生疑惑佛說是經於八千劫未
曾休廢說此經已即入靜室住於禪定八

BD04287號　妙法蓮華經卷三　（9–2）

大乘經名妙法蓮華教菩薩法佛所護念說
是經已十六沙弥為阿耨多羅三藐三菩提
故皆共受持諷誦通利說是經時十六菩薩
沙弥皆悉信受聲聞衆中亦有信解其餘衆
生千万億種皆生疑惑佛說是經於八千劫未
曾休廢說此經已即入靜室住於禪定八
万四千劫是時十六菩薩沙弥知佛入室寂
然禪定各昇法座亦於八万四千劫為四部
衆廣說分別妙法華經一一皆度六百万億
那由他恒河沙等衆生示教利喜令發阿耨
多羅三藐三菩提心大通智勝佛過八万四
千劫已從三昧起往詣法座安詳而坐普告
大衆是十六菩薩沙弥甚為希有諸根通利
智慧明了已曾供養无量千万億數諸佛於
諸佛所常脩梵行受持佛智開示衆生令
入其中汝等皆當數數親近而供養之所以者
何若聲聞辟支佛及諸菩薩能信是十六菩
薩所說經法受持不毀者是人皆當得阿耨多
羅三藐三菩提如來之慧佛告諸比丘是十
六菩薩常樂說是妙法蓮華經一一菩薩所
化六百万億那由他恒河沙等衆生世世所
生與菩薩俱從其聞法悉皆信解以此因緣
得值四万億諸佛世尊于今不盡諸比丘
我今語汝彼佛弟子十六沙弥今皆得阿耨
多羅三藐三菩提於十方國土現在說法有
无量百千万億菩薩聲聞以為眷屬其二沙

BD04287號　妙法蓮華經卷三　（9–3）

生與菩薩俱從其聞法悉皆信解以此因緣
得值四万億諸佛世尊于今不盡諸比丘
我今語汝彼佛弟子十六沙弥今皆得阿耨
多羅三藐三菩提於十方國土現在說法有
无量百千万億菩薩聲聞以為眷屬其二沙
弥東方作佛一名阿閦在歡喜國二名須弥
頂東南方二佛一名師子音二名師子相南
方二佛一名虛空住二名常滅西南方二佛
一名帝相二名梵相西方二佛一名阿弥陀
二名度一切世間苦惱西北方二佛一名多
摩羅跋栴檀香神通二名須弥相北方二佛
一名雲自在二名雲自在王東北方佛名壞
一切世間怖畏第十六我釋迦牟尼佛於娑
婆國土成阿耨多羅三藐三菩提諸比丘我
等為沙弥時各各教化无量百千万億恒河
沙等衆生從我聞法為阿耨多羅三藐三菩
提此諸衆生于今有住聲聞地者我常教化
阿耨多羅三藐三菩提是諸人等應以是法
漸入佛道所以者何如來智慧難信難解尒
時所化无量恒河沙等衆生者汝等諸比丘
及我滅度後未來世中聲聞弟子是也我滅
度後復有弟子不聞是經不知不覺菩薩所
行自於所得功德生滅度想當入涅槃我於
餘國作佛更有異名是人雖生滅度之想入
於涅槃而於彼土求佛智慧得聞是經唯以
佛乘而得滅度更无餘乘除諸如來方便說

BD04287號　妙法蓮華經卷三　（9–4）

度後復有弟子不聞是經不知不覺菩薩所
行自於所得功德生滅度想當入涅槃我於
餘國作佛更有異名是人雖生滅度之想入
於涅槃而於彼土求佛智慧得聞是經唯以
佛乘而得滅度更无餘乘除諸如來方便說
法諸比丘若如來自知涅槃時到衆又清淨
信解堅固了達空法深入禪定便集諸菩薩
及聲聞衆爲說是經世間无有二乘而得滅
度唯一佛乘得滅度耳比丘當知如來方便
深入衆生之性知其志樂小法深著五欲爲
是等故說於涅槃是人若聞則便信受譬如五
百由旬險難惡道曠絶无人怖畏之處若有
多衆欲過此道至珍寶處有一導師聰慧明
達善知險道通塞之相將導衆人欲過此
難所將人衆中路懈退白導師言我等疲極
而復怖畏不能復進前路猶遠今欲退還導
師多諸方便而作是念此等可愍云何捨大
珍寶而欲退還作是念已以方便力於險道
中過三百由旬化作一城告衆人言汝等勿
怖莫得退還今此大城可於中止隨意所作
若入是城快得安隱若能前至寶所亦可得
去是時疲極之衆心大歡喜歎未曾有我等
今者免斯惡道快得安隱於是衆人前入化
城生已度想生安隱想尒時導師知此人衆
既得止息无復疲惓即滅化城語衆人言汝
等去來寶處在近向者大城我所化作爲止

去是時疲極之衆心大歡喜歎未曾有我等
今者免斯惡道快得安隱於是衆人前入化
城生已度想生安隱想尒時導師知此人衆
既得止息无復疲惓即滅化城語衆人言汝
等去來寶處在近向者大城我所化作爲止
息耳諸比丘如來亦復如是今爲汝等作大
導師知諸生死煩惱惡道險難長遠應去應
度若衆生但聞一佛乘者則不欲見佛不欲
親近便作是念佛道長遠久受勤苦乃可得
成佛知是心怯弱下劣以方便力而於中道
爲止息故說二涅槃若衆生住於二地如來
尒時即便爲說汝等所作未辦汝所住地近
於佛慧當觀察籌量所得涅槃非真實也
但是如來方便之力於一佛乘分別說三如彼
導師爲止息故化作大城既知息已而告之言
寶處在近此城非實我化作耳尒時世尊欲
重宣此義而說偈言
大通智勝佛　十劫坐道場　佛法不現前　不得成佛道
諸天神龍王　阿脩羅衆等　常雨於天華　以供養彼佛
諸天擊天鼓　并作衆伎樂　香風吹萎華　更雨新好者
過十小劫已　乃得成佛道　諸天及世人　心皆懷踊躍
彼佛十六子　皆與其眷屬　千万億圍遶　俱行至佛所
頭面禮佛足　而請轉法輪　聖師子法雨　充我及一切
世尊甚難值　久遠時一現　爲覺悟群生　震動於一切
東方諸世界　五百万億國　梵宮殿光曜　昔所未曾有
諸梵見此相　尋來至佛所　散華以供養　并奉上宮殿

過十小劫已　乃得成佛道　諸天及世人　心皆懷踊躍
彼佛十六子　皆與其眷屬　千万億圍遶　俱行至佛所
頭面礼佛足　而請轉法輪　聖師子法雨　充我及一切
世尊甚難值　久遠時一現　為覺悟群生　震動於一切
東方諸世界　五百万億國　梵宮殿光曜　昔所未曾有
諸梵見此相　尋來至佛所　散華以供養　并奉上宮殿
請佛轉法輪　以偈而讚歎　佛知時未至　受請黙然坐
三方及四維　上下亦復尒　散華奉宮殿　請佛轉法輪
世尊甚難值　願以大慈悲　廣開甘露門　轉无上法輪
无量慧世尊　受彼衆人請　為宣種種法　四諦十二緣
无明至老死　皆從生緣有　如是衆過患　汝等應當知
宣暢是法時　六百万億姟　得盡諸苦際　皆成阿羅漢
第二說法時　千万恒沙衆　於諸法不受　亦得阿羅漢
從是後得道　其數无有量　万億劫筭數　不能得其邊
時十六王子　出家作沙弥　皆共請彼佛　演說大乘法
我等及營從　皆當成佛道　願得如世尊　慧眼第一淨
佛知童子心　宿世之所行　以无量因緣　種種諸譬喻
說六波羅蜜　及諸神通事　分別真實法　菩薩所行道
說是法華經　如恒河沙偈　彼佛說經已　靜室入禪定
一心一處坐　八万四千劫　是諸沙弥等　知佛禪未出
為无量億衆　說佛无上慧　各各坐法座　說是大乘經
於佛宴寂後　宣揚助法化　一一沙弥等　所度諸衆生
有六百万億　恒河沙等衆　彼佛滅度後　是諸聞法者
在在諸佛土　常與師俱生　是十六沙弥　具足行佛道
今現在十方　各得成正覺　尒時聞法者　各在諸佛所
其有住聲聞　漸教以佛道　我在十六數　曾亦為汝說

BD04287 號　妙法蓮華經卷三　（9–7）

一心一處坐　八万四千劫　是諸沙弥等　知佛禪未出
為无量億衆　說佛无上慧　各各坐法座　說是大乘經
於佛宴寂後　宣揚助法化　一一沙弥等　所度諸衆生
有六百万億　恒河沙等衆　彼佛滅度後　是諸聞法者
在在諸佛土　常與師俱生　是十六沙弥　具足行佛道
今現在十方　各得成正覺　尒時聞法者　各在諸佛所
其有住聲聞　漸教以佛道　我在十六數　曾亦為汝說
是故以方便　引汝趣佛慧　以是本因緣　今說法華經
令汝入佛道　慎勿懷驚懼　譬如險惡道　逈絕多毒獸
又復无水草　人所怖畏處　无數千万衆　欲過此險道
其路甚曠遠　經五百由旬　時有一導師　強識有智慧
明了心決定　在險濟衆難　衆人皆疲惓　而白導師言
我等今頓乏　於此欲退還　導師作是念　此輩甚可愍
如何欲退還　而失大珍寶　尋時思方便　當設神通力
化作大城郭　莊嚴諸舍宅　周帀有園林　渠流及浴池
重門高樓閣　男女皆充滿　即作是化已　慰衆言勿懼
汝等入此城　各可隨所樂　諸人既入城　心皆大歡喜
皆生安隱想　自謂已得度　導師知息已　集衆而告言
汝等當前進　此是化城耳　我見汝疲極　中路欲退還
故以方便力　權化作此城　汝今勤精進　當共至寶所
我亦復如是　為一切導師　見諸求道者　中路而懈廢
不能度生死　煩惱諸險道　故以方便力　為息說涅槃
言汝等苦滅　所作皆已辦　既知到涅槃　皆得阿羅漢
尒乃集大衆　為說真實法　諸佛方便力　分別說三乘
唯有一佛乘　息處故說二　今為汝說實　汝所得非滅
為佛一切智　當發大精進　汝證一切智　十力等佛法

BD04287 號　妙法蓮華經卷三　（9–8）

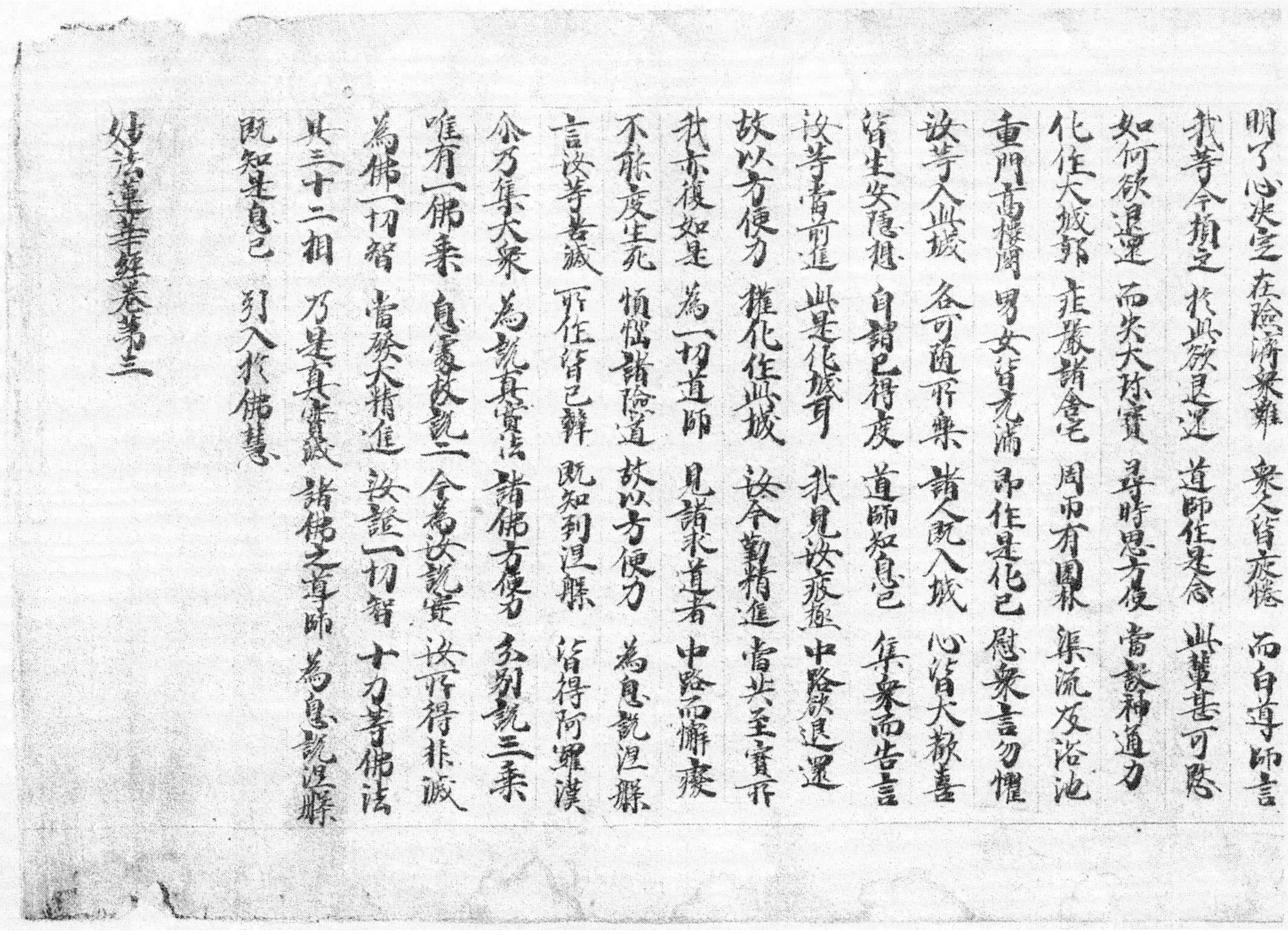

明了心決定　在險濟衆難　衆人皆疲惓　而白導師言
我等今頓乏　於此欲退還　導師作是念　此輩甚可愍
如何欲退還　而失大珍寶　尋時思方便　當設神通力
化作大城郭　莊嚴諸舍宅　周帀有園林　渠流及浴池
重門高樓閣　男女皆充滿　即作是化已　慰衆言勿懼
汝等入此城　各可隨所樂　諸人既入城　心皆大歡喜
皆生安隱想　自謂已得度　導師知息已　集衆而告言
汝等當前進　此是化城耳　我見汝疲極　中路欲退還
故以方便力　權化作此城　汝今勤精進　當共至寶所
我亦復如是　為一切導師　見諸求道者　中路而懈廢
不能度生死　煩惱諸險道　故以方便力　為息說涅槃
言汝等苦滅　所作皆已辦　既知到涅槃　皆得阿羅漢
尒乃集大衆　為說真實法　諸佛方便力　分別說三乘
唯有一佛乘　息處故說二　今為汝說實　汝所得非滅
為佛一切智　當發大精進　汝證一切智　十力等佛法
具三十二相　乃是真實滅　諸佛之導師　為息說涅槃
既知是息已　引入於佛慧
妙法蓮華經卷第三

BD04287 號　妙法蓮華經卷三　（9–9）

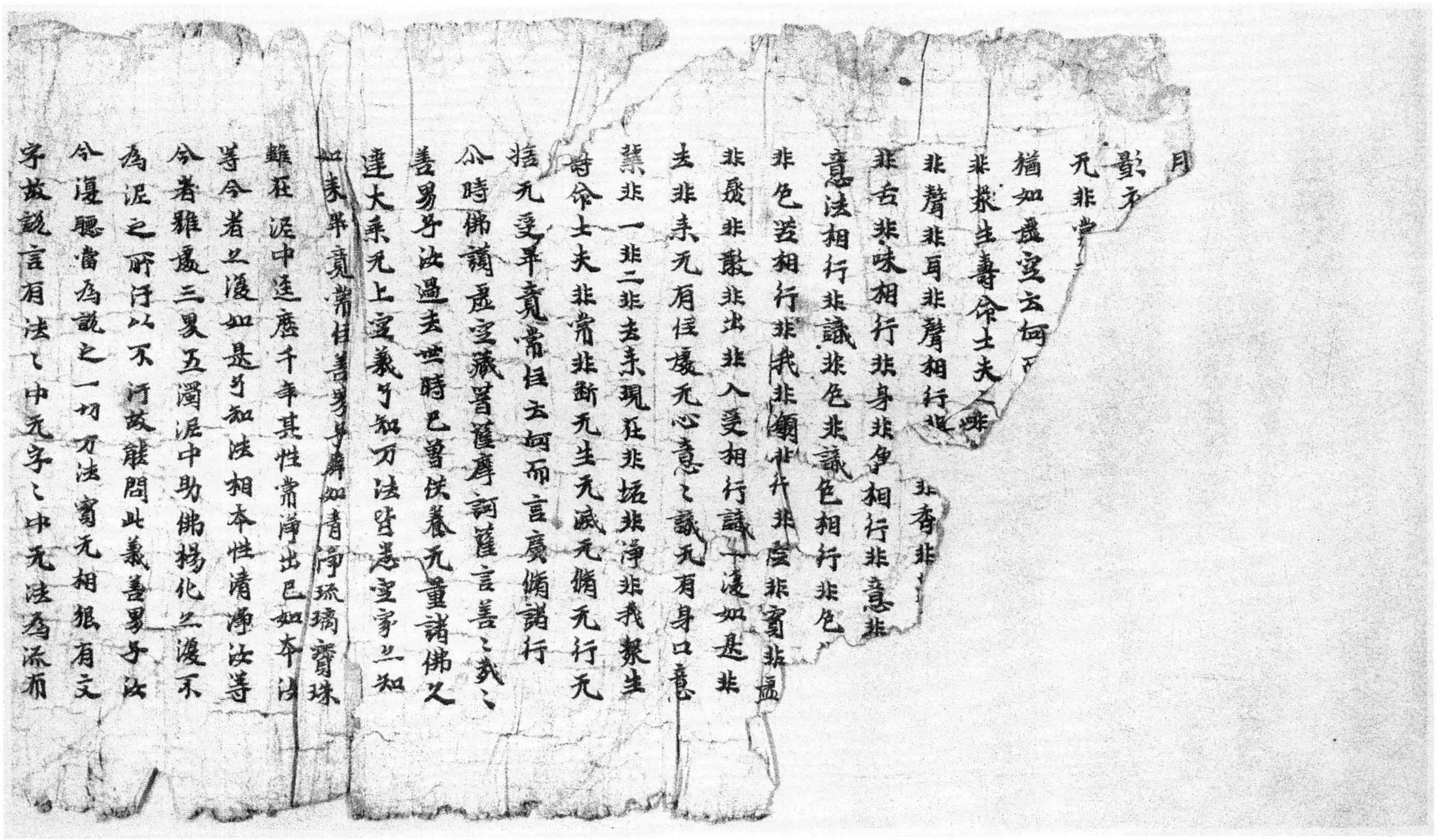

月
影，亦
无非常
猶如虛空，云何
非衆生壽命士夫人非
非聲非耳非聲相行非　非香非
非舌非味相行非身非觸相行非意非
意法相行非識非色非識色相行非色
非色若相行非我非我所非行非處非實非虛
非發非散非出非入受相行識一一處如是非
去非來无有住處无心意意識无有身口意
業非一非二非去來現在非垢非淨非我衆生
壽命士夫非常非斷无生无滅无脩无行无
諍无受畢竟常住云何而言廣脩諸行
尒時佛讚虛空藏菩薩摩訶薩言善哉善哉
善男子汝過去世時已曾供養无量諸佛久
達大乘无上空義了知万法皆悉空寂亦知
如來畢竟常住善男子譬如青淨琉璃寶珠
雖在泥中逕歷千年其性常淨出已如本汝
等今者亦復如是了知法相本性清淨汝等
今者雖處三界五濁泥中助佛揚化亦復不
為泥之所汙以不汙故能問此義善男子汝
今復聽當為說之一切万法實无相貌有文
字故說言有法法中无字字中无法為添而

BD04288 號　大通方廣懺悔滅罪莊嚴成佛經卷中　（2–1）

達大乘无上寶義了知万法皆悉寶家〻知
如來畢竟常住善男子譬如青淨琉璃寶珠
雖在泥中逕歷千年其性常淨出已如本汝
等今者亦復如是了知法相本性清淨汝等
今者雖處三界五濁泥中助佛揚化亦復不
為泥之所汙以不汙故能問此義善男子汝
今復聽當為說之一切万法窮无相狠有文
字故說言有法〻中无字〻中无法為流布
故說有文〻字〻之中亦无菩提〻〻之中亦
无文字第一義諦雖无文字世俗道中說有文
字衆生佛性无上菩提不離文字善男子譬
如汝說如來无盡无生不滅不行離諸脩行
不入正位亦不退轉一生不生究竟隨天不
從天下不處世胎於一切法心无所住亦不
說言我已過於生老病死亦不四維七步而
行亦不自言我是世間无上之尊不處中宮
婇女娛樂不習世間伎樂之事亦復不學騰
馬角力戲度衆生亦現老人為懷貪身亦現
病苦為懷貪壽亦現死相為懷貪欲及我〻
所亦現沙門為令衆生不求梵天帝釋之身
勤求出世无上之法踰出宮城亦現出離三
界繫縛及亦非果前後故亦現无瞋愛是故
三十二相莊嚴其身為亦衆生息諸福田剎
除周羅[illegible]捨瓔珞還[illegible]放闡陀羅亦現
遠離一切煩惱現剃鬚髮亦不貪着於一切
法受持衆戒亦誨衆生從難陀阿羅[illegible]
諮問受法亦現破壞自高之心[illegible]

BD04288 號　大通方廣懺悔滅罪莊嚴成佛經卷中　（2–2）

捨僧不獨有此沙門釋子亦更有餘沙門婆羅門修梵
行者我等亦可於彼修梵行是比丘尼當諫彼比丘尼
言大姊汝莫瞋恚以一小事瞋恚喜便作是語我捨
佛捨法捨僧不獨有此沙門釋子亦更有餘沙門婆
羅門修梵行者我等亦可於彼修梵行若是比丘尼
諫彼比丘尼時堅持不捨彼比丘尼應三諫捨此事
故乃至三諫捨者善不捨者是比丘尼犯三法應捨
僧伽婆尸沙
若比丘尼喜鬪諍不善憶持諍事後瞋恚作是語
僧有愛有恚有怖有癡是比丘尼應諫彼比丘尼言
妹汝莫喜鬪諍不善憶持諍事後瞋恚作是語僧
有愛有恚有怖有癡而僧不愛不恚不怖不癡汝自
有愛有恚有怖有癡是比丘尼諫彼比丘尼時堅持[illegible]
捨彼比丘尼應三諫捨此事故乃至三諫捨者善[illegible]
者僧伽婆是比丘尼犯三法應捨僧伽[illegible]
諸大姊我已說十七僧伽婆尸沙法[illegible]
三諫若比丘尼犯一一法應半月半[illegible]
那埵行摩那埵已餘有出罪應[illegible]
是比丘尼罪皆少一人不滿四十衆

BD04289 號　四分比丘尼戒本　（26–1）

捨彼比丘尼應三諫捨此事故乃至三諫捨者善
者僧伽婆是比丘尼犯三法應捨僧伽
諸大姊我已說十七僧伽婆尸沙法
三諫若比丘尼犯一一法應半月半
那埵行摩那埵已餘有出罪應
是比丘尼罪若少一人不滿四十衆
比丘尼罪不得除諸比丘尼亦可呵此是時
是中清淨不如是三 諸大姊是中清淨默然
諸大姊是三十尼薩耆波逸提法半月半月
若比丘尼衣已竟迦絺那衣已捨畜長衣
施得畜若過十日尼薩耆波逸提
若比丘尼衣已竟迦絺那衣捨五
處宿經一夜除僧羯磨尼薩耆波
若比丘尼衣竟迦絺那衣捨若得
受已疾疾成衣若足善若不足
足故若過者尼薩耆波逸提
若比丘尼從非親里居士居士婦乞衣除餘
逸餘時者若奪衣失衣燒衣漂衣是名餘時
若比丘尼奪衣失衣燒衣漂衣若非親里居士若居士居
婦自恣請多與衣是比丘尼當知足受衣若過受尼薩
耆波逸提
若比丘尼居士居士婦爲比丘尼辦衣價具如是衣價與
某甲比丘尼是比丘尼先受不自恣請到居士家作如是
說善哉居士爲我辦如是如是衣價與我爲好故若
得衣者尼薩耆波逸提
若比丘尼二居士居士婦與比丘尼辦衣價我曹辦如是
衣價與某甲比丘尼是比丘尼先不受自恣請到二居士
[illegible]

BD04289號　四分比丘尼戒本　(26–2)

若比丘尼居士居士婦爲比丘尼辦衣價具如是衣價與
某甲比丘尼是比丘尼先受不自恣請到居士家作如是
說善哉居士爲我辦如是如是衣價與我爲好故若
得衣者尼薩耆波逸提
若比丘尼二居士居士婦與比丘尼辦衣價我曹辦如是
衣價與某甲比丘尼是比丘尼先不受自恣請到二居士
家作如是言善哉居士辦如是如是衣價與我共作
一衣爲好故若得衣者尼薩耆波逸提
若比丘尼若王若大臣若婆羅門若居士居士婦遣使爲
比丘尼送衣價持如是衣價與某甲比丘尼彼使至比丘尼所
語言阿姨爲汝送衣價受取是比丘尼語彼使如是言我
不應受此衣價我若須衣合時清淨當受彼使語比丘尼
言阿姨有執事人不須衣比丘尼應語言有僧伽藍民若
優婆塞此是比丘尼執事人常爲比丘尼執事彼使至執
事人所與衣價已還到比丘尼所如是言阿姨所示某甲執
事我已與衣價大姊知時往彼當衣得比丘尼若須衣者當
往執事人所二反三反語言我須衣若二反三反爲作憶念
善若不得四反五反六反在前默然立令彼憶念若四反五
反六反在前默然住得衣者善若不得衣過是求得衣者
尼薩耆波逸提若不得衣隨彼所使來處若自往若遣
使往語言汝先遣使持衣價與某甲比丘尼是比丘尼竟
不得衣汝還取莫使失此是時
若比丘尼自金銀若錢若教人取若口可受者尼薩耆
波逸提
若比丘尼種種買賣寶物尼薩耆波逸提
若比丘尼種種販賣者尼薩耆波逸提
若比丘尼鉢減五綴不漏更求新鉢爲好故尼薩耆波逸
[illegible]

BD04289號　四分比丘尼戒本　(26–3)

不得衣汝還我衣莫使失此是時
若比丘尼自捉金銀若錢若教人取若口可受者尼薩耆
波逸提
若比丘尼種種買賣寶物尼薩耆波逸提
若比丘尼種種販賣者尼薩耆波逸提
若比丘尼鉢減五綴不漏更求新鉢為好故尼薩耆波逸
提是比丘尼當持此鉢於尼眾中捨從次第貿至下坐以下
坐鉢與此比丘尼言妹持此鉢乃至破此時是
若比丘尼自求縷使非親里織師織作衣者尼薩耆波
逸提
若比丘尼若居士居士婦使織師為比丘尼織作衣彼比
丘尼先不受自恣請便往到彼所語織師言此衣為我織
極好織令廣大堅緻齊整好我當少多與汝價若比丘尼
與價乃至一食直得衣者尼薩耆波逸提
若比丘尼與比丘尼衣已後瞋恚若自奪若教人奪取
還我衣來不與汝是比丘尼應還衣彼取衣者尼薩耆
波逸提
若比丘尼有諸病畜藥酥油生酥蜜石蜜得食殘宿乃
至七日得服若過七日服尼薩耆波逸提
若比丘尼十日未滿夏三月若有急施衣比丘尼知是急
施衣應受受已乃至衣時應畜若過畜者尼薩耆 波
逸提
若比丘尼知物向僧自求入己者尼薩耆波逸提
若比丘尼欲索是更索彼者尼薩耆波逸提
若比丘尼知檀越所為施僧異迴作餘用者尼薩 耆
波逸提
若比丘尼所為施物異自求為僧迴作餘用者尼薩耆

逸提
若比丘尼知物向僧自求入己者尼薩耆波逸提
若比丘尼欲索是更索彼者尼薩耆波逸提
若比丘尼知檀越所為施僧異迴作餘用者尼薩 耆
波逸提
若比丘尼所為施物異自求為僧迴作餘用者尼薩耆
波逸提
若比丘尼檀越所為施物異迴作用餘者尼薩耆波逸提
若比丘尼檀越所為施物異自求為僧迴作餘用者尼薩
耆波逸提
若比丘尼畜長鉢者尼薩耆波逸提
若比丘尼多畜好色器者尼薩耆波逸提
若比丘尼許他比丘尼病衣後不與者尼薩耆波逸提
若比丘尼以非衣受作時衣者尼薩耆波逸提
若比丘尼與比丘尼貿易衣後瞋恚還自奪取若使人奪妹
還我衣來我不與汝汝衣屬汝我衣還我者尼薩耆波逸提
若比丘尼乞重衣齊價直四張氎過者尼薩耆波逸提
諸大姊我已說三十尼薩耆波逸提法今問諸大姊是中清淨
不（如是至三）諸大姊是中清淨默然故是事如是持
諸大姊是一百七十八波逸提法半月半月說戒經中來
若比丘尼故妄語者波逸提
若比丘尼毀呰語者波逸提
若比丘尼兩舌語者波逸提
若比丘尼與男子同室宿者波逸提
若比丘尼共未受大戒女人同一室宿若過三宿波逸提
若比丘尼與未受具戒人共誦法者波逸提
若比丘尼知他有麤惡罪向未受大戒人說除僧羯磨波逸提

若比丘尼兩舌語者波逸提
若比丘尼與男子同室宿者波逸提
若比丘尼共未受大戒女人同一室宿若過三宿波逸提
若比丘尼與未受具戒人共誦法者波逸提
若比丘尼知他有麁惡罪向未受大戒人說除僧羯磨波逸提
若比丘尼向未受大戒人說過人法言我知是我見是實者
波逸提
若比丘尼與男子說法過五六語除有知事人波逸提
若比丘尼自手掘地若教人掘者波逸提
若比丘尼壞鬼神村者波逸提
若比丘尼妄作異語惱他者波逸提
若比丘尼嫌罵他者波逸提
若比丘尼取僧繩床若木床若臥具坐褥露地自敷若教
人敷捨去不自舉不教人舉波逸提
若比丘尼於僧房中取僧臥具自敷若教人敷在中若坐
若臥從彼處捨去不自舉不教人舉者波逸提
若比丘尼知比丘先住處後來於中間敷臥具止宿念言
彼若嫌迮者自當避我去作如是因緣非餘非威儀波逸提
若比丘尼瞋他比丘尼不喜僧房中自牽出若教人牽
出者波逸提
若比丘尼若在重閣上脫腳繩床若木床若坐若臥波逸提
若比丘尼知水有虫若用澆泥若草若教人澆者波逸提
若比丘尼作大房戶扉窗牖及餘莊飾具指授覆苫齊
二三節若過者波逸提
若比丘尼施一食處無病比丘尼應一食若過者波逸提
若比丘尼別眾食除餘時波逸提餘時者病時作衣時施
衣時行道時船上時大會時沙門施食時此是時

BD04289號　四分比丘尼戒本　（26–6）

若比丘知水有虫若用澆泥若草若教人澆者波逸提
若比丘尼作大房戶扉窗牖及餘莊飾具指授覆苫齊
二三節若過者波逸提
若比丘尼施一食處無病比丘尼應一食若過者波逸提
若比丘尼別眾食除餘時波逸提餘時者病時作衣時施
衣時行道時船上時大會時沙門施食時此是時
若比丘尼至檀越家慇懃請與餅麨飯比丘尼欲須者當
二三鉢應受持至寺內分與餘比丘尼食若比丘尼無病過
三鉢受持至寺中不分與餘比丘尼食者波逸提
若比丘尼非食時食者波逸提
若比丘尼殘宿食啖者波逸提
若比丘尼不受食及藥著口中除水楊枝波逸提
若比丘尼先受請已若前食後食行詣餘家不囑受餘比丘
尼除餘時波逸提餘時者病時作衣時施衣時此是時
若比丘尼食家中有寶強安坐者波逸提
若比丘尼食家中有寶在屏處坐者波逸提
若比丘尼獨與男子露地一處共坐者波逸提
若比丘尼語比丘尼如是語大姊共汝至聚落當與汝食彼
比丘尼竟不教與是比丘尼食如是言大姊去我與汝一處共
坐共語不樂我獨坐獨語樂以是因緣非餘方便遣去者
波逸提
若比丘尼請比丘尼四月與藥無病比丘尼應受若過受
除常請更請分請盡形請波逸提
若比丘尼往觀軍陣除時因緣波逸提
若比丘尼有因緣至軍中若二宿三宿過者波逸提
若比丘尼軍中住若二宿三宿或時觀軍陣鬪戰若觀遊
軍象馬力勢波逸提

BD04289號　四分比丘尼戒本　（26–7）

若比丘尼請比丘尼四月與藥无病比丘尼應受若過受
除常請更請分請盡形請波逸提
若比丘尼往觀軍陣除時因緣波逸提
若比丘尼有因緣至軍中若二宿三宿過者波逸提
若比丘尼軍中住若二宿三宿或時觀軍陣鬪戰若觀遊
軍象馬力勢波逸提
若比丘尼飲酒者波逸提
若比丘尼水中戲者波逸提
若比丘尼以指相擊攊者波逸提
若比丘尼不受諫者波逸提
若比丘尼恐怖他比丘尼者波逸提 卅
若比丘尼半月洗浴无病比丘尼應受若過受除餘時波逸
提餘時者熱時病時作時風時雨時遠行來時此是時
若比丘尼无病為炙身故露地然火若教人然火除餘時
波逸提
若比丘尼藏他比丘尼若鉢若衣若坐具針筒自藏教人
藏下至戲笑者波逸提
若比丘尼淨施比丘尼式叉摩那沙彌沙彌尼衣後不問
主取著者波逸提
若比丘尼得新衣當作三種[illegible]壞色青黑木蘭新衣持
者波逸提
若比丘尼故斷畜生命者波逸提
若比丘尼知水有蟲飲者波逸提
若比丘尼惱他比丘尼乃至少時不樂者波逸提
若比丘尼知比丘尼有麁惡罪覆藏者波逸提
若比丘尼知僧諍事如法懺悔已後更發舉者波逸提 卅
若比丘尼知是賊伴共期一道行乃至一聚落波逸提

若比丘尼知水有蟲飲者波逸提
若比丘尼惱他比丘尼乃至少時不樂者波逸提
若比丘尼知比丘尼有麁惡罪覆藏者波逸提
若比丘尼知僧諍事如法懺悔已後更發舉者波逸提 卅
若比丘尼知是賊伴共期一道行乃至一聚落波逸提
若比丘尼作如是語我知佛所說法行婬欲非障道法彼比丘
尼諫此比丘尼言大姊莫作是語莫謗世尊謗世尊者不
善世尊不作是語世尊无數方便說婬欲是障道法犯婬
欲者是障道法彼比丘尼諫此比丘尼時堅持不捨彼比丘尼
乃至三諫令捨是事乃至三諫時捨者善不捨者波逸提
若比丘尼知如是語之人未作法如是邪見而不捨若畜同一止
宿波逸提
若比丘尼知沙彌作如是語我知佛所說法行婬非障道
法彼比丘尼諫此沙彌尼言汝莫作是語莫誹謗世尊誹
謗世尊不善世尊不作是語沙彌尼世尊无數方便說婬
欲是障道法犯婬欲者是障道法彼比丘尼諫此沙彌尼
時堅持不捨彼比丘尼應乃至三呵諫捨此事故乃至三諫
時若捨者善不捨者彼比丘尼應語是沙彌尼言汝自今已
去非佛弟子不得隨餘比丘尼行如諸沙彌尼得與比丘尼
二三宿汝今无是事汝去滅去不須此中住若比丘尼知是
被擯沙彌尼若畜共同止宿者波逸提
若比丘尼知法諫時作如是語我今不學是戒乃至問有
智慧持律者[illegible]當難問波逸提若為求解應當問
若比丘尼說戒時作如是語大姊用是雜碎戒為說是戒時
令人惱愧懷疑輕毀戒故波逸提
若比丘尼說戒時如是語大姊我今始知是戒半月半月說戒
經中來餘比丘尼知是比丘尼若二若三說戒中坐何況多彼比

智慧持律者波逸提從當難問波逸提若為求解應當問
若比丘尼說戒時作如是語大姊用是雜碎戒為說是戒時
令人惱愧懷疑輕訶戒故波逸提
若比丘尼說戒時作如是語大姊我今始知是戒半月半月說戒
經中來餘比丘尼知是比丘尼若二若三說戒中坐何況多彼比
丘尼无知无解若犯罪應如法治更重增无知法大姊汝无
利得不善汝說戒時不用心念不一心兩耳聽法彼无知故波
逸提
若比丘尼共同羯磨已後作如是說諸比丘尼隨親厚以眾
僧物與者波逸提
若比丘尼僧斷事時不與欲而起去者波逸提 六十
若比丘尼與欲竟後更呵者波逸提
若比丘尼共鬬諍後聽此語已欲向彼說者波逸提
若比丘尼瞋恚故不喜打彼比丘尼者波逸提
若比丘尼瞋恚故不喜以手搏比丘尼者波逸提
若比丘尼瞋恚故不喜以无根僧伽婆尸沙法謗者波逸提
若比丘尼刹利水澆頭王王未出未藏若入宮過門閫
者波逸提
若比丘尼若寶及寶莊飾具自捉若教人捉除僧伽藍
中及寄宿處波逸提若僧伽藍中若寄宿處若寶
若以寶莊飾具自捉若教人捉若識者當取如是因緣
非餘
若比丘尼非時入聚落不屬比丘尼者波逸提
若比丘尼作繩牀木牀足應高如來八指除入陛孔上若
截竟過者波逸提
若比丘尼持兜羅綿貯作繩牀木牀若臥具坐具波逸提
若比丘尼噉蒜者波逸提 七十

BD04289號　四分比丘尼戒本　（26–10）

若比丘尼非時入聚落不屬比丘尼者波逸提
若比丘尼作繩牀木牀足應高如來八指除入陛孔上若
截竟過者波逸提
若比丘尼持兜羅綿貯作繩牀木牀若臥具坐具波逸提
若比丘尼噉蒜者波逸提 七十
若比丘尼剃三處毛者波逸提
若比丘尼以水作淨齊應兩指各一節若過者波逸提
若比丘尼以胡膠作男根者波逸提
若比丘尼共相拍者波逸提
若比丘尼比丘尼无病時供給水以扇扇者波逸提
若比丘尼乞生穀者波逸提
若比丘尼在生草上大小便者波逸提
若比丘尼夜使大小便器中晝不看牆外弃者波逸提
若比丘尼往觀看伎樂者波逸提
若比丘尼入村內與男子在屏處共立共語者波逸提 八十
若比丘尼與男子共入屏障處者波逸提
若比丘尼入村內巷陌中遣伴遠去在屏處與男子共立
耳語者波逸提
若比丘尼入白衣家內坐不語主人捨去者波逸提
若比丘尼入白衣家內不語主人輒坐床者波逸提
若比丘尼入白衣家內不語主人輒自敷坐宿者波逸提
若比丘尼與男子共入闇室中者波逸提
若比丘尼不審諦受師語便向人說者波逸提
若比丘尼有小因緣事便呪詛墮三惡道不生佛法中若汝
有如是事亦墮三惡道不生佛法中者波逸提
若比丘尼共鬬諍不善憶持諍事搥胸啼哭者波逸提
若比丘尼无病二人共床臥者波逸提

BD04289號　四分比丘尼戒本　（26–11）

若比丘尼不審諦受語便向人說者波逸提
若比丘尼有小因緣事便祝詛墮三惡道不生佛法中若我
有如是事亦墮三惡道不生佛法中者波逸提
若比丘尼共鬪諍不善憶持諍事推胷哭者波逸提
若比丘尼無病二人共床臥者波逸提
若比丘尼共同一褥一被臥除時者波逸提
若比丘尼先知住處後至知後至先住為惱故在前誦
經問義教授者波逸提
若比丘尼同活比丘尼病不瞻視者波逸提
若比丘尼安居初聽餘比丘尼在房中安床後瞋恚駈
者波逸提
若比丘尼春夏冬一切時人間遊行除餘因緣者波逸提
若比丘尼夏安居訖不去者波逸提
若比丘尼邊界有疑恐怖處人間遊行者波逸提
若比丘尼於界內有疑恐怖處在人間遊行波逸提
若比丘尼親近居士居士兒共住作不隨順行餘比丘尼
諫此比丘尼言妹汝莫親近居士居士兒共住作不隨順
行大姊可別住若別住於佛法中有增益安樂住彼
比丘尼諫此比丘尼時堅持不捨彼比丘尼應三諫捨此事
故乃至三諫捨此事者善若不捨者波逸提
若比丘尼往觀王宮文飾畫堂園林浴池者波逸提
若比丘尼在身形在河水泉流水池水中浴者波逸提
若比丘尼作浴衣應量作應量作者長佛六磔手廣二
磔手半若過者波逸提
若比丘尼縫僧伽梨過五日者波逸提
若比丘尼過五日不看僧伽梨波逸提
若比丘尼與眾僧衣作留難者波逸提

BD04289號　四分比丘尼戒本

若比丘尼作浴衣應量作應量作者長佛六磔手廣二
磔手半若過者波逸提
若比丘尼縫僧伽梨過五日者波逸提
若比丘尼過五日不看僧伽梨波逸提
若比丘尼與眾僧衣作留難者波逸提
若比丘尼不問主便著他衣者波逸提
若比丘尼持沙門衣與外白衣者波逸提
若比丘尼作如是意眾僧如法分衣遮令不分恐弟
子不得者波逸提
若比丘尼令眾僧不得出迦絺那衣後當出欲令五事
久得放捨者波逸提
若比丘尼作如是意遮比丘尼不出迦絺那衣欲令久得
五事放捨者波逸提
若比丘尼餘比丘尼語言為我滅此諍事而不與作方便令
滅者波逸提
若比丘尼自手持食與白衣入外道食者波逸提
若比丘尼為白衣作使者波逸提
若比丘尼自手紡縷者波逸提
若比丘尼入白衣舍內在小牀大牀上若坐若臥者波逸提
若比丘尼至白衣舍語主人敷坐止宿明日不辭主人而去
去者波逸提
若比丘尼自誦習世俗呪術者波逸提
若比丘尼教人誦習世俗呪術者波逸提
若比丘尼知女人妊身度與受具足戒者波逸提
若比丘尼知婦女乳兒與受具足戒者波逸提
若比丘尼知年不滿二十與受具足戒者波逸提
若比丘尼年十八童女不與二歲學戒年滿二十便與受

BD04289號　四分比丘尼戒本

若比丘尼自誦習世俗呪術者波逸提
若比丘尼教人誦習世俗呪術者波逸提
若比丘尼知女人妊身度與受具足戒者波逸提
若比丘尼知婦女乳兒與受具足戒者波逸提
若比丘尼知年不滿二十與受具足戒者波逸提
若比丘尼年十八童女不與二歲學戒年滿二十便與受
具足戒者波逸提
若比丘尼年十八童女與二歲學戒不與六法滿二十便與
受具足戒者波逸提
若比丘尼年十八童女與二歲學戒與六法滿二十衆僧
不聽便與受具足戒者波逸提
若比丘尼度曾嫁婦女年十歲與二歲學戒年滿十二聽
與受具足戒若減十二與受具足戒者波逸提
若比丘尼度他小年曾嫁婦女與二歲學戒年滿十二不
白衆僧便與受具足戒波逸提
若比丘尼知如是與受具戒者波逸提
若比丘尼多度弟子不教二歲學戒不以二法攝取者波
逸提
若比丘尼不二歲隨和尚尼者波逸提
若比丘尼僧不聽而度人具足戒者波逸提
若比丘尼年未滿十二歲授人具足戒者波逸提
若比丘尼年滿十二歲衆僧不聽便授人具足戒者波逸提
若比丘尼僧不聽授人具足戒便言衆僧有愛有恚有怖
有癡欲聽者便聽不欲聽者便不聽如是語者波逸提
若比丘尼父母夫主不聽與受具足戒者波逸提
若比丘尼知女人與童男子男相敬愛愁憂瞋恚女人度
令出家授具足戒者波逸提

若比丘尼年滿十二歲衆僧不聽便授人具足戒者波逸提
若比丘尼僧不聽授人具足戒便言衆僧有愛有恚有怖
有癡欲聽者便聽不欲聽者便不聽如是語者波逸提
若比丘尼父母夫主不聽與受具足戒者波逸提
若比丘尼知女人與童男子男相敬愛愁憂瞋恚女人度
令出家授具足戒者波逸提
若比丘尼語式叉摩那言汝妹捨是學是當與汝受具足
戒若不方便與受具足戒者波逸提
若比丘尼語式叉摩那言持衣來與我我當與汝受具足戒而
不方便與受具足戒者波逸提
若比丘尼不滿一歲授人具足戒者波逸提
若比丘尼與人受具足戒已經宿方往比丘僧中受具足
戒者波逸提
若比丘尼不病不往受教授者波逸提
若比丘尼半月應往比丘僧中求教授若不求者波逸提
若比丘尼僧夏安居竟應往比丘僧中說三事自恣見聞
疑若不往者波逸提
若比丘尼在无比丘處夏安居者波逸提
若比丘尼知有比丘僧伽藍不白而入者波逸提
若比丘尼罵比丘者波逸提
若比丘尼喜鬪諍不善憶持諍事後瞋恚不喜罵比丘
尼衆者波逸提
若比丘尼身生癰及種種瘡不白衆及餘人輙使男子破
若裹者波逸提
若比丘尼先授請若具食已後食飯麨乾飯魚及肉者
波逸提
若比丘尼於食家生嫉妬心者波逸提

若比丘尼身生癰及種種瘡不白眾及餘人輒使男子破
若裹者波逸提
若比丘尼先受請若具食已後食飯麨乾飯魚及肉者
波逸提
若比丘尼於食家生嫉妬心者波逸提
若比丘尼以香摩身者波逸提
若比丘尼以胡麻滓摩身者波逸提
若比丘尼使比丘尼塗摩身者波逸提
若比丘尼使式叉摩那摩身者波逸提
若比丘尼使沙彌尼塗摩身者波逸提
若比丘尼使白衣婦女塗摩身者波逸提
若比丘尼著貯髆衣者波逸提
若比丘尼畜婦女莊嚴身具除時因緣波逸提
若比丘尼著革屣持蓋行除時因緣波逸提
若比丘尼不著僧祇支入村者波逸提
若比丘尼向暮至白衣家先不被喚者波逸提
若比丘尼向暮開僧伽藍門不囑授餘比丘尼而出去者
波逸提
若比丘尼日沒開僧伽藍門不囑授而出者波逸提
若比丘尼不前安居不後安居者波逸提
若比丘尼知女人常漏大小便涕唾常出者與受具足戒
者波逸提
若比丘尼知二形人與受具足戒者波逸提
若比丘尼知二道合者與受具足戒波逸提
若比丘尼知有負債難者病難者與受具足戒波逸提
若比丘尼學世俗伎術以自活命者波逸提
若比丘尼以世俗伎術教授白衣者波逸提

BD04289號　四分比丘尼戒本　（26–16）

若比丘尼知二形人與受具足戒者波逸提
若比丘尼知二道合者與受具足戒波逸提
若比丘尼知有負債難者病難者與受具足戒波逸提
若比丘尼學世俗伎術以自活命者波逸提
若比丘尼以世俗伎術教授白衣者波逸提
若比丘尼被擯不去者波逸提
若比丘尼欲問比丘義先不求而問者波逸提
若比丘尼知先住處後至先住處欲惱彼故在前經行若
立若坐若臥者波逸提
若比丘尼在有比丘僧伽藍內起塔者波逸提
若比丘尼見新受戒比丘應起迎逆恭敬禮拜問訊請
與坐不者波逸提
若比丘尼為好故搖身趨行者波逸提
若比丘尼作婦女莊嚴香塗摩身者波逸提
若比丘尼使外道女香塗摩身者波逸提
諸大姊我已說一百七十八波逸提法今問諸大姊是中
清淨不（如是至三）諸大姊是中清淨默然故是事如是持
諸大姊我說巴羅提提舍尼法半月半月說戒經中來
若比丘尼無病乞蘇而食者應懺悔可呵法應向餘比丘
尼說言大姊我犯可呵法所不應為我今向大姊懺悔
是名悔過法
若比丘尼不病乞油而食者犯應懺悔可呵法應向餘比
丘尼說言大姊我犯可呵法所不應為我今向大姊懺
悔是名悔過法
若比丘尼不病乞蜜者犯應懺悔可呵法應向餘比丘尼
說言大姊我犯可呵法所不應為我今向大姊懺悔是
名悔過法

BD04289號　四分比丘尼戒本　（26–17）

丘尼説言大姊我犯可呵法所不應爲我今向大姊懺
悔是名悔過法
若比丘尼不病乞蜜者犯應懺悔可呵法應向餘比丘尼
説言大姊我犯可呵法所不應爲我今向大姊懺悔是
名悔過法
若比丘尼不病乞黒石蜜食者犯應懺悔可呵法應向
餘比丘尼説言大姊我犯可呵法所不應爲我今向大
姊懺悔是名悔過法
若比丘尼不病乞乳而食者犯應懺悔可呵法應向餘
比丘尼説言大姊我犯可呵法所不應爲我今向大姊
懺悔是名悔過法
若比丘尼不病乞酪而食者犯應懺悔可呵法應向餘
比丘尼説言大姊我犯可呵法所不應爲我今向大姊
懺悔是名悔過法
若比丘尼不病乞魚食者犯應懺悔可呵法應向餘比丘
尼説言大姊我犯可呵法所不應爲我今向大姊懺悔
是名悔過法
若比丘尼不病乞肉食者犯應懺悔可呵法應向餘比丘尼
説言大姊我犯可呵法所不應爲我今向大姊懺悔
是名悔過法
諸大姊我已説八波羅提提舍尼法今問諸大姊是中
清淨不（如是三）諸大姊是中清淨默然故是事如是持
諸大姊是衆學戒法半月半月説戒經中來
當齊整著涅槃僧應當學
當齊整著三衣應當學
不得反抄衣入白衣舍應當學
不得反抄衣入白衣舍坐應當學

BD04289號　四分比丘尼戒本　（26–18）

清淨不（如是三）諸大姊是中清淨默然故是事如是持
諸大姊是衆學戒法半月半月説戒經中來
當齊整著涅槃僧應當學
當齊整著三衣應當學
不得反抄衣入白衣舍應當學
不得反抄衣入白衣舍坐應當學
不得衣纏頸入白衣舍應當學
不得衣纏頸入白衣舍坐應當學
不得覆頭入白衣舍應當學
不得覆頭入白衣舍坐應當學
不得跳行入白衣舍應當學
不得跳行入白衣舍坐應當學
不得白衣舍蹲坐應當學
不得叉腰行入白衣舍應當學
不得叉腰入白衣舍坐應當學
不得搖身行入白衣舍應當學
不得搖身行入白衣舍坐應當學
不得掉臂行入白衣舍應當學
不得掉臂行入白衣舍坐應當學
好覆身入白衣舍應當學
好覆身入白衣舍坐應當學
不得左右顧視行入白衣舍應當學
不得左右顧視行入白衣舍坐應當學
靜默入白衣舍應當學
靜默入白衣舍坐應當學
不得戲笑行入白衣舍應當學
不得戲笑行入白衣舍坐應當學

BD04289號　四分比丘尼戒本　（26–19）

不得左右顧視行入白衣舍坐應當學
靜默入白衣舍應當學
靜默入白衣舍坐應當學
不得戲笑行入白衣舍應當學
不得戲笑行入白衣舍坐應當學
用意受食應當學
平鉢受食應當學
平鉢受羹應當學
羹飯等食應當學
以次食應當學
不得挑鉢中而食應當學
不得自爲已索羹飯應當學
不得以飯覆羹更望得應當學
不得視比坐鉢中食應當學
當繫鉢想食應當學
不得大摶飯食應當學
不得大張口待飯食應當學
不得含飯語應當學
不得摶飯擲口中應當學
不得遺落飯食應當學
不得頰食食應當學
不得嚼飯作聲食應當學
不得大噏飯食應當學
不得舌舐食應當學
不得振手食應當學
不得手把散飯食應當學
不得汙手捉飲器應當學

不得嚼飯作聲食應當學
不得大噏飯食應當學
不得舌舐食應當學
不得振手食應當學
不得手把散飯食應當學
不得汙手捉飲器應當學
不得洗鉢水棄白衣舍內應當學
不得生草菜上大小便涕唾除病應當學
不得淨水中大小便涕唾除病應當學
不得立大小便除病應當學
不得與反抄衣不恭敬人說法除病應當學
不得爲衣纏頸者說法除病應當學
不得爲覆頭者說法除病應當學
不得爲裹頭者說法除病應當學
不得爲叉腰者說法除病應當學
不得爲著革屣者說法除病應當學
不得爲著木屐者說法除病應當學
不得爲騎乘者說法除病應當學
不得在佛塔中止宿除爲守護故應當學
不得藏財物置佛塔中除爲堅牢故應當學
不得著革屣入佛塔中應當學
不得捉革屣入佛塔中應當學
不得著革屣繞佛塔行應當學
不得著富羅入佛塔中應當學
不得手捉富羅入佛塔中應當學
不得塔下坐食留草及食汙地應當學
不得擔死屍從塔下過應當學

不得手捉革屣入佛塔中應當學
不得著革屣繞佛塔行應當學
不得著富羅入佛塔中應當學
不得手捉富羅入佛塔中應當學
不得塔下坐食留草及食污地應當學
不得擔死屍從塔下過應當學
不得塔下埋死屍應當學
不得在塔下燒死屍應當學
不得向塔燒死屍應當學
不得佛塔四邊燒死屍使臭氣來入應當學
不得持死人衣及牀從塔下過除浣染香熏應當學
不得佛塔下大小便應當學
不得向佛塔大小便應當學
不得繞佛塔四邊大小便使臭氣來入應當學
不得持佛像至大小便處應當學
不得在佛塔下嚼楊枝應當學
不得佛塔四邊嚼楊枝應當學
不得在佛塔下涕唾應當學
不得向佛塔涕唾應當學
不得佛塔四邊涕唾應當學
不得向塔舒脚坐應當學
不得安佛塔在下房已在上房住應當學
人坐已立不得為說法除病應當學
人臥已坐不得為說法除病應當學
人在坐已在非坐不得為說法除病應當學
人在高坐已在下坐不得為說法除病應當學
人在前行已在後行不得為說法除病應當學
人在高經行處已在後經行處不應為說法除病應當學

BD04289 號　四分比丘尼戒本　（26–22）

[illegible]
人臥已坐不得為說法除病應當學
人在坐已在非坐不得為說法除病應當學
人在高坐已在下坐不得為說法除病應當學
人在前行已在後行不得為說法除病應當學
人在高經行處已在後經行處不應為說法除病應當學
人在道已在非道不應為說法除病應當學
不得攜手在道行應當學
不得上樹過人除時因緣應當學
不得絡囊盛鉢貫杖頭著肩上而行應當學
人持杖不恭敬不應為說法除病應當學
人持劍不應為說法除病應當學
人持鉾不應為說法除病應當學
人持刀不應為說法除病應當學
人持蓋不應為說法除病應當學
諸大姊我已說眾學戒法半月半月說今問諸大姊
是中清不如是至三諸大姊是中清淨默然故是事如是持
諸大姊是七滅諍法半月半月說戒經中來
若比丘尼有諍事起即應除滅
應與現前毗尼當與現前毗尼
應與憶念毗尼當與憶念毗尼
應與不癡毗尼當與不癡毗尼
應與自言治當與自言治
應與覓罪相當與覓罪相
應與多人語當與多人語
應與如草覆地當與如草覆地
諸大姊我已說七滅諍法今問諸大姊是中清淨
不如是諸大姊是中清淨默然故是事如是持

BD04289 號　四分比丘尼戒本　（26–23）

應與覓罪相　當與覓罪相
應與多人語　當與多人語
應與如草覆地　當與如草覆地
諸大姊我已說七滅諍法　今問諸大姊是中清淨
不（如是三）諸大姊是中清淨默然故是事如是持
諸大姊我已說戒經序　已說八波羅夷法　已說十七僧
伽婆尸沙法　已說三十尼薩耆波逸提法　已說八波羅
提提舍尼法　已說衆學戒法　已說七滅諍法　此是佛
所說戒經　半月半月說戒經中來
若更有餘佛法　是中皆共和合　應當學
忍辱第一道　佛說无為最　出家惱他人　不名為沙門
此是毗婆尸如來无所著等正覺說是戒經
譬如明眼人　能避險惡道　世有聰明人　能遠離諸惡
此是尸棄如來无所著等正覺說是戒經
不謗亦不嫉　當奉行於戒　飲食知止足　常樂在空閑
心定樂精進　是名諸佛教
此是毗葉羅如來无所著等正覺說是戒經
譬如蜂採花　不壞色與香　但取其味去　比丘入聚落
不違戾他事　不觀作不作　但自觀身行　若正若不正
此是拘樓孫如來无所著等正覺說是戒經
心莫作放逸　聖法當勤學　如是无憂愁　心定入涅槃
此是拘那含牟尼如來无所著等正覺說是戒經
一切惡莫作　當奉行諸善　自淨其志意　是則諸佛教
此是迦葉如來无所著等正覺說是戒經
善護於口言　自淨其志意　身莫作諸惡　此三業道淨
能得如是行　是大仙人道
此是釋迦牟尼如來无所著等正覺於十二年中為无事

一切惡莫作　當奉行諸善　自淨其志意　是則諸佛教
此是迦葉如來无所著等正覺說是戒經
善護於口言　自淨其志意　身莫作諸惡　此三業道淨
能得如是行　是大仙人道
此是釋迦牟尼如來无所著等正覺於十二年中為无事
僧說是戒經　從是已後廣分別說　諸比丘自為樂法
樂沙門者　有慚有愧樂學戒者　當於中學
明人能護戒　能得三種樂　名譽及利養　死得生天上
當觀如是處　有智勤護戒　戒淨有智慧　便得第一道
如過去諸佛　及以未來者　現在諸世尊　能勝一切憂
皆共尊敬戒　此是諸佛法　若有自為身　欲求於佛道
當尊重正法　此是諸佛教　七佛為世尊　滅除諸結使
說是七戒經　諸縛得解脫　已入於涅槃　諸戲永滅盡
尊行大仙說　聖賢稱譽戒　弟子之所行　入寂滅涅槃
世尊涅槃時　興起於大悲　集諸比丘衆　與如是教戒
莫謂我涅槃　淨行者无護　我今說戒經　亦善說毗尼
我雖般涅槃　當觀如世尊　此經久住世　佛法得熾盛
以是熾盛故　得入於涅槃　若不持此戒　如所應布薩
喻如日沒時　世界皆闇冥　當護持是戒　如犛牛愛尾
和合一處坐　如佛之所說　我已說戒經　衆僧布薩竟
我今說戒經　所說諸功德　施一切衆生　皆共成佛道

四分尼戒一卷

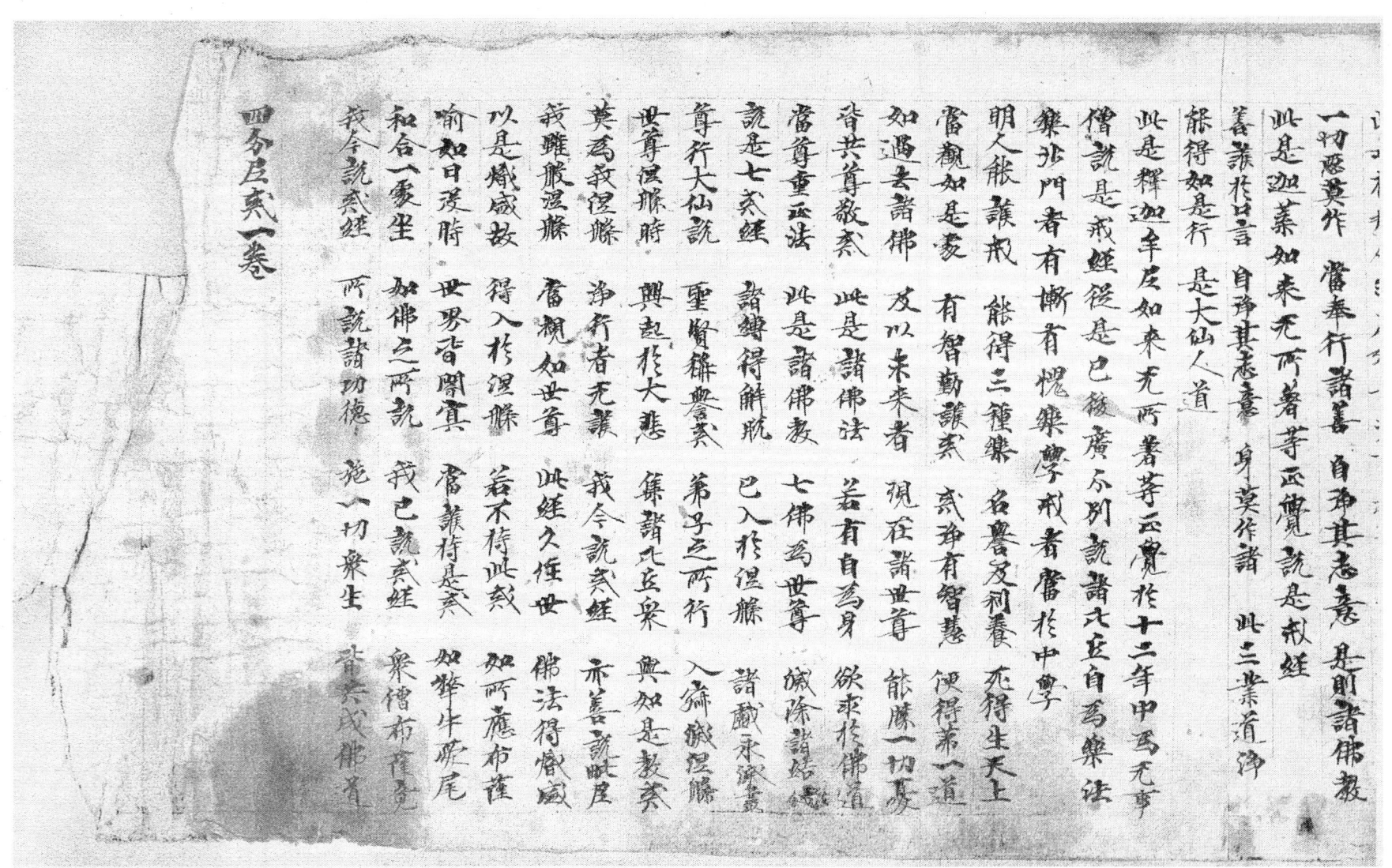

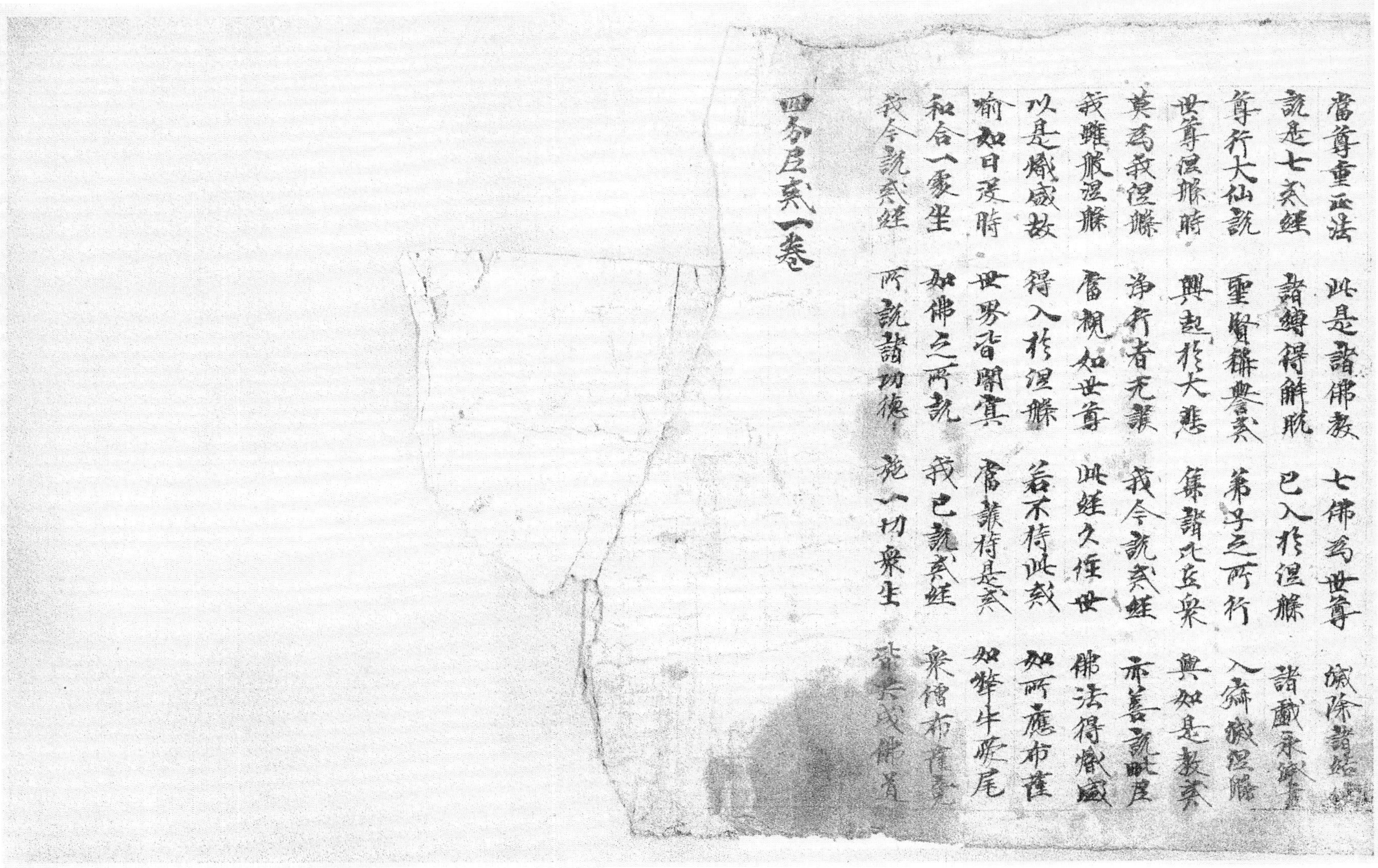

當尊重正法　此是諸佛教　七佛為世尊　滅除諸結使
說是七戒經　諸縛得解脫　已入於涅槃　諸戲永滅盡
尊行大仙說　聖賢稱譽戒　弟子之所行　入寂滅涅槃
世尊涅槃時　興起於大悲　集諸比丘衆　與如是教戒
莫謂我涅槃　淨行者无護　我今說戒經　亦善說毗尼
我雖般涅槃　當視如世尊　此經久住世　佛法得熾盛
以是熾盛故　得入於涅槃　若不持此戒　如所應布薩
喻如日沒時　世界皆闇冥　當護持是戒　如犛牛愛尾
和合一處坐　如佛之所說　我已說戒經　衆僧布薩竟
我今說戒經　所說諸功德　施一切衆生　皆共成佛道

四分尼戒一卷

BD04289 號　四分比丘尼戒本　（26–26）

妙法蓮華經觀世音普門品第二
爾時无盡意菩薩即從座起
向佛而作是言世尊觀世音
名觀世音佛告无盡意菩薩
量百千万億衆生受諸苦惱
薩一心稱名觀世音菩薩即
得解脫
若有持是觀世音菩薩名
能燒由是菩薩威神
其名号即得淺處若
金銀琉璃車𤦲馬瑙
於大海假使黑風吹其
其中若有乃至一人稱
諸人等皆得解脫羅

BD04290 號　觀世音經　（3–1）

妙法蓮華經觀世音普門品第二
尒時无盡意菩薩即從座起
向佛而作是言世尊觀世音
名觀世音佛告无盡意菩
量百千万億衆生受諸苦惱
薩一心稱名觀世音菩薩即
得解脫
若有持是觀世音菩薩名
能燒由是菩薩威神力
其名号即得淺處若
金銀瑠璃車𤦲馬瑙
於大海假使黑風吹
其中若有乃至一人
諸人等皆得解脫羅
世音
若復有人臨當被害
所執刀杖尋段段壞
國土滿中夜叉羅刹
音菩薩名者是諸惡
況復加害
設復有人若有罪若
身稱觀世音菩薩名
若三千大千國土滿

BD04290號　觀世音經　（3–2）

所執刀杖尋段段壞
國土滿中夜叉羅刹
音菩薩名者是諸惡
況復加害
設復有人若有罪若
身稱觀世音菩薩名
若三千大千國土滿
商人賫持重寶經過險
言諸善男子勿得恐
世音菩薩名号是菩
汝等若稱名者於此
聞俱發聲言南无觀
得解脫无盡意觀世
之力巍巍如是
若有衆生多於婬欲
便得離欲若多瞋恚
便得離瞋若多愚癡
便得離癡无盡意觀
威神力多所饒益是故
若有女人設欲求男
便生福德智慧之男
相之女宿殖德本衆

BD04290號　觀世音經　（3–3）

南无釋迦牟尼佛[illegible]三十五佛[illegible]一切諸佛

南无釋迦牟尼佛　南无金剛不壞佛

南无寶光佛　南无龍尊王佛

南无精進軍佛　南无精進喜佛

南无寶火佛　南无寶月光佛

南无現无愚佛　南无寶月佛

南无無垢佛　南无離垢佛

南无勇施佛　南无清淨佛

南无清淨施佛　南无娑留那佛

南无水天佛　南无堅德佛

南无栴檀功德佛　南无無量掬光佛

南无光德佛　南无無憂德佛

南无那羅延佛　南无功德華佛

南无蓮華光遊戲神通佛　南无財功德佛

南无德念佛　南无善名稱功德佛

南无紅炎幢王佛　南无善遊步功德佛

南无鬪戰勝佛　南无善遊步佛

南无周帀莊嚴功德佛　南无寶華遊步佛

BD04291 號 1　七階佛名經　　（14–1）

南无蓮華光遊戲神通佛　南无財功德佛
南无德念佛　南无善名稱功德佛
南无紅炎幢王佛　南无善遊步功德佛
南无鬪戰勝佛　南无善遊步佛
南无周帀莊嚴功德佛　南无寶華遊步佛
南无寶蓮華善住娑羅樹王佛
南无東方阿閦如来十方无量佛等一切諸佛
南无寶集如来二十五佛等一切諸佛
南无寶集佛　南无寶勝佛
南无成就盧舍那佛　南无盧舍那鏡像佛
南无盧舍那光明佛　南无不動佛
南无大光明佛　南无無量贊如来 三唱
南无阿弥陁砌沙佛　南无大稱佛
南无寶月光明佛　南无得大无畏佛
南无然燈火佛　南无實贊佛
南无無邊無垢佛　南无月贊佛
南无無邊稱佛　南无日月光明世尊 三唱
南无無垢光明佛　南无清淨光明佛
南无日光明佛　南无無邊寶佛
南无華勝佛　南无妙身佛
南无法光明清淨開敷蓮華佛
南无虛空功德清淨微塵等目端正功德相光
明華波頭摩琉璃光寶體香最上香供養訖
種種莊嚴頂髻無量無邊日月光明顱力莊

南无華勝佛　南无妙身佛
南无法光明清淨開敷蓮華佛
南无虛空功德清淨微塵等目端正功德相光
明華波頭摩琉璃光寶體香最上香供養訖
種種莊嚴頂髻無量無邊日月光明願力莊
嚴變化莊嚴法界出生無鄣㝵王如来
南无㝡相日月光明豔寶蓮華堅如金剛身如
毗盧遮那無鄣㝵眼圓滿十方放光照一切
佛剎相王如来
南无過現未来十方三世一切諸佛歸命懺
悔如是等一切世界諸佛世尊常住在世是諸
世尊當慈念我當憶念我當證知我若我此
生若我前生從无始生死已来所作衆罪若自作
教他作見作隨喜若塔若僧若四方僧物若自取
若教人取見取隨喜或作五逆無間重罪若自作
若教他作見作隨喜十不善道自作教他見作隨喜
所作罪鄣或有覆藏或不覆藏應墮地獄餓鬼畜
生及諸惡趣邊地下賤及[illegible]戾車如是等處所作
罪鄣今皆懺悔今諸佛世尊當證知我當憶念
我我復於諸佛世尊前作如是言若我此生若於
餘生曾行布施或守淨戒乃至施與畜生一摶之食
或脩淨行所有善根成就衆生所有善根脩行菩
提所有善根及無上智所有善根一切合集挍計籌
量皆悉迴向阿耨多羅三藐三菩提如過去未来現
在諸佛所作迴向我亦如是迴向
衆罪皆懺悔　諸佛盡隨喜　及諸佛功德　願成无上智
去来現在佛　於衆生㝡勝　無量功德海　歸依合掌礼
[illegible]　是故礼法王

BD04291號1　七階佛名經　（14–3）

餘生曾行布施或守淨戒乃至施與畜生一摶之食
或脩淨行所有善根成就衆生所有善根脩行菩
提所有善根及無上智所有善根一切合集校計籌
量皆悉迴向阿耨多羅三藐三菩提如過去未來現
在諸佛所作迴向我亦如是迴向
衆罪皆懺悔　諸佛盡隨喜　及請佛功德　願成无上智
去來現在佛　於衆生最勝　無量功德海　歸依合掌礼
降伏心過惡　及與身四種　已到難伏地　是故礼法王
知一切尒炎　智惠身自在　攝持一切法　是故今敬礼
敬礼過稱量　敬礼無譬類　敬礼無邊法　敬礼難思議
哀愍覆護我　令法種增長　此世及後生　願佛長攝受
南无摩訶般若波羅蜜　是大神呪　是大明呪　是无上呪
是无等等呪
處世界　如虛空　如蓮華　不着水　心清淨　超於彼
稽首礼　無上尊
願以此功德　普及於一切　我等與衆生　皆共成佛道
一切恭敬
自歸依佛　當願衆生　體解大道　發無上意
自歸依法　當願衆生　深入經藏　智惠如海
自歸依僧　當願衆生　統理大衆　一切无㝵
願諸衆生　諸惡莫作　諸善奉行　自淨其意
順諸佛教　和南一切賢聖
白衆等聽說午時无常偈
人生不精進　喻若樹無根　採花至日中　能得幾時
鮮　華亦不久鮮　色亦非常好　人命如剎那　須
臾難可保　是故諸衆等　勤求无上道
白衆等聽說黃昏无常偈
此日已過　命則減少　當觀此身　念念衰老　一念之

白衆等聽說午時无常偈
人生不精進　喻若樹無根　採花至日中　能得幾時
鮮　華亦不久　鮮色亦非常　好人命如剎那須
臾難可保　是故諸衆等　勤求无上道
白衆等聽說黃昏无常偈
此日已過　命則減少　當觀此身　念〻衰老　一念之
間　云何可保　是故衆等　勤心行道
白衆等聽說初夜无常偈
煩惱深无底　生死海无邊　渡苦船未立　云何樂睡
眠　勸諸行道衆　脩學至涅槃
白衆等聽說中夜无常偈
汝等勿抱臭屍臥　種〻不淨假名身　如得重病
箭入體　衆苦痛集安可眠　勸諸行道衆勤學
至涅槃
白衆等聽說後夜无常偈
時光遷流轉　忽至五更初　无常念〻促　恒與死
王居　勸諸行道衆　勤學至无餘
白衆等聽說寅朝清淨偈
欲求寂滅樂　當學沙門法　衣食支身命　精麁隨衆等
白衆等今日寅朝清淨各記六念
第一念佛 願得佛身　第二念法 法輪常轉　第三念僧 良友福田
第四念戒 定惠〻本　第五念施 施〻心不斷　第六念天 大般涅槃
无常偈
諸行无常　是生滅法　生滅〻已　寂滅為樂
如来入涅槃　永斷於生死　若能至心聽　常得无量樂
晝夜六時發願法
十方三世一切諸佛當證知弟子某甲等今為一

BD04291 號 1　七階佛名經　　（14–5）

无常偈

諸行无常　是生滅法　生滅〻已　寂滅為樂

如来入涅槃　永斷於生死　若能至心聽　常得无量樂

晝夜六時發願法

十方三世一切諸佛當證知弟子某甲等今為一
切衆生礼一切三寶為一切衆生供養一切三寶
乃至造諸功德以此善根迴向資益願令一切衆
生悉皆離苦解脫上品往生一切淨土先證无
生忍然後度衆生又以此善根願令一切三寶一
切國土常得安隱不破不壞四方寧靜兵甲
休息龍王歡喜風雨以時五穀熟成万人安樂

七階佛名

十方佛名　午時及諸時礼懺

南无清淨法身毗盧遮那佛　南无圓滿寶身盧舍那佛
南无千百億化身同名釋迦牟尼佛　南无東方阿閦佛
南无東南方持地佛　南无南方普滿佛
南无西南方那羅延佛　南无西方无量壽佛
南无西北方月光面佛　南无北方難勝佛
南无東北方寂諸根佛　南无上方无量勝佛
南无下方寶行佛　南无當来下生弥勒尊佛

懺悔文　唯願十方諸大慈尊證知護念

我今懺悔不復更造願我及一切衆生速得除滅
无量劫来十悪四重五逆顛倒謗毀三寶一闡
提罪復應思惟如是罪性但從虛妄顛倒心起無
有定實而可得者本性空寂願我及一切衆生速
達心本永滅罪根懺悔已歸命礼三寶

懺悔文　唯願十方諸大慈尊證知證念
我今懺悔不復更造願我及一切衆生速得除滅
无量劫来十悪四重五逆謗毀三寶一闡
提罪復應思惟如是罪性但從虚妄顛倒心起無
有定實而可得者今惟空寂願我及一切衆生速
達心本永滅罪根懺悔已歸命礼三寶
衆罪皆懺悔諸福盡随喜及請佛功德願成无上
智去来現在佛於衆生最勝无量功德海歸依合掌礼
至心發願　願衆生生生值諸佛世世恒聞解脫音
弘誓平等度衆生畢竟速成无上道發願已歸命礼三寶
次巳下三歸依礼

寅朝礼懺

敬礼毗盧遮那佛　敬礼盧舍那佛
敬礼釋迦牟尼佛　敬礼東方善德佛
敬礼東南方无憂德佛　敬礼南方旃檀德佛
敬礼西南方寶施佛　敬礼西方无量明佛
敬礼西北方華德佛　敬礼北方相德佛
敬礼東北方三乘行佛　敬礼上方廣衆德佛
敬礼下方明德佛　敬礼當来下生弥勒尊佛
敬礼過現未来十方三世一切諸佛　敬礼舍利形像无量寶塔
敬礼十二部尊經甚深法藏　敬礼諸大菩薩摩訶薩衆
敬礼聲聞緣覺一切賢聖
為天龍八部諸善神王敬礼常住三寶
為過現諸師恒為導首敬礼常住三寶
為皇帝聖化无窮敬礼常住三寶
為太子諸王福延萬葉敬礼常住三寶
為文武百官恒居福位敬礼常住三寶
為師僧父母及善知識敬礼常住三寶

為天龍八部諸善神王敬礼常住三寶
為過現諸師恒為導首敬礼常住三寶
為皇帝聖化无窮敬礼常住三寶
為太子諸王福延萬葉敬礼常住三寶
為文武百官恒居福位敬礼常住三寶
為師僧父母及善知識敬礼常住三寶
為十方施主六度圓滿敬礼常住三寶
為三塗八難受苦衆生速令離苦敬礼常住三寶
為國土安寧法輪常轉敬礼常住三寶
為法界有情礼佛懺悔　至心懺悔十方无量佛所
知無不盡我今悉於前發露懺悔諸惡三三合九種
從三煩惱起今身若前身有罪皆懺悔於三惡道
中若應受業報願得今身償不入惡道受懺悔已
歸命礼三寶
至心勸請　十方一切佛現在成道者我請
轉法輪安樂諸衆生十方一切佛若欲捨受命我
今頭面礼勸請令久住勸請已歸命礼三寶
至心隨喜　所有布施福持戒脩禪慧從身口
意生去来今所有習學三乘人具足一乘者无量
人天福衆等皆隨喜隨喜已歸命礼三寶
至心迴向　我所作福業一切皆和合為度群
生故正迴向佛道罪應如是懺勸請隨喜福迴
向於菩提迴向已歸命礼三寶
至心發願　願諸衆生等悉發菩提心繫心
常思念十方一切佛復願諸衆生永破諸煩惱了
了見佛性猶如妙德等發願已歸命礼三寶
白衆等聽說寅朝清淨偈
欲求寂滅樂　當學沙門法　衣食支身命　精麁隨衆等

至心發願　願諸衆生等悉發菩提心繫心
常思念十方一切佛復願諸衆生永破諸煩惱了
了見佛性猶如妙德等發願已歸命礼三寶
白衆等聽說寅朝清淨偈
欲求寂滅樂　當學沙門法　衣食支身命　精麁隨衆等
今日寅朝清淨各記六念
第一念佛願得仏身　第二念法願轉法輪
第三念僧頭陁苦行　第四念施施心不絶
第五念戒戒根圓滿　第六念天天是大般涅槃
一切恭敬　三歸依准前
願諸衆生三業清淨奉持佛教和南一切賢聖

八戒文

夫受戒者成佛之根源斷惡脩善之本亦是人天之
戒是三乘之福田一切諸佛菩薩聲聞緣覺乃至人
天所有勝福莫不皆因持戒而得故知欲入仏法海
者先須以戒為因戒能生定定能發慧慧斷煩惱方
穫聖果故梵網經云戒如明日月亦如瓔珞珠嚴
塵菩薩衆由是成正覺故知戒是菩薩之因能
發宿世之緣戒如大地草能生禪定之牙戒如大寶山
能滿衆生願戒如大慈父能救衆生苦戒如大慈母
能与衆生樂戒如大明燈能破長夜闇戒如摩尼
珠雨寶拯貧乏所以大病患戒為良藥於惡道中戒
為橋梁生死海中戒為船栰故遮薩尼乾子經云若
得人身不歸三寶不受八戒捨此身已乃至　猶野犴
之身尚自不得何況得壽具足人身佛子等信知聖
教所說善惡必然各各至誠受持如來清淨八戒一
日一夜堅持不犯當來不失人身夫欲受戒先須

能与衆生桒戒如大明燈能破長夜闇戒如摩尼
珠雨寶拯貧乏所以大病患戒爲良藥於惡道中戒
爲橋梁生死海中戒爲船栰故遮薩尼乾子經云若
得人身不歸三寶不受八戒捨此身已乃至　猶野犴
之身尚自不得何况得壽具足人身佛子等信知聖
教所説善惡必然各各至誠受持如来清淨八戒一
日一夜堅持不犯當来不失人身夫欲受戒先須
啓請諸佛賢聖爲作證明方可戒品身中圓滿
各各志心懃依口道
弟子某甲等合道場人稽首和南十方諸佛諸大
菩薩无邊化身舍利浮啚碎形寶塔鹿菀初轉四
諦法輪雙樹後陽一乘奥典經行樹下獨覺聖人
坐定山間得道羅漢上至非相非非相天四禪四空
五淨居等色界自在尸弃梵王釋提桓因六欲天子
龍神八部護世四王散手鎮君金剛密迹閻羅天子
五道大神太山府君察命司録天曹地府善惡部官
右膊左肩罪福童子護齋護戒護法善神日官
月宫光明梵衆山空石室利欲諸仙壙野丘陵道力
神鬼阿毗地獄羅刹夜叉十八泥犁牛頭獄卒鳩槃
荼鬼行病鬼王巡歷人間行諸毒氣胎卵濕化蠢動
含靈有形无形有相无相有天眼者有天耳者他心
通者宿命通者悲願知聞来入道場證明弟子慈悲
攝受慈愍故敬礼常住三寶
啓請已了次當懺悔然後受戒若不懺悔猶如穢器
盛食人不喜喰譬如濁水置之明珠以珠威力水明
澄清懺悔亦然佛子等各各至心虔恭合掌一一具
懺懃依口道
弟子某甲等合道場人自從
无始曠大劫来至於今日受凡夫身流浪生死妄想

啓請已了次當懺悔然後受戒若不懺悔猶如穢器
盛食人不喜喰譬如濁水置之明珠以珠威力水明
澄清懺悔亦然佛子等各各至心虔恭合掌一一具
懺悔依口道　弟子某甲等合道場人自從
无始曠大劫来至於今日受凡夫身流浪生死妄想
煩惱繫縛身心不自覺知造十惡業煞生无量斷大
慈衆偷盗无量奪人財寶耶行无量汙淨梵行妄
語无量欺誑一切惡口无量毀辱衆生兩舌无量
鬪乱和合綺語无量戲弄聖凡貪欲无量心无猒
足嗔恚无量打罵衆生造罪五逆无間重罪煞父
害母煞阿羅漢出佛身血破和合僧破塔壞寺焚
燒經像毀謗僧尼或求名聞廣行煞害或求財寶
恣意相侵牟動干戈興師征罰破壞國境傾陷
城隍開決湖池搡捕魚鼈焚燒山澤溉灌陸田拂
撲蚊虻燒煮鷄子熱湯沃地損害无窮三鄣自流
輪迴苦海无明所覆我見熾然欲界昬波隨心逐業
廣造諸罪无量无邊自作教他見作隨喜又弟子
无慚无愧飲酒食宍破齋破戒汙湼伽藍侵損
常住用三寶物起大邪見誹謗三乘作一闡提撥
无因果滓汙賢善不擇親踈自是非他墮胎落
子貫帶珠玉廣貫綾羅用无價衣覆膿血體
違背佛教隨逐邪師害命求神煞生祭鬼如斯等
罪其數无量无邊怕怖不安恐墮地獄今對十方
諸佛菩薩虛空賢聖清淨發露懺悔一懺已後
永斷相續盡未来際更不敢造唯願十方一切諸
仏慈悲攝受慈愍故敬礼常住三寶
懺悔已竟當受三歸依後八戒能拔衆生得離三
途之苦汝須先受三歸依後受八戒各各至心憁依

罪其數无量无邊怕怖不安恐墮地獄今對十方
諸佛菩薩虛空賢聖清淨發露懺悔一懺已後
永斷相續盡未來際更不敢造唯願十方一切諸
仏慈悲攝受慈悲故敬礼常住三寶
懺悔已竟當受三歸依後八戒能拔衆生得離三
徒之苦故須先受三歸依後受八戒各各至心惣依
口道　弟子某甲等合道場人歸依佛兩足尊
歸依法離欲尊歸依僧衆中尊　三說
歸依佛竟歸依法竟歸依僧竟如來至真等正覺
是我大師我今歸依更不歸於邪魔外道唯願三寶
慈悲攝受慈悲故敬礼常住三寶
受三歸依已竟當受八戒汝等善男子善女人諦聽如
經所說若有人以四寶藏滿中珎寶持用布施不如有人
一日一夜受持八戒功德无比又如弥勒下生之時百年持
戒衆生根熟不如今時一日一夜何以故弥勒之時无有
惡緣戒即易持今五濁惡世人多弊惡不善增長
戒即難持故一日一夜勝彼百年又六齋日皆是惡日
如四天王經所說此是大力鬼神惱害衆生之日四天
王等觀察衆生善惡若有衆生受持八戒孝順父
母師僧三寶四天大王及帝釋等皆悲歡喜同說偈
言六齋神是之日受持清淨八戒是人命終已後功德
必如我年是已如來慈悲有情留此法教每月六
日合受八戒已持戒力敢得戒神擁護其人不令惡
鬼伺求其便大須努力莫生疑滯虛弃一生各各至
心受取如來因地八戒言八戒者
一不煞生　二不偷盜　三不婬欲　四不妄語　五不飲酒食宍
六不著花鬘瓔珞香油塗身　七不得坐卧高廣大床歌儛
作樂不得故往觀聽　八不非時食
汝等善男子善女人諦聽如諸聖賢阿羅漢盡
形受女等在家之中一日一夜[illegible]

鬼伺求其便大須努力莫生疑滯虚弃一生各各至
心受取如来因地八戒言八戒者
一不煞生　二不偷盗　三不婬泆　四不妄語　五不飲酒食宍
六不著花鬘瓔珞香油塗身　七不得坐卧高廣大床歌儛
作樂不得故往觀聽　八不非時食
汝等善男子善女人諦聽如諸聖賢阿羅漢盡
形受汝等在家之中一日一夜別觧脫戒始從今時
至明清曉於其中間不得犯能持不　三說　道能持
受八戒已了次說戒相各各至心諦聽如阿含經云
一不煞者上至人命下至蠢動含識有情之類不得故煞
若犯者當来墮三悪道乃至世世常被人煞若生人中
得二種報一者短命二者多病　第二偷盗者无問一
切衆生有主无主鬼神等物乃至草葉絲線已来
不得懷盗心取若故犯者當来墮三悪世世常作畜
生以償他債若生人中得二種報一者貧窮二者共財
不得自在　第三不婬欲者不問自妻他妻自夫他夫乃
至一切不得故犯若故犯者當来墮三悪道若生人
中所敬夫妻皆不貞良　第四不妄語者為持戒故
不得欺誑一切衆生若故犯者墮三悪道若生人中得
二種報一者多病被人誹謗二者所說言教人不信受
五不飲酒者為持戒故乃至嘆水作酒亦不得飲若犯
者當来墮三悪道若生人中得二種報一者愚癡二者
諸根不具　第六不得著花鬘香油胭粉塗身若
故犯者當来墮三悪道若生人中得二種報一者身
常臭穢二者人不喜見　第七不得作歌儛伎唱故
往觀聽若故犯者當来墮三悪道若生人中得二種
報　第八不得座高廣大床師僧
父母一切尊人坐位皆不得坐若故犯者當来墮三悪
道若生人中得二種報一者不得尊貴二者為人卑賤
第九不非時食者為持戒故一日一夜五百日餘粮若
故犯者當来墮三悪道若生人中得二種報一者飲
食艱難二者屑遊踈歎善男子善女人犯此戒者
[illegible]得堅持不犯者得生人天不墮三

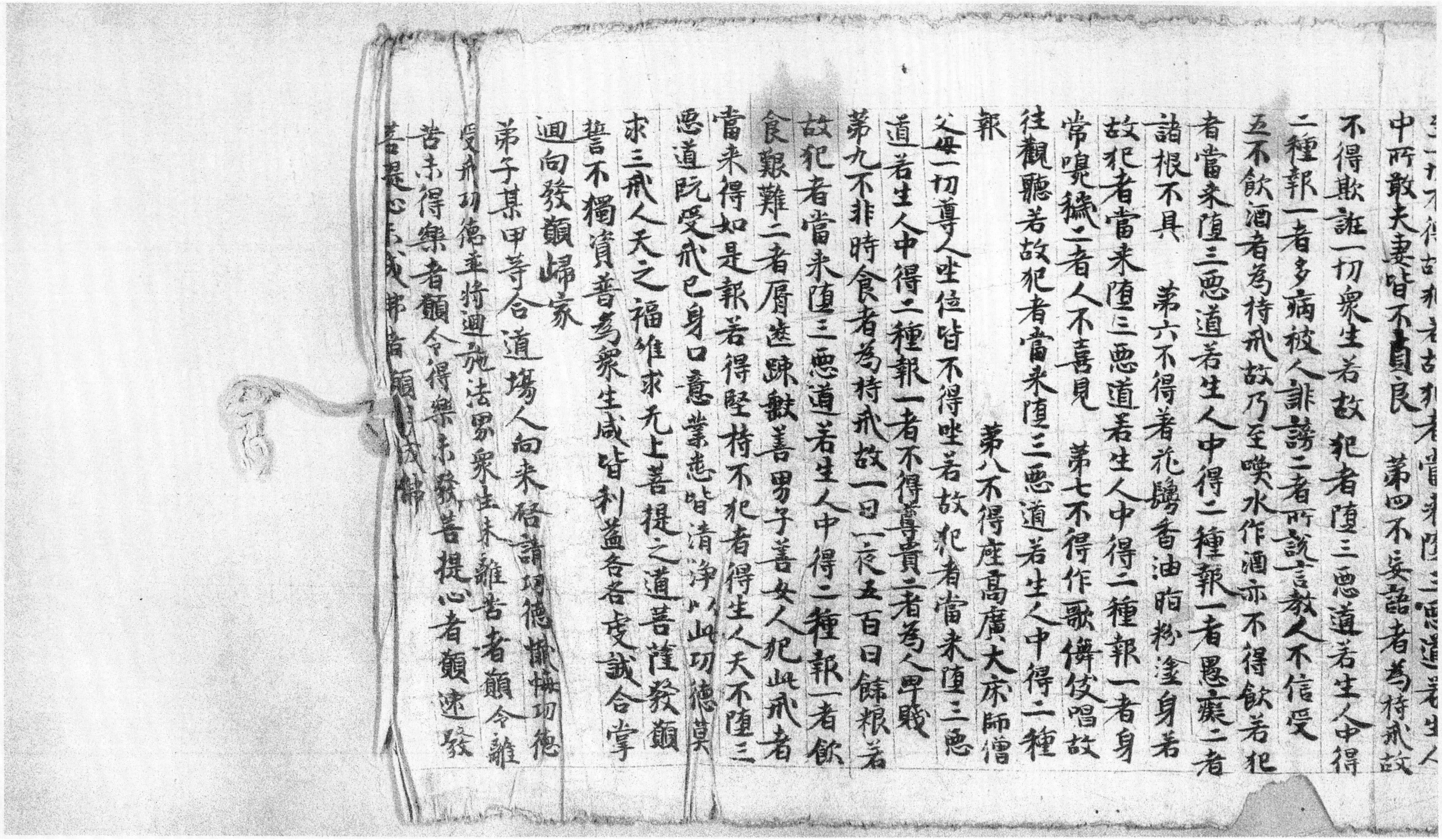
……故犯者當來墮三惡道若生人
中所敢夫妻皆不貞良　第四不妄語者為持戒故
不得欺誑一切衆生若故犯者墮三惡道若生人中得
二種報一者多病被人誹謗二者所說言教人不信受
五不飲酒者為持戒故乃至喫水作酒亦不得飲若犯
者當來墮三惡道若生人中得二種報一者愚癡二者
諸根不具　第六不得著花鬘香油脂粉塗身若
故犯者當來墮三惡道若生人中得二種報一者身
常臭穢二者人不喜見　第七不得作歌儛伎唱故
往觀聽若故犯者當來墮三惡道若生人中得二種
報　第八不得座高廣大床師僧
父母一切尊人坐位皆不得坐若故犯者當來墮三惡
道若生人中得二種報一者不得尊貴二者為人卑賤
第九不非時食者為持戒故一日一夜五百日餘粮若
故犯者當來墮三惡道若生人中得二種報一者飲
食艱難二者脣遊踈歛善男子善女人犯此戒者
當來得如是報若得堅持不犯者得生人天不墮三
惡道既受戒已身口意業悉皆清淨以此功德莫
求三戒人天之福唯求无上菩提之道菩薩發願
誓不獨資善為衆生咸皆利益各各虔誠合掌
迴向發願歸家
弟子某甲等合道場人向來啓請功德懺悔功德
受戒功德並將迴施法界衆生未離苦者願令離
苦未得樂者願令得樂未發菩提心者願速發
菩提心未成佛者願早成佛

BD04291號2　八戒文　（14–14）

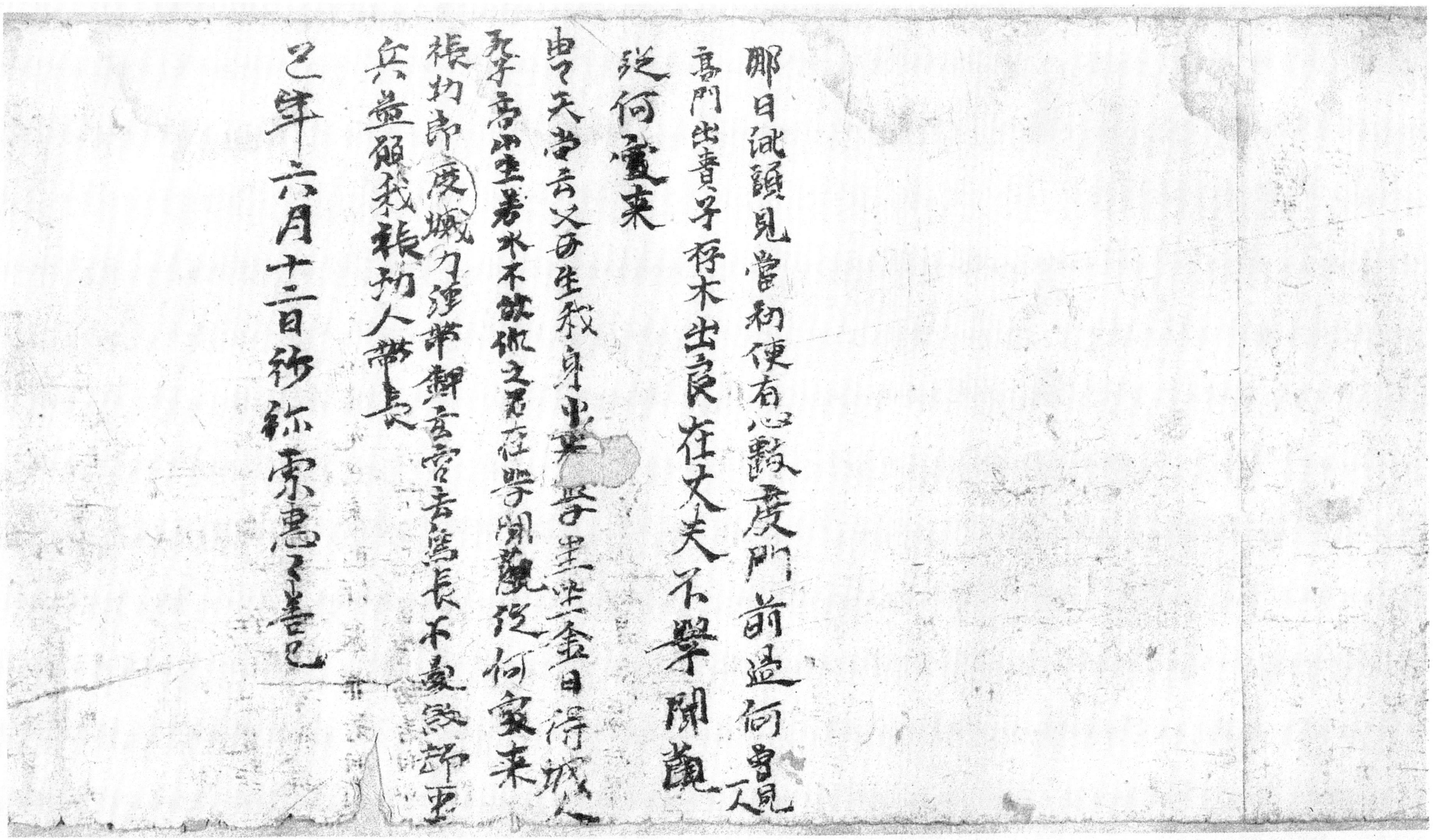
那日識頭見當初便有心歡慶門前過何曾見人
高門出貴子存木出良在丈夫不學聞蘭
從何處來
由了天當去父母生我身少小學里坐金日得城人
孔子高山主卷水不波流之君在學開蘭從何家來
張功郎度城刀彈帶御玄曾去為長不憂敵部要
兵益頭我張功人帶長
乙年六月十二日沙弥索惠〻善己

BD04291 號背　詩五首（擬）　　（2–1）

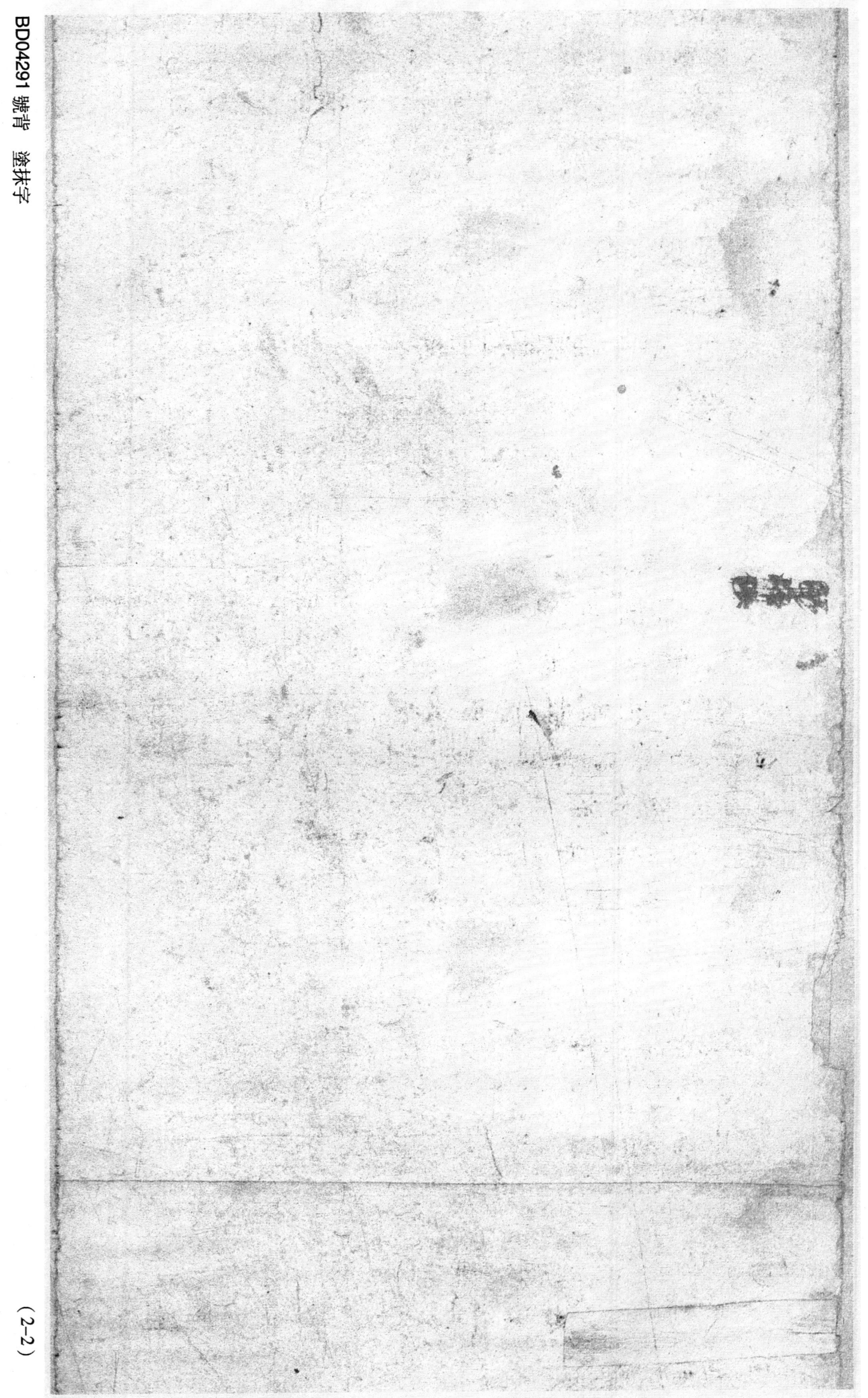

BD04291號背　塗抹字

（2–2）

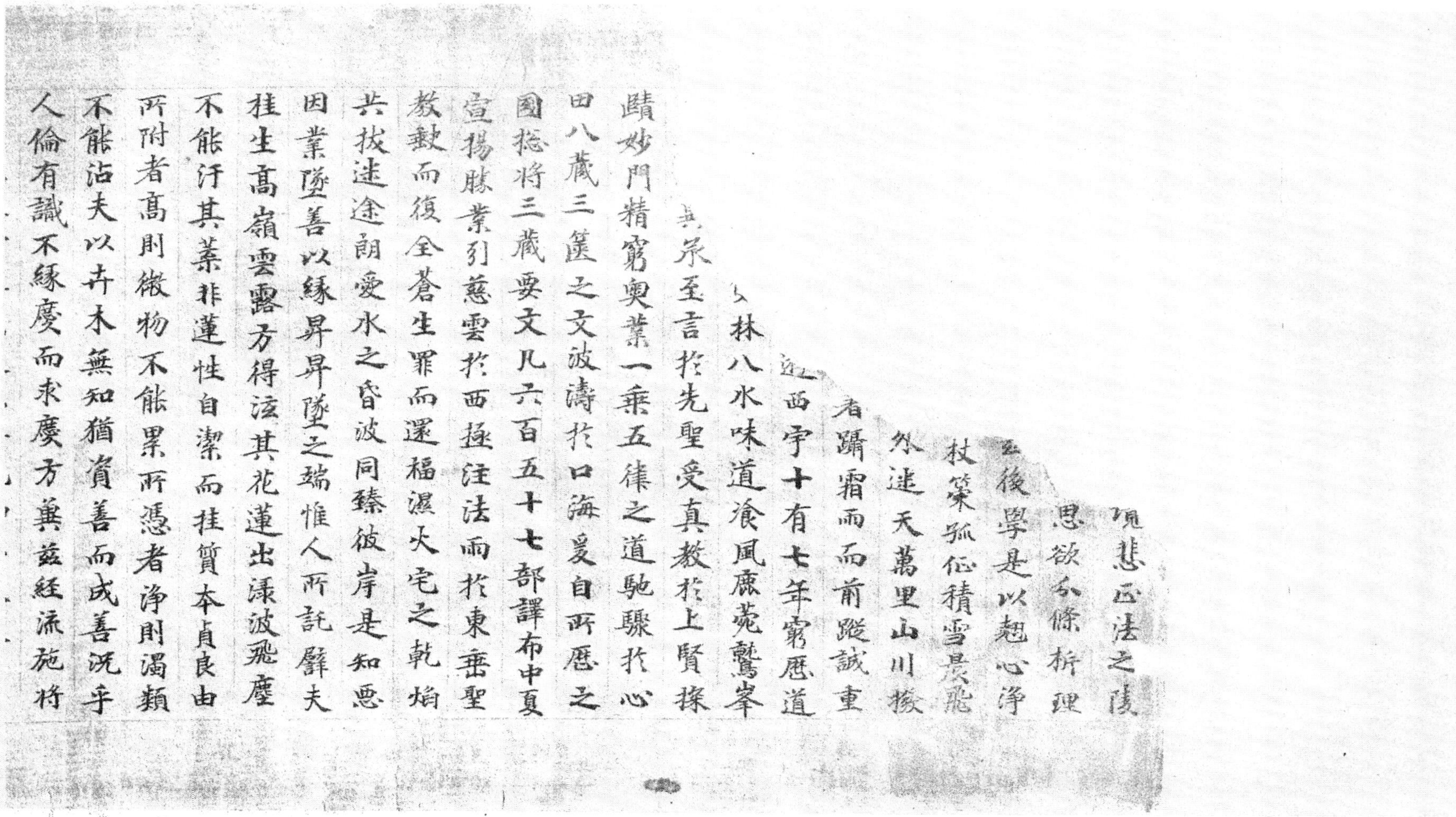

悲正法之陵
思欲分條析理
後學是以翹心淨
杖策孤征積雪晨飛
外迷天萬里山川撥
者躡霜而前蹤誠重
西宇十有七年窮歷道
林八水味道湌風鹿菀鷲峯
承至言於先聖受真教於上賢探
賾妙門精窮奧業一乘五律之道馳驟於心
田八藏三篋之文波濤於口海爰自所歷之
國總將三藏要文凡六百五十七部譯布中夏
宣揚勝業引慈雲於西極注法雨於東垂聖
教缺而復全蒼生罪而還福濕火宅之乾焰
共拔迷途朗愛水之昏波同臻彼岸是知惡
因業墜善以緣昇昇墜之端惟人所託譬夫
桂生高嶺雲露方得泫其花蓮出淥波飛塵
不能汙其葉非蓮性自潔而桂質本貞良由
所附者高則微物不能累所憑者淨則濁類
不能沾夫以卉木無知猶資善而成善況乎
人倫有識不緣慶而求慶方冀茲經流施將

BD04292 號 1　大唐三藏聖教序　　（2–1）

賾妙門精窮奧業一乘五律之道馳驟於心
田八藏三篋之文波濤於口海爰自所歷之
國總將三藏要文凡六百五十七部譯布中夏
宣揚勝業引慈雲於西極注法雨於東垂聖
教缺而復全蒼生罪而還福濕火宅之乾焰
共拔迷途朗愛水之昏波同臻彼岸是知惡
因業墜善以緣昇昇墜之端惟人所託譬夫
桂生高嶺雲露方得泫其花蓮出淥波飛塵
不能汙其葉非蓮性自潔而桂質本貞良由
所附者高則微物不能累所憑者淨則濁類
不能沾夫以卉木無知猶資善而成善況乎
人倫有識不緣慶而求慶方冀茲經流施將
日月而無窮斯福遐敷與乾坤而永大

大唐皇帝述　聖記　在春宮日製
夫顯揚正教非智無以廣其文崇闡微言非
賢莫能定其旨蓋真如聖教者諸法之玄宗
眾經之軌躅也綜括宏遠奧旨遐深極空有
之精微體生滅之機要詞茂道曠尋之者不
究其源文顯義幽履之者莫測其際故知聖

BD04292 號 1　大唐三藏聖教序　　（2–2）
BD04292 號 2　大唐皇帝述聖記

法无名字言語斷故法无有說離覺觀故法
无形相如虛空故法无戲論畢竟空故法无
我所離我所故法无分別離諸識故法无有
比无相待故法不屬因不在緣故法同法性入
諸法故法隨於如无所隨故法住實際諸邊
不動故法无動搖不依六塵故法无去來常
不住故法順空隨无相應无作法離好醜法
无增損法无生滅法无所歸法過眼耳鼻
舌身心法无高下法常住不動法離一切觀
行唯大目連法相如是豈可說乎夫說法者
无說无示其聽法者无聞无得譬如幻士為
幻人說法當建是意而為說法當了衆生根
有利鈍善於知見无所罣礙以大悲心讚于大
乘念報佛恩不斷三寶然後說法維摩詰
說是法時八百居士發阿耨多羅三藐三菩
提心我无此辯是故不任詣彼問疾
佛告大迦葉汝行詣維摩詰問疾迦葉白佛言
世尊我不堪任詣彼問疾所以者何憶念我

乘念報佛恩不斷三寶然後說法維摩詰
說是法時八百居士發阿耨多羅三藐三菩
提心我无此辯是故不任詣彼問疾
佛告大迦葉汝行詣維摩詰問疾迦葉白佛言
世尊我不堪任詣彼問疾所以者何憶念我
昔於貧里而行乞食時維摩詰來謂我言
唯大迦葉有慈悲心而不能普捨豪富從貧
乞迦葉住平等法應次行乞食為不食故應
行乞食為壞和合相故應取揣食為不受故
應受彼食以空聚想入於聚落所見色與盲
等所聞聲與響等所嗅香與風等所食味不
分別受諸觸如智證知諸法如幻相无自性
无他性本自不然今則无滅迦葉若能不捨
八邪入八解脫以邪相入正法以一食施一切
供養諸佛及衆賢聖然後可食如是食者
非有煩惱非離煩惱非入定意非起定意非
住世間非住涅槃其有施者无大福无小福不
為益不為損是為正入佛道不依聲聞迦葉
若如是食為不空食人之施也時我世尊聞
說是語得未曾有即於一切菩薩深起敬
心復作是念斯有家名辯才智慧乃能如是
其誰不發阿耨多羅三藐三菩提心我從是來
不復勸人以聲聞辟支佛行故我不任詣彼問疾
佛告須菩提汝行詣維摩詰問疾須菩提白
佛言世尊我不堪任詣彼問疾所以者何憶
念我昔入其舍從乞食時維摩詰取我鉢盛

不復勸人以聲聞辟支佛行故我不任詣彼問疾
佛告須菩提汝行詣維摩詰問疾須菩提白
佛言世尊我不堪任詣彼問疾所以者何憶
念我昔入其舍從乞食時維摩詰取我鉢盛
滿飯謂我言唯須菩提若能於食等者諸法
亦等諸法等者於食亦等如是行乞乃可取
食若須菩提不斷婬怒癡亦不與俱不壞於
身而隨一相不滅癡愛起於明脫以五逆相
而得解脫亦不解不縛不見四諦非不見諦
非得果非不得果非凡夫非離凡夫法非聖
人非不聖人雖成就一切法而離諸法相乃可
取食若須菩提不見佛不聞法彼外道六
師富蘭那迦葉末伽梨拘賒梨子刪闍夜毗
羅胝子阿耆多翅舍欽婆羅迦羅鳩馱迦旃
延尼揵陀若提子等是汝之師因其出家彼師
所墮汝亦隨墮乃可取食若須菩提入諸邪
見不到彼岸住於八難不得无難同於煩惱
離清淨法汝得无諍三昧一切衆生亦得是
定其施汝者不名福田供養汝者墮三惡道
為與衆魔共一手作諸勞侶汝與衆魔及諸
塵勞等无有異於一切衆生而有怨心謗諸
佛毀於法不入衆數終不得滅度汝若如是
乃可取食時我世尊聞此茫然不識是何言
不知以何荅便置鉢欲出其舍維摩詰言唯
須菩提取鉢勿懼於意云何如來所作化人
若以是事詰寧有懼不我言不也維摩詰言

BD04293號　維摩詰所說經卷上　（9–3）

佛毀於法不入衆數終不得滅度汝若如是
乃可取食時我世尊聞此茫然不識是何言
不知以何荅便置鉢欲出其舍維摩詰言唯
須菩提取鉢勿懼於意云何如來所作化人
若以是事詰寧有懼不我言不也維摩詰言
一切諸法如幻化相汝今不應有所懼也所以
者何一切言說不離是相至於智者不著文
字故无所懼何以故文字性離无有文字是
則解脫解脫相者則諸法也維摩詰說是法
時二百天子得法眼淨故我不任詣彼問疾
佛告富樓那彌多羅尼子汝行詣維摩詰問
疾富樓那白佛言世尊我不堪任詣彼問疾
所以者何憶念我昔於大林中在一樹下為諸
新學比丘說法時維摩詰來謂我言唯富
樓那先當入定觀此人心然後說法无以穢食
置於寶器當知是比丘心之所念无以瑠璃同
彼水精汝不能知衆生根源无得發起以小
乘法彼自无瘡勿傷之也欲行大道莫示小
徑无以大海内於牛跡无以日光等彼熒火
唯富樓那此比丘久發大乘心中忘此意如
何以小乘法而教導之我觀小乘智慧微淺
猶如盲人不能分別一切衆生根之利鈍時
維摩詰即入三昧令此比丘自識宿命曾於
五百佛所殖衆德本迴向阿耨多羅三藐三
菩提即時豁然還得本心於是諸比丘稽首
禮維摩詰足時維摩詰因為說法於阿耨多

BD04293號　維摩詰所說經卷上　（9–4）

猶如盲人不能分別一切衆生根之利鈍時
維摩詰即入三昧令此比丘自識宿命曾於
五百佛所殖衆德本迴向阿耨多羅三藐三
菩提即時豁然還得本心於是諸比丘稽首
禮維摩詰足時維摩詰因為說法於阿耨多
羅三藐三菩提不復退轉我念聲聞不觀人
根不應說法是故不任詣彼問疾
佛告摩訶迦旃延汝行詣維摩詰問疾迦旃
延白佛言世尊我不堪任詣彼問疾所以者
何憶念昔者佛為諸比丘略說法要我即於
後敷演其義謂无常義苦義空義无我義
寂滅義時維摩詰來謂我言唯迦旃延无以
生滅心行說實相法迦旃延諸法畢竟不生
不滅是无常義五受陰洞達空无所起是苦
義諸法究竟无所有是空義於我无我不二
是无我義法本不然今則无滅是寂滅義說
是法時彼諸比丘心得解脫故我不任詣彼
問疾
佛告阿那律汝行詣維摩詰問疾阿那律白
佛言世尊我不堪任詣彼問疾所以者何憶
念我昔於一處經行時有梵王名曰嚴淨與
萬梵俱放淨光明來詣我所稽首作禮問我
言幾何阿那律天眼所見我即答言仁者吾
見此釋迦牟尼佛土三千大千世界如觀掌
中菴摩勒果時維摩詰來謂我言唯阿那
律天眼所見為作相耶无作相耶假使作相
則與外道五通等若无作相即是无為不應有

BD04293號　維摩詰所說經卷上　（9-5）

萬梵俱放淨光明來詣我所稽首作禮問我
言幾何阿那律天眼所見我即答言仁者吾
見此釋迦牟尼佛土三千大千世界如觀掌
中菴摩勒果時維摩詰來謂我言唯阿那
律天眼所見為作相耶无作相耶假使作相
則與外道五通等若无作相即是无為不應有
見世尊我時嘿然彼諸梵聞其言得未曾有
即為作禮而問曰世孰有真天眼者維摩詰
言有佛世尊得真天眼常在三昧悉見諸佛
國不以二相於是嚴淨梵王及其眷屬五百
梵天皆發阿耨多羅三藐三菩提心禮維摩
詰足已忽然不現故我不任詣彼問疾
佛告優波離汝行詣維摩詰問疾優波離白
佛言世尊我不堪任詣彼問疾所以者何憶
念昔者有二比丘犯律行以為恥不敢問佛來
問我言唯優波離我等犯律誠以為恥不敢
問佛願解疑悔得免斯咎我即為其如法解
說時維摩詰來謂我言唯優波離无重增
此二比丘罪當直除滅勿擾其心所以者何
彼罪性不在內不在外不在中間如佛所說
心垢故衆生垢心淨故衆生淨心亦不在內
不在外不在中間如其心然罪垢亦然諸法亦
然不出於如如優波離以心相得解脫時寧
有垢不我言不也維摩詰言一切衆生心相
无垢亦復如是唯優波離妄想是垢无妄
想是淨顛倒是垢无顛倒是淨取我是垢不

BD04293號　維摩詰所說經卷上　（9-6）

彼罪性不在内不在外不在中間如佛所說
心垢故衆生垢心淨故衆生淨心亦不在内
不在外不在中間如其心然罪垢亦然諸法亦
然不出於如如優波離以心相得解脱時寧
有垢不我言不也維摩詰言一切衆生心相
无垢亦復如是唯優波離妄想是垢无妄
想是淨顛倒是垢无顛倒是淨取我是垢不
取我是淨優波離一切法生滅不住如幻如
電諸法不相待乃至一念不住諸法皆妄見
如夢如焰如水中月如鏡中像以妄想生其知
此者是名奉律其知此者是名善解於是
二比丘言上智哉是優波離所不及持律之
上而不能說我荅言自捨如來未有聲聞及
菩薩能制其樂說之辯其智慧明達為若此
也時二比丘疑悔即除發阿耨多羅三藐三
菩提心作是願言令一切衆生皆得是辯故
我不任詣彼問疾
佛告羅睺羅汝行詣維摩詰問疾羅睺羅
白佛言世尊我不堪任詣彼問疾所以者何
憶念昔時毗耶離諸長者子来詣我所稽首
作礼問我言唯羅睺汝佛之子捨轉輪王位
出家為道其出家者有何等利我即如法為
說出家功德之利時維摩詰来謂我言唯羅
睺羅不應說出家功德之利所以者何无利
无功德是為出家有為法者可說有利有功德
夫出家者為无為法无為法中无利无功德

說出家功德之利時維摩詰来謂我言唯羅
睺羅不應說出家功德之利所以者何无利
无功德是為出家有為法者可說有利有功德
夫出家者為无為法无為法中无利无功德
羅睺羅夫出家者无彼无此亦无中間離
六十二見處於涅槃智者所受聖所行處降
伏衆魔度五道淨五眼得五力立五根不惱
於彼離衆雜惡摧諸外道超越假名出淤泥
无繫著无我所无所受无擾亂内懷喜護彼
意隨禪定離衆過若能如是是真出家於是
維摩詰語諸長者子汝等於正法中宜共出家所
以者何佛世難值諸長者子言居士我聞佛言
父母不聽不得出家維摩詰言然汝等便發
阿耨多羅三藐三菩提心是即出家是即具
足尒時三十二長者子皆發阿耨多羅三藐
三菩提心故我不任詣彼問疾
佛告阿難汝行詣維摩詰問疾阿難白佛言
世尊我不堪任詣彼問疾所以者何憶念昔
時世尊身小有疾當用牛乳我即持鉢詣大
婆羅門家門下立時維摩詰来謂我言唯阿
難何為晨朝持鉢住此我言居士世尊身小
有疾當用牛乳故来至此維摩詰言止止阿
難莫作是語如来身者金剛之體諸惡已斷
衆善普會當有何疾當有何惱嘿往阿難勿
謗如来莫使異人聞此麁言无令大威德諸天
及他方淨土諸来菩薩得聞斯語阿難轉

維摩詰諸長者子汝等於正法中宜共出家所
以者何佛世難值諸長者子居士我聞佛言
父母不聽不得出家維摩詰言然汝等便發
阿耨多羅三藐三菩提心是即出家是即具
足尒時三十二長者子皆發阿耨多羅三藐
三菩提心故我不任詣彼問疾
佛告阿難汝行詣維摩詰問疾阿難白佛言
世尊我不堪任詣彼問疾所以者何憶念昔
時世尊身小有疾當用牛乳我即持鉢詣大
婆羅門家門下立時維摩詰來謂我言唯阿
難何為晨朝持鉢住此我言居士世尊身小
有疾當用牛乳故來至此維摩詰言止止阿
難莫作是語如來身者金剛之體諸惡已斷
衆善普會當有何疾當有何惱嘿往阿難勿
謗如來莫使異人聞此麁言无令大威德諸天
及他方淨土諸來菩薩得聞斯語阿難轉
輪聖王以少福故尚得无病豈況如來无量福
會普勝者哉行矣阿難勿使我等受斯耻也
外道梵志若聞此語當作是念何名為師自

BD04293 號　維摩詰所說經卷上　（9–9）

是名微塵如來世界非世界是名世界須菩
提於意云何可以三十二相見如來不也世
尊不可以三十二相得見如來何以故如來
說三十二相即是非相是名三十二相
須菩提若有善男子善女人以恒河沙等身
命布施若復有人於此經中乃至受持四句
偈等為他人說其福甚多
尒時須菩提聞說是經深解義趣涕淚悲泣
而白佛言希有世尊佛說如是甚深經典我從
昔來所得慧眼未曾得聞如是之經世尊若
復有人得聞是經信心清淨則生實相當知
是人成就第一希有功德世尊是實相
是非相是故如來說名實相世尊
如是經典信解受持不足為難
後五百歲其有衆生得聞是
人則為第一希有何以故此人
生相壽者相所以者何我相
衆生相壽者相即是非相何
則名諸佛
佛告須菩提如是如是若復有

BD04294 號　金剛般若波羅蜜經　（3–1）

後五百歲其有衆生得聞是
人則為第一希有何以故此人
生相壽者相所以者何我相
衆生相壽者相即是非相何
則名諸佛
佛告須菩提如是如是若復有
不驚不怖不畏當知是人甚為
須菩提如來說第一波羅蜜非
是名第一波羅蜜
須菩提忍辱波羅蜜如來說非忍辱波羅蜜
何以故須菩提如我昔為歌利王割截身體
我於尒時无我相无人相无衆生相无壽者
相何以故我於往昔節節支解時若有我相
人相衆生相壽者相應生瞋恨須菩提又
念過去於五百世作忍辱仙人於尒所世无
我相无人相无衆生相无壽者相是故須菩
提菩薩應離一切相發阿耨多羅三藐三菩
提心不應住色生心不應住聲香味觸法生
心應生无所住心若心有住則為非住是故佛
說菩薩心不應住色布施須菩提菩薩為利
益一切衆生應如是布施如來說一切諸相
即是非相又說一切衆生則非衆生
須菩提如來是真語者實語者如語者不誑
語者不異語者須菩提如來所得法此法无
實无虛
須菩提若菩薩心住於法而行布施如人入

BD04294號　金剛般若波羅蜜經　（3–2）

說菩薩心不應住色布施須菩提菩薩為利
益一切衆生應如是布施如來說一切諸相
即是非相又說一切衆生則非衆生
須菩提如來是真語者實語者如語者不誑
語者不異語者須菩提如來所得法此法无
實无虛
須菩提若菩薩心住於法而行布施如人入
闇則无所見若菩薩心不住法而行布施如
人有目日光明照見種種色
須菩提當來之世若有善男子善女人能於此
經受持讀誦則為如來以佛智慧悉知是人
悉見是人皆得成就无量无邊功德
須菩提若有善男子善女人初日分以恒河
沙等身布施中日分復以恒河沙等身布施
後日分亦以恒河沙等身布施如是无量百
千万億劫以身布施若復有人聞此經典信
心不逆其福勝彼何況書寫受持讀誦為人
解說
須菩提以要言之是經有不可思議不可稱
量无邊功德如來為發大乘者說為發最上
乘者說若有人能受持讀誦廣為人說如來
悉知是人悉見是人皆得成就不可量不
可稱无有邊不可思議功德如是人等則為
菩提何以故須

BD04294號　金剛般若波羅蜜經　（3–3）

庚晩
世音菩薩
難之中能
施无畏是故此娑婆世界皆号之為施无畏
者尒時无盡意菩薩白佛言世尊我今當供
養觀世音菩薩即解頸衆寶珠瓔珞價直百
千兩金而以與之作是言仁者受此法施珎
寶瓔珞時觀世音菩薩不肯受之无盡意
須白觀世音菩薩言仁者愍我等故受此瓔
珞尒時佛告觀世音菩薩當愍此无盡意菩
薩及四衆天龍夜叉乾闥婆阿脩羅迦樓羅
緊那羅摩睺羅伽人非人等故受是瓔珞即
時觀世音菩薩愍諸四衆及於天龍人非人
等受其瓔珞分作二分一分奉釋迦牟尼佛
一分奉多寶佛塔无盡意觀世音菩薩有如
是自在神力遊於娑婆世界
尒時无盡意菩薩以偈問曰
世尊妙相具　我今重問彼　佛子何因緣　名為觀世音
具足妙相尊　偈答无盡意　汝聽觀音行　善應諸方所
弘誓深如海　歷劫不思議　侍多千億佛　發大清淨願
我為汝略說　聞名及見身　心念不空過　能滅諸有苦

BD04295號　觀世音經　（3–1）

是自在神力遊於娑婆世界
尒時无盡意菩薩以偈問曰
世尊妙相具　我今重問彼　佛子何因緣　名為觀世音
具足妙相尊　偈答无盡意　汝聽觀音行　善應諸方所
弘誓深如海　歷劫不思議　侍多千億佛　發大清淨願
我為汝略說　聞名及見身　心念不空過　能滅諸有苦
假使興害意　推落大火坑　念彼觀音力　火坑變成池
或漂流巨海　龍魚諸鬼難　念彼觀音力　波浪不能沒
或在須彌峯　為人所推墮　念彼觀音力　如日虛空住
或被惡人逐　墮落金剛山　念彼觀音力　不能損一毛
或值怨賊遶　各執刀加害　念彼觀音力　咸即起慈心
或遭王難苦　臨刑欲壽終　念彼觀音力　刀尋段段壞
或囚禁枷鎖　手足被杻械　念彼觀音力　釋然得解脫
呪詛諸毒藥　所欲害身者　念彼觀音力　還著於本人
或遇惡羅剎　毒龍諸鬼等　念彼觀音力　時悉不敢害
或惡獸圍遶　利牙爪可怖　念彼觀音力　疾走无邊方
蚖蛇及蝮蝎　氣毒煙火然　念彼觀音力　尋聲自迴去
雲雷鼓掣電　降雹澍大雨　念彼觀音力　應時即消散
衆生被困厄　无量苦逼身　觀音妙智力　能救世間苦
具足神通力　廣脩智方便　十方諸國土　无剎不現身
種種諸惡趣　地獄鬼畜生　生老病死苦　以漸悉令滅
真觀清淨觀　廣大智慧觀　悲觀及慈觀　常願常瞻仰
无垢清淨光　慧日破諸闇　能伏災風火　普明照世間
悲體戒雷震　慈意妙大雲　澍甘露法雨　滅除煩惱炎
諍訟經官處　怖畏軍陣中　念彼觀音力　衆怨悉退散
妙音觀世音　梵音海潮音　勝彼世間音　是故須常念
念念勿生疑　觀世音淨聖　於苦惱死厄　能為作依怙
具一切功德　慈眼視衆生　福聚海无量　是故應頂礼
尒時持地菩薩即從座起前白佛言世尊　若

BD04295號　觀世音經　（3–2）

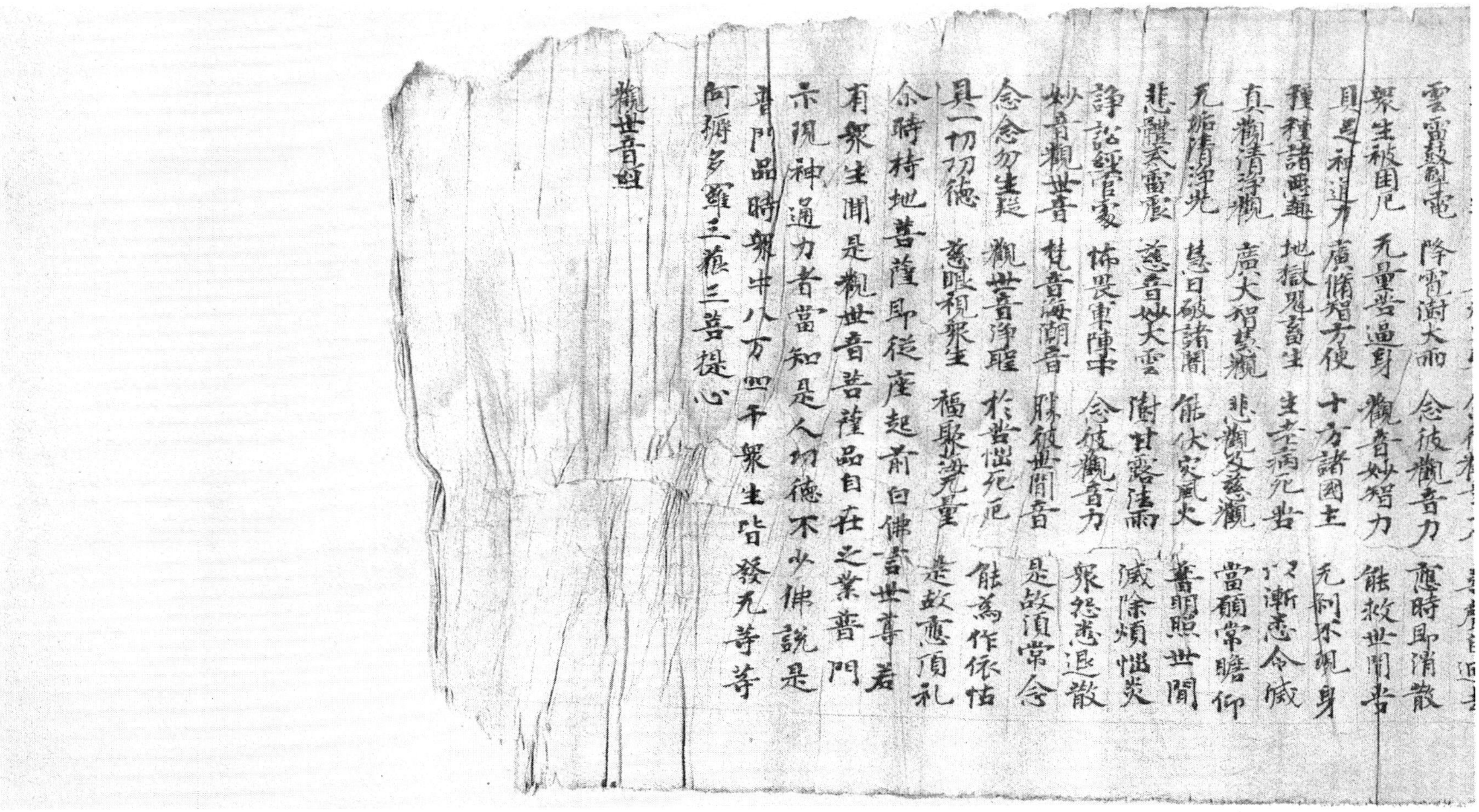

雲雷鼓掣電　降雹澍大雨　念彼觀音力　應時即消散
衆生被困厄　无量苦逼身　觀音妙智力　能救世間苦
具足神通力　廣修智方便　十方諸國土　无刹不現身
種種諸惡趣　地獄鬼畜生　生老病死苦　以漸悉令滅
真觀清淨觀　廣大智慧觀　悲觀及慈觀　常願常瞻仰
无垢清淨光　慧日破諸闇　能伏災風火　普明照世間
悲體戒雷震　慈意妙大雲　澍甘露法雨　滅除煩惱炎
諍訟經官處　怖畏軍陣中　念彼觀音力　衆怨悉退散
妙音觀世音　梵音海潮音　勝彼世間音　是故須常念
念念勿生疑　觀世音淨聖　於苦惱死厄　能為作依怙
具一切功德　慈眼視衆生　福聚海无量　是故應頂礼
尔時持地菩薩即從座起前白佛言世尊若
有衆生聞是觀世音菩薩品自在之業普門
示現神通力者當知是人功德不少佛說是
普門品時衆中八万四千衆生皆發无等等
阿耨多羅三藐三菩提心
觀世音經

BD04295 號　觀世音經　（3–3）

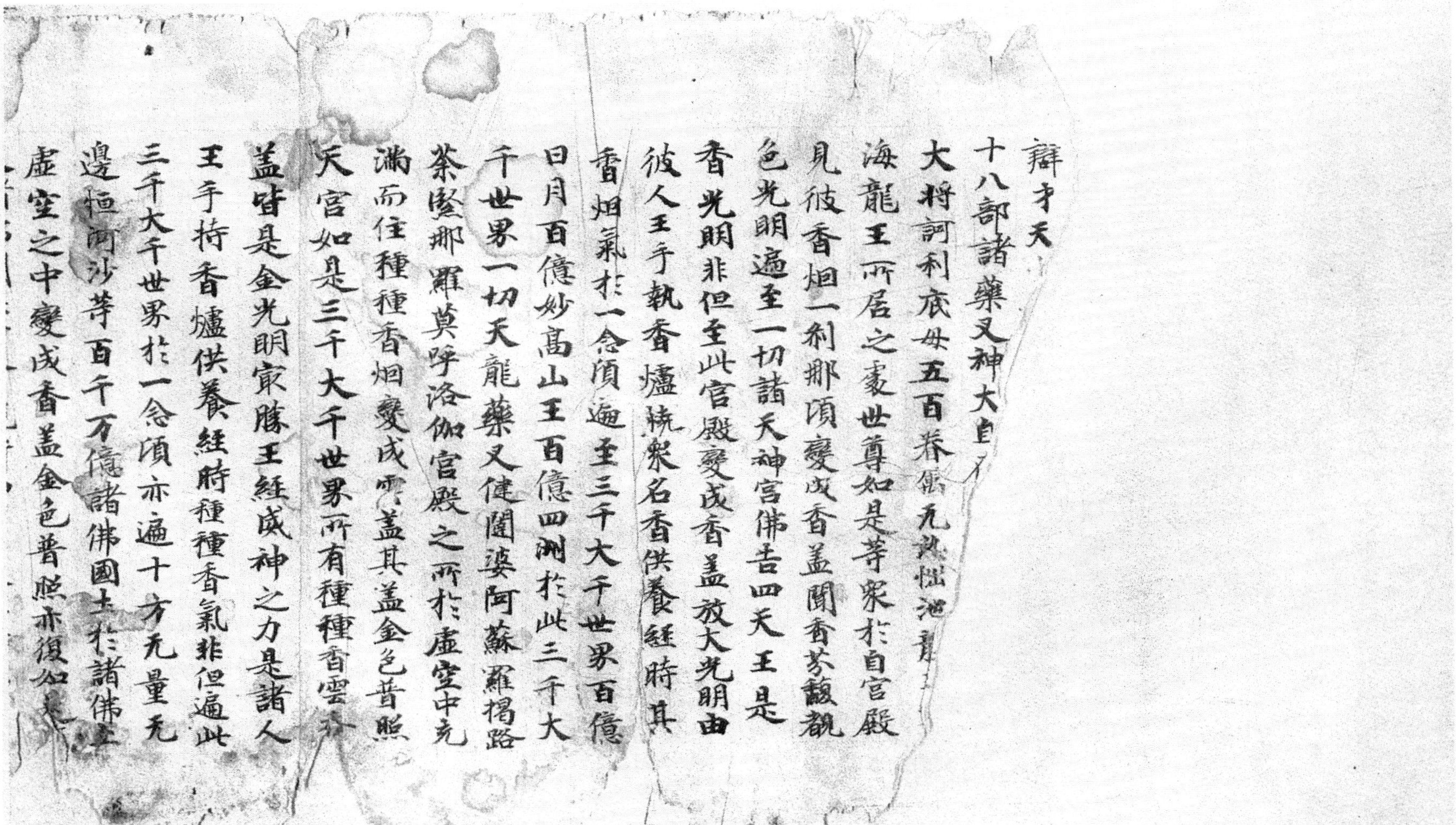

辯才天
十八部諸藥叉神大自
大將訶利底母五百眷屬无熱惱池龍
海龍王所居之處世尊如是等衆於自宮殿
見彼香烟一剎那頃變成香蓋聞香芬馥覩
色光明遍至一切諸天神宮佛告四天王是
香光明非但至此宮殿變成香蓋放大光明由
彼人王手執香爐燒衆名香供養經時其
香烟氣於一念頃遍至三千大千世界百億
日月百億妙高山王百億四洲於此三千大
千世界一切天龍藥叉健闥婆阿蘇羅揭路
荼緊那羅莫呼洛伽宮殿之所於虛空中充
滿而住種種香烟變成雲蓋其蓋金色普照
天宮如是三千大千世界所有種種香雲香
蓋皆是金光明最勝王經威神之力是諸人
王手持香爐供養經時種種香氣非但遍此
三千大千世界於一念頃亦遍十方无量无
邊恒河沙等百千万億諸佛國土於諸佛上
虛空之中變成香蓋金色普照亦復如是

BD04296 號　金光明最勝王經卷六　（15–1）

蓋皆是金光明冣勝王經威神之力是諸人
王手持香爐供養經時種種香氣非但遍此
三千大千世界於一念頃亦遍十方无量无
邊恒河沙等百千万億諸佛國土於諸佛上
虛空之中變成香蓋金色普照亦復如是
彼諸佛聞此妙香覩斯雲蓋及以金色於十
方界恒河沙等諸佛世尊現神變已彼諸世
尊悲共觀察異口同音讚法師曰善哉善哉
汝大丈夫能廣流布如是甚深微妙經典則
為成就无量无邊不可思議福德之聚若有
聽聞如是經者所獲功德其量甚多何況書
寫受持讀誦為他敷演如說脩行何以故善
男子若有衆生聞此金光明冣勝王經者即
於阿耨多羅三藐三菩提不復退轉
尒時十方有百千俱胝那庾多无量无數恒
河沙等諸佛剎土彼諸剎土一切如來異口
同音於法座上讚彼法師言善哉善哉善男
子汝於來世以精勤力當脩无量百千苦行
具足資糧超諸聖衆出過三界為冣勝尊當
坐菩提樹王之下殊勝莊嚴能救三千大千
世界有緣衆生善能摧伏可畏形儀諸魔軍
衆覺了諸法冣勝清淨甚深无上正等菩提
善男子汝當坐於金剛之座轉於无上諸佛
所讚十二妙行甚深法輪能擊无上冣大法
鼓能吹无上極妙法蠡能建无上殊勝法幢
能然无上極明法炬能降无上甘露法雨能

BD04296號　金光明最勝王經卷六　（15–2）

衆覺了諸法冣勝清淨甚深无上正等菩提
善男子汝當坐於金剛之座轉於无上諸佛
所讚十二妙行甚深法輪能擊无上冣大法
鼓能吹无上極妙法蠡能建无上殊勝法幢
能然无上極明法炬能降无上甘露法雨能
斷无量煩惱怨結能令无量百千万億那庾
多有情度於无涯可畏大海解脫生死无際
輪迴值遇无量百千万億那庾多佛
尒時四天王復白佛言世尊是金光明冣勝
王經能於未來現在成就如是无量功德是
故人王若得聞是微妙經典即是已於百千万
億无量佛所種諸善根於彼人王我當護念
復見无量福德利故我等四王及餘眷屬无
量百千万億諸神於自宮殿見是種種香烟
雲蓋神變之時我當隱蔽不現其身為聽法
故當至是王清淨嚴飾所止宮殿講法之處
如是乃至梵宮帝釋大辯才天大吉祥天堅
牢地神正了知神大将二十八部諸藥叉神大
自在天金剛密主寶賢大将訶利底母五百
眷屬无熱惱池龍王大海龍王无量百千万
億那庾多諸天藥叉如是等衆為聽法故皆
不現身至彼人王殊勝宮殿莊嚴高座說
法之所世尊我等四王及餘眷屬藥叉諸
神皆當一心共彼人王為善知識因是无上
大法施主以甘露味充足於我是故我等當
護是王除其衰患令得安隱及其宮殿城邑

BD04296號　金光明最勝王經卷六　（15–3）

不現身至彼人王殊勝宮殿莊嚴高座說
法之所世尊我等四王及餘眷屬藥叉諸
神皆當一心共彼人王為善知識因是无上
大法施主以甘露味充足於我是故我等當
護是王除其衰患令得安隱及其宮殿城邑
國土諸惡災變悉令消滅尒時四天王俱共
合掌白佛言世尊若有人王於其國土雖有
此經未嘗流布心生捨離不樂聽聞亦不供
養尊重讚歎見四部衆持經之人亦復不
能尊重供養遂令我等及餘眷屬无量諸天
不得聞此甚深妙法背甘露味失正法流无有
威光及以勢力增長惡趣損減人天墜生死
河乖涅槃路世尊我等四王并諸眷屬及藥
叉等見如斯事捨其國土无擁護心非但我
等捨棄是王亦有无量守護國土諸大善神
悉皆捨去既捨離已其國當有種種災禍喪
失國位一切人衆皆无善心唯有繫縛殺害
瞋諍互相讒諂枉及无辜疾疫流行彗星數
出兩日並現薄蝕無恒黑白二虹表不祥相
星流地動井內發聲暴雨惡風不依時節常
遭飢饉苗實不成多有他方怨賊侵掠國內
人民受諸苦惱土地无有可樂之處世尊我
等四王及與无量百千天神并護國土諸舊
善神遠離去時生如是等无量百千災恠惡
事世尊若有人王欲護國土常受快樂欲令
衆生咸蒙安隱欲得摧伏一切外敵於自國

BD04296號　金光明最勝王經卷六　（15-4）

人民受諸苦惱土地无有可樂之處世尊我
等四王及與无量百千天神并護國土諸舊
善神遠離去時生如是等无量百千災恠惡
事世尊若有人王欲護國土常受快樂欲令
衆生咸蒙安隱欲得摧伏一切外敵於自國
境永得昌盛欲令正教流布世間苦惱惡法
皆除滅者世尊是諸國主必當聽受是妙經
王亦應恭敬供養讀誦受持經者我等及餘
无量天衆以是聽法善根威力得服无上甘
露法味增益我等所有眷屬并餘天神皆
得勝利何以故以是人王至心聽受是經典故
世尊如大梵王於諸有情常為宣說世出世
論帝釋復說種種諸論五通神仙亦說諸論
世尊梵天帝釋五通仙人雖有百千俱胝那
庾多无量諸論然佛世尊慈悲哀愍為人天
衆說金光明微妙經典比前所說勝彼百千
俱胝那庾多倍不可為喻何以故由此能令
諸贍部洲所有王等正法化世能與衆生安
樂之事為護自身及諸眷屬令无苦惱又无
他方怨賊侵害所有諸惡悉皆遠去亦令國
土災厄屏除化以正法无有諍訟是故人王
各於國土當然法炬明照无邊增益天衆并
諸眷屬世尊我等四王无量天神藥叉之衆
贍部洲內所有天神以是因緣得服无上甘
露法味獲大威德勢力光明无不具足一切
衆生皆得安隱復於未世无量百千不可思

BD04296號　金光明最勝王經卷六　（15-5）

各於國土當然法炬明照无邊增益天衆并
諸眷屬世尊我等四王无量天神藥叉之衆
贍部洲内所有天神以是因緣得服无上甘
露法味獲大威德勢力光明无不具足一切
衆生皆得安隱復於來世无量百千不可思
議那庾多劫常受快樂復得值遇无量諸佛
種諸善根然後證得阿耨多羅三藐三菩提
如是无量无邊勝利皆是如來應正等覺以
大慈悲過梵衆以大智慧逾帝釋脩諸苦行
勝五通仙百千万億那庾多倍不可稱計為
諸衆生演說如是微妙經典令贍部洲一切
國主及諸人衆明了世間所有法式治國化
人勸導之事由此經王流通力故普得安樂
此等福利皆是釋迦大師於此經典廣為流
通慈悲力故世尊以是因緣諸人王等皆應
受持供養恭敬尊重讚歎此妙經王何以故
以如是等不可思議殊勝功德利益一切是
故名曰最勝經王
尒時世尊復告四天王汝等四王及餘眷屬
无量百千俱胝那庾多諸天大衆見彼人王
若能至心聽是經典供養恭敬尊重讚歎者
應當擁護除其衰患能令汝等亦受安樂若
四部衆能廣流布是經王者於人天中廣作
佛事普能利益无量衆生如是之人汝等四
王常當擁護如是四衆勿使他緣共相侵擾
令彼身心寂靜安樂於此經王廣宣流布令

BD04296 號　金光明最勝王經卷六　（15–6）

應當擁護除其衰患能令汝等亦受安樂若
四部衆能廣流布是經王者於人天中廣作
佛事普能利益无量衆生如是之人汝等四
王常當擁護如是四衆勿使他緣共相侵擾
令彼身心寂靜安樂於此經王廣宣流布令
不斷絶利益有情盡未來際
尒時多聞天王從座而起白佛言世尊我有
如意寶珠陁羅尼法若有衆生樂受持者功
德无量我常擁護令彼衆生離苦得樂能
成福智二種資糧欲受持者先當誦此護
身之呪即說呪曰
南謨薜室囉末拏也莫訶曷囉闍也 但是也上之字皆須引聲
怛姪他　囉囉囉囉　矩怒矩怒
區怒區怒　窶怒窶怒　颯縛颯縛
羯囉羯囉　莫訶毗羯喇度　莫訶毗羯喇度
莫訶曷囉社　曷路叉曷路叉　覩湯 自稱己名
薩婆薩埵難者　莎訶 此之二字皆長引聲
世尊誦此呪者當以白線呪之七遍一遍一結
繫之肘後其事必成應取諸香所謂安息栴
檀龍腦蘇合多揭羅薰陸皆須等分和合
一處手執香爐燒香供養清淨澡浴著鮮潔
衣於一靜室可誦神呪
請我薜室囉末拏天王即說呪曰
南謨薜室羅　末拏引也　南謨檀那馱也
檀泥說囉引也　阿揭撦　阿鉢喇須哆
檀泥說羅　鉢羅度　迦留尼迦

BD04296 號　金光明最勝王經卷六　（15–7）

請我薜室囉末拏天王即說呪曰
南謨薜室羅 末拏引也 南謨檀那馱也
檀泥説囉引也 阿揭㩳 阿鉢唎須哆
檀泥説 羅 鉢羅麼 迦留尼迦
薩婆薩埵 呬哆振哆 麼麼名己 檀那
末拏鉢喇拽㩳 碎闍摩揭㩳 莎訶
此呪誦滿一七遍已次誦本呪欲誦呪時先
當稱名敬礼三寶及薜室羅末拏大王能
施財物令諸衆生所求願滿悉能成就與其
安樂如是礼已次誦薜室羅末拏王如意末
尼寶心神呪能施衆生隨意安樂尒時多聞
天王即於佛前說如意末尼寶心呪曰
南謨曷喇怛娜 怛喇夜引也
南謨薜室羅末拏引也 莫訶囉闍引也
怛 姪他 四弭四弭 蘇母蘇母
旃茶旃茶 折囉折囉 薩囉薩囉
羯囉羯囉 枳哩枳哩 矩嚕矩嚕
母嚕母嚕 主嚕主嚕 娑大也頞貪
我名某甲 阿底頞他 達達覩莎訶
南謨薜室囉末拏也莎訶檀那馱也莎訶
曼奴喇他鉢喇脯喇迦引也莎訶
受持呪時先誦千遍然後於淨室中瞿摩塗
地作小壇場隨時飲食一心供養常然妙香
令烟不絶誦前心呪晝夜繫心唯自耳聞勿
令他解時有薜室囉末拏王子名禪膩師現
童子形來至其所問言何故須喚我父即可

受持呪時先誦千遍然後於淨室中瞿摩塗
地作小壇場隨時飲食一心供養常然妙香
令烟不絶誦前心呪晝夜繫心唯自耳聞勿
令他解時有薜室囉末拏王子名禪膩師現
童子形來至其所問言何故須喚我父即可
報言我為供養三寶事須財物願當施與時
禪膩師聞是語已即還父所白其父言令有
善人發至誠心供養三寶少之財物為斯請
召其父報曰汝可速去日日與彼一百迦利沙
波拏 此是根本梵音唯目貝齒而隨方不定或是貝齒或是金銀銅鐵等錢然摩揭陁現今通用一迦利沙波拏有一千六百貝齒總數可以准知若准物直隨處不定若人持呪得成就者獲物之時自知其數有本云每日与一百陳那羅即金錢也乃至盡形日日常得兩方求者多有神驗除不至心也
其持呪者見是相已知事得成當須獨處淨
室燒香而卧可於牀邊置一香篋每至天曉
觀其篋中獲所求物每得物時當日即須供
養三寶香花飲食兼施貧乏皆令罄盡不得
停留於諸有情起慈悲念勿生瞋諍諂害之
心若起瞋者即失神驗常可護心勿令瞋恚
又持此呪者於每日中憶我多聞天王及男
女眷屬稱揚讚歎恒以十善共相資助令彼
天等福力增明衆善普臻證菩提處彼諸天
衆見是事已皆大歡喜共來擁衛持呪之人
又持呪者壽命長遠經无量歲永離三塗常
无災厄亦令獲得如意寶珠及以伏藏神通
自在所願皆成若求官榮无不稱意亦解
一切禽獸之語

衆見是事已皆大歡喜共來擁衛持呪之人
又持呪者壽命長遠經无量歲永離三塗常
无災厄亦令獲得如意寶珠及以伏藏神通
自在所願皆成若求官榮无不稱意亦解
一切禽獸之語
世尊若持呪時欲得見我自身現者可於月
八日或十五日於白疊上畫佛形像當用木
膠雜彩莊飾其畫像人為受八戒於佛左邊
作吉祥天女像於佛右邊作我多聞天像并
畫男女眷屬之類安置坐處咸令如法布列
花彩燒衆名香然燈續明晝夜无歇上妙飲
食種種珍奇發慇重心隨時供養受持神呪
不得輕心請召我時應誦此呪
南謨室唎健那也　勃陁引也
南謨薜室囉末拏也　藥叉囉闍引也
莫訶囉闍　阿地囉闍也
南麼室唎耶囊　莫訶提鞞引囊
怛姪他　怛囉怛囉咄嚕咄嚕
末囉末囉　窣窣咥窣窣咥
漢娜漢娜　末尼羯諾迦
䟦折囉薜琉璃也　目底迦楞訖㗚哆
設唎囉囊　蒱引薩婆薩埵
呬哆迦引摩　薜室囉末拏
室唎夜提鼻　䟦𡅅婆引也
毉呬毉呬麼毗藍婆　瞿嘌拏瞿嘌拏
祿麻八反喇娑祿喇娑　達䭾呬麼麼

設唎囉囊　蒱引薩婆薩埵
呬哆迦引摩　薜室囉末拏
室唎夜提鼻　䟦𡅅婆引也
毉呬毉呬麼毗藍婆　瞿嘌拏瞿嘌拏
祿麻八反喇娑祿喇娑　達䭾呬麼麼
阿目迦耶末寫自稱己名　達哩設耶迦末寫
達哩設南　麼麼末耶
鉢喇遏羅大也　莎訶
世尊我若見此誦呪之人復見如是盛興供
養即生慈愛歡喜之心我即變身作小兒
形或作老人苾芻之像手持如意末尼寶珠并
持金囊入道場內身現恭敬口稱佛名語持
呪者曰隨汝所求皆令如願或隱林藪或造
寶珠或欲衆人愛寵或求金銀等物欲持諸
呪皆令有驗或欲神通壽命長遠及勝妙
藥无不稱心我今且說如是之事若更求餘
皆隨所願悉得成就寶藏无盡功德无窮
假使日月墜墮于地或可大地有時移轉我
此實語終不虛然常得安隱隨心快樂世尊
若有人能受持讀誦是經王者誦此呪時不假
疲勞法速成就世尊我今為彼貧窮困厄苦
惱衆生說此神呪令獲大利皆得富樂自在
无患乃至盡形我當擁護隨逐是人為除災
厄亦復令此持金光明最勝王經流通之者及
持呪人於百步內光明照燭我之所有千藥
又神亦常侍衛隨欲驅使无不遂心我說

惱衆生說此神呪令獲大利皆得富樂自在
无患乃至盡形我當擁護隨逐是人為除災
厄亦復令此持金光明最勝王經流通之者及
持呪人於百步内光明照燭我之所有千藥
叉神亦常侍衛隨欲驅使无不遂心我說
實語无有虛誑唯佛證知時多聞天王說此
呪已佛言善哉大王汝能破裂一切衆生貧
窮苦網令得富樂說是神呪復令此經廣行
於世時四天王俱從座起偏袒一肩頂礼雙
足右膝著地合掌恭敬以妙伽他讚佛功德
佛面猶如淨滿月　亦如千日放光明
目淨脩廣若青蓮　齒白齊密猶珂雪
佛德无邊如大海　无限妙寶積其中
智慧德水鎮恒盈　百千勝定咸充滿
足下輪相皆嚴飾　轂輞千輻悉齊平
手足鞔網遍莊嚴　猶如鵝王相具足
佛身光耀等金山　清淨殊特无倫疋
亦如妙高功德滿　故我稽首佛山王
相好如空不可測　逾於千月放光明
皆如焰幻不思議　故我稽首心無著
尒時四天王讚歎佛已世尊亦以伽他而
荅之曰
此金光明最勝經　無上十力之所說
汝等四王常擁衛　應生勇猛不退心
此妙經寶極甚深　能與一切有情樂
由彼有情安樂故　常得流通贍部州

尒時四天王讚歎佛已世尊亦以伽他而
荅之曰
此金光明最勝經　無上十力之所說
汝等四王常擁衛　應生勇猛不退心
此妙經寶極甚深　能與一切有情樂
由彼有情安樂故　常得流通贍部洲
於此大千世界中　所有一切有情類
餓鬼傍生及地獄　如是苦趣悉皆除
住此南洲諸國王　及餘一切有情類
由經威力常歡喜　皆蒙擁護得安寧
亦使此中諸有情　除衆病苦无賊盜
賴此國土弘經故　安隱豐樂无違惱
若人聽受此經王　欲求尊貴及財利
國土豐樂无違諍　隨心所願悉皆從
能令他方賊退散　於自國界常安隱
由此最勝經王力　離諸苦惱无憂怖
如寶樹王在宅内　能生一切諸樂具
最勝經王亦復然　能與人王勝功德
譬如澄潔清冷水　能除飢渴諸熱惱
最勝經王亦復然　令樂福者心滿足
如人室有妙寶篋　隨所受用悉從心
最勝經王亦復然　福德隨心无所乏
汝等天主及天衆　應當供養此經王
若能依教奉持經　智慧威神皆具足
現在十方一切佛　咸共護念此經王
見有讀誦及受持　稱歎善哉甚希有

如人室有妙寶篋　隨所受用悉從心
㝡勝經王亦復然　福德隨心无所乏
汝等天主及天衆　應當供養此經王
若能依教奉持經　智慧威神皆具足
現在十方一切佛　咸共護念此經王
見有讀誦及受持　稱歎善哉甚希有
若有人能聽此經　身心踊躍生歡喜
常有百千藥叉衆　隨所住處護斯人
於此世界諸天衆　其數无量不思議
悉共聽受此經王　歡喜護持无退轉
若人聽受此經王　威德勇猛常自在
增益一切人天衆　令離衰惱益光明
尒時四天王聞是頌已歡喜踊躍白佛言
世尊我從昔來未曾得聞如是甚深微妙
之法心生悲喜涕淚交流舉身戰動證不思
議希有之事以天曼陁羅花摩訶曼陁羅花
而散佛上作是殊勝供養佛已白佛言世尊
我等四王各有五百藥叉眷屬常當處處
擁護是經及說法師以智光明而為助衛若於
此經所有句義忘失之處我皆令彼憶念不
忘并與陁羅尼殊勝法門令得具足復欲令
此㝡勝經王所在之處為諸衆生廣宣流布
不速隱沒尒時世尊於大衆中說是法時无
量衆生皆得大智聰叡辯才攝受无量福德
之聚離諸憂惱發喜樂心善明衆論登出
離道不復退轉速證菩提

BD04296號　金光明最勝王經卷六　（15–14）

之法心生悲喜涕淚交流舉身戰動證不思
議希有之事以天曼陁羅花摩訶曼陁羅花
而散佛上作是殊勝供養佛已白佛言世尊
我等四王各有五百藥叉眷屬常當處處
擁護是經及說法師以智光明而為助衛若於
此經所有句義忘失之處我皆令彼憶念不
忘并與陁羅尼殊勝法門令得具足復欲令
此㝡勝經王所在之處為諸衆生廣宣流布
不速隱沒尒時世尊於大衆中說是法時无
量衆生皆得大智聰叡辯才攝受无量福德
之聚離諸憂惱發喜樂心善明衆論登出
離道不復退轉速證菩提

金光明㝡勝王經卷第六

胵陟尸　敞昌兩　敵亭歷從文　整征耶　殿田見　蝕乘力　掠良灼
讒士咸　窶劬矩　麼摩可　颯蘇合　薜薄閉　檜車者　拏奴加
窣孫骨　臘盧盍　呬盧致　鞕末般　徹以丙

BD04296號　金光明最勝王經卷六　（15–15）

南无愛世[illegible]佛
南无地光佛
南无華勝佛
南无法然燈佛
九
南无淨聲佛
南无解脫日佛
南无智光明佛
南无善智佛
南无師子陁那佛
南无妙天佛
南无天提吒佛
南无勝愛佛
南无華光佛
南无山香佛
南无勝慧佛
南无寶洲佛
南无最後見佛
南无妙莊嚴佛
南无清淨見佛
南无清淨眼佛

南无求那婆睢佛
南无普光佛
光
南无大莊嚴佛
佛
南无堅精進佛
南无功德稱佛
南无不可量莊嚴佛
南无功德奮迅佛
南无觀行佛
南无電光明佛
南无山幢佛
南无勝意佛
南无福德奮迅佛
南无信聖佛
南无妙威德佛
南无愛行佛
南无功德藏勝佛
南无威德力佛
南无智行佛

BD04297號　佛名經（十六卷本）卷一四　（2–1）

南无智光明佛
南无善智佛
南无師子陁那佛
南无妙天佛
南无天提吒佛
南无勝愛佛
南无華光佛
南无山香佛
南无勝慧佛
南无寶洲佛
南无最後見佛
南无妙莊嚴佛
南无清淨見佛
南无清淨眼佛
南无不謀步佛
南无樂解勝佛
南无勝土佛
南无自業佛
南无光明行佛
南无月賢佛

南无功德稱佛
南无不可量莊嚴佛
南无功德奮迅佛
南无觀行佛
南无電光明佛
南无山幢佛
南无勝意佛
南无福德奮迅佛
南无信聖佛
南无妙威德佛
南无愛行佛
南无功德藏勝佛
南无威德力佛
南无智行佛
南无聖明佛
南无大聲佛
南无成就光明佛
南无照稱光照佛
南无愛自在佛
南无勝吼佛

BD04297號　佛名經（十六卷本）卷一四　（2–2）

BD04297 號背 1　社司轉帖　　（1–1）
BD04297 號背 2　白畫人頭（擬）

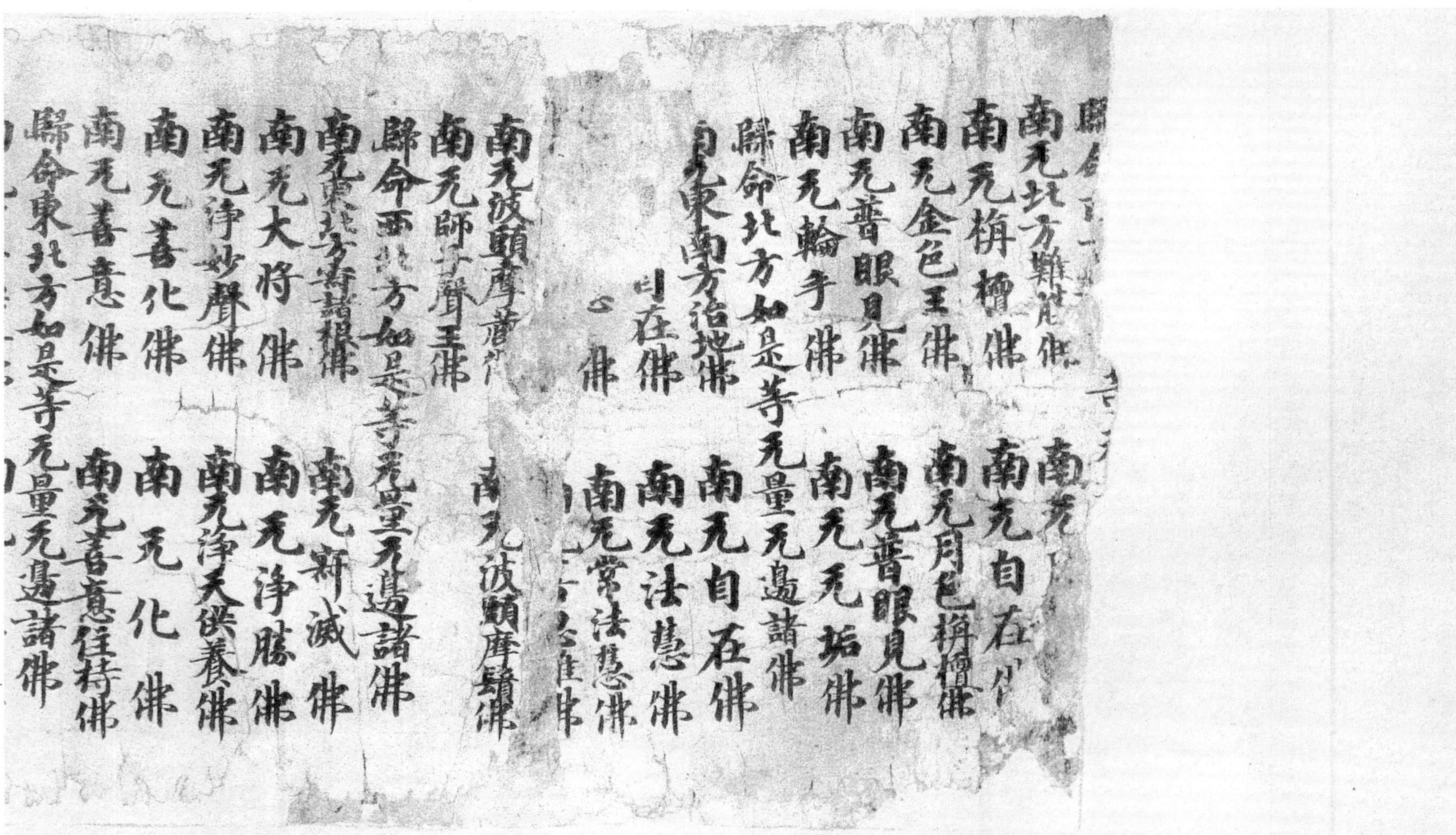

歸命…
南无北方難勝佛　南无…
南无栴檀佛　南无自在佛
南无金色王佛　南无月色栴檀佛
南无普眼目佛　南无普眼見佛
南无輪手佛　南无无垢佛
歸命北方如是等无量无邊諸佛
南无東南方治地佛　南无自在佛
…自在佛　南无法慧佛
…佛　南无常法慧佛
南无波頭摩藏佛　南无波頭摩勝佛
南无師子聲王佛
歸命西北方如是等无量无邊諸佛
南无東北方寶積佛　南无斷滅佛
南无大將佛　南无淨勝佛
南无淨妙聲佛　南无淨天供養佛
南无善化佛　南无化佛
南无善意佛　南无善意住持佛
歸命東北方如是等无量无邊諸佛

BD04298 號　佛名經（十二卷本）卷一　　（3–1）

南无[illegible]　南无寂滅佛
南无大將佛　南无淨勝佛
南无淨妙聲佛　南无淨天供養佛
南无善化佛　南无化佛
南无善意佛　南无善意住持佛
歸命東北方如是等无量无邊諸佛
南无下方寶行佛　南无疾行佛
南无黠慧佛　南无堅固王佛
南无金剛齊佛　南无師子佛
南无奮迅佛
從此以上一百佛
南无如寶住佛　南无成功德佛
南无功德得佛　南无善安樂佛
歸命下方如是等无量无邊諸佛
南无上方无量勝佛　南无雲王佛
南无雲功德佛　南无无量稱名佛
南无聞身王佛　南无大功德佛
南无大須彌佛　南无降伏魔乘
歸命上方如是等无量无邊諸佛
南无未來普賢佛　南无彌勒佛
南无觀世自在佛　南无得大勢至佛
南无虛空藏佛　南无无垢稱佛
南无成就義佛　南无寶聲佛
南无大海佛　南无无盡意佛
歸命未來如是等无量无邊諸佛

BD04298號　佛名經（十二卷本）卷一　（3–2）

南无下方寶行佛　南无疾行佛
南无黠慧佛　南无堅固王佛
南无金剛齊佛　南无師子佛
南无奮迅佛
從此以上一百佛
南无如寶住佛　南无成功德佛
南无功德得佛　南无善安樂佛
歸命下方如是等无量无邊諸佛
南无上方无量勝佛　南无雲王佛
南无雲功德佛　南无无量稱名佛
南无聞身王佛　南无大功德佛
南无大須彌佛　南无降伏魔乘
歸命上方如是等无量无邊諸佛
南无未來普賢佛　南无彌勒佛
南无觀世自在佛　南无得大勢至佛
南无虛空藏佛　南无无垢稱佛
南无成就義佛　南无寶聲佛
南无大海佛　南无无盡意佛
歸命未來如是等无量无邊諸佛

BD04298號　佛名經（十二卷本）卷一　（3–3）

或說脩多羅 伽陀及本事 本生未曾有 亦說於因緣
譬喻并祇夜 優婆提舍經 鈍根樂小法 貪著於生死
於諸无量佛 不行深妙道 衆苦所惱亂 為是說涅槃
我設是方便 令入得佛道 未曾說汝等 當得成佛道
所以未曾說 說時未至故 今正是其時 决定說大乘
我此九部法 隨順衆生說 入大乘為本 以故說是經
有佛子心淨 柔軟亦利根 无量諸佛所 而行深妙道
為此諸佛子 說是大乘經 我記如是人 來世成佛道
以深心念佛 脩持淨戒故 此等聞得佛 大喜充遍身
佛知彼心行 故為說大乘 聲聞若菩薩 聞我所說法
乃至於一偈 皆成佛无疑 十方佛土中 唯有一乘法
无二亦无三 除佛方便說 但以假名字 引導於衆生
說佛智慧故 諸佛出於世 唯此一事實 餘二則非真
終不以小乘 濟度於衆生 佛自住大乘 如其所得法
定慧力莊嚴 以此度衆生 自證无上道 大乘平等法
若以小乘化 乃至於一人 我則墮慳貪 此事為不可
若人信歸佛 如來不欺誑 亦无貪嫉意 斷諸法中惡
故佛於十方 而獨无所畏 我以相嚴身 光明照世間
无量衆所尊 為說實相印 舍利弗當知 我本立誓願
欲令一切衆 如我等无異 如我昔所願 今者已滿足

BD04299號　妙法蓮華經卷一　（6–1）

終不以小乘 濟度於衆生 佛自住大乘 如其所得法
定慧力莊嚴 以此度衆生 自證无上道 大乘平等法
若以小乘化 乃至於一人 我則墮慳貪 此事為不可
若人信歸佛 如來不欺誑 亦无貪嫉意 斷諸法中惡
故佛於十方 而獨无所畏 我以相嚴身 光明照世間
无量衆所尊 為說實相印 舍利弗當知 我本立誓願
欲令一切衆 如我等无異 如我昔所願 今者已滿足
化一切衆生 皆令入佛道 若我遇衆生 盡教以佛道
无智者錯亂 迷惑不受教 我知此衆生 未曾脩善本
堅著於五欲 癡愛故生惱 以諸欲因緣 墜墮三惡道
輪迴六趣中 備受諸苦毒 受胎之微形 世世常增長
薄德少福人 衆苦所逼迫 入邪見稠林 若有若无等
依止此諸見 具足六十二 深著虛妄法 堅受不可捨
我慢自矜高 諂曲心不實 於千万億劫 不聞佛名字
亦不聞正法 如是人難度 是故舍利弗 我為設方便
說諸盡苦道 示之以涅槃 我雖說涅槃 是亦非真滅
諸法從本來 常自寂滅相 佛子行道已 來世得作佛
我有方便力 開示三乘法 一切諸世尊 皆說一乘道
今此諸大衆 皆應除疑惑 諸佛語无異 唯一无二乘
過去无數劫 无量滅度佛 百千万億種 其數不可量
如是諸世尊 種種緣譬喻 无數方便力 演說諸法相
是諸世尊等 皆說一乘法 化无量衆生 令入於佛道
又諸大聖主 知一切世間 天人群生類 深心之所欲
更以異方便 助顯第一義 若有衆生類 值諸過去佛
若聞法布施 或持戒忍辱 精進禪智等 種種脩福慧
如是諸人等 皆已成佛道 諸佛滅度後 若人善軟心
如是諸衆生 皆已成佛道 諸佛滅度已 供養舍利者

BD04299號　妙法蓮華經卷一　（6–2）

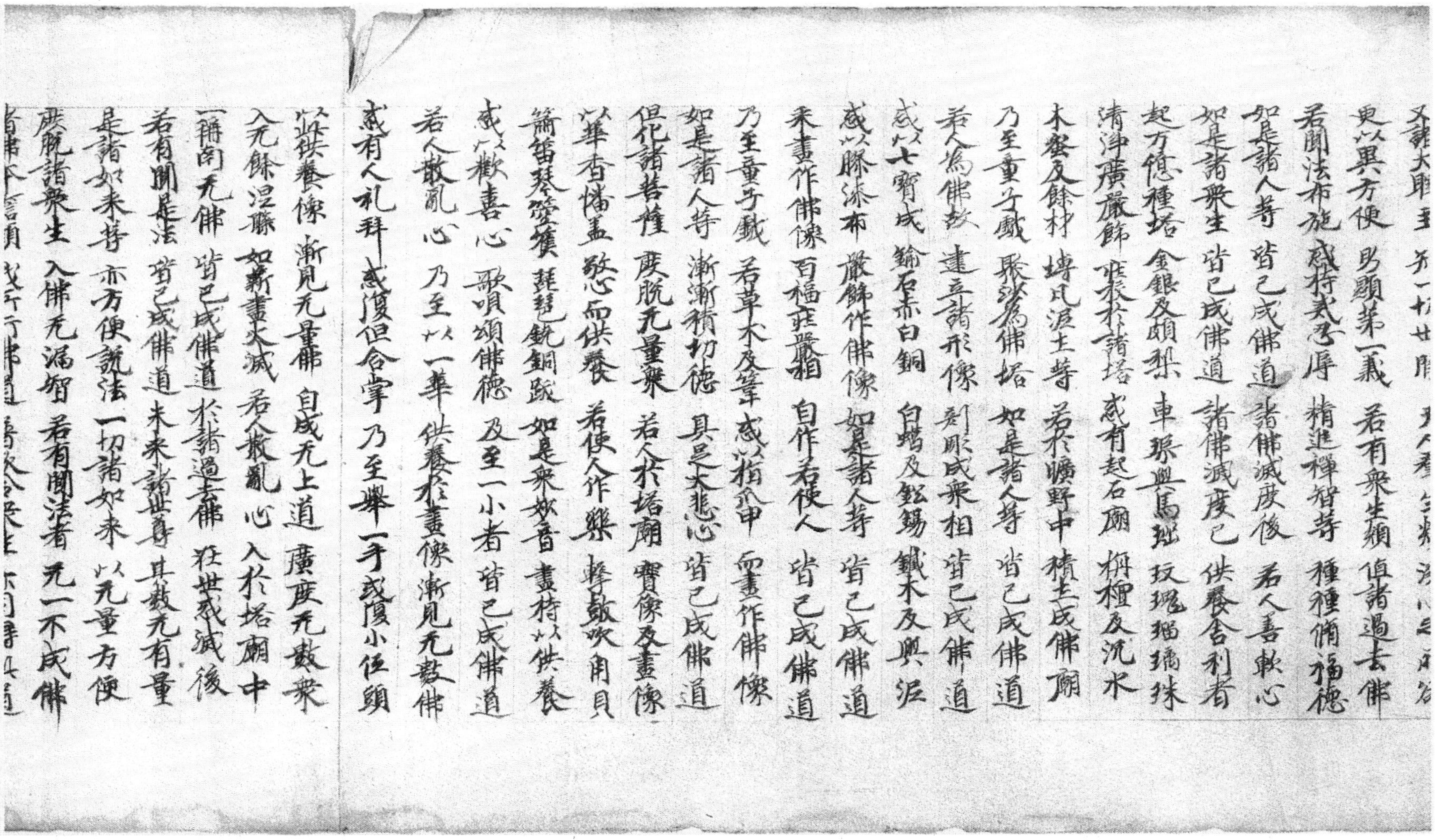
又諸大聖主 知一切世間 天人群生類 深心之所欲
更以異方便 助顯第一義 若有衆生類 值諸過去佛
若聞法布施 或持戒忍辱 精進禪智等 種種脩福德
如是諸人等 皆已成佛道 諸佛滅度後 若人善軟心
如是諸衆生 皆已成佛道 諸佛滅度已 供養舍利者
起万億種塔 金銀及頗梨 車𤦲與馬瑙 玫瑰瑠璃珠
清淨廣嚴飾 莊校於諸塔 或有起石廟 栴檀及沈水
木榓并餘材 塼瓦泥土等 若於曠野中 積土成佛廟
乃至童子戲 聚沙為佛塔 如是諸人等 皆已成佛道
若人為佛故 建立諸形像 刻彫成衆相 皆已成佛道
或以七寶成 鍮石赤白銅 白鑞及鈆錫 鐵木及與泥
或以膠漆布 嚴飾作佛像 如是諸人等 皆已成佛道
綵畫作佛像 百福莊嚴相 自作若使人 皆已成佛道
乃至童子戲 若草木及筆 或以指爪甲 而畫作佛像
如是諸人等 漸漸積功德 具足大悲心 皆已成佛道
但化諸菩薩 度脫無量衆 若人於塔廟 寶像及畫像
以華香幡蓋 敬心而供養 若使人作樂 擊鼓吹角貝
簫笛琴箜篌 琵琶鐃銅鈸 如是衆妙音 盡持以供養
或以歡喜心 歌唄頌佛德 乃至一小音 皆已成佛道
若人散亂心 乃至以一華 供養於畫像 漸見無數佛
或有人禮拜 或復但合掌 乃至舉一手 或復小低頭
以此供養像 漸見無量佛 自成無上道 廣度無數衆
入無餘涅槃 如薪盡火滅 若人散亂心 入於塔廟中
一稱南無佛 皆已成佛道 於諸過去佛 在世或滅後
若有聞是法 皆已成佛道 未來諸世尊 其數無有量
是諸如來等 亦方便說法 一切諸如來 以無量方便
度脫諸衆生 入佛無漏智 若有聞法者 無一不成佛
諸佛本誓願 我所行佛道 普欲令衆生 亦同得此道

BD04299 號　妙法蓮華經卷一　　（6–3）

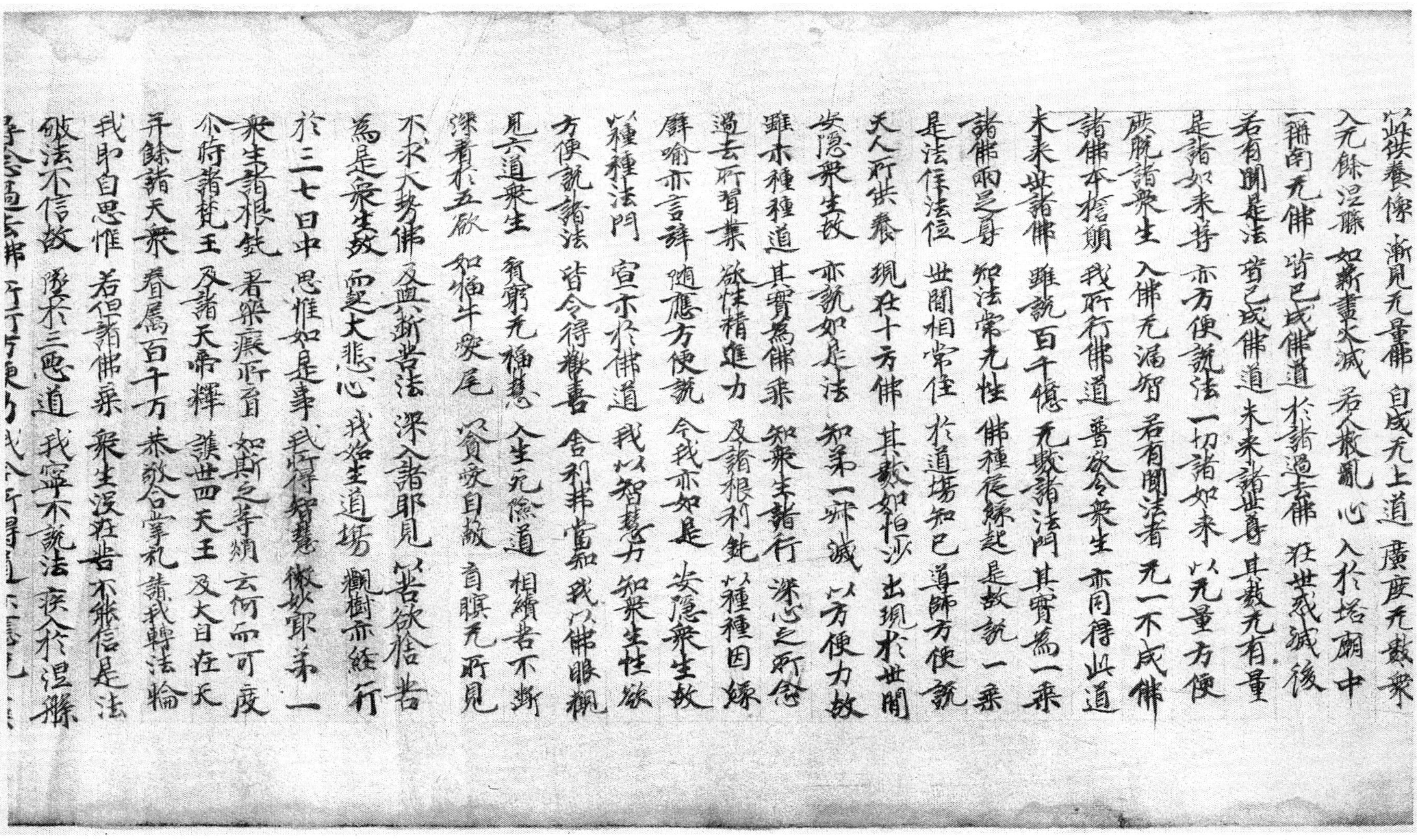
以此供養像 漸見无量佛 自成无上道 廣度无數衆
入无餘涅槃 如薪盡火滅 若人散亂心 入於塔廟中
一稱南无佛 皆已成佛道 於諸過去佛 在世或滅後
若有聞是法 皆已成佛道 未來諸世尊 其數无有量
是諸如來等 亦方便說法 一切諸如來 以无量方便
度脫諸衆生 入佛无漏智 若有聞法者 无一不成佛
諸佛本誓願 我所行佛道 普欲令衆生 亦同得此道
未來世諸佛 雖說百千億 无數諸法門 其實為一乘
諸佛兩足尊 知法常无性 佛種從緣起 是故說一乘
是法住法位 世間相常住 於道場知已 導師方便說
天人所供養 現在十方佛 其數如恒沙 出現於世間
安隱衆生故 亦說如是法 知第一寂滅 以方便力故
雖示種種道 其實為佛乘 知衆生諸行 深心之所念
過去所習業 欲性精進力 及諸根利鈍 以種種因緣
譬喻亦言辭 隨應方便說 今我亦如是 安隱衆生故
以種種法門 宣示於佛道 我以智慧力 知衆生性欲
方便說諸法 皆令得歡喜 舍利弗當知 我以佛眼觀
見六道衆生 貧窮无福慧 入生死嶮道 相續苦不斷
深著於五欲 如犛牛愛尾 以貪愛自蔽 盲瞑无所見
不求大勢佛 及與斷苦法 深入諸邪見 以苦欲捨苦
為是衆生故 而起大悲心 我始坐道場 觀樹亦經行
於三七日中 思惟如是事 我所得智慧 微妙最第一
衆生諸根鈍 著樂癡所盲 如斯之等類 云何而可度
尒時諸梵王 及諸天帝釋 護世四天王 及大自在天
并餘諸天衆 眷屬百千万 恭敬合掌礼 請我轉法輪
我即自思惟 若但讚佛乘 衆生沒在苦 不能信是法
破法不信故 墜於三惡道 我寧不說法 疾入於涅槃
尋念過去佛 所行方便力 我今所得道 亦應說三乘

BD04299 號　妙法蓮華經卷一　　（6–4）

於三七日中 思惟如是事 我所得智慧 微妙最第一
衆生諸根鈍 著樂癡所盲 如斯之等類 云何而可度
尒時諸梵王 及諸天帝釋 護世四天王 及大自在天
并餘諸天衆 眷屬百千万 恭敬合掌礼 請我轉法輪
我即自思惟 若但讚佛乘 衆生沒在苦 不能信是法
破法不信故 墜於三惡道 我寧不說法 疾入於涅槃
尋念過去佛 所行方便力 我今所得道 亦應說三乘
作是思惟時 十方佛皆現 梵音慰喻我 善哉釋迦文
第一之導師 得是无上法 隨諸一切佛 而用方便力
我等亦皆得 最妙第一法 為諸衆生類 分別說三乘
少智樂小法 不自信作佛 是故以方便 分別說諸果
雖須說三乘 但為教菩薩 舍利弗當知 我聞聖師子
深淨微妙音 喜稱南无佛 須作如是念 我出濁惡世
如諸佛所說 我亦隨順行 思惟是事已 即趣波羅柰
諸法寂滅相 不可以言宣 以方便力故 為五比丘說
是名轉法輪 便有涅槃音 及以阿羅漢 法僧差別名
從久遠劫來 讚示涅槃法 生死苦永盡 我常如是說
舍利弗當知 我見佛子等 志求佛道者 无量千万億
咸以恭敬心 皆來至佛所 曾從諸佛聞 方便所說法
我即作是念 如來所以出 為說佛慧故 今正是其時
舍利弗當知 鈍根小智人 著相憍慢者 不能信是法
今我喜无畏 於諸菩薩中 正直捨方便 但說无上道
菩薩聞是法 疑網皆已除 千二百羅漢 悉亦當作佛
如三世諸佛 說法之儀式 我今亦如是 說无分別法
諸佛興出世 懸遠值遇難 正使出于世 說是法須難
无量无數劫 聞是法亦難 能聽是法者 斯人亦須難
譬如優曇華 一切皆愛樂 天人所希有 時時乃一出
聞法歡喜讚 乃至發一言 則為已供養 一切三世佛

BD04299號　妙法蓮華經卷一　（6–5）

舍利弗當知 鈍根小智人 著相憍慢者 不能信是法
今我喜无畏 於諸菩薩中 正直捨方便 但說无上道
菩薩聞是法 疑網皆已除 千二百羅漢 悉亦當作佛
如三世諸佛 說法之儀式 我今亦如是 說无分別法
諸佛興出世 懸遠值遇難 正使出于世 說是法須難
无量无數劫 聞是法亦難 能聽是法者 斯人亦須難
譬如優曇華 一切皆愛樂 天人所希有 時時乃一出
聞法歡喜讚 乃至發一言 則為已供養 一切三世佛
是人甚希有 過於優曇華 汝等勿有疑 我為諸法王
普告諸大衆 但以一乘道 教化諸菩薩 无聲聞弟子
汝等舍利弗 聲聞及菩薩 當知是妙法 諸佛之祕要
以五濁惡世 但樂著諸欲 如是等衆生 終不求佛道
當來世惡人 聞佛說一乘 迷惑不信受 破法墮惡道
有慚愧清淨 志求佛道者 當為如是等 廣讚一乘道
舍利弗當知 諸佛法如是 以万億方便 隨宜而說法
其不習學者 不能曉了此 汝等既已知 諸佛世之師
隨宜方便事 无須諸疑惑 心生大歡喜 自知當作佛

妙法蓮華經卷第一

BD04299號　妙法蓮華經卷一　（6–6）

賢劫經無際品之下　　卷第四

何謂究竟度無極有六事若有所與勸至解
脫不慕生死是曰布施奉持謹慎不忘他人
又菩薩心以念戒時終不違立聲聞緣覺怯
弱之法是曰持戒若以仁和嚴淨成就無數
佛國滅於三事志願教化是曰忍辱其用精
進常不懈惓心進至義是曰精進又覆解義
心寂不亂是曰一心設以聖明攝三脫門不
中取證是曰智慧是為六何謂為世度無極
有六事其有所施心遊存俗不歸於道是曰
布施若以放逸不能謹慎常猶豫行不能真
進是曰持戒若合進力強欲自制堪任而耐
是曰忍辱常以勤脩習世俗法是曰精進其
心有願所生之處而無二念是曰一心若以
俗智開化教人不出于世是曰智慧是為六
何謂度世度無極有六事若以教施及衣食
施宣解道意用是道故坐於樹下而自宣曰
快哉福之報　所願必剋　疾至眾寂然　乃歸趣滅度

BD04300號　賢劫經（十三卷本）卷四　（21–1）

心有願所生之處而無二念是曰一心若以
俗智開化教人不出于世是曰智慧是為六
何謂度世度無極有六事若以教施及衣食
施宣解道意用是道故坐於樹下而自宣曰
快哉福之報　所願必剋　疾至眾寂然　乃歸趣滅度
是曰布施入於聲聞緣覺轉進弘護消除諸
罣礙處是曰持戒若無漏法常奉仁和是曰
忍辱若以大得無所從生法乃坐佛樹訓誨
眾生是曰精進若有菩薩平等三昧諸根具
足聖慧成就是曰一心若以專心行道正法
無怨害心無聲聞意及緣覺歸一切智是
曰智慧是為六何謂無上度無極有六事若
信無數清淨佛土愍念眾生而以不斷不可
計劫而欲度脫是曰布施住於法想棄三惡
趣取淨佛土是曰持戒若成佛道皆令眾會
紫磨金色分別章句是曰忍辱若習等施猶
如無怒佛為菩薩時奉進至真是曰精進若
處家中奉於四禪不失定意若在中宮采女
之間佛土清淨少欲塵勞眾會報應是曰一
心若攝佛國壽不可計嚴淨無限存在眾中
辯才無量是曰智慧是為六何謂不亂度無
極有六事若有所施勸助應法疾得神通是
曰布施所奉禁戒而不毀缺賢聖之法成就
至道備菩薩地是曰持戒若能蠲除一切非
法奉功勳法是曰忍辱若能厭世奉具足典
諸佛所說善惡之義而志信念是曰精進若
住禪定智度無極而住愛欲觀察經道覺

BD04300號　賢劫經（十三卷本）卷四　（21–2）

曰布施所奉禁戒而不毀斷賢聖之法成就
至道備菩薩地是曰持戒若能蠲除一切非
法奉功勳法是曰忍辱若能猒世奉具足典
諸佛所說善惡之義而志信念是曰精進若
住禪定智度無極而住愛欲觀察經道覺
而不捨亦無所著是一心曉了菩薩道法根
原是非報應而悉分別是曰智慧是為六何
謂無懈度無極有六事有所住處常能將護
令無有失是曰布施而不退墮聲聞緣覺不
中取證是曰持戒若斷吾我不計有身是我
所者除於結縛因緣之事是曰忍辱遠離世
俗第一愚惑歸於智慧順從方便是曰精進
其外諸見聞念諸法得志永究是曰一心若
消狐疑智慧平等道無想行一心在道一心
智尊是曰智慧是為六何謂怨斂度無極有
六事若有所施莫求望報而與眾生心懷怨
恨至於法實是曰布施若斷三愆勤苦之趣
志願究竟乃至滅度是曰持戒與諸菩薩真
正眾生而懷怨恨是曰忍辱若導仁和多所
開化非時勸助因其勤脩精化無數如光世
音菩薩所願有所度脫倚於恩愛而自調習
令成其道是曰精進若說無礙成三昧定菩
薩已受使一切人普得安隱是曰一心若為
已身求於智慧道德根原究竟道義自在已
覺不解若干所好義者是曰智慧是為六何
謂攝持度無極有六事若勸所願攝持功德
是曰布施若興發戒執取眾生療治至義是

薩已受使一切人普得安隱是曰一心若為
已身求於智慧道德根原究竟道義自在已
覺不解若干所好義者是曰智慧是為六何
謂攝持度無極有六事若勸所願攝持功德
是曰布施若興發戒執取眾生療治至義是
曰持戒若能建立攝取仁和是曰忍辱若以
時節奉行勤脩不中懈廢是曰精進隨時禪
定勸化無數百千眾生是曰一心若以聖智
消諸蔽礙而無所著是智曰慧是為六何謂
死所攝持度無極有六事若以所施大得難
事所可遺還不以增減已身大豆若干品類
是曰布施不樂家居慕菩薩法是曰持戒若
能堪任深要之法而不疑結是曰忍辱精暢
不依仰人是精進若以禪思了奉空事思
惟人本道承道法念無所生是曰一心若達
義理及更滅度所學經典入三昧定消滅罪
福是曰智慧是為六何謂報應度無極有六
事若能備悉所作布施不令闕漏究暢福
慶是曰布施若能勤脩重將其身具足所應是
曰持戒其仁和行在所說事究竟成義是曰
忍辱勤脩所行一切吉利無所違失是曰精
進其以禪定識於往古前世所處以慧鑒明
是曰一心其成聖智班宣至誠靡所不通是
曰智慧是為六何謂無報度無極有六事若
有所施建立勤苦見諸患難輒能覺了不念
獲致無所希望是曰布施若於中處致百千
蓋建立滅度在於種姓不住顛倒是曰持戒

是曰一心其成聖智班宣諦靡所不通是
曰智慧是為六何謂無報度無極有六事若
有所施建立勤苦見諸患難輙能覺了不念
獲致無所布望是曰布施若於中處致百千
蓋建立滅度在於種姓不住顛倒是曰持戒
若有所脩不得身口及心念行合和柔順是
曰忍辱所行寂然無有望想是曰精進若以
禪思住寂滅地不生想念是曰一心慧眼所
觀不以滅盡歸無所歸是曰智慧是為六何
謂自然無極有六事若有所與心無所念
是曰布施若以其心不希望報福是曰持戒
其人無我自然柔和是曰忍辱諸所勤脩不
行二法無有因緣是曰精進其在禪定不著
內外亦無中間是曰一心有所觀察永不分
別一切諸法是曰智慧是為六何謂無所有
度無極有六事其心不念於當來事所建立
福是曰布施解於一切周旋三界如幻如化
是曰持戒若衆善想若無善想常抱仁和心
不懷恨是曰忍辱若脩行道而無所行是曰
精進在於三界無所希望其心所在普歸持
護一切衆生是曰一心若不想有為不想無
為造如是行是曰智慧是為六何謂廣普度
無極有六事勸化無數百千衆生使捨慳怯
而好給與是曰布施所禁順業普周一切是
曰持戒所行方便靡不堪任是曰忍辱若能
建立住四意止而不懈怠是曰精進若不慳
悋將護六事存於道法而不迴還能懷來致
八[illegible]

BD04300號　賢劫經（十三卷本）卷四　（21-5）

無極有六事勸化無數百千衆生使捨慳怯
而好給與是曰布施所禁順業普周一切是
曰持戒所行方便靡不堪任是曰忍辱若能
建立住四意止而不懈怠是曰精進若不慳
悋將護六事存於道法而不迴還能懷來致
八萬四千諸三昧行是曰一心若能覺了一
切塵勞結滯之業舊類聖明是曰智慧是為
六何謂華度無極有六事若有所施將順六
情不迴道法是曰布施常行恭恪所施謙下
而不輕慢是曰持戒若能堪任汝諸結綺裂
衆羅網是曰忍辱其勤脩行應病與藥不墮
罪蓋是曰精進捐棄自大奉無蓋慈是曰一
心若以聖慧有所班宣無能當者是曰智慧
是為六何謂無量度無極有六事若有所惠
常合智慧是曰布施以無量禁常行謹慎無
所犯負是曰持戒所行仁和致三脫門勸助
此已不墮色想是曰忍辱若以勤脩致四意斷
是曰精進若以禪思奉行慈愍致七覺意是
曰一心若以聖慧是曰智慧是為六何謂慕
求度無極有六事若能出家求鉢衣服輙而
得之是曰布施其行上足功勳戒具是曰持
戒致功德藏斷衆患難生死之厄若作國王
夫人侍女有所施與聞之嘿然不以懷恨是
曰忍辱求衆利義積功累德方便勤苦從錠
光佛來若有所施乃至於今而不懈惓是曰
精進若勸歎人而順其意曉衆塵勞是曰一
心若以順時勸無上慧以是三昧致冣正覺

BD04300號　賢劫經（十三卷本）卷四　（21-6）

夫人侍女有所施與聞之嘿然不以懷恨是
曰忍辱求衆利義精功累德方便勤苦從錠
光佛來若有所施乃至於今而不懈惓是曰
精進若勸歎人而順其意曉衆塵勞是曰一
心若以順時勸無上慧以是三昧致冣正覺
欲度衆生而隨順之是曰智慧是為六何謂
耿度無極有六事若有施致於貧遺大長
者實是曰布施若以持戒遵脩十善不以耿
之乃勸化人是曰持戒若漸護禁啓受道力
而獨癈介是曰忍辱若不遠捨所想恩德而
犯望想欲至勤脩是曰精進若以禪思而至
棄捐一切非法是曰一心若生苦惱在於三
界說己身慧是曰智慧是為六何謂妙樂度
無極有六事所施福報未生人間一切所欲
皆以豐富而不自大是曰布施所奉禁戒生
於天上若於人間壽命常長是曰持戒所謂
得人若能大致無所從生法忍是曰忍辱所
進勤脩不墮方便必如至行是曰精進所六
禪思棄於內外因緣之報其所生處輙如真
諦所行如願是曰一心其智慧意無所望想
是曰智慧是為六何謂無樂度無極有六事
有所救之無所望施不捨衆見是曰布施離
家奉禁而有捨家不貪世榮是曰持禁其行
柔耎而不懷恨是曰忍辱所奉脩行勤苦難
樂是曰精進禪棄等分致於若惱想衆縛著
與難合會是曰一心若於聖慧有顛倒想雖
為諸苦不從法行是曰智慧是為六

BD04300號　賢劫經（十三卷本）卷四　　（21–7）

有所救之無所望施不捨衆見是曰布施離
家奉禁而有捨家不貪世榮是曰持禁其行
柔耎而不懷恨是曰忍辱所奉脩行勤苦難
樂是曰精進禪棄等分致於若惱想衆縛著
與難合會是曰一心若於聖慧有顛倒想雖
為諸苦不從法行是曰智慧是為六

聞持品第九

佛告喜王菩薩何謂聞持度無極有六事見
衆窮厄不能自濟若宣法施伏已致實使衆
人聞是曰布施常以德本衆善之行既自身
行復勸化人若聞不持致本財富是曰持戒
若聞善說能忍衆苦不以為惱假使菩薩若
為梵志悉從愚人得有所聞脩十二車興發
建立無上大道覺了所生是曰忍辱若能精
進棄捐家業不以為難是曰精進其解脫無
常而聞因緣不以懈廢是曰一心學無有師
方便平等於諸憎愛是曰智慧是為六何謂
生死長度無極有六事若惠施主得無所從
生法忍是曰布施其能依倚無極大哀是曰
持戒設以柔和勸慕弘誓是曰忍辱若以博
聞施於一切是曰精進假使窮然加於無我
是曰一心若以諸下縱使僕從教誨忍和禪
思孤聖是曰智慧是為六何謂無斷度無極
有六事若以所施興立四恩救濟危厄是曰
布施護身口心常謹慎三是曰持戒其以人
躬身心和同志大法忍四事和業是曰忍辱
若用勤脩四意斷者無所中傷計由學是大

BD04300號　賢劫經（十三卷本）卷四　　（21–8）

是曰一心若以諸下縱使僕從教誨忍和禪
思弘聖是曰智慧是為六何謂無斷度無極
有六事若以所施興立四恩救濟危厄是曰
布施護身口心常謹慎三是曰持戒其以人
宜身心和同志大法忍四事和業是曰忍辱
若用勤脩四意斷者無所中傷皆由學是大
立至真是曰精進其用寂靜大四意止者是
曰一心若以聖明脩四諦事無復虛僞是為
智慧是為六何謂欲樂絕斯度無極有六事
一切所有施而不悋是曰布施化功　勸見
空脫門是曰持戒若以至德教訓用化戒禁
在於行業心生其上開度衆生顯以斯戒以
忍順意而有殊特人和能受是曰忍辱其以
用法隨時開化若干品訓是曰精進曉了時
宜奉行慈心行四等意斷他苦樂是曰一心
所欲訓誨衆生一切哀護應法其所至宜隨
時不失是曰智慧是為六何謂禪度無極有
六事若違所施在在所欲不能違者是曰布
施心懷謹慎棄衆不可是曰持戒人任和忍
諸法自然入於和是曰忍辱一心勤脩思惟
違立處所悲散毀滅諸非是曰精進若以禪
思聞所棄捐身口心妄承諸智明是曰一心
若蠲除欲以聖明德去衆穢行是曰智慧是
為六何謂神通度無極有六事若以燈施因
得其報天眼徹視是曰布施其奉禁戒專精
進聽經無所毀犯致天耳聽是曰持戒人和

思聞所棄捐身口心妄承諸智明是曰一心
若蠲除欲以聖明德去衆穢行是曰智慧是
為六何謂神通度無極有六事若以燈施因
得其報天眼徹視是曰布施其奉禁戒專精
進聽經無所毀犯致天耳聽是曰持戒人和
無二以用勸助因發道意是曰忍辱成就大
得識念宿命過去世事神通自然為衆生故
處在世間積功累德每生自覺是曰精進懷
来神通神足變化難大無極捨諸識著受平
等禪是曰一心以大斯恩因緣之報以慧神
通消滅衆垢因其三昧究暢聖明是曰智慧
盡諸漏矣是為六何謂世之巧便度無極有
六事不能勸學諸度無極唯慕世俗切術之
宜俱枝他行功術所施使人脩德是曰布施
後當得報使無數人愛樂務道是曰持戒能
使一切使術巧使皆達無餘靡不通暢是曰
忍辱其速奉行菩薩之法能令成就是曰精
進若心以好諮受道法是曰智慧是為六何
謂慈愍護養一度無極有六事若以心護
一切衆生以慈心施是曰布施用衆生故不
貪己身以是持戒以時瞻顧因得自在所生
之處訓化衆生因奉善事而建立道是曰持
戒猶過去王名曰摩調所興精進慈忍勤脩
導承隨時是曰忍辱若作國王人求截頭心
不發恚無央數人得生天上以是精進若能
堪任復致財業以興開導是曰精進其不逆

貪己身以是持戒以時揞鎮因得自在所生
之處訓化衆生因奉善事而建立道是曰持
戒猶過去王名曰摩調所興精進慈忍勤脩
遵承隨時是曰忍辱若作國王人求截頭心
不發恚無央數人得生天上以是精進若能
堪任復致財業以興開導是曰精進其不逆
禪無所藏處消滅六情是曰一心設用聖慧
而無數衆人皆啓受報應大果衆德六事諸
所塵垢勇猛所報為不見侵不以過去而有
增損是曰智慧是為六何謂行哀度無極有
六事以能布施心自發念愍使衆生一切善
安是曰布施若棄他人不自歎身悲散衆結
是曰持戒若能忍已罵詈杖捶恚以能忍而
化人令忍是曰忍辱心若以精進具衆德本
不以恚歎度無極衆又以尋精勤諸人衆使
出家學是曰精進若歎惡趣受樂禪思功勳
究竟是曰一心愍哀清除一切惡露而不解
癈所興法施訓化衆生是曰智慧是為六何
謂勸善度無極有六事若能行恩其心悅豫
而不懷恨是曰布施篤信守禁而致善德是
曰持戒若以柔和成就慚愧不執麁獷是曰
忍辱若以勤脩心無瞋恨自護安彼而善忍
惟不懷湯火是曰精進若樂寂然其心清淨
建立成就斷衆貪欲是曰一心有所患施心
無所倚奉行道法休息望報觀於智慧而受
覺意選覺意已遵脩無願建立脫門不處顛
倒無所傷害是曰智慧是為六何謂勸護度

BD04300 號　賢劫經（十三卷本）卷四　（21–11）

惟不懷湯火是曰精進若樂寂然其心清淨
建立成就斷衆貪欲是曰一心有所患施心
無所倚奉行道法休息望報觀於智慧而受
覺意選覺意已遵脩無願建立脫門不處顛
倒無所傷害是曰智慧是為六何謂勸護度
無極有六事若有所施心無所著奉平等法
不懷望想是曰布施若以謹慎觀諸覺意志
受精進不懷惱熱是曰精進行無所想心志
顯明其內外安棄諸貪羡是曰忍辱曉了有
為觀於無為心不處二是曰精若以禪思觀
察勢力寂然精進在所趣至為一切首是曰
一心若信聖明遵脩道義無祿哀故開化餘
人是曰智慧是為六何謂勸邪見度無極有
六事若在雜碎諸外異學入其祠祀順從其
意而開化之猶如隨藍梵志所興福德之業
是曰布施觀顛倒戒衆賊集會為賊所牽而
顯其緣斯化度是曰持戒若在衆雜若干
惱行而來犯之不以恚歎是曰忍辱有所施
與若入世俗不與同塵而為班宣寂然之義
是曰精進若興禪思遊在寞中而樂於此樂
無所樂以法樂之是曰一心若梵志像欲化
衆生隨其所順行而訓誨之是曰智慧是為
六何謂勸正見度無極有六事若入習俗為
說法教布施得福持戒生天所作善惡皆有
果報以此滲之是曰布施若世無佛菩薩未
曾值惡友教是曰持戒菩薩清淨鮮白無瑕

BD04300 號　賢劫經（十三卷本）卷四　（21–12）

衆生隨其所順行而訓誨之是曰智慧是為
六何謂勸正見度無極有六事若入習俗為
說法教布施得福持戒生天所作善惡皆有
果報以此渡之是曰布施若世無佛菩薩未
曾隨惡友教是曰持戒菩薩清淨鮮白無瑕
猶如雪山生好樹木曾有諸天鬼神衆龍而
遊樂中是曰忍辱所奉勤脩除去彼我譬如
賈客而遠遊行有所成辦是曰精進若以智
慧脩治四禪亦無所議是曰一心若以聖明
多所愍傷一切衆生建立不大猶如昔學本
之所教以一頌偈訓誨八萬四千圖邑是曰
智慧是為六何謂勸住見度無極有六事菩
薩假使在於夢中心不慳嫉雖佛不興無有
異心況現在手是曰布施若覓惡罪及失身
命未曾犯禁是曰持戒所生之處與光明俱
適生輒聞本清淨忍乃得佛道是曰忍辱所
生之處常見班宣開化衆生以此道法訓誨
他人是曰精進在在所生善思念道快建立
業有所覩見本性自然故致如是是曰一心
若以度世及覩世事無師主者其身獨立不
從他受其慧如是常宣重誡其身口心未曾
有欺是曰智慧是為六何謂住度無極有六
事若以權慧渡有所救窮厄之士是曰布施
謹慎身心無所犯而無放逸是曰持戒大
不退轉不起法忍是曰忍辱一切萬物思不
可得勤脩方便而無所住以是無住勸六度

BD04300 號　賢劫經（十三卷本）卷四　　（21–13）

從他受其慧如是常宣重誡其身口心未曾
有欺是曰智慧是為六何謂住度無極有六
事若以權慧渡有所救窮厄之士是曰布施
謹慎身心無所犯而無放逸是曰持戒大
不退轉不起法忍是曰忍辱一切萬物思不
可得勤脩方便而無所住以是無住勸六度
無極是曰精進若於內外志無所著而衆生
速心塞不解計有我想不了無我為分別說
了一切空是曰一心若不棄捨聲門緣覺以
聖明法依一切智是曰智慧是為六何謂勸
無倚度無極有六事若進如恩一切三界皆
得悅豫猶如鋑光有所發起是曰布施若以
禁行而無所依不有所求是曰持戒假使其
心仁和柔耎未曾望想一切諸法是曰忍辱
勤脩衆行而無所著是曰精進禪之所見入
菩薩地不隨顛倒是曰一心若以聖智消衆
塵勞歸於大道是曰智慧是為六何謂勸意
度無極有六事意自念言菩薩所渡欲成佛
國因致究竟是曰布施其自守行斷三惡趣
不為罪業是曰持戒以慈人和報德想好端
正殊妙見莫不歡是曰忍辱以勤脩行往入
大海致如意珠消竭衆難得自在法是曰精
進若以禪思蠲除塵勞如其志願而致得之
是曰一心若以聖明能壞衆魔所立訓化莫
不從教是曰智慧是為六何謂勸忍度無極
有六事所出施與心在佛道未曾忽忘是曰
布施救護地獄以脩靜志魔不能犯法不迴

BD04300 號　賢劫經（十三卷本）卷四　　（21–14）

大海致如意珠消竭衆難得自在法是曰精
進若以釋忍谿除塵勞如其志願而致得之
是曰一心若以聖明能壞衆魔所立訓化莫
不從教是曰智慧是為六何謂勸忍度無極
有六事所出施與心在佛道未曾忽忘是曰
布施救護地獄以寂靜志魔不能犯法不迴
轉是曰持戒順理所向奉行正法不懷如嫉
如王太子号曰德光布施自在一心志檢一
切所有施佛弟子欲得車乘象馬猶四十里
幡蓋柯茂纓珞衣寶無數華香捨八萬四千
采女棄國捐王手足耳鼻頭目肌肉支體奧
子不逆人意出家作沙門奉是正法是曰忍
辱所奉衆戒處於勤脩而無所著是曰精進
若於夢中見衆王女不以為貪具身相好顔
貌清淨是曰一心若入城中心懷明智設見
比丘篤敬之無若干想是曰智慧是為六
何謂造業度無極有六事若身自立淨脩梵
行所可勸助得利養多臨法滅盡衣戒覆形
猶如䔢華學志所行現毀佛身恚無所生五
枝新華五枝故華亦注上佛以是報應道法
興隆正法得立至五百歲像法亦尒是曰布
施若以衆戒消除他人諸惡行業隨其所之
以救濟之是曰持戒所遵人和若有窒礙而
無吉利必得濟厄猶如覆客而入大海遇摩
竭魚忽有浴池數廿五各有白鳥輙乘其上
得出大難是曰忍辱假使遭值天上世門妷
樂安隱猶如往昔無關導主欲令精進有大

BD04300號　賢劫經（十三卷本）卷四　（21–15）

施若以衆戒消除他人諸惡行業隨其所之
以救濟之是曰持戒所遵人和若有窒礙而
無吉利必得濟厄猶如覆客而入大海遇摩
竭魚忽有浴池數廿五各有白鳥輙乘其上
得出大難是曰忍辱假使遭值天上世門妷
樂安隱猶如往昔無關導主欲令精進有大
梵天名曰英妙勸化天帝訓誨衆生令得生
天是曰精進禪無所生諸佛菩薩之所講說
假使菩薩勸喻衆生使生梵天從光音宮至
無想天是曰一心聖明之業為諸世俗說現
世事講度世業脩十善行利益群黎猶普國
主名得生王有好眼愛樂道法無數世中曉
了此義諸王惡行諸佛菩薩之所開道以斯
言教宣示一切是曰智慧是為六何謂無所
造業度無極有六事心中好喜所樂功勲一
切原首心勸助施所可勸助則為是著普者
菩薩見錠光佛以華五莖散供養佛所殖德
本皆使獲此功祚道德永無妄想至法沒盡
皆共倚之是曰布施所學精進將身口心無
權方便計有土地生死處所是曰持戒所脩
人和有所棄樂求其苦本是曰忍辱有所精
進建立俗事化入道法是曰精進若脩禪定
觀於梵天壽命長短是曰一心所遵聖明未
曾有言猶如菩薩号名如來曰隨其衆生童
一品法其餘有身宣若干品造立寂然而滅
度之後正法住立若干歲後法沒盡是曰智
慧是為六何謂有餘度無極有六事往古善

BD04300號　賢劫經（十三卷本）卷四　（21–16）

進建立俗事化入道法是曰精進若脩禪定
覩於梵天壽命長短是曰一心所導聖明未
曾有言猶如菩薩号名如来曰隨其衆生重
一品法其餘有身宣若千品造立寂然而滅
度之後正法住立若千歲後失沒盡是曰智
慧是為六何謂有餘度無極有六事往古菩
薩錠光佛時供養所奉以僧道願是曰布施
身曰有餘依倚住禁多所不信而樂已身是
曰持戒其性仁和而無麁獷歸為坐夕是曰
忍辱假使勤脩中間倚有所樂不至真是
曰精進禪思慕樂恃行空無以斯為樂是曰
一心若聞聖明心有所著或無所著是曰智
慧是為六何以故住名餘度無極不能頓真
又向異門志定處所聲聞緣覺之所報應不
長佛道入十地業而復退轉當知其意是曰
菩薩有餘所行度無極何謂無餘菩薩所施
度無極勸助生死衆生報應如所能忍聲聞
緣覺寂然而定不隨退是曰布施禁法之
報離於智慧而能深入是曰持戒其以仁和
恩生惡趣勤苦之處心無所犯是曰忍辱若
以勤脩求於魔業欲消其衆使無邪无是曰
精進政行禪思知壽命限究竟根元是曰一
心若以智慧見知其宿命斷衆苦患而好志
願是曰智慧無餘度無極何以得名曰度無
極謂是菩薩得從順化隨世所好然後名曰
無餘六度無極何謂明度有六事菩薩所施
奉於尊長不望其報百千劫中服世飲食不

精進政行禪思知壽命限究竟根元是曰一
心若以智慧見知其宿命斷衆苦患而好志
願是曰智慧無餘度無極何以得名曰度無
極謂是菩薩得從順化隨世所好然後名曰
無餘六度無極何謂明度有六事菩薩所施
奉於尊長不望其報百千劫中服世飲食不
以身故而意懷憂也是曰布施所脩法義諸
佛樹下於一切法不懷孤疑緣是乃至一切
愍智是曰持戒其以禪思無所著法斯一切
智由從此生是曰忍辱若奉勤脩住千道慧
化五陰蓋是曰精進若以禪定成最正覺大
得天眼識其宿命覩所更歷是曰一心其以
聖明諸漏悉盡大得佛眼普達諸法心不猶
豫是曰智慧是為六何謂住明持度無極有
六事住於正法供養佛教在立經典是曰布
施行所上處入於如来身明曰淨無有衆想
是曰持戒其柔順行不延俗法無所動轉是
曰忍辱曉了聲聞緣覺之業消衆塵勞乃至
滅度是曰精進所以禪思求於衆生心念所
行以慧音畫是曰一心以知得脫不失時節
行聖明慈是曰智慧是為六何謂興成度
無極有六事佛興世時成大財業賢聖無量
受於過去諸佛之教是曰布施以行勸助而
得解脫佛興現世消衆塵勞是曰持戒以而
人和受世尊教又知止足不懷懈倦乃至大
行是曰忍辱若以勤脩建立弘誓其入功德
若在王位心不違法是曰精進若以禪思心

無極有六事佛興出時成大財業賢聖無量
受於過去諸佛之教是曰布施以行勸助而
得解脫佛興現世消衆塵勞是曰持戒以而
人和受世尊教又知止足不懷懈倦乃至大
行是曰忍辱若以勤脩建立弘誓其入功德
若在王位心不違法是曰精進若以禪思心
常念佛不失至真是曰一心若以聖明勸助
滅度如佛開化五人身心是曰智慧是為六
何謂意不忽度無極有六事行恩如意皆奉
道以化他人是曰布施尊其至行以讓他人
御身口意是曰持戒所脩人和是深妙忍正
法沒時堅固其志是曰忍辱所立勤脩懷來
道慧心不迷式是曰精進假使禪思執持空
無不有相願心無希冀是曰一心以其聖明
思惟愍感慈念一切欲救濟之是曰智慧是
為六何謂佛興立家居度無極有六事若
以所施興發五事何謂為五一曰成坐二曰
說處三曰成眷屬四曰成就法樂五曰成其
書疏是曰布施所施立行其梵具足而無所
犯是曰持戒其以人和棄捐人想不計壽命
是曰忍辱若以勤脩奉平等業顯示道義是
曰精進以心禪思善脩平等奉行至德意無
所願是曰一心若以慧明歸諸聖諦靡所不
道是曰智慧是為六何謂出家來度無極有
六事若有所施與心俱合致無漏行是曰布
施其以謹慎令護身口合於滅度是曰持戒
若以人和歇於三界而無所著是曰忍辱勤

曰精進以心禪思善脩平等奉行至德意無
所願是曰一心若以慧明歸諸聖諦靡所不
道是曰智慧是為六何謂出家來度無極有
六事若有所施與心俱合致無漏行是曰布
施其以謹慎令護身口合於滅度是曰持戒
若以人和歇於三界而無所著是曰忍辱勤
脩正行歸四意止而生道意是曰精進所以
禪思遵四等心惠歇周旋生死之難是曰一
心若以聖明而放逸捨愍感之恩遵脩至真
是曰智慧是為六何謂愍哀博聞來度無極
有六事若以班宣訓精進教給衆窮匱是曰
布施奉受道法捨其身命無所貪愛是曰持
戒所以人和正法欲沒菩薩發心順其時宜
自沒其身愛護正法是曰忍辱若以勤脩大
得抱持恒識不忘是曰精進若以禪思其心
體解十二緣起而無所起是曰一心若以智
慧諸所更慮遵脩寂靜是曰智慧是為六
何謂出家不斷戒度無極有六事所進他人
如意所願奉行法師命是曰布施所行禁戒道
于大哀無有微恨是曰持戒所志人和不懷
危害謙下恭順而不自大是曰忍辱所奉勤
脩強而有勢不為怯弱是曰精進所禪志思
行七覺意通於遠近靡所不達是曰一心所
志智慧因能具足不起法忍是曰智慧是為
六

賢劫經卷第四

體解十二緣起而無所起是曰一心若以智
慧諸所更歷導脩寂靜是曰智慧是為六
何謂出家不斷戒度無極有六事所滲他人
如意所願奉行法師命是曰布施所行禁戒道
于大哀無有微恨是曰持戒所志人和不懷
危害謙下恭順而不自大是曰忍辱所奉勤
脩強而有勢不為怯弱是曰精進所禪志思
行七覺意通於遠近靡所不達是曰一心所
志智慧因能具足不起法忍是曰智慧是為
六

賢劫經卷第四

BD04300號　賢劫經（十三卷本）卷四　（21–21）

兊

喻會宣說妙法及見彼土嚴淨之相具聲聞
僧皆阿羅漢諸漏已盡无復煩惱得真自
在心善解脫慧善解脫如調慧馬亦如大
龍已作所作已辦所辦棄諸重擔逮得己
利盡諸有結正知解脫至心自在第一究
竟其菩薩僧一切皆是衆望所識得陁羅
尼及无礙辯成就无量殊勝功德佛攝神
力令此衆會天龍藥叉健達縛等不復見
彼不動如來應正等覺聲聞菩薩及餘大
衆并彼佛土嚴淨之相彼佛衆會及嚴淨
土皆非此土眼根所對所以者何佛攝神力
於彼遠境无見緣故尒時佛告阿難陁言不
動如來應正等覺國土衆會汝更見不阿難
陁言我不復見彼事非此眼所行佛告具壽
阿難陁言如彼如來衆會國土非此土眼所行
境界當知諸法亦復如是非眼根等所行
境界慶喜當知法不行法法不見法法不知
法法不證法慶喜當知一切法性无能行者无
能見者无能知者无能證者无動无作所

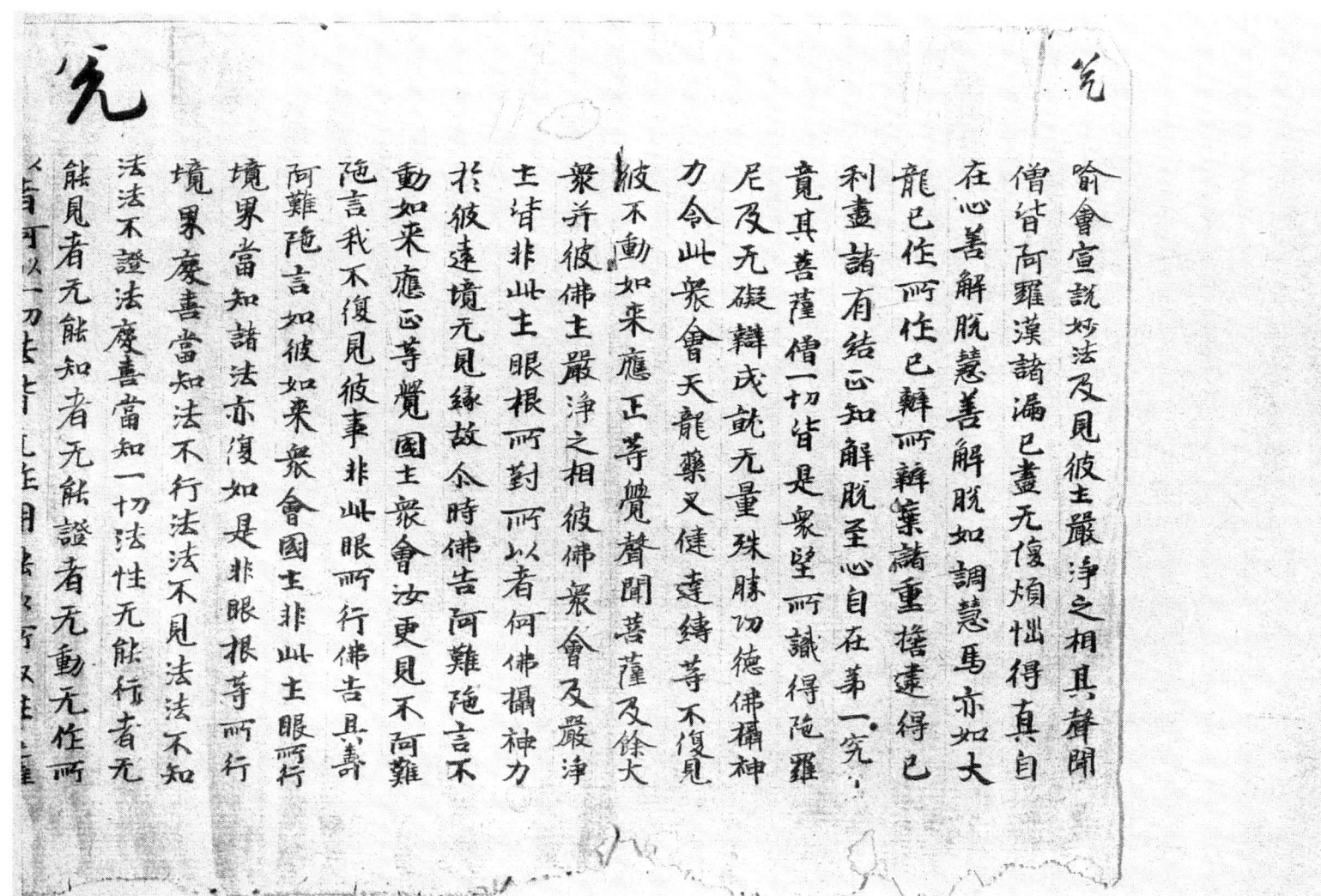

兊

BD04301號　大般若波羅蜜多經（兊廢稿）卷五二二　（2–1）

不入此界會天龍藥叉健達縛若不信見
彼不動如來應正等覺聲聞菩薩及餘大
衆并彼佛土嚴淨之相彼佛衆會及嚴淨
土皆非此土眼根所對所以者何佛攝神力
於彼遠境无見緣故尒時佛告阿難陁言不
動如來應正等覺國土衆會汝更見不阿難
陁言我不復見彼事非此眼所行佛告具壽
阿難陁言如彼如來衆會國土非此土眼所行
境界當知諸法亦復如是非眼根等所行
境界慶喜當知法不行法法不見法法不知
法法不證法慶喜當知一切法性无能行者无
能見者无能知者无能證者无動无作所
以者何以一切法皆无作用能取所取性遠離
故以一切法不可思議能所思議性遠離故以
一切法如幻事等衆緣和合相似有故以一切法
无作受者妄現似有无堅實故慶喜當知
若菩薩摩訶薩能如是行能如是見能如
是知能如是證是行般若波羅蜜多亦不
執著

无

BD04301 號　大般若波羅蜜多經（兑廢稿）卷五二二　（2–2）

龍夜叉揵　那羅
摩睺羅伽人非　王轉輪聖王等是
諸大衆得未曾有　掌一心觀佛尒時
如來放眉間白毫相光照東方万八千佛土
靡不周遍如今所見是諸佛土弥勒當知尒
會中有二十億菩薩樂欲聽法是諸菩薩
見此光明普照佛土得未曾有欲知此光所
為因緣時有菩薩名曰妙光有八百弟子是
時日月燈明佛從三昧起因妙光菩薩說大
乘經名妙法蓮華教菩薩法佛所護念六十
小劫不起于座　聽者亦坐一處六十小
劫身心不動聽佛所說謂如食頃是時衆中
无有一人若身若心而生懈惓日月燈明佛
於六十小劫說是經已即於梵魔沙門婆羅
門及天人阿脩羅衆中而宣此言如來於今
日中夜當入无餘涅槃時有菩薩名曰德藏
日月燈明佛即授其記告諸比丘是德藏菩
薩次當作佛号　[illegible]陁阿伽度阿羅訶

BD04302 號　妙法蓮華經卷一　（2–1）

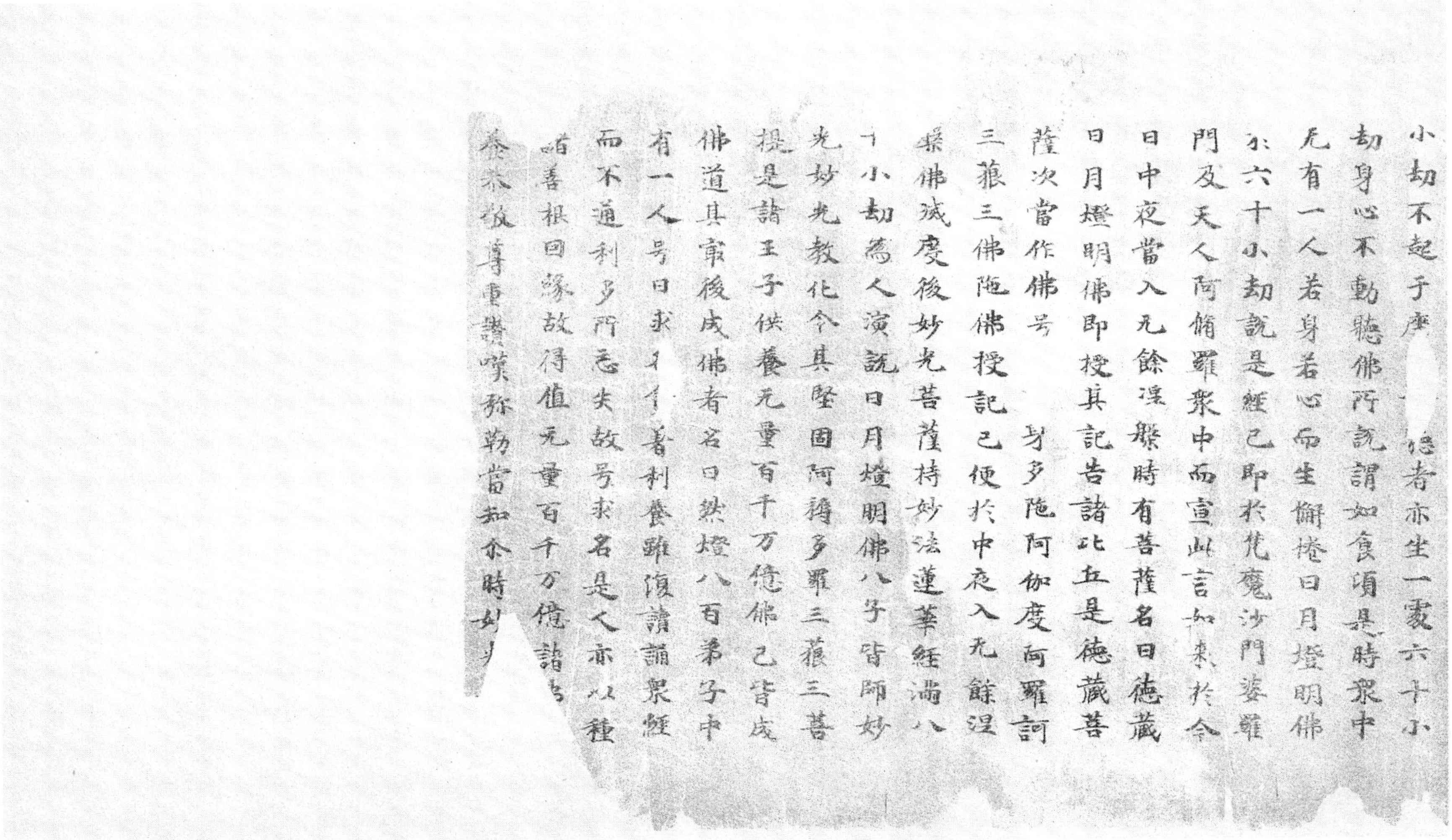
小劫不起于座□□□者亦坐一處六十小
劫身心不動聽佛所說謂如食頃是時衆中
无有一人若身若心而生懈惓日月燈明佛
於六十小劫說是經已即於梵魔沙門婆羅
門及天人阿脩羅衆中而宣此言如來於今
日中夜當入无餘涅槃時有菩薩名曰德藏
日月燈明佛即授其記告諸比丘是德藏菩
薩次當作佛号　身多陁阿伽度阿羅訶
三藐三佛陁佛授記已便於中夜入无餘涅
槃佛滅度後妙光菩薩持妙法蓮華經滿八
十小劫為人演說日月燈明佛八子皆師妙
光妙光教化令其堅固阿耨多羅三藐三菩
提是諸王子供養无量百千万億佛已皆成
佛道其㝡後成佛者名曰然燈八百弟子中
有一人号曰求名貪著利養雖復讀誦衆經
而不通利多所忘失故号求名是人亦以種
諸善根因緣故得值无量百千万億諸佛
養恭敬尊重讚歎弥勒當知尒時妙光

BD04302 號　妙法蓮華經卷一　（2–2）

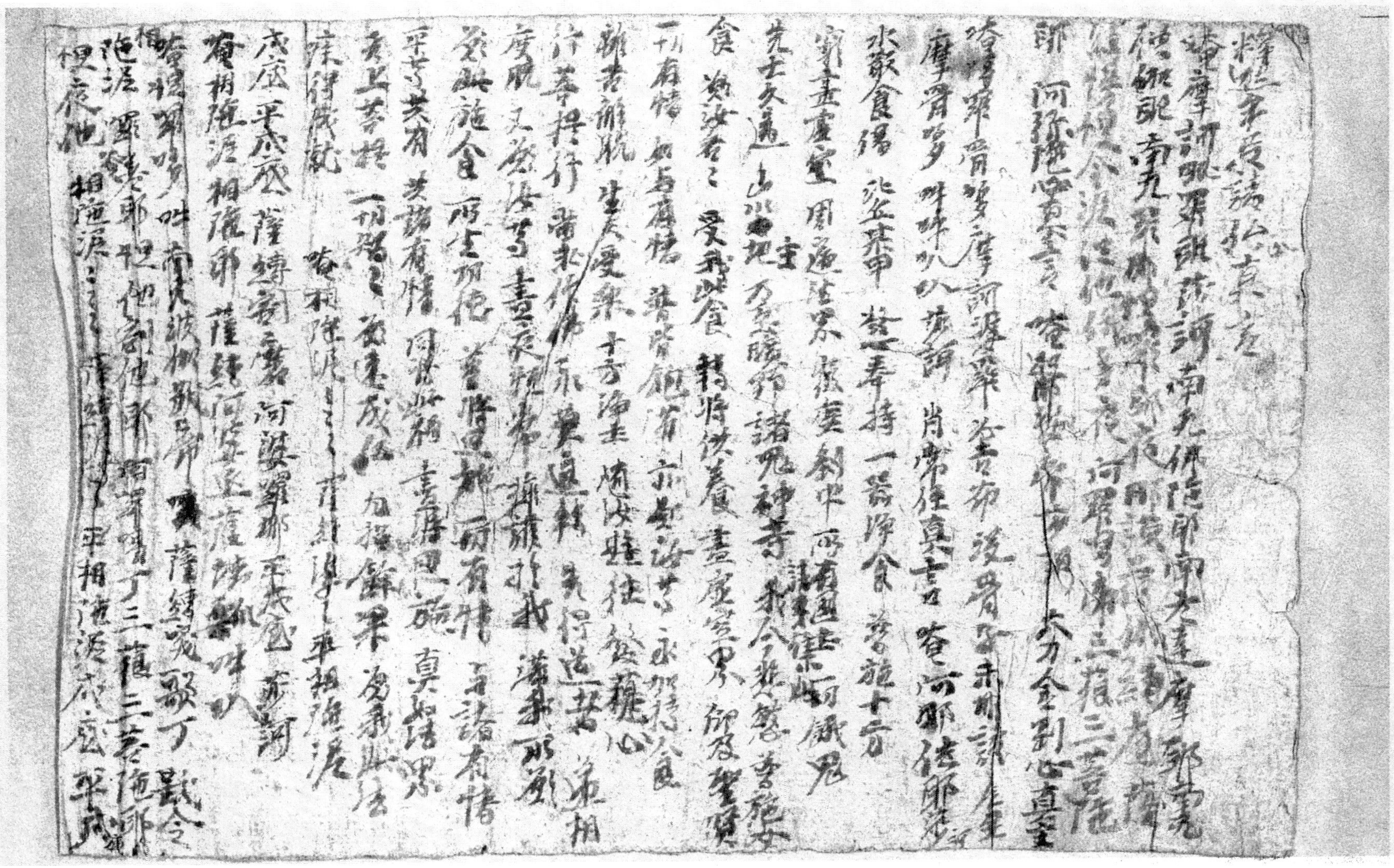
釋迦牟尼請佛心真言

BD04303 號　釋迦牟尼請佛心真言　（1–1）

薩嚩訶婆羅耶平素[illegible]二合[illegible]三合[illegible]
唵阿蜜多ミミ引 訶薩埵婆阿密多婆呼吽吽
八莎訶 唵末摩令婆耶 婆令阿蜜多吽吽吽
莎訶 唵婆羅ミミ二合婆羅ミミ日娑令耶平相
陁娑吽吽 [illegible]莎訶
唵泥娑令 跋折羅娑吽吽吽吽 莎訶

BD04303 號背　釋迦牟尼請佛心真言　（1–1）

勸善經一卷
勑左丞相賈耽頒下諸州勸諸衆生每日念阿弥陁
佛一千口斷惡行善今年大熟無人收刈 有數種病
死 第一瘧病死 第二天行病死 第三赤白痢死 第四赤眼
死 第五產生死 第六水痢死 第七風黃病死 今勸衆
生寫此經一本免一門難 寫兩本免六親 見此經不寫
者滅門 門上牓之得過此難 無福者不可得見此經
其經從南來 正月八日雷電霹靂空中有一童子
年四歲 又見一老人在路中見一虵身長万万尺人頭
鳥足 遂問老人 曰為太山崩要女万万衆須牛万
万頭 著病者難差 寫此經者得免此難 不信者
但看四月一日三家使一牛 五男同一婦 僧尼
巡勸 寫此經流傳 若被惡風吹却不免此難
聖人流傳真言 報之衆生莫信邪師見聞者
遞相勸念阿弥陁佛 不久見太平時
勸善經一卷

BD04304 號　勸善經　（1–1）

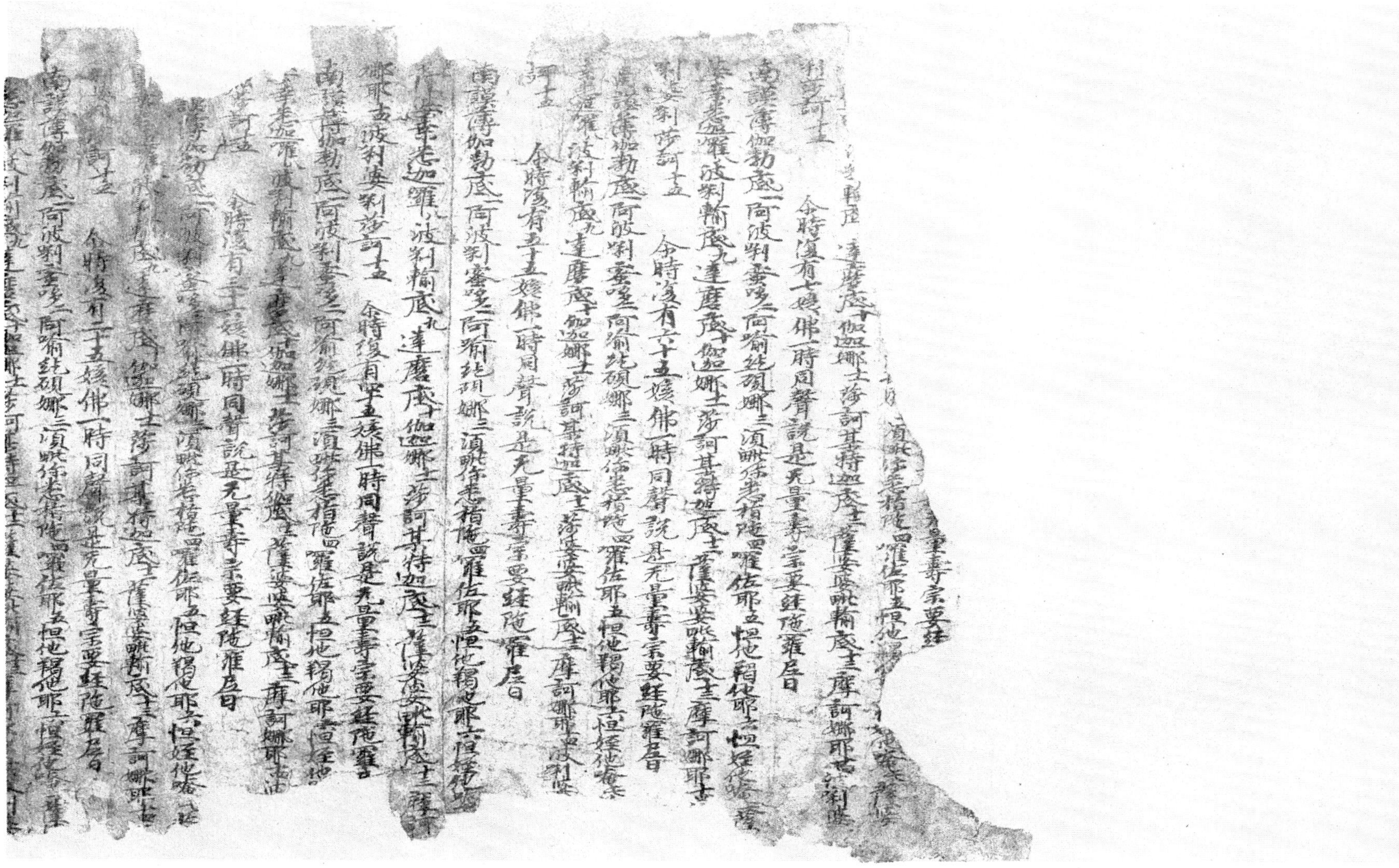

BD04305 號　無量壽宗要經　　（3–1）

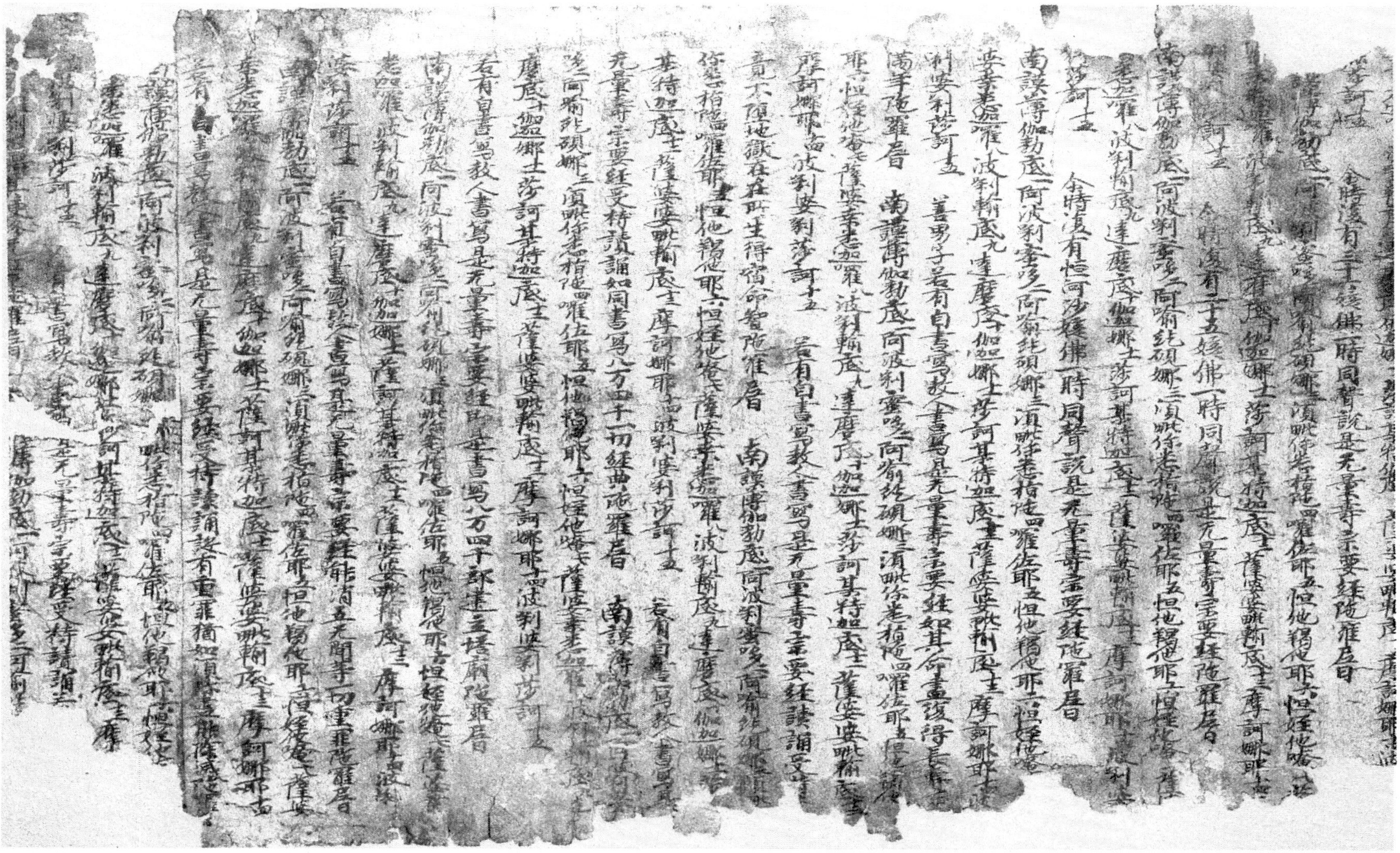

BD04305 號　無量壽宗要經　　（3–2）

BD04305號　無量壽宗要經　（3–3）

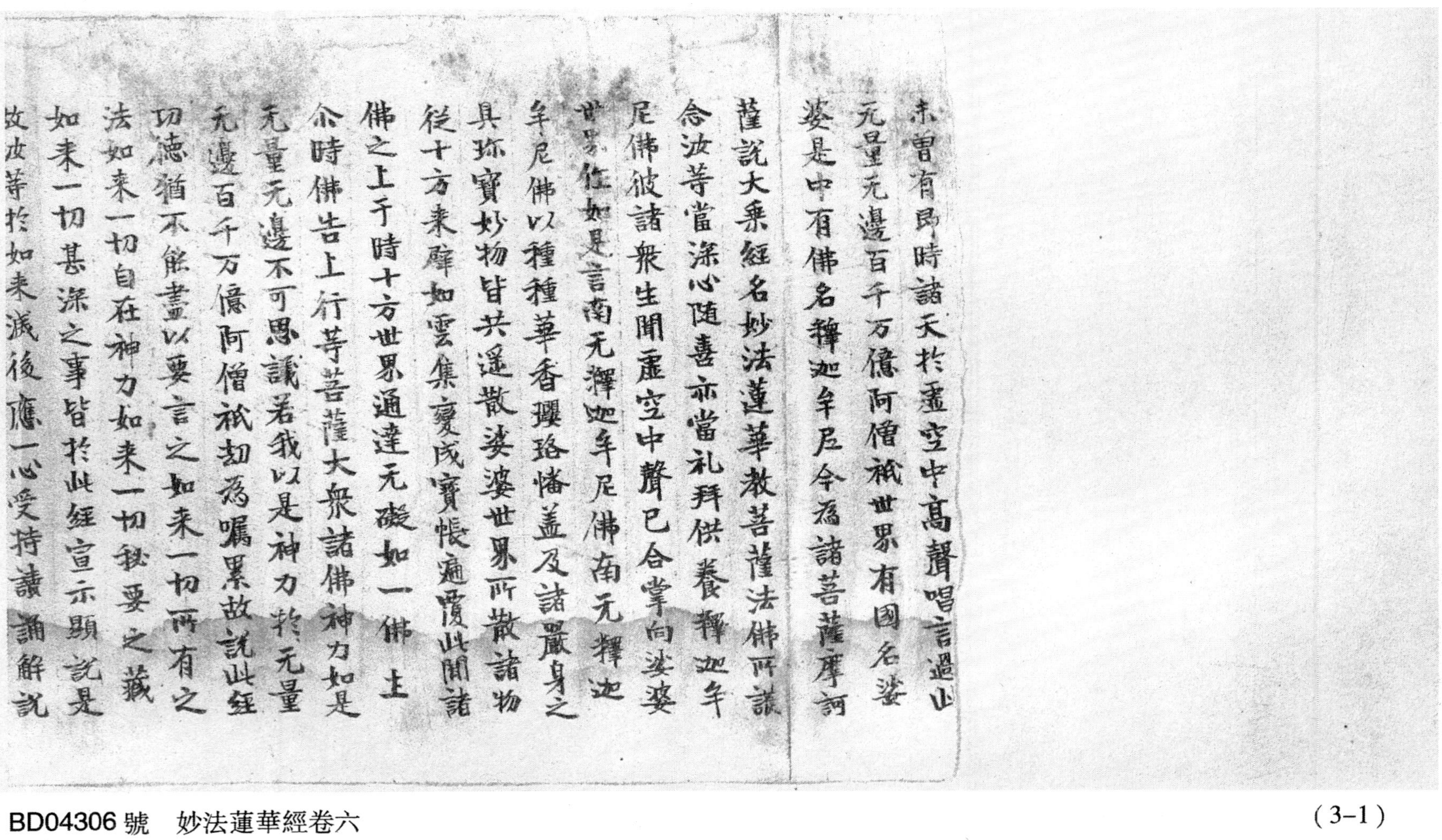

未曾有即時諸天於虛空中高聲唱言過此
无量无邊百千万億阿僧祇世界有國名娑
婆是中有佛名釋迦牟尼今為諸菩薩摩訶
薩說大乘經名妙法蓮華教菩薩法佛所護
念汝等當深心隨喜亦當礼拜供養釋迦牟
尼佛彼諸衆生聞虛空中聲已合掌向娑婆
世界作如是言南无釋迦牟尼佛南无釋迦
牟尼佛以種種華香瓔珞幡蓋及諸嚴身之
具珎寶妙物皆共遙散娑婆世界所散諸物
從十方來譬如雲集變成寶帳遍覆此間諸
佛之上于時十方世界通達无礙如一佛土
尒時佛告上行等菩薩大衆諸佛神力如是
无量无邊不可思議若我以是神力於无量
无邊百千万億阿僧祇劫為囑累故說此經
功德猶不能盡以要言之如来一切所有之
法如来一切自在神力如来一切秘要之藏
如来一切甚深之事皆於此經宣示顯說是
故汝等於如來滅後應一心受持讀誦解說

BD04306號　妙法蓮華經卷六　（3–1）

无量无邊不可思議若我以是神力於无量
无邊百千万億阿僧祇劫為囑累故說此經
功德猶不能盡以要言之如来一切所有之
法如来一切自在神力如来一切秘要之藏
如来一切甚深之事皆於此經宣示顯說是
故汝等於如来滅後應一心受持讀誦解說
書寫如說脩行所在國土若有受持讀誦解
說書寫如說脩行若經卷所住之處若於園
中若於林中若於樹下若於僧坊若白衣舍
若在殿堂若山谷曠野是中皆應起塔供養
所以者何當知是處即是道場諸佛於此得
阿耨多羅三藐三菩提諸佛於此轉于法輪
諸佛於此而般涅槃尒時世尊欲重宣此義
而說偈言
諸佛救世者　住於大神通　為悅衆生故　現无量神力
舌相至梵天　身放无數光　為求佛道者　現此希有事
諸佛謦欬聲　及彈指之聲　周聞十方國　地皆六種動
以佛滅度後　能持是經故　諸佛皆歡喜　現无量神力
囑累是經故　讚美受持者　於无量劫中　猶故不能盡
是人之功德　无邊无有窮　如十方虛空　不可得邊際
能持是經者　則為已見我　亦見多寶佛　及諸分身者
又見我今日　教化諸菩薩　能持是經者　令我及分身
滅度多寶佛　一切皆歡喜　十方現在佛　并過去未来
亦見亦供養　亦令得歡喜　諸佛坐道場　所得秘要法
能持是經者　不久亦當得　能持是經者　於諸法之義
名字及言辭　樂說无窮盡　如風於空中　一切无障礙
於如来滅後　知佛所說經　因緣及次第　隨義如實說

BD04306號　妙法蓮華經卷六　（3–2）

滅度多寶佛　一切皆歡喜　十方現在佛　并過去未来
亦見亦供養　亦令得歡喜　諸佛坐道場　所得秘要法
能持是經者　不久亦當得　能持是經者　於諸法之義
名字及言辭　樂說无窮盡　如風於空中　一切无障礙
於如来滅後　知佛所說經　因緣及次第　隨義如實說
如日月光明　能除諸幽冥　斯人行世間　能滅衆生闇
教无量菩薩　畢竟住一乘　是故有智者　聞此功德利
於我滅度後　應受持斯經　是人於佛道　決定无有疑
妙法蓮華經囑累品第二十二
尒時釋迦牟尼佛從法座起現大神力以右手
摩无量菩薩摩訶薩頂而作是言我於无
量百千万億阿僧祇劫脩習是難得阿耨多
羅三藐三菩提法令以付囑汝等汝等應當
一心流布此法廣令增益如是三摩諸菩薩
摩訶薩頂而作是言我於无量百千万億阿
僧祇劫脩習是難得阿耨多羅三藐三菩提
法令以付囑汝等汝等當受持讀誦廣宣此
法令一切衆生普得聞知所以者何如来有
大慈悲无諸慳悋亦无所畏能與衆生佛之
智慧如来智慧自然智慧如来是一切衆生
之大施主汝等亦應隨學如来之法勿生慳
悋於未来世若有善男子善女人信如来智
慧者當為演說此法華經使得聞知為令其
人得佛慧故若有衆生不信受者當於如来
餘深法中示教利喜汝等若能如是則為已
報諸佛之恩時諸菩薩摩訶薩聞佛作是說

BD04306號　妙法蓮華經卷六　（3–3）

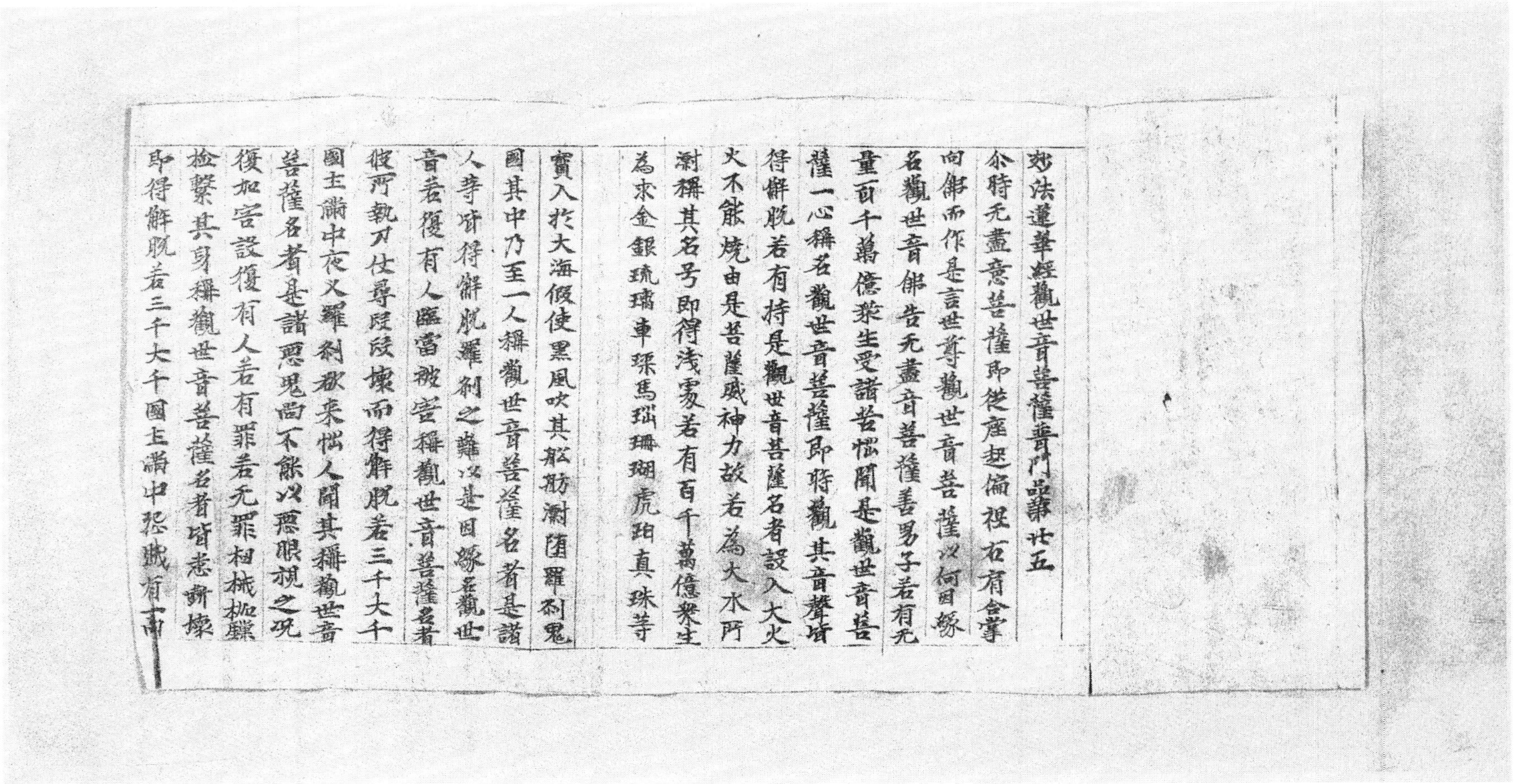
妙法蓮華經觀世音菩薩普門品第廿五
尒時无盡意菩薩即從座起偏袒右肩合掌
向佛而作是言世尊觀世音菩薩以何因緣
名觀世音佛告无盡意菩薩善男子若有无
量百千萬億衆生受諸苦惱聞是觀世音菩
薩一心稱名觀世音菩薩即時觀其音聲皆
得解脫若有持是觀世音菩薩名者設入大火
火不能燒由是菩薩威神力故若為大水所
漂稱其名号即得淺處若有百千萬億衆生
為求金銀琉璃車𤦲馬瑙珊瑚虎珀真珠等
寶入於大海假使黑風吹其船舫漂墮羅剎鬼
國其中乃至一人稱觀世音菩薩名者是諸
人等皆得解脫羅剎之難以是因緣名觀世
音若復有人臨當被害稱觀世音菩薩名者
彼所執刀杖尋段段壞而得解脫若三千大千
國土滿中夜叉羅剎欲來惱人聞其稱觀世音
菩薩名者是諸惡鬼尚不能以惡眼視之況
復加害設復有人若有罪若无罪杻械枷鎖
檢繫其身稱觀世音菩薩名者皆悉斷壞
即得解脫若三千大千國土滿中怨賊有商

BD04307號　觀世音經　(1–1)

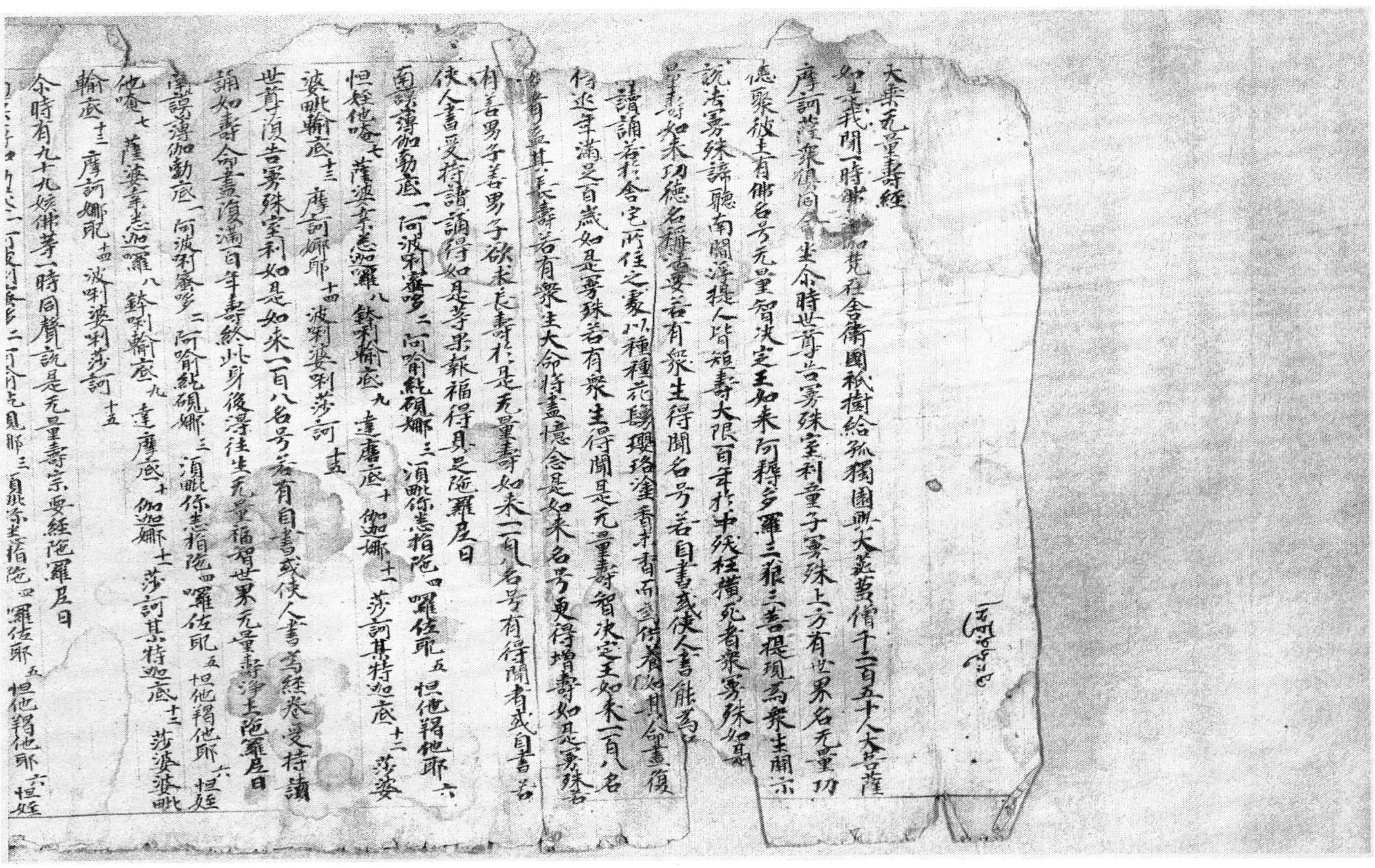
大乘无量壽經
如是我聞一時佛在舍衛國祇樹給孤獨園與大比丘衆千二百五十人大菩薩
摩訶薩衆俱尒時世尊告曼殊室利童子曼殊上方有世界名无量功
德聚彼土有佛名无量智決定王如來阿羅訶三藐三菩提現為衆生開示
說法曼殊室利諦聽南閻浮提人皆短壽大限百年於中殀枉橫死者衆曼殊若
有衆生得聞是无量壽如來功德名稱若自書或使人書能為
讀誦若於舍宅所住之處以種種花鬘瓔珞塗香末香而供養之命盡復
得延年滿足百歲如是曼殊若有衆生得聞是无量壽智決定王如來一百八名
号益其長壽若有衆生大命將盡憶念是如來名号更得增壽如是曼殊若
有善男子善女人欲求長壽於是无量壽如來一百八名号有得聞者或自書若
使人書受持讀誦得如是等果報福得具足陀羅尼曰
南謨薄伽勃底一 阿波唎蜜多二 阿喻紇硯娜三 須毗你悉指陀四 囉佐耶五 怛他羯他耶六
怛姪他唵七 薩婆桑悉迦囉八 鉢唎輸底九 達磨底十 伽伽娜十一 莎訶某特迦底十二 莎婆
波毗輸底十三 摩訶娜耶十四 波唎婆唎莎訶十五
世尊復告曼殊室利如是如來一百八名号若有自書或使人書為經卷受持讀
誦如壽命盡復滿百年壽終此身後得往生无量福智世界无量壽淨土陀羅尼曰
南謨薄伽勃底一 阿波唎蜜多二 阿喻紇硯娜三 須毗你悉指陀四 囉佐耶五 怛他羯他耶六 怛姪
他唵七 薩婆桑悉迦囉八 鉢唎輸底九 達磨底十 伽伽娜十一 莎訶某特迦底十二 莎婆婆毗
輸底十三 摩訶娜耶十四 波唎婆唎莎訶十五
尒時有九十九姟佛等一時同聲說是无量壽宗要經陀羅尼曰
南謨薄伽勃底一 阿波唎蜜多二 阿喻紇硯娜三 須毗你悉指陀四 囉佐耶五 怛他羯他耶六 怛姪

BD04308號　無量壽宗要經　(7–1)

誦如壽命盡復滿百年壽終此身後得往生无量福智世界无量壽淨土陁羅尼曰
南謨薄伽勃底一 阿波唎蜜多二 阿喻紇硯娜三 須毗你失指陁四 囉佐耶五 怛他羯他耶六 怛姪
他唵七 薩婆桑悉迦囉八 鉢唎輸底九 達摩底十 伽迦娜十一 莎訶其特迦底十二 莎婆婆毗
輸底十三 摩訶娜耶十四 波唎婆唎莎訶十五
尒時有九十九姟佛等一時同聲說是无量壽宗要經陁羅尼曰
南謨薄伽勃底一 阿波唎蜜多二 阿喻紇硯娜三 須毗你失指陁四 囉佐耶五 怛他羯他耶六 怛姪
他唵七 薩婆桑悉伽囉八 鉢唎輸底九 達磨底十 伽迦娜十一 莎訶其特迦底十二 莎婆婆毗輸
底十三 摩訶娜耶十四 波唎婆唎莎訶十五
尒時復有一百四姟佛一時同聲說是无量壽宗要經陁羅尼曰
南謨薄伽勃底一 阿波唎蜜多二 阿喻紇硯娜三 須毗你失指陁四 囉佐耶五 怛他羯他耶六 怛姪他
唵七 薩婆桑悉伽囉八 波唎輸底九 達磨底十 伽迦娜十一 莎訶其特迦底十二 薩婆婆毗輸底
摩訶娜耶十四 波唎婆唎莎訶十五 尒時復有七姟佛一時同聲說是无量壽宗要經陁羅尼曰
南謨薄伽勃底一 阿波唎蜜多二 阿喻紇硯娜三 須毗你失指陁四 囉佐耶五 怛他羯他耶六 怛姪
他唵七 薩婆桑悉迦囉八 婆唎輸底九 達磨底十 伽迦娜十一 莎訶其特迦底十二 薩婆婆毗輸
底十三 摩訶娜耶十四 波唎婆唎莎訶十五 尒時復有六十五姟佛一時同聲說是无量壽宗
要經陁羅尼曰 南謨薄伽勃底一 阿波唎蜜多二 阿喻紇硯娜三 須毗你失指陁四 囉佐
耶五 怛他羯他耶六 怛姪他唵七 薩婆桑悉迦囉八 波唎輸底九 達磨底十 伽迦娜十一 莎訶
其特迦底十二 莎婆婆毗輸底十三 摩訶娜耶十四 波唎婆唎莎訶
尒時復有五十五姟佛一時同聲說是无量壽宗要□羅尼曰
南謨薄伽勃底一 阿波唎蜜多二 阿喻紇硯娜三 須毗你失指陁四 囉佐耶五 怛他羯他耶六
怛姪他唵七 薩婆桑悉伽囉八 波唎輸底九 達磨底十 伽迦娜十一 莎訶其特迦底十二 薩婆
婆毗輸底十三 摩訶娜耶十四 波唎婆唎莎訶十五
尒時復有四十五姟佛一時同聲說是无量壽宗要經陁羅尼曰
南謨薄伽勃底一 阿波唎蜜多二 阿喻紇硯娜三 須毗你失指陁四 囉佐耶五 怛他羯他耶六
怛姪他唵七 薩婆桑悉迦囉八 波唎輸底九 達磨底十 伽迦娜十一 薩訶其特伽底十二 薩婆
婆毗輸底十三 摩訶娜耶十四 波唎婆唎莎訶十五
尒時復有三十六姟佛一時同聲說是无量壽宗要經陁羅尼曰
南謨薄伽勃底一 阿波唎蜜多二 阿喻紇硯娜三 須毗你失指陁四 囉佐耶五 怛他羯他耶
六 怛姪他唵七 薩婆桑悉迦囉八 波唎輸底九 達磨底十 伽迦娜十一 莎訶其特迦底十二
莎婆婆毗輸底十三 摩訶娜耶十四 婆唎婆唎莎訶十五

BD04308 號 無量壽宗要經 （7–2）

怛姪他唵七 薩婆桑悉迦囉八 波唎輸底九 達磨底十 伽迦娜十一 薩訶其特伽底十二 薩婆
婆毗輸底十三 摩訶娜耶十四 波唎婆唎莎訶十五
尒時復有三十六姟佛一時同聲說是无量壽宗要經陁羅尼曰
南謨薄伽勃底一 阿波唎蜜多二 阿喻紇硯娜三 須毗你失指陁四 囉佐耶五 怛他羯他耶
六 怛姪他唵七 薩婆桑悉迦囉八 波唎輸底九 達磨底十 伽迦娜十一 莎訶其特迦底十二
莎婆婆毗輸底十三 摩訶娜耶十四 婆唎婆唎莎訶
尒時復有二十五姟佛一時同聲說是无量壽宗要經陁羅尼曰
南謨薄伽勃底一 阿波唎蜜多二 阿喻紇硯娜三 須毗你失指陁四 囉佐耶五 怛他羯他耶六
怛姪他唵七 薩婆桑悉迦囉八 波唎輸底九 達磨底十 伽迦娜十一 莎訶其特迦底十二 薩婆婆
毗輸底十三 摩訶娜耶十四 波唎婆唎莎訶十五
尒時復有恒河沙姟佛一時同聲說是无量壽宗要經陁羅尼曰
南謨薄伽勃底一 阿波唎蜜多二 阿喻紇硯娜三 須毗你失指陁四 囉佐耶五 怛他羯他耶六
怛姪他唵七 薩婆桑悉迦囉八 波唎輸底九 達磨底十 伽迦娜十一 莎訶其特迦底十二 莎婆婆
毗輸底十三 摩訶娜耶十四 波唎婆唎莎訶十五
善男子若有自書寫教人書寫是无量壽宗要經如其命盡復得長壽而滿百年陁羅尼曰
南謨薄伽勃底一 阿波唎蜜多二 阿喻紇硯娜三 須毗你失指陁四 囉佐耶五 怛他羯他耶六 怛姪他
唵七 莎婆桑悉迦囉八 波唎輸底九 達磨底十 伽迦娜十一 莎訶其特迦底十二 莎婆婆毗輸
底十三 摩訶娜耶十四 波唎婆唎莎訶十五
若有自書寫教人書寫是无量壽宗要經讀誦受持畢竟不墮地獄在在所生得宿命智陁羅
尼曰 南謨薄伽勃底一 阿波唎蜜多二 阿喻紇硯娜三 須毗你失指陁四 囉佐耶五 怛他羯他耶
怛姪他唵七 薩婆桑悉伽囉八 波唎輸底九 達磨底十 伽迦娜十一 莎訶其特迦底十二 薩婆
婆毗輸底十三 摩訶娜耶十 波唎婆唎莎訶十五
若有自書寫教人書寫是无量壽宗要經受持讀誦如同書寫八万四千一切經典陁羅尼曰
南謨薄伽勃底一 阿波唎蜜多二 阿喻紇硯娜三 須毗你失指陁四 囉佐耶五 怛他羯他耶六 怛姪他唵七
薩婆桑悉迦囉八 波唎輸底九 達磨底十 伽迦娜十一 莎訶其特迦底十二 薩婆婆毗輸底十三
摩訶娜耶十四 婆唎婆唎莎訶 十五
若有自書寫教人書寫是无量壽宗要經即是書寫八万四千部建立塔廟陁羅尼曰
南謨薄伽勃底一 波阿唎蜜唎二 阿喻紇硯娜三 須毗你失指陁四 囉佐耶五 怛他羯他耶
怛姪他唵七 薩婆桑悉迦囉八 波唎輸底九 達磨底十 伽迦娜十一 莎訶其特伽底十二
薩婆婆毗輸底十三 摩訶娜耶十四 波唎婆唎莎訶十五

BD04308 號 無量壽宗要經 （7–3）

摩訶娜耶十四 婆唎婆唎莎訶 十五
若有自書寫教人書寫是无量壽宗要經即是書寫八万四千部建立塔廟陁羅尼曰
南謨薄伽勃底一 波阿唎蜜唎二 阿喻紇硯娜三 須毗你悉指陁四 囉佐耶五 怛他羯他耶
怛姪他唵七 薩婆桑悉迦囉八 波唎輸底九 達磨底十 伽迦娜十一 莎訶某特伽底十二
薩婆婆毗輸底十三 摩訶娜耶十四 波唎婆唎莎訶 十五
若有自書寫教人書寫是无量壽宗要經能消五无間等一切重罪陁羅尼曰
南謨薄伽勃底一 阿波唎蜜哆二 阿喻紇硯娜三 須毗你悉指陁四 囉伽耶五 怛他羯他耶六
怛姪他唵七 薩婆桑悉伽囉八 波唎輸底九 達磨底十 伽迦娜十一 莎訶某特迦牙十二 薩
婆婆毗輸底十三 摩訶娜耶十四 波唎婆唎莎訶 十五
若有自書寫教人書寫是无量壽宗要經受持讀誦設有重罪猶如須弥盡能除滅
陁羅尼曰 南謨薄伽勃底一 阿波唎蜜哆二 阿喻紇硯娜三 須毗你悉指陁四 囉佐耶
怛他羯他耶六 怛姪他唵七 薩婆桑悉迦囉八 波唎輸底九 達磨底十 伽迦娜十一 莎訶某特迦底
薩婆婆毗輸底十三 摩訶娜耶十四 波唎婆唎莎訶 十五
若有自書寫教人書寫是无量壽宗要經受持讀誦若魔魔之眷屬夜叉羅剎不得其便
終无枉死陁羅尼曰
南謨薄伽勃底一 阿波唎蜜哆二 阿喻紇硯娜三 須毗你悉指陁四 囉佐耶五 怛他羯他耶六 怛姪
他唵七 薩婆桑悉迦囉八 波唎輸底九 達磨底十 伽迦娜十一 莎訶某特迦底十二 薩婆婆
毗輸底十三 摩訶娜耶十四 波唎婆唎薩訶 十五
若有自書寫教人書寫是无量壽宗經受持讀誦當命終時有九十九俱胝佛現在其前
來佛千授手能遊一切佛剎莫於此經生於疑惑陁羅尼曰
南謨薄伽勃底一 阿波唎蜜哆二 阿喻紇硯娜三 須毗你悉指陁四 囉佐耶五 怛他羯他耶六 怛
姪他唵七 薩婆桑悉迦囉八 波唎輸底九 達磨底十 伽迦娜十一 莎訶某特迦底十二 薩婆婆
毗輸底十三 摩訶娜耶十四 波唎婆唎莎訶 十五
若有自書寫教人書寫是无量壽宗要經受持讀誦常得四天大王隨其衛護陁羅尼曰
南謨薄伽勃底一 阿波唎蜜哆二 阿喻紇硯娜三 須毗你悉指陁四 囉佐耶五 怛他羯他耶六
怛姪他唵七 薩婆桑悉迦囉八 波唎輸底九 達磨底十 伽迦娜十一 莎訶某特迦底十二 薩
婆婆毗輸底十三 摩訶娜耶十四 波唎婆唎莎訶 十五
若有自書寫教人書寫是无量壽宗要經受持讀誦當得往生西方極樂世界阿弥陁淨土
陁羅尼曰 南謨薄伽勃底一 阿波唎蜜哆二 阿喻紇硯娜三 須毗你悉指陁四 囉佐耶五
怛他羯他耶六 怛姪他唵七 薩婆桑悉迦囉八 波唎輸底九 達磨底十 伽迦娜十一 莎訶某

BD04308號　無量壽宗要經　（7–4）

南謨薄伽勃底一 阿波唎蜜哆二 阿喻紇硯娜三 須毗你悉指陁四 囉佐耶五 怛他羯他耶六
怛姪他唵七 薩婆桑悉迦囉八 波唎輸底九 達磨底十 伽迦娜十一 莎訶某特迦底十二 薩
婆婆毗輸底十三 摩訶娜耶十四 波唎婆唎莎訶 十五
若有自書寫教人書寫是无量壽宗要經受持讀誦當得往生西方極樂世界阿弥陁淨土
陁羅尼曰 南謨薄伽勃底一 阿波唎蜜哆二 阿喻紇硯娜三 須毗你悉指陁四 囉佐耶五
怛他羯他耶六 怛姪他唵七 薩婆桑悉迦囉八 波唎輸底九 達磨底十 伽迦娜十一 莎訶某
特伽底十二 薩婆婆毗輸底十三 摩訶娜耶十四 波唎婆唎莎訶 十五
若有方所自書寫教人書寫是无量壽經典之處則為是塔皆應恭敬作礼若是
畜生或為鳥獸得聞是經如是等類皆當不久得成一切種智陁羅尼曰
南謨薄伽勃底一 阿波唎蜜哆二 阿喻紇硯娜三 須毗你悉指陁四 囉佐耶五 怛他羯他耶
怛姪他唵七 薩婆桑悉迦囉八 波唎輸底九 達磨底十 伽迦娜十一 莎訶某特迦底十二
薩婆婆毗輸底十三 摩訶娜耶十四 波唎婆唎莎訶 十五
若有於是无量壽經自書寫若使人書畢竟不受女人之身陁羅尼曰
南謨薄伽勃底一 阿波唎蜜哆二 阿喻紇硯娜三 須毗你悉指陁四 囉佐耶五 怛他羯他耶
怛姪他唵七 薩婆桑悉迦囉八 波唎輸底九 達磨底十 伽迦娜十一 莎訶某特迦底十二
薩婆婆毗輸底十三 摩訶娜耶十四 波唎婆唎莎訶 十五
若有能於是經少分能惠施者等於三千大千世界滿中七寶布施陁羅尼曰
南謨薄伽勃底一 阿波蜜哆二 阿喻紇硯娜三 須毗你悉指陁四 囉佐耶五 怛他羯他耶六
怛姪他唵七 薩婆桑悉迦囉八 波唎輸底九 達磨底十 伽迦娜十一 莎訶某特迦底十二
薩婆婆毗輸底十三 摩訶娜耶十四 波唎婆唎莎訶 十五
若有能供養是經者則是供養一切諸經等无有異陁羅尼曰
南謨薄伽勃底一 阿波唎蜜哆二 阿喻紇硯娜三 須毗你悉指陁四 囉佐耶五 怛他羯他耶
怛姪他唵七 薩婆桑悉迦囉八 波唎輸底九 達磨底十 伽迦娜十一 莎訶某特伽底十二
莎婆婆毗輸底十三 摩訶娜耶十四 波唎婆唎莎訶 十五
如是毗婆尸佛尸弃佛毗舍浮佛俱留孫佛俱那含牟尼佛迦葉佛釋迦牟尼佛若有
人以七寶供養如是七佛其有限量書寫受持是无量壽經典所有功得不可
限量陁羅尼曰 南謨薄伽勃底一 阿波唎蜜哆二 阿喻紇硯娜三 須毗你悉指陁
囉佐耶五 怛他羯他耶六 怛姪他唵七 薩婆桑悉伽囉八 波唎輸底九 達磨底十 伽迦娜
十一 莎訶某特伽底十二 薩婆婆毗輸底十三 摩訶娜耶十四 波唎婆唎莎訶 十五
若有七寶等於須弥以用布施其福上能知其限量是无量壽經典其福不可

BD04308號　無量壽宗要經　（7–5）

[illegible]
如是毗婆尸佛尸弃佛毗舍浮佛俱留孫佛俱那含牟尼佛迦葉佛釋迦牟尼佛若有
人以七寶供養如是七佛其有限量書寫受持是无量壽經典所有功得不可
限量陁羅尼曰　南謨薄伽勃底一阿波唎蜜哆二阿喻紇硯娜三須毗你志指陁
囉佐耶五怛他羯他耶六怛姪他唵七薩婆桒志伽囉八波唎輸底九達磨底十伽迦娜
十一莎訶其特伽底十二薩婆婆毗輸底十三摩訶娜耶十四波唎婆唎莎訶十五
若有七寶等於須弥以用布施其福上能知其限量是无量壽經典其福不可
知數陁羅尼曰
南謨薄伽勃底一阿波唎蜜哆二阿喻紇硯娜三須毗你志指陁四囉佐耶五怛他羯他
耶六怛姪他唵七薩婆桒志伽囉八波唎輸底九達磨底十伽迦娜十一莎訶其特伽
底十二薩婆婆毗輸底十三摩訶娜耶十四波唎婆唎莎訶十五
如是四大海水可知滴數是无量壽經典所生果報不可數量陁羅尼曰
南謨薄伽勃底一阿波唎蜜哆二阿喻紇硯娜三須毗毗志指陁四囉佐耶五怛羯他
耶他六怛姪他唵七薩婆桒志伽囉八波唎輸底九達磨底十伽迦娜十一莎訶其特
伽底十二薩婆婆毗輸底十三摩訶娜耶十四波唎婆唎莎訶十五
若有自書使人書寫是无量壽經典又能護持供養即如恭敬供養一切十方佛
土如來无有別異陁羅尼曰
南謨薄伽勃底一阿波唎蜜哆二阿喻紇硯娜三須毗你志指陁四囉佐耶五怛他羯他耶六
怛姪他唵七薩婆桒志伽囉八波唎輸底九達磨底十伽迦娜十一莎訶其特伽底十二薩婆
婆毗輸底十三摩訶娜耶十四波唎婆唎莎訶十五
布施力能成正覺　悟布施力人師子　布施力能聲普聞　慈悲階漸取能入
持戒力能成正覺　悟持戒力人師子　持戒力能聲普聞　慈悲階漸取能入
忍辱力能成正覺　悟忍辱力人師子　忍辱力能聲普聞　慈悲階漸取能入
精進力能成正覺　悟精進力人師子　精進力能聲普聞　慈悲階漸取能入
禪定力能成正覺　悟禪定力人師子　禪定力能聲普聞　慈悲階漸取能入
智慧力能成正覺　悟智慧力人師子　智慧力能聲普聞　慈悲階漸取能入
尒時如來說是經已一切世間天人阿脩羅揵闥婆等聞佛所說皆大歡
喜信受奉行
佛說无量壽宗要經

BD04308號　無量壽宗要經　（7–6）

[illegible]
耶六怛姪他唵七薩婆桒志伽囉八波唎輸底九達磨底十伽迦娜十一莎訶其特
伽底十二薩婆婆毗輸底十三摩訶娜耶十四波唎婆唎莎訶十五
若有自書使人書寫是无量壽經典又能護持供養即如恭敬供養一切十方佛
土如來无有別異陁羅尼曰
南謨薄伽勃底一阿波唎蜜哆二阿喻紇硯娜三須毗你志指陁四囉佐耶五怛他羯他耶六
怛姪他唵七薩婆桒志伽囉八波唎輸底九達磨底十伽迦娜十一莎訶其特伽底十二薩婆
婆毗輸底十三摩訶娜耶十四波唎婆唎莎訶十五
布施力能成正覺　悟布施力人師子　布施力能聲普聞　慈悲階漸取能入
持戒力能成正覺　悟持戒力人師子　持戒力能聲普聞　慈悲階漸取能入
忍辱力能成正覺　悟忍辱力人師子　忍辱力能聲普聞　慈悲階漸取能入
精進力能成正覺　悟精進力人師子　精進力能聲普聞　慈悲階漸取能入
禪定力能成正覺　悟禪定力人師子　禪定力能聲普聞　慈悲階漸取能入
智慧力能成正覺　悟智慧力人師子　智慧力能聲普聞　慈悲階漸取能入
尒時如來說是經已一切世間天人阿脩羅揵闥婆等聞佛所說皆大歡
喜信受奉行
佛說无量壽宗要經

BD04308號　無量壽宗要經　（7–7）

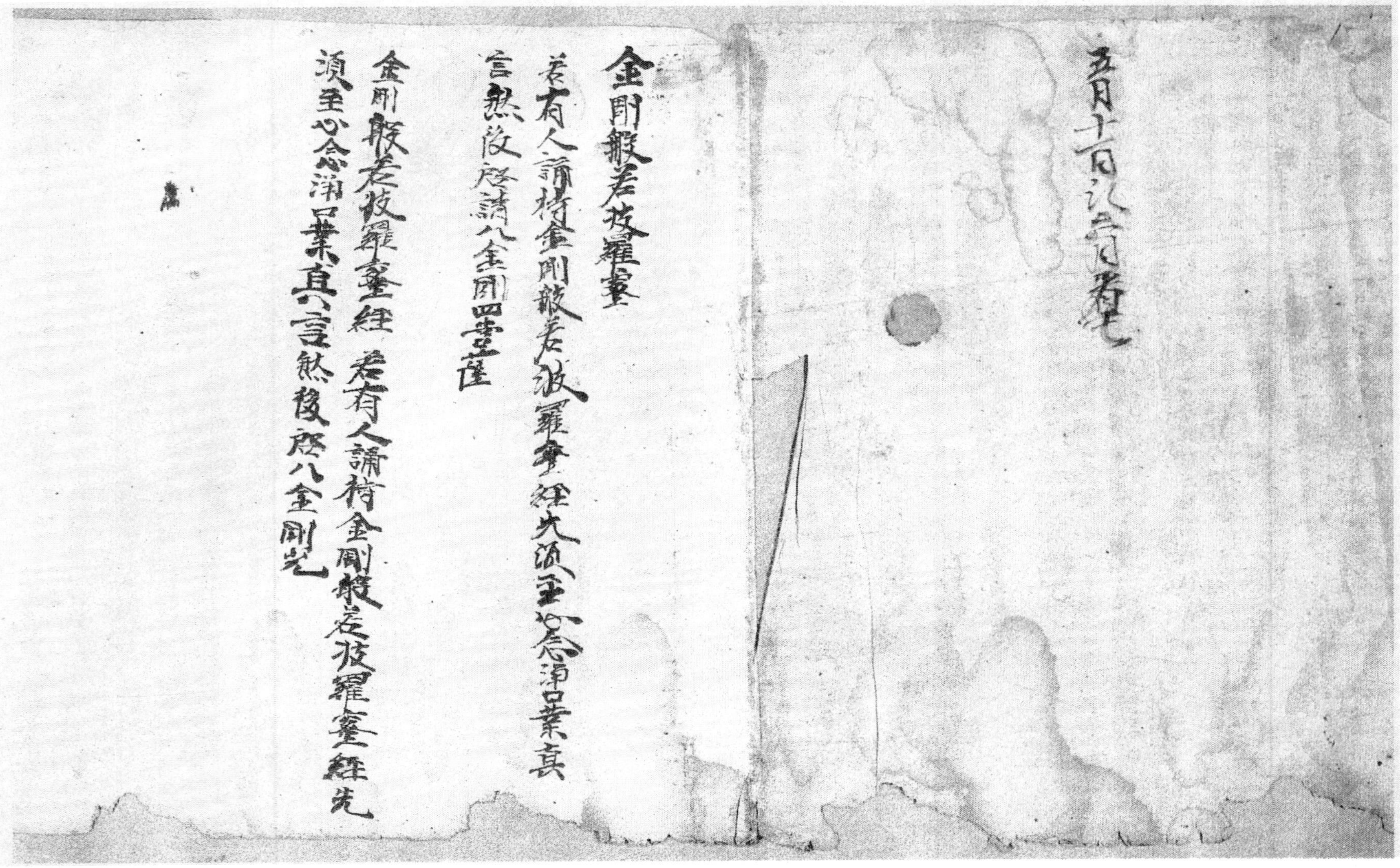
五月十日[illegible]

金剛般若波羅蜜

若有人誦持金剛般若波羅蜜經，先須至心念淨口業真

言，然後啓請八金剛四菩薩

金剛般若波羅蜜經　若有人誦持金剛般若波羅蜜經，先

須至心念淨口業真言，然後啓八金剛。

BD04308 號背　雜寫　（1–1）

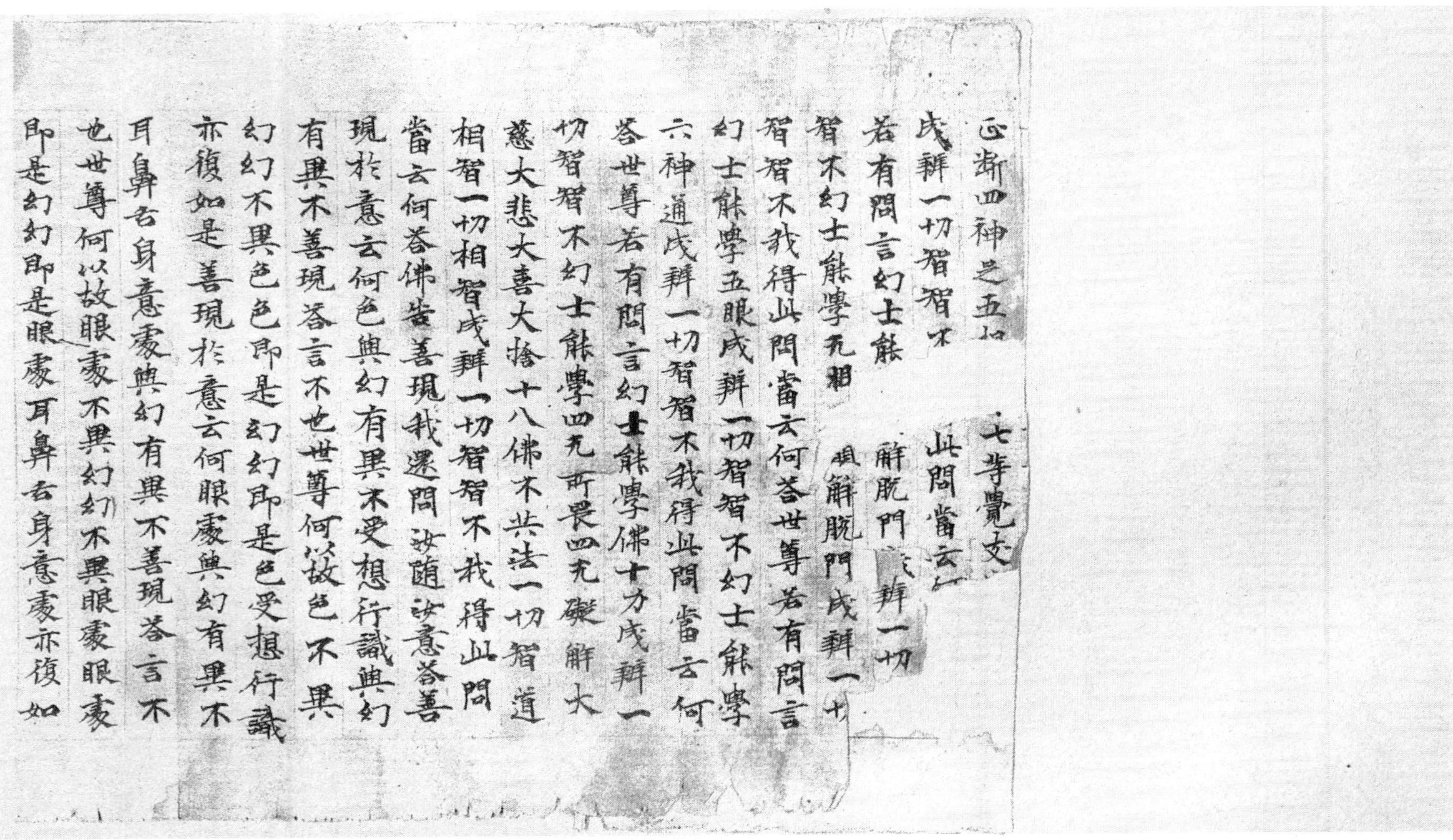
正斷四神足五⋯⋯七等覺支

成辦一切智智不　此問當云

若有問言幻士能　解脫門成辦一切

智不幻士能學無相　無願解脫門成辦一切

智智不我得此問當云何荅世尊若有問言

幻士能學五眼成辦一切智智不幻士能學

六神通成辦一切智智不我得此問當云何

荅世尊若有問言幻士能學佛十力成辦一

切智智不幻士能學四無所畏四無礙解大

慈大悲大喜大捨十八佛不共法一切智道

相智一切相智成辦一切智智不我得此問

當云何荅佛告善現我還問汝隨汝意荅善

現於意云何色與幻有異不受想行識與幻

有異不善現荅言不也世尊何以故色不異

幻幻不異色色即是幻幻即是色受想行識

亦復如是善現於意云何眼處與幻有異不

耳鼻舌身意處與幻有異不善現荅言不

也世尊何以故眼處不異幻幻不異眼處眼處

即是幻幻即是眼處耳鼻舌身意處亦復如

BD04309 號　大般若波羅蜜多經卷四二　（22–1）

現於意云何色與幻有異不受想行識與幻
有異不善現答言不也世尊何以故色不異
幻幻不異色色即是幻幻即是色受想行識
亦復如是善現於意云何眼處與幻有異不
耳鼻舌身意處與幻有異不善現答言不
也世尊何以故眼處不異幻幻不異眼處眼處
即是幻幻即是眼處耳鼻舌身意處亦復如
是善現於意云何色處與幻有異不聲香味
觸法處與幻有異不善現答言不也世尊何
以故色處不異幻幻不異色處色處即是幻
幻即是色處聲香味觸法處亦復如是善現
於意云何眼界與幻有異不色界眼識界及
眼觸眼觸為緣所生諸受與幻有異不善現
答言不也世尊何以故眼界不異幻幻不異
眼界眼界即是幻幻即是眼界色界乃至眼
觸為緣所生諸受亦復如是善現於意云何
耳界與幻有異不聲界耳識界及耳觸耳觸
為緣所生諸受與幻有異不善現答言不也
世尊何以故耳界不異幻幻不異耳界耳界
即是幻幻即是耳界聲界乃至耳觸為緣所
生諸受亦復如是善現於意云何鼻界與幻
有異不香界鼻識界及鼻觸鼻觸為緣所生
諸受與幻有異不善現答言不也世尊何以
故鼻界不異幻幻不異鼻界鼻界即是幻幻
即是鼻界香界乃至鼻觸為緣所生諸受亦
復如是善現於意云何舌界與幻有異不味
界舌識界及舌觸舌觸為緣所生諸受與幻
有異不善現答言不也世尊何以故舌界不

BD04309 號　大般若波羅蜜多經卷四二　（22–2）

諸受與幻有異不善現答言不也世尊何以
故鼻界不異幻幻不異鼻界鼻界即是幻幻
即是鼻界香界乃至鼻觸為緣所生諸受亦
復如是善現於意云何舌界與幻有異不味
界舌識界及舌觸舌觸為緣所生諸受與幻
有異不善現答言不也世尊何以故舌界不
異幻幻不異舌界舌界即是幻幻即是舌界
味界乃至舌觸為緣所生諸受亦復如是善
現於意云何身界與幻有異不觸界身識界
及身觸身觸為緣所生諸受與幻有異不善
現答言不也世尊何以故身界不異幻幻不
異身界身界即是幻幻即是身界觸界乃
至身觸為緣所生諸受亦復如是善現於意云
何意界與幻有異不法界意識界及意觸意
觸為緣所生諸受與幻有異不善現答言不
也世尊何以故意界不異幻幻不異意界意
界即是幻幻即是意界法界乃至意觸為緣
所生諸受亦復如是善現於意云何地界與
幻有異不水火風空識界與幻有異不善
現答言不也世尊何以故地界不異幻幻不
異地界地界即是幻幻即是地界水火風空
識界亦復如是善現於意云何苦聖諦與幻
有異不集滅道聖諦與幻有異不善現答言
不也世尊何以故苦聖諦不異幻幻不異苦聖
諦苦聖諦即是幻幻即是苦聖諦集滅道聖
諦亦復如是善現於意云何无明與幻有異
不行識名色六處觸受愛取有生老死愁

BD04309 號　大般若波羅蜜多經卷四二　（22–3）

諸界亦復如是善現於意云何苦聖諦與幻
有異不集滅道聖諦與幻有異不善現荅言
不也世尊何以故苦聖諦不異幻幻不異苦聖
諦苦聖諦即是幻幻即是苦聖諦集滅道聖
諦亦復如是善現於意云何无明與幻有異
不行識名色六處觸受愛取有生老死愁
歎苦憂惱與幻有異不善現荅言不也世
尊何以故无明不異幻幻不異无明无明即是
幻幻即是无明行乃至老死愁歎苦憂惱亦
復如是善現於意云何四靜慮與幻有異不
四无量四无色定與幻有異不善現荅言不
也世尊何以故四靜慮不異幻幻不異四靜
慮四靜慮即是幻幻即是四靜慮四无量四
无色定亦復如是善現於意云何四念住與
幻有異不四正斷四神足五根五力七等覺
支八聖道支與幻有異不善現荅言不也世
尊何以故四念住不異幻幻不異四念住
四念住即是幻幻即是四念住四正斷乃至
八聖道支亦復如是善現於意云何空解脫
門與幻有異不无相无願解脫門與幻有異
不善現荅言不也世尊何以故空解脫門不
異幻幻不異空解脫門空解脫門即是幻幻
即是空解脫門无相无願解脫門亦復如是
善現於意云何布施波羅蜜多與幻有異不
淨戒安忍精進靜慮般若波羅蜜多與幻有
異不善現荅言不也世尊何以故布施波羅
蜜多不異幻幻不異布施波羅蜜多布施波
羅蜜多即是幻幻即是布施波羅蜜多淨

BD04309號　大般若波羅蜜多經卷四二　（22–4）

即是空解脫門无相无願解脫門亦復如是
善現於意云何布施波羅蜜多與幻有異不
淨戒安忍精進靜慮般若波羅蜜多與幻有
異不善現荅言不也世尊何以故布施波羅
蜜多不異幻幻不異布施波羅蜜多布施波
羅蜜多即是幻幻即是布施波羅蜜多淨
戒安忍精進靜慮般若波羅蜜多亦復如是
善現於意云何五眼與幻有異不六神通與幻
有異不善現荅言不也世尊何以故五眼不
異幻幻不異五眼五眼即是幻幻即是五眼
六神通亦復如是善現於意云何佛十力與
幻有異不四无所畏四无礙解大慈大悲大
喜大捨十八佛不共法一切智道相智一切相
智與幻有異不善現荅言不也世尊何以
故佛十力不異幻幻不異佛十力佛十力即
是幻幻即是佛十力四无所畏乃至一切相
智亦復如是善現於意云何无上正等菩提
與幻有異不善現荅言不也世尊何以故无
上正等菩提不異幻幻不異无上正等菩提
無上正等菩提即是幻幻即是无上正等菩提
佛告善現於意云何幻有雜染有清淨不善
現荅言不也世尊善現於意云何幻有生有
滅不善現荅言不也世尊善現於意云何若
法无雜染无清淨无生无滅是法能學般
若波羅蜜多成辦一切智智不善現荅言不也
世尊善現於意云何若法无雜染无清淨无
生无滅是法能學靜慮精進安忍淨戒布施

BD04309號　大般若波羅蜜多經卷四二　（22–5）

滅不善現答言不也世尊善現於意云何若
法无雜染无清淨无生无滅是法能學般
若波羅蜜多成辦一切智智不善現答言不也
世尊善現於意云何若法无雜染无清淨无
生无滅是法能學靜慮精進安忍淨戒布施
波羅蜜多成辦一切智智不善現答言不也
世尊善現於意云何若法无雜染无清淨无
生无滅是法能學四靜慮成辦一切智智不
善現答言不也世尊善現於意云何若法无
雜染无清淨无生无滅是法能學四无量四
无色定成辦一切智智不善現答言不也世
尊善現於意云何若法无雜染无清淨无生
無滅是法能學四念住成辦一切智智不善
現答言不也世尊善現於意云何若法无雜
染无清淨无生无滅是法能學四正斷四神
足五根五力七等覺支八聖道支成辦一切
智智不善現答言不也世尊善現於意云何
若法无雜染无清淨无生无滅是法能學空
解脫門成辦一切智智不善現答言不也世
尊善現於意云何若法无雜染无清淨无生
无滅是法能學无相无願解脫門成辦一切
智智不善現答言不也世尊善現於意云何
若法无雜染无清淨无生无滅是法能學五
眼成辦一切智智不善現答言不也世尊善
現於意云何若法无雜染无清淨无生无滅
是法能學六神通成辦一切智智不善現答
言不也世尊善現於意云何若法无雜染无
清淨无生无滅是法能學佛十力成辦一切

BD04309號　大般若波羅蜜多經卷四二　（22–6）

若法无雜染无清淨无生无滅是法能學五
眼成辦一切智智不善現答言不也世尊善
現於意云何若法无雜染无清淨无生无滅
是法能學六神通成辦一切智智不善現答
言不也世尊善現於意云何若法无雜染无
清淨无生无滅是法能學佛十力成辦一切
智智不善現答言不也世尊善現於意云何
若法无雜染无清淨无生无滅是法能學
四无所畏四无礙解大慈大悲大喜大捨十八
佛不共法一切智道相智一切相智成辦一
切智智不善現答言不也世尊善現於意
云何異五蘊等法想等想假立言說有菩薩
摩訶薩不善現答言不也世尊善現於意云
何唯於五蘊等法想等想假立言說謂為菩
薩摩訶薩耶善現答言如是世尊善現於意
云何是唯於五蘊等法想等想假立言說者
有雜染有清淨有生有滅不善現答言不也
世尊善現於意云何若法无想无等想无假立
无言說无名无名假无身无身業无語无語
業无意无意業无雜染无清淨无生无滅
是法能學般若波羅蜜多乃至一切相智成
辦一切智智不善現答言不也世尊佛告善現
若菩薩摩訶薩能以如是无所得為方便學
般若波羅蜜多乃至一切相智當知是菩薩
摩訶薩能成辦一切智智
尒時具壽善現白佛言世尊若菩薩摩訶薩
欲證无上正等菩提脩學般若波羅蜜多

BD04309號　大般若波羅蜜多經卷四二　（22–7）

辦一切智智不善現
若菩薩摩訶薩能以如是无所得爲方便學
般若波羅蜜多乃至一切相智當知是菩薩
摩訶薩能成辦一切智智
尒時具壽善現白佛言世尊若菩薩摩訶薩
欲證无上正等菩提脩學般若波羅蜜多
時當如幻士脩學般若波羅蜜多於一切事
无所分別何以故當知幻士即五蘊等五蘊
等即幻士故佛告善現於意云何如幻五蘊
等能學般若波羅蜜多成辦一切智智不
善現荅言不也世尊何以故是如幻五蘊等
以无性爲自性无性自性不可得故善現於
意云何如夢如響如光影如像如空花如陽
焰如尋香城如變化五蘊等能學般若波
羅蜜多成辦一切智智不善現荅言不也
世尊何以故是如夢五蘊等乃至如變化五
蘊等以无性爲自性无性自性不可得故善
現於意云何是如幻等五蘊等法各有異不善
現荅言不也世尊何以故是如幻等色受想
行識即是如夢等色受想行識是如幻等色
受想行識即是如幻等六根等是如幻等六
根等即是如幻等色受想行識皆由內空不
可得故乃至皆由无性自性空不可得故
尒時具壽善現復白佛言世尊新發趣大
乘菩薩摩訶薩聞說如是甚深般若波羅
蜜多其心將无驚恐怖不佛告善現新發趣
大乘菩薩摩訶薩脩行般若波羅蜜多時若
无方便善巧不爲善友之所攝受聞說如是甚

尒時具壽善現復白佛言世尊新發趣大
乘菩薩摩訶薩聞說如是甚深般若波羅
蜜多其心將无驚恐怖不佛告善現新發趣
大乘菩薩摩訶薩脩行般若波羅蜜多時若
无方便善巧不爲善友之所攝受聞說如是甚
深般若波羅蜜多其心有驚有恐有怖尒
時善現白言世尊何等菩薩摩訶薩脩行
般若波羅蜜多時有方便善巧故聞說如是
甚深般若波羅蜜多其心不驚不恐不怖佛
告善現若菩薩摩訶薩脩行般若波羅蜜多
時以應一切智智心觀色常无常相不可得
觀受想行識常无常相不可得以應一切智
智心觀色樂苦相不可得觀受想行識樂苦
相不可得以應一切智智心觀色我无我相
不可得觀受想行識我无我相不可得以應
一切智智心觀色淨不淨相不可得觀受想
行識淨不淨相不可得以應一切智智心觀
色空不空相不可得觀受想行識空不空
相不可得以應一切智智心觀色无相有相
相不可得觀受想行識无相有相相不可
得以應一切智智心觀色无願有願相不可
得觀受想行識无願有願相不可得以應一
切智智心觀色寂靜不寂靜相不可得觀受
想行識寂靜不寂靜相不可得以應一切智
智心觀色遠離不遠離相不可得觀受想
行識遠離不遠離相不可得善現如是菩薩
摩訶薩脩行般若波羅蜜多時有方便善巧

得觀受想行識无願有願相不可得以應一
切智智心觀色寂靜不寂靜相不可得觀受
想行識寂靜不寂靜相不可得以應一切智
智心觀色遠離不遠離相不可得觀受想
行識遠離不遠離相不可得善現如是菩薩
摩訶薩脩行般若波羅蜜多時有方便善巧
故聞說如是甚深般若波羅蜜多其心不驚
不恐不怖
善現若菩薩摩訶薩脩行般若波羅蜜多時
以應一切智智心觀眼處常无常相不可
得觀耳鼻舌身意處常无常相不可得以應
一切智智心觀眼處樂苦相不可得觀耳鼻舌
身意處樂苦相不可以應一切智智心觀
眼處我无我相不可得觀耳鼻舌身意處
我无我相不可得以應一切智智心觀眼處淨
不淨相不可得觀耳鼻舌身意處淨不淨相
不可得以應一切智智心觀眼處空不空相
不可得觀耳鼻舌身意處空不空相不可
得以應一切智智心觀眼處无相有相相不
可得觀耳鼻舌身意處无相有相相不可得
以應一切智智心觀眼處无願有願相不可
得觀耳鼻舌身意處无願有願相不可得
以應一切智智心觀眼處寂靜不寂靜相不可
得觀耳鼻舌身意處寂靜不寂靜相不可得以
應一切智智心觀眼處遠離不遠離相不可
得觀耳鼻舌身意處遠離不遠離相不可得
善現如是菩薩摩訶薩脩行般若波羅蜜

BD04309號　大般若波羅蜜多經卷四二　（22–10）

得觀耳鼻舌身意處无願有願相不可得
以應一切智智心觀眼處寂靜不寂靜相不可
得觀耳鼻舌身意處寂靜不寂靜相不可得以
應一切智智心觀眼處遠離不遠離相不可
得觀耳鼻舌身意處遠離不遠離相不可得
善現如是菩薩摩訶薩脩行般若波羅蜜
多時有方便善巧故聞說如是甚深般若波
羅蜜多其心不驚不恐不怖
善現若菩薩摩訶薩脩行般若波羅蜜多時
以應一切智智心觀色處常无常相不可得
觀聲香味觸法處常无常相不可得以應一
切智智心觀色處樂苦相不可得觀聲香味
觸法處樂苦相不可得以應一切智智心觀色
處我无我相不可得觀聲香味觸法處我
无我相不可得以應一切智智心觀色處淨
不淨相不可得觀聲香味觸法處淨不淨相
不可得以應一切智智心觀色處空不空相不
可得觀聲香味觸法處空不空相不可得
以應一切智智心觀色處无相有相相不可
得觀聲香味觸法處无相有相相不可得以
應一切智智心觀色處无願有願相不可得
觀聲香味觸法處无願有願相不可得以應
一切智智心觀色處寂靜不寂靜相不可得
觀聲香味觸法處寂靜不寂靜相不可得以
應一切智智心觀色處遠離不遠離相不可
得觀聲香味觸法處遠離不遠離相不可得
善現如是菩薩摩訶薩脩行般若波羅蜜多
時有方便善巧故聞說如是甚深般若波羅蜜

BD04309號　大般若波羅蜜多經卷四二　（22–11）

一切智智心觀色處寂靜不寂靜相不可得以
觀聲香味觸法處寂靜不寂靜相不可得以
應一切智智心觀色處遠離不遠離相不可
得觀聲香味觸法處遠離不遠離相不可得
善現如是菩薩摩訶薩脩行般若波羅蜜多
時有方便善巧故聞說如是甚深般若波羅蜜
多其心不驚不恐不怖
善現若菩薩摩訶薩脩行般若波羅蜜多
時以應一切智智心觀眼界色界眼識界及眼
觸眼觸爲緣所生諸受常无常相不可得以
應一切智智心觀眼界色界眼識界及眼觸
眼觸爲緣所生諸受樂苦相不可得以應一
切智智心觀眼界色界眼識界及眼觸眼觸
爲緣所生諸受我无我相不可得以應一切
智智心觀眼界色界眼識界及眼觸眼觸爲
緣所生諸受淨不淨相不可得以應一切智
智心觀眼界色界眼識界及眼觸眼觸爲緣
所生諸受空不空相不可得以應一切智智
心觀眼界色界眼識界及眼觸眼觸爲緣所
生諸受无相有相不可得以應一切智智
心觀眼界色界眼識界及眼觸眼觸爲緣所
生諸受无願有願相不可得以應一切智智
心觀眼界色界眼識界及眼觸眼觸爲緣所
生諸受寂靜不寂靜相不可得以應一切智
智心觀眼界色界眼識界及眼觸眼觸爲緣
所生諸受遠離不遠離相不可得善現如是
菩薩摩訶薩脩行般若波羅蜜多時有方便
善巧故聞說如是甚深般若波羅蜜多其心

生諸受无願有願相不可得以應一切智智
心觀眼界色界眼識界及眼觸眼觸爲緣所
生諸受寂靜不寂靜相不可得以應一切智
智心觀眼界色界眼識界及眼觸眼觸爲緣
所生諸受遠離不遠離相不可得善現如是
菩薩摩訶薩脩行般若波羅蜜多時有方便
善巧故聞說如是甚深般若波羅蜜多其心
不驚不恐不怖
善現若菩薩摩訶薩脩行般若波羅蜜多時
以應一切智智心觀耳界聲界耳識界及耳
觸耳觸爲緣所生諸受常无常相不可得以
應一切智智心觀耳界聲界耳識界及耳觸
耳觸爲緣所生諸受樂苦相不可得以應一
切智智心觀耳界聲界耳識界及耳觸耳觸
爲緣所生諸受我无我相不可得以應一切
智智心觀耳界聲界耳識界及耳觸耳觸爲
緣所生諸受淨不淨相不可得以應一切智
心觀耳界聲界耳識界及耳觸耳觸爲　緣
所生諸受空不空相不可得以應一切智智
心觀耳界聲界耳識界及耳觸耳觸爲緣所
生諸受无相有相不可得以應一切智智
心觀耳界聲界耳識界及耳觸耳觸爲緣所
生諸受无願有願相不可得以應一切智智
心觀耳界聲界耳識界及耳觸耳觸爲緣所
生諸受寂靜不寂靜相不可得以應一切智
智心觀耳界聲界耳識界及耳觸耳觸爲緣
所生諸受遠離不遠離相不可得善現如是
菩薩摩訶薩脩行般若波羅蜜多時有方便

生諸受无[illegible]
心觀耳界聲界耳識界及耳觸耳觸為緣所
生諸受寂靜不寂靜相不可得以應一切智
智心觀耳界聲界耳識界及耳觸耳觸為緣
所生諸受遠離不遠離相不可得善現如是
菩薩摩訶薩脩行般若波羅蜜多時有方便
善巧故聞說如是甚深般若波羅蜜多其心
不驚不恐不怖
善現若菩薩摩訶薩脩行般若波羅蜜多時
以應一切智智心觀鼻界香界鼻識界及鼻
觸鼻觸為緣所生諸受常无常相不可得
以應一切智智心觀鼻界香界鼻識界及鼻觸
鼻觸為緣所生諸受樂苦相不可得以應一
切智智心觀鼻界香界鼻識界及鼻觸鼻觸
為緣所生諸受我无我相不可得以應一切
智智心觀鼻界香界鼻識界及鼻觸鼻觸為
緣所生諸受淨不淨相不可得以應一切智
智心觀鼻界香界鼻識界及鼻觸鼻觸為
緣所生諸受空不空相不可得以應一切智智
心觀鼻界香界鼻識界及鼻觸鼻觸為緣
所生諸受无相有相不可得以應一切智智
心觀鼻界香界鼻識界及鼻觸鼻觸為緣所
生諸受无願有願相不可得以應一切智 智
心觀鼻界香界鼻識界及鼻觸鼻觸為緣所
生諸受寂靜不寂靜相不可得以應一切智
智心觀鼻界香界鼻識界及鼻觸鼻觸為緣
所生諸受遠離不遠離相不可得善現如是
菩薩摩訶薩脩行般若波羅蜜多時有方便

BD04309 號　大般若波羅蜜多經卷四二　（22–14）

生諸受无願有願相不可得以應一切智 智
心觀鼻界香界鼻識界及鼻觸鼻觸為緣所
生諸受寂靜不寂靜相不可得以應一切智
智心觀鼻界香界鼻識界及鼻觸鼻觸為緣
所生諸受遠離不遠離相不可得善現如是
菩薩摩訶薩脩行般若波羅蜜多時有方便
善巧故聞說如是甚深般若波羅蜜多其心
不驚不恐不怖
善現若菩薩摩訶薩脩行般若波羅蜜多時
以應一切智智心觀舌界味界舌識界及舌
觸舌觸為緣所生諸受常无常相不可得以
應一切智智心觀舌界味界舌識界及舌觸
舌觸為緣所生諸受樂苦相不可得以應一
切智智心觀舌界味界舌識界及舌觸舌觸
為緣所生諸受我无我相不可得以應一切
智智心觀舌界味界舌識界及舌觸舌觸為
緣所生諸受淨不淨相不可得以應一切智智
心觀舌界味界舌識界及舌觸舌觸為緣
所生諸受空不空相不可得以應一切智智
心觀舌界味界舌識界及舌觸舌觸為緣所
生諸受无相有相不可得以應一切智智
心觀舌界味界舌識界及舌觸舌觸為緣所
生諸受无願有願相不可得以應一切智智
心觀舌界味界舌識界及舌觸舌觸為緣所
生諸受寂靜不寂靜相不可得以應一切智
智心觀舌界味界舌識界及舌觸舌觸為緣
所生諸受遠離不遠離相不可得善現如是
菩薩摩訶薩脩行般若波羅蜜多時有方

BD04309 號　大般若波羅蜜多經卷四二　（22–15）

心觀舌界味界舌識界及舌觸舌觸爲緣所
生諸受寂靜不寂靜相不可得以應一切智
智心觀舌界味界舌識界及舌觸舌觸爲緣
所生諸受遠離不遠離相不可得善現如是
菩薩摩訶薩脩行般若波羅蜜多時有方
便善巧故聞說如是甚深般若波羅蜜多其
心不驚不恐不怖
善現若菩薩摩訶薩脩行般若波羅蜜多時
以應一切智智心觀身界觸界身識界及身觸
身觸爲緣所生諸受常无常相不可得以應
一切智智心觀身界觸界身識界及身觸身
觸爲緣所生諸受樂苦相不可得以應一
切智智心觀身界觸界身識界及身觸身觸
爲緣所生諸受我无我相不可得以應一切
智智心觀身界觸界身識界及身觸身觸爲
緣所生諸受淨不淨相不可得以應一切智
智心觀身界觸界身識界及身觸身觸爲緣
所生諸受空不空相不可得以應一切智智
心觀身界觸界身識界及身觸身觸爲緣所
生諸受无相有相相不可得以應一切智智
心觀身界觸界身識界及身觸身觸爲緣所
生諸受无願有願相不可得以應一切智智
心觀身界觸界身識界及身觸身觸爲緣所
生諸受寂靜不寂靜相不可得以應一切智
智心觀身界觸界身識界及身觸身觸爲緣
所生諸受遠離不遠離相不可得善現如是
菩薩摩訶薩脩行般若波羅蜜多時有方便

BD04309號　大般若波羅蜜多經卷四二　（22–16）

生諸受无願有願相不可得以應一切智智
心觀身界觸界身識界及身觸身觸爲緣所
生諸受寂靜不寂靜相不可得以應一切智
智心觀身界觸界身識界及身觸身觸爲緣
所生諸受遠離不遠離相不可得善現如是
菩薩摩訶薩脩行般若波羅蜜多時有方便
善巧故聞說如是甚深般若波羅蜜多其心
不驚不恐不怖
善現若菩薩摩訶薩脩行般若波羅蜜多時
以應一切智智心觀意界法界意識界及意
觸意觸爲緣所生諸受常无常相不可得以
應一切智智心觀意界法界意識界及意觸
意觸爲緣所生諸受樂苦相不可得以應一
切智智心觀意界法界意識界及意觸意
觸爲緣所生諸受我无我相不可得以應一
切智智心觀意界法界意識界及意觸意觸
爲緣所生諸受淨不淨相不可得以應一切
智智心觀意界法界意識界及意觸意觸爲
緣所生諸受空不空相不可得以應一切智
智心觀意界法界意識界及意觸意觸爲
緣所生諸受无相有相相不可得以應一切智
智心觀意界法界意識界及意觸意觸爲緣
所生諸受无願有願相不可得以應一切智智心
觀意界法界意識界及意觸意觸爲緣所生
諸受寂靜不寂靜相不可得以應一切智智
心觀意界法界意識界及意觸意觸爲緣所
生諸受遠離不遠離相不可得善現如是
菩薩摩訶薩脩行般若波羅蜜多時有方便

BD04309號　大般若波羅蜜多經卷四二　（22–17）

智觀意界法界意識界及意觸意觸為緣
所生諸受无願有願相不可得以應一切智智心
觀意界法界意識界及意觸意觸為緣所生
諸受寂靜不寂靜相不可得以應一切智智
心觀意界法界意識界及意觸意觸為緣所
生諸受遠離不遠離相不可得善現如是
菩薩摩訶薩脩行般若波羅蜜多時有方便
善巧故聞說如是甚深般若波羅蜜多其心
不驚不恐不怖
善現若菩薩摩訶薩脩行般若波羅蜜多時
以應一切智智心觀地界常无常相不可得
觀水火風空識界常无常相不可得以應一
切智智心觀地界樂苦相不可得觀水火風
空識界樂苦相不可得以應一切智智心觀
地界我无我相不可得觀水火風空識界我
无我相不可得以應一切智智心觀地界淨
不淨相不可得觀水火風空識界淨不淨相
不可得以應一切智智心觀地界空不空相不
可得觀水火風空識界空不空相不可得
以應一切智智心觀地界无相有相相不可
得觀水火風空識界无相有相相不可得
以應一切智智心觀地界无願有願不可得
觀水火風空識界无願有願不可得以應
一切智智心觀地界寂靜不寂靜相不可得
觀水火風空識界寂靜不寂靜相不可得
以應一切智智心觀地界遠離不遠離相不
可得觀水火風空識界遠離不遠離相不可
得善現如是菩薩摩訶薩脩行般若波羅

BD04309號　大般若波羅蜜多經卷四二　（22–18）

觀水火風空識界无願有願不可得以應
一切智智心觀地界寂靜不寂靜相不可得
觀水火風空識界寂靜不寂靜相不可得
以應一切智智心觀地界遠離不遠離相不
可得觀水火風空識界遠離不遠離相不可
得善現如是菩薩摩訶薩脩行般若波羅
蜜多時有方便善巧故聞說如是甚深般若
波羅蜜多其心不驚不恐不怖
善現若菩薩摩訶薩脩行般若波羅蜜多時
以應一切智智心觀苦聖諦常无常相不可
得觀集滅道聖諦常无常相不可得以應
一切智智心觀苦聖諦樂苦相不可得觀集
滅道聖諦樂苦相不可得以應一切智智心觀
苦聖諦我无我相不可得觀集滅道聖諦
我无我相不可得以應一切智智心觀苦聖諦
淨不淨相不可得觀集滅道聖諦淨不淨
相不可得以應一切智智心觀苦聖諦空不
空相不可得觀集滅道聖諦空不空相不可
得以應一切智智心觀苦聖諦无相有相相
不可得觀集滅道聖諦无相有相相不可以
應一切智智心觀苦聖諦无願有願相不可
得觀集滅道聖諦无願有願相不可得以
應一切智智心觀苦聖諦寂靜不寂靜相不可
得觀集滅道聖諦寂靜不寂靜相不可得以
應一切智智心觀苦聖諦遠離不遠離相不
可得觀集滅道聖諦遠離不遠離相不可
得善現如是菩薩摩訶薩脩行般若波羅蜜多
時有方便善巧故聞說如是甚深般若波羅蜜

BD04309號　大般若波羅蜜多經卷四二　（22–19）

應一切智智心觀苦聖諦寂靜不寂靜相不可得以
得觀集滅道聖諦寂靜不寂靜相不可得以
應一切智智心觀苦聖諦遠離不遠離相不
可得觀集滅道聖諦遠離不遠離相不可
得善現如是菩薩摩訶薩脩行般若波羅蜜多
時有方便善巧故聞說如是甚深般若波羅蜜
多其心不驚不恐不怖
善現若菩薩摩訶薩脩行般若波羅蜜多時
以應一切智智心觀无明常无常相不可得
觀行識名色六處觸受愛取有生老死愁歎
苦憂惱常无常相不可得以應一切智智心
觀无明樂苦相不可得觀行乃至老死愁歎
苦憂惱樂苦相不可得以應一切智智心觀
无明我无我相不可得觀行乃至老死愁歎
苦憂惱我无我相不可得以應一切智智心
觀无明淨不淨相不可得觀行乃至老死愁
歎苦憂惱淨不淨相不可得以應一切智智
心觀无明空不空相不可得觀行乃至老死愁
歎苦憂惱空不空相不可得以應一切智
智觀无明无相有相相不可得觀行乃至
老死愁歎苦憂惱无相有相相不可得以應
一切智智心觀无明无願有願相不可得觀行
乃至老死愁歎苦憂惱无願有願相不可
得以應一切智智心觀无明寂靜不寂靜相
不可得觀行乃至老死愁歎苦憂惱寂靜不
寂靜相不可得以應一切智智心觀无明遠
離不遠離相不可得觀行乃至老死愁歎苦
[illegible]

一切智智心觀无明无願有願相不可得觀行
乃至老死愁歎苦憂惱无願有願相不可
得以應一切智智心觀无明寂靜不寂靜相
不可得觀行乃至老死愁歎苦憂惱寂靜不
寂靜相不可得以應一切智智心觀无明遠
離不遠離相不可得觀行乃至老死愁歎苦
憂惱遠離不遠離相不可得善現如是菩薩
摩訶薩脩行般若波羅蜜多時有方便善
巧故聞說如是甚深般若波羅蜜多其心不
驚不恐不怖
善現若菩薩摩訶薩脩行般若波羅蜜多時
以應一切智智心觀四靜慮常无常相不可得
觀四无量四无色定常无常相不可得以
應一切智智心觀四靜慮樂苦相不可得觀
四无量四无色定樂苦相不可得以應一切
智智心觀四靜慮我无我相不可得觀四无
量四无色定我无我相不可得以應一切智
智心觀四靜慮淨不淨相不可得觀四无量
四无色定淨不淨相不可得以應一切智智
心觀四靜慮空不空相不可得觀四无量四
无色定空不空相不可得以應一切智智心
觀四靜慮无相有相相不可得觀四无量四
无色定无相有相相不可得以應一切智智
心觀四靜慮无願有願相不可得觀四无量
四无色定无願有願相不可得以應一切智
智心觀四靜慮寂靜不寂靜相不可得觀
四无量四无色定寂靜不寂靜相不可得以
應一切智智心觀四靜慮遠離不遠離相不

智心觀四靜慮淨不淨相不可得觀四无量
四无色定淨不淨相不可得以應一切智智
心觀四靜慮空不空相不可得觀四无量四
无色定空不空相不可得以應一切智智心
觀四靜慮无相有相不可得觀四无量四
无色定无相有相不可得以應一切智智
心觀四靜慮无願有願相不可得觀四无量
四无色定无願有願相不可得以應一切智
智心觀四靜慮寂靜不寂靜相不可得觀
四无量四无色定寂靜不寂靜相不可得以
應一切智智心觀四靜慮遠離不遠離相不
可得觀四无量四无色定遠離不遠離相
不可得善現如是菩薩摩訶薩脩行般若
波羅蜜多時有方便善巧故聞說如是甚深
般若波羅蜜多其心不驚不恐不怖

大般若波羅蜜多經卷第卌二

曇真寫了

BD04309 號　大般若波羅蜜多經卷四二　（22–22）

功德寶集示現安穩金色光明
師子奮迅王佛
南无普賢闇鎋世界普光明妙勝
山王佛
南无普无　无垢稱王佛
南无清淨　普華佛
如是諸世界中　佛一切歸命及彼菩
薩摩訶薩一切大衆亦悉歸命
如是諸世界中諸佛一切歸命及彼菩
薩摩訶薩一切大衆亦悉歸命
尒時諸比丘白佛言世尊世尊如來諸
佛如來所有壽命長短等不佛告諸比
丘汝等諦聽當為汝說比丘我此娑婆
世界賢劫釋迦牟尼佛國土一劫於安
樂世界為一日一夜若安樂世界阿弥陁
佛國土一劫於袈裟幢世界碎金剛佛
國土為一日一夜若袈裟幢世界一劫於
不退輪吼世界善快光明波頭摩敷身
如来佛國土為一日一夜若不退輪吼世

BD04310 號　佛名經（十六卷本）卷九　（31–1）

樂世界為一日一夜若安樂世界阿彌陁
佛國土一劫於袈裟幢世界碎金剛佛
國土為一日一夜若袈裟幢世界一劫於
不退輪吼世界善快光明波頭摩敷身
如来佛國土為一日一夜若不退輪吼世
界一劫於无垢世界法幢如来佛國土
為一日一夜若无垢世界一劫於善燃燈
世界師子如来佛國土一日一夜若善燃
燈世界一劫於善光明世界盧舍那藏
如来佛國土為一日一夜若善光明世界一
劫於難過世界法光明波頭摩敷身如
来佛國土為一日一夜若難過世界一
劫於莊嚴慧世界一切通光如来佛國為
一日一夜若莊嚴慧世界一劫於鏡輪
光世界月智如来佛國土為一日一夜
比丘入如是數滿足過千阿僧祇百千万
世界最後波頭摩勝世界於賢勝如
来佛國土為一日一夜比丘如是等世界
无量无邊長短不等諸佛如来壽命住
世亦復如是諸比丘汝等應當稱諸佛
名作如是言
南无如是等諸佛如来
南无不動智佛　南无阿足羅智佛
南无阿私陁智佛　南无行智佛
南无阿捜耶智佛　南无常智佛

南无如是等諸佛如来
南无不動智佛　南无阿足羅智佛
南无阿私陁智佛　南无行智佛
南无阿捜耶智佛　南无常智佛
南无妙智佛　南无樂自在天佛
南无梵天佛　南无勝智天佛
南无菴摩羅月佛　南无不退月佛
南无不動月佛　南无阿足羅月佛
南无婆留耶月佛　南无阿私月佛
南无勝月佛　南无阿捜耶月佛
南无无垢月佛　南无勝智月佛
南无不退眼佛　南无第一眼佛
南无阿足羅眼佛　南无不動眼佛
南无阿私陁眼佛　南无行眼佛
南无婆留耶眼佛　南无勝眼佛
南无微妙清眼佛　南无不退幢佛
南无阿足羅幢佛　南无阿私陁幢佛
南无行幢佛　南无阿捜耶幢佛
南无常幢佛　南无妙幢佛
南无自在幢佛　南无梵幢佛
南无勝幢佛　南无弥留勝佛
從此以上七千二百佛十二部經一切賢聖
南无波頭摩勝藏佛　南无普眼佛
南无梵眼佛　南无金剛齊佛
南无婆藪天佛　南无一切法決定王佛

南无自百幢佛
南无梵幢佛
南无勝幢佛
南无弥留勝佛
從此以上七千二百佛十二部經一切賢聖
南无波頭摩勝藏佛
南无普眼佛
南无梵眼佛
南无金剛齊佛
南无娑藪天佛
南无一切法決㝎佛
南无弥留幢家眼勝佛
南无智沙佛
南无弗沙佛
南无波頭摩勝佛
南无火光明佛
南无法意佛
南无善法佛
南无稱勝佛
南无寶慧佛
南无微眼佛
南无燈佛
南无撢義佛
南无自在佛
南无娑藪天佛
南无不去佛
南无撢勝佛
南无妙行佛
南无㝵月佛
南无无邊上智首佛
南无普眼佛
南无厚波娑羅佛
南无妙勝佛
南无日佛
南无无邊光佛
南无法幢佛
南无无邊智然燈佛
南无普切德觀然燈佛
南无切德佛
南无金剛幢佛
南无普智寶炎勝切德幢佛
南无因陀羅幢勝幢佛
南无普智寶炎勝切德雞都佛
南无无垢輪大悲雲幢佛
南无金剛那羅延幢佛
南无无㝵勝行佛
南无火炎佛
南无山勝莊嚴佛
南无一切法海上莊嚴速住佛
南无深法海妙光佛
南无寶炎圓然燈佛

BD04310號　佛名經（十六卷本）卷九　（31-4）

南无无垢輪大悲雲幢佛
南无金剛那羅延幢佛
南无㝵勝行佛
南无火炎佛
南无山勝莊嚴佛
南无一切法海上莊嚴速住佛
南无深法海妙光佛
南无寶炎圓然燈佛
南无切德海光明輪勝佛
南无盧遮勝那藏佛
南无滿虛空法界尸法羅勝然燈佛
南无不退然燈佛
南无法界吼佛
南无妙法樹山王威德佛
南无一切法海吼王佛
南无寶光明然燈幢佛
南无須弥切德光威德佛
南无法雲吼王佛
南无智炬然燈王佛
南无法電速幢勝佛
南无法然燈奮迅師子佛
南无智力威德山王佛
南无退法界吼佛
南无電光明劫善照世界初放旃檀
香光明照佛
南无善決㝎清淨劫无垢世界盧舍
那佛
南无甘露莊嚴劫善清淨世界初旃
檀燃燈王佛
南无善住劫妙香世界初須弥光明勝王佛
南无善見劫莊嚴世界初无邊切德種種
寶莊嚴王佛
南无炎清淨劫清淨世界初金剛奮迅佛
南无不可嬈劫不可嬈世界初毗沙門佛
南无不可嬈劫不可嬈世界初寶月佛
南无不可訶劫稱財世界不可思議光

BD04310號　佛名經（十六卷本）卷九　（31-5）

寶莊嚴王佛
南无炎清淨劫清淨世界金剛奮迅佛
南无不可嬈劫不可嬈世界初毗沙門佛
南无不可嬈劫不可嬈世界初寶月佛
南无不可訶劫稱肘世界不可思議光
明佛
南无清淨莊嚴劫清淨世界初觀世王佛
南无真塵劫光明塵世界初火光明佛
南无梵讚歎劫清淨世界初力莊嚴王佛
南无德光明莊嚴劫月幢世界初善眼佛
南无栴檀香行平等勝成就佛
南无法海吼光明王佛　南无无垢轉法輪佛
南无寂靜威德王佛　南无虛空劫然燈佛
南无天自在藏佛　南无日羅幢雞都王佛
南无信威德佛　南无寶華藏佛
南无妙日身佛　南无不濁身佛
南无一切身智光明月佛　南无閻浮檀威德王佛
南无相莊嚴身佛　南无種種光明火月佛
南无善觀智雞都佛　南无无垢智光明王佛
南无金剛那羅延精進佛　南无不可降伏智處佛
南无普无垢智通佛　南无无垢眼勝雲佛
南无師子智佛　南无金剛菩提光佛
南无燈火髻佛　南无智日雞都佛
南无寶波頭摩敷身佛
從此以上七千三百佛十二部經一切賢聖

BD04310號　佛名經（十六卷本）卷九　（31–6）

南无普无垢智通佛　南无无垢眼勝雲佛
南无師子智佛　南无金剛菩提光佛
南无燈火髻佛　南无智日雞都佛
南无寶波頭摩敷身佛
從此以上七千三百佛十二部經一切賢聖
南无得一切德佛　南无智光明雲光佛
南无普明月佛　南无无障礙吼佛
南无普光明奮迅師子佛　南无法界境界慧月佛
南无一切虛空樂說覺佛　南无初香善名佛
南无普聲寂靜吼佛　南无甘露山威德佛
南无法海吼聲佛　南无善堅羅網堅佛
南无佛虛空鏡像頭髻佛　南无光明月微塵佛
南无善智滿月面佛　南无清淨智華光明佛
南无寶炎山勝王佛　南无无垢功德炎光明佛
南无寶月幢佛　南无三昧輪身佛
南无寶勝光明威德王佛　南无普智行佛
南无炎海然燈佛　南无法无垢吼王佛
南无不可比功德稱幢佛　南无長辟本願无垢月佛
南无相智義然燈佛　南无法起寶齊聲佛
南无勝照藏王佛　南无乘幢佛
南无法海波頭摩廣信无畏天佛
南无法海吼光王佛　南无无垢法山佛
南无法輪光明髻佛　南无法日勝雲佛
南无法海說聲王佛　南无法日智輪然燈佛
南无法華雞都幢王佛　南无法炎山雞都王佛

BD04310號　佛名經（十六卷本）卷九　（31–7）

南无勝照藏王佛　南无乘幢佛
南无法海波頭摩廣信无畏天佛
南无法海吼光王佛　南无无垢法山佛
南无法輪光明髻佛　南无法日勝雲佛
南无法海說聲王佛　南无法日智輪然燈佛
南无法華雞都幢王佛　南无法炎山雞都王佛
南无法行深勝月佛　南无法智普鏡佛
南无藏普智作照佛　南无山勝藏王佛
南无普門賢照佛　南无速一切精進幢佛
南无法寶華勝雲佛　南无舜光明深髻佛
南无法光明慈樂說光明月佛
南无琰海佛　南无智日普光明佛
南无普輪頂佛　南无智光明王佛
南无福德光華燈佛　南无智師子雞都幢王佛
南无日光明王佛　南无寶相山佛
南无莊嚴山佛　南无日步普照佛
南无法羅網覺勝月佛　南无毘耶羅延師子佛
南无普智不二勇猛佛　南无法波頭摩敷身佛
南无一切德華勝海佛　南无菩提輪善覺勝月佛
南无然法炬勝月佛
南无普賢鏡像髻佛　南无法幢然燈佛
南无金剛海幢王佛　南无稱勝山雲佛
南无旃檀勝月佛　南无普一切德華威德光佛
南无照衆生王佛　南无勝波頭摩華藏佛
南无香炎光明勝佛　南无因波頭摩佛
[illegible]

BD04310號　佛名經（十六卷本）卷九　（31-8）

南无金剛海幢王佛　南无稱勝山雲佛
南无金剛海幢王佛　南无稱勝山雲佛
南无旃檀勝月佛　南无普一切德華威德光佛
南无照衆生王佛　南无勝波頭摩華藏佛
南无香炎光明勝佛　南无因波頭摩佛
南无相山盧舍那佛　南无普聞名稱幢佛
南无普門光明須彌佛　南无法城光勝佛
南无普一切德威德佛　南无相勝法力勇猛幢佛
南无輪轉法光明吼佛　南无光明一切德山波若聲佛
南无轉法輪月妙勝佛　南无法華盧舍那清淨雞都佛
南无寶波頭摩光明藏佛　南无寶山雲燈佛
南无普覺華佛　南无種種光明勝彌留藏佛
南无光明輪峯王佛　南无福德雲蓋佛
南无法峯雲幢佛　南无一切德山威德佛
南无法日雲燈王佛　南无香鮮幢智威德佛
南无法輪力雲佛　南无法雲稱勝月佛
南无賢首彌留威德佛
從此以上七千四百佛十二部經一切賢聖
南无普慧雲吼佛　南无法力勝山佛
南无香炎勝王佛　南无伽耶迦摩足山聲佛
南无頂藏一切法光明輪佛
次礼十二部尊經大藏法輪
南无諸法本經　南无大淨法門經
南无漏分布經　南无諸方佛經
南无十善十惡經　南无九橫經
南无度集經　南无十五德經
[illegible]

BD04310號　佛名經（十六卷本）卷九　（31-9）

南无諸法本經　南无大淨法門經
南无漏分布經　南无諸方佛經
南无十善十惡經　南无九橫經
南无度集經　南无十五德經
南无轉法輪經　南无生死變化經
南无十地經　南无明度經
南无生聞婆羅門經　南无十執經
南无玄起經　南无自見自智爲能盡結經
南无十漚和七言禪利經
南无猛施經　南无金輪王輪經
南无有三方便經　南无持人菩薩經
南无金盃長者子經　南无有賢者法經
南无波達王經　南无比丘所求色經
南无有陂竭署社棗波羅經
南无興調經　南无憂多羅母經
次礼十方諸大菩薩
南无大明菩薩　南无无盡意菩薩
南无意王菩薩　南无无邊意菩薩
南无日意菩薩　南无月音菩薩
南无美音菩薩　南无美音聲菩薩
南无大音聲菩薩　南无堅精進菩薩
南无常堅菩薩　南无堅發菩薩
南无堅疰菩薩　南无常悲菩薩
南无常輕菩薩　南无法上菩薩
南无法意菩薩　南无法喜菩薩

BD04310號　佛名經（十六卷本）卷九　（31–10）

南无美音菩薩　南无美音聲菩薩
南无大音聲菩薩　南无堅精進菩薩
南无常堅菩薩　南无堅發菩薩
南无堅疰菩薩　南无常悲菩薩
南无常輕菩薩　南无法上菩薩
南无法意菩薩　南无法喜菩薩
南无法首菩薩　南无法積菩薩
南无發精進菩薩　南无智慧菩薩
南无淨威德菩薩　南无那羅延菩薩
南无善思惟菩薩　南无法思惟菩薩
南无跋陀波羅菩薩　南无法益菩薩
南无高德菩薩　南无師子遊行菩薩
次礼聲聞緣覺一切賢聖
南无阿若憍陳如　南无摩訶迦葉
南无優樓頻螺迦葉　南无伽耶迦葉
南无那提迦葉　南无舍利弗
南无大目揵連　南无摩訶迦旃延
南无阿㝹樓馱　南无劫賓那
南无憍梵波提
礼三寶已次復懺悔
弟子等略懺煩惱障竟今當次第懺悔
業障夫業能莊飾世趣在在處處是以
思惟求離世解脫所以六道果報種種不
同形類各興當知皆是業力所以佛
說十力之中業力甚深凡夫之人多於此中
好起疑惑何以故今現見世間行善之者觸

BD04310號　佛名經（十六卷本）卷九　（31–11）

弟子等略懺煩惱障竟今當次第懺悔
業障夫業能莊飾世趣在在處處是以
思惟求離世解脫所以六道果報種種不
同形類各異當知皆是業力所作所以佛
說十力之中業力甚深凡夫之人多於此中
好起疑惑何以故今現見世間行善之者觸
向轗軻爲惡之者是事諧偶謂言天下善
惡无分如此計者皆是不能深達業理何
以故今經中說言有三種業何等爲三一
者現報二者生報三者後報現報業
者現在作善作惡現身受報生報業者
此生作善作惡來生受報後報業者或
是過去无量生中作善作惡或於此生中
受或在未來无量生中方受其報向者
行惡之人現在見好此是過去生報後報
善業熟故所以現在有此樂果豈關現在
作諸惡業而得好報行善之人現在見
苦者是過去生中生報後報惡業熟故
現在善根力弱不能排遣是故得此苦
報豈關現在作善而招惡報何以知然現
在世間爲善之者爲人所讚歎人所尊重故
知未來必招樂果過去既有如此惡業所以
諸佛菩薩教令親近善友共行懺悔善
知識者於得道中則爲令利是故弟子
等今日至誠歸依於佛

在世間爲善之者爲人所讚歎人所尊重故
知未來必招樂果過去既有如此惡業所以
諸佛菩薩教令親近善友共行懺悔善
知識者於得道中則爲令利是故弟子
等今日至誠歸依於佛
南无東方无量離垢佛　南无南方樹花王佛
南无西方蓮華自在佛　南无北方金剛能破佛
南无東南方悲檀氣勝佛　南无西南方金海自在王佛
南无西北方　南无東北方无量香罽王佛
南无下方无量惠幢佛　南无上方甘露上王佛
如是十方盡虛空界一切三寶
弟子等无始以來至於今日積惡如恒沙
造罪滿天地捨身與受身不覺亦不知或
作五逆深厚濁纏无間罪業或造一闡提
斷善根業輕誣佛語謗方等業破滅三寶
毀正法業不信罪福起十惡業迷真反正
癡惑之業不孝二親反戾之業輕慢師長
无礼敬業朋友不信不義之業或作四重
六重八重障聖道業毀犯五戒破八齋業五
篇七聚多缺犯業優婆塞戒輕重垢業
或菩薩戒不能清淨如說行業前後方
便汙梵行業月无六齋懈怠之業年三長齋
不常修業三千威儀不如法業八万律儀微細
罪業不修身戒心慧之業春秋八王造衆罪
業行十六種惡律儀業於苦衆生无慈傷

[illegible]
便汙梵行業月无六齋懈怠之業年三長齋
不常脩業三千威儀不如法業八万律儀微細
罪業不脩身戒心慧之業春秋八王造衆罪
業行十六種惡律儀業於苦衆生无慈傷
業不矜不念无怜愍業不救濟不救護
業心懷嫉妬无度彼業於怨親境不平等業
躭荒五欲不猒離業或因衣食園林池沼
生蕩逸業或以盛年放恣情欲造衆罪
業或善有漏迴向三有障出世業如是等
業无量无邊今日發露向十方佛尊法聖
衆皆悉懺悔
願弟子等承是懺悔无間諸業所生福
善願生生世世滅五逆罪除一闡提惑如是
輕重諸罪從今以去乃至道場誓更不犯
恒習出世清淨善法精持律行守護威
儀如渡海者愛惜浮囊六度四等常標
行首戒定惠品轉得增明速成如来卅二
相八十種好十力无畏大悲三念常樂妙
智八自在我 礼一拜
南无然法輪威德佛　南无山峯勝威德佛
南无普精進炬光明雲佛　南无三昧賢寶天冠光王佛
南无勝寶光佛　南无法炬寶帳聲佛
南无樂法光明師子佛　南无莊嚴相月幢佛
南无光明山雷電雲佛　南无无垢幢佛
南无无㝵法虛空光明佛　南无快智華敷身佛

南无然法輪威德佛　南无山峯勝威德佛
南无普精進炬光明雲佛　南无三昧賢寶天冠光王佛
南无勝寶光佛　南无法炬寶帳聲佛
南无樂法光明師子佛　南无莊嚴相月幢佛
南无光明山雷電雲佛　南无无垢幢佛
南无无㝵法虛空光明佛　南无快智華敷身佛
南无世間妙光明聲佛　南无法三昧光明聲佛
從此以上七千五百佛十二部經一切賢聖
南无法聲多藏佛　南无法火海聲佛
南无三世相鏡像威德佛　南无高法輪光明佛
南无法界師子光佛　南无盧舍那勝須彌佛
南无一切三昧海師子佛　南无普光慧然燈佛
南无法界城然燈佛　南无普門吼光王佛
南无賢首佛　南无普光音佛
南无胎王佛　南无法界燈佛
南无虛空山照佛　南无阿丘羅有眼佛
南无龍自在王佛　南无普照勝須彌王佛
南无无㝵虛空寶雞都幢王佛　南无普智光明照十方吼佛
南无雲王吼聲佛　南无不空見佛
南无普照佛　南无寶聲佛
南无妙聲佛　南无金色寶作界妙山佛
南无金閻浮幢于遮那光王佛　南无金色百光明佛
南无寶稱佛　南无不空稱佛
南无日受佛　南无成就智義佛
南无普賢佛　南无无垢光明雞都王佛
南无寶炎佛　南无　　日　　佛

南无妙聲佛　南无金色寶作界妙山佛
南无金閻浮幢于遮那光明　南无金色百光明佛
南无寶稱佛　南无不空稱佛
南无日受佛　南无成就智義佛
南无普賢佛　南无无垢光明雜都王佛
南无寶炎佛　南无日月佛
南无海勝佛　南无法幢佛
南无无邊切德藏　南无寶藏佛
南无无垢面佛　南无无量壽華佛
南无寶聚佛　南无智起佛
南无普讓佛
尒時憂波摩那比丘從坐而起偏袒右肩
右膝著地白佛言世尊世尊幾佛過去
佛告優波摩那比丘辟如恒河沙世界
下至水際上盡有頂滿中微塵比丘有人
於中取尒所微塵過恒河沙世界下一微
塵如是過恒河沙世界復下一塵如是盡
尒所微塵比丘於意云何若著微塵若不著
者微塵是微塵數可知數不比丘不也世尊
佛告比丘彼微塵可知其數而彼過去
同名釋迦牟尼佛已入涅槃者不可數
知我知彼過去諸佛如現前見彼諸佛毋
同名摩訶摩耶父同名輸頭檀王城同名迦
毗羅彼諸佛第一聲聞弟子同名舍利弗
目揵連侍者弟子同名阿難何況種種

BD04310號　佛名經（十六卷本）卷九　（31–16）

佛告比丘彼微塵可知其數而彼過去
同名釋迦牟尼佛已入涅槃者不可數
知我知彼過去諸佛如現前見彼諸佛毋
同名摩訶摩耶父同名輸頭檀王城同名迦
毗羅彼諸佛第一聲聞弟子同名舍利弗
目揵連侍者弟子同名阿難何況種種
異名毋異名父異名城異名弟子異名
侍者異名比丘彼若干世界彼人於何等世
界著微塵何等世界不著微塵彼諸世
界若著微塵不著微塵下至水際上至有頂
比丘復有第二人取一微塵過彼若干微塵
數世界尒數佛國土阿僧祇億百千万那
由他世界為一步比丘彼人如是過百千万
億那由他阿僧祇劫行乃下一塵如是盡
諸微塵比丘如是若干世界滿中微塵復
更著十方世界比丘復過是世界著微塵
彼諸世界下至水際上至有頂滿中微塵
比丘於意云何彼微塵可知數不比丘言不
也世尊佛告比丘彼諸微塵可知其數彼同
名毋同名父同名弟子同名侍者同名釋迦
牟尼佛不可知數如釋迦牟尼不勝憶佛
亦如是盧舍那佛亦如是无垢勝眼佛
亦如是无垢光明眼佛亦如是光明清淨
王佛亦如是善无垢清淨佛亦如是成
就无邊切德勝王佛亦如是寶光明佛

BD04310號　佛名經（十六卷本）卷九　（31–17）

牟尼佛不可知數如釋迦牟尼不勝憶佛
亦如是盧舍那佛亦如是无垢勝眼佛
亦如是无垢光明眼佛亦如是光明清淨
王佛亦如是善无垢清淨佛亦如是成
就无邊切德勝王佛亦如是寶光明佛
亦如是寂脩佛亦如是聲德佛亦如是波
頭摩勝佛亦如是日月佛亦如是普寶蓋
佛亦如是比丘汝當歸命如是等阿僧祇同名佛
南无普照佛 南无藥王佛
南无弥留燈王佛 南无寶莊嚴佛
南无智成就佛 南无寶蓋佛
南无放炎佛 南无物成就佛
南无稱佛 南无三昧勝佛
南无寶觀佛 南无寶雞都佛
南无尸羅施佛 南无莎羅王佛
南无寶雞兜王佛 南无大嚴佛
南无山自在王佛 南无旃陁佛
南无見氣佛 南无自在幢佛
南无大莊嚴佛 南无无光勝佛
南无大弥留佛 南无大智幢佛
南无梵自在佛 南无无畏上勝山王佛
南无日藏佛 南无餘依心照聲王佛
南无智雞兜佛 南无智炬住持佛
南无一切世間佛 南无法照佛
南无无垢光佛 南无普光佛
南无一切[illegible]佛 [illegible]

BD04310號　佛名經（十六卷本）卷九　（31-18）

[illegible]
南无日藏佛 南无无畏上勝山王佛
南无梵自在佛 南无餘依心照聲王佛
南无智雞兜佛 南无智炬住持佛
南无一切世間佛 南无法照佛
南无无垢光佛 南无普光佛
南无一切勝佛 南无寂靜妙聲佛
南无普明佛 南无勝山王師子佛
南无奮迅境界聲佛 南无地住持佛
南无功德王光佛 南无住持智幢燈佛
南无樂說勝王佛 南无金色波頭摩成王佛
南无難勝佛 南无寶作佛
南无无量聲佛 南无親光佛
南无龍天佛 南无天力佛
南无師子佛 南无離諍光佛
南无世天佛 南无勝積佛
從此以上七千六百佛十二部經一切賢聖
南无人王佛 南无華王佛
南无華勝佛 南无發精進佛
南无因陁羅雞兜佛 南无清淨无垢光佛
南无菩提寶華不斷絕光明王佛
南无薝蔔上佛 南无意福德日王佛
南无觀聲王佛 南无无垢威德佛
南无功德寶集吼佛 南无成就意佛
南无成就勝佛 南无斯何佛
南无威德佛 南无阿[illegible]止界寶[illegible]佛

BD04310號　佛名經（十六卷本）卷九　（31-19）

南无蘑蔔上佛　南无意福德日王佛
南无觀聲王佛　南无无垢威德佛
南无一切德寶集吼佛　南无成就意佛
南无成就勝佛　南无斯何佛
南无威德佛　南无阿輸迦世界賢妙勝佛
若善男子善女人受持是佛名必得
不退菩提
南无難陁世界旃檀勝佛
若善男子善女人受持是佛名畢竟
清淨心
南无跋陁世界寂滅佛　南无意智難乾佛
南无世界破魔力佛　南无滿月世界无畏佛
南无難乾意勝世界寶杖佛
南无語吼聲勝世界華勝佛
南无蓋摩世界三奮迅佛
南无廣世界樹提勝佛
南无月勝世界金剛功德身佛
南无過去无量无邊海勝佛
若善男子稱彼佛名得畢竟不退菩提心
南无弥留勝王佛
彼佛初成佛第一會八十億百千万那
由他聲聞衆第二會七十那由他第四
會卅五億百千万那由他如是菩薩无
量无邊百千万億那由他
南无師子妙聲王佛

南无弥留勝王佛
彼佛初成佛第一會八十億百千万那
由他聲聞衆第二會七十那由他第四
會卅五億百千万那由他如是菩薩无
量无邊百千万億那由他
南无師子妙聲王佛
彼如来初會有九十億聲聞第二會
九十億第三會九十三億第四會九十
九億如是菩薩摩訶薩衆无量无邊
南无華勝佛
彼佛初會八十億聲聞菩薩僧亦如是
南无妙行佛　南无无量大莊嚴佛
彼佛初會八十億聲聞第二會七十億
乃至第十會亦如是菩薩僧亦如是无
量无邊
南无放炎佛
彼佛初會有九十億聲聞如是第二
乃至第十亦如是菩薩摩訶薩僧无量
无邊
南无一切光明佛
彼佛初會有那由他億聲聞菩薩僧
亦如是
南无无量光明佛
彼佛初會聲聞有九十六億第二會九
十四億第三會九十二億菩薩僧亦如是

亦如是
南无无量光明佛
彼佛初會聲聞有九十六億第二會九
十四億第三會九十二億菩薩僧亦如是
南无聲德佛
彼佛初會聲聞有八十億第二會七十
億第三會六十億菩薩僧亦如是應
當歸命如是等
復次比丘應當敬礼
南无清淨无垢世界菩薩佛謂文殊師
利現在普見如來國土中
復次比丘應敬礼四大士菩薩佛一名
光明憶現在東方无畏如來佛國土中
第二名智勝現在南方智聚如來佛國
土中第三名將根現在西方智山如來國
土中第四名願意成就現在北方那羅延
如來佛國土中復次摩訶男比丘重聞
如來世尊過去幾佛入涅槃佛告摩訶
男汝今諦聽當為汝說比丘東方恒河
沙世界南方恒河沙世界西方恒河沙
世界北方恒河沙世界上下四維恒河沙
世界彼一切世界下至水際上至有頂
滿中微塵比丘於意云何彼如是微塵
可知數不比丘言不也世尊佛告比丘如
是同名釋迦牟尼佛過去入涅槃我知

BD04310號　佛名經（十六卷本）卷九　（31–22）

沙世界南方恒河沙世界西方恒河沙
世界北方恒河沙世界上下四維恒河沙
世界彼一切世界下至水際上至有頂
滿中微塵比丘於意云何彼如是微塵
可知數不比丘言不也世尊佛告比丘如
是同名釋迦牟尼佛過去入涅槃我知
過去諸佛如現在前彼諸佛母同名
摩訶摩耶父同名輸頭檀王城同名迦
毗羅彼佛第一聲聞弟子同名舍利弗
目揵連侍者弟子同名阿難陁何况種種
異名母異名父異名城異名弟子異名侍
者異名比丘彼若干世界彼人於何等世界
著微塵何等世界不著微塵彼諸世界
若著微塵及不著者下至水際上至有頂
比丘復有第二人取彼微塵彼若干微塵
數世界尒所佛國土阿僧祇億百千万那由
他世界過尒所世界為一步比丘彼人復過
若干微塵數世界一步彼人如是過百千万
億那由他阿僧祇行乃下一塵如是盡諸
微塵比丘如是若干世界若著微塵及
不著者滿中微塵復更著十方世界比
丘復過是世界若著微塵及不著者彼
諸世界下至水際上至有頂滿中微塵比
丘於意云何彼諸微塵可知數不比丘言不
也世尊佛告比丘彼諸微塵可知其數彼同名

BD04310號　佛名經（十六卷本）卷九　（31–23）

不著者滿中微塵復更著十方世界比
丘復過是世界若著微塵及不著者彼
諸世界下至水際上至有頂滿中微塵比
丘於意云何彼諸微塵可知數不比丘言不
也世尊佛告比丘彼諸微塵可知其數彼同名
釋迦牟尼佛毋同名摩訶摩耶父同名輸
頭檀城同名迦毗羅第一弟子同名舍利弗目
揵連侍者弟子同名阿難陁不可知數復次
比丘復有第三人取彼介所世界微塵過彼
介所微塵數世界為過若干百千万億那
由他阿僧祇行乃下一塵如是盡諸微塵
復有第四人彼若干微塵數世界若著
若不著下至水際上至有頂滿中微塵
比丘於意云何彼微塵可知數不比丘言
不也世尊佛告比丘彼若干微塵可
知其數然彼同名釋迦牟尼佛毋同
名同名父世界同名弟子同名侍者同
名佛不可知數比丘如是第五人第六第
七第八第九第十人復次比丘復有第
十一人是人彼若干微塵中取一微塵破
為十方若干世界微塵數介如一微塵
破為若干介如是餘微塵亦悉破為若
干世界微塵數介比丘於意云何彼微
塵可知數不比丘言不也世尊
佛告比丘復有人彼若干微塵佛國

BD04310號　佛名經（十六卷本）卷九　（31–24）

為十方若干世界微塵數介如一微塵
破為若干介如是餘微塵亦悉破為若
干世界微塵數介比丘於意云何彼微
塵可知數不比丘言不也世尊
佛告比丘復有人彼若干微塵佛國
土為過一步如是速疾神通行東方
世界无量无邊劫行行如是東方世界
下一微塵東方盡如是微塵若著微
塵及不著者下至水際上至有頂滿中
微塵如是南方乃至十方下至水際上
至有頂滿中微塵比丘於意云何彼微
塵可知數不比丘言不也世尊佛告比
丘若干微塵介可知其數然現今在世
同名釋迦牟尼佛入涅槃不可數知毋
同名摩訶摩耶父同名輸頭檀城同名
迦毗羅弟子同名舍利弗目揵連侍者
弟子同名阿難陁何況種種異名比丘
我若干微塵數劫住世說一同名釋迦
牟尼佛不可窮盡如是同名然燈佛同
名提波延佛同名燈光明佛同名一切勝
佛同名稱佛同名波頭摩頭佛同名毗婆
尸佛同名尸棄佛同名毗舍浮佛同名拘
留孫佛同名拘那含佛同名迦葉佛如
是等異名毋乃至異名侍者入涅槃我
知彼佛如現在前應當敬礼如是等諸佛

BD04310號　佛名經（十六卷本）卷九　（31–25）

尸佛同名尸棄佛同名毗舍浮佛同名拘
留孫佛同名拘那含佛同名迦葉佛如
是等異名乃至異名侍者入涅槃我
知彼佛如現在前應當敬礼如是等諸佛
次礼十二部尊經大藏法輪
南无有三力經　南无造浴佛時經
南无憂多羅經　南无有五力經
南无河中大聚沫經　南无首達經
南无四性長者難經　南无折佛經
南无舍利弗誨疾經　南无四无畏經
南无車匿本末經　南无舍利弗經
南无四不可得經　南无百六十二品經
南无四飯經　南无賴吒和羅經
南无不退轉經　南无寶積經
南无枚鉢經　南无梵魔難經
南无梵皇經　南无寶結經
南无寶施女經　南无藍達王經
南无天上釋為故世在人中經　南无道德舍利日經
南无隋迦羅門菩薩經　南无中要語章經
次礼十方諸大菩薩摩訶薩
南无喜根菩薩　南无上寶月菩薩
南无不虛德菩薩　南无龍德菩薩
南无文殊師利菩薩　南无妙音菩薩
南无雲音菩薩　南无勝意菩薩
南无照照菩薩　南无勇衆菩薩

次礼十方諸大菩薩摩訶薩
南无喜根菩薩　南无上寶月菩薩
南无不虛德菩薩　南无龍德菩薩
南无文殊師利菩薩　南无妙音菩薩
南无雲音菩薩　南无勝意菩薩
南无照照菩薩　南无勇衆菩薩
南无勝衆菩薩　南无威儀菩薩
南无師子菩薩　南无上意菩薩
南无益意菩薩　南无增意菩薩
南无寶明菩薩　南无慧頂菩薩
南无樂說頂菩薩　南无有德菩薩
南无觀世自在王菩薩　南无陀羅尼自在王菩薩
南无大自在王菩薩　南无无憂德菩薩
南无不虛見菩薩　南无離惡道菩薩
南无一切勇徒菩薩　南无破闇菩薩
南无切德寶菩薩　南无華威德菩薩
次礼聲聞緣覺一切賢聖
南无畢陵伽婆蹉　南无薄拘羅
南无摩訶拘絺羅　南无難陀
從此以上七千七百佛十二部經一切賢聖
南无孫陀羅難陁　南无富樓那
南无弥多羅尼子　南无阿難羅睺羅
南无須菩提
礼三寶已次復懺悔
弟子今以愡相懺悔一切諸業今當次

從此以上七千七百佛十二部經一切賢聖
南无孫陁羅難陁　南无富樓那
南无孫多羅尼子　南无阿難羅睺羅
南无須菩提
礼三寶已次復懺悔
弟子今以慙相懺悔一切諸業今當次
第更復一一別相懺悔若總若別若麁
若細若輕若重若説若不説品類相從
願皆消滅別相懺者先懺身三次懺口
四其餘諸障次第稽顙身三業者第一
煞害如經所明恕已可為喻勿煞勿行杖
雖復禽獸之殊保命畏死其事是一若
尋此衆生无始以来或是我父母兄弟六
親眷屬以業因緣輪迴六道出生入死改
形易報不復相識而今興害食噉其肉
傷慈之甚是故佛言設得餘食當如飢
世食子肉想何況食噉此魚肉耶又言為
利煞衆生以錢納衆生肉二俱是惡業死墮
叫呼地獄故知煞害及以食噉罪深河海
過重丘岳然弟子等无始以来不遇善
友皆為此業是故經言煞害之罪能令
衆生墮於地獄餓鬼受苦若在畜生則受
虎豹犲狼鷹鷂等身或受毒虵蝮蝎等身
常懷惡心或受麞鹿羆熊等身常懷恐
怖若生人中得二種果報一者多病二者

友皆為此業是故經言煞害之罪能令
衆生墮於地獄餓鬼受苦若在畜生則受
虎豹犲狼鷹鷂等身或受毒虵蝮蝎等身
常懷惡心或受麞鹿羆熊等身常懷恐
怖若生人中得二種果報一者多病二者
短命煞害食噉既有如是无量種種諸
惡果報是故弟子稽顙歸依於佛
南无東方滅諸怖畏佛　南无南方日月燈明佛
南无西方覺華光佛　南无北方發功德佛
南无東南方除衆疑冥佛　南无西南方无生自在佛
南无西北方大神通王佛　南无東北方空離垢心佛
南无下方同像空无佛　南无上方瑠璃藏勝佛
如是十方盡虚空界一切三寶
弟子自從无始以来至於今日有此心識
常懷慘毒无慈愍心或因貪起煞因瞋因
癡及以憍煞或興惡方便誓煞願煞及以呪
煞或破決湖池焚燒山野田獵魚捕或因
風放火飛鷹放犬惱害一切如是等罪今
悉懺悔或以檻弶坑撥扠戟弓弩彈射
飛鳥走獸之類或以羅網罾鉤料度水性
魚鼈黿鼉蝦蜆螺蚌濕居之屬使水
陸之與空行藏竄无地或畜養雞豬牛
羊犬豕鵝鴨之屬自供庖廚或貨他宰煞
使其哀聲未盡毛羽脫落鱗甲傷毀
身首分離骨肉銷碎剝裂屠割炮燒煑

魚鱉黿鼉蝦蜆螺蜂還居之屬使水
陸之與空行藏竄无地或畜養雞豬牛
羊犬豕鵝鴨之屬自供庖廚或貨他宰煞
使其哀聲未盡毛羽脫落鱗甲傷毀
身首分離骨肉銷碎剝裂屠割炮燒煑
炙楚毒酸切橫加无辜但取一時之快口
得味甚寘不過三寸舌根而已然其罪報
殃累永劫如是等罪今日至誠皆悉懺悔
又復无始以来至於今日或復興師相伐疆
埸交諍兩陣相向更相敦害或自煞教煞
聞煞歡喜或習屠膾債爲刑殺亨宰他
命行於不忍或恣忿揮戈儛刃或斬或刺
或推著坑塹或以流溺或塞穴壞巢土
石磓砷或以車馬雷轢践蹋一切衆生如是
等罪无量无邊今日發露皆悉懺悔
又復无始以来至於今日或墮胎破卵毒
藥蠱道傷煞衆生墾土掘地種殖田園
養蠶煮繭傷煞滋甚或打撲蚊蚋掐嚙
蚤虱或燒除糞掃開決溝渠枉害一切或
噉菓實或用穀米或水或菜橫煞衆生
或然燋薪或露燈燭燒諸虫類或食醬
酢不看搖動或寫湯水澆煞虫蟻如是
乃至行住坐卧四威儀中恒常傷煞飛
空著地細微衆生弟子凡夫識闇不覺
不知今日發露皆悉懺悔

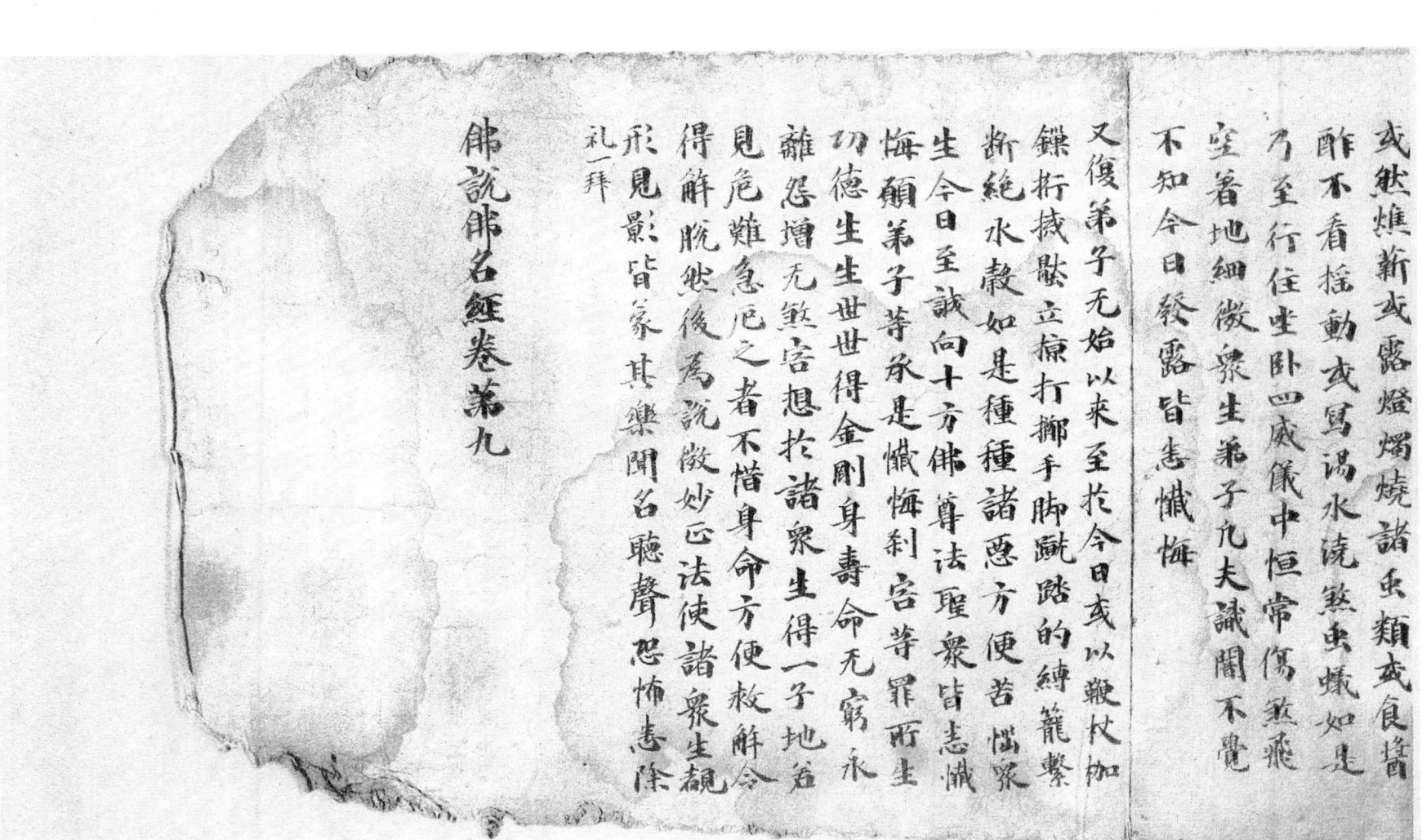

或然燋薪或露燈燭燒諸虫類或食醬
酢不看搖動或寫湯水澆煞虫蟻如是
乃至行住坐卧四威儀中恒常傷煞飛
空著地細微衆生弟子凡夫識闇不覺
不知今日發露皆悉懺悔
又復弟子无始以来至於今日或以鞭杖加
鎖桁械壓立掠打擲手脚蹴踏的縛籠繫
斷絕水穀如是種種諸惡方便苦惱衆
生今日至誠向十方佛尊法聖衆皆悉懺
悔願弟子等承是懺悔剎害等罪所生
功德生生世世得金剛身壽命无窮永
離怨憎无煞害想於諸衆生得一子地若
見危難急厄之者不惜身命方便救解令
得解脫然後爲說微妙正法使諸衆生覩
形見影皆蒙其樂聞名聽聲恐怖悉除
礼一拜

佛說佛名經卷第九

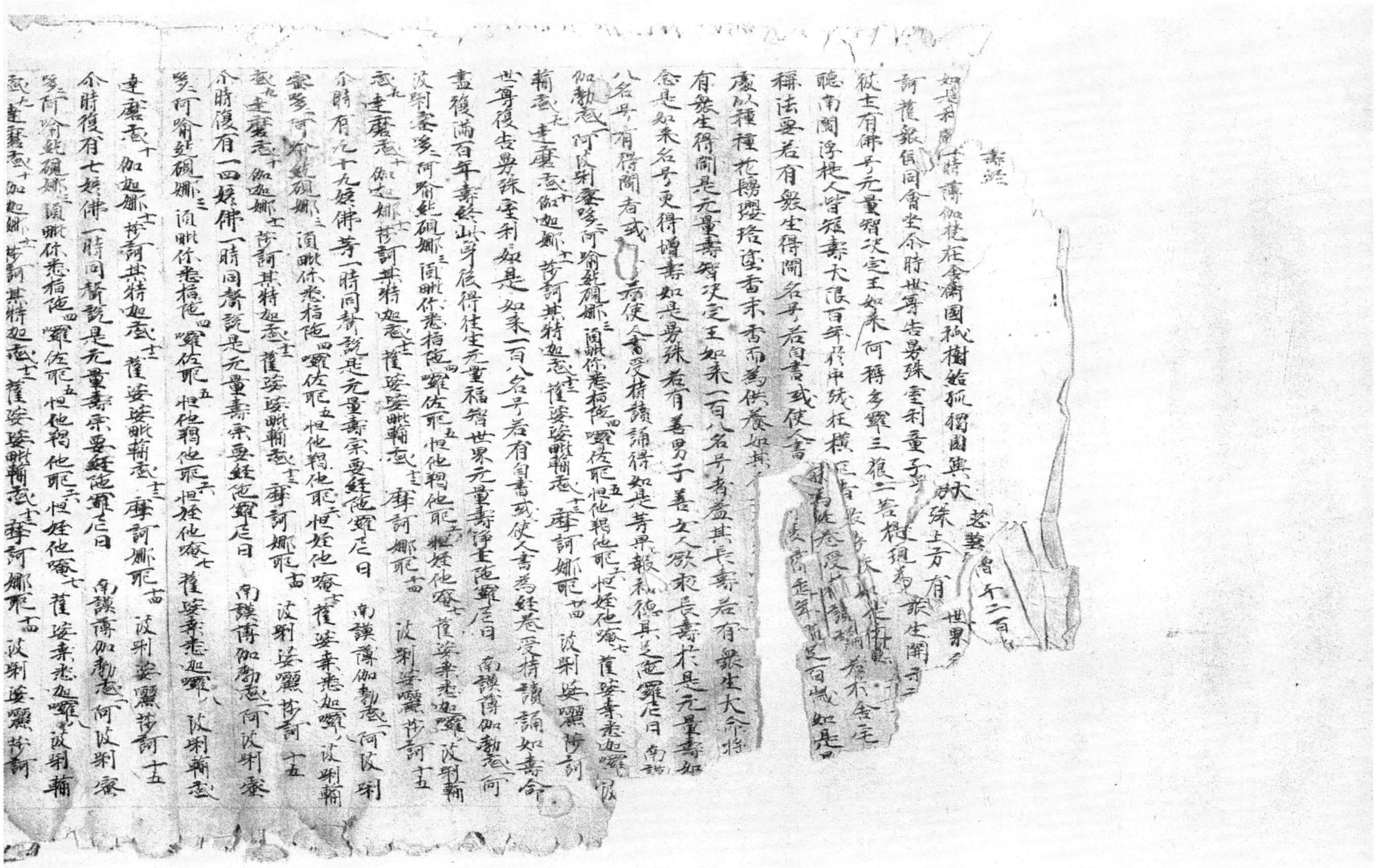

壽經
如是我聞一時薄伽梵在舍衛國祇樹給孤獨園與大苾蒭僧千二百
訶薩衆俱同會坐尒時世尊告曼殊室利童子上方有世界名
彼土有佛号无量智決定王如來阿耨多羅三藐三菩提現爲衆生開示
聽南閻浮提人皆短壽大限百年於中殀枉横死者衆多
稱法要若有衆生得聞名号若自書或使人書爲經卷受持讀誦於舍宅
處以種種花鬘瓔珞塗香末香而爲供養如其命盡復滿百歲如是
有衆生得聞是无量壽智決定王如來一百八名号者益其長壽若有衆生大命將
念是如來名号更得增壽如是曼殊若有善男子善女人欲求長壽於是无量壽如
八名号有得聞者或　若使人書受持讀誦得如是等果報福德具足陁羅尼曰　南謨
伽勃底一阿波唎蜜哆二阿喻紇硯娜三須毗你悉指陁四囉佐耶五怛他羯他耶六怛姪他唵七薩婆桑悉迦囉八波
唎輸底九達磨底十伽伽娜十一莎訶其特迦底十二薩婆婆毗輸底十三摩訶娜耶十四波唎婆囉莎訶十五
世尊復告曼殊室利如是如來一百八名号若有自書或使人書爲經卷受持讀誦如壽命
盡復滿百年壽終此身復得往生无量福智世界无量壽淨土陁羅尼曰　南謨薄伽勃底一阿
波唎蜜多二阿喻紇硯娜三須毗你悉指陁四囉佐耶五怛他羯他耶六怛姪他唵七薩婆桑悉迦囉八波唎輸
底九達磨底十伽伽娜十一莎訶其特迦底十二薩婆婆毗輸底十三摩訶娜耶十四波唎婆囉莎訶十五
尒時有九十九姟佛等一時同聲說是无量壽宗要經陁羅尼曰　南謨薄伽勃底一阿波唎
蜜多二阿喻紇硯娜三須毗你悉指陁四囉佐耶五怛他羯他耶六怛姪他唵七薩婆桑悉迦囉八波唎輸
底九達磨底十伽伽娜十一莎訶其特迦底十二薩婆婆毗輸底十三摩訶娜耶十四波唎婆囉莎訶十五
尒時復有一四姟佛一時同聲說是无量壽宗要經陁羅尼曰　南謨薄伽勃底一阿波唎蜜
多二阿喻紇硯娜三須毗你悉指陁四囉佐耶五怛他羯他耶六怛姪他唵七薩婆桑悉迦囉八波唎輸底
九達磨底十伽伽娜十一莎訶其特迦底十二薩婆婆毗輸底十三摩訶娜耶十四波唎婆囉莎訶十五
尒時復有七姟佛一時同聲說是无量壽宗要經陁羅尼曰　南謨薄伽勃底一阿波唎蜜
多二阿喻紇硯娜三須毗你悉指陁四囉佐耶五怛他羯他耶六怛姪他唵七薩婆桑悉迦囉八波唎輸
底九達磨底十伽伽娜十一莎訶其特迦底十二薩婆婆毗輸底十三摩訶娜耶十四波唎婆囉莎訶

BD04311 號　無量壽宗要經　（5–1）

底九達磨底十伽伽娜十一莎訶其特迦底十二
尒時有九十九姟佛等一時同聲說是无量壽宗要經陁羅尼曰　南謨薄伽勃底一阿波唎
蜜多二阿喻紇硯娜三須毗你悉指陁四囉佐耶五怛他羯他耶六怛姪他唵七薩婆桑悉迦囉八波唎
輸底九達磨底十伽伽娜十一莎訶其特迦底十二薩婆婆毗輸底十三摩訶娜耶十四波唎婆囉莎訶十五
尒時復有一四姟佛一時同聲說是无量壽宗要經陁羅尼曰　南謨薄伽勃底一阿波唎
蜜多二阿喻紇硯娜三須毗你悉指陁四囉佐耶五怛他羯他耶六怛姪他唵七薩婆桑悉迦囉八波唎輸
底九達磨底十伽伽娜十一莎訶其特迦底十二薩婆婆毗輸底十三摩訶娜耶十四波唎婆囉莎訶十五
尒時復有七姟佛一時同聲說是无量壽宗要經陁羅尼曰　南謨薄伽勃底一阿波唎蜜
多二阿喻紇硯娜三須毗你悉指陁四囉佐耶五怛他羯他耶六怛姪他唵七薩婆桑悉迦囉八波唎輸
底九達磨底十伽伽娜十一莎訶其特迦底十二薩婆婆毗輸底十三摩訶娜耶十四波唎婆囉莎訶十五
尒時復有六十五姟佛一時同聲說是无量壽宗要經陁羅尼曰　南謨薄伽勃底一阿波唎蜜
多二阿喻紇硯娜三須毗你悉指陁四囉佐耶五怛他羯他耶六怛姪他唵七薩婆桑悉迦囉八波唎輸底
九達磨底十伽伽娜十一莎訶其特迦底十二薩婆婆毗輸底十三摩訶娜耶十四波唎婆囉莎訶十五
尒時復有五十五姟佛一時同聲說是无量壽宗要經陁羅尼曰　南謨薄伽勃底一阿波唎
蜜多二阿喻紇硯娜三須毗你悉指陁四囉佐耶五怛他羯他耶六怛姪他唵七薩婆桑悉迦囉八波唎
輸底九達磨底十伽伽娜十一莎訶其特迦底十二薩婆婆毗輸底十三摩訶娜耶十四波唎婆囉莎訶十五
尒時復有四十五姟佛一時同聲說是无量壽宗要經陁羅尼曰　南謨薄伽勃底一阿波唎
蜜多二阿喻紇硯娜三須毗你悉指陁四囉佐耶五怛他羯他耶六怛姪他唵七薩婆桑悉迦囉八波唎
輸底九達磨底十伽伽娜十一莎訶其特迦底十二薩婆婆毗輸底十三摩訶娜耶十四波唎婆囉莎訶
尒時復有三十六姟佛一時同聲說是无量壽宗要經陁羅尼曰　南謨薄伽勃底一阿波唎
蜜多二阿喻紇硯娜三須毗你悉指陁四囉佐耶五怛他羯他耶六怛姪他唵七薩婆桑悉迦囉八波唎
輸底九達磨底十伽伽娜十一莎訶其特迦底十二薩婆婆毗輸底十三摩訶娜耶十四波唎婆囉莎訶十五
尒時復有二十五姟佛一時同聲說是无量壽宗要經陁羅尼曰　南謨薄伽勃底一阿波唎
蜜多二阿喻紇硯娜三須毗你悉指陁四囉佐耶五怛他羯他耶六怛姪他唵七薩婆桑悉迦囉八波唎輸
底九達磨底十伽伽娜十一莎訶其特迦底十二薩婆婆毗輸底十三摩訶娜耶十四波唎婆囉莎訶十五
尒時復有恒河沙姟佛一時同聲說是无量壽宗要經陁羅尼曰　南謨薄伽勃底一阿波唎
蜜多二阿喻紇硯娜三須毗你悉指陁四囉佐耶五怛他羯他耶六怛姪他唵七薩婆桑悉迦囉八波唎
輸底九達磨底十伽伽娜十一莎訶其特迦底十二薩婆婆毗輸底十三摩訶娜耶十四波唎婆囉莎訶十五
善男子若有自書寫教人書寫是无量壽宗要經如其命盡復得長壽而滿百年陁羅尼曰
南謨薄伽勃底一阿波唎蜜多二阿喻紇硯娜三須毗你悉指陁四囉佐耶五怛他羯他耶六怛姪他唵七薩婆桑
悉迦囉八波唎輸底九達磨底十伽伽娜十一莎訶其特迦底十二薩婆婆毗輸底十三摩訶娜耶十四波唎婆囉莎訶
若有自書寫教人書寫是无量壽宗要經讀誦受持畢竟不墮地獄在在所生得宿智陁羅尼曰
南謨薄伽勃底一阿波唎蜜多二阿喻紇硯娜三須毗你悉指陁四囉佐耶五怛他羯他耶六怛姪他唵七薩婆桑悉迦囉
八波唎輸底九達磨底十伽伽娜十一莎訶其特迦底十二薩婆婆毗輸底十三摩訶娜耶十四波唎婆囉莎訶十五
若有自書寫教人書寫是无量壽宗要經受持讀誦如同書寫八万四千一切經典陁羅尼曰

BD04311 號　無量壽宗要經　（5–2）

娑二阿喻紇硯娜三 須毗你悉指陀四 囉佐耶五 怛他羯他耶六 怛姪他唵七 薩婆桑悉迦囉八 波唎輸毖
達磨毖十 伽伽娜十一 莎訶其特迦毖十二 薩婆婆毗輸毖十三 摩訶娜耶十四 波唎婆羅 莎訶十五
善男子若有自書寫教人書寫是无量壽宗要經 如其命盡 復得長壽而滿百年 陀羅尼曰
南謨薄伽勒毖一 阿波唎蜜哆二 阿喻紇硯娜三 須毗你悉指陀四 囉佐耶五 怛他羯他耶六 怛姪他唵七 薩婆桑
悉迦囉八 波唎輸毖九 達磨毖十 伽伽娜十一 莎訶其特迦毖十二 薩婆婆毗輸毖十三 摩訶娜耶十四 波唎婆羅莎訶
若有自書寫教人書寫是无量壽宗要經讀誦受持 畢竟不墮地獄 在在所生得宿智 陀羅尼曰
南謨薄伽勒毖一 阿波唎蜜哆二 阿喻紇硯娜三 須毗你悉指陀四 囉佐耶五 怛他羯他耶六 怛姪他唵七 薩婆桑悉迦囉八
波唎輸毖九 達磨毖十 伽伽娜十一 莎訶其特迦毖十二 薩婆婆毗輸毖十三 摩訶娜耶十四 波唎婆羅 莎訶十五
若有自書寫教人書寫是无量壽宗要經受持讀誦 如同書寫八万四千一切經典 陀羅尼曰
南謨薄伽勒毖一 阿波唎蜜哆二 阿喻紇硯娜三 須毗你悉指陀四 囉佐耶五 怛他羯他耶六 怛姪他唵七 薩婆桑悉迦
囉八 波唎輸毖九 達磨毖十 伽伽娜十一 莎訶其特迦毖十二 薩婆婆毗輸毖十三 摩訶娜耶十四 波唎婆羅莎訶
若有自書寫教人書寫是无量壽宗要經受持讀誦 等是書寫八万四千部建立塔廟 陀羅尼曰
南謨薄伽勒毖一 阿波唎蜜哆二 阿喻紇硯娜三 須毗你悉指陀四 囉佐耶五 怛他羯他耶六 怛姪他唵七 薩婆桑悉迦囉八 波唎
輸毖九 達磨毖十 伽伽娜十一 莎訶其特迦毖十二 薩婆婆毗輸毖十三 摩訶娜耶十四 波唎婆羅 莎訶十五
若有自書寫教人書寫是无量壽宗要經 能消五无間等一切重罪 陀羅尼曰 南謨薄伽勒毖
阿波唎蜜哆二 阿喻紇硯娜三 須毗你悉指陀四 囉佐耶五 怛他羯他耶六 怛姪他唵七 薩婆桑悉迦囉八 波唎
輸毖九 達磨毖十 伽伽娜十一 莎訶其特迦毖十二 薩婆婆毗輸毖十三 摩訶娜耶十四 波唎婆羅 莎訶十五
若有自書寫教人書寫是无量壽宗要經受持讀誦 設有重罪猶如須弥 盡能除滅 陀羅尼
曰 南謨薄伽勒毖 阿波唎蜜哆二 阿喻紇硯娜三 須毗你悉指陀四 囉佐耶五 怛他羯他耶六 怛姪他唵七 薩婆
桑悉迦囉八 波唎輸毖九 達磨毖十 伽伽娜十一 莎訶其特迦毖十二 薩婆婆毗輸毖十三 摩訶娜耶十四 波唎婆
羅莎訶十五 若有自書寫教人書寫是无量壽宗要經受持讀誦 若魔魔之眷屬夜叉羅
剎不得其便 終无枉死 陀羅尼曰 南謨薄伽勒毖一 阿波唎蜜哆二 阿喻紇硯娜三 須毗你悉指陀四
囉佐耶五 怛他羯他耶六 怛姪他唵七 薩婆桑悉迦囉八 波唎輸毖九 達磨毖十 伽伽娜十一 莎訶其特迦毖十二
薩婆婆毗輸毖十三 摩訶娜耶十四 波唎婆羅 莎訶十五 若有自書寫教人書寫是无量壽宗要經
受持讀誦 當命終時 有九十九姟佛現其人前 千佛授手 能遊一切佛剎 莫於此經
生於疑惑 陀羅尼曰 南謨薄伽勒毖一 阿波唎蜜哆二 阿喻紇硯娜三 須毗你悉指陀四 囉佐耶
怛他羯他耶六 怛姪他唵七 薩婆桑悉迦囉八 波唎輸毖九 達磨毖十 伽伽娜十一 莎訶其特迦毖十二 薩
婆婆毗輸毖十三 摩訶娜耶十四 波唎婆羅 莎訶十五 若有自書寫教人書寫是无量壽宗要經受持
讀誦 常得四天大王隨其衛護 陀羅尼曰 南謨薄伽勒毖一 阿波唎蜜哆二 阿喻紇硯娜三
須毗你悉指陀四 囉佐耶五 怛他羯他耶六 怛姪他唵七 薩婆桑悉迦囉八 波唎輸毖九 達磨毖十 伽伽
娜十一 莎訶其特迦毖十二 薩婆婆毗輸毖十三 摩訶娜耶十四 波唎婆羅 莎訶十五
若有自書寫教人書寫是无量壽宗要經受持讀誦 當得往生西方極樂世界阿弥陀淨土 陀
羅尼曰 南謨薄伽勒毖一 阿波唎蜜哆二 阿喻紇硯娜三 須毗你悉指陀四 囉佐耶五 怛他羯他耶六 怛姪他

BD04311 號　無量壽宗要經　（5–3）

怛他羯他耶六 怛姪他唵七 薩婆桑悉迦囉八 波唎輸毖九 達磨毖十 伽伽娜十一 莎訶其特迦毖十二 薩
婆婆毗輸毖十三 摩訶娜耶十四 波唎婆羅 莎訶十五 若有自書寫教人書寫是无量壽宗要經受持
讀誦 常得四天大王隨其衛護 陀羅尼曰 南謨薄伽勒毖一 阿波唎蜜哆二 阿喻紇硯娜
須毗你悉指陀四 囉佐耶五 怛他羯他耶六 怛姪他唵七 薩婆桑悉迦囉八 波唎輸毖九 達磨毖十 伽伽
娜十一 莎訶其特迦毖十二 薩婆婆毗輸毖十三 摩訶娜耶十四 波唎婆羅 莎訶十五
若有自書寫教人書寫是无量壽宗要經受持讀誦 當得往生西方極樂世界阿弥陀淨土 陀
羅尼曰 南謨薄伽勒毖一 阿波唎蜜哆二 阿喻紇硯娜三 須毗你悉指陀四 囉佐耶五 怛他羯他耶六 怛姪他
唵七 薩婆桑悉迦囉八 波唎輸毖九 達磨毖十 伽伽娜十一 莎訶其特迦毖十二 薩婆婆毗輸毖十三 摩訶娜耶
波唎婆羅 莎訶十五 若有方所自書寫使人書寫是无量壽經典之處 則為是塔 皆應恭敬作
禮 若是畜生或為鳥獸得聞是經 如是等類皆當不久得成一切種智 陀羅尼曰 南謨薄伽勒
毖一 阿波唎蜜哆二 阿喻紇硯娜三 須毗你悉指陀四 囉佐耶五 怛他羯他耶六 怛姪他唵七 薩婆桑悉迦囉八 波唎
輸毖九 達磨毖十 伽伽娜十一 莎訶其特迦毖十二 薩婆婆毗輸毖十三 摩訶娜耶十四 波唎婆羅 莎訶十五
若有於是无量壽經自書寫使人書寫 畢竟不受女人之身 陀羅尼曰 南謨薄伽勒毖 阿波唎蜜哆
阿喻紇硯娜三 須毗你悉指陀四 囉佐耶五 怛他羯他耶六 怛姪他唵七 薩婆桑悉迦囉八 波唎輸毖九 達
磨毖十 伽伽娜十一 莎訶其特迦毖十二 薩婆婆毗輸毖十三 摩訶娜耶十四 波唎婆羅 莎訶十五
若有能於是經少分施者 等於三千大千世界滿中七寶布施 陀羅尼曰 南謨薄伽勒毖一 阿波
唎蜜哆二 阿喻紇硯娜三 須毗你悉指陀四 囉佐耶五 怛他羯他耶六 怛姪他唵七 薩婆桑悉迦囉八 波唎輸毖
達磨毖十 伽伽娜十一 莎訶其特迦毖十二 薩婆婆毗輸毖十三 摩訶娜耶十四 波唎婆羅 莎訶十五
若有能供養是經者 則是供養一切諸經 等无有異 陀羅尼曰 南謨薄伽勒毖一 阿波唎蜜
哆二 阿喻紇硯娜三 須毗你悉指陀四 囉佐耶五 怛他羯他耶六 怛姪他唵七 薩婆桑悉迦囉八 波唎輸毖九 達
磨毖十 伽伽娜十一 莎訶其特迦毖十二 薩婆婆毗輸毖十三 摩訶娜耶十四 波唎婆羅 莎訶十五
如是毗婆尸佛 尸棄佛 毗舍浮佛 俱留孫佛 俱那含牟尼佛 加葉佛 釋迦牟尼佛 若有人以
七寶供養如是七佛 其福有限 書寫受持是无量壽經典 所有功德不可限量 陀羅尼曰
南謨薄伽勒毖一 阿波唎蜜哆二 阿喻紇硯娜三 須毗你悉指陀四 囉佐耶五 怛他羯他耶六 怛姪他唵七 薩婆桑悉迦囉
波唎輸毖九 達磨毖十 伽伽娜十一 莎訶其特迦毖十二 薩婆婆毗輸毖十三 摩訶娜耶十四 波唎婆羅 莎訶十五
若有七寶等於須弥山用布施 其福上能知其限量 是无量壽經典 其福不可知數 陀羅尼曰
南謨薄伽勒毖一 阿波唎蜜哆二 阿喻紇硯娜三 須毗你悉指陀四 囉佐耶五 怛他羯他耶六 怛姪他唵七 薩婆桑悉
迦囉八 波唎輸毖九 達磨毖十 伽伽娜十一 莎訶其特迦毖十二 薩婆婆毗輸毖十三 摩訶娜耶十四 波唎婆羅 莎訶十五
如是四大海水可知滴數 是无量壽經典所生果報不可數量 陀羅尼曰 南謨薄伽勒毖一 阿波唎蜜
哆二 阿喻紇硯娜三 須毗你悉指陀四 囉佐耶五 怛他羯他耶六 怛姪他唵七 薩婆桑悉迦囉八 波唎輸毖九
達磨毖十 伽伽娜十一 莎訶其特迦毖十二 薩婆婆毗輸毖十三 摩訶娜耶十四 波唎婆羅 莎訶十五
若有自書寫使人書寫是无量壽經典 又能讚持供養 即如恭敬一切十方佛如來无有異別 陀羅尼曰
南謨薄伽勒毖一 阿波唎蜜哆二 阿喻紇硯娜三 須毗你悉指陀四 囉佐耶五 怛他羯他耶六 怛姪他唵七 薩婆桑悉迦囉八

BD04311 號　無量壽宗要經　（5–4）

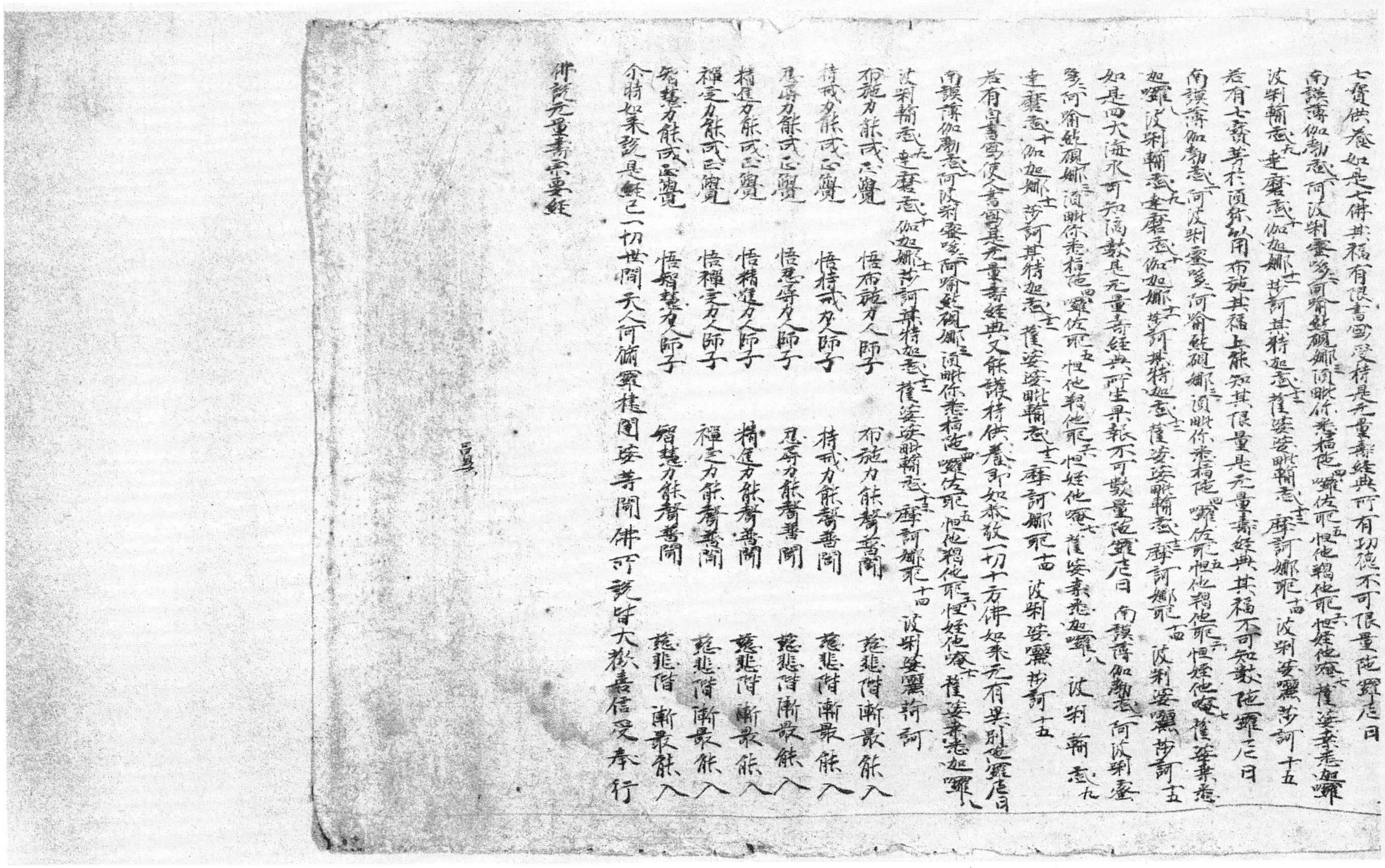

七寶供養如是七佛其福有限書寫受持是无量壽經典所有功德不可限量陀羅尼曰
南謨薄伽勃底一阿波唎蜜多二阿喻紇硯那三須毗你悉指陀四囉佐耶五怛他羯他耶六怛姪他唵七薩婆桑悉迦囉
波唎輸底八達磨底九伽伽那十莎訶其特伽底十二薩婆婆毗輸底十三摩訶娜耶十四波唎婆囉莎訶十五
若有七寶等於須彌用布施其福上能知其限量是无量壽經典其福不可知數陀羅尼曰
南謨薄伽勃底一阿波唎蜜多二阿喻紇硯那三須毗你悉指陀四囉佐耶五怛他羯他耶六怛姪他唵七薩婆桑悉迦
囉八波唎輸底九達磨底十伽伽那十一莎訶其特伽底十二薩婆婆毗輸底十三摩訶娜耶十四波唎婆囉莎訶十五
如是四大海水可知滴數是无量壽經典所生果報不可數量陀羅尼曰　南謨薄伽勃底一阿波唎蜜
多二阿喻紇硯那三須毗你悉指陀四囉佐耶五怛他羯他耶六怛姪他唵七薩婆桑悉迦囉八　波唎輸底九
達磨底十伽伽那十一莎訶其特伽底十二薩婆婆毗輸底十三摩訶娜耶十四　波唎婆囉莎訶十五
若有自書寫使人書寫是无量壽經典又能護持供養即如恭敬一切十方佛如來无有異別陀羅尼曰
南謨薄伽勃底一阿波唎蜜多二阿喻紇硯那三須毗你悉指陀四囉佐耶五怛他羯他耶六怛姪他唵七薩婆桑悉迦囉八
波唎輸底九達磨底十伽伽那十一莎訶其特伽底十二薩婆婆毗輸底十三摩訶娜耶十四　波唎婆囉莎訶
布施力能成正覺　悟布施力人師子　布施力能聲普聞　慈悲附漸最能入
持戒力能成正覺　悟持戒力人師子　持戒力能聲普聞　慈悲附漸最能入
忍辱力能成正覺　悟忍辱力人師子　忍辱力能聲普聞　慈悲附漸最能入
精進力能成正覺　悟精進力人師子　精進力能聲普聞　慈悲附漸最能入
禪定力能成正覺　悟禪定力人師子　禪定力能聲普聞　慈悲附漸最能入
智慧力能成正覺　悟智慧力人師子　智慧力能聲普聞　慈悲附漸最能入
尒時如來說是經已一切世間天人阿脩羅揵闥婆等聞佛所說皆大歡喜信受奉行
佛說无量壽宗要經

BD04311 號　無量壽宗要經　（5–5）

紙

BD04311 號背　勘記　（1–1）

佛已上成就衆生於身命財无所悋惜
第五怨親平等者於一切衆生起慈悲心无彼我相何
以故若見怨親是分別以分別相故起諸相著相著因緣
生諸煩惱煩惱因緣造諸惡業因緣故得苦果
第六念報佛恩者如來往昔无量劫中捨頭目髓腦支
節手足國城妻子象馬七珍為我等故脩諸苦行此恩
此德實難酬報是故經言若以頂戴兩肩荷負於恒河劫
亦不能報我等欲報如來恩者當於此世界勇猛精進
捍勞忍苦不惜身命建立三寶弘通大乘廣化衆生
同入正道
第七觀罪性空者无有實相從因緣生顛倒而有既從因
緣而生者狎近惡友造作无端從因緣而滅者即是今日
洗心懺悔是故經言此罪性不在內不在外不在中間故知此
罪從本是空生如是等七種心已緣想十方諸賢聖擎拳
合掌披陳至到慚愧改革舒歷心肝洗蕩腸胃如此懺悔
亦何罪而不滅亦何障而不消若復悠悠緩縱情慮
徒自勞形於事何益且復人命无常喻如轉燭一息不還
便同灰壤三塗苦報即身應受不可以財錢寶貨囑託
求脫窈窈冥冥无有赦期獨嬰此苦无代受者莫言我今
生中无有此罪所以不能懇到懺悔經中道言凡夫之人舉

BD04312號　佛名經（十六卷本）卷一　（2–1）

第七觀罪[illegible]
緣而生者狎近惡友造作无端從因緣而滅者即是今日
洗心懺悔是故經言此罪性不在內不在外不在中間故知此
罪從本是空生如是等七種心已緣想十方諸賢聖擎拳
合掌披陳至到慚愧改革舒歷心肝洗蕩腸胃如此懺悔
亦何罪而不滅亦何障而不消若復悠悠緩縱情慮
徒自勞形於事何益且復人命无常喻如轉燭一息不還
便同灰壤三塗苦報即身應受不可以財錢寶貨囑託
求脫窈窈冥冥无有赦期獨嬰此苦无代受者莫言我今
生中无有此罪所以不能懇到懺悔經中道言凡夫之人舉
足動步无非是罪
又復過去生中皆悉成就无量惡業追逐行者如影隨形
若不懺悔罪惡日深故苞藏瑕疵佛教不許說悔先罪
淨名所尚故知長淪苦海實是由隱覆是故弟子今日發露懺
悔不敢覆藏所言三障者一者煩惱二名為業三是果
報此三種法更相由藉因煩惱故以起惡業惡業因緣故得苦
果是故弟子今日至心第一先應懺悔煩惱障又此煩惱障
諸佛菩薩入理聖人種種呵責亦以此煩惱以為怨家何以
[illegible]慧命根故亦名此煩惱以之為賊能劫衆生諸
[illegible]亦謂衆生入於生死大苦海故
[illegible]不能得出故所以

BD04312號　佛名經（十六卷本）卷一　（2–2）

……四姟佛一時同聲說是无量壽宗要經陁羅尼曰
……伽勃底一 阿波唎蜜哆二 阿喻紇硯娜三 須毗你悉指陁四 囉佐耶五 怛他羯他耶六
怛侄他唵七 薩婆桑悉迦囉八 波唎輸底九 達磨底十 伽迦娜十一 莎訶某持迦底十二
薩婆婆毗輸底十三 摩訶娜耶十四 波唎婆囉莎訶十五
尒時復有七姟佛一時同聲說是无量壽宗要經陁羅尼曰
南謨薄伽勃底一 阿波唎蜜哆二 阿喻紇硯娜三 須毗你悉指陁四 囉佐耶五 怛他羯他耶六
……怛侄他唵七 薩婆桑悉迦囉八 波唎輸底九 達磨底十 伽迦娜十一 莎訶某持迦底十二
薩婆婆毗輸底十三 摩訶娜耶十四 波唎婆囉莎訶十五
……時復有六十五姟佛一時同聲說是无量壽宗要經陁羅尼曰
南謨薄伽勃底一 阿波唎蜜哆二 阿喻紇硯娜三 須毗你悉指陁四 囉佐耶五 怛他羯他耶六
怛侄他唵七 薩婆桑悉迦囉八 波唎輸底九 達磨底十 伽迦娜十一 莎訶某持迦底十二
薩婆婆毗輸底十三 摩訶娜耶十四 波唎婆囉莎訶十五
尒時復有五十五姟佛一時同聲說是无量壽宗要經陁羅尼曰
南謨薄伽勃底一 阿波唎蜜哆二 阿喻紇硯娜三 須毗你悉指陁四 囉佐耶五 怛他羯他耶六
……他唵七 薩婆桑悉迦囉八 波唎輸底九 達磨底十 伽迦娜十一 莎訶某持迦底十二
……婆毗輸底十三 摩訶娜耶十四 波唎婆囉莎訶十五
尒時復有四十五姟佛一時同聲說是无量壽宗要經陁羅尼曰
南謨薄伽勃底一 阿波唎蜜哆二 阿喻紇硯娜三 須毗你悉指陁四 囉佐耶五 怛他羯他耶六
怛侄他唵七 薩婆桑悉迦囉八 波唎輸底九 達磨底十 伽迦娜十一 莎訶某持迦底十二
薩婆婆毗輸底十三 摩訶娜耶十四 波唎婆囉莎訶十五
尒時復有三十六姟佛一時同聲說是无量壽宗要經陁羅尼曰
南謨薄伽勃底一 阿波唎蜜哆二 阿喻紇硯娜三 須毗你悉指陁四 囉佐耶五 怛他羯他耶六

BD04313 號　無量壽宗要經　（6–1）

尒時復有四十五姟佛一時同聲說是无量壽宗要經陁羅尼曰
南謨薄伽勃底一 阿波唎蜜哆二 阿喻紇硯娜三 須毗你悉指陁四 囉佐耶五 怛他羯他耶六
怛侄他唵七 薩婆桑悉迦囉八 波唎輸底九 達磨底十 伽迦娜十一 莎訶某持迦底十二
薩婆婆毗輸底十三 摩訶娜耶十四 波唎婆囉莎訶十五
尒時復有三十六姟佛一時同聲說是无量壽宗要經陁羅尼曰
南謨薄伽勃底一 阿波唎蜜哆二 阿喻紇硯娜三 須毗你悉指陁四 囉佐耶五 怛他羯他耶六
怛侄他唵七 薩婆桑悉迦囉八 波唎輸底九 達磨底十 伽迦娜十一 莎訶某持迦底十二
薩婆婆毗輸底十三 摩訶娜耶十四 波唎婆囉莎訶十五
尒時復有二十五姟佛一時同聲說是无量壽宗要經陁羅尼曰
南謨薄伽勃底一 阿波唎蜜哆二 阿喻紇硯娜三 須毗你悉指陁四 囉佐耶五 怛他羯他耶六
怛侄他唵七 薩婆桑悉迦囉八 波唎輸底九 達磨底十 伽迦娜十一 莎訶某持迦底十三
薩婆婆毗輸底十三 摩訶娜耶十四 波唎婆囉莎訶十五
尒時復有恒河沙姟佛一時同聲說是无量壽宗要經陁羅尼曰
南謨薄伽勃底一 阿波唎蜜哆二 阿喻紇硯娜三 須毗你悉指陁四 囉佐耶五 怛他羯他耶六
怛侄他唵七 薩婆桑悉迦囉八 波唎輸底九 達磨底十 伽迦娜十一 莎訶某持迦底十二
薩婆婆毗輸底十三 摩訶娜耶十四 波唎婆囉莎訶十五
善男子若有自書寫教人書寫是无量壽宗要經如其命盡複得長壽而
滿年陁羅尼曰 南謨薄伽勃底一 阿波唎蜜哆二 阿喻紇硯娜三 須毗你悉指陁四
囉佐耶五 怛他羯他耶六 怛侄他唵七 薩婆桑悉迦囉八 波唎輸底九 達磨底十
伽迦娜十一 莎訶某持迦底十二 薩婆婆毗輸底十三 摩訶娜耶十四 波唎婆囉莎訶十五
若有自書寫教人書寫是无量壽宗要經讀誦受持畢竟不墮地獄在在
所生得宿命智陁羅尼曰 南謨薄伽勃底一 阿波唎蜜哆二 阿喻紇硯娜三
須毗你悉指陁四 囉佐耶五 怛他羯他耶六 怛侄他唵七 薩婆桑悉迦囉八 波唎輸底九 達磨底十
伽迦娜十一 莎訶某持迦底十二 薩婆婆毗輸底十三 摩訶娜耶十四 波唎婆囉莎訶十五
若有自書寫教人書寫是无量壽宗要經受持讀誦如同書寫八万四千一切經典陁羅尼曰
南謨薄伽勃底一 阿波唎蜜哆二 阿喻紇硯娜三 須毗你悉指陁四 囉佐耶五 怛他羯他耶六
怛侄他唵七 薩婆桑悉迦囉八 波唎輸底九 達磨底十 伽迦娜十一 莎訶某持迦底十二
薩婆婆毗輸底十三 摩訶娜耶十四 波唎婆囉莎訶十五
若有自書寫教人書寫是无量壽宗要經即是書寫八万四千部建立塔廟陁羅尼曰
南謨薄伽勃底一 阿波唎蜜哆二 阿喻紇硯娜三 須毗你悉指陁四 囉佐耶五 怛他羯他耶六
怛侄他唵七 薩婆桑悉迦囉八 波唎輸底九 達磨底十 伽迦娜十一 莎訶某持迦底十二

BD04313 號　無量壽宗要經　（6–2）

若有自書寫教人書寫是无量壽宗要經受持讀誦如同書寫八万四千一切經典陁羅尼曰
南謨薄伽勃底一　阿波唎蜜多二　阿喻紇硯娜三　須毗你悉指陀四　囉佐耶五　怛他羯他耶六
怛姪他唵七　薩婆桑悉迦囉八　波唎輸底九　達磨底十　伽伽娜十一　莎訶娑莫迦底十二
薩婆婆毗輸底十三　摩訶娜耶十四　波唎婆囉莎訶十五
若有自書寫教人書寫是无量壽宗要經即是書寫八万四千部建立塔廟陁羅尼曰
南謨薄伽勃底一　阿波唎蜜多二　阿喻紇硯娜三　須毗你悉指陀四　囉佐耶五　怛他羯他耶六
怛姪他唵七　薩婆桑悉迦囉八　波唎輸底九　達磨底十　伽伽娜十一　莎訶娑莫迦底十二
薩婆婆毗輸底十三　摩訶娜耶十四　波唎婆囉莎訶十五
若有自書寫教人書寫是无量壽宗要經能消五无間等一切重罪陁羅尼曰
南謨薄伽勃底一　阿波唎蜜多二　阿喻紇硯娜三　須毗你悉指陀四　囉佐耶五　怛他羯他耶六
怛姪他唵七　薩婆桑悉迦囉八　波唎輸底九　達磨底十　伽伽娜十一　莎訶娑莫迦底十二
薩婆婆毗輸底十三　摩訶娜耶十四　波唎婆囉莎訶十五
若有自書寫教人書寫是无量壽宗要經受持讀誦設有重罪猶如須彌盡能除滅
陁羅尼曰　南謨薄伽勃底一　阿波唎蜜多二　阿喻紇硯娜三　須毗你悉指陀四　囉佐耶五
怛他羯他耶六　怛姪他唵七　薩婆桑悉迦囉八　波唎輸底九　達磨底十　伽伽娜十一
莎訶娑莫迦底十二　薩婆婆毗輸底十三　摩訶娜耶十四　波唎婆囉莎訶十五
若有自書寫教人書寫是无量壽宗要經受持讀誦若魔眷屬夜叉羅剎不得
其便終无枉死陁羅尼曰
南謨薄伽勃底一　阿波唎蜜多二　阿喻紇硯娜三　須毗你悉指陀四　囉佐耶五　怛他羯他耶六
怛姪他唵七　薩婆桑悉迦囉八　波唎輸底九　達磨底十　伽伽娜十一　莎訶娑莫迦底十二
薩婆婆毗輸底十三　摩訶娜耶十四　波唎婆囉莎訶十五
若有自書教人書寫是无量壽宗要經受持讀誦當命終時有九十九俱胝佛現其
人前千佛授手能遊一切佛剎莫於此經生於疑惑陁羅尼曰
南謨薄伽勃底一　阿波唎蜜多二　阿喻紇硯娜三　須毗你悉指陀四　囉佐耶五　怛他羯他耶六
怛姪他唵七　薩婆桑悉迦囉八　波唎輸底九　達磨底十　伽伽娜十一　莎訶娑莫迦底十二
薩婆婆毗輸底十三　摩訶娜耶十四　波唎婆囉莎訶十五
若有自書寫教人書寫是无量壽宗要經受持讀誦常得四天王隨其衛護陁羅尼曰
南謨薄伽勃底一　阿波唎蜜多二　阿喻紇硯娜三　須毗你悉指陀四　囉佐耶五　怛他羯他耶六
怛姪他唵七　薩婆桑悉迦囉八　波唎輸底九　達磨底十　伽伽娜十一　莎訶娑莫迦底十二
薩婆婆毗輸底十三　摩訶娜耶十四　波唎婆囉莎訶十五
若有自書寫教人書寫是无量壽宗要經受持讀誦當得往生西方極樂世界阿彌

BD04313號　無量壽宗要經　（6–3）

怛姪他唵七　薩婆桑悉迦囉八　波唎輸底九　達磨底十　伽伽娜十一　莎訶娑莫迦底十二
薩婆婆毗輸底十三　摩訶娜耶十四　波唎婆囉莎訶十五
若有自書寫教人書寫是无量壽宗要經受持讀誦常得天王隨其衛護陁羅尼曰
南謨薄伽勃底一　阿波唎蜜多二　阿喻紇硯娜三　須毗你悉指陀四　囉佐耶五　怛他羯他耶六
怛姪他唵七　薩婆桑悉迦囉八　波唎輸底九　達磨底十　伽伽娜十一　莎訶娑莫迦底十二
薩婆婆毗輸底十三　摩訶娜耶十四　波唎婆囉莎訶十五
若有自書寫教人書寫是无量壽宗要經受持讀誦當得往生西方極樂世界阿彌
陁淨土陁羅尼曰　南謨薄伽勃底一　阿波唎蜜多二　阿喻紇硯娜三　須毗你悉指陀四
囉佐耶五　怛他羯他耶六　怛姪他唵七　薩婆桑悉迦囉八　波唎輸底九　達磨底十
伽伽娜十一　莎訶娑莫迦底十二　薩婆婆毗輸底十三　摩訶娜耶十四　波唎婆囉莎訶十五
若有方所自書寫使人書寫是无量壽經典之處則為是塔皆應恭敬作禮若
是畜生或為鳥獸得聞是經如是等類皆當不久得成一切種智陁羅尼曰
南謨薄伽勃底一　阿波唎蜜多二　阿喻紇硯娜三　須毗你悉指陀四　囉佐耶五　怛他羯他耶六
怛姪他唵七　薩婆桑悉迦囉八　波唎輸底九　達磨底十　伽伽娜十一　莎訶娑莫迦底十二
薩婆婆毗輸底十三　摩訶娜耶十四　波唎婆囉莎訶十五
若有於是无量壽經自書寫若使人書畢竟不受女人之身陁羅尼曰
南謨薄伽勃底一　阿波唎蜜多二　阿喻紇硯娜三　須毗你悉指陀四　囉佐耶五　怛他羯他耶六
怛姪他唵七　薩婆桑悉迦囉八　波唎輸底九　達磨底十　伽伽娜十一　莎訶娑莫迦底十二
薩婆婆毗輸底十三　摩訶娜耶十四　波唎婆囉莎訶十五
若有能於是經少分能惠施者等於三千大千世界滿中七寶布施陁羅尼曰
南謨薄伽勃底一　阿波唎蜜多二　阿喻紇硯娜三　須毗你悉指陀四　囉佐耶五　怛他羯他耶六
怛姪他唵七　薩婆桑悉迦囉八　波唎輸底九　達磨底十　伽伽娜十一　莎訶娑莫迦底十二
薩婆婆毗輸底十三　摩訶娜耶十四　波唎婆囉莎訶十五
若有能供養是經者則是供養一切諸經等无有異陁羅尼曰
南謨薄伽勃底一　阿波唎蜜多二　阿喻紇硯娜三　須毗你悉指陀四　囉佐耶五　怛他羯他耶六
怛姪他唵七　薩婆桑悉迦囉八　波唎輸底九　達磨底十　伽伽娜十一　莎訶娑莫迦底十二
薩婆婆毗輸底十三　摩訶娜耶十四　波唎婆囉莎訶十五
如是毗婆尸佛尸棄佛毗舍浮佛俱留孫佛俱那含牟尼佛迦葉佛釋迦牟尼佛
若有人以七寶供養如是七佛其福有限書寫受持是无量壽經典所有功德不可
限量陁羅尼曰　南謨薄伽勃底一　阿波唎蜜多二　阿喻紇硯娜三　須毗你悉指陀四

BD04313號　無量壽宗要經　（6–4）

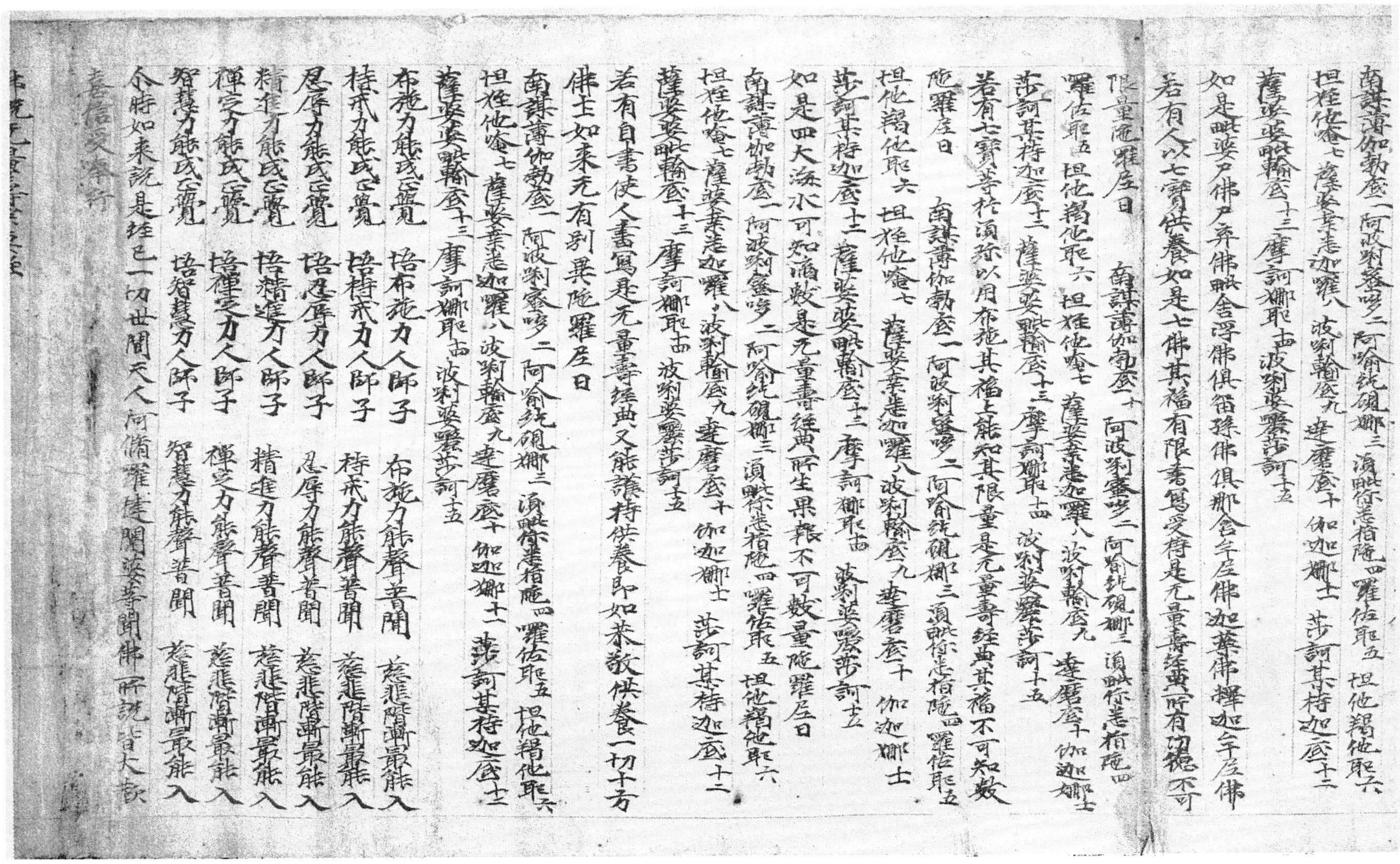
南謨薄伽勃底一阿波唎蜜哆二阿喻紇硯娜三須毗你失指陀四囉佐耶五怛他羯他耶六
怛姪他唵七薩婆桑悉迦囉八波唎輸底九達磨底十伽迦娜十一莎訶某持迦底十二
薩婆娑毗輸底十三摩訶娜耶十四波唎婆囉莎訶十五
如是毗婆尸佛尸弃佛毗舍浮佛俱留孫佛俱那含牟尼佛迦葉佛釋迦牟尼佛
若有人以七寶供養如是七佛其福有限書寫受持是无量壽經典所有功德不可
限量陁羅尼曰　南謨薄伽勃底一阿波唎蜜哆二阿喻紇硯娜三須毗你失指陀四
囉佐耶五怛他羯他耶六怛姪他唵七薩婆桑悉迦囉八波唎輸底九達磨底十伽迦娜十一
莎訶某持迦底十二薩婆娑毗輸底十三摩訶娜耶十四波唎婆囉莎訶十五
若有七寶等於須弥以用布施其福上能知其限量是无量壽經典其福不可知數
陁羅尼曰　南謨薄伽勃底一阿波唎蜜哆二阿喻紇硯娜三須毗你失指陀四囉佐耶五
怛他羯他耶六怛姪他唵七薩婆桑悉迦囉八波唎輸底九達磨底十伽迦娜十一
莎訶某持迦底十二薩婆娑毗輸底十三摩訶娜耶十四波唎婆囉莎訶十五
如是四大海水可知滴數是无量壽經典所生果報不可數量陁羅尼曰
南謨薄伽勃底一阿波唎蜜哆二阿喻紇硯娜三須毗你失指陀四囉佐耶五怛他羯他耶六
怛姪他唵七薩婆桑悉迦囉八波唎輸底九達磨底十伽迦娜十一莎訶某持迦底十二
薩婆娑毗輸底十三摩訶娜耶十四波唎婆囉莎訶十五
若有自書使人書寫是无量壽經典又能護持供養即如恭敬供養一切十方
佛土如来无有别異陁羅尼曰
南謨薄伽勃底一阿波唎蜜哆二阿喻紇硯娜三須毗你失指陀四囉佐耶五怛他羯他耶六
怛姪他唵七薩婆桑悉迦囉八波唎輸底九達磨底十伽迦娜十一莎訶某持迦底十二
薩婆娑毗輸底十三摩訶娜耶十四波唎婆囉莎訶十五
布施力能成正覺　悟布施力人師子　布施力能聲普聞　慈悲隨喇最能入
持戒力能成正覺　悟持戒力人師子　持戒力能聲普聞　慈悲隨喇最能入
忍辱力能成正覺　悟忍辱力人師子　忍辱力能聲普聞　慈悲隨喇最能入
精進力能成正覺　悟精進力人師子　精進力能聲普聞　慈悲隨喇最能入
禪定力能成正覺　悟禪定力人師子　禪定力能聲普聞　慈悲隨喇最能入
智慧力能成正覺　悟智慧力人師子　智慧力能聲普聞　慈悲隨喇最能入
尒時如来說是經已一切世間天人阿脩羅揵闥婆等聞佛所說皆大歡
喜信受奉行

BD04313 號　無量壽宗要經　（6–5）

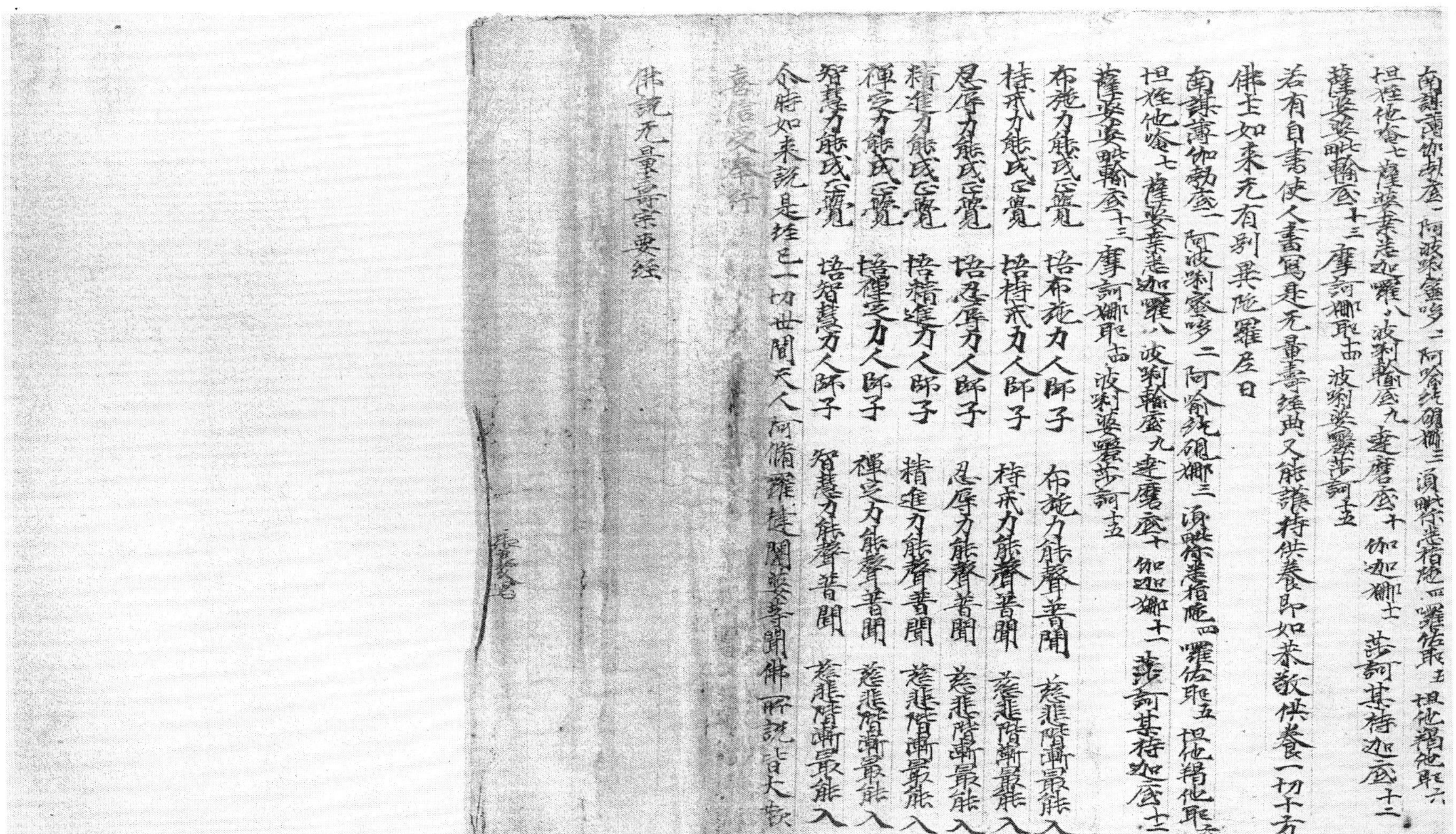
南謨薄伽勃底一阿波唎蜜哆二阿喻紇硯娜三須毗你失指陀四囉佐耶五怛他羯他耶六
怛姪他唵七薩婆桑悉迦囉八波唎輸底九達磨底十伽迦娜十一莎訶某持迦底十二
薩婆娑毗輸底十三摩訶娜耶十四波唎婆囉莎訶十五
若有自書使人書寫是无量壽經典又能護持供養即如恭敬供養一切十方
佛土如来无有别異陁羅尼曰
南謨薄伽勃底一阿波唎蜜哆二阿喻紇硯娜三須毗你失指陀四囉佐耶五怛他羯他耶六
怛姪他唵七薩婆桑悉迦囉八波唎輸底九達磨底十伽迦娜十一莎訶某持迦底十二
薩婆娑毗輸底十三摩訶娜耶十四波唎婆囉莎訶十五
布施力能成正覺　悟布施力人師子　布施力能聲普聞　慈悲隨喇最能入
持戒力能成正覺　悟持戒力人師子　持戒力能聲普聞　慈悲隨喇最能入
忍辱力能成正覺　悟忍辱力人師子　忍辱力能聲普聞　慈悲隨喇最能入
精進力能成正覺　悟精進力人師子　精進力能聲普聞　慈悲隨喇最能入
禪定力能成正覺　悟禪定力人師子　禪定力能聲普聞　慈悲隨喇最能入
智慧力能成正覺　悟智慧力人師子　智慧力能聲普聞　慈悲隨喇最能入
尒時如来說是經已一切世間天人阿脩羅揵闥婆等聞佛所說皆大歡
喜信受奉行
佛說无量壽宗要經

BD04313 號　無量壽宗要經　（6–6）

辯才
諸佛
之所稱歎以慈脩身
到於彼岸名稱普聞
數百千衆生其名曰文殊
菩薩得大勢菩薩常精進
□薩寶掌菩薩藥王菩薩勇施
薩月光菩薩滿月菩薩大力
薩越三界菩薩跋陁婆羅
寶積菩薩導師菩薩如是
薩八万人俱尒時釋提桓因與
眷屬二万天子俱復有名月天子普香天
寶光天子四大天王與其眷屬万天子俱自
天子大自在天子與其眷屬三万天子俱娑
婆世界主梵天王尸棄大梵光明大梵等與
其眷屬万二千天子俱有八龍王難陁龍王
跋難陁龍王娑伽羅龍王和脩吉龍王德叉
迦龍王阿那婆達多龍王摩那斯龍王優鉢
羅龍王等各與若干百千眷屬俱有四緊那

BD04314號　妙法蓮華經卷一　（25-1）

婆世界主梵天王尸棄大梵光明大梵等與
其眷屬万二千天子俱有八龍王難陁龍王
跋難陁龍王娑伽羅龍王和脩吉龍王德叉
迦龍王阿那婆達多龍王摩那斯龍王優鉢
羅龍王等各與若干百千眷屬俱有四緊那
羅王法緊那羅王妙法緊那羅王大法緊
那羅王持法緊那羅王各與若干百千眷
屬俱有四乾闥婆王樂乾闥婆王樂音乾闥婆
王美乾闥婆王美音乾闥婆王各與若干百
千眷屬俱有四阿脩羅王婆稚阿脩羅王佉
羅騫馱阿脩羅王毗摩質多羅阿脩羅王
羅睺阿脩羅王各與若干百千眷屬俱有四
迦樓羅王大威德迦樓羅王大身迦樓羅王大
滿迦樓羅王如意迦樓羅王各與若干百千
眷屬俱韋提希子阿闍世王與若干百千眷
屬俱各礼佛足退坐一面
尒時世尊四衆圍遶供養恭敬尊重讚歎為
諸菩薩說大乘經名无量義教菩薩法佛所
護念佛說此經已結加趺坐入於无量義處三
昧身心不動是時天雨曼陁羅華摩訶曼陁
羅華曼殊沙華摩訶曼殊沙華而散佛上及
諸大衆普佛世界六種震動尒時會中比丘比
丘尼優婆塞優婆夷天龍夜叉乾闥婆阿脩
羅迦樓羅緊那羅摩睺羅伽人非人等及諸小
王轉輪聖王是諸大衆得未曾有歡喜合掌
一心觀佛尒時佛放眉間白毫相光照東

BD04314號　妙法蓮華經卷一　（25-2）

…世界六種震動尒時會中比
丘比丘尼優婆塞優婆夷天龍夜叉乾闥婆阿脩
羅迦樓羅緊那羅摩睺羅伽人非人等及諸小
王轉輪聖王是諸大衆得未曾有歡喜合掌
一心觀佛尒時佛放眉間白豪相光照東
方万八千世界靡不周遍下至阿鼻地獄上
至阿迦尼吒天於此世界盡見彼土六趣衆生又
見彼土現在諸佛及聞諸佛所說經法并見
彼諸比丘比丘尼優婆塞優婆夷諸脩行得
道者復見諸菩薩摩訶薩種種因緣種種信
解種種相貌行菩薩道復見諸佛般涅槃
者復見諸佛般涅槃後以佛舍利起七寶塔
尒時弥勒菩薩作是念今者世尊現神變
相以何因緣而有此瑞今佛世尊入于三昧是
不可思議現希有事當以問誰誰能荅者復
作此念是文殊師利法王之子已曾親近供
養過去无量諸佛必應見此希有之相我
今當問尒時比丘比丘尼優婆塞優婆夷及
諸天龍鬼神等咸作此念是佛光明神通之
相今當問誰尒時弥勒菩薩欲自決疑又觀
四衆比丘比丘尼優婆塞優婆夷及諸天龍
鬼神等衆會之心而問文殊師利言以何因
緣而有此瑞神通之相放大光明照于東方
万八千土悉見彼佛國界莊嚴於是弥勒菩薩
欲重宣此義以偈問曰
文殊師利　導師何故　眉間白豪　大光普照
[illegible]

BD04314 號　妙法蓮華經卷一　（25-3）

鬼神等衆會之心而問文殊師利言以何因
緣而有此瑞神通之相放大光明照于東方
万八千土悉見彼佛國界莊嚴於是弥勒菩薩
欲重宣此義以偈問曰
文殊師利　導師何故　眉間白豪　大光普照
雨曼陀羅　曼殊沙華　栴檀香風　悅可衆心
以是因緣　地皆嚴淨　而此世界　六種震動
時四部衆　咸皆歡喜　身意快然　得未曾有
眉間光明　照于東方　万八千土　皆如金色
從阿鼻獄　上至有頂　諸世界中　六道衆生
生死所趣　善惡業緣　受報好醜　於此悉見
又覩諸佛　聖主師子　演說經典　微妙第一
其聲清淨　出柔軟音　教諸菩薩　无數億万
梵音深妙　令人樂聞　各於世界　講說正法
種種因緣　以无量喻　照明佛法　開悟衆生
若人遭苦　猒老病死　為說涅槃　盡諸苦際
若人有福　曾供養佛　志求勝法　為說緣覺
若有佛子　脩種種行　求无上慧　為說淨道
文殊師利　我住於此　見聞若斯　及千億事
如是衆多　今當略說　我見彼土　恒沙菩薩
種種因緣　而求佛道　或有行施　金銀珊瑚
真珠摩尼　車𤦲馬瑙　金剛諸珎　奴婢車乘
寶飾輦輿　歡喜布施　迴向佛道　願得是乘
三界第一　諸佛所歎　或有菩薩　駟馬寶車
欄楯華蓋　軒飾布施　復見菩薩　身肉手足
及妻子施　求无上道　又見菩薩　頭目身體

BD04314 號　妙法蓮華經卷一　（25-4）

種種因緣 [illegible]
真珠摩尼 車𤦲馬瑙 金剛諸珎 奴婢車乘
寶飾輦輿 歡喜布施 迴向佛道 願得是乘
三界第一 諸佛所歎 或有菩薩 駟馬寶車
欄楯華蓋 軒飾布施 復見菩薩 身肉手足
及妻子施 求无上道 又見菩薩 頭目身體
欣樂施與 求佛智慧 文殊師利 我見諸王
往詣佛所 問无上道 便捨樂土 宮殿臣妾
剃除鬚髮 而被法服 或見菩薩 而作比丘
獨處閑靜 樂誦經典 又見菩薩 勇猛精進
入於深山 思惟佛道 又見離欲 常處空閑
深脩禪定 得五神通 又見菩薩 安禪合掌
以千万偈 讚諸法王 復見菩薩 智深志固
能問諸佛 聞悉受持 又見佛子 定慧具足
以无量喻 為衆講法 欣樂說法 化諸菩薩
破魔兵衆 而擊法鼓 又見菩薩 寂然宴默
天龍恭敬 不以為喜 又見菩薩 處林放光
濟地獄苦 令入佛道 又見佛子 未嘗睡眠
經行林中 勤求佛道 又見具戒 威儀无缺
淨如寶珠 以求佛道 又見佛子 住忍辱力
增上慢人 惡罵捶打 皆悉能忍 以求佛道
又見菩薩 離諸戲咲 及癡眷屬 親近智者
一心除亂 攝念山林 億千万歲 以求佛道
或見菩薩 餚饍飲食 百種湯藥 施佛及僧
名衣上服 價直千万 或无價衣 施佛及僧
千万億種 栴檀寶舍 衆妙卧具 施佛及僧
[illegible]

一心除亂 攝念山林 億千万歲 以求佛道
或見菩薩 餚饍飲食 百種湯藥 施佛及僧
名衣上服 價直千万 或无價衣 施佛及僧
千万億種 栴檀寶舍 衆妙卧具 施佛及僧
清淨園林 華菓茂盛 流泉浴池 施佛及僧
如是等施 種種微妙 歡喜无猒 求无上道
或有菩薩 說寂滅法 種種教詔 无數衆生
或見菩薩 觀諸法性 无有二相 猶如虛空
又見佛子 心无所著 以此妙慧 求无上道
文殊師利 又有菩薩 佛滅度後 供養舍利
又見佛子 造諸塔廟 无數恒沙 嚴飾國界
寶塔高妙 五千由旬 縱廣正等 二千由旬
一一塔廟 各千幢幡 珠交露幔 寶鈴和鳴
諸天龍神 人及非人 香華伎樂 常以供養
文殊師利 諸佛子等 為供舍利 嚴飾塔廟
國界自然 殊特妙好 如天樹王 其華開敷
佛放一光 我及衆會 見此國界 種種殊妙
諸佛神力 智慧希有 放一淨光 照无量國
我等見此 得未曾有 佛子文殊 願決衆疑
四衆欣仰 瞻仁及我 世尊何故 放斯光明
佛子時答 決疑令喜 何所饒益 演斯光明
佛坐道場 所得妙法 為欲說此 為當授記
示諸佛土 衆寶嚴淨 及見諸佛 此非小緣
文殊當知 四衆龍神 瞻察仁者 為說何等
尒時文殊師利語弥勒菩薩摩訶薩及諸
大士善男子等如我惟忖今佛世尊欲說大

佛子時荅　決疑令喜　何所饒益　演斯光明
佛坐道場　所得妙法　為欲說此　為當授記
示諸佛土　衆寶嚴淨　及見諸佛　此非小緣
文殊當知　四衆龍神　瞻察仁者　為說何等
尒時文殊師利語弥勒菩薩摩訶薩及諸
大士善男子等如我惟忖今佛世尊欲說大
法雨大法雨吹大法螺擊大法鼓演大法義
諸善男子我於過去諸佛曾見此瑞放斯光
已即說大法是故當知今佛現光亦復如是
欲令衆生咸得聞知一切世間難信之法故現
斯瑞諸善男子如過去无邊不可思議阿
僧祇劫尒時有佛号日月燈明如來應供
正遍知明行足善逝世間解无上士調御丈
夫天人師佛世尊演說正法初善中善後善
其義深遠其語巧妙純一无雜具足清白梵
行之相為求聲聞者說應四諦法度生老病
死究竟涅槃為求辟支佛者說應十二因
緣法為諸菩薩說應六波羅蜜令得阿耨
多羅三藐三菩提成一切種智次復有佛亦名
日月燈明次復有佛亦名日月燈明如是二万佛
皆同一字号日月燈明又同一姓頗羅墮弥勒
當知初佛後佛皆同一字名日月燈明
十号具足所可說法初中後善其最後佛未
出家時有八王子一名有意二名善意三名
无量意四名寶意五名增意六名除疑意七
名響意八名法意是八王子威德自在各領四

BD04314號　妙法蓮華經卷一　（25–7）

皆同一字号日月燈明又同一姓頗羅墮弥勒
當知初佛後佛皆同一字名日月燈明
十号具足所可說法初中後善其最後佛未
出家時有八王子一名有意二名善意三名
无量意四名寶意五名增意六名除疑意七
名響意八名法意是八王子威德自在各領四
天下是諸王子聞父出家得阿耨多羅三藐
三菩提悉捨王位亦隨出家發大乘意常脩
梵行皆為法師已於千万佛所植諸善本
是時日月燈明佛說大乘經名无量義教
菩薩法佛所護念說是經已即於大衆中結
跏趺坐入於无量義處三昧身心不動是時天
雨曼陁羅華摩訶曼陁羅華曼殊沙華摩
訶曼殊沙華而散佛上及諸大衆普佛世界
六種震動尒時會中比丘比丘尼優婆塞優婆
夷天龍夜叉乾闥婆阿脩羅迦樓羅緊那羅
摩睺羅伽人非人及諸小王轉輪聖王等是
諸大衆得未曾有歡喜合掌一心觀佛尒時
如來放眉間白毫相光照東方万八千佛土
靡不周遍如今所見是諸佛土弥勒當知尒
時會中有二十億菩薩樂欲聽法是諸菩薩
見此光明普照佛土得未曾有欲知此光所
為因緣時有菩薩名曰妙光有八百弟子是
時日月燈明佛從三昧起因妙光菩薩說大
乘經名妙法蓮華教菩薩法佛所護念六
十小劫不起于座時會聽者亦坐一處六十小劫

BD04314號　妙法蓮華經卷一　（25–8）

時會中有二十億菩薩樂欲聽法是諸菩薩
見此光明普照佛土得未曾有欲知此光所
為因緣時有菩薩名曰妙光有八百弟子是
時日月燈明佛從三昧起因妙光菩薩說大
乘經名妙法蓮華教菩薩法佛所護念六
十小劫不起于座時會聽者亦坐一處六十小劫
身心不動聽佛所說謂如食頃是時眾中无
有一人若身若心而生懈惓日月燈明佛於
六十小劫說是經已即於梵魔沙門婆羅門
及天人阿脩羅眾中而宣此言如來於今日
中夜當入无餘涅槃時有菩薩名曰德藏日
月燈明佛即授其記告諸比丘是德藏菩
薩次當作佛号曰淨身多陁阿伽度阿羅訶
三藐三佛陁佛授記已便於中夜入无餘涅
槃佛滅度後妙光菩薩持妙法蓮華經滿八
十小劫為人演說日月燈明佛八子皆師妙
光妙光教化令其堅固阿耨多羅三藐三菩
提是諸王子供養无量百千万億佛已皆成
佛道其最後成佛者名曰然燈八百弟子中
有一人号曰求名貪著利養雖復讀誦眾經
而不通利多所忘失故号求名是人亦以種
諸善根因緣故得值无量百千万億諸佛供
養恭敬尊重讚歎彌勒當知尒時妙光菩
薩豈異人乎我身是也求名菩薩汝身是也
今見此瑞與本无異是故惟忖今日如來當說
大乘經名妙法蓮華教菩薩法佛所護念

養恭敬尊重讚歎彌勒當知尒時妙光菩
薩豈異人乎我身是也求名菩薩汝身是也
今見此瑞與本无異是故惟忖今日如來當說
大乘經名妙法蓮華教菩薩法佛所護念
時文殊師利於大眾中欲重宣此義而說偈
言

我念過去世　无量无數劫　有佛人中尊　号日月燈明
世尊演說法　度无量眾生　无數億菩薩　令入佛智慧
佛未出家時　所生八王子　見大聖出家　亦隨脩梵行
時佛說大乘　經名无量義　於諸大眾中　而為廣分別
佛說此經已　即於法座上　跏趺坐三昧　名无量義處
天雨曼陁華　天鼓自然鳴　諸天龍鬼神　供養人中尊
一切諸佛土　即時大震動　佛放眉間光　現諸希有事
此光照東方　万八千佛土　示一切眾生　生死業報處
有見諸佛土　以眾寶莊嚴　琉璃頗梨色　斯由佛光照
及見諸天人　龍神夜叉眾　乾闥緊那羅　各供養其佛
又見諸如來　自然成佛道　身色如金山　端嚴甚微妙
如淨瑠璃中　內現真金像　世尊在大眾　敷演深法義
一一諸佛土　聲聞眾无數　因佛光所照　悉見彼大眾
或有諸比丘　在於山林中　精進持淨戒　猶如護明珠
又見諸菩薩　行施忍辱等　其數如恒沙　斯由佛光照
又見諸菩薩　深入諸禪定　身心寂不動　以求无上道
又見諸菩薩　知法寂滅相　各於其國土　說法求佛道
尒時四部眾　見日月燈佛　現大神通力　其心皆歡喜
各各自相問　是事何因緣　天人所奉尊　適從三昧起
讚妙光菩薩　汝為世間眼　一切所歸信　能奉持法藏

又見諸菩薩 深入諸禪定 身心寂不動 以求无上道
又見諸菩薩 知法寂滅相 各於其國土 說法求佛道
尒時四部衆 見日月燈佛 現大神通力 其心皆歡喜
各各自相問 是事何因緣 天人所奉尊 適從三昧起
讃妙光菩薩 汝為世間眼 一切所歸信 能奉持法藏
如我所說法 唯汝能證知 世尊既讃歎 令妙光歡喜
說是法華經 滿六十小劫 不起於此座 所說上妙法
是妙光法師 悉皆能受持 佛說是法華 令衆歡喜已
尋即於是日 告於天人衆 諸法實相義 已為汝等說
我今於中夜 當入於涅槃 汝一心精進 當離於放逸
諸佛甚難值 億劫時一遇 世尊諸子等 聞佛入涅槃
各各懷悲惱 佛滅一何速 聖主法之王 安慰无量衆
我若滅度時 汝等勿憂怖 是德藏菩薩 於无漏實相
心已得通達 其次當作佛 号曰為淨身 亦度无量衆
佛此夜滅度 如薪盡火滅 分布諸舍利 而起无量塔
比丘比丘尼 其數如恒沙 倍復加精進 以求无上道
是妙光法師 奉持佛法藏 八十小劫中 廣宣法華經
是諸八王子 妙光所開化 堅固无上道 當見无數佛
供養諸佛已 隨順行大道 相継得成佛 轉次而授記
㝡後天中天 号曰燃燈佛 諸仙之導師 度脫无量衆
是妙光法師 時有一弟子 心常懷懈怠 貪著於名利
求名利无猒 多遊族姓家 棄捨所習誦 廢忘不通利
以是因緣故 号之為求名 亦行衆善業 得見无數佛
供養於諸佛 隨順行大道 具六波羅蜜 今見釋師子
其後當作佛 号名曰弥勒 廣度諸衆生 其數无有量

BD04314號　妙法蓮華經卷一　（25–11）

是妙光法師 時有一弟子 心常懷懈怠 貪著於名利
求名利无猒 多遊族姓家 棄捨所習誦 廢忘不通利
以是因緣故 号之為求名 亦行衆善業 得見无數佛
供養於諸佛 隨順行大道 具六波羅蜜 今見釋師子
其後當作佛 号名曰弥勒 廣度諸衆生 其數无有量
彼佛滅度後 懈怠者汝是 妙光法師者 今則我身是
我見燈明佛 本光瑞如此 以是知今佛 欲說法華經
今相如本瑞 是諸佛方便 今佛放光明 助發實相義
諸人今當知 合掌一心待 佛當雨法雨 充足求道者
諸求三乘人 若有疑悔者 佛當為除斷 令盡无有餘

妙法蓮華經方便品第二

尒時世尊從三昧安詳而起告舍利弗諸佛
智慧甚深无量其智慧門難解難入一切聲
聞辟支佛所不能知所以者何佛曾親近百
千万億无數諸佛盡行諸佛无量道法勇
猛精進名稱普聞成就甚深未曾有法隨
宜所說意趣難解舍利弗吾從成佛已來
種種因緣種種譬喻廣演言教无數方便引
導衆生令離諸著所以者何如來方便知見波
羅蜜皆已具足舍利弗如來知見廣大深遠无
量无礙力无所畏禪定解脫三昧深入无際成
就一切未曾有法舍利弗如來能種種分別巧
說諸法言辭柔軟悅可衆心舍利弗取要
言之无量无邊未曾有法佛悉成就止舍利
弗不須復說所以者何佛所成就第一希有

BD04314號　妙法蓮華經卷一　（25–12）

鄣无礙力无所畏禪定解脫三昧深入无際成
就一切未曾有法舍利弗如來能種種分別巧
說諸法言辭柔軟悅可衆心舍利弗取要
言之无量无邊未曾有法佛悉成就止舍利
弗不須復說所以者何佛所成就第一希有
難解之法唯佛與佛乃能究盡諸法實相
所謂諸法如是相如是性如是體如是力如
是作如是因如是緣如是果如是報如是本末
究竟等尒時世尊欲重宣此義而說偈言
世雄不可量　諸天及世人　一切衆生類　无能知佛者
佛力无所畏　解脫諸三昧　及佛諸餘法　无能測量者
本從无數佛　具足行諸道　甚深微妙法　難見難可了
於无量億劫　行此諸道已　道場得成果　我已悉知見
如是大果報　種種性相義　我及十方佛　乃能知是事
是法不可示　言辭相寂滅　諸餘衆生類　无有能得解
除諸菩薩衆　信力堅固者　諸佛弟子衆　曾供養諸佛
一切漏已盡　住是最後身　如是諸人等　其力所不堪
假使滿世間　皆如舍利弗　盡思共度量　不能測佛智
正使滿十方　皆如舍利弗　及餘諸弟子　亦滿十方剎
盡思共度量　亦復不能知　辟支佛利智　无漏最後身
亦滿十方界　其數如竹林　斯等共一心　於億无量劫
欲思佛實智　莫能知少分　新發意菩薩　供養无數佛
了達諸義趣　又能善說法　如稻麻竹葦　充滿十方剎
一心以妙智　於恒河沙劫　咸皆共思量　不能知佛智
不退諸菩薩　其數如恒沙　一心共思量　亦復不能知
又告舍利弗　无漏不思議　甚深微妙法　我今已具得

欲思佛實智　莫能知少分　新發意菩薩　供養无數佛
了達諸義趣　又能善說法　如稻麻竹葦　充滿十方剎
一心以妙智　於恒河沙劫　咸皆共思量　不能知佛智
不退諸菩薩　其數如恒沙　一心共思量　亦復不能知
又告舍利弗　无漏不思議　甚深微妙法　我今已具得
唯我知是相　十方佛亦然　舍利弗當知　諸佛語无異
於佛所說法　當生大信力　世尊法久後　要當說真實
告諸聲聞衆　及求緣覺乘　我令脫苦縛　逮得涅槃者
佛以方便力　示以三乘教　衆生處處著　引之令得出
尒時大衆中有諸聲聞漏盡阿羅漢阿若憍
陳如等千二百人及發聲聞辟支佛心比丘比
丘尼優婆塞優婆夷各作是念今者世尊
何故慇懃稱歎方便而作是言佛所得法甚
深難解有所言說意趣難知一切聲聞辟
支佛所不能及佛說一解脫義我等亦得此
法到於涅槃而今不知是義所趣尒時舍利
弗知四衆心疑自亦未了而白佛言世尊何因
何緣慇懃稱歎諸佛第一方便甚深微妙難
解之法我自昔來未曾從佛聞如是說今者
四衆咸皆有疑唯願世尊敷演斯事世尊何
故慇懃稱歎甚深微妙難解之法尒時舍利
弗欲重宣此義而說偈言
慧日大聖尊　久乃說是法　自說得如是　力无畏三昧
禪定解脫等　不可思議法　道場所得法　无能發問者
我意難可測　亦无能問者　无問而自說　稱歎所行道

四衆咸皆有疑　唯願世尊　敷演斯事　世尊何
故慇懃稱歎甚深微妙難解之法尒時舍利
弗欲重宣此義而說偈言
慧日大聖尊　久乃說是法　自說得如是　力无畏三昧
禪定解脫等　不可思議法　道場所得法　无能發問者
我意難可測　亦无能問者　无問而自說　稱歎所行道
智慧甚微妙　諸佛之所得　无漏諸羅漢　及求涅槃者
今皆墮疑網　佛何故說是　其求緣覺者　比丘比丘尼
諸天龍鬼神　及乾闥婆等　相視懷猶豫　瞻仰兩足尊
是事為云何　願佛為解說　於諸聲聞衆　佛說我第一
我今自於智　疑惑不能了　為是究竟法　為是所行道
佛口所生子　合掌瞻仰待　願出微妙音　時為如實說
諸天龍神等　其數如恒沙　求佛諸菩薩　大數有八万
又諸万億國　轉輪聖王至　合掌以敬心　欲聞具足道
尒時佛告舍利弗止止不須復說若說是事
一切世間諸天及人皆當驚疑舍利弗重白
佛言世尊唯願說之唯願說之所以者何是
會无數百千万億阿僧祇衆生曾見諸佛諸
根猛利智慧明了聞佛所說則能敬信尒時
舍利弗欲重宣此義而說偈言
法王无上尊　唯說願勿慮　是會无量衆　有能敬信者
佛復止舍利弗若說是事一切世間天人阿脩
羅皆當驚疑增上慢比丘將墜於大坑尒時
世尊重說偈言
止止不須說　我法妙難思　諸增上慢者　聞必不敬信
尒時舍利弗重白佛言世尊唯願說之唯願

法王无上尊　唯說願勿慮　是會无量衆　有能敬信者
佛復止舍利弗若說是事一切世間天人阿脩
羅皆當驚疑增上慢比丘將墜於大坑尒時
世尊重說偈言
止止不須說　我法妙難思　諸增上慢者　聞必不敬信
尒時舍利弗重白佛言世尊唯願說之唯願
說之今此會中如我等比百千万億世世已
曾從佛受化如此人等必能敬信長夜安隱多
所饒益尒時舍利弗欲重宣此義而說偈言
无上兩足尊　願說第一法　我為佛長子　唯垂分別說
是會无量衆　能敬信此法　佛已曾世世　教化如是等
皆一心合掌　欲聽受佛語　我等千二百　及餘求佛者
願為此衆故　唯垂分別說　是等聞此法　則生大歡喜
尒時世尊告舍利弗汝已慇懃三請豈得不
說汝今諦聽善思念之吾當為汝分別解說
說此語時會中有比丘比丘尼優婆塞優婆
夷五千人等即從座起礼佛而退所以者何此
輩罪根深重及增上慢未得謂得未證謂
證有如此失是以不住世尊嘿然而不制止
尒時佛告舍利弗我今此衆无復枝葉純有
貞實舍利弗如是增上慢人退亦佳矣汝今
善聽當為汝說舍利弗言唯然世尊願樂欲
聞佛告舍利弗如是妙法諸佛如來時乃說
之如優曇鉢華時一現耳舍利弗汝等當信
佛之所說言不虛妄舍利弗諸佛隨宜說法
意趣難解所以者何我以无數方便種種

貞實舍利弗如是增上慢人退亦佳矣汝今
善聽當為汝說舍利弗言唯然世尊願樂欲
聞佛告舍利弗如是妙法諸佛如來時乃說
之如優曇鉢華時一現耳舍利弗汝等當信
佛之所說言不虛妄舍利弗諸佛隨宜說法
意趣難解所以者何我以无數方便種種
因緣譬喻言辞演說諸法是法非思量分別
之所能解唯有諸佛乃能知之所以者何諸佛
世尊唯以一大事因緣故出現於世舍利弗
云何名諸佛世尊唯以一大事因緣故出現
於世諸佛世尊欲令衆生開佛知見使得
清淨故出現於世欲示衆生佛知見故出現於
世欲令衆生悟佛知見故出現於世欲令衆生
入佛知見道故出現於世舍利弗是為諸佛
以一大事因緣故出現於世佛告舍利弗諸
佛如來但教化菩薩諸有所作常為一事
唯以佛之知見示悟衆生舍利弗如來但以一
佛乘故為衆生說法无有餘乘若二若三舍
利弗一切十方諸佛法亦如是舍利弗過去諸
佛以无量无數方便種種因緣譬喻言辞
而為衆生演說諸法是法皆為一佛乘故
是諸衆生從佛聞法究竟皆得一切種智
舍利弗未來諸佛當出於世亦以无量无數
方便種種因緣譬喻言辞而為衆生演說
諸法是法皆為一佛乘故是諸衆生從佛
聞法究竟皆得一切種智舍利弗現在十方

BD04314號　妙法蓮華經卷一　（25–17）

是諸衆生從佛聞法究竟皆得一切種智
舍利弗未來諸佛當出於世亦以无量无數
方便種種因緣譬喻言辞而為衆生演說
諸法是法皆為一佛乘故是諸衆生從佛
聞法究竟皆得一切種智舍利弗現在十方
无量百千万億佛土中諸佛世尊多所饒益
安樂衆生是諸佛亦以无量无數方便種種
因緣譬喻言辞而為衆生演說諸法是法
皆為一佛乘故是諸衆生從佛聞法究竟
皆得一切種智舍利弗是諸佛但教化菩薩
欲以佛之知見示衆生故欲以佛之知見悟
衆生故欲令衆生入佛之知見故舍利弗我
今亦復如是知諸衆生有種種欲深心所
著隨其本性以種種因緣譬喻言辞方便力
故而為說法舍利弗如此皆為得一佛乘一
切種智故舍利弗十方世界中尚无二乘何
況有三舍利弗諸佛出於五濁惡世所謂劫
濁煩惱濁衆生濁見濁命濁如是舍利弗
劫濁亂時衆生垢重慳貪嫉妒成就諸不善
根故諸佛以方便力於一佛乘分別說三舍利
弗若我弟子自謂阿羅漢辟支佛者不聞不
知諸佛如來但教化菩薩事此非佛弟子非
阿羅漢非辟支佛又舍利弗是諸比丘比丘尼
自謂已得阿羅漢是最後身究竟涅槃便不
復志求阿耨多羅三藐三菩提當知此輩皆是

BD04314號　妙法蓮華經卷一　（25–18）

想故諸佛以方便力於一佛乘分別說三舍
弗若我弟子自謂阿羅漢辟支佛者不聞不
知諸佛如来但教化菩薩事此非佛弟子非
阿羅漢非辟支佛又舍利弗是諸比丘比丘尼
自謂已得阿羅漢是㝡後身究竟涅槃便不
復志求阿耨多羅三藐三菩提當知此輩皆是
增上慢人所以者何若有比丘實得阿羅漢若不
信此法无有是處除佛滅度後現前无佛所
以者何佛滅度後如是等經受持讀誦解義
者是人難得若遇餘佛於此法中便得決了舍
利弗汝等當一心信解受持佛語諸佛如
来言无虚妄无有餘乘唯一佛乘尒時世尊
欲重宣此義而說偈言
比丘比丘尼　有懷增上慢　優婆塞我慢　優婆夷不信
如是四衆等　其數有五千　不自見其過　於戒有缺漏
護惜其瑕疵　是小智已出　衆中之糟糠　佛威德故去
斯人尠福德　不堪受是法　此衆无枝葉　唯有諸貞實
舍利弗善聽　諸佛所得法　无量方便力　而為衆生說
衆生心所念　種種所行道　若干諸欲性　先世善惡業
佛悉知是已　以諸緣譬喻　言辭方便力　令一切歡喜
或說脩多羅　伽陁及本事　本生未曾有　亦說於因緣
譬喻并祇夜　優波提舍經　鈍根樂小法　貪著於生死
於諸无量佛　不行深妙道　衆苦所惱亂　為是說涅槃
我設是方便　令得入佛慧　未曾說汝等　當得成佛道
所以未曾說　說時未至故　今正是其時　決定說大乘
我此九部法　隨順衆生說　入大乘為本　以故說是經

BD04314號　妙法蓮華經卷一　（25–19）

或說脩多羅　伽陁及本事　本生未曾有　亦說於因緣
譬喻并祇夜　優波提舍經　鈍根樂小法　貪著於生死
於諸无量佛　不行深妙道　衆苦所惱亂　為是說涅槃
我設是方便　令得入佛慧　未曾說汝等　當得成佛道
所以未曾說　說時未至故　今正是其時　決定說大乘
我此九部法　隨順衆生說　入大乘為本　以故說是經
有佛子心淨　柔軟亦利根　无量諸佛所　而行深妙道
為此諸佛子　說是大乘經　我記如是人　来世成佛道
以深心念佛　脩持淨戒故　此等聞得佛　大喜充遍身
佛知彼心行　故為說大乘　聲聞若菩薩　聞我所說法
乃至於一偈　皆成佛无疑　十方佛土中　唯有一乘法
无二亦无三　除佛方便說　但以假名字　引導於衆生
說佛智慧故　諸佛出於世　唯此一事實　餘二則非真
終不以小乘　濟度於衆生　佛自住大乘　如其所得法
定慧力莊嚴　以此度衆生　自證无上道　大乘平等法
若以小乘化　乃至於一人　我則墮慳貪　此事為不可
若人信歸佛　如来不欺誑　亦无貪嫉意　斷諸法中惡
故佛於十方　而獨无所畏　我以相嚴身　光明照世間
无量衆所尊　為說實相印　舍利弗當知　我本立誓願
欲令一切衆　如我等无異　如我昔所願　今者已滿足
化一切衆生　皆令入佛道　若我遇衆生　盡教以佛道
无智者錯亂　迷惑不受教　我知此衆生　未曾脩善本
堅著於五欲　癡愛故生惱　以諸欲因緣　墜墮三惡道
輪迴六趣中　備受諸苦毒　受胎之微形　世世常增長
薄德少福人　衆苦所逼迫　入邪見稠林　若有若无等
依止此諸見　具足六十二　深著虚妄法　堅受不可捨

BD04314號　妙法蓮華經卷一　（25–20）

化一切衆生　皆令入佛道　若我遇衆生　盡教以佛道
无智者錯亂　迷惑不受教　我知此衆生　未曾脩善本
堅著於五欲　癡愛故生惱　以諸欲因緣　墜墮三惡道
輪迴六趣中　備受諸苦毒　受胎之微形　世世常增長
薄德少福人　衆苦所逼迫　入邪見稠林　若有若无等
依止此諸見　具足六十二　深著虛妄法　堅受不可捨
我慢自矜高　諂曲心不實　於千万億劫　不聞佛名字
亦不聞正法　如是人難度　是故舍利弗　我為設方便
說諸盡苦道　示之以涅槃　我雖說涅槃　是亦非真滅
諸法從本來　常自寂滅相　佛子行道已　來世得作佛
我有方便力　開示三乘法　一切諸世尊　皆說一乘道
今此諸大衆　皆應除疑惑　諸佛語无異　唯一无二乘
過去无數劫　无量滅度佛　百千万億種　其數不可量
如是諸世尊　種種緣譬喻　无數方便力　演說諸法相
是諸世尊等　皆說一乘法　化无量衆生　令入於佛道
又諸大聖主　知一切世間　天人群生類　深心之所欲
更以異方便　助顯第一義　若有衆生類　值諸過去佛
若聞法布施　或持戒忍辱　精進禪智等　種種脩福慧
如是諸人等　皆已成佛道　諸佛滅度已　若人善軟心
如是諸衆生　皆已成佛道　諸佛滅度已　供養舍利者
起万億種塔　金銀及頗梨　車璖與馬瑙　玫瑰瑠璃珠
清淨廣嚴飾　莊校於諸塔　或有起石廟　栴檀及沈水
木櫁并餘材　塼瓦泥土等　若於曠野中　積土成佛廟
乃至童子戲　聚沙為佛塔　如是諸人等　皆已成佛道
若人為佛故　建立諸形像　刻雕成衆相　皆已成佛道
或以七寶成　鍮石赤白銅　白鑞及鈆錫　鐵木及與泥

BD04314號　妙法蓮華經卷一　（25–21）

木櫁并餘材　塼瓦泥土等　若於曠野中　積土成佛廟
乃至童子戲　聚沙為佛塔　如是諸人等　皆已成佛道
若人為佛故　建立諸形像　刻雕成衆相　皆已成佛道
或以七寶成　鍮石赤白銅　白鑞及鈆錫　鐵木及與泥
或以膠漆布　嚴飾作佛像　如是諸人等　皆已成佛道
采畫作佛像　百福莊嚴相　自作若使人　皆已成佛道
乃至童子戲　若草木及筆　或以指爪甲　而畫作佛像
如是諸人等　漸漸積功德　具足大悲心　皆已成佛道
但化諸菩薩　度脫无量衆　若人於塔廟　寶像及畫像
以華香幡蓋　敬心而供養　若使人作樂　擊鼓吹角貝
簫笛琴箜篌　琵琶鐃銅鈸　如是衆妙音　盡持以供養
或以歡喜心　歌唄頌佛德　乃至一小音　皆已成佛道
若人散亂心　乃至以一華　供養於畫像　漸見无數佛
或有人礼拜　或復但合掌　乃至舉一手　或復小低頭
以此供養像　漸見无量佛　自成无上道　廣度无數衆
入无餘涅槃　如薪盡火滅　若人散亂心　入於塔廟中
一稱南无佛　皆已成佛道　於諸過去佛　在世或滅後
若有聞是法　皆已成佛道　未來諸世尊　其數无有量
是諸如來等　亦方便說法　一切諸如來　以无量方便
度脫諸衆生　入佛无漏智　若有聞法者　无一不成佛
諸佛本誓願　我所行佛道　普欲令衆生　亦同得此道
未來世諸佛　雖說百千億　无數諸法門　其實為一乘
諸佛兩足尊　知法常无性　佛種從緣起　是故說一乘
是法住法位　世間相常住　於道場知已　導師方便說
天人所供養　現在十方佛　其數如恒沙　出現於世間
知第一寂滅　以方便力故

BD04314號　妙法蓮華經卷一　（25–22）

未來世諸佛　雖說百千億　无數諸法門　其實為一乘
諸佛兩足尊　知法常无性　佛種從緣起　是故說一乘
是法住法位　世間相常住　於道場知已　導師方便說
天人所供養　現在十方佛　其數如恒沙　出現於世間
安隱衆生故　亦說如是法　知第一寂滅　以方便力故
雖示種種道　其實為佛乘　知衆生諸行　深心之所念
過去所習業　欲性精進力　及諸根利鈍　以種種因緣
譬喻亦言辭　隨應方便說　今我亦如是　安隱衆生故
以種種法門　宣示於佛道　我以智慧力　知衆生性欲
方便說諸法　皆令得歡喜　舍利弗當知　我以佛眼觀
見六道衆生　貧窮无福慧　入生死險道　相續苦不斷
深著於五欲　如犛牛愛尾　以貪愛自蔽　盲瞑无所見
不求大勢佛　及與斷苦法　深入諸邪見　以苦欲捨苦
為是衆生故　而起大悲心　我始坐道場　觀樹亦經行
於三七日中　思惟如是事　我所得智慧　微妙最第一
衆生諸根鈍　著樂癡所盲　如斯之等類　云何而可度
爾時諸梵王　及諸天帝釋　護世四天王　及大自在天
并餘諸天衆　眷屬百千萬　恭敬合掌禮　請我轉法輪
我即自思惟　若但讚佛乘　衆生沒在苦　不能信是法
破法不信故　墜於三惡道　我寧不說法　疾入於涅槃
尋念過去佛　所行方便力　我今所得道　亦應說三乘
作是思惟時　十方佛皆現　梵音慰喻我　善哉釋迦文
第一之導師　得是无上法　隨諸一切佛　而用方便力
我等亦皆得　最妙第一法　為諸衆生類　分別說三乘
少智樂小法　不自信作佛　是故以方便　分別說諸果
雖復說三乘　但為教菩薩　舍利弗當知　我聞聖師子

作是思惟時　十方佛皆現　梵音慰喻我　善哉釋迦文
第一之導師　得是无上法　隨諸一切佛　而用方便力
我等亦皆得　最妙第一法　為諸衆生類　分別說三乘
少智樂小法　不自信作佛　是故以方便　分別說諸果
雖復說三乘　但為教菩薩　舍利弗當知　我聞聖師子
深淨微妙音　一稱南无佛　復作如是念　我出濁惡世
如諸佛所說　我亦隨順行　思惟是事已　即趣波羅柰
諸法寂滅相　不可以言宣　以方便力故　為五比丘說
是名轉法輪　便有涅槃音　及以阿羅漢　法僧差別名
從久遠劫來　讚示涅槃法　生死苦永盡　我常如是說
舍利弗當知　我見佛子等　志求佛道者　无量千萬億
咸以恭敬心　皆來至佛所　曾從諸佛聞　方便所說法
我即作是念　如來所以出　為說佛慧故　今正是其時
舍利弗當知　鈍根小智人　著相憍慢者　不能信是法
今我喜无畏　於諸菩薩中　正直捨方便　但說无上道
菩薩聞是法　疑網皆已除　千二百羅漢　悉亦當作佛
如三世諸佛　說法之儀式　我今亦如是　說无分別法
諸佛興出世　懸遠值遇難　正使出于世　說是法復難
无量无數劫　聞是法亦難　能聽是法者　斯人亦復難
譬如優曇華　一切皆愛樂　天人所希有　時時乃一出
聞法歡喜讚　乃至發一言　則為已供養　一切三世佛
是人甚希有　過於優曇華　汝等勿有疑　我為諸法王
普告諸大衆　但以一乘道　教化諸菩薩　无聲聞弟子
汝等舍利弗　聲聞及菩薩　當知是妙法　諸佛之祕要
以五濁惡世　但樂著諸欲　如是等衆生　終不求佛道
當來世惡人　聞佛說一乘　迷惑不信受　破法墮惡道

舍利弗當知　鈍根小智人　著相憍慢者　不能信是法
今我喜无畏　於諸菩薩中　正直捨方便　但說无上道
菩薩聞是法　疑網皆已除　千二百羅漢　悉亦當作佛
如三世諸佛　說法之儀式　我今亦如是　說无分別法
諸佛興出世　懸遠值遇難　正使出于世　說是法復難
无量无數劫　聞是法亦難　能聽是法者　斯人亦復難
譬如優曇華　一切皆愛樂　天人所希有　時時乃一出
聞法歡喜讚　乃至發一言　則為已供養　一切三世佛
是人甚希有　過於優曇華　汝等勿有疑　我為諸法王
普告諸大眾　但以一乘道　教化諸菩薩　无聲聞弟子
汝等舍利弗　聲聞及菩薩　當知是妙法　諸佛之秘要
以五濁惡世　但樂著諸法　如是等眾生　終不求佛道
當來世惡人　聞佛說一乘　迷惑不信受　破法墮惡道
有慚愧清淨　志求佛道者　當為如是等　廣讚一乘道
舍利弗當知　諸佛法如是　以万億方便　隨宜而說法
其不習學者　不能曉了此　汝等既已知　諸佛世之師
隨宜方便事　无復諸疑惑　心生大歡喜　自知當作佛

妙法蓮華經卷第一

BD04314號　妙法蓮華經卷一　（25–25）

具足辯辯善能問荅是時王子承佛神力語
婆羅門憍陳如言大婆羅門汝於世尊求何
恩德我能為汝施如意恩婆羅門言善哉王
子我等願欲恭敬供養世尊之身是故欲得
如來舍利如芥子許所以者何如我所聞若
善男子及善女人恭敬供養如來舍利六天
帝主富貴安樂必得无窮是時王子即便荅
言大婆羅門汝一心聽若欲願求无量功德
及六天報此金光明諸經之王難思難解福
報无窮聲聞緣覺所不能知此經攝持如是
功德无邊福報不可思議我今為汝略說之
耳婆羅門言善哉王子如是金光微妙經典
功德无邊難解難覺乃至如此不可思議我
等邊國婆羅門等作如此說若善男子及善
女人得佛舍利如芥子許置小塔中暫時礼
拜恭敬供養功德无邊是人命終作六天主
受上妙樂不可窮盡汝今云何而不願樂供
養舍利求此報耶如是王子以是因緣我今
從佛欲求一恩是時王子即以偈荅婆羅門
言
設河駛流中　可生拘物華　世尊身舍利　畢竟不可有
假使烏赤色　拘枳羅白形　此尊真實身　不可成舍利
設使閻浮樹　能生多羅菓　佉受羅樹等　轉生菴羅實
如來身无滅　不可生舍利　設使龜毛等　可以為衣裳

BD04315號　合部金光明經卷一　（1–1）

大乘无量壽經
如是我聞一時薄伽梵在舍衛國祇樹給孤獨園與大苾芻僧千二百五十人大菩薩摩訶薩
衆俱同會坐尒時世尊告曼殊室利童子曼殊上方有世界名无量功德聚彼土有佛
号无量智決定王如來阿羅訶三藐三菩提現為衆生開示說法曼殊諦聽南閻浮
提人皆短壽大限百年於中殀枉橫死者衆曼殊如是无量壽如來功德名稱法要若
有衆生得聞名号若有自書或使人書能為經卷受持讀誦若於舍宅所住之處莊種種花
鬘瓔珞塗香末香而為供養如其命盡復得延年滿足百歲如是曼殊若有衆生得
聞是无量壽智決定王如來一百八名号者益其長壽若有衆生大命將盡憶念是如來
名号更得增壽如是曼殊若有善男子善女人欲求長壽於是无量壽如來一百八名号有得聞
者或自書若使人書受持讀誦得如是等果報福德具足陁羅尼曰
南謨薄伽勃底一阿波唎蜜哆二阿喻紇硯娜三須毗你悉指陁四囉佐耶五怛他羯他耶六
怛姪他唵七薩婆桒悉迦囉八波唎輸底九達磨底十伽迦娜十一莎訶某持迦底十二薩婆
婆毗輸底十三摩訶娜耶十四波唎婆唎莎訶十五
世尊復告曼殊室利如是如來一百八名号若有自書或使書為經卷受持讀誦如壽命盡
復滿百年壽終此身得往生无量福智世界无量壽淨土陁羅尼曰
南謨薄伽勃底一阿波唎蜜哆二阿喻紇硯娜三須毗你悉指陁四囉佐耶五怛他羯他耶六怛
姪他唵七薩婆桒悉迦囉八波唎輸底九達磨底十伽迦娜十一莎訶某持迦底十二
薩婆婆毗輸底十三摩訶娜耶十四波唎婆唎莎訶十五
尒時復有九十九姟佛等一時同聲說是无量壽宗要經陁羅尼曰
南謨薄伽勃底一阿波唎蜜哆二阿喻紇硯娜三須毗你悉指陁四囉佐耶五怛他羯他
耶六怛姪他唵七薩婆桒悉迦囉八鉢唎輸底九達磨底十伽迦娜十一莎訶某持迦底
薩婆婆毗輸底十三摩訶娜耶十四波唎婆唎莎訶十五
尒時復有一百四姟佛一時同聲說是无量壽宗要經陁羅尼曰
南謨薄伽勃底一阿波唎蜜哆二阿喻紇硯娜三須毗你悉指陁四囉佐耶五怛他羯他耶六
怛姪他唵七薩婆桒悉迦囉八波唎輸底九達磨底十伽迦娜十一莎訶某持迦底十二

BD04316號　無量壽宗要經　（6–1）

南謨薄伽勃底一阿波唎蜜哆二阿喻紇硯娜三須毗你悉指陁四囉佐耶五怛他羯他
耶六怛姪他唵七薩婆桒悉迦囉八鉢唎輸底九達磨底十伽迦娜十一莎訶某持迦底
薩婆婆毗輸底十三摩訶娜耶十四波唎婆唎莎訶十五
尒時復有一百四姟佛一時同聲說是无量壽宗要經陁羅尼曰
南謨薄伽勃底一阿波唎蜜哆二阿喻紇硯娜三須毗你悉指陁四囉佐耶五怛他羯他耶六
怛姪他唵七薩婆桒悉迦囉八波唎輸底九達磨底十伽迦娜十一莎訶某持迦底十二
薩婆婆毗輸底十三摩訶娜耶十四波唎婆唎莎訶十五
尒時復有七姟佛一時同聲說是无量壽宗要經陁羅尼曰
南謨薄伽勃底一阿波唎蜜哆二阿喻紇硯娜三須毗你悉指陁四囉佐耶五怛他羯他耶六
怛姪他唵七薩婆桒悉迦囉八鉢唎輸底九達磨底十伽迦娜十一莎訶某持迦底十二薩
婆婆毗輸底十三摩訶娜耶十四波唎婆唎莎訶十五
尒時復有六十五姟佛一時同聲說是无量壽宗要經陁羅尼曰
南謨薄伽勃底一阿波唎蜜哆二阿喻紇硯娜三須毗你悉指陁四囉佐耶五怛他羯
他耶六怛姪他唵七薩婆桒悉迦囉八鉢唎輸底九達磨底十伽迦娜十一莎訶某持迦
底十二薩婆婆毗輸底十三摩訶娜耶十四波唎婆唎莎訶十五
尒時復有五十五姟佛一時同聲說是无量壽宗要經陁羅尼曰
南謨薄伽勃底一阿波唎蜜哆二阿喻紇硯娜三須毗你悉指陁四囉佐耶五
怛他羯他耶六怛姪他唵七薩婆桒悉迦囉八鉢唎輸底九達磨底十伽迦娜十一
莎訶某持迦底十二薩婆婆毗輸底十三摩訶娜耶十四波唎婆唎莎訶十五
尒時復有四十五姟佛一時同聲說是无量壽宗要經陁羅尼曰
南謨薄伽勃底一阿波唎蜜哆二阿喻紇硯娜三須毗你悉指陁四囉佐耶五怛他羯他耶六
怛姪他唵七薩婆桒悉迦囉八鉢唎輸底九達磨底十伽迦娜十一莎訶某持迦底十二
薩婆婆毗輸底十三摩訶娜耶十四波唎婆唎莎訶十五
尒時復有三十六姟佛一時同聲說是无量壽宗要經陁羅尼曰
南謨薄伽勃底一阿波唎蜜哆二阿喻紇硯娜三須毗你悉指陁四囉佐耶五怛他羯他耶六
怛姪他唵七薩婆桒悉迦囉八鉢唎輸底九達磨底十伽迦娜十一莎訶某持迦底十二
薩婆婆毗輸底十三摩訶娜耶十四波唎婆唎莎訶十五
尒時復有二十五姟佛一時同聲說是无量壽宗要經陁羅尼曰
南謨薄伽勃底一阿波唎蜜哆二阿喻紇硯娜三須毗你悉指陁四囉佐耶五怛他羯
他耶六怛姪他唵七薩婆桒悉迦囉八鉢唎輸底九達磨底十伽迦娜十一莎訶某持迦底
薩婆婆毗輸底十三摩訶娜耶十三波唎婆唎莎訶十五
尒時復有恒河沙姟佛一時同聲說是无量壽宗要經陁羅尼曰

BD04316號　無量壽宗要經　（6–2）

怛姪他唵七薩婆桒悉迦羅八鉢唎輸底九達磨底十伽迦娜十一莎訶其持迦底十二
薩婆婆毗輸底十三摩訶娜耶十四波唎婆唎莎訶十五
尒時復有二十五殑佛一時同聲說是无量壽宗要經陁羅尼曰
南謨薄伽勃底一阿波唎蜜哆二阿喻紇硯娜三須毗你悉指陀四囉佐耶五怛他羯
他耶六怛姪他唵七薩婆桒悉迦羅八鉢唎輸底九達磨底十伽迦娜十一莎訶其持迦底
薩婆婆毗輸底十三摩訶娜耶十四波唎婆唎莎訶十五
尒時復有恒河沙殑佛一時同聲說是无量壽宗要經陁羅尼曰
南謨薄伽勃底一阿波唎蜜哆二阿喻紇硯娜三須毗你悉指陀四囉佐耶五怛他羯他
耶六怛姪他唵七薩婆桒悉迦囉八鉢唎輸底九達磨底十伽迦娜十一莎訶其持迦底
薩婆婆毗輸底十三摩訶娜耶十四波唎婆唎莎訶十五
善男子若有自書寫教人書寫是无量壽宗要經如其命盡復得長壽百滿年陁羅尼曰
南謨薄伽勃底一阿波唎蜜哆二阿喻紇硯娜三須毗你悉指陀四囉佐耶五怛他羯他耶六
怛姪他唵七薩婆桒悉迦囉八鉢唎輸底九達磨底十伽迦娜十一莎訶其持迦底十二薩
婆婆毗輸底十三摩訶娜耶十四波唎婆唎莎訶十五
若有自書寫教人書寫是无量壽宗要經讀誦受持畢竟不墮地獄在在所
生得宿命智陁尼曰
南謨薄伽勃底一阿波唎蜜哆二阿喻紇硯娜三須毗你悉指陀四囉佐耶五怛他羯他耶六怛
姪他唵七薩婆桒悉迦囉八鉢唎輸底九達磨底十伽迦娜十一莎訶其持迦底十二薩
婆婆毗輸底十三摩訶娜耶十四波唎婆唎莎訶十五
若有自書寫教人書寫是无量壽宗要經受持讀誦如同書寫八万四千一切經典陁羅尼曰
南謨薄伽勃底一阿波唎蜜哆二阿喻紇硯娜三須毗你悉指陀四囉佐耶五怛他羯
他耶六怛姪他唵七薩婆桒悉迦囉八鉢唎輸底九達磨底十伽迦娜十一莎訶其持迦底十二
薩婆婆毗輸底十三摩訶娜耶十四波唎婆唎莎訶十五
若有自書寫教人書寫是无量壽宗要經即是書寫八万四千部建立塔廟陁羅尼曰
南謨薄伽勃底一阿波唎蜜哆二阿喻紇硯娜三須毗你悉指陀四囉佐耶五怛他羯他耶六
怛姪他唵七薩婆桒悉迦囉八鉢唎輸底九達磨底十伽迦娜十一莎訶其持迦底十二薩
婆婆毗輸底十三摩訶娜耶十四波唎婆唎莎訶十五
若有自書寫教人書寫是无量壽宗要經能消五无間等一切重罪陁羅尼曰
南謨薄伽勃底一阿波唎蜜哆二阿喻紇硯娜三須毗你悉指陀四囉佐耶五怛他羯他耶六怛
姪他唵七薩婆桒悉迦囉八鉢唎輸底九達磨底十伽迦娜十一莎訶其持迦底十二薩
婆婆毗輸底十三摩訶娜耶十四波唎婆唎莎訶十五

BD04316號　無量壽宗要經　（6–3）

南謨薄伽勃底一阿波唎蜜哆二阿喻紇硯娜三須毗你悉指陀四囉佐耶五怛他羯他耶六
怛姪他唵七薩婆桒悉迦囉八鉢唎輸底九達磨底十伽迦娜十一莎訶其持迦底十二薩
婆婆毗輸底十三摩訶娜耶十四波唎婆唎莎訶十五
若有自書寫教人書寫是无量壽宗要經能消五无間等一切重罪陁羅尼曰
南謨薄伽勃底一阿波唎蜜哆二阿喻紇硯娜三須毗你悉指陀四囉佐耶五怛他羯他耶六怛
姪他唵七薩婆桒悉迦囉八鉢唎輸底九達磨底十伽迦娜十一莎訶其持迦底十二薩
婆婆毗輸底十三摩訶娜耶十四波唎婆唎莎訶十五
若有自書寫教人書寫是无量壽宗要經受持讀誦設有重罪猶如須弥盡能除滅陁羅尼曰
南謨薄伽勃底一阿波唎蜜哆二阿喻紇硯娜三須毗你悉指陀四囉佐耶五怛他羯他耶六怛姪
他唵七薩婆桒悉迦囉八鉢唎輸底九達磨底十伽迦娜十一莎訶其持迦底十二薩婆
婆毗輸底十三摩訶娜耶十四波唎婆唎莎訶十五
若有自書寫教人書寫是无量壽宗要經受持讀誦若魔魔之眷屬
夜叉羅刹不得其便終无枉死陁羅尼曰
南謨薄伽勃底一阿波唎蜜哆二阿喻紇硯娜三須毗你悉指陀四囉佐耶五怛他羯他耶六怛
他唵七薩婆桒悉迦囉八波唎輸底九達磨底十伽迦娜十一莎訶其持迦底十二薩
婆婆毗輸底十三摩訶娜耶十四波唎婆唎莎訶十五
若有自書寫教人書寫是无量壽宗要經受持讀誦當終時有九十九殑佛現
其人前菸千佛授手能遊一切佛刹莫於此經生於疑惑陁羅尼曰
南謨薄伽勃底一阿波唎蜜哆二阿喻紇硯娜三須毗你悉指陀四囉佐耶五怛他羯他耶六
怛姪他唵七薩婆桒悉迦囉八波唎輸底九達磨底十伽迦娜十一莎訶其持迦底十二薩
婆婆毗輸底十三摩訶娜耶十四波唎婆唎莎訶十五
若有自書寫教人書寫是无量壽宗要經受持讀誦常得四天大王隨其衛護陁羅尼曰
南謨薄伽勃底一阿波唎蜜哆二阿喻紇硯娜三須毗你悉指陀四囉佐耶五怛他羯他耶
怛姪他唵七薩婆桒悉迦囉八波唎輸底九達磨底十伽迦娜十一莎訶其持迦底
薩婆婆毗輸底十三摩訶娜耶十四波唎婆唎莎訶十五
若有自書寫教人書寫是无量壽宗要經受持讀誦當得往生西方極樂世界阿弥陁淨土陁羅尼曰
南謨薄伽勃底一阿波唎蜜哆二阿喻紇硯娜三須毗你悉指陀四囉佐耶五怛他羯他耶
怛姪他唵七薩婆桒悉迦囉八鉢唎輸底九達磨底十伽迦娜十一莎訶其持迦底十二
薩婆婆毗輸底十三摩訶娜耶十四波唎婆唎莎訶十五
若有方所自書寫使人書寫是无量壽經典之處則為是塔皆應恭敬作礼若是
畜生或為烏鵲得聞是經如是等類皆當不久得成一切種智陁羅尼曰
南謨薄伽勃底一阿波唎蜜哆二阿喻紇硯娜三須毗你悉指陀四囉佐耶五怛他羯他耶

BD04316號　無量壽宗要經　（6–4）

南謨薄伽勃底一阿波唎蜜哆二阿喻紇硯娜三須毗你悲指陁四囉佐耶五怛他羯他耶
怛姪他唵七薩婆桒悉迦囉八鉢唎輸底九達磨底十伽伽娜十一莎訶其持迦底十二
薩婆婆毗輸底十三摩訶娜耶十四波唎婆唎莎訶十五
若有方所自書寫使人書寫是无量壽經典之處則為是塔皆應恭敬作礼若是
畜生飛鳥獸得聞是經如是等類皆當不久得成一切種智陁羅尼日
南謨薄伽勃底一阿波唎蜜哆二阿喻紇硯娜三須毗你悲指陁四囉佐耶五怛他羯他耶
怛姪他唵七薩婆桒悉迦囉八鉢唎輸底九達磨底十伽伽娜十一莎訶其持迦底十二
薩婆婆毗輸底十三摩訶娜耶十四波唎婆唎莎訶十五
若有於是无量壽經自書寫若使人書畢竟不受女人之身陁羅尼日
南謨薄伽勃底一阿跋唎蜜哆二阿喻紇硯娜三須毗你悲指陁四囉佐耶五怛他羯他耶
怛姪他唵七薩婆桒悉迦囉八波唎輸底九達磨底十伽伽娜十一莎訶其持迦底十二
薩婆婆毗輸底十三摩訶娜耶十四波唎婆唎莎訶十五
若有能於是經少分能惠施者等於三千大千世界滿中七寶布施陁羅尼日
南謨薄伽勃底一阿波唎蜜哆二阿喻紇硯娜三須毗你悲指陁四囉佐耶五怛他羯
他耶六怛姪他唵七薩婆桒悉迦囉八波唎輸底九達磨底十伽伽娜十一莎訶其持
迦底十二薩婆婆毗輸底十三摩訶娜耶十四波唎婆唎莎訶十五
若有能供養是經者則是供養一切諸經等无有異陁羅尼日
南謨薄伽勃底一阿波唎蜜哆二阿喻紇硯娜三須毗你悲指陁四囉佐耶五怛他羯他
耶六怛姪他唵七薩婆桒悉迦囉八鉢唎輸底九達磨底十伽伽娜十一莎訶其持
迦底十二薩婆婆毗輸底十三摩訶娜耶十四波唎婆唎莎訶十五
如是毗婆尸佛　尸弃佛　毗舍浮佛　俱留孫佛　俱那含牟尼佛　迦葉佛　釋迦牟尼佛
若有人以七寶供養如是七佛其福有限書寫受持是无量壽經典所有功德不可限量陁羅尼日
南謨薄伽勃底一阿波唎蜜哆二阿喻紇硯娜三須毗你悲指陁四囉佐耶五怛他羯他耶六怛姪
他唵七薩婆桒悉迦囉八波唎輸底九達磨底十伽伽娜十一莎訶其持迦底十二薩婆
婆毗輸底十三摩訶娜耶十四波唎婆唎莎訶十五
若有七寶等於須弥山用布施其福上能算其限量是无量壽經典其福不可知數陁羅尼日
南謨薄伽勃底一阿波唎蜜哆二阿喻紇硯娜三須毗你悲指陁四囉佐耶五怛他羯他耶六怛
姪他唵七薩婆桒悉迦囉八鉢唎輸底九達磨底十伽伽娜十一莎訶其持迦底十二
薩婆婆毗輸底十三摩訶娜耶十四波唎婆唎莎訶十五
如是四大海水可知滴數是无量壽經典所生果報不可數量陁羅尼日
南謨薄伽勃底一阿波唎蜜哆二阿喻紇硯娜三須毗你悲指陁四囉佐耶五怛他羯

若有七寶等於須弥以用布施其福上能算其限量是无量壽經典其福不可知數陁羅尼日
南謨薄伽勃底一阿波唎蜜哆二阿喻紇硯娜三須毗你悲指陁四囉佐耶五怛他羯他耶六怛
姪他唵七薩婆桒悉迦囉八鉢唎輸底九達磨底十伽伽娜十一莎訶其持迦底十二
薩婆婆毗輸底十三摩訶娜耶十四波唎婆唎莎訶十五
如是四大海水可知滴數是无量壽經典所生果報不可數量陁羅尼日
南謨薄伽勃底一阿波唎蜜哆二阿喻紇硯娜三須毗你悲指陁四囉佐耶五怛他羯
他耶六怛姪他唵七薩婆桒悉迦囉八波唎輸底九達磨底十伽伽娜十一莎訶其持迦
底十二薩婆婆毗輸底十三摩訶娜耶十四波唎婆唎莎訶十五
若有自書寫使人書寫是无量壽經典又能護持供養即如恭敬供養
一切十方佛土如來无有別異陁羅尼日
南謨薄伽勃底一阿波唎蜜哆二阿喻紇硯娜三須毗你悲指陁四囉佐耶五怛他羯他耶
怛姪他唵七薩婆桒悉迦囉八波唎輸底九達磨底十伽伽娜十一莎訶其持迦底十二
布施力能成正覺　悟布施力人師子　布施力能聲普聞　慈悲階漸畢能入
持戒力能成正覺　悟持戒力人師子　持戒力能聲普聞　慈悲階漸畢能入
忍辱力能成正覺　悟忍辱力人師子　忍辱力能聲普聞　慈悲階漸畢能入
禪進力能成正覺　悟精進力人師子　精進力能聲普聞　慈悲階漸畢能入
禪定力能成正覺　悟禪定力人師子　禪定力能聲普聞　慈悲階漸畢能入
智慧力能成正覺　悟智慧力人師子　智慧力能聲普聞　慈悲階漸畢能入
尒時如來說是經已一切世間天人阿脩羅揵闥婆等聞佛所說皆
大歡喜信受奉行
佛說无量壽宗要經

田廣談

[illegible]心犯輕垢罪　若佛子以惡心故

[illegible]為白衣通致男女交會婬色作諸

[illegible]作殺生劫盜破齋犯戒者犯輕垢罪

[illegible]制戒品中廣解　佛言佛子佛滅度後於惡

人劫賊賣佛菩薩父母形像[illegible]賣經律[illegible]比丘比丘

尼亦賣發心菩薩道人或為官使與一切人作奴婢[illegible]見是事已應生

慈心方便救護處處教化取物贖佛菩薩形像及比丘比丘尼發心菩薩

一切經律若不贖者犯輕垢罪　若佛子不得畜刀杖弓箭販賣輕秤小

斗因官形勢取人財物害心繫縛破壞成功長養猫狸猪狗若故養者犯

輕垢罪　若佛子以惡心故觀一切男女等鬪軍陣兵將劫賊等鬪亦不得

聽吹貝鼓角琴瑟箏笛箜篌歌叫伎樂之聲不得樗蒲圍棊波羅塞

戲彈棊六博拍毱擲石投壺八道行城爪鏡蓍草楊枝鉢盂髑髏而作卜

筮不得作盜賊使命一一不得作若故作者犯輕垢罪　若佛子護持禁戒

行住坐臥日夜六時讀誦是戒猶如金剛如帶持浮囊欲度大海如草繫比

丘常生大乘善信自知我是未成之佛諸佛是已成之佛發菩提心念念不去

心若起一念二乘外道心者犯輕垢罪　若佛子常應發一切願孝順

父母師僧三寶願得好師同學善友知識常教我大乘經律十發趣十長

[illegible]

BD04317 號　梵網經盧舍那佛說菩薩心地戒品第十卷下　（2–1）

筮不得作盜賊使命一一不得作若故作者犯輕垢罪　若佛子護持禁戒

行住坐臥日夜六時讀誦是戒猶如金剛如帶持浮囊欲度大海如草繫比

丘常生大乘善信自知我是未成之佛諸佛是已成之佛發菩提心念念不去

心若起一念二乘外道心者犯輕垢罪　若佛子常應發一切願孝順

父母師僧三寶願得好師同學善友知識常教我大乘經律十發趣十長

養十金剛十地使我開解如法修行堅持佛戒寧捨身命念念不去心若一

切菩薩不發是願者犯輕垢罪　若佛子發是十大願已持佛禁戒作是

願言寧以此身投熾然猛火大坑終不毀犯三世諸佛經律

不淨行　復作是願寧以熱鐵羅網千重周帀[illegible]

檀越一切衣服　復作是願寧以此口吞熱鐵丸及大[illegible]

戒之口食信心檀越百味飲食　復作是願寧以[illegible]

熱鐵地上終不以破戒之身受信心檀越百種牀座　復作是願[illegible]

身受三百矛刺經一劫二劫終不以破戒之身受信心檀越百味醫藥

復作是願寧以此身投熱鐵鑊經百千劫終[illegible]受信心檀

種房舍屋宅園林田地　復作是[illegible]

[illegible]塵終不以破戒之身受信心檀越

熱鐵刀矛挑其兩目終不以破戒之心視他

雖遍[illegible]

BD04317 號　梵網經盧舍那佛說菩薩心地戒品第十卷下　（2–2）

者所以者何四大
亦无我又此病起皆由著我是故於我不
生著既知病本即除我想及衆生想當起法
想應作是念但以衆法合成此身起唯法起
滅唯法滅又此法者各不相知起時不言我
起滅時不言我滅彼有疾菩薩為滅法想當
作是念此法想者亦是顛倒顛倒者即是大
患我應離之云何為離離我我所云何離我
我所謂離二法云何離二法謂不念内外諸法
行於平等云何平等謂我等涅槃等所以
者何我及涅槃此二皆空以何為空但以名
字故空如此二法无决定性得是平等无有
餘病唯有空病空病亦空是有疾菩薩以无
所受而受諸受未具佛法亦不滅受而取證也
設身有苦念惡趣衆生起大悲心我既調伏
亦當調伏一切衆生但除其病而不除法為
斷病本而教導之何謂病本謂有攀緣從
有攀緣則為病本何所攀緣謂之三界
云何斷攀緣以无所得若无所得則无攀
緣何謂无所得謂離二見何謂二見謂内見
外見是无所得文殊師利是為有疾菩薩
調伏其心為斷老病死苦是菩薩菩提若
不如是已所脩治為无恵利譬如勝怨乃
可為勇如是兼除老病死者菩薩之謂也

BD04318號　維摩詰所說經卷中　　（23–1）

有攀緣則為病本何所攀緣謂之三界
云何斷攀緣以无所得若无所得則无攀
緣何謂无所得謂離二見何謂二見謂内見
外見是无所得文殊師利是為有疾菩薩
調伏其心為斷老病死苦是菩薩菩提若
不如是已所脩治為无恵利譬如勝怨乃
可為勇如是兼除老病死者菩薩之謂也
彼有疾菩薩應復作是念如我此病非真非
有衆生病亦非真非有作是觀時於諸衆
生若起愛見大悲即應捨離所以者何菩薩斷
除客塵煩惱而起大悲愛見悲者則於生死有
疲猒心若能離此无有疲猒在在所生不為
愛見之所覆也所生无縛能為衆生說法解
縛如佛所說若自有縛能解彼縛无有是處
若自无縛能解彼縛斯有是處是故菩薩不
應起縛何謂縛何謂解貪著禪味是菩薩
縛以方便生是菩薩解又无方便恵縛有
方便慧解无恵方便縛有恵方便解何謂
无方便恵縛謂菩薩以愛見心莊嚴佛土
成就衆生於空无相无作法中而自調伏
是名无方便恵縛何謂有方便慧解謂不以
愛見心莊嚴佛土成就衆生於空无相无作
法中以自調伏而不疲猒是名有方便恵解
何謂无恵方便縛謂菩薩住貪欲瞋恚邪見
等諸煩惱而殖衆徳本名无恵方便縛何謂有恵
方便解謂離諸貪欲瞋恚邪見等諸煩惱
而殖衆徳本迴向阿耨多羅三藐三菩提是
名有恵方便解文殊師利彼有疾菩薩應如
是觀諸法又復觀身无常苦空非我是名為

BD04318號　維摩詰所說經卷中　　（23–2）

等諸煩惱而殖衆德本名无慧方便縛何謂有慧
方便解謂離諸貪欲瞋恚耶見等諸煩惱
而殖衆德本迴向阿耨多羅三藐三菩提是
名有慧方便解文殊師利彼有疾菩薩應如
是觀諸法又復觀身无常苦空非我是名爲
慧雖身有疾常在生死饒益一切而无疲厭
是名方便又復觀身身不離病病不離身
是病是身非新非故是名爲慧設身有疾
不永滅是名方便文殊師利有疾菩薩應如
是調伏其心不住其中亦復不住不調伏心
所以者何若住不調伏心是愚人法若住調
伏心是聲聞法是故菩薩不當住於調伏不
調伏心離此二法是菩薩行在於生死不爲汙
行住於涅槃不永滅度是菩薩行非凡夫行非
賢聖行是菩薩行非垢行非淨行是菩薩行
雖過魔行而現降伏衆魔是菩薩行求一切智
无非時求是菩薩行雖觀諸法不生而不入正
位是菩薩行雖觀十二緣起而入諸耶見是菩
薩行雖攝一切衆生而不愛著是菩薩行雖
樂遠離而不依身心盡是菩薩行雖行三界而
不壞法性是菩薩行雖行於空而殖衆德本
是菩薩行雖行无相而度衆生是菩薩行雖
行无作而現受身是菩薩行雖行无起而起
一切善行是菩薩行雖行六波羅蜜而遍知
衆生心心數法是菩薩行雖行六通而不盡
漏是菩薩行雖行四无量心而不貪著生於梵
世是菩薩行雖行禪定解脫三昧而不隨禪生
是菩薩行雖行四念處而不永離身受心法
是菩薩行雖行四正勤而不捨離身心精進

一切善行是菩薩行雖行六波羅蜜而遍知
衆生心心數法是菩薩行雖行六通而不盡
漏是菩薩行雖行四无量心而不貪著生於梵
世是菩薩行雖行禪定解脫三昧而不隨禪生
是菩薩行雖行四念處而不永離身受心法
是菩薩行雖行四正勤而不捨離身心精進
是菩薩行雖行四如意足而得自在神通是
菩薩行雖行五根而分別衆生諸根利鈍是
菩薩行雖行五力而樂求佛十力是菩薩行
雖行七覺分而分別佛之智慧是菩薩行雖
行八正道而樂行无量佛道是菩薩行雖行
止觀助道之法而不畢竟墮於寂滅是菩薩
行雖行諸法不生不滅而以相好莊嚴其
身是菩薩行雖現聲聞辟支佛威儀而不捨
佛法是菩薩行雖行諸法究竟淨相而隨所
應爲現其身是菩薩行雖觀諸佛國土永
寂如空而現種種清淨佛土是菩薩行雖
得佛道轉于法輪入於涅槃而不捨於菩
薩之道是菩薩行說是語時文殊師利所將
大衆其中八千天子皆發阿耨多羅三藐
三菩提心

不思議品第六

尒時舍利弗見此室中无有牀坐作是念斯
諸菩薩大弟子衆當於何坐長者維摩詰
知其意語舍利弗言云何仁者爲法來耶求
牀坐耶舍利弗言我爲法來非爲牀坐維摩
詰言唯舍利弗夫求法者不貪軀命何況牀
坐夫求法者非有色受想行識之求非有界
入之求非有欲色无色之求唯舍利弗夫求

諸菩薩大弟子衆當於何坐長者維摩詰
知其意語舍利弗言云何仁者為法來耶求
床坐耶舍利弗言我為法來非求床坐維摩
詰言唯舍利弗夫求法者不貪軀命何況床
坐夫求法者非有色受想行識之求非有界
入之求非有欲色无色之求唯舍利弗夫求
法者不著佛求不著法求不著衆求夫求法
者无見苦求无斷集求无造盡證脩道之求
所以者何法无戲論若言我當見苦斷集滅
證脩道是則戲論非求法也唯舍利弗法名
寂滅若行生滅是求生滅非求法也法名无
染若染於法乃至涅槃是則染著非求法也
法无行處若行於法是則行處非求法也法无
取捨若取捨法是則取捨非求法也法无
處所若著處所是則著處非求法也法名无
相若隨相識是則求相非求法也法不可住
若住於法是則住法非求法也法不可見聞
覺知若行見聞覺知是則見聞覺知非求法
也法名无為若行有為是求有為非求法也
是故舍利弗若求法者於一切法應无所求說
是語時五百天子於諸法中得法眼淨
尒時長者維摩詰問文殊師利仁者遊於无
量千万億阿僧祇國何等佛土有好上妙功德
德成就師子之坐文殊師利言居士東方度
三十六恒河沙國有世界名須弥相其佛号
須弥燈王今現在彼佛身長八万四千由旬
其師子坐高八万四千由旬嚴餝第一於是
長者維摩詰現神通力即時彼佛遣三万二

BD04318號　維摩詰所說經卷中　（23–5）

德成就師子之坐文殊師利言居士東方度
三十六恒河沙國有世界名須弥相其佛号
須弥燈王今現在彼佛身長八万四千由旬
其師子坐高八万四千由旬嚴餝第一於是
長者維摩詰現神通力即時彼佛遣三万二
千師子坐高廣嚴好來入維摩詰室諸菩薩
大弟子釋梵四天王等昔所未見其室廣博
悉皆苞容三万二千師子坐无所妨㝵於毗耶
離城及閻浮提四天下亦不迫迮悉見如故尒
時維摩詰語文殊師利就師子坐与諸菩薩
上人俱坐當自立身如彼坐像其得神通菩
薩即自變形為四万二千由旬坐師子坐諸
新發意菩薩及大弟子皆不能昇尒時維摩
詰語舍利弗就師子坐舍利弗言居士此坐
高廣吾不能昇維摩詰言唯舍利弗為須
弥燈王如來作礼乃可得坐於是新發意菩
薩及大弟子即為須弥燈王如來作礼便得
坐師子坐舍利弗言居士未曾有也如是小
室乃容受此高廣之坐於毗耶離城无所妨
㝵又於閻浮提聚落城邑及四天下諸天龍
王鬼神宮殿亦不迫迮維摩詰言唯舍利弗
諸佛菩薩有解脫名不可思議若菩薩住是
解脫者以須弥之高廣內芥子中无所增減
須弥山王本相如故而四天王忉利諸天不覺
不知己之所入唯應度者乃見須弥入芥子
中是名不可思議解脫法門又以四大海水入一
毛孔不嬈魚鱉黿鼉水性之屬而彼大海本
相如故諸龍鬼神阿脩羅等不覺不知己之所

BD04318號　維摩詰所說經卷中　（23–6）

須弥山王本相如故而四天王忉利諸天不覺
不知己之所入唯應度者乃見須弥入芥子
中是名不可思議解脫法門又以四大海水入一
毛孔不嬈魚鼈黿鼉水性之屬而彼大海本
相如故諸龍鬼神阿脩羅等不覺不知己之所
入於此衆生亦无所嬈又舍利弗住不可思議
解脫菩薩斷取三千大千世界如陶家輪著
右掌中擲過恒河沙世界之外其中衆生不
不覺不知己之所往又復還置本處不使人有
往來相而此世界本相如故又舍利弗或有
有衆生樂久住世而可度者菩薩即演七日
以為一劫令彼衆生謂之一劫或有衆生不
樂久住而可度者菩薩即促一劫以為七日
令彼衆生謂之七日又舍利弗住不可思議
解脫菩薩以一切佛土嚴飾之事集在一國示
於衆生又菩薩以一佛土衆生置之右掌
飛到十方遍示一切而不動本處又舍利弗十
方衆生供養諸佛之具菩薩於一毛孔皆
令得見又十方國土所有日月星宿於一毛
孔普使見之又舍利弗十方世界所有諸
風菩薩悉能吸著口中而身无損外諸樹
木亦不摧折又十方世界劫盡燒時以
一切火內於腹中火事如故而不為害又於
下方過恒河沙等諸佛世界取一佛土舉著
上方過恒河沙无數世界如持鍼鋒舉一
棗葉而无所嬈又舍利弗住不可思議解脫
菩薩能以神通現作佛身或現辟支佛身或
現聲聞身或現帝釋身或現梵王身或現世主
身或現轉輪聖王身又十方世界所有衆聲

BD04318 號　維摩詰所說經卷中　（23–7）

一切火內於腹中火事如故而不為害又於
下方過恒河沙等諸佛世界取一佛土舉著
上方過恒河沙无數世界如持鍼鋒舉一
棗葉而无所嬈又舍利弗住不可思議解脫
菩薩能以神通現作佛身或現辟支佛身或
現聲聞身或現帝釋身或現梵王身或現世主
身或現轉輪聖王身又十方世界所有衆聲
上中下音皆能變之令作佛聲演出无常
苦空无我之音及十方諸佛所說種種之法皆於
其中普令得聞舍利弗我今略說菩薩住不
可思議解脫之力若廣說者窮劫不盡是時
大迦葉聞說菩薩不可思議解脫法門歎未曾
有謂舍利弗譬如有人於盲者前現衆色像
非彼所見一切聲聞聞是不可思議解脫法
門不能解了為若此也智者聞是其誰不發
阿耨多羅三藐三菩提心我等何為永絕其
根於此大乘已如敗種一切聲聞聞是不可
思議解脫法門皆應號泣聲震三千大千世界
一切菩薩應大欣慶頂受此法若有菩薩信
解此不可思議解脫法門者一切魔衆无如
之何大迦葉說是語時三万二千天子皆發阿
耨多羅三藐三菩提心
爾時維摩詰語大迦葉仁者十方无量阿僧
祇世界中作魔王者多是住不可思議解脫
菩薩以方便故教化衆生現作魔王又迦葉
十方无量菩薩或有人從乞手足耳鼻頭目
髓腦血肉皮骨聚落城邑妻子奴婢象馬車
乘金銀琉璃車𤦲馬瑙珊瑚虎珀真珠珂貝
衣服飲食如是乞者多是住不可思議解脫

BD04318 號　維摩詰所說經卷中　（23–8）

菩薩以方便故教化衆生現作魔王又迦葉
十方无量菩薩或有人從乞手足耳鼻頭目
髓腦血肉皮骨聚落城邑妻子奴婢爲馬車
乘金銀琉璃車渠馬瑙珊瑚虎魄真珠珂貝
衣服飲食如是乞者多是住不可思議解脫
菩薩以方便力而往試之令其堅固所以者
何住不可思議解脫菩薩有威德力故行逼
迫示諸衆生如是難事凡夫下劣无有力勢
不能如是逼迫菩薩譬如龍象蹴踏非驢所
堪是名不可思議解脫菩薩智慧方便之門

觀衆生品第七

尒時文殊師利問維摩詰言菩薩云何觀於
衆生維摩詰言譬如幻師見所幻人菩薩觀
衆生爲若此如智者見水中月如鏡中見其
面像如熱時炎如呼聲響如空中雲如水聚
沫如水上泡如芭蕉堅如電久住如第五大如
第六陰如第七情如十三入如十九界菩薩觀
衆生爲若此如无色界色如焦穀牙如須陀
洹身見如阿那含入胎如阿羅漢三毒如得
忍菩薩貪恚毀禁如佛煩惱習如盲者見色
如入滅盡定出入息如空中鳥跡如石女兒如
化人煩惱如夢所見已寤如滅度者受身如无
烟之火菩薩觀衆生爲若此文殊師利言若菩
薩作是觀者云何行慈維摩詰言菩薩作
是觀已自念我當爲衆生說如斯法是即真
實慈也行寂滅慈无所生故行不熱慈无煩惱
故行等之慈等三世故行无諍慈无所起故行
不二慈內外不合故行不壞慈畢竟盡故行

薩作是觀者云何行慈維摩詰言菩薩作
是觀已自念我當爲衆生說如斯法是即真
實慈也行寂滅慈无所生故行不熱慈无煩惱
故行等之慈等三世故行无諍慈无所起故行
不二慈內外不合故行不壞慈畢竟盡故行
堅固慈心无毀故行清淨慈諸法性淨故行
无邊慈如虛空故行阿羅漢慈破結賊故行
菩薩慈安衆生故行如來慈得如相故行佛
之慈覺衆生故行自然慈无因得故行菩提
慈等一味故行无比慈斷諸愛故行大悲慈
導以大乘故行无厭慈觀空无我故行法
施慈无遺惜故行持戒慈化毀禁故行忍
辱慈護彼我故行精進慈荷負衆生故行
禪之慈不受味故行智慧慈无不知時故
行方便慈一切示現故行无隱慈直心清
淨故行深心慈无雜行故行无誑慈不虛
假故行安樂慈令得佛樂故菩薩之慈爲若
此也
文殊師利又問何謂爲悲答曰菩薩所作功
德皆與一切衆生共之何謂爲喜答曰有所
饒益歡喜无悔何謂爲捨答曰所作福祐无
所悕望文殊師利又問生死有畏菩薩當何
所依維摩詰言菩薩於生死畏中當依如來功
德之力文殊師利又問菩薩欲依如來功德
之力當何所住答曰菩薩欲依如來功德力
者當住度脫一切衆生又問欲度衆生當何
所除答曰欲度衆生除其煩惱又問欲除煩
惱當何所行答曰當行正念又問云何行於
正念答曰當行不生不滅又問何法不生何

之力當何所住答曰菩薩欲依如來功德力
者當住度脫一切衆生又問欲度衆生當何
所除答曰欲度衆生除其煩惱又問欲除煩
惱當何所行答曰當行正念又問云何行於
正念答曰當行不生不滅又問何法不生何
法不滅答曰不善不生善法不滅又問善不
善孰為本答曰身為本又問身孰為本答曰
欲貪為本又問欲貪孰為本答曰虛妄分別
為本又問虛妄分別孰為本答曰顛倒想為
本又問顛倒想孰為本答曰无住為本又問
无住孰為本答曰无住則无本文殊師利從
无住本立一切法
時維摩詰室有一天女見諸大人聞所說法
便現其身即以天華散諸菩薩大弟子上華
至諸菩薩即皆墮落至大弟子便著不墮一
切弟子神力去華不能令去尒時天問舍利
弗何故去華答曰此華不如法是以去之天
曰勿謂此華為不如法所以者何是華无所
分別仁者自生分別想耳若於佛法出家有
所分別為不如法若无所分別是則如法觀
諸菩薩華不著者以斷一切分別想故譬如人
畏時非人得其便如是弟子畏生死故色聲
香味觸得其便已離畏者一切五欲无能為
也結習未盡華著身耳結習盡者華不著也
舍利弗言天止此室其已久如答曰我止此室如
耆年解脫舍利弗言止此久耶天曰耆年解
脫亦何如久舍利弗默然不荅天曰如何耆
舊大智而默答曰解脫者无所言說故吾於

BD04318 號　維摩詰所說經卷中　（23–11）

也結習未盡華著身耳結習盡者華不著也
舍利弗言天止此室其已久如答曰我止此室如
耆年解脫舍利弗言止此久耶天曰耆年解
脫亦何如久舍利弗默然不荅天曰如何耆
舊大智而默答曰解脫者无所言說故吾於
是不知所云天曰言說文字皆解脫相所以
者何解脫者不內不外不在兩間文字亦不
內不外不在兩間是故舍利弗无離文字說
解脫也所以者何一切諸法是皆平等是解
脫相舍利弗言不復以離婬怒癡為解脫乎
天曰佛為增上慢人說離婬怒癡為解脫耳
若无增上慢者佛說婬怒癡性即是解脫
舍利弗言善哉善哉天女汝何所得以何為
證辯乃如是天曰我无得无證故辯如是所以
者何若有得有證者則於佛法為增上慢
舍利弗問天女汝於三乘為何志求天曰以
聲聞法化衆生故我為聲聞以因緣法化衆生故我
為辟支佛以大悲法化衆生故我為大乘舍利
弗如人入瞻蔔林唯嗅瞻蔔不嗅餘香如是
若入此室但聞佛功德之香不樂聞聲聞辟支
佛功德香也舍利弗其有釋梵四天王諸天龍
鬼神等入此室者聞斯上人講說正法皆
樂佛功德之香發心而出舍利弗吾止此
室十有二年初不聞說聲聞辟支佛法但
聞菩薩大慈大悲不可思議諸佛之法舍利
弗此室常現八未曾有難得之法何等為八此室常
以金色光照晝夜无異不以日月所照為
明是為一未曾有難得之法入此室者

BD04318 號　維摩詰所說經卷中　（23–12）

室十有二年初不聞說聲聞辟支佛法但
聞菩薩大慈大悲不可思議諸佛之法舍利
弗此室常現八未曾有難得之法何等為八此室常
以金色光照晝夜无異不以日月所照為
明是為一未曾有難得之法入此室者
不為諸垢之所惱也是為二未曾有難得
之法此室常有釋梵四天王他方菩薩來會
不絕是為三未曾有難得之法此室常說
六波羅蜜不退轉法是為四未曾有難得
之法此室常作天人第一之樂絃出无量法
化之聲是為五未曾有難得之法此室有
四大藏衆寶積滿周窮濟乏求得无盡是
為六未曾有難得之法此室釋迦牟尼佛阿
彌陁佛阿閦佛寶德寶炎寶月寶嚴難
勝師子響一切利成如是等十方无量諸佛
是上人念時即皆為來廣說諸佛秘要法藏
說已還去是為七未曾有難得之法此一切諸
天嚴飾宮殿諸佛淨土皆於中現是為八未
曾有難得之法舍利弗此室常現八未曾有難
得之法誰有見此不思議事而復樂於聲聞法
乎
舍利弗言汝何以不轉女身天曰我從十二
年來求女人相了不能得當何所轉譬如幻
師化作幻女若有人問何以不轉女身是人
為正問不舍利弗言不也幻无定相當何所
轉天曰一切諸法亦復如是无有定相云何
乃問不轉女身即時天女以神通力變舍利
弗身令如天女天自化身如舍利弗而問言
何以不轉女身舍利弗以天女像而荅言我

師化作幻女若有人問何以不轉女身是人
為正問不舍利弗言不也幻无定相當何所
轉天曰一切諸法亦復如是无有定相云何
乃問不轉女身即時天女以神通力變舍利
弗身令如天女天自化身如舍利弗而問言
何以不轉女身舍利弗以天女像而荅言我
今不知何轉而變為女身天曰舍利弗若能
轉此女身則一切女人亦當能轉如舍利弗非
女而現女像一切女人亦復如是雖現女身
而非女也是故佛說一切諸法非男非女即時
天女還攝神力舍利弗身還復如故天問舍
利弗女身色相今何所在舍利弗言女身色
相无在无不在天曰一切諸法亦復如是无在
无不在夫无在无不在者佛所說也舍利
弗問天汝於此沒當生何所天曰佛化所生
吾如彼生曰佛化所生非沒生也天曰衆生猶
然无沒生也舍利弗問天汝久如當得阿耨
耨羅三藐三菩提天曰如舍利弗還為凡
夫我乃當成阿耨多羅三藐三菩提舍利弗
言我作凡夫无有是處天曰我得阿耨多羅
三藐三菩提亦无是處所以者何菩提无住
處是故无有得者舍利弗言今諸佛得阿
耨多羅三藐三菩提已得當得如恒河沙
皆謂何乎天曰皆以世俗文字數故說有三
世非謂菩提有去來今天曰舍利弗汝得阿
羅漢道耶曰无所得故而得天曰諸佛菩薩
亦復如是无所得故而得尒時維摩詰語舍
利弗是天女曾已供養九十二億佛已能遊

皆謂何乎天曰皆以世俗文字數故說有三
世非謂菩提有去來今天曰舍利弗汝得阿
羅漢道耶曰无所得故而得天曰諸佛菩薩
亦復如是无所得故而得尒時維摩詰語舍
利弗是天女曾已供養九十二億佛已能遊
戲菩薩神通所願具足得无生忍住不退轉
以本願故隨意能現教化衆生

佛道品第八

尒時文殊師利問維摩詰言菩薩云何通達
佛道維摩詰言若菩薩行於非道是為通達
佛道又問云何菩薩行於非道荅曰若菩薩行五
无間而无惱恚至于地獄无諸罪垢至于畜
生无有无明憍慢等過至于餓鬼而具足功
德行色无色界道不以為勝示行貪欲離諸
染著示行瞋恚於諸衆生无有恚㝵示行愚
癡而以智慧調伏其心示行慳貪而捨內外
所有不惜身命示行毀禁而安住淨戒乃至
小罪猶懷大懼示行瞋恚而常慈忍示行懈
怠而懃脩功德示行亂意而常念定示行愚
癡而通達世間出世間慧示行諂偽而善方
便隨諸經義示行憍慢而於衆生猶如橋梁
示行諸煩惱而心常清淨示入於魔而順佛
智慧不隨他教示入聲聞而為衆生說未聞
法示入辟支佛而成就大悲教化衆生示入
貧窮而有寶手功德无盡示入形殘而具者
相好以自莊嚴示入下賤而生佛種姓中具諸
功德示入羸劣醜陋而得那羅延身一切衆
生之所樂見示入老病而永斷病根超越死

BD04318 號　維摩詰所說經卷中　（23–15）

法示入辟支佛而成就大悲教化衆生示入
貧窮而有寶手功德无盡示入形殘而具者
相好以自莊嚴示入下賤而生佛種姓中具諸
功德示入羸劣醜陋而得那羅延身一切衆
生之所樂見示入老病而永斷病根超越死
畏示有資生而恒觀无常實无所貪示有
妻妾采女而常遠離五欲淤泥現於訥鈍而
成就辯才摠持无失示入邪濟而以正濟度諸
衆生現遍入諸道而斷其因緣現於涅槃而不
斷生死文殊師利菩薩能如是行於非道是為
通達佛道

於是維摩詰問文殊師利何等為如來種文
殊師利言有身為種无明有愛為種貪恚癡
為種四顛倒為種五蓋為種六入為種七識
處為種八邪法為種九惱處為種十不善道
為種以要言之六十二見及一切煩惱皆是佛
種曰何謂也荅曰若見无為入正位者不能復
發阿耨多羅三藐三菩提心譬如高原陸地
不生蓮華卑濕淤泥乃生此華如是見无為
法入正位者終不復能生於佛法煩惱泥中
乃有衆生起佛法耳又如殖種於空終不得
生糞壤之地乃能滋茂如是入无為正位者不
生佛法起於我見如須弥山猶能發于阿耨
多羅三藐三菩提心生佛法矣是故當知一切
煩惱為如來種譬如不下巨海不能得无價寶
珠如是不入煩惱大海則不能得生一切智寶
尒時大迦葉歎言善哉善哉文殊師利快說此
語誠如所言塵勞之疇為如來種我等今者
不復堪任發阿耨多羅三藐三菩提心乃至

BD04318 號　維摩詰所說經卷中　（23–16）

煩惱為如來種譬如不下巨海不能得无價寶
珠如是不入煩惱大海則不能得一切智寶
尒時大迦葉歎言善哉善哉文殊師利快說此
語誠如所言塵勞之疇為如來種我等今者
不復堪任發阿耨多羅三藐三菩提心乃至
五无間罪猶能發意生於佛法而今我等永
不能發譬如根敗之士其於五欲不能復利如
是聲聞諸結斷者於佛法中无所復益永不
志願是故文殊師利凡夫於佛法有反復而
聲聞无也所以者何凡夫聞佛法能起无上
道心不斷三寶正使聲聞終身聞佛法力无
畏等永不能發无上道意
尒時會中有菩薩名普現色身問維摩詰
言居士父母妻子親戚眷屬吏民知識悉為
是誰奴婢僮僕象馬車乘皆何所在於是維
摩詰以偈答曰
智度菩薩母　方便以為父　一切眾導師　无不由是生
法喜以為妻　慈悲心為女　善心誠實男　畢竟空寂舍
弟子眾塵勞　隨意之所轉　道品善知識　由是成正覺
諸度法等侶　四攝為伎女　歌詠誦法言　以此為音樂
總持之園苑　无漏法林樹　覺意淨妙華　解脫智慧果
八解之浴池　定水湛然滿　布以七淨華　浴此无垢人
象馬五通馳　大乘以為車　調御以一心　遊於八正路
相具以嚴容　眾好飾其姿　慚愧之上服　深心為華鬘
富有七財寶　教授以滋息　如所說修行　迴向為大利
四禪為床座　從於淨命生　多聞增智慧　以為自覺音
甘露法之食　解脫味為漿　淨心以澡浴　戒品為塗香
摧滅煩惱賊　勇健无能踰　降伏四種魔　勝幡建道場

富有七財寶　教授以滋息　如所說修行　迴向為大利
四禪為床座　從於淨命生　多聞增智慧　以為自覺音
甘露法之食　解脫味為漿　淨心以澡浴　戒品為塗香
摧滅煩惱賊　勇健无能踰　降伏四種魔　勝幡建道場
雖知无起滅　示彼故有生　悉現諸國土　如日无不見
供養於十方　无量億如來　諸佛及己身　无有分別想
雖知諸佛國　及與眾生空　而常修淨土　教化於群生
諸有眾生類　形聲及威儀　无畏力菩薩　一時能盡現
覺知眾魔事　而示隨其行　以善方便智　隨意皆能現
或示老病死　成就諸群生　了知如幻化　通達无有礙
或現劫盡燒　天地皆洞然　眾人有常想　照令知无常
无數億眾生　俱來請菩薩　一時到其舍　化令向佛道
經書禁咒術　工巧諸伎藝　盡現行此事　饒益諸群生
世間眾道法　悉於中出家　因以解人惑　而不墮邪見
或作日月天　梵王世界主　或時作地水　或復作風火
劫中有疾疫　現作諸藥草　若有服之者　除病消眾毒
劫中有飢饉　現身作飲食　先救彼飢渴　却以法語人
劫中有刀兵　為之起慈悲　化彼諸眾生　令住无諍地
若有大戰陣　立之以等力　菩薩現威勢　降伏使和安
一切國土中　諸有地獄處　輒往到于彼　勉濟其苦惱
一切國土中　畜生相食噉　皆現生於彼　為之作利益
示受於五欲　亦復現行禪　令魔心憒亂　不能得其便
火中生蓮華　是可謂希有　在欲而行禪　希有亦如是
或現作婬女　引諸好色者　先以欲鉤牽　後令入佛道
或為邑中主　或作商人導　國師及大臣　以祐利眾生
諸有貧窮者　現作无盡藏　因以勸導之　令發菩提心
我心憍慢者　為現大力士　消伏諸貢高　令住无上道
其有恐懼眾　居前而慰安　先施以无畏　後令發道心

或現作婬女　引諸好色者　先以欲鉤牽　後令入佛道
或為邑中主　或作商人導　國師及大臣　以祐利眾生
諸有貧窮者　現作无盡藏　因以勸導之　令發菩提心
我心憍慢者　為現大力士　消伏諸貢高　令住佛上道
其有恐懼眾　居前而慰安　先施以无畏　後令發道心
或現離婬欲　為五通仙人　開導諸群生　令住戒忍慈
見須供事者　現為作僮僕　既以可其意　乃發以道心
隨彼之所須　得入於佛道　以善方便力　皆能給足之
如是道无量　所行无有涯　智慧无邊際　度脫无數眾
假令一切佛　於无量億劫　讚歎其功德　猶尚不能盡
誰聞如是法　不發菩提心　除彼不肖　癡冥无智者

維摩詰入不二法門品第九

爾時維摩詰謂眾菩薩言諸仁者云何菩薩入
不二法門各隨所樂說之會中有菩薩名法
自在說言諸仁者生滅為二法本不生今則无
滅得此无生法忍是為入不二法門
德守菩薩曰我我所為二因有我故便有我所
若无有我則无我所是為入不二法門
不眴菩薩曰受不受為二若法不受則不可得
以不可得故无取无捨无作无行是為入不二
法門
德頂菩薩曰垢淨為二見垢實性則无淨相
順於滅相是為入不二法門
善宿菩薩曰是動是念為二不動則无念无
念則无分別通達此者是為入不二法門
善眼菩薩曰一相无相為二若知一相即是无
相亦不取无相入於平等是為入不二法門
妙臂菩薩曰菩薩心聲聞心為二觀心相空如
幻化者无菩薩心无聲聞心是入不二法門

善宿菩薩曰是動是念為二不動則无念无
念則无分別通達此者是為入不二法門
善眼菩薩曰一相无相為二若知一相即是无
相亦不取无相入於平等是為入不二法門
妙臂菩薩曰菩薩心聲聞心為二觀心相空如
幻化者无菩薩心无聲聞心是入不二法門
弗沙菩薩曰善不善為二若不起善不善入无
相際而通達者是為入不二法門
師子乳菩薩曰罪福為二若達罪性則与福無
異以金剛慧決了此相无縛无解者是為入不
二法門
師子意菩薩曰有漏無漏為二若得諸法等
則不起漏不漏相不著於相亦不住無相是
為入不二法門
淨解菩薩曰有為无為為二若離一切數則心
如虛空以清淨慧无所閡者是為入不二法門
那羅延菩薩曰世間出世間為二世間性空即是
出世間於其中不入不出不溢不散是為入不
二法門
善意菩薩曰生死涅槃為二若見生死性則
无生死无縛无解不然不滅如是解者是為
入不二法門
現見菩薩曰盡不盡為二法若究竟盡若不
盡即是无盡相无盡相即是空空則无有盡
不盡相如是入者是為入不二法門
普守菩薩曰我无我為二我尚不可得非我何
可得見我實性者不復起二是為入不二法門
電天菩薩曰明无明為二无明實性即是明明
亦不可取離一切數於其中平等无二者是為
入不二法門

不盡相如是入者是為入不二法門
普守菩薩曰我无我為二我尚不可得非我何
可得見我實性者不復起二是為入不二法門
電天菩薩曰明无明為二无明實性即是明明
亦不可取離一切數於其中平等无二者是為
入不二法門
喜見菩薩曰色色空為二色即是空非色滅
空色性自空如是受想行識識空為二識即
是空非識滅空識性自空於其中而通達者
是為入不二法門
明相菩薩曰四種異空種異為二四種性即是
空種性如前際後際空故中際亦空若能如是
知諸種性者是為入不二法門
妙意菩薩曰眼色為二若知眼性於色不貪不
恚不癡是名寂滅如是耳聲鼻香舌味身觸
意法為二若知意性於法不貪不恚不癡是
名寂滅安住其中是為入不二法門
无盡意菩薩曰布施迴向一切智為二布施
性即是迴向一切智性如是持戒忍辱精進禪
定智慧迴向一切智為二智慧性即是迴向一
切智性於其中入一相者是為入不二法門
深慧菩薩曰是空是无相是无作為二空即
无相无相即无作若空无相无作則无心意
識於一解脫門即是三脫門者是為入不二
法門
寂根菩薩曰佛法眾為二佛即是法法即是眾
是三寶皆无為相與虛空等一切法亦尒能
隨此行者是為入不二法門
心无閡菩薩曰身身滅為二身即是身滅所

无相无相即无作若空无相无作則无心意
識於一解脫門即是三脫門者是為入不二
法門
寂根菩薩曰佛法眾為二佛即是法法即是眾
是三寶皆无為相與虛空等一切法亦尒能
隨此行者是為入不二法門
心无閡菩薩曰身身滅為二身即是身滅所
以者何見身實相者不起見身及見滅身身
與滅身无二无分別於其中不驚不懼者是為
入不二法門
上善菩薩曰身口意善為二是三業皆无作
相身无作相即口无作相口无作相即意无作
相是三業无作相即一切法无作相能如是隨
无作慧者是為入不二法門
福田菩薩曰福行罪行不動行為二三行實
性即是空空則无福行无罪行无不動行於
此三行而不起者是為入不二法門
華嚴菩薩曰從我起二為二見我實相者不
起二法若不住二法則无有識无所識者是為
入不二法門
德藏菩薩曰有所得相為二若无所得則无
取捨无取捨者是為入不二法門
月上菩薩曰闇與明為二无闇无明則无有
二所以者何如入滅受想定无闇无明一切法相亦復
如是於其中平等入者是為入不二法門
寶印手菩薩曰樂涅槃不樂世間為二若不
樂涅槃不猒世間則无有二所以者何若有縛
則有解若本无縛其誰求解无縛无解則无
樂猒是為入不二法門

二所以者何如滅受想定无闇无明一切法相亦復
如是於其中平等入者是為入不二法門
實即手菩薩曰樂涅槃不樂世間為二若不
樂涅槃不猒世間則无有二所以者何若有縛
則有解若本无縛其誰求解无縛无解則无
樂猒是為入不二法門
珠頂王菩薩曰正道耶道為二住正道者則不
分別是耶是正離此二者是為入不二法門
樂實菩薩曰實非實為二實見者尚不見
實何況非實所以者何非肉眼所見慧眼乃
能見而此慧眼无見无不見是為入不二法
門
如是諸菩薩各各說已問文殊師利何等是菩
薩入不二法門文殊師利曰如我意者於一切
法无言无說无示无識離諸問答是為入不
二法門
於是文殊師利問維摩詰我等各自說已仁
者當說何等是菩薩入不二法門時維摩詰
嘿然无言文殊師利嘆曰善哉善哉乃至无
有文字語言是真入不二法門說是入不二法
門時於此衆中五千菩薩皆入不二法門得无
生法忍

維摩苐二

BD04318號　維摩詰所說經卷中　（23–23）

…法舍利弗彼
國衆生无有衆苦但受…
利弗極樂國土七重欄楯…
樹皆是四寶周帀圍繞是故彼國名曰
又舍利弗極樂國土有七寶池八功
滿其中池底純以金沙布地四邊階…
璃頗梨合成上有樓閣亦以金銀瑠
車璖赤珠馬瑙而嚴飾之池中蓮華
青色青光黃色黃光赤色赤光白色
香潔舍利弗極樂國土成就如是功德莊嚴
又舍利弗彼佛國土常作天樂黃金為地晝
夜六時而雨曼陁羅華其國衆生常以清旦
各以衣祴盛衆妙華供養他方十万億佛即
以食時還到本國飯食經行舍利弗極樂國
土成就如是功德莊嚴
復次舍利弗彼國常有種種奇妙雜色之鳥
白鵠孔雀鸚鵡舍利迦陵頻伽共命之鳥是
諸衆鳥晝夜六時出和雅音其音演暢五根
五力七菩提分八聖道分如是等法其土衆
生聞是音已皆悉念佛念法念僧舍利弗汝
勿謂此鳥實是罪報所生所以者何彼佛國
土无三惡趣舍利弗其佛國土尚无三惡道之

BD04319號　阿彌陀經　（6–1）

白鵠孔雀鸚鵡舍利迦陵頻伽共命之鳥是
諸衆鳥晝夜六時出和雅音其音演暢五根
五力七菩提分八聖道分如是等法其土衆
生聞是音已皆悉念佛念法念僧舍利弗汝
勿謂此鳥實是罪報所生所以者何彼佛國
土无三惡趣舍利弗其佛國土尚无三惡道之
名何况有實是諸衆鳥皆是阿弥陁佛欲令
法音宣流變化所作舍利弗彼佛國土微風
推動諸寶行樹及寶羅網出微妙音譬如百
千種樂同時俱作聞是音者皆自然生念佛
念法念僧之心舍利弗其佛國土成就如是
功德莊嚴
舍利弗於汝意云何彼佛何故号阿弥陁舍
利弗彼佛光明无量照十方國无所鄣㝵是
故号為阿弥陁又舍利弗彼佛壽命及其人
民无量无邊阿僧祇劫故名阿弥陁舍利弗
阿弥陁佛成佛已來於今十劫又舍利弗彼
佛有无量无邊聲聞弟子皆阿羅漢非是筭
數之所能知諸菩薩亦如是舍利弗彼佛國
土成就如是功德莊嚴
又舍利弗極樂國土衆生生者皆是阿鞞䟦
致其中多有一生補處其數甚多非是筭數
所能知之但可以无量无邊阿僧祇劫說舍
利弗衆生聞者應當發願生彼國所以者
何得與如是諸上善人俱會一處舍利弗不
可以少善根福德因緣得生彼國舍利弗若

BD04319號　阿彌陀經　（6–2）

致其中多有一生補處其數甚多非是筭數
所能知之但可以无量无邊阿僧祇劫說舍
利弗衆生聞者應當發願生彼國所以者
何得與如是諸上善人俱會一處舍利弗不
可以少善根福德因緣得生彼國舍利弗若
有善男子善女人聞說阿弥陁佛執持名号
若一日若二日若三日若四日若五日若六
日若七日一心不亂其人臨命終時阿弥陁
佛與諸聖衆現在其前是人終時心不顛倒
即得往生阿弥陁佛極樂國土舍利弗我見
利故說此言若有衆生聞是說者應當發願
生彼國土
舍利弗如我今者讚嘆阿弥陁佛不可思議功
德東方亦有阿閦鞞佛須弥相佛大須弥佛
須弥光佛妙音佛如是等恒河沙數諸佛各於
其國出廣長舌相遍覆三千大千世界說
誠實言汝等衆生當信是稱讚不可思議
功德一切諸佛所護念經
舍利弗南方世界有日月燈佛名聞光佛大
焰肩佛須弥燈佛无量精進佛如是等恒河
沙數諸佛各於其國出廣長舌相遍覆三千
大千世界說誠實言汝等衆生當信是稱
讚不可思議功德一切諸佛所護念經
舍利弗西方世界有无量壽佛无量相佛无
量幢佛大光佛大明佛寶相佛淨光佛如是
等恒河沙數諸佛各於其國出廣長舌相遍

BD04319號　阿彌陀經　（6–3）

說誠實言汝等衆生當信是稱
讚不可思議功德一切諸佛所護念經
舍利弗西方世界有无量壽佛无量相佛无
量幢佛大光佛大明佛寶相佛淨光佛如是
等恒河沙數諸佛各於其國出廣長舌相遍
覆三千大千世界說誠實言汝等衆生當信
是稱讚不可思議功德一切諸佛所護念經
舍利弗北方世界有焰肩佛最勝音佛難沮
佛日生佛網明佛如是等恒河沙數諸佛各
於其國出廣長舌相遍覆三千大千世界說
誠實言汝等衆生當信是稱讚不可思議功
德一切諸佛所護念經
舍利弗下方世界有師子佛名聞佛名光佛
達摩佛法幢佛持法佛如是等恒河沙數諸
佛各於其國出廣長舌相遍覆三千大千世
界說誠實言汝等衆生當信是稱讚不可思
議功德一切諸佛所護念經
舍利弗上方世界有梵音佛宿王佛香上佛香
光佛大焰肩佛雜色寶華嚴身佛娑羅樹
王佛寶華德佛見一切義佛如須弥山佛如是
等恒河沙數諸佛各於其國出廣長舌相遍
覆三千大千世界說誠實言汝等衆生當
信是稱讚不可思議功德一切諸佛所護念經
舍利弗於汝意云何何故名一切諸佛所護念
經舍利弗若有善男子善女人聞是諸佛所
說名及經名者是諸善男子善女人皆為一切
諸佛共所護念皆得不退轉於阿耨多羅三

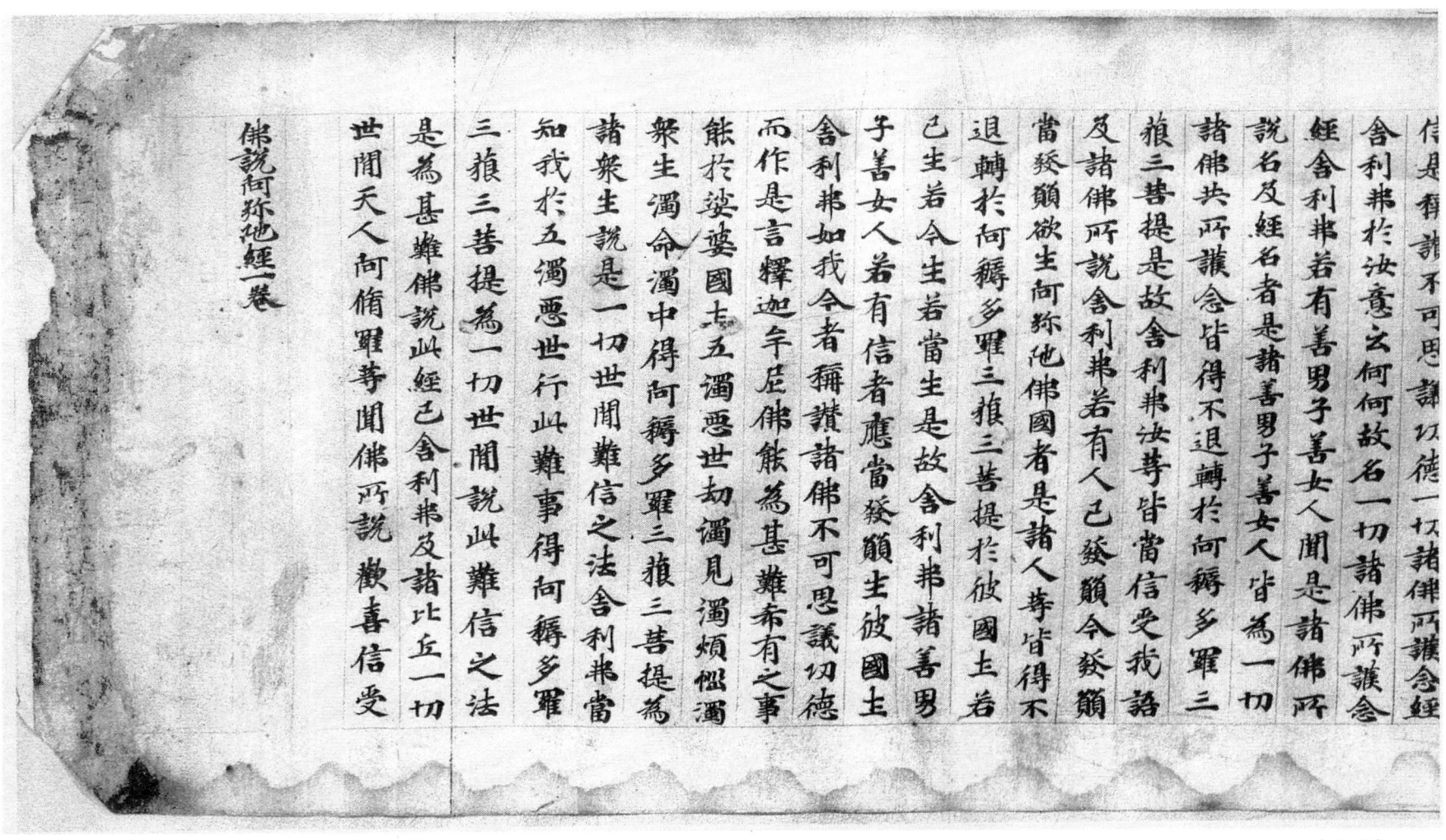

BD04319 號　阿彌陀經　（6–4）

信是稱讚不可思議功德一切諸佛所護念經
舍利弗於汝意云何何故名一切諸佛所護念
經舍利弗若有善男子善女人聞是諸佛所
說名及經名者是諸善男子善女人皆為一切
諸佛共所護念皆得不退轉於阿耨多羅三
藐三菩提是故舍利弗汝等皆當信受我語
及諸佛所說舍利弗若有人已發願今發願
當發願欲生阿弥陁佛國者是諸人等皆得不
退轉於阿耨多羅三藐三菩提於彼國土若
已生若今生若當生是故舍利弗諸善男
子善女人若有信者應當發願生彼國土
舍利弗如我今者稱讚諸佛不可思議功德
而作是言釋迦牟尼佛能為甚難希有之事
能於娑婆國土五濁惡世劫濁見濁煩惱濁
衆生濁命濁中得阿耨多羅三藐三菩提為
諸衆生說是一切世間難信之法舍利弗當
知我於五濁惡世行此難事得阿耨多羅
三藐三菩提為一切世間說此難信之法
是為甚難佛說此經已舍利弗及諸比丘一切
世間天人阿脩羅等聞佛所說歡喜信受

佛說阿弥陁經一卷

BD04319 號　阿彌陀經　（6–5）

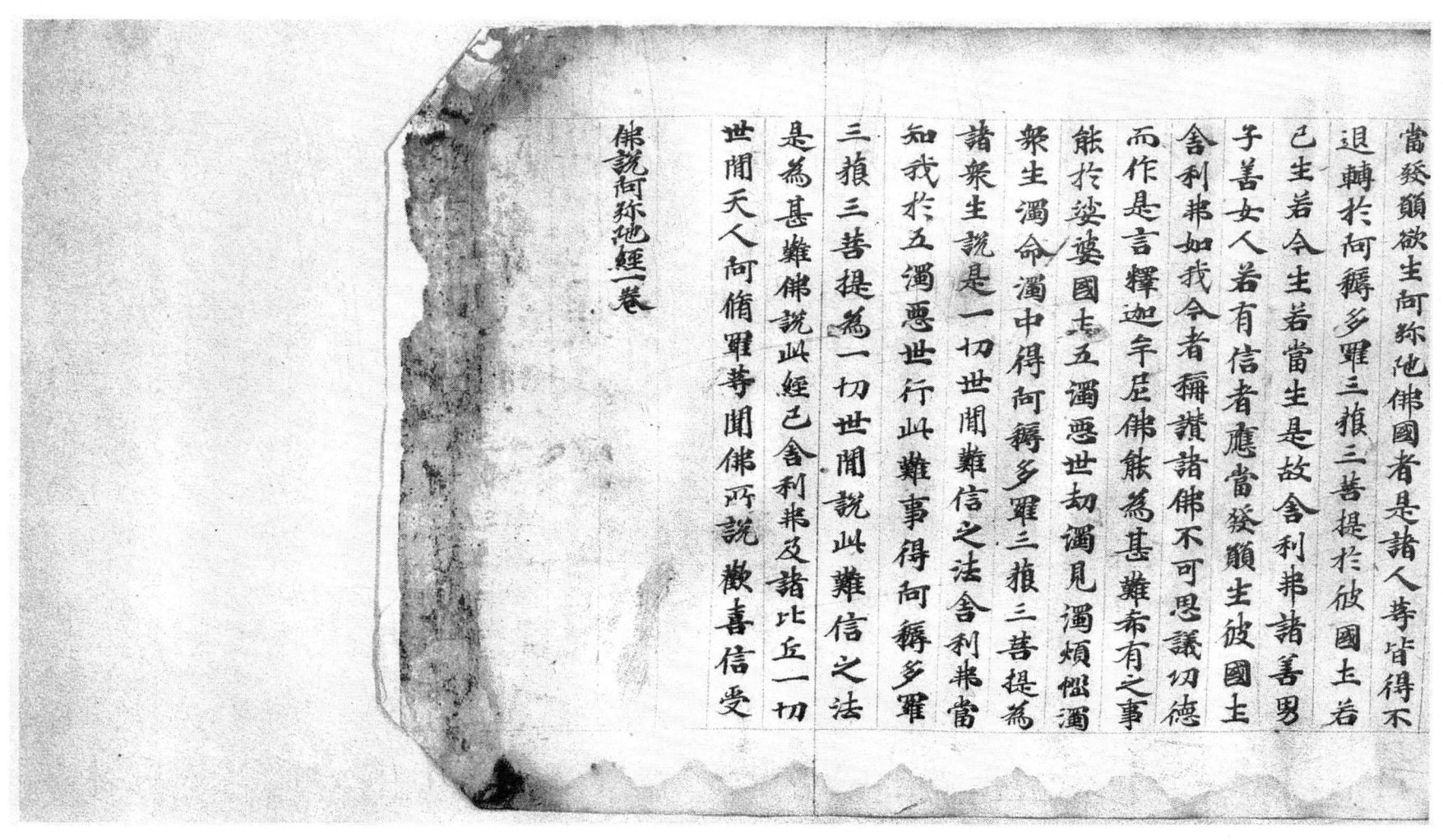

當發願欲生阿弥陀佛國者是諸人等皆得不
退轉於阿耨多羅三藐三菩提於彼國土若
已生若今生若當生是故舍利弗諸善男
子善女人若有信者應當發願生彼國土
舍利弗如我今者稱讚諸佛不可思議功德
而作是言釋迦牟尼佛能爲甚難希有之事
能於娑婆國土五濁惡世劫濁見濁煩惱濁
衆生濁命濁中得阿耨多羅三藐三菩提爲
諸衆生說是一切世間難信之法舍利弗當
知我於五濁惡世行此難事得阿耨多羅
三藐三菩提爲一切世間說此難信之法
是爲甚難佛說此經已舍利弗及諸比丘一切
世間天人阿脩羅等聞佛所說歡喜信受

佛說阿弥陀經一卷

BD04319號　阿彌陀經　（6–6）

念我得須
尊何以故須陀
不入色聲香味觸法
須陀洹須菩提於意云何斯陀含能作
是念我得斯陀含果不須菩提言不也世尊
何以故斯陀含名一往來而實无往來是名
斯陀含須菩提於意云何阿那含能作是念
得阿那含果不須菩提言不也世尊何以
含名爲不來而實无來是名阿那含
菩提於意云何阿羅漢能作是念我得阿
羅漢道不須菩提言不也世尊何以故實无
有法名阿羅漢世尊若阿羅漢作是念我得
阿羅漢道即爲著我人衆生壽者世尊佛說
我得无諍三昧人中最爲第一是第一離欲
阿羅漢我不作是念我是離欲阿羅漢世尊
我若作是念我得阿羅漢道世尊則不說須

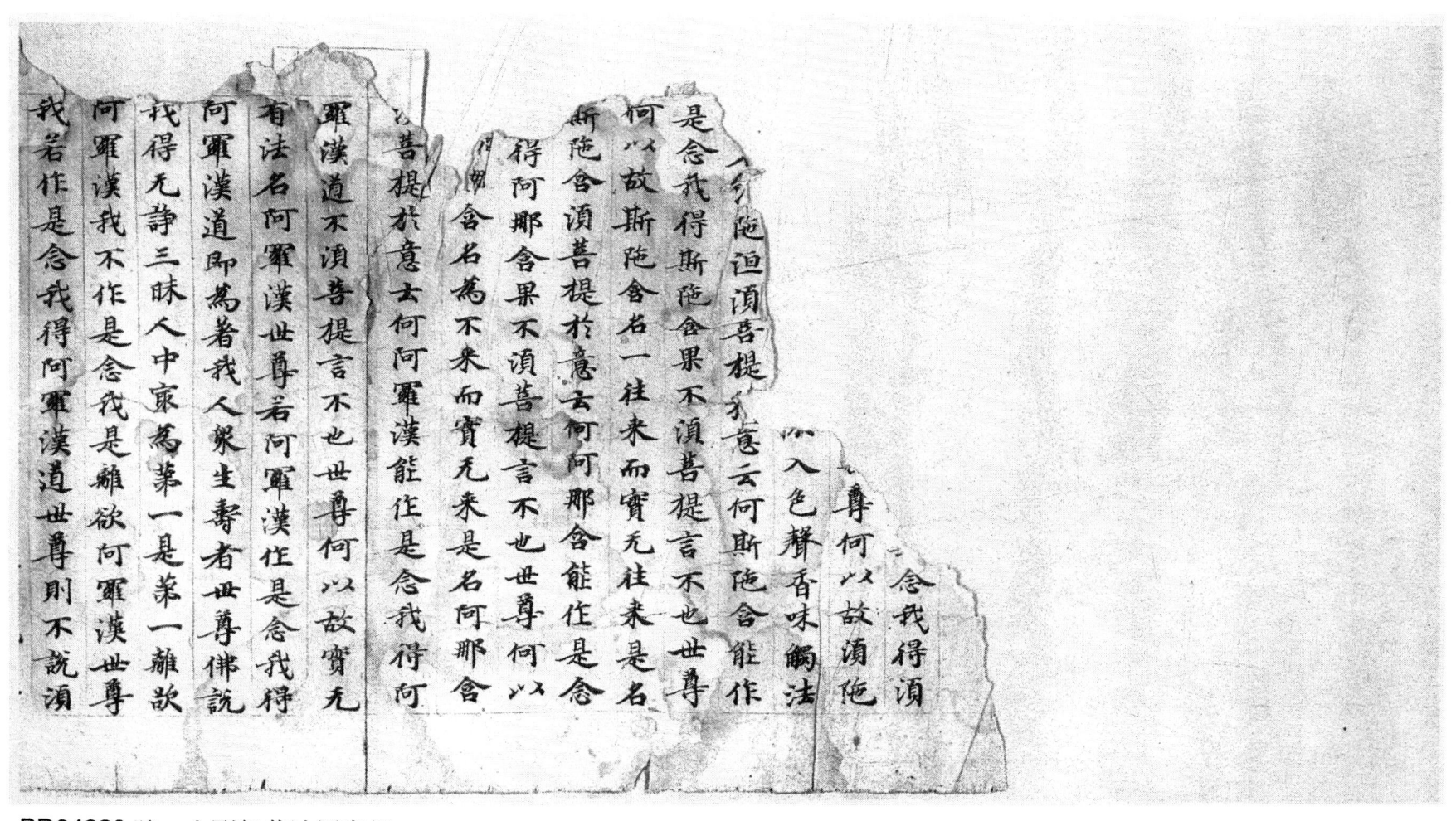

BD04320號　金剛般若波羅蜜經　（13–1）

有法名阿羅漢世尊若阿羅漢作是念我得
阿羅漢道即為著我人衆生壽者世尊佛說
我得无諍三昧人中最為第一是第一離欲
阿羅漢我不作是念我是離欲阿羅漢世尊
我若作是念我得阿羅漢道世尊則不說須
菩提是樂阿蘭那行者以須菩提實无所行
而名須菩提是樂阿蘭那行
佛告須菩提於意云何如來昔在然燈佛所
於法有所得不世尊如來在然燈佛所於法
實无所得須菩提於意云何菩薩莊嚴佛土
不不也世尊何以故莊嚴佛土者則非莊嚴
是名莊嚴是故須菩提諸菩薩摩訶薩應如
是生清淨心不應住色生心不應住聲香味
觸法生心應无所住而生其心須菩提譬如
有人身如須弥山王於意云何是身為大不
須菩提言甚大世尊何以故佛說非身是名
大身
須菩提如恒河中所有沙數如是沙等恒河
於意云何是諸恒河沙寧為多不須菩提言
甚多世尊但諸恒河尚多无數何况其沙須
菩提我今實言告汝若有善男子善女人以
七寶滿尒所恒河沙數三千大千世界以用
布施得福多不須菩提言甚多世尊佛告須
菩提若善男子善女人於此經中乃至受持

BD04320 號　金剛般若波羅蜜經　（13–2）

甚多世尊但諸恒河尚多无數何况其沙須
菩提我今實言告汝若有善男子善女人以
七寶滿尒所恒河沙數三千大千世界以用
布施得福多不須菩提言甚多世尊佛告須
菩提若善男子善女人於此經中乃至受持
四句偈等為他人說而此福德勝前福德復
次須菩提隨說是經乃至四句偈等當知此
處一切世間天人阿脩羅皆應供養如佛塔
廟何况有人盡能受持讀誦須菩提當知是
人成就最上第一希有之法若是經典所在
之處則為有佛若尊重弟子
尒時須菩提白佛言世尊當何名此經我等
云何奉持佛告須菩提是經名為金剛般若
波羅蜜以是名字汝當奉持所以者何須菩
提佛說般若波羅蜜則非般若波羅蜜須菩
提於意云何如來有所說法不須菩提白佛
言世尊如來无所說須菩提於意云何三千
大千世界所有微塵是為多不須菩提言甚
多世尊須菩提諸微塵如來說非微塵是名
微塵如來說世界非世界是名世界須菩提
於意云何可以卅二相見如來不不也世尊
何以故如來說卅二相即是非相是名卅二
相須菩提若有善男子善女人以恒河沙等
身命布施若復有人於此經中乃至受持四
句偈等為他人說其福甚多

BD04320 號　金剛般若波羅蜜經　（13–3）

微塵如來說世界非世界是名世界須菩提
於意云何可以卅二相見如來不不也世尊
何以故如來說卅二相即是非相是名卅二
相須菩提若有善男子善女人以恒河沙等
身命布施若復有人於此經中乃至受持四
句偈等為他人說其福甚多
尒時須菩提聞說是經深解義趣涕淚悲泣
而白佛言希有世尊佛說如是甚深經典我
從昔來所得慧眼未曾得聞如是之經世尊
若復有人得聞是經信心清淨則生實相當
知是人成就第一希有功德世尊是實相者
則是非相是故如來說名實相世尊我今得
聞如是經典信解受持不足為難若當來世
後五百歲其有眾生得聞是經信解受持是
人則為第一希有何以故此人无我相人相
眾生相壽者相所以者何我相即是非相人
相眾生相壽者相即是非相何以故離一切
諸相則名諸佛
佛告須菩提如是如是若復有人得聞是經
不驚不怖不畏當知是人甚為希有何以故
須菩提如來說第一波羅蜜非第一波羅蜜
是名第一波羅蜜須菩提忍辱波羅蜜如來
說非忍辱波羅蜜何以故須菩提如我昔為
歌利王割截身體我於尒時无我相无人相
無眾生相无壽者相何以故我於往昔節節

BD04320 號　金剛般若波羅蜜經　（13–4）

不驚不怖不畏當知是人甚為希有何以故
須菩提如來說第一波羅蜜非第一波羅蜜
是名第一波羅蜜須菩提忍辱波羅蜜如來
說非忍辱波羅蜜何以故須菩提如我昔為
歌利王割截身體我於尒時无我相无人相
無眾生相无壽者相何以故我於往昔節節
支解時若有我相人相眾生相壽者相應生
瞋恨須菩提又念過去於五百世作忍辱仙
人於尒所世无我相无人相无眾生相无壽
者相是故須菩提菩薩應離一切相發阿耨
多羅三藐三菩提心不應住色生心不應住
聲香味觸法生心應生无所住心若心有住
則為非住是故佛說菩薩心不應住色布施
須菩提菩薩為利益一切眾生應如是布施
如來說一切諸相即是非相又說一切眾生
則非眾生須菩提如來是真語者實語者如
語者不誑語者不異語者須菩提如來所得
法此法无實无虛須菩提若菩薩心住於法
而行布施如人入闇則无所見若菩薩心不
住法而行布施如人有目日光明照見種種
色須菩提當來之世若有善男子善女人能
於此經受持讀誦則為如來以佛智慧悉知
是人悉見是人皆得成就无量无邊功德
須菩提若有善男子善女人初日分以恒河
沙等身布施中日分復以恒河沙等身布施

BD04320 號　金剛般若波羅蜜經　（13–5）

色須菩提當來之世若有善男子善女人能
於此經受持讀誦則為如來以佛智慧悉知
是人悉見是人皆得成就无量无邊功德
須菩提若有善男子善女人初日分以恒河
沙等身布施中日分復以恒河沙等身布施
後日分亦以恒河沙等身布施如是无量百
千万億劫以身布施若復有人聞此經典信
心不逆其福勝彼何況書寫受持讀誦為人
解說須菩提以要言之是經有不可思議不
可稱量无邊功德如來為發大乘者說為發
最上乘者說若有人能受持讀誦廣為人說
如來悉知是人悉見是人皆成就不可量不
可稱无有邊不可思議功德如是人等則為
荷擔如來阿耨多羅三藐三菩提何以故須
菩提若樂小法者著我見人見衆生見壽者
見則於此經不能聽受讀誦為人解說須菩
提在在處處若有此經一切世間天人阿脩
羅所應供養當知此處則為是塔皆應恭敬
作禮圍遶以諸華香而散其處
復次須菩提若善男子善女人受持讀誦此
經若為人輕賤是人先世罪業應墮惡道以
今世人輕賤故先世罪業則為消滅當得阿
耨多羅三藐三菩提須菩提我念過去无量
阿僧祇劫於然燈佛前得值八百四千万億
那由他諸佛悉皆供養承事无空過者若復

BD04320號　金剛般若波羅蜜經　（13-6）

復次須菩提若善男子善女人受持讀誦此
經若為人輕賤是人先世罪業應墮惡道以
今世人輕賤故先世罪業則為消滅當得阿
耨多羅三藐三菩提須菩提我念過去无量
阿僧祇劫於然燈佛前得值八百四千万億
那由他諸佛悉皆供養承事无空過者若復
有人於後末世能受持讀誦此經所得功德
於我所供養諸佛功德百分不及一千万億
分乃至筭數譬喻所不能及須菩提若善男
子善女人於後末世有受持讀誦此經所得
功德我若具說者或有人聞心則狂亂狐疑
不信須菩提當知是經義不可思議果報亦
不可思議
尒時須菩提白佛言世尊善男子善女人發
阿耨多羅三藐三菩提心云何應住云何降
伏其心佛告須菩提善男子善女人發阿耨
多羅三藐三菩提者當生如是心我應滅度
一切衆生滅度一切衆生已而无有一衆生
實滅度者何以故若菩薩有我相人相衆生
相壽者相則非菩薩所以者何須菩提實无
有法發阿耨多羅三藐三菩提者須菩提於
意云何如來於然燈佛所有法得阿耨多羅
三藐三菩提不不也世尊如我解佛所說義
佛於然燈佛所无有法得阿耨多羅三藐三
菩提佛言如是如是須菩提實无有法如來

BD04320號　金剛般若波羅蜜經　（13-7）

有法得阿耨多羅三藐三菩提者須菩提於
意云何如来於然燈佛所有法得阿耨多羅
三藐三菩提不不也世尊如我解佛所說義
佛於燃燈佛所无有法得阿耨多羅三藐三
菩提佛言如是如是須菩提實无有法如来
得阿耨多羅三藐三菩提須菩提若有法如
来得阿耨多羅三藐三菩提然燈佛則不與
我授記汝於来世當得作佛号釋迦牟尼以
實无有法得阿耨多羅三藐三菩提是故然
燈佛與我授記作是言汝於来世當得作佛
号釋迦牟尼何以故如来者即諸法如義若
有人言如来得阿耨多羅三藐三菩提須菩
提實无有法佛得阿耨多羅三藐三菩提須
菩提如来所得阿耨多羅三藐三菩提於是
中无實无虛是故如来說一切法皆是佛法
須菩提所言一切法者即非一切法是故名
一切法

須菩提譬如人身長大須菩提言世尊如来
說人身長大則為非大身是名大身須菩提
菩薩亦如是若作是言我當滅度无量衆生
則不名菩薩何以故須菩提無有法名為菩
薩是故佛說一切法无我无人无衆生无壽
者須菩提若菩薩作是言我當莊嚴佛土是
不名菩薩何以故如来說莊嚴佛土者即非
莊嚴是名莊嚴須菩提若菩薩通達无我法
者如来說名真是菩薩

BD04320號　金剛般若波羅蜜經　（13–8）

薩是故佛說一切法无我无人无衆生无壽
者須菩提若菩薩作是言我當莊嚴佛土是
不名菩薩何以故如来說莊嚴佛土者即非
莊嚴是名莊嚴須菩提若菩薩通達无我法
者如来說名真是菩薩

須菩提於意云何如来有肉眼不如是世尊
如来有肉眼須菩提於意云何如来有天眼
不如是世尊如来有天眼須菩提於意云何
如来有慧眼不如是世尊如来有慧眼須菩
提於意云何如来有法眼不如是世尊如来
有法眼須菩提於意云何如来有佛眼不如
是世尊如来有佛眼須菩提於意云何恒河
中所有沙佛說是沙不如是世尊如来說是
沙須菩提於意云何如一恒河中所有沙有
如是等恒河是諸恒河所有沙數佛世界如
是寧為多不甚多世尊佛告須菩提尒所國
土中所有衆生若干種心如来悉知何以故
如来說諸心皆為非心是名為心所以者何
須菩提過去心不可得現在心不可得未来
心不可得

須菩提於意云何若有人滿三千大千世界
七寶以用布施是人以是因緣得福多不如
是世尊是人以是因緣得福甚多須菩提若
福德有實如来不說得福德多以福德无故
如来說得福德多須菩提於意云何佛可以

BD04320號　金剛般若波羅蜜經　（13–9）

心不可得
須菩提於意云何若有人滿三千大千世界
七寶以用布施是人以是因緣得福多不如
是世尊是人以是因緣得福甚多須菩提若
福德有實如來不說得福德多以福德无故
如來說得福德多須菩提於意云何佛可以
具足色身見不不也世尊如來不應以色身
見何以故如來說具足色身即非具足色身
是名具足色身須菩提於意云何如來可以
具足諸相見不不也世尊如來不應以具足
諸相見何以故如來說諸相具足即非具足
是名諸相具足須菩提汝勿謂如來作是念
我當有所說法莫作是念何以故若人言如
來有所說法即為謗佛不能解我所說故須
菩提說法者无法可說是名說法
須菩提白佛言世尊佛得阿耨多羅三藐三
菩提為无所得耶如是如是須菩提我於阿
耨多羅三藐三菩提乃至无有少法可得是
名阿耨多羅三藐三菩提復次須菩提是法
平等无有高下是名阿耨多羅三藐三菩提
以无我无人无眾生无壽者脩一切善法則
得阿耨多羅三藐三菩提須菩提所言善法
者如來說非善法是名善法須菩提若三千
大千世界中所有諸須弥山王如是等七寶
聚有人持用布施若人以此般若波羅蜜經
乃至四句偈等受持為他人說於前福德百

BD04320號　金剛般若波羅蜜經　（13–10）

以无我无人无眾生无壽者脩一切善法則
得阿耨多羅三藐三菩提須菩提所言善法
者如來說非善法是名善法須菩提若三千
大千世界中所有諸須弥山王如是等七寶
聚有人持用布施若人以此般若波羅蜜經
乃至四句偈等受持為他人說於前福德百
分不及一百千万億分乃至筭數譬喻所不
能及須菩提於意云何汝等勿謂如來作是
念我當度眾生須菩提莫作是念何以故實
无有眾生如來度者若有眾生如來度者如
來則有我人眾生壽者須菩提如來說有我
者則非有我而凡夫之人以為有我須菩提
凡夫者如來說則非凡夫須菩提於意云何
可以三十二相觀如來不須菩提言如是如
是以三十二相觀如來佛言須菩提若以三
十二相觀如來者轉輪聖王則是如來須菩
提白佛言世尊如我解佛所說義不應以三
十二相觀如來尒時世尊而說偈言
若以色見我　以音聲求我　是人行耶道　不能見如來
須菩提汝若作是念如來不以具足相故得
阿耨多羅三藐三菩提須菩提莫作是念如
來不以具足相故得阿耨多羅三藐三菩提
須菩提汝若作是念發阿耨多羅三藐三菩
提者說諸法斷滅莫作是念何以故發阿耨
多羅三藐三菩提者於法不說斷滅相須菩

BD04320號　金剛般若波羅蜜經　（13–11）

阿耨多羅三藐三菩提須菩提莫作是念如
来不以具足相故得阿耨多羅三藐三菩提
須菩提汝若作是念發阿耨多羅三藐三菩
提者說諸法斷滅莫作是念何以故發阿耨
多羅三藐三菩提者於法不說斷滅相須菩
提若菩薩以滿恒河沙等世界七寶布施若
復有人知一切法无我得成於忍此菩薩勝
前菩薩所得功德須菩提以諸菩薩不受福
德故須菩提白佛言世尊云何菩薩不受福
德須菩提菩薩所作福德不應貪著是故說
不受福德須菩提若有人言如来若来若去
若坐若卧是人不解我所說義何以故如来
者无所從来亦无所去故名如来須菩提若
善男子善女人以三千大千世界碎為微塵
於意云何是微塵衆寧為多不甚多世尊何
以故若是微塵衆實有者佛則不說是微塵
衆所以者何佛說微塵衆則非微塵衆是名
微塵衆世尊如来所說三千大千世界則非
世界是名世界何以故若世界實有則是一
合相如来說一合相則非一合相是名一合
相須菩提一合相者則是不可說但凡夫之
人貪著其事須菩提若人言佛說我見人見
衆生見壽者見須菩提於意云何是人解我
義不世尊是人不解如来所說義何以故世
尊說我見人見衆生見壽者見即非我見人

BD04320號　金剛般若波羅蜜經　（13–12）

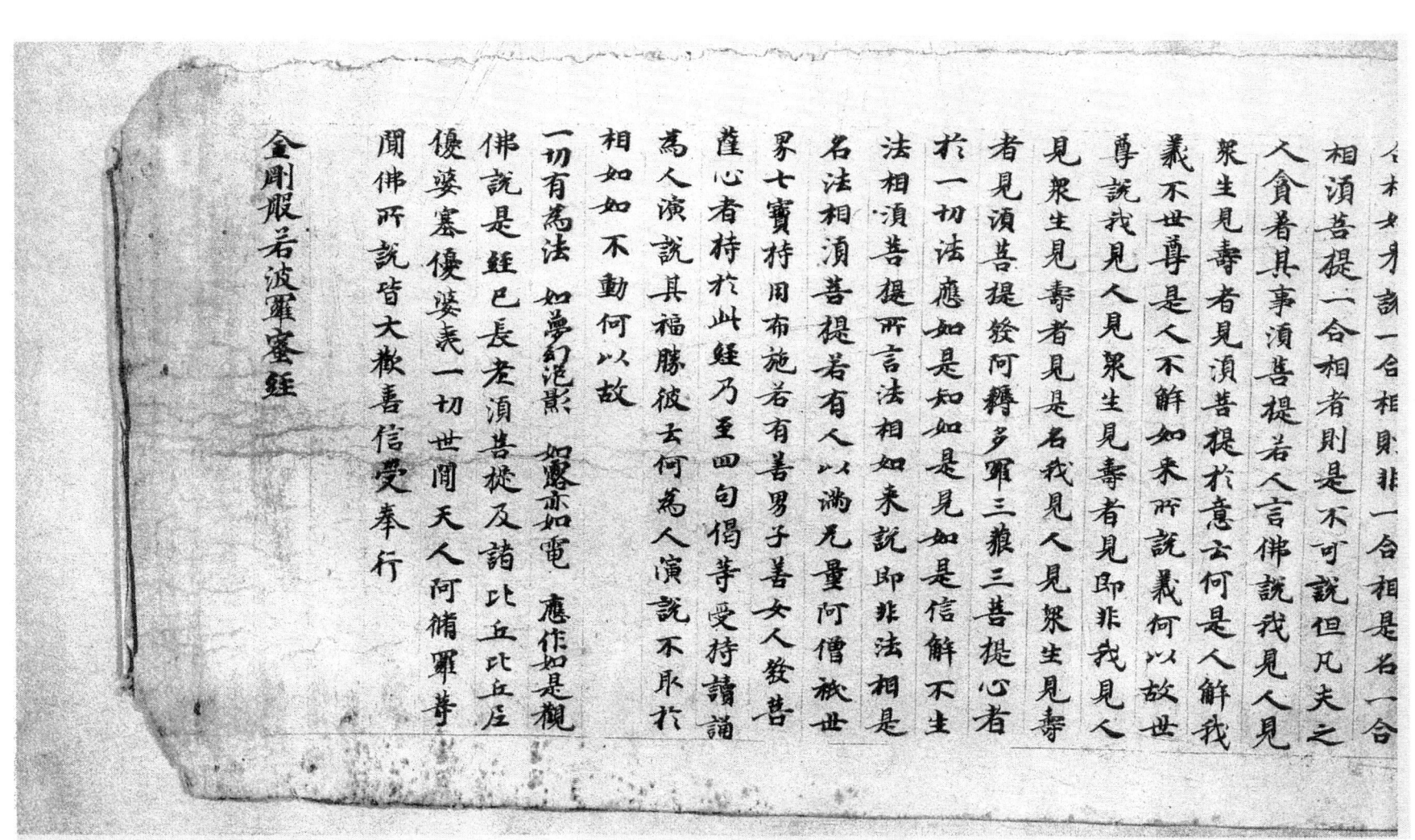

合相如来說一合相則非一合相是名一合
相須菩提一合相者則是不可說但凡夫之
人貪著其事須菩提若人言佛說我見人見
衆生見壽者見須菩提於意云何是人解我
義不世尊是人不解如来所說義何以故世
尊說我見人見衆生見壽者見即非我見人
見衆生見壽者見是名我見人見衆生見壽
者見須菩提發阿耨多羅三藐三菩提心者
於一切法應如是知如是見如是信解不生
法相須菩提所言法相如来說即非法相是
名法相須菩提若有人以滿无量阿僧祇世
界七寶持用布施若有善男子善女人發菩
薩心者持於此經乃至四句偈等受持讀誦
為人演說其福勝彼云何為人演說不取於
相如如不動何以故
一切有為法　如夢幻泡影　如露亦如電　應作如是觀
佛說是經已長老須菩提及諸比丘比丘尼
優婆塞優婆夷一切世間天人阿脩羅等
聞佛所說皆大歡喜信受奉行

金剛般若波羅蜜經

BD04320號　金剛般若波羅蜜經　（13–13）

般涅槃經聖行品第七之三　　十三
善男子云何菩薩摩訶薩住於大乘大般涅
觀察集諦善男子菩薩摩訶薩觀此集諦
是陰因緣所謂集者還愛於有愛有二種一
愛己身二愛所須復有二種未得五欲繫心專
求既求得已堪忍專著復有三種欲愛色
愛无色愛復有三種業因緣愛煩惱因緣愛
苦因緣愛出家之人有四種愛何等為四衣
服飲食卧具湯藥復有五種貪著五陰隨諸
所須一切愛著分別校計无量无邊善男子
愛有二種一者善愛二不善愛不善愛者唯
愚求之善法愛者諸菩薩求善法愛者復有
二種不善與善求二乘者名為不善求大乘
者是名為善善男子凡夫愛者名之為集不
名為諦菩薩愛者名為實諦不名為集何以
故為度衆生所以受身不以愛故而受生也
迦葉菩薩白佛言世尊如佛世尊於餘經中

BD04321 號　大般涅槃經（北本）卷一三　　（3–1）

愛有二種一者善愛二不善愛不善愛者唯
愚求之善法愛者諸菩薩求善法愛者復有
二種不善與善求二乘者名為不善求大乘
者是名為善善男子凡夫愛者名之為集不
名為諦菩薩愛者名為實諦不名為集何以
故為度衆生所以受身不以愛故而受生也
迦葉菩薩白佛言世尊如佛世尊於餘經中
為諸衆生說業為因緣或說憍慢或說六觸
或說无明為五盛陰而作因緣今以何義說
四聖諦獨以愛性為五陰因佛讚迦葉菩薩
善哉善哉善男子如汝所說諸因緣者非為
非因但是五陰要因於愛善男子譬如大王
若出遊巡大臣眷屬悉皆隨從愛亦如是隨
愛行處是諸結等亦復隨行譬如膩衣隨有
塵著著則隨住愛亦如是隨所愛處業結
住復次善男子譬如濕地則能生牙愛亦如
是能生一切業煩惱牙
善男子菩薩摩訶薩住是大乘大般涅槃
觀此愛凡有九種一如債有餘二如羅刹女
婦三如妙華莖中有毒虵四如惡食性所不
便而强食之五如婬女六如摩樓迦子七如瘡
中息肉八如暴風九如彗星云何名為如
債有餘善男子譬如貧人負他錢財雖償欲
畢餘未畢故猶繫在獄而不得脫聲聞緣覺
亦復如是以有愛習之餘氣故不能得成阿
耨多羅三藐三菩提善男子是名如債有餘

BD04321 號　大般涅槃經（北本）卷一三　　（3–2）

住復次善男子譬如濕地則能生牙愛亦如
是能生一切業煩惱牙
善男子菩薩摩訶薩住是大乘大般涅槃
觀此愛凡有九種一如債有餘二如羅剎女
婦三如妙華莖中有毒蛇四如惡食性所不
便而強食之五如婬女六如摩樓迦子七如瘡
中息肉八如暴風九如彗星云何名為如
債有餘善男子譬如貧人負他錢財雖償欲
畢餘未畢故猶繫在獄而不得脫聲聞緣覺
亦復如是以有愛習之餘氣故不能得成阿
耨多羅三藐三菩提善男子是名如債有餘
善男子云何如羅剎女婦善男子譬如有人
以羅剎女而為婦妾是羅剎女隨所生子生
已便噉子既盡已次噉其夫善男子愛羅剎
女亦復如是隨諸眾生生善根子隨生隨食
善子既盡復噉眾生令墮地獄畜生餓鬼唯
除菩薩是名如羅剎女婦善男子云何如妙
華莖毒蛇纏之譬如有人性愛好華不見華
[illegible]捉捉已蛇螫螫已命終
[illegible]夫不見是愛毒
[illegible]螫命終

BD04321 號　大般涅槃經（北本）卷一三　（3–3）

南无[illegible]重[illegible]
南无无量命佛　南无层[illegible]
南无美弥留佛　南无舍[illegible]佛
南无初出日燃燈月華寶波頭摩金光明佛
南无盧舍那放光身光寶光照十方世界王佛
南无降伏龍佛　南无善調心佛
南无寶聚佛　南无大[illegible]首佛
南无炎積佛　南无一切光明佛
南无日光佛　南无不可思議佛
南无无邊精進佛　南无无邊思惟佛
南无金色華佛　南无善香香佛
南无諍行佛　南无无蒲佛
南无无邊智佛　南无賢身佛
南无賢佛　南无无見佛
南无无邊威德佛　南无次佛
南无賢安隱佛　南无莎羅佛
南无得名佛　南无波頭摩勝佛
南无稱蓮華佛　南无華佛
南无莊嚴佛　南无舊迟佛
南无善見佛　南无善猷對佛
南无善讃世佛　南无无邊威德佛

BD04322 號　佛名經（二十卷本）卷九　（10–1）

南无得名佛　南无波頭摩勝佛
南无稱蓮華佛　南无華佛
南无莊嚴佛　南无奮迅佛
南无善見佛　南无善獻對佛
南无善讚世佛　南无无邊威德佛
南无第一勝佛　南无善行佛
南无无量威德佛　南无妙勝佛
南无勝供養佛　南无大奮迅智聲自在佛
南无雷光佛　南无照一切佛
南无不可思議佛　南无无量色佛
南无无量光佛　南无善光華敷身佛
南无須弥山波頭摩勝王佛　南无求名發聲條行佛
南无一切寶摩尼王放光明佛　南无无垢炎稱成就王佛
南无寶光明佛　南无離諸煩惱佛
南无善知佛　南无善見佛
南无寶山莊嚴佛
南无慈行佛　南无閻浮檀幢佛
南无无邊智佛　南无无量威德佛
南无大稱佛　南无寶稱佛
南无火光明佛　南无火光明佛
南无雷照光明佛　南无一切種照佛
南无不可量佛　南无日光佛
南无月光佛　南无功德海佛
南无具足功德佛　南无上行佛
南无畏佛　南无師子幢佛

BD04322號　佛名經（二十卷本）卷九　（10–2）

南无火光明佛　南无火光明佛
南无雷照光明佛　南无一切種照佛
南无不可量佛　南无日光佛
南无月光佛　南无功德海佛
南无具足功德佛　南无上行佛
南无畏佛　南无師子幢佛
南无帝釋幢佛　南无大幢佛
南无善眼佛　南无莊嚴王佛
南无放光明光佛　南无无邊光佛
南无妙光佛　南无普讚增上佛
南无雲自在佛　南无自在幢佛
南无日燈佛　南无宗佛
南无善生佛　南无无邊不可思議威德佛
南无普眼佛　南无波頭摩上佛
南无妙去佛　南无月起佛
南无燈佛　南无不厭足身佛
南无弥留幢佛　南无寶幢佛
南无火炎聚佛　南无自在幢佛
南无寶火佛　南无旃檀香佛
南无不空光明波頭摩敷身佛　南无无邊稱功德光明佛
南无奮當色佛　南无无量光明佛
南无快光明波頭摩敷身佛　南无出須弥山波頭摩王佛
南无星宿劫二万同名光作佛　南无二万同名盧舍那佛
南无二万同名釋迦牟尼佛
南无同名帝釋日太白星宿无量百千万不可數佛

BD04322號　佛名經（二十卷本）卷九　（10–3）

南无[illegible]波頭摩[illegible]佛
南无无邊稱功德光明佛
南无奮當色佛
南无无量光明佛
南无快光明波頭摩敷身佛
南无出須弥山波頭摩王佛
南无星宿劫二万同名光作佛
南无二万同名盧舍那佛
南无二万同名釋迦牟尼佛
南无同名帝釋日太白星宿无量百千万不可數佛
南无无垢光明佛
南无功德寶光明佛
南无精進力成就佛
南无清淨光佛
南无解脫一切縛佛
南无波頭摩藏勝佛
南无得无鄣导力解脫佛
南无不怯弱十方稱香佛
南无盧舍那光明佛
南无寶聚佛
南无法幢懸佛
南无破一切闇曀佛
南无普光明莊嚴照作佛
南无光明作佛
南无大炎佛
南无无邊行功德佛
南无功德雲燃燈佛
南无燃燈炬王佛
南无破一切衆生闇勝佛
南无妙見佛
南无妙勝佛
南无妙聞佛
南无山峯佛
南无金聖佛
南无飲甘露佛
南无无量光明佛
南无寶雞頭佛
南无无邊毗尼勝王佛
南无電照光明羅網佛
南无成就无量功德佛
南无无量樂說境界佛
南无智勝放光明佛
南无降伏電日月作光佛
南无普句素摩勝奮迅功德積佛
南无功德王光佛
南无善月佛
南无光莊嚴王佛
南无賒檐拖雞頭佛

BD04322 號　佛名經（二十卷本）卷九　（10–4）

南无无量樂說境界佛
南无智勝放光明佛
南无降伏電日月作光佛
南无普句素摩勝奮迅功德積佛
南无功德王光佛
南无善月佛
南无光莊嚴王佛
南无賒檐拖雞頭佛
南无福德光佛
南无普光上勝山王佛
南无善住摩尼山王佛
南无斷一切煩惱佛
南无釋迦牟尼佛
南无破碎金剛堅固佛
南无寶幟佛
南无龍自在王佛
南无勇猛仙佛
南无寶月佛
南无離垢佛
南无无垢佛
南无勇猛得佛
南无淨佛
南无梵得佛
南无婆樓那佛
南无婆樓那天佛
南无賢勝佛
南无旃檀勝佛
南无力士佛
南无歡喜威德勝佛
南无光明勝佛
南无无憂勝佛
南无句素摩勝佛
南无婆頭摩樹提奮迅通佛
南无財勝佛
南无金勝佛
南无善說名勝佛
南无因陁羅雞頭幢佛
南无善步勝佛
南无善覺步勝佛
南无善步去佛
南无普照莊嚴勝佛
南无寶華步佛
南无寶婆頭摩善住自在王佛
南无光明幢大衆生莊嚴光王佛
南无如平等法界智聲佛
南无廣福德藏普光明照佛
南无普照大應羅網盧舍那佛
南无盧舍那華眼電光佛

BD04322 號　佛名經（二十卷本）卷九　（10–5）

南无普照莊嚴勝佛　南无寶華步佛
南无寶遮頭摩善住自在王佛　南无光明幢大衆生莊嚴光王佛
南无妙平等法界智數聲佛　南无廣福德藏普光明照佛
南无普照大應羅網盧舍那佛　南无盧舍那華眼電光佛
南无取勝大師子意佛　南无到法界勝盧舍那王佛
南无當无垢功德遍至稱佛　南无日華勝王佛
南无法自在智幢佛　南无廣善无垢威德梵聲佛
南无根本勝善道師佛　南无智力佛
南无称樓威德佛　南无願清淨月光佛
南无法海願出聲光佛　南无寶功德相莊嚴作光佛
南无妙聲地主天佛　南无勝進穹法佛
南无見衆生歡喜佛　南无不動深光明盧舍那慧佛
南无普放光明不可思議王佛　南无不等妙功德威德佛
南无普法身覺慧佛　南无普門照一切衆喜見佛
南无迦那迦无垢光明日奏雲佛　南无因陀羅光明疑幢佛
南无一切地處无垢月佛　南无覺虛空平等相佛
南无十方廣應雲幢佛　南无平等不平等盧舍那佛
南无害心悲解脫空王佛　南无成就一切義須弥佛
南无不空步照見佛　南无妙吼勝佛
南无第一自在通王佛　南无不可思議功德盧舍那妙目佛
南无可信力幢佛　南无法界樹聲智慧佛
南无波頭摩光長善解佛　南无不退德海光佛
南无善生妙一切智速佛　南无師子光无量力智佛
南无見一切法清淨勝智佛　南无遠離一切憂惱佛
次礼十二部經般若海藏

BD04322號　佛名經（二十卷本）卷九　（10-6）

南无波頭摩光長善解佛　南无不退德海光佛
南无善生妙一切智速佛　南无師子光无量力智佛
南无見一切法清淨勝智佛　南无遠離一切憂惱佛
次礼十二部經般若海藏
南无過去佛分衛經　南无柰女耆域經
南无淨飯王般涅槃經　南无八師經
南无大迦葉本經　南无四願經
南无婦人遇辜經　南无辯意長者子所問經
南无胞胎經　南无四自侵經
南无五百弟子自說本經　南无七女經
南无阿難四事經　南无所欲致患經
南无法受塵經　南无禪行法想經
南无四天王經　南无佛臨般涅槃略說教誡經
南无舍利弗目連遊四衢經　南无大愛道比丘尼經
次礼諸大菩薩摩訶衆
南无善住菩薩　南无善導師菩薩
南无波頭摩藏菩薩　南无陀羅尼自在王菩薩
南无普行菩薩　南无覺菩提菩薩
南无堅勝菩薩　南无斷諸惡道菩薩
南无疲惓意菩薩　南无須弥山菩薩
南无大須弥山菩薩　南无心勇猛菩薩
次礼聲聞緣覺一切賢聖
南无隨喜辟支佛　南无十二婆羅墮辟支佛
南无同善提辟支佛　南无聲聞緣覺一切賢聖

BD04322號　佛名經（二十卷本）卷九　（10-7）

南无疲惓意菩薩　南无須弥山菩薩
南无大須弥山菩薩　南无心勇猛菩薩
次礼聲聞緣覺一切賢聖
南无随喜辟支佛　南无士婆羅墮辟支佛
南无同菩提辟支佛　南无聲聞緣覺一切賢聖
南无過現未来三世諸佛歸命懺悔
已懺悔身三口四竟次復懺悔佛法僧間一切
諸鄣絓中佛說人身難得佛法難聞衆僧
難值信心難生六根難具善友難得而今
衆等宿殖善根得此人身六根完具又值
善友得聞正法於其中間復各不能盡心精
懃恣於未来長溺苦海不有出期是故今
日无量慚愧歸依十方諸佛
南无東方滿月光明佛　南无南方自在王佛
南无西方无邊光佛　南无北方金剛王佛
南无東南方師子音佛　南无西南方香烏遊戲佛
南无西北方須弥相佛　南无東北方寶富高德佛
南无下方寶憂鉢華佛　南无上方廣衆德佛
如是十方盡虛空界一切三寶
弟子等自從无始以来至於今日常以无明
覆心煩惱鄣意見佛形像不能盡心恭敬
輕蔑衆僧殘害善友破壞塔寺焚燒形像出
佛身血自處華堂安置尊像卑猥之處使煙
薰日曝風吹雨露塵土汙坌雀鼠殘毀共住
共宿曾无敬礼或倮露像身初不嚴餝或遮

BD04322號　佛名經（二十卷本）卷九　（10–8）

覆心煩惱鄣意見佛形像不能盡心恭敬
輕蔑衆僧殘害善友破壞塔寺焚燒形像出
佛身血自處華堂安置尊像卑猥之處使煙
薰日曝風吹雨露塵土汙坌雀鼠殘毀共住
共宿曾无敬礼或倮露像身初不嚴餝或遮
掩燈燭開閉殿宇鄣佛光明如是等罪今日
至誠皆悉懺悔
又復无始以来至於今日或於法間以不淨手把
捉經卷或臨經書非法俗語或安置床頭坐起
不敬或開閉箱篋虫噉朽爛或首軸脫落部黨
失次或誤脫漏誤紙墨破列自不循理不肯流
或眼地聽經仰卧讀誦高聲語嘆乱他聽法
或耶解佛語僻說聖意非法說法法說非法非
犯說犯犯說非犯輕罪說重重罪說輕或抄前
著後抄後着前前後著中中着前後綺餝文
辭安置已典或為利養名譽恭敬為人說法
无道德心求法師過而為論義非理彈繫
不為長解求出世法或輕慢佛語尊重耶教毀
呰大乘讚聲聞道如是等罪无量无邊今日
誠心懺悔
又復无始以来至於今日或於僧間有鄣煞害
阿羅漢破和合僧害發无上菩提心人斷滅佛
種使聖道不行或罷脫人道鞭孝沙門楚撻
駈使苦言加謗或破戒於威儀或勸他人於
正受行五法或假說形儀關竊賊住如是等罪

BD04322號　佛名經（二十卷本）卷九　（10–9）

阿羅漢破和合僧害發无上菩提心人斷滅佛
種使聖道不行或罷脫人道頰考沙門楚撻
驅使告言加謗或破戒於威儀或勸他人於八
正受行五法或假託形儀闚窬賊住如是等罪
今悉懺悔
或裸形輕衣在經像前不淨脚履踏塔或著屧
屐入僧伽藍涕唾堂房污佛僧地乘車策馬排
突寺舍如是等於寶聞所起罪鄣无量无邊今
日發露向十方佛尊法賢衆皆願弟子等承是
懺悔佛法僧聞所有罪鄣生生世常值三寶
尊仰恭敬无有猒足天繒妙綵寶紋絡㲲百
千妓樂珍異花香非世所有常以供養若成
佛先往勸請開甘露門若入涅槃願我常得
獻最後供於衆僧中脩六和合敬得自在興隆
三寶上和佛道下化衆生

佛名經卷第九

BD04322 號　佛名經（二十卷本）卷九　（10–10）

佛
南无功德橋梁佛
南无稱聖佛
南无不異心佛
南无大威德佛
南无上功德佛
南无愛供養佛
南无信菩提佛
南无出焰佛
南无性日佛
南无火炎聚佛
南无无憂佛
南无師子欲聲佛
南无見愛佛
南无勝高佛
南无愛眼佛
南无能与无畏佛
南无月天佛
南无大稱佛
南无愛說佛
南无[illegible]王佛

南[illegible]意佛
南无山聲佛
南无雲聲佛
南无勝積佛
南无天國土佛
南无无量明佛
南无燈王佛
南无十方聞名佛
南无月高佛
南无星宿王佛
南无光明日佛
南无真聲佛
南无稱上佛
南无甘露月佛

BD04323 號　佛名經（二十卷本）卷七　（23–1）

南无能与无畏佛
南无星宿王佛
南无月天佛
南无光明日佛
南无大稱佛
南无真聲佛
南无愛說佛
南无稱上佛
南无大王佛
南无甘露明佛
南无樂聲佛
南无心意佛
南无地住佛
南无狩過佛
南无多羅王佛
南无无畏佛
南无清淨智佛
南无能礙起佛
南无慈勝佛
南无勝上佛
南无　　佛
南无普見佛
南无見月佛
南无降伏魔佛
南无大首佛
南无師子奮迅去佛
南无威德光佛
南无普護佛
南无成就義威德佛
南无光明日佛
南无見聚佛
南无清淨意佛
南无香山佛
南无摩尼清淨佛
南无功德明佛
南无日照燈佛
南无成就光佛
南无樂說法佛
南无善思惟義佛
南无普現見佛
南无師子幢佛
南无普行佛　四千
從此已上四千佛
南无大步佛
南无蓮華眼佛

BD04323號　佛名經（二十卷本）卷七　（23-2）

南无善思惟義佛
南无普現見佛　四千
南无師子幢佛
南无普行佛
從此已上四千佛
南无大步佛
南无蓮華眼佛
南无照光佛
南无信无量佛
南无无量色佛
南无蓋天佛
南无寶光明佛
南无上首佛
南无善見佛
南无親味佛
南无德味佛
南无日面佛
南无无鄣导眼佛
南无師子步佛
南无大燈佛
南无生佛
南无信功德佛
南无福德藏佛
南无法佛
南无天愛佛
南无天畏佛
南无愛佛
南无智勝佛
南无威德光佛
南无月德佛
南无功德聚佛
南无无邊光佛
南无安樂佛
南无幢佛
南无光明乳佛
南无普功德佛
南无上幢佛
南无那羅延佛
南无寶信佛
南无普思惟佛
南无善思惟佛
南无善智佛
南无不可量威德佛
南无師子群佛
南无光明意佛

BD04323號　佛名經（二十卷本）卷七　（23-3）

南无那羅延佛　南无寶信佛
南无普思惟佛　南无善思惟佛
南无善智佛　南无不可量威德佛
南无師子辟佛　南无光明意佛
南无王天佛　南无寶幢佛
南无善住意佛　南无无量天佛
南无聖化佛　南无大功德佛
南无大幢佛　南无大光日佛
南无真法佛　南无日月佛
南无真報佛　南无勝天佛
南无觀解脫佛　南无寶光明佛
南无雀聲佛　南无普行佛
南无成就光佛　南无无量眼佛
南无稱愛佛　南无善讃佛
南无信天佛　南无不可量步佛
南无火威佛　南无心智佛
南无仙步佛　南无月形佛
南无火聚佛　南无大脩佛
南无大步佛　南无勝天佛
南无成就義脩佛　南无月愛佛
南无師子聲佛　南无信説佛
南无智光佛　南无華威德佛
南无无明聚佛　南无神通光佛
南无无量威德佛　南无无量光佛

BD04323號　佛名經（二十卷本）卷七　（23–4）

南无成就義脩佛　南无月愛佛
南无師子聲佛　南无信説佛
南无智光佛　南无華威德佛
南无无明聚佛　南无神通光佛
南无无量威德佛　南无无量光佛
南无勝藏佛　南无普照稱佛
南无寶幢佛　南无勝威德佛
南无日幢佛　南无大弥留佛
南无供養莊嚴佛　南无世間聞名佛
南无勝德佛　南无勝稱佛
南无成就步佛　南无天供養佛
南无寶佛　南无不可降伏稱佛
南无應光明佛　南无大燈佛
南无行威儀畏佛　南无奮迅佛
南无部导見佛　南无離疑佛
從此已上四千一百佛
南无大行佛　南无不失步佛
南无天國土佛　南无喜喜佛
南无華光佛　南无能与光明佛
南无天愛佛　南无解脫光明佛
南无放光明佛　南无作功德佛
南无成智佛　南无道光佛
南无海佛　南无喜菩提佛
南无去光佛　南无……

BD04323號　佛名經（二十卷本）卷七　（23–5）

南无華光佛　南无能与光明佛
南无天愛佛　南无解脱光明佛
南无放光明佛　南无作功德佛
南无成智佛　南无道光佛
南无海佛　南无喜菩提佛
南无法光佛　南无大天佛
南无深智佛　南无法自在佛
南无大信佛　南无心意佛
南无智光佛　南无不謀思佛
南无超稱德佛　南无漏稱佛
南无大莊嚴佛　南无月光佛
南无天光佛　南无清淨行佛
南无功德愛佛　南无師子意佛
南无地清淨佛　南无寶光明佛
南无快光明佛　南无種種日佛
南无月愛佛　南无月蓋佛
南无普觀佛　南无无染佛
南无稱勝佛　南无月面佛
南无龍天佛　南无功德聚佛
南无功德智佛　南无華勝佛
南无世愛佛　南无甘露威德佛
南无寶幢佛　南无日光明佛
南无甘露光佛　南无說法愛佛
南无應愛佛　南无地光佛

BD04323號　佛名經（二十卷本）卷七　（23-6）

南无功德智佛　南无華勝佛
南无世愛佛　南无甘露威德佛
南无寶幢佛　南无日光明佛
南无甘露光佛　南无說法愛佛
南无應愛佛　南无地光佛
南无功德作佛　南无華勝佛
南无功德屏佛　南无法燈佛
南无普光佛　南无梵聲佛
南无大莊嚴佛　南无解脱日佛
南无堅精進佛　南无佛光明佛
南无功德稱佛　南无善智慧佛
南无不奇稱莊嚴佛　南无師子愛佛
南无功德步佛　南无上天佛
南无觀行佛　南无日天佛
南无電光佛　南无勝愛佛
南无弥留幢佛　南无華光佛
南无上意佛　南无香山佛
南无功德奮迅佛　南无勝意佛
南无信聖佛　南无寶冊佛
南无上德佛　南无最後見佛
南无歡喜莊嚴佛　南无功德藏勝佛
南无无垢境佛　南无威德力佛
南无清淨眼佛　南无智行佛
南无不謀足佛　南无聖眼佛

BD04323號　佛名經（二十卷本）卷七　（23-7）

南无[illegible]佛　南[illegible]
南无觀善莊嚴佛　南无功德藏勝佛
南无无垢境佛　南无威德力佛
南无清淨眼佛　南无智行佛
南无不誑足佛　南无聖眼佛
南无樂解脫佛　南无大聲佛
南无上國土佛　南无脩行光明佛
南无念業佛　南无信功德佛
南无靈念稱佛　南无照闇佛
南无愛自在佛　南无月光佛
從此已上四千二百佛
南无上聲佛　南无功德勝佛
南无攝愛釋佛　南无相王佛
南无離熱病智佛　南无能与聖佛
南无法洲佛　南无甘露功德佛
南无无瞋恨佛　南无甘露香佛
南无月明佛　南无吼聲佛
南无无畏日佛　南无得无畏佛
南无喜愛佛　南无不錯智佛
南无世愛佛　南无天燈佛
南无信聖佛　南无天蓋佛
南无龍光佛　南无勝步佛
南无法威德佛　南无見有佛
南无慚愧面佛　南无勝色佛

南无喜愛佛　南[illegible]
南无世愛佛　南无天燈佛
南无信聖佛　南无天蓋佛
南无龍光佛　南无勝步佛
南无法威德佛　南无見有佛
南无慚愧面佛　南无勝色佛
南无普眼佛　南无功德光佛
南无月勝佛　南无定寶佛
南无功德幢佛　南无世自在劫佛
南无无畏親佛　南无攝智佛
南无降怨佛　南无去光明佛
南无勝積佛　南无一念光佛
南无力士奮迅佛　南无師子足佛
南无貳愛佛　南无信世間佛
南无勝威德光明佛　南无師子奮迅蹟佛
南无无垢去佛　南无決定智佛
南无離无明佛　南无功德聖佛
南无攝慧佛　南无大智味佛
南无寶步佛　南无心日佛
南无觀方佛　南无信說佛
南无思惟忍佛　南无法蓋佛
南无不可降伏月佛　南无天華佛
南无天波頭摩佛　南无普威德佛
南无月明佛　南无功德莊嚴佛

南无觀方佛　南无信說佛
南无思惟忍佛　南无法蓋佛
南无不可降伏月佛　南无天華佛
南无天波頭摩佛　南无普威德佛
南无月明佛　南无一切德莊嚴佛
南无相王佛　南无稱思惟佛
南无樹幢佛　南无淨行佛
南无威德步佛　南无信衆佛
南无善香佛　南无智者讃歎佛
南无智光明佛　南无智鎧佛
南无威德力佛　南无勝威德佛
南无佛觀喜佛　南无勝信佛
南无一切愛佛　南无離諸佛
南无思義佛　南无大高佛
南无聖人面佛　南无黠慧信佛
南无攝菩提佛　南无妙聲佛
南无大威德佛　南无樂師子佛
南无普賢佛　南无一切世百佛
南无尒金剛佛　南无師子聲佛
南无過火佛　南无導師佛
南无人月佛　南无大莊嚴佛
南无日光佛　南无快佛
南无普摩尼香佛　南无寂行佛
南无攝稱佛　南无梵供養佛

BD04323號　佛名經（二十卷本）卷七　（23–10）

南无過火佛　南无導師佛
南无人月佛　南无大莊嚴佛
南无日光佛　南无快佛
南无普摩尼香佛　南无寂行佛
南无攝稱佛　南无梵供養佛
從此已上四千三百佛
南无大乳佛　南无應供佛
南无黠慧信佛　南无无量顛佛
南无世光佛　南无見忍佛
南无大華佛　南无有我佛
南无如意佛　南无善菩提根佛
南无地德佛　南无天德佛
南无不怯弱聲佛　南无普現佛
南无月光明佛　南无勝信佛
南无決定色佛　南无方便心佛
南无智味佛　南无一切德信佛
南无難降伏佛　南无普見佛
南无月光明佛　南无月蓋佛
南无世橋佛　南无信供養佛
南无樂勝佛　南无善蓋佛
南无慚愧賢佛　南无能觀佛
南无師子聲佛　南无丈行佛
南无普信佛　南无器聲佛
南无

BD04323號　佛名經（二十卷本）卷七　（23–11）

南无樂勝佛　南无善蓋佛
南无慚愧賢佛　南无能觀佛
南无師子聲佛　南无丈行佛
南无普信佛　南无器聲佛
南无勝愛佛　南无普行佛
南无普智佛　南无大奮迅佛
南无月幢佛　南无堅行佛
南无天供養佛　南无能驚怖佛
南无勝稱佛　南无成就一切德佛
南无堅固佛　南无甘露光佛
南无大聲佛　南无高聲佛
南无大力佛　南无大蓋佛
南无信甘露佛　南无行菩提佛
南无勝聲思惟佛　南无高光佛
南无怖勝佛　南无樂種種聲佛
南无愛義佛　南无脩行信佛
南无離愛佛　南无善生佛
南无威德力佛　南无信功德佛
南无聲稱佛　南无放光明佛
南无毘奮迅佛　南无勝王佛
南无林華佛　南无功德華佛
南无捨諍佛　南无大廣佛
南无大稱佛　南无虛空愛佛
南无甘露奮迅佛

南无毘奮迅佛　南无勝王佛
南无林華佛　南无功德華佛
南无捨諍佛　南无大廣佛
南无大稱佛　南无虛空愛佛
南无甘露奮迅佛　南无日聚佛
南无月聲佛　南无天幢佛
南无與清淨佛　南无能日佛
南无快可見佛　南无堅意勝聲佛
南无雨甘露佛　南无无畏聲佛
南无善根聲佛　南无勝聲佛
南无勝愛佛　南无甘露稱佛
南无法華佛　南无大莊嚴佛
南无世間尊重佛　南无勝意佛
南无弥留光佛　南无清淨思惟佛
南无高光明佛　南无破怨佛
南无甘露城佛　南无華佛
南无大稱佛　南无安隱恩佛
南无道威德佛　南无清淨心佛
從此已上四千五百佛
南无天供養佛　南无渡泥佛
南无離有佛　南无法華佛
南无大勝佛　南无可樂光明佛
南无火光佛　南无見愛佛

從此已上四千五百佛
南无天供養佛　南无渡泥佛
南无雜有佛　南无法華佛
南无大勝佛　南无可樂光明佛
南无火光佛　南无見愛佛
南无光明愛佛　南无喜聲佛
南无大施德佛　南无寶步佛
南无无滯㝵智佛　南无得威德佛
南无月藏佛　南无淨光明佛
南无大莊嚴佛　南无得樂自在佛
南无妙光明佛　南无寂光佛
南无離疑佛　南无无過智善佛
南无成就行佛　南无清淨身佛
南无无畏愛佛　南无稱吼佛
南无大吼佛　南无善思佛
南无大思佛　南无清淨色佛
南无大奮迅佛　南无樂眼佛
南无命清淨佛　南无行清淨佛
南无離熱智佛　南无應稱佛
南无善集智佛　南无普信佛
南无設尸威德佛　南无不死成佛
南无不讓聲佛　南无化日佛
南无善住思惟佛　南无高信佛
南无須摩那光明佛　南无光明力佛

BD04323 號　佛名經（二十卷本）卷七　（23–14）

南无善集智佛　南无普信佛
南无設尸威德佛　南无不死成佛
南无不讓聲佛　南无化日佛
南无善住思惟佛　南无高信佛
南无須摩那光明佛　南无光明力佛
南无功德希佛　南无法俱蘇摩佛
南无淨威德佛　南无淨行佛
南无天色心佛　南无力佛
南无普觀佛　南无梵供養佛
南无降伏精弥佛　南无聖華佛
南无虛空佛　南无无辟智佛
南无應愛佛　南无降伏城佛
南无降伏刺佛　南无武功德佛
南无平等勿思佛　南无不怯弱心佛
南无精進信佛　南无高光明佛
南无聞智佛　南无无㝵心佛
南无无畏光佛　南无甘露聲佛
南无種種日佛　南无勝點慧佛
南无可脩敬佛　南无功德王佛
南无讓根佛　南无禪解脫佛
南无大威德佛　南无旃檀香佛
南无見信佛　南无妙稱梁佛
南无可觀佛　南无不可量智佛
南无千日威德佛　南无捨重擔佛

BD04323 號　佛名經（二十卷本）卷七　（23–15）

南无讃根佛　南无禪解脫佛
南无大威德佛　南无旃檀香佛
南无見信佛　南无妙橋梁佛
南无可觀佛　南无不可量智佛
南无千日威德佛　南无捨重擔佛
南无見信佛　南无妙橋梁佛
南无可觀佛　南无不可量智佛
南无千日威德佛　南无捨重擔佛
南无稱信佛　南无諸方聞佛
南无自在佛　南无无邊智佛
南无无始光佛　南无甘露信佛
南无妙眼佛　南无解脫行佛
南无可樂見佛　南无高光明佛
南无大聲佛　南无大威德聚佛
南无光明幢佛　南无應供養佛
南无福德積佛　南无信相佛
從此已上四千五百佛
南无大炎佛　南无應信佛
南无善住思惟佛　南无須提他佛
南无智作佛　南无普寶佛
南无日光佛　南无說提他佛
南无炎眼佛　南无師子身佛
南无稱親光佛　南无清淨聲佛

BD04323號　佛名經（二十卷本）卷七　（23–16）

南无智作佛　南无普寶佛
南无日光佛　南无說提他佛
南无炎眼佛　南无師子身佛
南无稱親光佛　南无清淨聲佛
南无怖樂佛　南无寂靜增上佛
南无寶威德佛　南无善威德供養佛
南无毛光佛　南无世間尊佛
南无善行淨佛　南无善提他威德佛
南无應眼佛　南无大步佛
南无成義佛　南无安隱愛佛
南无天摩衼多佛　南无捨湯流佛
南无捨寶佛　南无智湍佛
南无橋佛　南无解脫賢佛
南无衆步佛　南无光明威德佛
南无慈力佛　南无月勝佛
南无寂光佛　南无愛眼佛
南无賒尸羅聲佛　南无不死色佛
南无樂法佛　南无大月佛
南无无鄣导聲佛　南无功德奮迅佛
南无不死華佛　南无平等見佛
南无大月佛　南无功德味佛
南无十光佛　南无種種光佛
南无龍德佛　南无雲聲佛
南无功德步佛　南无思功德佛

BD04323號　佛名經（二十卷本）卷七　（23–17）

南无大月佛　南无功德味佛
南无十光佛　南无種種光佛
南无龍德佛　南无雲聲佛
南无功德步佛　南无思功德佛
南无大聲佛　南无了聲佛
南无遠離惡處佛　南无天華佛
南无快眼佛　南无大財燈佛
南无離癡行佛　南无堅固希佛
南无捨耶佛　南无相華佛
南无不思議光明佛　南无普賢佛
南无月妙佛　南无樂德佛
南无清淨聲佛　南无勝慧佛
南无賢光佛　南无堅固華佛
南无光明意佛　南无福德德佛
南无意成就佛　南无樂解脫佛
南无離濁河佛　南无調怨佛
南无不去捨佛　南无甘露光明佛
南无十二部經般若海藏
南无菩薩生死地經　南无私呵味經
南无寶綱經　南无无量義經
南无鹿母經　南无鹿子經
南无除恐灾患經　南无温室洗浴衆僧經
南无四不可得經　南无福田經
南无出家功德經　南无入法界體性經

BD04323號　佛名經（二十卷本）卷七　（23–18）

南无寶綱經　南无无量義經
南无鹿母經　南无鹿子經
南无除恐灾患經　南无温室洗浴衆僧經
南无四不可得經　南无福田經
南无出家功德經　南无入法界體性經
南无優婆塞戒經　南无佛藏經
南无寶梁經　南无梵綱經
南无菩薩藏經　南无決定毗尼經
南无文殊師利悔過經　南无舍利弗悔過經
南无諸大菩薩摩訶薩　從此已上四千五百佛
南无寂倦意菩薩　南无須弥山菩薩
南无大須弥山菩薩　南无心勇猛菩薩
南无師子奮迅行菩薩　南无不可思議菩薩
南无善勝菩薩　南无善意菩薩
南无寶語菩薩　南无愛見菩薩
南无无鄣导菩薩　南无斷諸疑菩薩
南无寶作菩薩　南无廣德菩薩
南无護賢菩薩　南无寶月菩薩
南无湯陁婆香菩薩　南无樂作菩薩
南无无垢稱菩薩　南无思益菩薩
南无聲聞緣覺一切辟支佛
南无大勢辟支佛　南无脩行不著辟支佛
南无難捨辟支佛　南无寶辟支佛
南无不可比辟支佛　南无聲聞緣覺一切賢聖

BD04323號　佛名經（二十卷本）卷七　（23–19）

南无聲聞緣覺一切辟支佛
南无大勢辟支佛　南无脩行不著辟支佛
南无難捨辟支佛　南无寶辟支佛
南无不可比辟支佛　南无聲聞緣覺一切賢聖
南无過現未來三世諸佛歸命懺悔
次復懺悔貪愛之罪經中說言但為貪嬈
在癡獄沒生死河莫之能出眾生為是五欲
因緣從昔以來流轉生死一一眾生一劫之中
所積身骨如王舍城毗富羅山所飲母乳
如四海水身所出血復過於此父母兄弟六
親眷屬命終哭泣所出目淚如四海水是故
說言有愛則生愛盡則滅故知生死貪愛
為本所以經言婬欲之罪能令眾生墮於地獄
餓鬼受苦若在畜生則受鴿雀鴛鴦等身若
生人中妻不貞良得不隨意眷屬婬欲既有
如此惡果是故弟子今日稽顙歸依十方諸佛
南无東方師音王佛　南无南方大雲藏佛
南无西方无量壽佛　南无北方紅蓮花光佛
南无東南方无垢獨攝佛　南无西南方勝調伏上佛
南无西北方散花生得佛　南无東北方心同盡空佛
南无上方淨智慧海佛　南无下方无垢稱王佛
如是十方盡虛空界一切三寶
弟子等從无始以來至于今日或通人妻妾

南无西北方散花生得佛　南无東北方心同盡空佛
南无上方淨智慧海佛　南无下方无垢稱王佛
如是十方盡虛空界一切三寶
弟子等從无始以來至于今日或通人妻妾
奪他婦女假陵貞潔汙比丘尼破他梵行逼
迫不道濁心邪視言語嘲調或復恥他門戶
汙賢善名或於男子五種人所起不淨行如
是等罪今悉懺悔
又復无始以來至于今日或眼為色或愛染
玄黃紅綠朱紫珍玩寶飾或取男女長短黑
白姿態之相起非法想耳貪好聲宮商絃管
妓樂歌唱或取男女音聲語言啼哭之相起
非法想或鼻嗅名香蘊麝幽蘭欝金蘇合
起非法想或舌貪好味鮮美甘肥眾生宍血資
養四大更增苦本起非法想身樂華綺錦繡繒
穀一切細滑七珍麗服起非法想或意多亂
想觸向永法有此六想造罪无甚如是等罪
无量无邊今日懇重向十方佛尊法聖眾
皆悉懺悔
願弟子等承是懺悔婬欲等罪所生功德
願生生世世自然化生不由胞胎清淨皎潔相
好光麗六情開朗聰利分明了達恩愛猶如
桎梏觀此六塵如幻如化於五欲境決定厭
離乃至夢中不起邪想內外因緣永不能動

願弟子等族是懺悔婬欲等罪所生功德
願生生世世自然化生不由胞胎清淨皎潔猶
好光麗六情開朗聰利分明了達恩愛猶如
桎梏觀此六塵如幻如化於五欲境決定厭
離乃至夢中不起邪想內外因緣永不能動
願以懺悔眼根功德願令此眼徹見十方諸
佛菩薩清淨法身不以二相
願以懺悔耳根功德願令此耳常聞十方諸
佛賢聖所說正法如教奉行
願以懺悔鼻根功德願令此鼻常聞香積
入法位香捨離生死不淨鼻穢
願以懺悔舌根功德願令此舌常飡法喜禪
悅之食不貪衆生血肉之味
願以懺悔身根功德願令此身披如來衣著
忍辱鎧臥无畏床坐四禪坐
願以懺悔意根功德願令此意成就十想洞
達五明深觀二諦空平等理從方便慧起十
妙行入法流水念念增明顯發如來大无恚
大乘蓮華寶達菩薩問答報應沙門經
寶達菩薩復前入一鑊陰地獄此獄中大流灌
注遍布於地其城四壁如上无異獄卒夜叉
手捉鐵鉤望罪人陰而搭鉤中火然上入留
心心上火然腹背俱徹一日一夜受罪万端
千死千生万死万生寶達菩薩問馬頭羅剎

BD04323號　佛名經（二十卷本）卷七　（23–22）

妙行入法流水念念增明顯發如來大无恚
大乘蓮華寶達菩薩問答報應沙門經
寶達菩薩復前入一鑊陰地獄此獄中大流灌
注遍布於地其城四壁如上无異獄卒夜叉
手捉鐵鉤望罪人陰而搭鉤中火然上入留
心心上火然腹背俱徹一日一夜受罪万端
千死千生万死万生寶達菩薩問馬頭羅剎
曰此諸沙門作何等行受罪如是馬頭羅剎
答曰此諸沙門受佛淨戒故行婬欲放恣
六情以是因緣得如是罪寶達菩薩聞之
悲泣而去
佛名經卷第七

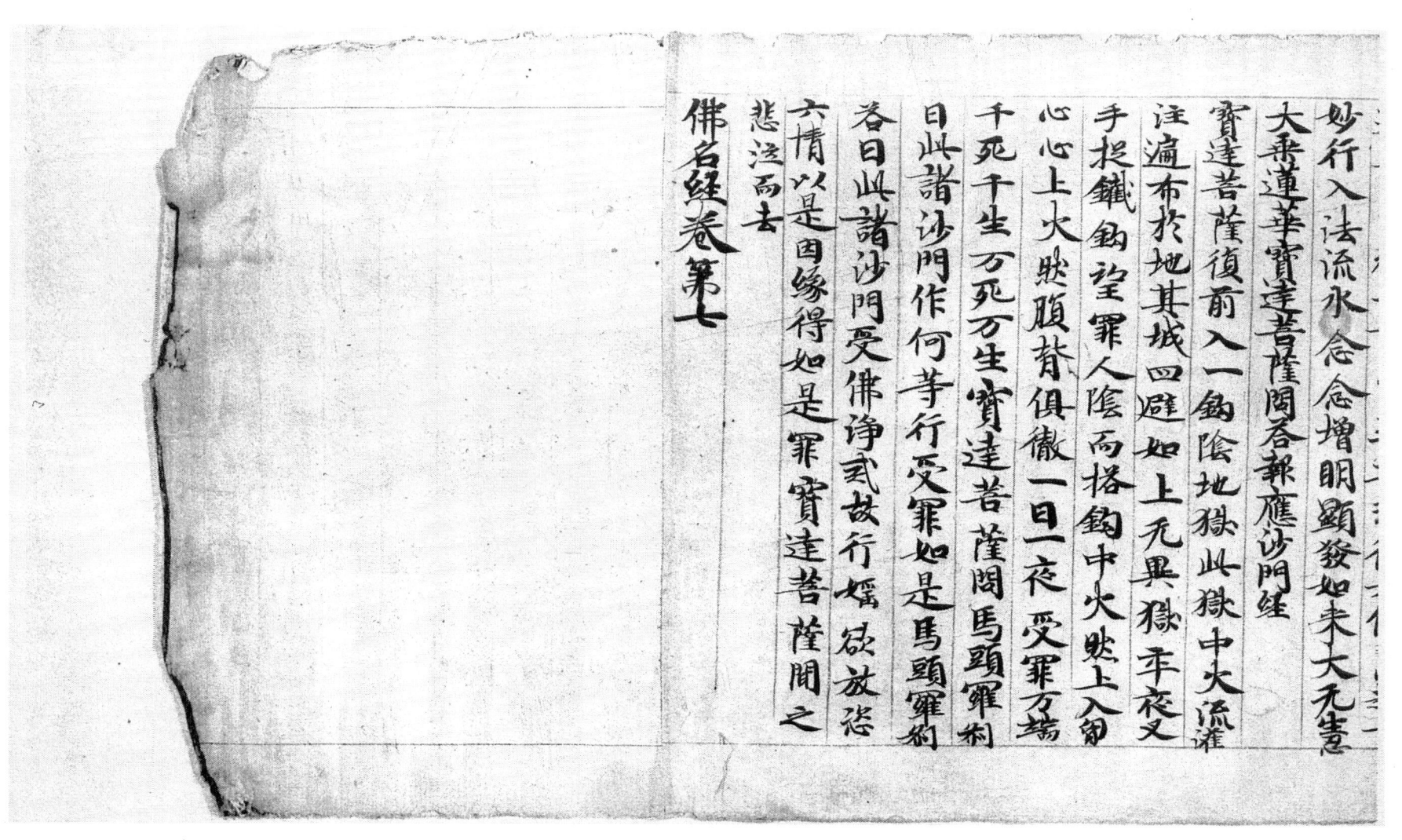

BD04323號　佛名經（二十卷本）卷七　（23–23）

□□□□□陀羅尼　南謨薄伽勃底……
你悉指陀四囉佐耶五怛他羯他耶六怛姪他唵七薩婆桑悉迦囉八波唎輸底九達摩
娜十一莎訶其特迦底十二薩婆婆毗輸底十三摩訶娜耶十四波唎婆唎莎訶十五若有自書寫
教人書寫是无量壽宗要經受持讀誦畢竟不墮地獄生在所生得宿命智陀羅尼
南謨薄伽勃底一阿波唎蜜多二阿喻紇硯娜三須毗你悉指陀四囉佐耶五怛他羯他耶六怛姪他唵七
薩婆桑悉迦囉八波唎輸底九達摩底十伽迦娜十一莎訶其特迦底十二薩婆婆毗輸底十三摩訶
娜耶十四波唎婆唎莎訶十五　若有自書寫教人書寫是无量壽宗要經受持讀誦如同
書寫八万四千一切經典陀羅尼　南謨薄伽勃底一阿波唎蜜多二阿喻紇硯娜三須毗你悉指
陀四囉佐耶五怛他羯他耶六怛姪他唵七薩婆桑悉迦囉八波唎輸底九達摩底十伽迦娜十一莎訶
其特迦底十二薩婆婆毗輸底十三摩訶娜耶十四波唎婆唎莎訶十五　若有自書寫教人書
寫是无量壽宗要經即是書寫八万四千部建立塔廟陀羅尼　南謨薄伽勃底一阿波
唎蜜多二阿喻紇硯娜三須毗你悉指陀四囉佐耶五怛他羯他耶怛姪他唵七薩婆桑悉
迦囉八波唎輸底九達摩底十伽迦娜十一莎訶其特迦底十二薩婆婆毗輸底十三摩訶娜耶十四
波唎婆唎莎訶十五　若有自書寫教人書寫是无量壽宗要經能消五无間等一切重罪陀羅
尼　南謨薄伽勃底一阿波唎蜜多二阿喻紇硯娜三須毗你悉指陀四囉佐耶五怛他羯他耶六怛姪他唵七
薩婆桑悉迦囉八波唎輸底九達摩底十伽迦娜十一莎訶其特迦底十二薩婆婆毗輸底十三摩訶
娜耶十四波唎婆唎莎訶十五　若有自書寫教人書寫是无量壽宗要經受持讀誦設有重罪猶如須
彌山悉能除滅陀羅尼　南謨薄伽勃底一阿波唎蜜多二阿喻紇硯娜三須毗你悉指陀四囉佐耶五怛他羯
他耶六怛姪他唵七薩婆桑悉迦囉八波唎輸底九達摩底十伽迦娜十一莎訶其特迦底十二薩婆婆毗輸底十三
摩訶娜耶十四波唎婆唎莎訶十五　若有自書寫教人書寫是无量壽宗要經受持讀誦若魔王魔民之眷
屬夜叉羅剎不得其便終无枉死陀羅尼　南謨薄伽勃底一阿波唎蜜多二阿喻紇硯娜三須毗你悉
指陀四囉佐耶五怛他羯他耶六怛姪他唵七薩婆桑悉迦囉八波唎輸底九達摩底十伽迦娜十一莎訶其特迦
底十二薩婆婆毗輸底十三摩訶娜耶十四波唎婆唎莎訶十五　若有自書寫教人書寫是无量壽宗要經
受持讀誦當命終時有九十九億佛現其人前來迎接手前往一切佛剎莫於此經生於疑惑陀羅尼
南謨薄伽勃底一阿波唎蜜多二阿喻紇硯娜三須毗你悉指陀四囉佐耶五怛他羯他耶六怛姪他唵七薩婆桑悉迦
囉八波唎輸底九達摩底十伽迦娜十一莎訶其特迦底十二薩婆婆毗輸底十三摩訶娜耶十四波唎婆唎莎訶十五

BD04324 號　無量壽宗要經　（3–1）

屬夜叉羅剎不得其便終无枉死陀羅尼　南謨薄伽勃底一阿波唎蜜多二阿喻紇硯娜三須毗你悉
指陀四囉佐耶五怛他羯他耶六怛姪他唵七薩婆桑悉迦囉八波唎輸底九達摩底十伽迦娜十一莎訶其特迦底
十二薩婆婆毗輸底十三摩訶娜耶十四波唎婆唎莎訶十五　若有自書寫教人書寫是无量壽宗要經
受持讀誦當命終時有九十九億佛現其人前來迎接手前往一切佛剎莫於此經生於疑惑陀羅尼
南謨薄伽勃底一阿波唎蜜多二阿喻紇硯娜三須毗你悉指陀四囉佐耶五怛他羯他耶六怛姪他唵七薩婆桑悉迦
囉八波唎輸底九達摩底十伽迦娜十一莎訶其特迦底十二薩婆婆毗輸底十三摩訶娜耶十四波唎婆唎莎訶十五
若有自書寫教人書寫是无量壽宗要經受持讀誦常得四大天王隨其衛護陀羅尼　南謨薄伽勃底一
阿波唎蜜多二阿喻紇硯娜三須毗你悉指陀四囉佐耶五怛他羯他耶六怛姪他唵七薩婆桑悉迦囉八波唎輸底九
達摩底十伽迦娜十一莎訶其特迦底十二薩婆婆毗輸底十三摩訶娜耶十四波唎婆唎莎訶十五　若有自書寫教人
書寫是无量壽宗要經受持讀誦常得往生西方極樂世界阿彌陀國　南謨薄伽勃底一阿波唎
蜜多二阿喻紇硯娜三須毗你悉指陀四囉佐耶五怛他羯他耶六怛姪他唵七薩婆桑悉迦囉八波唎輸底九達摩底十
伽迦娜十一莎訶其特迦底十二薩婆婆毗輸底十三摩訶娜耶十四波唎婆唎莎訶十五　若有書所自書寫使人書
寫是无量壽經典之處則為是塔皆應恭敬作禮若是畜生禽鳥獸得聞是經如是等類皆
當不久得成一切種智陀羅尼　南謨薄伽勃底一阿波唎蜜多二阿喻紇硯娜三須毗你悉指陀四囉佐耶五
怛他羯他耶六怛姪他唵七薩婆桑悉迦囉八波唎輸底九達摩底十伽迦娜十一莎訶其特迦底十二薩婆婆毗輸底十三
摩訶娜耶十四波唎婆唎莎訶十五　若有於是无量壽經自書寫若使人書畢竟不受女人之身陀羅尼
南謨薄伽勃底一阿波唎蜜多二阿喻紇硯娜三須毗你悉指陀四囉佐耶五怛他羯他耶六怛姪他唵七薩婆桑悉
迦囉八波唎輸底九達摩底十伽迦娜十一莎訶其特迦底十二薩婆婆毗輸底十三摩訶娜耶十四波唎婆唎莎訶十五
若有能於是經少分能惠施者等於三千大千世界滿中七寶布施陀羅尼　南謨薄伽勃底一阿波唎蜜
多二阿喻紇硯娜三須毗你悉指陀四囉佐耶五怛他羯他耶六怛姪他唵七薩婆桑悉迦囉八波唎輸底九達摩底十
伽迦娜十一莎訶其特迦底十二薩婆婆毗輸底十三摩訶娜耶十四波唎婆唎莎訶十五　若有能供養是經者
是養供一切諸經等无有異陀羅尼　南謨薄伽勃底一阿波唎蜜多二阿喻紇硯娜三須毗你悉指陀四囉佐耶五
怛他羯他耶六怛姪他唵七薩婆桑悉迦囉八波唎輸底九達摩底十伽迦娜十一莎訶其特迦底十二薩婆
婆毗輸底十三摩訶娜耶十四波唎婆唎莎訶十五　如毗婆尸佛尸棄佛毗舍浮佛俱留孫佛俱那含
牟尼佛迦葉佛釋迦牟尼佛　若有人以七寶供養如是七佛其福有限書寫受持是无量壽經典所有功
德不可限量陀羅尼　南謨薄伽勃底一阿波唎蜜多二阿喻紇硯娜三須毗你悉指陀四囉佐耶五
怛他羯他耶六怛姪他唵七薩婆桑悉迦囉八波唎輸底九達摩底十伽迦娜十一莎訶其特迦底十二
薩婆婆毗輸底十三摩訶娜耶十四波唎婆唎莎訶十五　若有七寶等於須彌山用布施其福上能
知其限量是无量壽經典其福不可知數陀羅尼　南謨薄伽勃底一阿波唎蜜多二阿喻紇硯娜三須

BD04324 號　無量壽宗要經　（3–2）

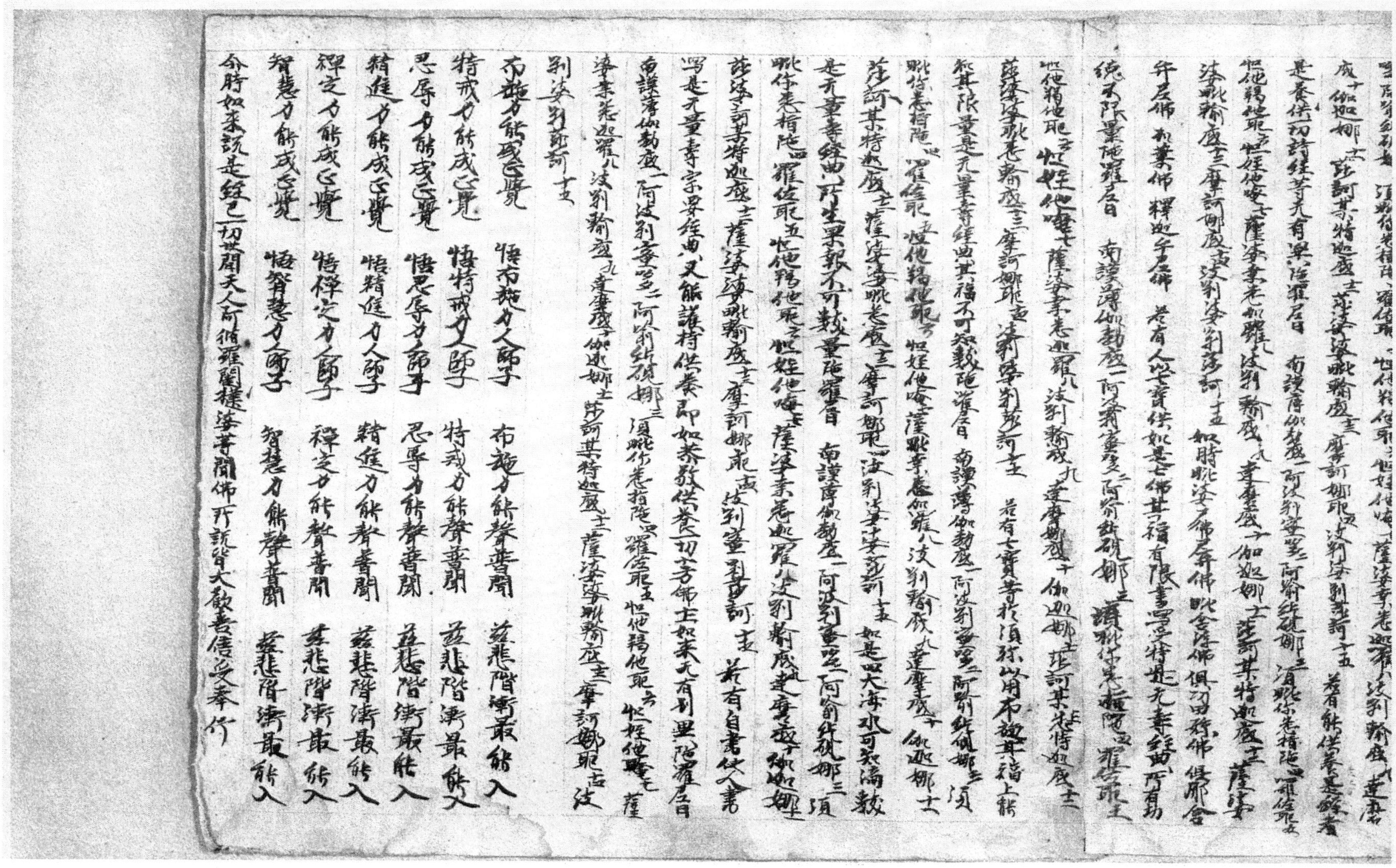

BD04324號　無量壽宗要經　（3–3）

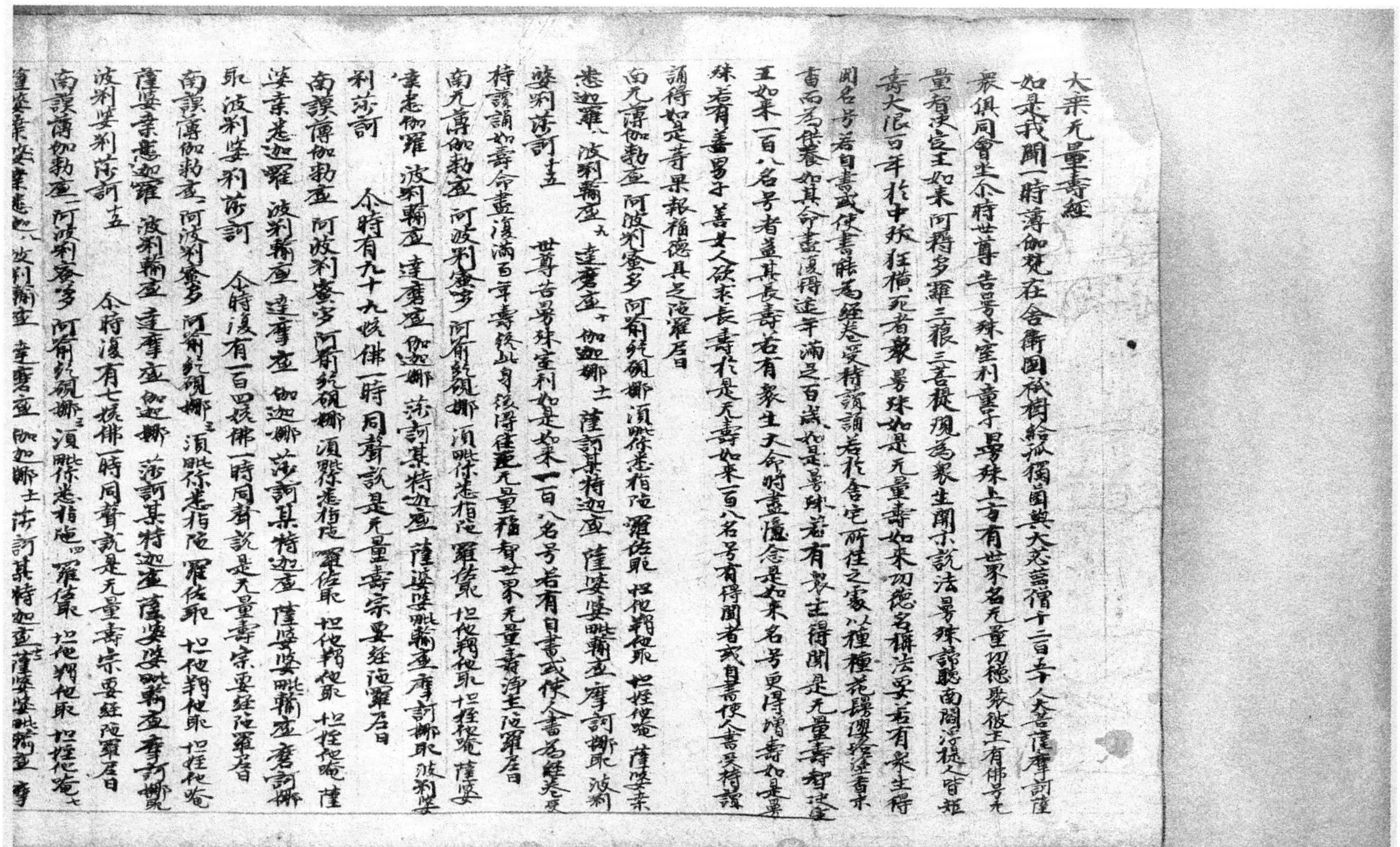

BD04325號　無量壽宗要經　（5–1）

娑桒悉迦羅 波唎輸底 達摩底 伽迦娜 莎訶某特迦底 薩婆婆毗輸底 摩訶娜
耶 波唎婆唎莎訶 尒時復有一百四姟佛一時同聲說是无量壽宗要經陁羅尼曰
南謨薄伽勅底一 阿波唎蜜多 阿喻紇硯娜三 須毗你悉指陁 囉佐耶 怛他羯他耶 怛姪他唵
薩婆桒悉迦羅 波唎輸底 達摩底 伽迦娜 莎訶某特迦底 薩婆婆毗輸底 摩訶娜耶
波唎婆唎莎訶十五 尒時復有七姟佛一時同聲說是无量壽宗要經陁羅尼曰
南謨薄伽勅底一 阿波唎蜜多 阿喻紇硯娜三 須毗你悉指陁四 囉佐耶 怛他羯他耶 怛姪他唵七
薩婆桒婆桒悉迦八 波唎輸底 達磨底 伽迦娜十 莎訶某特迦底十二 薩婆婆毗輸底 摩
訶娜耶 波唎婆唎莎訶十五 尒時有六十五姟佛一時同聲說是无量壽宗要經陁羅尼曰
南謨薄伽勅底 阿波唎蜜多 阿喻紇硯娜 須毗你悉指陁 囉佐耶 怛他羯他耶 怛姪他唵 薩婆桒悉
迦羅 波唎輸底 達磨底 伽迦娜 薩訶某特迦底 薩婆婆毗輸底 摩訶娜耶 波唎婆唎
莎訶 尒時復有五十五姟佛一時同聲說是无量壽宗要經陁羅尼曰
南謨薄伽勅底一 阿波唎蜜哆 阿喻紇硯娜 須毗你悉指陁 囉佐耶五 怛他羯他耶 怛姪他唵 薩婆
桒悉迦羅八 波唎輸底 達摩底 伽迦娜 莎訶某特迦底 薩婆婆毗輸底 摩訶娜耶
波唎婆囉莎訶十五 尒時復有四十五姟佛一時同聲說是无量壽宗要經陁羅尼曰
南謨薄伽勅底一 阿波唎蜜哆 阿喻紇硯娜三 須毗你悉指陁 囉佐耶 怛他羯他耶 怛姪他唵 薩婆
桒悉迦羅八 波唎輸底 達摩底 伽迦娜 莎訶某特伽底 薩婆婆毗輸底 摩訶娜耶 波
唎婆囉莎訶十五 尒時復有三十六姟佛一時同聲說是无量壽宗要經陁羅尼曰
南謨薄伽勅底 阿波唎蜜哆 阿喻紇硯娜三 須毗你悉指陁 囉佐耶 怛他羯他耶 怛姪他唵七
薩婆桒悉迦羅 波唎輸底 達磨底 伽迦娜 莎訶某特迦底 莎婆婆毗輸底 摩訶娜
耶十四 波唎婆唎莎訶十五 尒時有廿五姟佛一時同聲說是无量壽宗要經陁羅尼曰
南无薄伽勅底 阿波唎蜜哆 阿波唎蜜多須毗你悉指陁 囉佐耶 怛他羯他耶 怛姪他唵
薩婆桒悉迦羅 波唎輸底 達磨底 伽迦娜 莎訶某特迦底 薩婆婆毗輸底 摩訶
娜耶 波唎婆囉莎訶十五 尒時復有恒河沙姟佛一時同聲說是无量壽宗要經陁羅尼曰
南謨薄伽勅底 阿波唎蜜多 阿喻紇硯娜 須毗你悉指陁 囉佐耶 怛他羯他耶 怛姪他唵 薩婆
桒悉迦羅 波唎輸底 達摩底 伽迦娜 莎訶某特迦底 薩婆婆毗輸底 摩訶娜耶 波唎
婆囉莎訶 善男子若有自書寫教人書寫是无量壽宗要經如其命盡復得長壽滿[illegible]陁
羅尼曰 南謨薄伽勅底 阿波唎蜜多 阿喻紇硯娜 須毗你悉指陁 囉佐耶 怛他羯他耶 怛姪他唵
薩婆桒悉迦羅 波唎輸底 達磨底 伽迦娜 莎訶某特迦底 薩婆婆毗輸底 摩訶娜耶
波唎婆囉莎訶十五 若有自書寫教人書寫是无量壽宗要經讀誦受持畢竟不墮地獄在
在所生得宿命智陁羅尼曰 南謨薄伽勅底 阿波唎蜜多阿喻紇硯娜 須毗你悉指陁 囉佐耶
怛他羯他耶 怛姪他唵 薩婆桒悉迦羅 波唎輸底 達磨底 伽迦娜 莎訶某特迦底 薩婆婆

BD04325號　無量壽宗要經

(5–2)

婆唎莎訶 善男子若有自書寫教人書寫是无量壽宗要經如其命盡復得長壽滿[illegible]陁
羅尼曰 南謨薄伽勅底 阿波唎蜜多 阿喻紇硯娜 須毗你悉指陁 羅佐耶 怛他羯他耶 怛姪他唵
薩婆桒悉迦羅 波唎輸底 達磨底 伽迦娜 莎訶某特迦底 薩婆婆毗輸底 摩訶娜耶
波唎婆囉莎訶十五 若有自書寫教人書寫是无量壽宗要經讀誦受持畢竟不墮地獄在
在所生得宿命智陁羅尼曰 南謨薄伽勅底 阿波唎蜜多阿喻紇硯娜 須毗你悉指陁 羅佐耶
怛他羯他耶 怛姪他唵 薩婆桒悉迦羅 波唎輸底 達磨底 伽迦娜 莎訶某特迦底 薩婆婆
毗輸底 摩訶娜耶 波唎婆囉莎訶 若有自書教人書寫是无量壽宗要經受持讀誦當
書寫八万四千切經典陁羅尼曰 南謨薄伽勅底 阿波唎蜜多 阿喻紇硯娜 須毗你悉指陁四
囉佐耶 怛他羯他耶 怛姪他唵 薩婆桒悉迦羅 波唎輸底 達磨底 伽迦娜 莎訶某特迦底
薩婆婆毗輸底 摩訶娜耶 波唎婆唎莎訶十五 若有自書寫教人書寫是无量壽宗
要經即是書寫八万四千部建立塔廟陁羅尼曰 南謨薄伽勅底 阿波唎蜜哆 阿喻紇硯娜
須毗你悉指陁 羅佐耶 怛他羯他耶 怛姪他唵 薩婆桒悉迦羅八 波唎輸底 達磨底 伽迦伽
莎訶某特某伽底 薩婆婆毗輸底 摩訶娜耶 波唎婆唎莎訶十五
若有自書寫教人書寫是无量壽宗要經能消五无間等一切重罪陁羅尼曰 南謨薄伽勅
底 阿波唎蜜哆二 阿喻紇硯娜三 須毗你悉指陁四 羅佐耶五 怛他羯他耶六 怛姪他唵七 薩婆桒悉
迦羅八 波唎輸底九 達摩底 伽伽娜十一 莎訶某特迦底十二 薩婆婆毗輸底十三 摩訶娜耶十四 波唎婆
囉莎訶十五 若有自書寫教人書寫是无量壽宗要經受持讀誦設有重罪猶如須弥盡
能除滅陁羅尼曰 南謨薄伽薄勅底 阿波唎蜜多 阿喻紇硯娜 須毗你悉指陁四 羅佐耶
怛他羯他耶 怛姪他唵七 薩婆桒悉迦羅八 波唎輸底九 達磨底 伽迦娜十一 莎訶某特迦底十二
薩婆婆毗輸底十三 摩訶娜耶十四 波唎婆囉莎訶十五 若有自書寫教人書寫是无量壽
宗要經受持讀若魔魔之眷屬夜叉羅刹不得其便終无枉死陁羅尼曰
南无薄伽勅底一 阿波唎蜜哆二 阿喻紇娜三 須毗你悉指陁四 囉佐耶 怛他羯他耶六 怛姪他唵 薩婆
桒悉伽羅八 波唎輸底九 達磨底十 伽迦娜十一 莎訶某特迦底薩婆婆毗輸底十三 摩訶娜耶
波唎婆囉莎訶十五 若有自書教人寫書是无量壽宗要經受持讀誦當命終時有九十
九姟佛現其人前蒙千佛授手辭遊一切佛剎莫於此經生於疑惑陁羅尼曰
南謨薄伽勅底一 阿波唎蜜哆二 阿喻紇硯娜三 須毗你悉指陁四 羅佐耶五 怛他羯他耶 怛姪他唵 薩婆桒
悉伽羅八 波唎輸底九 達磨底十 伽迦娜十一 莎訶某特迦底十二 薩婆婆毗輸底十三 摩訶娜耶 波唎婆唎
莎訶十五 若有自書寫教人書寫是无量壽宗要經受持讀誦常得四天大王隨其衛護陁羅尼曰
南謨薄伽勅底一 阿波唎蜜哆二 阿喻紇硯娜三 須毗你悉指陁四 羅佐耶五 怛他羯他耶六 怛姪他唵
薩婆桒悉迦羅八 波唎輸底九 達摩底十 伽迦娜 莎訶某特迦底十二 薩婆婆毗輸底 摩訶娜耶
波唎婆囉莎訶十五 若有自書寫教人書寫是无量壽宗要經受持讀誦當得往生西方極樂世界阿

BD04325號　無量壽宗要經

(5–3)

南謨薄伽勅底一阿波唎蜜多二阿喻紇硯娜三 須毗你悉指陀四囉佐耶五 怛他羯他耶六 怛姪他七 薩婆桑
悉伽羅八 波唎輸底九 達磨底十 伽迦娜十一 莎訶某持迦底十二 薩婆婆毗輸底十三 摩訶娜耶 波唎婆唎
莎訶十五 若有自書寫教人書寫是无量壽宗要經受持讀誦常得四天大王隨其衛護陀羅尼曰
南謨薄伽勅底一阿波唎蜜多二阿喻紇硯娜三 須毗你悉指陀四囉佐耶五 怛他羯他耶六 怛姪他七
薩婆桑悉迦羅八 波唎輸底九 達摩底十 伽迦娜 莎訶某持迦底十二 薩婆婆毗輸底 摩訶娜耶
波唎婆羅莎訶十五 若有自書寫教人書寫是无量壽宗要經受持讀誦當得往生西方極樂世界阿
彌陀佛淨土陀羅尼曰 南謨薄伽勅底一阿波唎蜜多二阿喻紇硯娜三 須毗你悉指陀 羅佐耶五 怛他羯他耶
怛姪他七 薩婆桑悉迦羅八 波唎輸底九 達磨底十 伽迦娜十一 莎訶某持迦底十三 摩訶娜耶 波唎婆唎
若有方所自書寫使人書寫是无量壽經典之處則為是塔廟應恭敬作礼若是畜生戎鳥獸得聞是經
如是等類皆當不久得成一切種智陀羅尼曰 南謨薄伽勅底一阿波唎蜜多 阿喻紇硯娜三 須
毗你悉指陀四囉佐耶五 怛他羯他耶 怛姪他七 薩婆桑悉迦羅八 波唎輸底九 達磨底十 伽迦娜十一 莎訶
某持迦底十二 薩婆婆毗輸底十三 摩訶娜耶十四 波唎婆唎莎訶十五
若有於是无量壽經自書寫若使人書寫畢竟不受女人之身陀羅尼曰 南謨薄伽勅底一阿波唎蜜
多二阿喻紇硯娜 須毗你悉指陀 羅佐耶五 怛他羯他耶六 怛姪他七 薩婆桑悉迦羅八 波唎輸底九 達磨
底十伽迦娜十一 莎訶某持迦底十二 薩婆婆毗輸底十三 摩訶娜耶十四 波唎婆唎莎訶十五
若有能於是經少分能惠施者等於三千大千世界滿中七寶布施陀羅尼曰
南謨薄伽勅底一阿波唎蜜多二阿喻紇硯娜三 須毗你悉指陀四羅佐耶五 怛他羯他耶 怛姪他七 薩婆桑
悉迦羅八 波唎輸底九 達磨底十 伽迦娜十一 莎訶某持迦底 莎婆婆毗輸底十三 摩訶娜耶 波唎婆唎
莎訶十五 若有能供養經者則是供養一切諸經等无有異陀羅尼曰 南謨薄伽勅底一阿波
唎蜜多二阿喻紇硯娜 須毗你悉指陀四羅佐耶五 怛他羯他耶六 怛姪他七 薩婆桑悉迦羅八 波唎輸
底 達磨底十 伽迦娜十一 莎訶某持迦底十二 薩婆婆毗輸底十三 摩訶娜耶十四 波唎婆羅莎訶十五
如是毗婆尸佛尸棄佛毗舍浮佛 俱留孫佛 俱那含牟尼佛 迦葉佛 釋迦牟尼佛
若有人以七寶供養如是七佛其福有限書寫受持是无量壽經典所有功德不可限量陀羅尼曰
南謨薄伽勅底一阿波唎蜜多二 阿喻紇硯娜三 須毗你悉指陀四羅佐耶五 怛他羯他耶 怛姪他七 薩婆
桑悉迦羅八 波唎輸底九 達磨底 伽迦娜十一 莎訶某持迦底十二 薩婆婆毗輸底十三 摩訶娜耶 波唎
婆唎莎訶十五 若有七寶等於須彌以用布施其福上能知其限量是无量壽經典其福不可數陀羅
尼曰 南謨薄伽勅底一阿波唎蜜多二阿喻紇硯娜三 須毗你悉指陀羅佐耶 怛他羯他耶 怛姪他 薩婆
桑悉迦羅八 波唎輸底九 達磨底十 伽迦娜十一 莎訶某持迦底十二 薩婆婆毗輸底 摩訶娜耶 波唎婆唎
莎訶十五 如是四大海水可知滴數是无量壽經典所生果報不可數量陀羅尼曰
南无薄伽勅底一阿波唎蜜多二 阿喻紇硯娜 須毗你悉指陀羅佐耶 怛他羯他耶 怛姪他 薩婆桑

桑悉迦羅八 波唎輸底九 達磨底 伽迦娜十一 莎訶某持迦底十二 薩婆婆毗輸底十三 摩訶娜耶 波唎
婆唎莎訶十五 若有七寶等於須彌以用布施其福上能知其限量是无量壽經典其福不可數陀羅
尼曰 南謨薄伽勅底一阿波唎蜜多二阿喻紇硯娜三 須毗你悉指陀羅佐耶 怛他羯他耶 怛姪他 薩婆
桑悉迦羅八 波唎輸底九 達磨底十 伽迦娜十一 莎訶某持迦底十二 薩婆婆毗輸底 摩訶娜耶 波唎婆唎
莎訶十五 如是四大海水可知滴數是无量壽經典所生果報不可數量陀羅尼曰
南无薄伽勅底一阿波唎蜜多二 阿喻紇硯娜 須毗你悉指陀羅佐耶 怛他羯他耶 怛姪他 薩婆桑
悉迦羅八 波唎輸底 達磨底 伽迦娜十一 莎訶某持迦底 薩婆婆毗輸底 摩訶娜耶 波唎婆羅莎
訶 若有自書使人書寫是无量壽經典又能護持供養即如來恭敬供養一切十方佛土如來无有別
異陀羅尼曰 南謨薄伽勅底一阿波唎蜜多二阿喻紇硯娜三 須毗你悉指陀四羅佐耶 怛他羯
他耶六 怛姪他 薩婆桑悉迦囉八 波唎輸底九 達磨底 伽迦娜十一 莎訶某持迦底 薩婆婆毗
摩訶娜耶十四 波唎婆唎莎訶十五 若有人自書使人書寫是无量壽經典又能護持供養即如
恭敬供養一切十方佛土如來无有別異陀羅尼曰 南謨薄伽勅底一阿波紇硯娜三阿喻紇硯娜 須毗你
悉指陀 羅佐耶 怛他羯他耶 怛姪他 薩婆桑悉迦羅 波唎輸底 達磨底 伽迦娜 莎訶
某持伽底 薩婆婆毗輸底 摩訶娜耶 波唎婆唎莎訶十五
布施力能成正覺 悟布施力人師子 布施力能聲普聞 慈悲階漸最能入
持戒力能成正覺 悟持戒力人師子 持戒力能聲普聞 慈悲階漸最能入
忍辱力能成正覺 悟忍辱力人師子 忍辱力能聲普聞 慈悲階漸最能入
精進力能成正覺 悟精進力人師子 精進力能聲普聞 慈悲階漸最能入
禪定力能成正覺 悟禪定力人師子 禪定力能聲普聞 慈悲階漸最能入
智慧力能成正覺 悟智慧力人師子 智慧力能聲普聞 慈悲階漸最能入
尒時如來說是經已一切世間天人阿脩羅揵闥婆等聞佛所說皆大歡喜信受
奉行

佛說无量壽宗要經

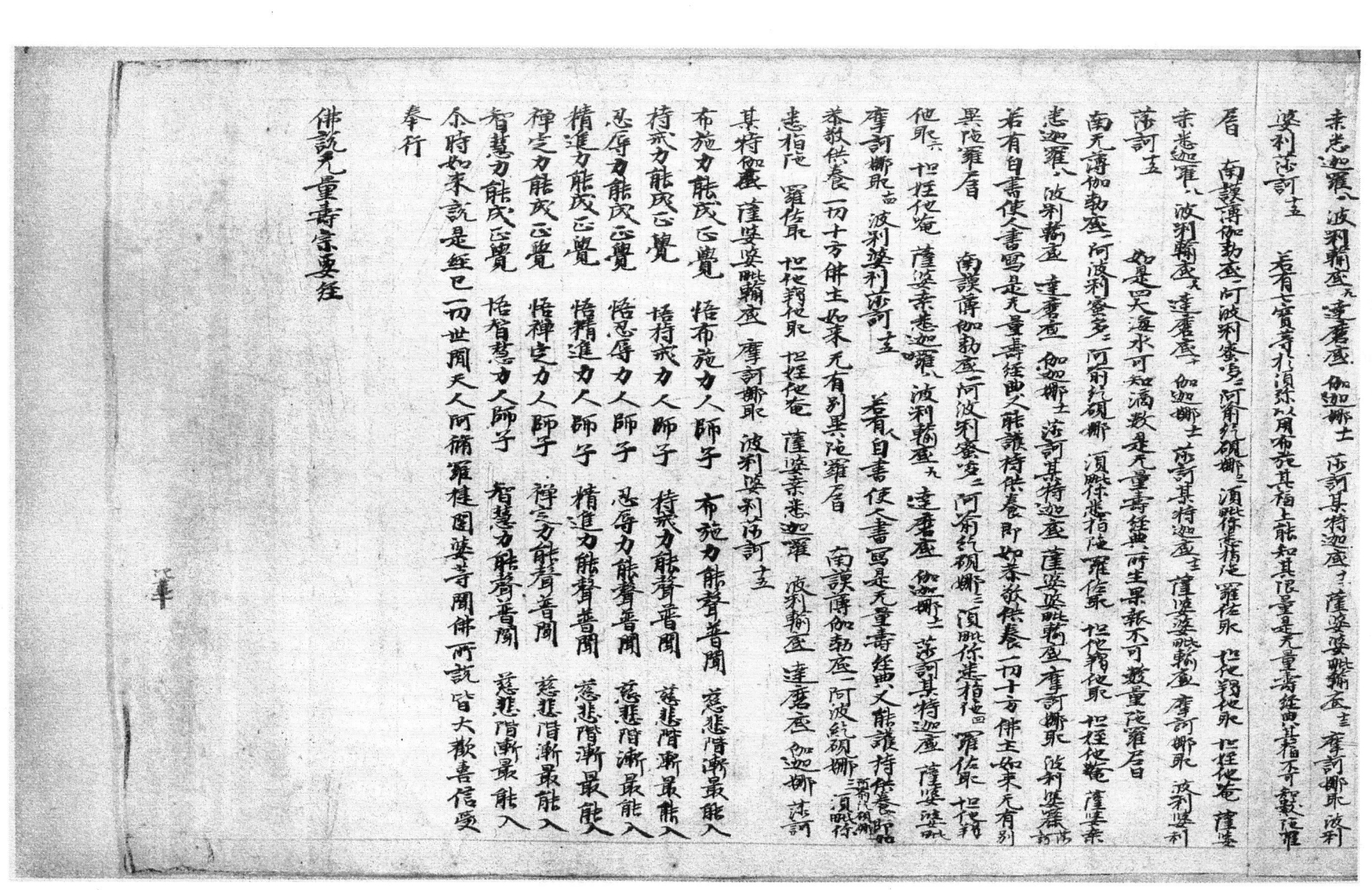

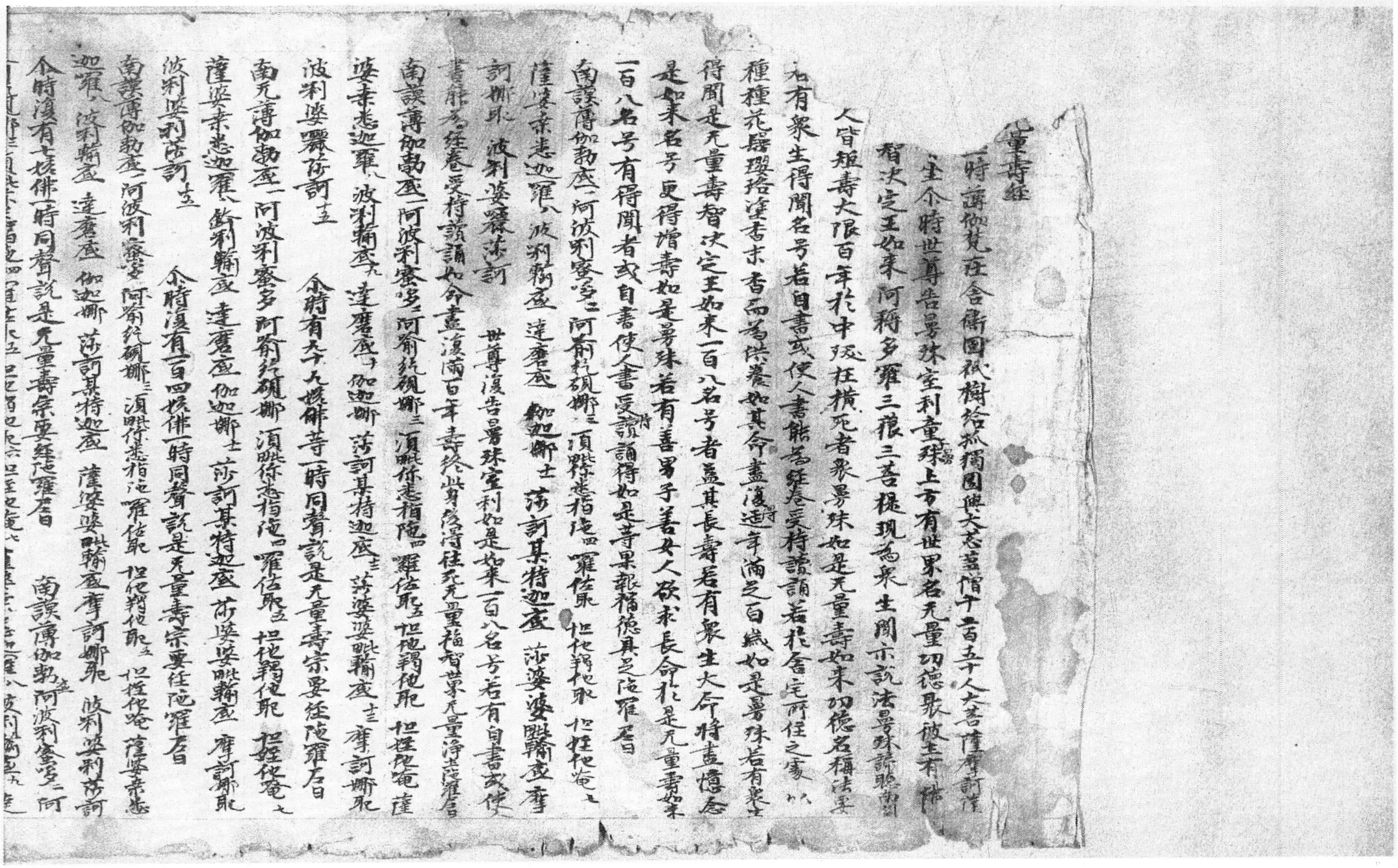

□量壽經

一時薄伽梵在舍衛國祇樹給孤獨園與大苾蒭僧千二百五十人大菩薩摩訶薩衆俱。爾時世尊告曼殊室利童子：上方有世界名無量功德聚，彼土有佛名無量智決定王如來阿羅訶三藐三菩提，現爲衆生開示說法。曼殊室利，諦聽，閻浮提人皆短壽，大限百年，於中夭枉橫死者衆。曼殊，如是無量壽如來功德名稱法要，若有衆生得聞名号，若自書，或使人書，能爲經卷受持讀誦，若於舍宅所住之處以種種花鬘瓔珞塗香末香而爲供養，如其命盡，復延壽滿足百歲。如是，曼殊，若有衆生得聞是無量壽智決定王如來一百八名号者，益其長壽。若有衆生大命將盡，憶念是如來名号，更得增壽。如是，曼殊，若有善男子善女人欲求長命，於是無量壽如來一百八名号有得聞者，或自書，使人書，受持讀誦，得如是等果報福德具足。陁羅尼曰

南謨薄伽勃底一 阿波利蜜多二 阿喻紇硯那三 須毗你悉指陁四 囉佐耶五 怛他羯他耶六 怛姪他唵七 薩婆桑悉迦囉八 波利輸底九 達磨底十 伽伽那十一 莎訶某特伽底十二 莎婆婆毗輸底十三 摩訶娜耶十四 波利婆囉莎訶十五

世尊復告曼殊室利：如是如來一百八名号，若有自書，或使人書，寫爲經卷受持讀誦，如其命盡，復滿百年壽，終此身後得往無量福智世界無量淨土。陁羅尼曰

南謨薄伽勃底一 阿波利蜜多二 阿喻紇硯那三 須毗你悉指陁四 囉佐耶五 怛他羯他耶六 怛姪他唵七 薩婆桑悉迦囉八 波利輸底九 達磨底十 伽伽那十一 莎訶某特伽底十二 莎婆婆毗輸底十三 摩訶娜耶十四 波利婆囉莎訶十五

爾時有九十九俱胝佛一時同聲說是無量壽宗要經陁羅尼曰

南无薄伽勃底 阿波利蜜多 阿喻紇硯那 須毗你悉指陁 囉佐耶 怛他羯他耶 怛姪他唵 薩婆桑悉迦囉 波利輸底 達磨底 伽伽那 莎訶某特伽底 莎婆婆毗輸底 摩訶娜耶 波利婆囉莎訶

爾時復有八十四俱胝佛一時同聲說是無量壽宗要經陁羅尼曰

南謨薄伽勃底 阿波利蜜多 阿喻紇硯那 須毗你悉指陁 囉佐耶 怛他羯他耶 怛姪他唵 薩婆桑悉迦囉 波利輸底 達磨底 伽伽那 莎訶某特伽底 莎婆婆毗輸底 摩訶娜耶 波利婆囉莎訶

爾時復有七俱胝佛一時同聲說是無量壽宗要經陁羅尼曰

南謨薄伽勃底 阿波利蜜多 阿

BD04326 號　無量壽宗要經　（6–1）

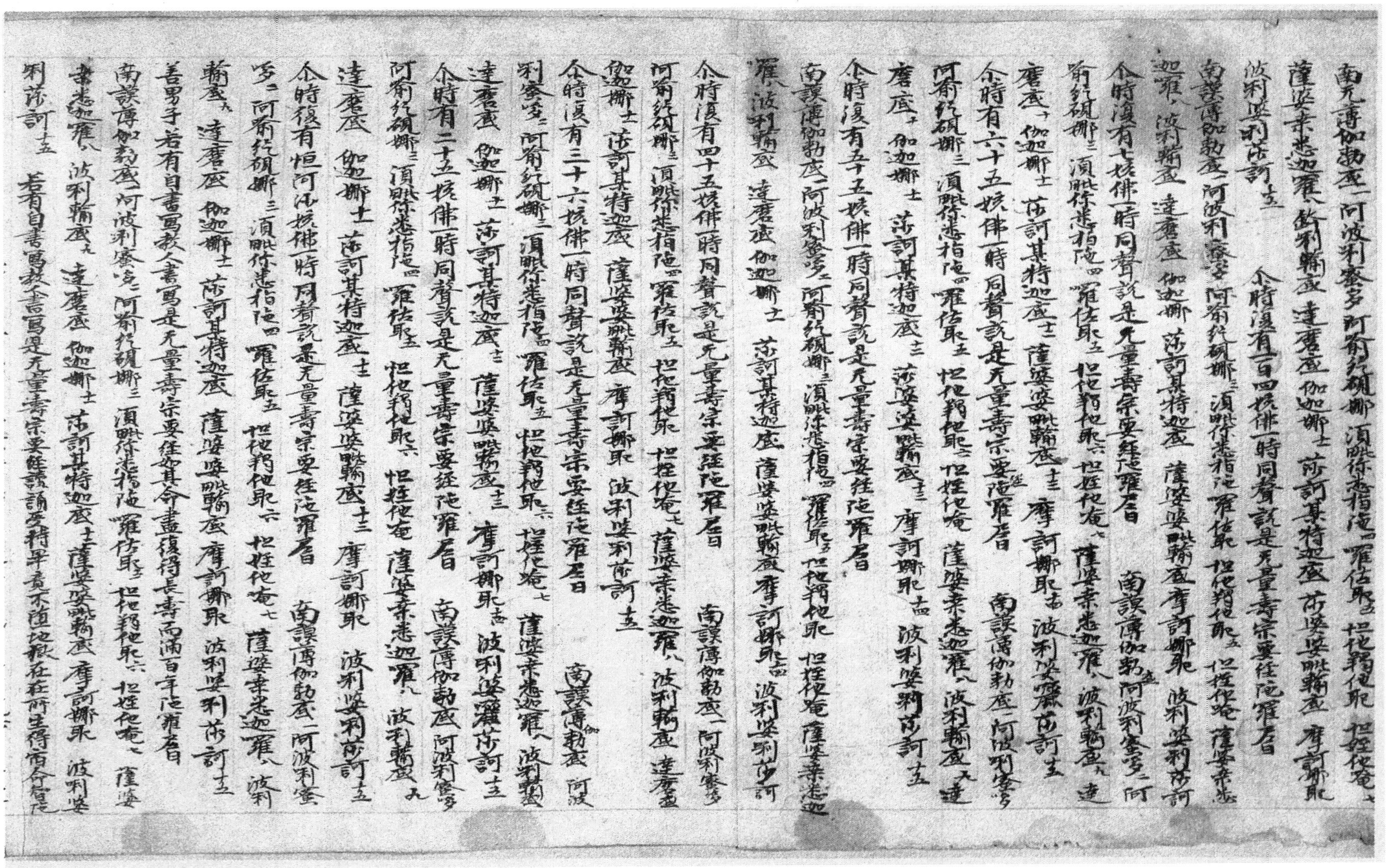

南无薄伽勃底 阿波利蜜多 阿喻紇硯那 須毗你悉指陁 囉佐耶 怛他羯他耶 怛姪他唵 薩婆桑悉迦囉 鉢利輸底 達磨底 伽伽那 莎訶某特伽底 莎婆婆毗輸底 摩訶娜耶 波利婆囉莎訶

爾時復有一百四俱胝佛一時同聲說是無量壽宗要經陁羅尼曰

南謨薄伽勃底 阿波利蜜多 阿喻紇硯那 須毗你悉指陁 囉佐耶 怛他羯他耶 怛姪他唵 薩婆桑悉迦囉 波利輸底 達磨底 伽伽那 莎訶某特伽底 莎婆婆毗輸底 摩訶娜耶 波利婆囉莎訶

爾時有六十五俱胝佛一時同聲說是無量壽宗要經陁羅尼曰

南謨薄伽勃底 阿波利蜜多 阿喻紇硯那 須毗你悉指陁 囉佐耶 怛他羯他耶 怛姪他唵 薩婆桑悉迦囉 波利輸底 達磨底 伽伽那 莎訶某特伽底 莎婆婆毗輸底 摩訶娜耶 波利婆囉莎訶

爾時復有五十五俱胝佛一時同聲說是無量壽宗要經陁羅尼曰

南謨薄伽勃底 阿波利蜜多 阿喻紇硯那 須毗你悉指陁 囉佐耶 怛他羯他耶 怛姪他唵 薩婆桑悉迦囉 波利輸底 達磨底 伽伽那 莎訶某特伽底 莎婆婆毗輸底 摩訶娜耶 波利婆囉莎訶

爾時復有四十五俱胝佛一時同聲說是無量壽宗要經陁羅尼曰

南謨薄伽勃底 阿波利蜜多 阿喻紇硯那 須毗你悉指陁 囉佐耶 怛他羯他耶 怛姪他唵 薩婆桑悉迦囉 波利輸底 達磨底 伽伽那 莎訶某特伽底 莎婆婆毗輸底 摩訶娜耶 波利婆囉莎訶

爾時復有三十六俱胝佛一時同聲說是無量壽宗要經陁羅尼曰

南謨薄伽勃底 阿波利蜜多 阿喻紇硯那 須毗你悉指陁 囉佐耶 怛他羯他耶 怛姪他唵 薩婆桑悉迦囉 波利輸底 達磨底 伽伽那 莎訶某特伽底 莎婆婆毗輸底 摩訶娜耶 波利婆囉莎訶

爾時有二十五俱胝佛一時同聲說是無量壽宗要經陁羅尼曰

南謨薄伽勃底 阿波利蜜多 阿喻紇硯那 須毗你悉指陁 囉佐耶 怛他羯他耶 怛姪他唵 薩婆桑悉迦囉 波利輸底 達磨底 伽伽那 莎訶某特伽底 莎婆婆毗輸底 摩訶娜耶 波利婆囉莎訶

爾時復有恒河沙俱胝佛一時同聲說是無量壽宗要經陁羅尼曰

南无薄伽勃底 阿波利蜜多 阿喻紇硯那 須毗你悉指陁 囉佐耶 怛他羯他耶 怛姪他唵 薩婆桑悉迦囉 波利輸底 達磨底 伽伽那 莎訶某特伽底 莎婆婆毗輸底 摩訶娜耶 波利婆囉莎訶

善男子，若有自書，或教人書寫是無量壽宗要經，其命盡，復得長壽，而滿百年。陁羅尼曰

南謨薄伽勃底 阿波利蜜多 阿喻紇硯那 須毗你悉指陁 囉佐耶 怛他羯他耶 怛姪他唵 薩婆桑悉迦囉 波利輸底 達磨底 伽伽那 莎訶某特伽底 莎婆婆毗輸底 摩訶娜耶 波利婆囉莎訶

若有自書寫，教人書寫是無量壽宗要經讀誦之者，將來當不墮地獄，在在所生得宿命智。陁

BD04326 號　無量壽宗要經　（6–2）

輸底九 達磨底 伽迦娜十一 莎訶某特迦底 薩婆婆毗輸底 摩訶娜耶 波唎婆囉莎訶十五
善男子 若有自書寫教人書寫是无量壽宗要經如其命盡復得長壽滿百年陁羅尼曰
南謨薄伽勃底一 阿波唎蜜多二 阿喻紇硯娜三 須毗你悉指陀 囉佐耶五 怛他羯他耶六 怛姪他唵七 薩婆
桑悉迦囉八 波唎輸底九 達磨底 伽迦娜十一 莎訶某特迦底十二 薩婆婆毗輸底 摩訶娜耶 波唎婆
囉莎訶十五 若有自書寫教人書寫是无量壽宗要經讀誦受持畢竟不墮地獄在在所生得宿命智陁
羅尼曰 南謨薄伽勃底一 阿波唎蜜多二 阿喻紇硯娜三 須毗你悉指陀 囉佐耶 怛他羯他耶六 怛姪他唵七
薩婆桑悉迦囉八 波唎輸底九 達磨底十 伽迦娜十一 莎訶某特迦底 薩婆婆毗輸底 摩訶娜耶十四
波唎婆囉莎訶十五 若有自書教人書寫是无量壽宗要經受持讀誦如同書寫八万四千一切經典陁羅
尼曰 南謨薄伽勃底一 阿波唎蜜多 阿喻紇硯娜 須毗你悉指陀 囉佐耶 怛他羯他耶 怛姪他唵七
薩婆桑悉迦囉八 波唎輸底 達磨底 伽迦娜 莎訶某特迦底 薩婆婆毗輸底 摩訶娜耶 波唎
婆囉莎訶十五 若有自書寫教人書寫是无量壽宗要經即是書寫八万四千部建立塔廟陁羅尼曰
南謨薄伽勃底 阿波唎蜜多二 阿喻紇硯娜三 須毗你悉指陀四 囉佐耶五 怛他羯他耶六 怛姪他唵七
薩婆桑悉迦囉八 波唎輸底 達磨底十 伽迦娜十一 莎訶某特迦底十二 薩婆婆毗輸底 摩訶娜耶
波唎婆囉莎訶 若有自書寫教人書寫是无量壽宗要經能消五无間等一切重罪陁羅尼曰
南謨薄伽勃底 阿波唎蜜多 阿喻紇硯娜 須毗你悉指陀 囉佐耶 怛他羯他耶 怛姪他唵 薩婆
桑悉迦囉 波唎輸底 達磨底 伽迦娜 莎訶某特迦底 薩婆婆毗輸底 摩訶娜耶 波唎
婆囉莎訶十五 若有自書寫教人書寫是无量壽宗要經受持讀誦設有重罪猶如須彌皆
能除滅陁羅尼曰 南謨薄伽勃底 阿波唎蜜多 阿喻紇硯娜 須毗你悉指陀 囉佐耶 怛他羯
他耶 怛姪他唵 薩婆桑悉迦囉 波唎輸底 達磨底 伽迦娜十一 莎訶某特迦底 薩婆婆毗
輸底 摩訶娜耶 波唎婆囉莎訶
若有自書寫教人書寫是无量壽宗要經受持讀誦若魔魔之眷屬夜叉羅剎不得其便終无枉
死陁羅尼曰 南謨薄伽勃底 阿波唎蜜多 阿喻紇硯娜三 須毗你悉指陀 囉佐耶 怛他羯他耶
怛姪他唵 薩婆桑悉迦囉八 波唎輸底 達磨底 伽迦娜 莎訶某特迦底 薩婆婆毗輸底
摩訶娜耶 波唎婆囉莎訶十五 若有自書教人書寫是无量壽宗要經受持讀誦當
命終時有九十九俱胝佛現其人前兼千佛授手能遊一切佛剎莫於此經生於疑惑陁羅尼曰
南謨薄伽勃底 阿波唎蜜多 阿喻紇硯娜 須毗你悉指陀 囉佐耶 怛他羯他耶 怛姪他唵七 薩婆
桑悉迦囉八 波唎輸底 達磨底 伽迦娜 莎訶某特迦底 薩婆婆毗輸底 摩訶娜耶十四 波唎
婆囉莎訶 若有自書寫教人書寫是无量壽宗要經受持讀誦常得四大天王隨其衛護陁羅
尼曰 南謨薄伽勃底一 阿波唎蜜多 阿喻紇硯娜三 須毗你悉指陀 囉佐耶五 怛他羯他耶六 怛姪他唵
薩婆桑悉迦囉八 波唎輸底九 達磨底 伽迦娜 莎訶某特迦底 薩婆婆毗輸底 摩訶娜
耶 波唎婆囉莎訶十五 若有自書教人書寫是无量壽宗要經受持讀誦當得往生西方極

BD04326 號　無量壽宗要經　　（6–3）

南謨薄伽勃底 阿波唎蜜多 阿喻紇硯娜 須毗你悉指陀 囉佐耶 怛他羯他耶 怛姪他唵七 薩婆
桑悉迦囉 波唎輸底 達磨底 伽迦娜 莎訶某特迦底 薩婆婆毗輸底 摩訶娜耶十四 波唎
婆囉莎訶 若有自書寫教人書寫是无量壽宗要經受持讀誦常得四大天王隨其衛護陁羅
尼曰 南謨薄伽勃底一 阿波唎蜜多 阿喻紇硯娜三 須毗你悉指陀 囉佐耶五 怛他羯他耶六 怛姪他唵
薩婆桑悉迦囉八 波唎輸底九 達磨底 伽迦娜 莎訶某特迦底 薩婆婆毗輸底 摩訶娜
耶 波唎婆囉莎訶十五 若有自書教人書寫是无量壽宗要經受持讀誦當得往生西方極
樂世界阿彌陁淨土陁羅尼曰 南謨薄伽勃底 阿波唎蜜多 阿喻紇硯娜 須毗你悉指陀四
囉佐耶 怛他羯他耶 怛姪他唵 薩婆桑悉迦囉八 波唎輸底 達磨底 伽迦娜 莎訶某特迦底
薩婆婆毗輸底 摩訶娜耶 波唎婆囉莎訶十五
若有方所自書寫使人書寫是无量壽經典之處則為是塔廟應恭敬作礼若是畜生或為鳥獸
得聞是經如是等類皆當不久得成一切種智陁羅尼曰 南謨薄伽勃底 阿波唎蜜多 阿喻
紇硯娜 須毗你悉指陀 囉佐耶五 怛他羯他耶 怛姪他唵 薩婆桑悉迦囉 波唎輸底 達磨底
伽迦娜 莎訶某特迦底 薩婆婆毗輸底 摩訶娜耶 波唎婆囉莎訶十五
若有於是无量壽經自書寫若使人書寫畢竟不受女人之身陁羅尼曰 南謨薄伽勃底 阿波
唎蜜多 阿喻紇硯娜 須毗你悉指陀 囉佐耶 怛他羯他耶 怛姪他唵 薩婆桑悉迦囉 波唎輸底
達磨底 伽迦娜 莎訶某特迦底 薩婆婆毗輸底 摩訶娜耶 波唎婆囉莎訶十五
若有能於是經少分能惠施者等於三千大千世界滿中七寶布施陁羅尼曰
南謨薄伽勃底 阿波唎蜜多 阿喻紇硯娜 須毗你悉指陀 囉佐耶 怛他羯他耶 怛姪他唵 薩
婆桑悉迦囉八 波唎輸底九 達磨底 伽迦娜 莎訶某特迦底十二 薩婆婆毗輸底十三 摩訶娜耶
波唎婆囉莎訶十五
若有能供養經者則是供養一切諸經等无有異陁羅尼曰 南謨薄伽勃底一 阿波
唎蜜多二 阿喻紇硯娜三 須毗你悉指陀 囉佐耶 怛他羯他耶 怛姪他唵七 薩婆桑悉迦囉八 波唎輸
底九 達磨底 伽迦娜 莎訶某特迦底 薩婆婆毗輸底 摩訶娜耶十四 波唎婆囉莎訶
如是毗婆尸佛尸棄佛毗舍浮佛 俱留孫佛 俱那含牟尼佛 迦葉佛 釋迦牟尼佛
若有人以七寶供養如是七佛其福有限書寫受持是无量壽經典所有功德不可限量陁羅尼曰
南謨薄伽勃底一 阿波唎蜜多二 阿喻紇硯娜三 須毗你悉指陀四 囉佐耶五 怛他羯他耶六 怛姪他唵 薩
婆桑悉迦囉 波唎輸底 達磨底 伽迦娜 莎訶某特迦底 薩婆婆毗輸底 摩訶娜耶 波唎婆
囉莎訶 若有七寶等於須彌以用布施其福上能知其限量是无量壽經典其福不可知數陁羅尼曰
南謨薄伽勃底 阿波唎蜜多二 阿喻紇硯娜 須毗你悉指陀 囉佐耶五 怛他羯他耶 怛姪他唵七 薩婆桑
悉迦囉 波唎輸底九 達磨底 伽迦娜 莎訶某特迦底十二 薩婆婆毗輸底 摩訶娜耶 波唎婆囉

BD04326 號　無量壽宗要經　　（6–4）

若有人以七寶供養如是七佛其福有限書寫受持是无量壽經典所有功德不可限量陁羅尼曰
南謨薄伽勃底一阿波利蜜多二阿喻紇硯那三須毗你悉指陁四囉佐耶五怛他羯他耶六怛姪他唵薩
婆桑悉迦羅 波利輸底 達磨底 伽迦那 莎訶某特迦底薩婆婆毗輸底 摩訶娜耶 波利婆
唎莎訶
若有七寶等於須彌以用布施其福上能知其限量是无量壽經典其福不可知數陁羅尼曰
南謨薄伽勃底 阿波利蜜多二 阿喻紇硯那 須毗你悉指陁 囉佐耶五 怛他羯他耶 怛姪他唵七 薩婆桑
悉迦羅 波利輸底九 達磨底 伽迦那 莎訶某特迦底十一 薩婆婆毗輸底 摩訶娜耶 波利婆唎
薩訶
如是大海水可知滴數是无量壽經典所生果報不可數量陁羅尼曰
南謨薄伽勃底 阿波利蜜多 阿喻紇硯那 須毗你悉指陁 羅佐耶 怛他羯他耶 怛姪他唵 薩婆
桑悉迦羅 波利輸底 達磨底 伽迦那 莎訶某特迦底 薩婆婆毗輸底 摩訶娜耶 波利
婆利莎訶十五
若有自書使人書寫是无量壽經典又能護持供養即如恭敬供養一切十方佛土如來无有
別異陁羅尼曰 南謨薄伽勃底一阿波利蜜多 阿喻紇硯那 須毗你悉指陁四 羅佐耶五 怛他
羯他耶六 怛姪他唵七 薩婆桑悉迦羅 波利輸底 達磨底十 伽迦那 莎訶某特迦底 薩婆婆
毗輸底十三 摩訶娜耶十四 波利波羅莎訶十五
若有人自書使人書寫是无量壽經典又能護持供養即如恭敬供養一切十方佛土如來无有
別異陁羅尼曰 南謨薄伽勃底一阿波利蜜多二阿喻紇硯那三 須毗你悉指陁 羅佐耶 提
羯他耶六 怛姪他唵七 薩婆桑悉迦羅 波利輸底九 達磨底十 伽迦那 莎訶某特迦底十二
薩婆婆毗輸底 摩訶娜耶 波利波羅莎訶十五
布施力能成正覺 悟布施力人師子 布施力能聲普聞 慈悲階漸最能入
持戒力能成正覺 悟持戒力人師子 持戒力能聲普聞 慈悲階漸最能入
忍辱力能成正覺 悟忍辱力人師子 忍辱力能聲普聞 慈悲階漸最能入
精進力能成正覺 悟精進力人師子 精進力能聲普聞 慈悲階漸最能入
禪定力能成正覺 悟禪定力人師子 禪定力能聲普聞 慈悲階漸最能入
智慧力能成正覺 悟智慧力人師子 智慧力能聲普聞 慈悲階漸最能入
尒時如來說是經已一切世間天人阿脩羅揵闥婆等聞佛所說皆大歡喜信受奉行
佛說无量壽宗要經
江峯

BD04326號　無量壽宗要經　（6–5）

毗輸底十三 摩訶娜耶十四 波利波羅莎訶十五
若有人自書使人書寫是无量壽經典又能護持供養即如恭敬供養一切十方佛土如來无有
別異陁羅尼曰 南謨薄伽勃底一阿波利蜜多二阿喻紇硯那三 須毗你悉指陁 羅佐耶 提
羯他耶六 怛姪他唵七 薩婆桑悉迦羅 波利輸底九 達磨底十 伽迦那 莎訶某特迦底十二
薩婆婆毗輸底 摩訶娜耶 波利波羅莎訶十五
布施力能成正覺 悟布施力人師子 布施力能聲普聞 慈悲階漸最能入
持戒力能成正覺 悟持戒力人師子 持戒力能聲普聞 慈悲階漸最能入
忍辱力能成正覺 悟忍辱力人師子 忍辱力能聲普聞 慈悲階漸最能入
精進力能成正覺 悟精進力人師子 精進力能聲普聞 慈悲階漸最能入
禪定力能成正覺 悟禪定力人師子 禪定力能聲普聞 慈悲階漸最能入
智慧力能成正覺 悟智慧力人師子 智慧力能聲普聞 慈悲階漸最能入
尒時如來說是經已一切世間天人阿脩羅揵闥婆等聞佛所說皆大歡喜信受奉行
佛說无量壽宗要經
江峯

BD04326號　無量壽宗要經　（6–6）

合无忘失法恒
住捨性不和合一切智道相智一切相智不
和合一切智道相知一切相智不和合預流
果乃至獨覺菩提不離散預流果乃至獨
覺菩提不和合一切菩薩摩訶薩行諸佛无上
正等菩提不離散一切菩薩摩訶薩行諸佛
无上正等菩提何以故如是諸法皆无自性
可令和合及離散故如是舍利子諸菩薩摩
訶薩行深般若波羅蜜多時勇猛正勤脩菩
提道時舍利子復白佛言若一切法都无自
性可合和合及離散者云何菩薩摩訶薩引
發般若波羅蜜多於中脩學若菩薩摩訶
薩不學般若波羅蜜多終不能得所求无上正
等菩提佛告舍利子如是如是如汝所說若
菩薩摩訶薩不學般若波羅蜜多終不能
得所求无上正等菩提舍利子若菩薩摩訶
薩求證无上正等菩提要學般若波羅蜜多方
能證得舍利子諸菩薩摩訶薩所求无上正
等菩提要有方便善巧乃能證得非无方便
善巧而能證得舍利子諸菩薩摩訶薩行深
般若波羅蜜多時若見有法自性可得則應

BD04327號　大般若波羅蜜多經卷五三四　（13–1）

薩求證无上正等菩提要學般若波羅蜜多方
能證得舍利子諸菩薩摩訶薩所求无上正
等菩提要有方便善巧乃能證得非无方便
善巧而能證得舍利子諸菩薩摩訶薩行深
般若波羅蜜多時若見有法自性可得則應
可取不見有法自性可得當何所取所謂不
取此是般若波羅蜜多此是靜慮精進安忍
淨戒布施波羅蜜多此是色薀乃至識薀此
是眼處乃至意處此是色處乃至法處此是
眼界乃至意界此是色界乃至法界此是眼
識界乃至意識界此是眼觸乃至意觸此是
眼觸為緣所生諸受乃至意觸為緣所生諸
受此是地界乃至識界此是因緣乃至增上
緣此是從緣所生諸法此是无明乃至老死
此是內空乃至无性自性空此是真如乃至
不思議界此是苦集滅道聖諦此是四念住
乃至八聖道支此是四靜慮四无量四无色
定此是空无相无願解脫門此是八解脫乃
至十遍處此是淨觀地乃至如來地此是極
喜地乃至法雲地此是陁羅尼門三摩地
門此是五眼六神通此是如來十力乃至十八
佛不共法此是大慈大悲大喜大捨此是三
十二大士相八十隨好此是无忘失法恒住
捨性此是一切智道相智一切相智此是預
流果乃至獨覺菩提此是一切菩薩摩訶薩
行此是諸佛无上正等菩提此是異生此是聲
聞此是獨覺此是菩薩摩訶薩此是如來應

BD04327號　大般若波羅蜜多經卷五三四　（13–2）

十二大士相八十隨好此是无忘失法恒住
捨性此是一切智道相智一切相智此是預
流果乃至獨覺菩提此是一切菩薩摩訶薩
行此是諸佛无上正等菩提此是異生此是聲
聞此是獨覺此是菩薩摩訶薩此是如來應
正等覺舍利子諸菩薩摩訶薩行深般若波
羅蜜多如實了知一切法性皆不可取所謂
般若乃至布施波羅蜜多皆不可取色蘊乃
至識蘊皆不可取眼處乃至意處皆不可取
色處乃至法處皆不可取眼界乃至意界皆
不可取色界乃至法界皆不可取眼識界乃
至意識界皆不可取眼觸乃至意觸皆不可
取眼觸爲緣所生諸受乃至意觸爲緣所生
諸受皆不可取地界乃至識界皆不可取因
緣乃至增上緣皆不可取從緣所生諸法皆
不可取无明乃至老死皆不可取四念住乃
至八聖道支皆不可取内空乃至无性自性
空皆不可取真如乃至不思議界皆不可取
苦集滅道聖諦皆不可取四靜慮四无量四
无色定皆不可取空无相无願解脫門皆不
可取八解脫乃至十遍處皆不可取淨觀地
乃至如來地皆不可取極喜地乃至法雲地
皆不可取陁羅尼門三摩地門皆不可取五
眼六神通皆不可取如來十力乃至十八佛
不共法皆不可取大慈大悲大喜大捨皆不
可取三十二大士相八十隨好皆不可取无忘
失法恒住捨性皆不可取一切智道相智
一切相智皆不可取預流果乃至獨覺菩提

乃至如來地皆不可取極喜地乃至法雲地
皆不可取陁羅尼門三摩地門皆不可取五
眼六神通皆不可取如來十力乃至十八佛
不共法皆不可取大慈大悲大喜大捨皆不
可取三十二大士相八十隨好皆不可取无忘
失法恒住捨性皆不可取一切智道相智
一切相智皆不可取預流果乃至獨覺菩提
皆不可取一切菩薩摩訶薩行諸佛无上正
等菩提皆不可取一切異生聲聞獨覺菩薩
如來皆不可取舍利子諸菩薩摩訶薩行深
般若波羅蜜多如實了知一切法性不可取
故於一切法得无障礙舍利子此不可取波
羅蜜多即是无障波羅蜜多如是无障波羅
蜜多即是般若波羅蜜多諸菩薩摩訶薩應
於中學舍利子若菩薩摩訶薩能於中學於
一切法都无所得尚不得學況得无上正等
菩提況得般若波羅蜜多況得異生聲聞獨
覺菩薩佛法何以故舍利子无有少法實有
自性於无自性一切法中何等是異生法何
等是預流乃至諸佛法舍利子如是諸法既
不可得依何等法可施設有補特伽羅補特
伽羅既不可得云何可說此是異生此是預
流乃至如來應正等覺時舍利子便白佛言
若一切法都无自性皆非實有依何等事而
可了知此是異生此是異生法廣說乃至此
是如來應正等覺此是如來應正等覺法佛
告舍利子於汝意云何爲實有色或曾或當

伽羅既不可得云何可說此是異生此是預
流乃至如來應正等覺時舍利子便白佛言
若一切法都无自性皆非實有依何等事而
可了知此是異生此是異生法廣說乃至此
是如來應正等覺此是如來應正等覺法佛
告舍利子於汝意云何為實有色或曾或當
如諸愚夫異生執不為實有受想行識或曾
或當如諸愚夫異生執不廣說乃至為實有
諸佛无上正等菩提或曾或當如諸愚夫異
生執不為實有異生乃至如來應正等覺或
曾或當如諸愚夫異生執不舍利子曰不也
世尊但由顛倒愚夫異生有如是執佛告舍
利子諸菩薩摩訶薩行深般若波羅蜜多方
便善巧雖觀諸法都无自性皆非實有而依
世俗發趣无上正等菩提為諸有情方便宣
說令得正解離諸顛倒時舍利子復白佛言
云何菩薩摩訶薩行深般若波羅蜜多時方
便善巧由此方便善巧力故雖觀諸法都无
自性皆非實有而依世俗發趣无上正等菩
提為諸有情方便宣說令得正解離諸顛倒
佛告舍利子諸菩薩摩訶薩行深般若波羅
蜜多時成就如是方便善巧謂都不見少有
實法可於中住由於中住而有罣礙由罣礙
故而有退沒由退沒故心便羸劣心羸劣故
便生懈怠舍利子以一切法都无實事无我
我所皆用无性而為自性本性空寂自相空
寂唯有一切愚夫異生迷謬顛倒執著色蘊

BD04327號　大般若波羅蜜多經卷五三四　（13–5）

實法可於中住由於中住而有罣礙由罣礙
故而有退沒由退沒故心便羸劣心羸劣故
便生懈怠舍利子以一切法都无實事无我
我所皆用无性而為自性本性空寂自相空
寂唯有一切愚夫異生迷謬顛倒執著色蘊
乃至識蘊執著眼處乃至意處執著色處乃
至法處執著眼界乃至意界執著色界乃至
法界執著眼識界乃至意識界執著眼觸乃
至意觸執著眼觸為緣所生諸受乃至意觸
為緣所生諸受執著地界乃至識界執著因
緣乃至增上緣執著從緣所生諸法執著无
明乃至老死執著布施乃至般若波羅蜜多
執著內空乃至无性自性空執著真如乃至
不思議界執著苦集滅道聖諦執著四念住
乃至八聖道支執著四靜慮四無量四无色
定執著空无相无願解脫門執著八解脫乃
至十遍處執著淨觀地乃至如來地執著極
喜地乃至法雲地執著陁羅尼門三摩地門
執著五眼六神通執著如來十力乃至十八
佛不共法執著大慈大悲大喜大捨執著三
十二大士相八十隨好執著无忘失法恒住
捨性執著一切智道相智一切相智執著預
流果乃至獨覺菩提執著菩薩摩訶薩行執
著无上正等菩提執著異生乃至如來應正
等覺由此因緣諸菩薩摩訶薩觀一切法都
无實事无我我所皆用无性而為自性本性
空寂自相空寂行深般若波羅蜜多自立如

BD04327號　大般若波羅蜜多經卷五三四　（13–6）

捨性執著一十……
流果乃至獨覺菩提執著菩薩摩訶薩行執
著无上正等菩提執著異生乃至如來應正
等覺由此因緣諸菩薩摩訶薩觀一切法都
无實事无我我所皆用无性而為自性本性
空寂自相空寂行深般若波羅蜜多自立如
幻師為有情說法謂慳貪者為說布施諸犯
戒者為說淨戒諸瞋恚者為說安忍諸懈怠
者為說精進諸散亂者為說靜慮諸惡慧
者為說般若是菩薩摩訶薩安立有情令住布
施乃至般若波羅蜜多已復為宣說能出生
死殊勝聖法令諸有情依之脩學或得預流
果或得一來果或得不還果或得阿羅漢果
或得獨覺菩提或入菩薩摩訶薩位或住无
上正等菩提時舍利子復白佛言諸菩薩摩
訶薩行深般若波羅蜜多時云何不名有所得
者謂諸有情實无所有而令安住布施淨戒
安忍精進靜慮般若波羅蜜多復為宣說能
出生死殊勝聖法或令得預流果乃至或令
證得无上正等菩提佛告舍利子諸菩薩摩
訶薩行深般若波羅蜜多時於諸有情非有
所得所以者何是菩薩摩訶薩行深般若波
羅蜜多時不見有情少實可得唯有世俗假
說有情舍利子諸菩薩摩訶薩行深般若波
羅蜜多時安住二諦為諸有情宣說正法何
等為二一者世俗二者勝義舍利子雖二諦
中有情施設俱不可得而諸菩薩摩訶薩行
深般若波羅蜜多時方便善巧為諸有情宣

說有情舍利子諸……
羅蜜多時安住二諦為諸有情宣說正法何
等為二一者世俗二者勝義舍利子雖二諦
中有情施設俱不可得而諸菩薩摩訶薩行
深般若波羅蜜多時方便善巧為諸有情宣
說法要令諸有情聞正法已於現法中尚不得
我何況當得所求聖果如是舍利子菩薩摩
訶薩行深般若波羅蜜多方便善巧雖為有
情宣說法要令脩正行得所證果而心於彼
都无所得了知諸法不可得故時舍利子便
白佛言此諸菩薩摩訶薩是真菩薩摩訶薩
雖於諸法不得一性不得異性不得摠性不
得別性而著如是大功德鎧由著如是大功
得鎧不生欲界不生色界不生无色界不見
有為界不見无為界雖化有情令出三界而
於有情都无所得亦復不得有情施設有情
施設不可得故无縛无解无縛解故无染无
淨无染淨故諸趣差別不可了知諸趣差別
不可了知故无業无煩惱无業煩惱故亦无
異熟果既无異熟果如何得有我及有情流
轉諸趣生三界等種種差別佛告舍利子如
是如是如汝所說舍利子若有情類先有後
无菩薩如來應有過失先无後有理亦不然
諸趣輪迴有无亦令是故舍利子若如來出
世若不出世法性常住真如法界不虛妄性
終无改易以一切法法性法界法住法定真
如實際猶如虛空此中尚无我等可得況有
色等諸法可得既无色等諸法可得如何當

无菩薩如來應有過失先无後有理亦不然
諸趣輪迴有无亦令是故舍利子若如來出
世若不出世法性常住真如法界不虚妄性
終无改易以一切法法性法界法住法定真
如實際循如虚空卌尚无我等可得況有
色等諸法可得既无色等諸法可得如何當
有諸趣輪迴諸趣輪迴既不可得如何當有
成熟有情令其解脫但依世俗假說為有舍
利子以如是法自性皆空諸菩薩摩訶薩從
過去佛如實聞已為脫有情顛倒執著求趣
无上正等菩提於求趣時不住是念我於此
法已得當得令彼有情已度當度所執著處
生死衆苦舍利子是菩薩摩訶薩為脫有情
顛倒執著被功德鎧大誓莊嚴勇猛正勤无
所顧著不退无上正等菩提恒於菩提不生
疑惑謂我當得不當得耶但正念言我定當
得所求无上正等菩提住諸有情真實饒益
謂令解脫迷謬顛倒諸趣輪迴受生死苦舍
利子是菩薩摩訶薩雖脫有情迷謬顛倒諸
趣生死而无所得唯依世俗說有是事舍利
子如巧幻師或彼弟子依帝網術化作无量
百千俱胝那庾多衆復化種種上妙飲食施
幻有情皆令飽滿住此事已歡喜唱言我已
獲得廣大福聚於意云何此巧幻師或彼弟
子實使有情得飽滿不舍利子曰不也世尊
佛告舍利子菩薩摩訶薩亦復如是從初發
心為欲度脫諸有情故脩行布施乃至般若
波羅蜜多安住內空乃至无性自性空安住

BD04327號　大般若波羅蜜多經卷五三四　（13–9）

幻有情皆令飽滿住此事已歡喜唱言我已
獲得廣大福聚於意云何此巧幻師或彼弟
子實使有情得飽滿不舍利子曰不也世尊
佛告舍利子菩薩摩訶薩亦復如是從初發
心為欲度脫諸有情故脩行布施乃至般若
波羅蜜多安住內空乃至无性自性空安住
真如乃至不思議界安住苦集滅道聖諦脩
行四念住乃至八聖道支脩行四靜慮四无
量四无色定脩行空无相无願解脫門脩行
八解脫乃至十遍處脩行極喜地乃至法雲
地脩行陁羅尼門三摩地門脩行五眼六神
通脩行如來十力乃至十八佛不共法脩行
大慈大悲大喜大捨脩行三十二大士相八
十隨好脩行无忘失法恒住捨性脩行一切
智道相智一切相智圓滿菩薩大菩提道成
熟有情嚴淨佛土舍利子諸菩薩摩訶薩雖
住此事而於有情及一切法都无所得不作
是念我以此法調伏如是諸有情類令其遠
離顛倒執著不復往來受生死苦
尒時具壽善現便白佛言世尊何謂菩薩大
菩提道諸菩薩摩訶薩脩行此道方便善
巧成熟有情嚴淨佛土速證无上正等菩提佛
告善現諸菩薩摩訶薩從初發心所行布施
乃至般若波羅蜜多廣說乃至所行一切智
道相智一切相智及餘无量无邊佛法皆是
菩薩大菩提道諸菩薩摩訶薩脩行此道方
便善巧成熟有情嚴淨佛土速證无上正等
菩提而无有情佛土等想具壽善現復白佛

BD04327號　大般若波羅蜜多經卷五三四　（13–10）

告善現諸菩薩摩訶薩從初發心所行布施
乃至般若波羅蜜多廣說乃至所行一切智
道相智一切相智及餘无量无邊佛法皆是
菩薩大菩提道諸菩薩摩訶薩脩行此道方
便善巧成熟有情嚴淨佛土速證无上正等
菩提而无有情佛土等想具壽善現復白佛
言云何菩薩摩訶薩脩行布施波羅蜜多時
方便善巧成熟有情佛告善現有菩薩摩訶
薩脩行布施波羅蜜多時方便善巧自行布
施亦勸他行布施殷勤教誡教授彼言諸善
男子莫著布施若著布施當更受身若更受
身由斯展轉當受无量无邊大苦諸善男子
勝義諦中都无布施亦无施者受者施物及
諸施果如是諸法本性皆空本性空中无法
可取諸法空性亦不可取如是善現諸菩薩
摩訶薩脩行布施波羅蜜多時雖於有情自
能行施亦勸他施而於布施施者受者施物
施果都无所得如是布施波羅蜜多名无所
得波羅蜜多善現當知是菩薩摩訶薩於此
諸法無所得時方便善巧能化有情住預流
果廣說乃至或趣无上正等菩提如是善現
諸菩薩摩訶薩脩行布施波羅蜜多時成熟
有情令得利樂善現當知是菩薩摩訶薩自
行布施亦勸他行布施恒正稱揚行布施法
歡喜讚歎行布施者是菩薩摩訶薩脩行如
是大布施已或生刹帝利大族或生婆羅門
大族或生長者大族或生居士大族豊饒財
寶或作小王於小國土富貴自在或作大王

BD04327號　大般若波羅蜜多經卷五三四　（13–11）

有情令得利樂善現當知是菩薩摩訶薩自
行布施亦勸他行布施恒正稱揚行布施法
歡喜讚歎行布施者是菩薩摩訶薩脩行如
是大布施已或生刹帝利大族或生婆羅門
大族或生長者大族或生居士大族豊饒財
寶或作小王於小國土富貴自在或作大王
於大國土富貴自在或作輪王於四洲界富
貴自在是菩薩摩訶薩生如是等諸尊貴
處以四攝事攝諸有情先教有情安住布施
由此漸次令住淨戒安忍精進靜慮般若復令
安住四靜慮四无量四无色定復令安住三
十七種菩提分法復令安住三解脫門是菩
薩摩訶薩令諸有情住如是等諸善法已或
令趣入正性離生得預流果乃至令得阿羅
漢果或令趣入正性離生漸次證得獨覺菩
提或令趣入正性離生漸次脩學諸菩薩地
速趣无上正等菩提復告彼言諸善男子當
發大願速趣无上正等菩提作諸有情勝饒
益事諸有情類虛妄分別所執諸法皆无自
性但由顛倒妄執為有是故汝等當勤精進
自斷顛倒亦勸他斷自脫生死亦令他脫自
得大利亦令他得

大般若波羅蜜多經卷第五百卅四

BD04327號　大般若波羅蜜多經卷五三四　（13–12）

薩摩訶薩令諸有情住如是等諸善法已或
令趣入正性離生得預流果乃至令得阿羅
漢果或令趣入正性離生漸次證得獨覺菩
提或令趣入正性離生漸次脩學諸菩薩地
速趣无上正等菩提復告彼言諸善男子當
發大願速趣无上正等菩提作諸有情勝饒
益事諸有情類虛妄分別所執諸法皆无自
性但由顛倒妄執為有是故汝等當勤精進
自斷顛倒亦勸他斷自脫生死亦令他脫自
得大利亦令他得

大般若波羅蜜多經卷第五百卅四

BD04327 號　大般若波羅蜜多經卷五三四　（13–13）

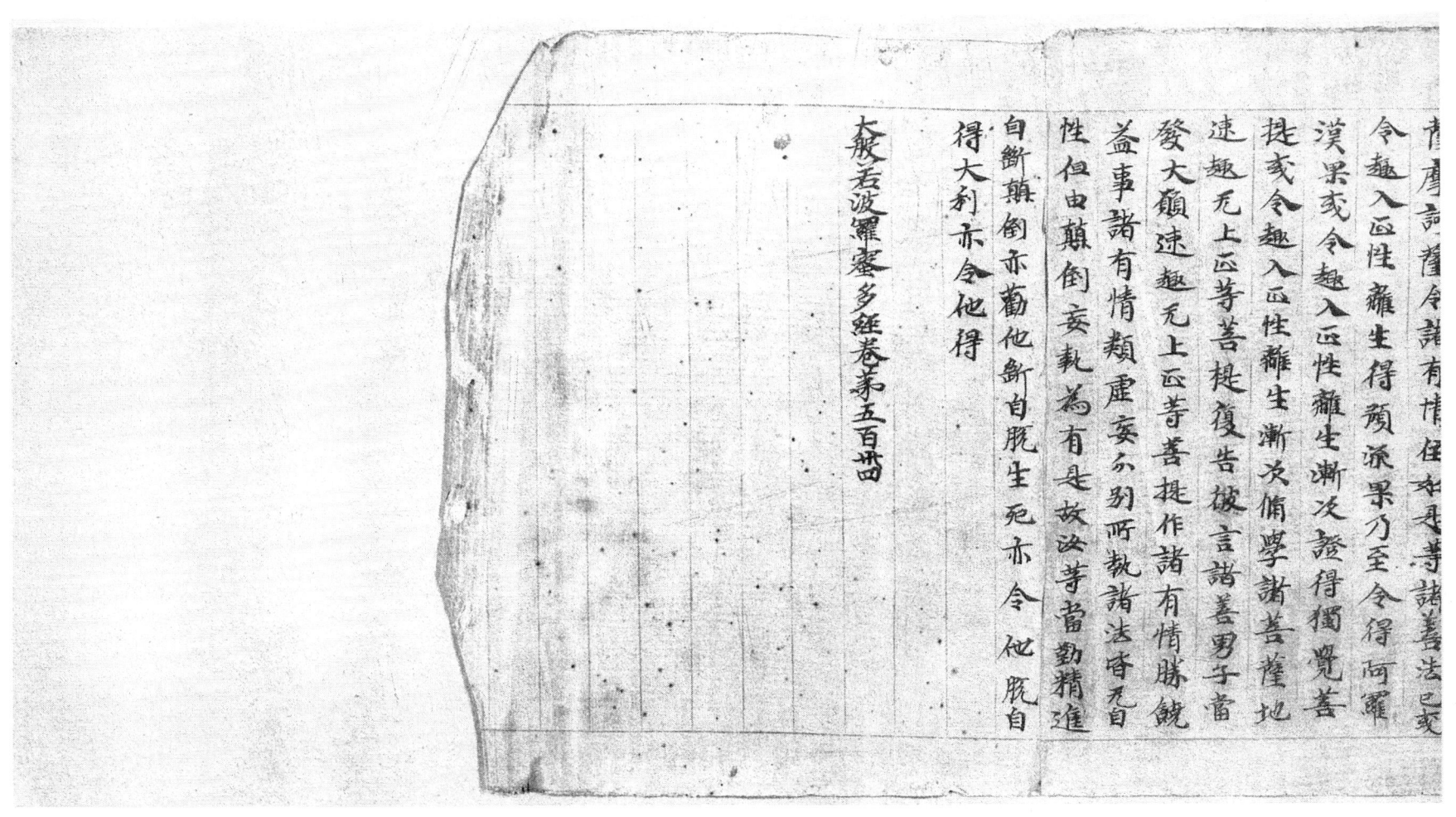

持得四无礙亦令發定皆能發起是故名為
淨光三摩地世尊云何名為月燈三摩地善
現謂若住此三摩地時除諸有情愚闇如月
是故名為月燈三摩地世尊云何名為發明
三摩地善現謂若住此三摩地時令諸定門
發明普照是故名為發明三摩地世尊云何
名為應作不應作三摩地善現謂若住此三
摩地時知一切等持應作不應作亦令諸定
如此事成是故名為應作不應作三摩地世
尊云何名為智相三摩地善現謂若住此三
摩地時見諸等持所有智相是故名為智相
三摩地世尊云何名為金剛鬘三摩地善現
謂若住此三摩地時通達一切等持及法於
定及法都无所見是故名為金剛鬘三摩地
世尊云何名為住心三摩地善現謂若住此
三摩地時心不動搖不轉不照亦不虧損不
念有心是故名為住心三摩地世尊云何名
為普明三摩地善現謂若住此三摩地時於
諸定明普能照了是故名為普明三摩地世
尊云何名為妙安立三摩地善現謂若住此
三摩地時於諸等持妙能安立是故名為妙
安立三摩地世尊云何名為寶積三摩地善

BD04328 號　大般若波羅蜜多經卷五二　（2–1）

摩地時知一切等持應作不應作亦令諸定
如此事成是故名為應作不應作三摩地世
尊云何名為智相三摩地善現謂若住此三
摩地時見諸等持所有智相是故名為智相
三摩地世尊云何名為金剛喻三摩地善現
謂若住此三摩地時通達一切等持及法於
定及法都无所見是故名為金剛喻三摩地
世尊云何名為住心三摩地善現謂若住此
三摩地時心不動搖不轉不照亦不虧損不
念有心是故名為住心三摩地世尊云何名
為普明三摩地善現謂若住此三摩地時於
諸定明普能照了是故名為普明三摩地世
尊云何名為妙安立三摩地善現謂若住此
三摩地時於諸等持妙能安立是故名為妙
安立三摩地世尊云何名為寶積三摩地善
現謂若住此三摩地時見諸等持皆如寶聚
是故名為寶積三摩地世尊云何名為妙法
印三摩地善現謂若住此三摩地時能印諸
等持以无印印故是故名為妙法印三摩地
世尊云何名為一切法平等性三摩地善現
謂若住此三摩地時不見有法離平等性是

BD04328 號　大般若波羅蜜多經卷五二　（2–2）

得无疑當聽此般若波羅蜜若善男子善女
人欲慈悲遍覆一切衆生不住衆生相不與世
間諍當聽此般若波羅蜜
文殊又重宣般若无能解未來善男子於理若爲通
佛更重明言若人信此法 以无所得心 行相亦如是
又勸人受持 必得不退地 靈空法界等 妙達不思議
般若諸法王 能蓋彼餘義 慈悲廣遍覆 超出世間乘
般若相應分第三十七
尒時文殊師利白佛言世尊般若波羅蜜无
我无我所无滅无因无果无可執持去何聽
受而得功德佛告文殊師利般若波羅蜜
无作无滅非凡夫法非聖人法非生死法非
離生死法非涅槃非離涅槃法无得无失非
可思議非不可思議善男子善女人如是聽受
則與般若波羅蜜相應是爲功德亦无功德
般若无我所非起滅因果亦无可執持去何受功德
佛言无作相非凡聖所行 究竟不思議 乃與真如合
勸備成益分第三十八
復次文殊師利若菩薩摩訶薩欲學菩薩定
欲知一切諸佛名欲見一切諸佛世界欲聽一
切諸佛法欲行諸佛法當學此般若波羅

BD04329 號　文殊師利所說般若波羅蜜經（異本）　（7–1）

則與般若波羅蜜相應是爲功德亦无功德
般若无我所非起滅因果亦无可執持云何受功德
佛言无作相非凡聖所行究竟不思議乃與真如合
勸脩成益分第三十八
復次文殊師利若菩薩摩訶薩欲學菩薩定
欲知一切諸佛名欲見一切諸佛世界欲聽一
切諸佛法欲行諸佛法當學此般若波羅
蜜尒時文殊師利白佛言世尊何故名般若
波羅蜜佛告文殊師利般若波羅蜜者无量
无邊无方无處无去无來无作无爲即是一
切法界故名般若波羅蜜文殊師利此般若
波羅蜜是菩薩摩訶薩行處菩薩於此處行
名行處何以故以无處故即是一切諸佛之母
一切諸佛所從生故何以故以无生故是 故
文殊師利若善男子善女人欲行菩薩行
具是諸波羅蜜當脩此般若波羅蜜若欲得
坐道場成阿耨多羅三藐三菩提當脩此般
若波羅蜜若欲以大慈大悲遍覆一切衆生當
脩此般若波羅蜜若欲起一切定方便當脩此般
若波羅蜜若欲得一切三摩跋提當脩此般若
波羅蜜何以故諸三摩跋提无所爲故一切
諸法无出離无出離處若人欲隨逐此語
當脩此般若波羅蜜一切諸法如實不可得
若欲樂如是知當脩此般若波羅蜜一切衆
生爲无上菩提故脩菩提道而實无衆生无
菩提若人欲信樂此法當學此般若波羅蜜
何以故一切法如實與菩提等如非生生 行
不捨自性衆生无所有故彼衆生行是非

BD04329號　文殊師利所說般若波羅蜜經（異本）　（7–2）

諸法无出離无出離處若人欲隨逐此語
當脩此般若波羅蜜一切諸法如實不可得
若欲樂如是知當脩此般若波羅蜜一切衆
生爲无上菩提故脩菩提道而實无衆生无
菩提若人欲信樂此法當學此般若波羅蜜
何以故一切法如實與菩提等如非生生 行
不捨自性衆生无所有故彼衆生行是非
行彼非是菩提彼菩提法界若欲不著此法
當脩此般若波羅蜜文殊師利若比丘比丘尼
優婆塞優婆夷若受持般若波羅蜜一四句
偈爲他人說我說此人得不墮法何況如實脩
行當知彼善男子善女人住佛境界若善男
子善女人聞此深般若波羅蜜不生怖畏當
知是人受佛法印此法印者是佛所造是
佛所貴何以故以法印无著法故善男子善
女人爲此印隨菩薩乘決定不退不墮聲聞
辟支佛地
欲學深三昧 了知諸佛名 觀見及聞思 當脩此真智
般若无邊量 非方所去來 體无作无爲 即本真法界
是菩薩行處 諸佛依所生 具有六波羅 得成无上道
慈悲普覆護 遍益諸群生 定慧及神通 内外皆成就
諸法无出離 通人當證知 如實性真空 亦无道非道
一切法皆如 性與菩提等 衆生非衆生 於法无所著
彼諸四衆等 受持爲他說 乃至一四句 當得不墮法
少義已如此 何況如實脩 當知彼學人 住佛深境界
若聞不怖畏 必爲如來印 即已无所著 不墮二乘位
天帝守護分第三十九
尒時釋提桓因及諸天子從三十三天 雨細末

BD04329號　文殊師利所說般若波羅蜜經（異本）　（7–3）

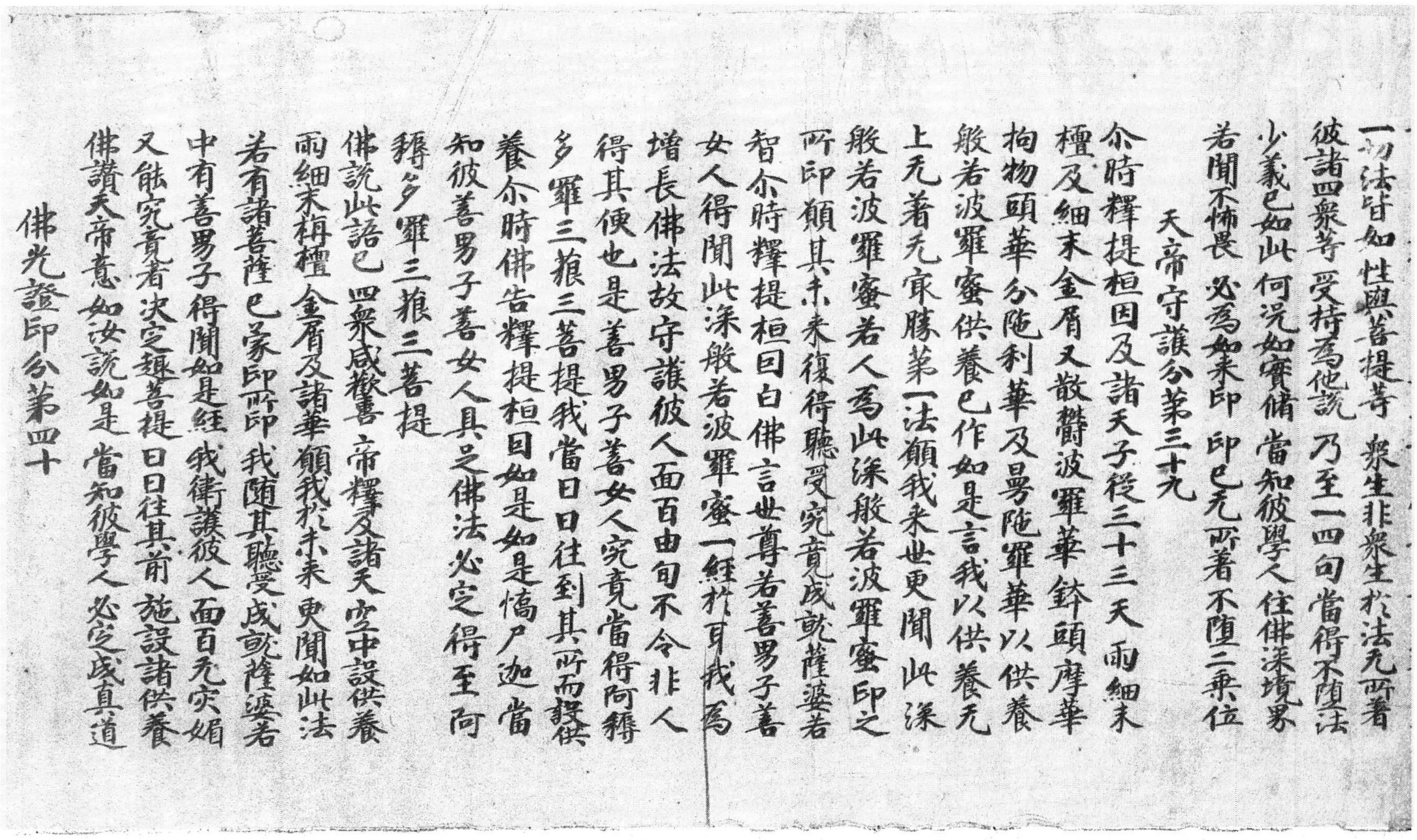

一切法皆如性與菩提等　衆生非衆生於法无所著
彼諸四衆等受持爲他說　乃至一四句當得不墮法
少義已如此何況如實脩　當知彼學人住佛深境界
若聞不怖畏　必爲如來印　印已无所著不墮二乘位
天帝守護分第三十九
尒時釋提桓因及諸天子從三十三天　雨細末
檀及細末金屑又散欝波羅華鉢頭摩華
拘物頭華分陁利華及曼陁羅華以供養
般若波羅蜜供養已作如是言我以供養无
上无著无㝡勝第一法願我來世更聞此深
般若波羅蜜若人爲此深般若波羅蜜印之
所印願其未來復得聽受究竟成就薩婆若
智尒時釋提桓因白佛言世尊若善男子善
女人得聞此深般若波羅蜜一經於耳我爲
增長佛法故守護彼人面百由旬不令非人
得其便也是善男子善女人究竟當得阿耨
多羅三藐三菩提我當日日往到其所而設供
養尒時佛告釋提桓因如是如是憍尸迦當
知彼善男子善女人具足佛法必定得至阿
耨多羅三藐三菩提
佛說此語已　四衆咸歡喜　帝釋及諸天　空中設供養
雨細末栴檀金屑及諸華　願我於未來更聞如此法
若有諸菩薩已蒙印所印　我隨其聽受成就薩婆若
中有善男子得聞如是經　我衛護彼人面百无災媚
又能究竟者決定趣菩提　日日往其前施設諸供養
佛讚天帝意如汝說如是　當知彼學人必定成真道
佛光證印分第四十

BD04329號　文殊師利所說般若波羅蜜經（異本）　（7–4）

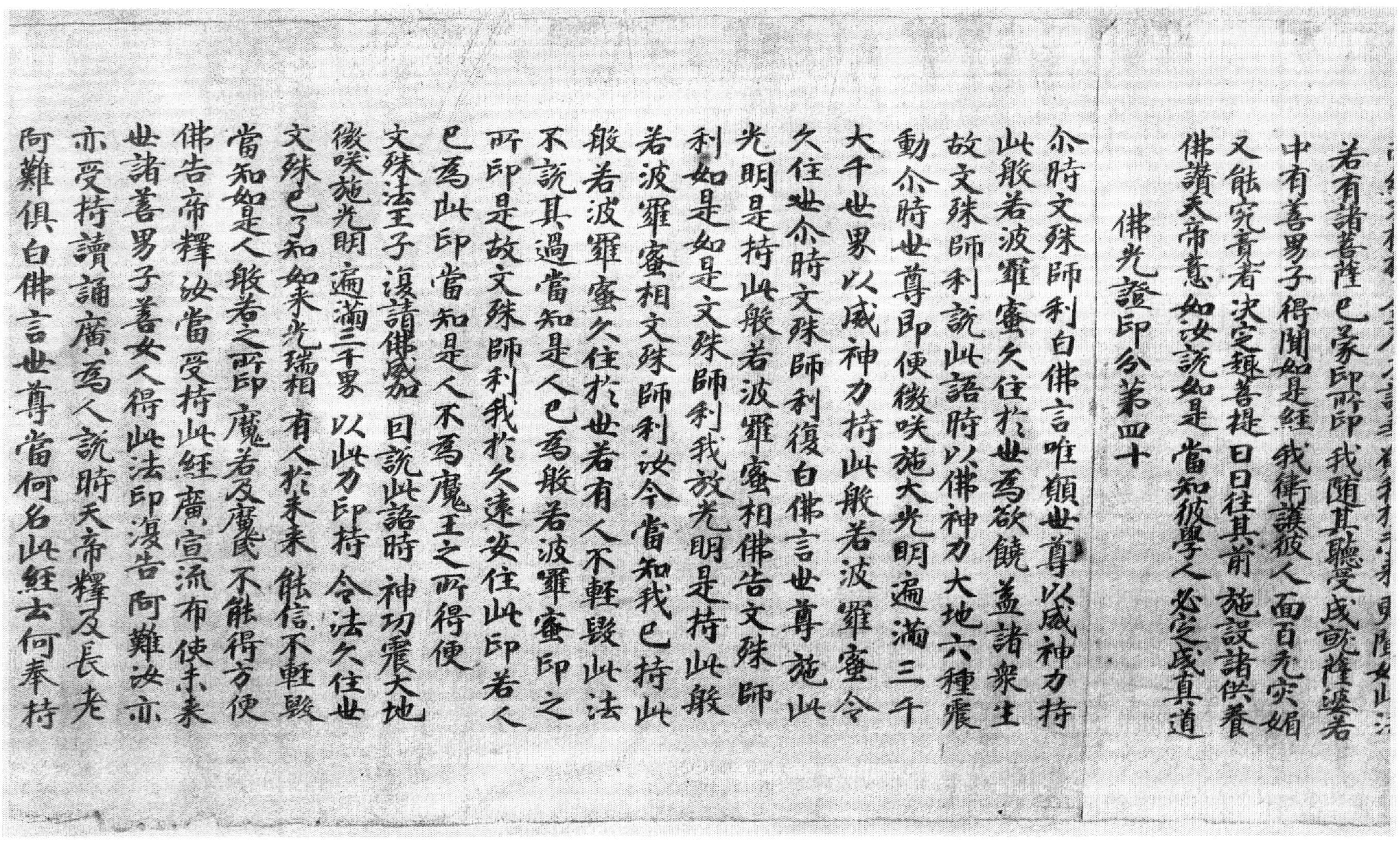

若有諸菩薩已蒙印所印　我隨其聽受成就薩婆若
中有善男子得聞如是經　我衛護彼人面百无災媚
又能究竟者決定趣菩提　日日往其前施設諸供養
佛讚天帝意如汝說如是　當知彼學人必定成真道
佛光證印分第四十
尒時文殊師利白佛言唯願世尊以威神力持
此般若波羅蜜久住於世爲欲饒益諸衆生
故文殊師利說此語時以佛神力大地六種震
動尒時世尊即便微咲施大光明遍滿三千
大千世界以威神力持此般若波羅蜜令
久住世尒時文殊師利復白佛言世尊施此
光明是持此般若波羅蜜相佛告文殊師
利如是如是文殊師利我放光明是持此般
若波羅蜜相文殊師利汝今當知我已持此
般若波羅蜜久住於世若有人不輕毀此法
不說其過當知是人已爲般若波羅蜜印之
所印是故文殊師利我於久遠安住此印若人
已爲此印當知是人不爲魔王之所得便
文殊法王子復請佛威加　曰說此語時神功震大地
微咲施光明遍滿三千界　以此力印持令法久住世
文殊已了知如來光瑞相　有人於未來能信不輕毀
當知如是人般若之所印　魔若及魔民不能得方便
佛告帝釋汝當受持此經廣宣流布使未來
世諸善男子善女人得此法印復告阿難汝亦
受持讀誦廣爲人說時天帝釋及長老
阿難俱白佛言世尊當何名此經云何奉持

BD04329號　文殊師利所說般若波羅蜜經（異本）　（7–5）

文殊已了知如来光瑞相 有人於未来 能信不輕毁
當知如是人般若之所印 魔若及魔民不能得方便
佛告帝釋汝當受持此經廣宣流布使未来
世諸善男子善女人得此法印復告阿難汝亦
亦受持讀誦廣為人說時天帝釋及長老
阿難俱白佛言世尊當何名此經云何奉持
佛言此經名為文殊師利所說亦名般若波
羅蜜如是受持善男子若人於恒河沙劫以无
價寶珠布施恒沙等衆生衆生受已悉發道
心是時施主隨其所宜亦教利喜令得須陁
洹果至阿羅漢果是人所得功德寧為多不
阿難白佛言善男子若人起一念心信此般
若波羅蜜經不誹謗者比前功德出過百倍千
倍百千万億倍乃至筭數譬喻所不能及何
況具足受持讀誦為人廣說是人所得功德
无量无邊諸佛如来說不能盡何以故能生
一切諸佛菩薩般若故若虛空有盡此經功德
无盡法性有盡此經功德无盡是故善男子
汝等應勤行精進守護此經此經能滅生死
一切怖畏能摧天魔所立勝幢能持菩薩到
涅槃果教示訓導離於二乘
世尊囑帝釋及以阿難言 汝等當受持未来廣流布
二人受佛語 聞名及奉行 如来又校量顯此經功德
若人恒沙劫 以无價寶珠 布施尒衆生復令發道心
是時彼施主 復化彼諸人 並至阿羅漢彼所得功德
其中有一人 能信此經典 一念不嫌疑功德過於彼
乃至万億倍 筭數不能知 何況具受行廣為他人說
[illegible]

BD04329號　文殊師利所說般若波羅蜜經（異本）　（7–6）

涅槃果教示訓導離於二乘
世尊囑帝釋及以阿難言 汝等當受持未来廣流布
二人受佛語 聞名及奉行 如来又校量顯此經功德
若人恒沙劫 以无價寶珠 布施尒衆生復令發道心
是時彼施主 復化彼諸人 並至阿羅漢彼所得功德
其中有一人 能信此經典 一念不嫌疑功德過於彼
乃至万億倍 筭數不能知 何況具受行廣為他人說
是人獲大利 功德實无邊 一切諸如来 稱說不能盡
為故善男子 應當精進脩 及守護此經 能滅生死怖
摧天魔外道 建立宗勝幢 持諸菩薩衆至大涅槃果
　頂戴受持分第四十二
尒時帝釋及以阿難俱白佛言世尊如是如
是誠如佛言我等頂戴受持廣宣流布唯如
来不以為慮如是三白佛言願不為慮我等
當頂戴受持佛說此經竟文殊師利等諸
菩薩摩訶薩舍利弗等諸比丘比丘尼優婆
塞優婆夷天龍夜叉乾闥婆阿脩羅迦樓羅
緊那羅摩睺羅伽人非人等一切大衆聞佛
所說歡喜奉行
帝釋及阿難一心聞頂受 如佛所教勅 宣布在人天
唯願大慈悲 願不以為慮 如是面三白 不敢違佛旨
人部神一切皆隨命
[illegible]

BD04329號　文殊師利所說般若波羅蜜經（異本）　（7–7）

大乘無量壽經
如是我聞一時薄伽梵在舍衛國祇樹給孤獨園與大苾芻僧千二百五十人大菩薩摩訶薩衆
俱同會坐爾時世尊告曼殊室利童子曼殊上方有世界名無量功德聚彼土有佛號無量智
決定王如來阿羅多羅三藐三菩提現為衆生開示說法曼殊諦聽南閻浮提人皆短壽大限百年於中夭枉
横死者衆多曼殊如是無量壽如來功德名稱法要若有衆生得聞名号若自書或使人書能為經卷受持
讀誦者於舍宅所住之處以種種花鬘瓔珞塗香末香而為供養如其命盡復得延年滿足百歲如是曼
殊若有衆生得聞無量壽決定王如來一百八名号者益其長壽若有衆生大命將盡憶念如來名
号得便增壽如是曼殊若有善男子善女人欲求長命於是無量壽如來一百八名号有得聞者或
自書若使人書受持讀誦得如是等果報福德具足陀羅尼曰
南謨薄伽勃底一 阿波唎蜜多二 阿喻紇硯娜三 須弥你悉指陁四 囉佐耶五 怛他揭他耶六 怛姪他唵七 薩婆桑悉
迦囉八 鉢唎輸底九 達磨底十 伽伽娜十一 莎訶其特伽底十二 莎婆婆毘輸底十三 摩訶娜耶十四 波唎婆唎莎訶十五
世尊復告曼殊室利如是如來一百八名号若有自書或使人書為經卷受持讀誦如壽命盡復滿百年壽
終此身後得往生無量智世界無量壽淨土陀羅尼曰
南謨薄伽勃底一 阿波唎喻蜜多二 阿喻紇硯娜三 須弥你悉指陁囉耶五 怛姪他唵六 怛姪他唵七 薩婆桑悉迦囉八 鉢唎
輸底九 達磨底十 伽伽娜十一 莎訶其特伽底十二 莎婆婆毘輸底十三 摩訶娜耶十四 波唎婆唎莎訶十五
爾時有九十九姟佛一時同聲說是無量壽宗經陀羅尼曰
南謨薄伽勃底一 阿波唎蜜多二 阿喻紇硯娜三 須毘你悉指陁囉耶五 怛他揭他耶六 怛姪他唵七 薩婆桑
悉迦囉波唎輸底九 達磨底十 伽伽娜十一 莎訶其特伽底十二 莎婆婆毘輸底十三 摩訶娜耶十四 波唎婆唎
莎訶十五 爾時復有百姟佛一時同聲說是無量壽宗要經陀羅尼曰 南謨薄伽勃底一 阿波利
蜜多二 阿喻紇硯娜三 須毘你悉指陁四 囉佐耶五 怛他揭他耶六 怛姪他唵七 薩婆桑悉迦囉八 波唎
喻底九 達磨底十 伽伽娜十一 薩訶其特伽底十二 薩婆婆毘輸底十三 摩訶娜耶十四 波唎婆唎莎訶十五
爾時復有七姟佛同聲說是無量壽宗要經陀羅尼曰
南謨伽勃底一 阿波唎蜜多二 阿喻紇硯娜三 須弥你悉指陁四 囉佐耶五 怛他揭他耶六 薩婆
桑悉迦囉八 波唎輸底九 達磨底十 伽伽娜十一 莎訶其特伽底十二 薩婆婆毘輸底十三 薩訶娜耶十四
波唎婆唎莎訶十五 爾時復有六十五姟佛一時同聲說是無量壽宗要經陀羅尼曰

BD04330號　無量壽宗要經　（5–1）

莎訶十五 爾時復有百姟佛一時同聲說是無量壽宗要經陀羅尼曰 南謨薄伽勃底一 阿波利
蜜多二 阿喻紇硯娜三 須弥你悉指陁四 囉佐耶五 怛他揭他耶六 怛姪他唵七 薩婆桑悉迦囉八 波唎
喻底九 達磨底十 伽伽娜十一 薩訶其特伽底十二 薩婆婆毘輸底十三 摩訶娜耶十四 波唎婆唎莎訶十五
爾時復有七姟佛同聲說是無量壽宗要經陀羅尼曰
南謨伽勃底一 阿波唎蜜多二 阿喻紇硯娜三 須弥你悉指陁四 囉佐耶五 怛他揭他耶六 薩婆
桑悉迦囉八 波唎輸底九 達磨底十 伽伽娜十一 莎訶其特伽底十二 薩婆婆毘輸底十三 薩訶娜耶十四
波唎婆唎莎訶十五 爾時復有六十五姟佛一時同聲說是無量壽宗要經陀羅尼曰
南謨伽勃底一 阿波唎婆蜜多二 阿喻紇硯娜三 須毘你悉指陁四 囉佐耶五 怛他揭他耶六 怛姪他唵七 薩婆桑悉
迦囉八 波唎輸底九 達磨底十 伽伽娜十一 莎訶其特伽底十二 薩婆婆毘輸底十三 摩訶娜耶十四 波唎婆唎莎訶十五
爾時復有五十五姟佛一時同聲說是無量壽宗要經陀羅尼曰
南謨薄伽勃底一 阿波利蜜多二 阿喻紇硯娜三 須弥你悉指陁四 囉佐耶五 怛他揭他耶六 怛姪他唵七 薩婆桑悉
迦囉八 波唎輸底九 達磨底十 伽伽娜十一 莎訶其特伽底十二 薩婆婆毘輸底十三 摩訶娜耶十四 波唎婆唎莎訶十五
爾時復有四十五姟佛一時同聲說是無量壽宗要經陀羅尼曰
南謨薄伽勃底一 阿波利蜜多二 阿喻紇硯娜三 須毘你悉指陁四 囉佐耶五 怛他揭他耶六 怛姪他唵七 薩婆桑悉迦囉
八 波唎輸底九 達磨底十 伽伽娜十一 莎訶其特伽底十二 薩婆婆毘輸底十三 摩訶娜耶十四 波唎婆唎莎訶十五
爾時復有三十六姟佛一時同聲說是無量壽宗要經陀羅尼曰
南謨伽薄勃底一 阿波唎蜜多二 阿喻紇硯娜三 須毘你悉指陁四 囉佐耶五 怛他揭他耶六 怛姪他唵七 薩婆桑悉迦
囉八 波唎輸底九 達磨底十 伽伽娜十一 莎訶其特伽底十二 薩婆婆毘輸底十三 摩訶娜耶十四 波唎婆唎莎訶十五
爾時復有二十五姟佛一時同聲說是無量壽宗要經陀羅尼曰
南謨薄伽勃底一 阿波唎蜜多二 阿喻紇硯娜三 須毘你悉指陁四 囉佐耶五 怛他揭他耶六 怛姪他唵七 薩婆桑悉迦囉八
波唎喻底九 達磨底十 伽伽娜十一 莎訶其特伽底十二 薩婆婆毘輸底十三 摩訶娜耶十四 波唎婆唎莎訶十五
爾時復有恒河沙姟佛一時同聲說是無量壽宗要經陀羅尼曰
南謨薄伽勃底一 阿波唎蜜多二 阿喻紇硯娜三 須毘你悉指陁五 囉佐耶五 怛他揭他耶六 怛姪他唵七 薩婆桑
悉迦囉八 波唎輸底九 達磨底十 伽伽娜十一 莎訶其特伽底十二 薩婆婆毘輸底十三 摩訶娜耶十四 波唎婆唎莎訶十五
善男子若有自書寫教人書寫是無量壽宗要經如其命盡復長受而滿年陀羅尼曰
南謨薄伽勃底一 阿波唎蜜多二 阿喻紇硯娜三 須毘你悉指陁四 囉佐耶五 怛他揭他耶六 怛姪他唵七 薩婆桑悉迦囉八
波唎輸底九 達磨底十 伽伽娜十一 莎訶其特伽底十二 薩婆婆毘輸底十三 摩訶娜耶十四 波唎婆唎莎訶十五
若有自書教人書寫是無量壽宗要經讀誦受畢竟不墮地獄並在所生得宿命智陀羅尼曰
南謨薄伽勃底一 阿波唎蜜多二 阿喻紇硯娜三 須毘你悉指陁四 囉佐耶五 怛他揭他耶六 怛姪他唵七 薩婆桑悉迦囉八
波唎輸底九 達磨底十 伽伽娜十一 莎訶其特伽底十二 薩婆婆毘輸底十三 摩訶娜耶十四 波唎婆唎莎訶十五

BD04330號　無量壽宗要經　（5–2）

善男子若有自書寫教人書寫是无量壽宗要經如其命盡復長受命滿年陀羅尼曰
南謨薄伽勃底一 阿波唎蜜多二 阿喻紇硯娜三 須毗你悉指耶四 囉佐耶五 怛他羯他耶六 怛姪他唵七 薩婆桑悉迦羅八
波唎輸底九 達磨底十 伽伽娜十一 莎訶莎特迦底十二 薩婆婆毗輸底十三 摩訶娜耶十四 波唎婆唎莎訶十五
若有自書教人書寫是无量壽宗要經讀誦受畢竟不墮地獄常在所生得宿命智陀羅尼曰
南謨薄伽勃底一 阿波喻蜜多二 阿喻紇硯娜三 須毗你悉指陀四 囉佐耶五 怛他羯他耶六 怛姪他唵七 薩婆桑悉迦羅八
波唎輸底九 達磨底十 伽伽娜十一 莎訶莎特迦底十二 薩婆婆毗輸底十三 摩訶娜耶十四 波唎婆唎莎訶十五
若有自書寫教人書寫是无量壽宗要經受持讀誦如同書寫八万四千一切經典陀羅尼曰
南謨薄伽勃底一 阿波利蜜多二 阿喻紇硯娜三 須毗你悉指陀四 囉佐耶五 怛他羯他耶六 怛姪他唵七 薩婆桑悉迦羅八
波唎輸底九 達磨底十 伽伽娜十一 莎訶莎特迦底十二 薩婆婆毗輸底十三 摩訶娜耶十四 波唎婆莎訶十五
若有自書寫教人書寫是无量壽宗要經即書寫八万四千部建立塔廟陀羅尼曰
南謨薄伽勃底一 阿波唎蜜多二 阿喻紇硯娜三 須毗你悉指陀四 囉佐耶五 怛他羯他耶六 怛姪他唵七 薩婆桑悉迦羅八
波唎輸底九 達磨底十 伽伽娜十一 莎訶莎特迦底十二 薩婆婆毗輸底十三 摩訶娜耶十四 波唎婆唎莎訶十五
若有自書寫教人書寫是无量壽宗要經能消五无間等一切重罪陀羅尼曰
南謨薄伽勃底一 阿波唎蜜多二 阿喻紇硯娜三 須毗你悉指陀四 囉佐耶五 怛他羯他耶六 怛姪他唵七 薩婆桑悉
迦羅八 波利喻底九 達磨底十 伽伽娜十一 莎訶莎特迦底十二 薩婆婆毗輸底十三 摩訶娜耶十四 波唎婆唎莎訶十五
若有自書寫教人書寫是无量壽宗要經受持讀誦設有重罪猶如須弥盡能除滅陀羅尼曰
南謨薄伽勃底一 阿波利蜜多二 阿喻紇硯娜三 須毗你悉指陀四 囉佐耶五 怛他羯他耶六 怛姪他唵七 薩婆桑悉迦
羅八 波唎輸底九 達磨底十 伽伽娜十一 莎訶莎特迦底十二 薩婆婆毗輸底十三 摩訶娜耶十四 波唎婆唎莎訶十五
若有自書寫教人書寫是无量壽宗要經受持讀誦若魔魔之眷屬夜叉羅刹不其便終无枉死陀羅尼曰
南謨薄伽勃底一 阿波唎蜜多二 阿喻紇硯娜三 須毗你悉指陀四 囉佐耶五 怛他羯他耶六 怛姪他唵七 薩婆桑悉
迦羅八 波利輸底九 達磨底十 伽伽娜十一 莎訶莎特迦底十二 薩婆婆毗輸底十三 摩訶娜耶十四 波唎婆唎莎訶十五
若有自書寫教人書寫是无量壽宗要經受持讀誦當命終時有九十九姟佛現其人前象千佛授手
能遊一切佛刹莫於此經生於疑惑陀羅尼曰
南謨薄伽勃底一 阿波唎蜜多二 阿喻紇硯娜三 須毗你悉指陀四 囉佐耶五 怛他羯他耶六 怛姪他唵七 薩婆
桑悉迦羅八 波唎輸底九 達磨底十 伽伽娜十一 莎訶莎特迦底十二 薩婆婆毗輸底十三 摩訶娜耶十四 波唎喻唎莎訶十五
若有自書寫教人書寫是无量壽宗要經受持讀誦常得四天王隨其衛護陀羅尼曰
南謨薄伽勃底一 阿波唎蜜多二 阿喻紇硯娜三 須毗你悉指陀四 囉佐耶五 怛他羯他耶六 怛姪他唵七 薩婆桑悉迦羅八
波喻輸底九 達磨底十 伽伽娜十一 莎訶莎特迦底十二 薩婆婆毗輸底十三 摩訶娜耶十四 波唎婆唎莎訶十五
若有自書寫教人書寫是无量宗要經受持讀誦當得往生西方極樂世界阿弥陀淨土陀羅尼曰
南謨薄伽勃底一 阿波利蜜多二 阿喻紇硯娜三 須毗你悉指陀四 囉佐耶五 怛他羯他耶六 怛姪他唵七 薩婆桑悉
迦羅八 波唎輸底九 達磨底十 伽伽娜十一 莎訶莎特迦底十二 薩婆婆毗輸底十三 摩訶娜耶十四 波唎婆唎莎訶十五

BD04330號　無量壽宗要經　（5–3）

若有自書寫教人書寫是无量壽宗要經受持讀誦常得四天王隨其衛護陀羅尼曰
南謨薄伽勃底一 阿波唎蜜多二 阿喻紇硯娜三 須毗你悉指陀四 囉佐耶五 怛他羯他耶六 怛姪他唵七 薩婆桑悉迦羅八
波喻輸底九 達磨底十 伽伽娜十一 莎訶莎特迦底十二 薩婆婆毗輸底十三 摩訶娜耶十四 波唎婆唎莎訶十五
若有自書寫教人書寫是无量宗要經受持讀誦當得往生西方極樂世界阿弥陀淨土陀羅尼曰
南謨薄伽勃底一 阿波利蜜多二 阿喻紇硯娜三 須毗你悉指陀四 囉佐耶五 怛他羯他耶六 怛姪他唵七 薩婆桑悉迦
羅八 波唎輸底九 達磨底十 伽伽娜十一 莎訶莎特迦底十二 薩婆婆毗輸底十三 摩訶娜耶十四 波唎婆唎莎訶十五
若有於自書寫使人書寫是无量壽宗要經典之處則為是塔皆應供敬作礼若是畜生或為鳥獸得聞是經
如是等類皆當不久得成一切種智陀羅尼曰
南謨薄伽勃底一 阿波利蜜多二 阿喻紇硯娜三 須毗你悉指陀四 囉佐耶五 怛他羯他耶六 怛姪他唵七 薩婆桑悉迦
羅八 波利輸底九 達磨底十 伽伽娜十一 莎訶莎特迦底十二 薩婆婆毗輸底十三 摩訶娜耶十四 波利婆利莎訶十五
若有於是无量壽經自書寫若從書寫畢竟受女人之身陀羅尼曰
南謨薄伽勃底一 阿波利蜜多二 阿喻紇硯娜三 須毗你悉指陀四 囉佐耶五 怛他羯他耶六 怛姪他唵七 薩婆桑悉迦羅八
波唎輸底九 達磨底十 伽伽娜十一 莎訶莎特迦底十二 薩婆婆毗輸底十三 摩訶娜耶十四 波唎婆唎莎訶十五
若有能於是經少分能施者等於三千大千世界滿中七寶布施陀羅尼曰
南謨薄伽勃底一 阿波利蜜多二 阿喻紇硯娜三 須毗你悉指陀四 囉佐耶五 怛他羯他耶六 怛姪他唵七 薩婆桑悉迦
羅八 波喻輸底九 達磨底十 伽伽娜十一 莎訶莎特迦底十二 薩婆婆毗輸底十三 摩訶娜耶十四 波利婆利莎訶十五
若有供養是經者則是供養一切諸經等无有別異陀羅尼曰
南謨薄伽勃底一 阿波利蜜多二 阿喻紇硯娜三 須毗你悉指陀四 囉佐耶五 怛他羯他耶六 怛姪他唵七 薩婆桑悉迦
羅八 波唎輸底九 達磨底十 伽伽娜十一 莎訶莎特迦底十二 薩婆婆毗輸底十三 摩訶娜耶十四 波利婆利莎訶十五
如是毗婆尸佛 尸弃佛 毗舍浮佛 俱留孫佛 俱那含牟尼佛 迦葉佛 釋迦牟尼佛
若有七寶供養如是七佛其福有限書寫受持是无量壽經所有功德不可限量陀羅尼曰
南謨薄伽勃底一 阿波利蜜多二 阿喻紇硯娜三 須毗你悉指陀四 囉佐耶五 怛他羯他耶六 怛姪他唵七 薩婆桑悉
迦羅八 波利輸底九 達磨底十 伽伽娜十一 莎訶莎特迦底十二 薩婆婆毗輸底十三 摩訶娜耶十四 波唎婆唎莎訶十五
若有七寶等於須弥以用布施其福上能知其限量是无量壽經典其福不可知數陀羅尼曰
南謨薄伽勃底一 阿波利蜜多二 阿喻紇硯娜三 須毗你悉指陀四 囉佐耶五 怛他羯他耶六 怛姪他唵七 薩婆桑
悉迦羅八 波唎輸底九 達磨底十 伽伽娜十一 莎訶莎特迦底十二 薩婆婆毗輸底十三 摩訶娜耶十四
波唎婆波唎莎訶十五
如是四大海水可知滴數是无量壽經典所生果報不可數量陀羅尼曰
南謨薄伽勃底一 阿波利蜜多二 阿喻紇硯娜三 須毗你悉指陀四 囉佐耶五 怛他羯他耶六 怛姪他唵七 薩婆桑悉迦羅八
波唎輸底九 達磨底十 伽伽娜十一 莎訶莎特迦底十二 薩婆婆毗輸底十三 摩訶娜耶十四 波利婆唎莎訶十五
若有自書寫教人書寫是无量壽經典又能護持供養即如恭敬供養一切十方佛土如來无有別

BD04330號　無量壽宗要經　（5–4）

悉遮羅八 波利輸底九 達摩底十 伽迦娜十一 莎訶其持迦底十二 薩婆婆毗輸底十三 摩訶娜耶十四
波利婆陀利莎訶十五
如是四大海水可知滴數是无量壽經典不可數量陁羅尼曰
南謨薄伽勃底一 阿波利蜜多二 阿爾頞硯娜三 須毗你悉指陁四 羅佐耶五 怛他羯他耶六 怛姪他唵七 薩婆桑悉迦
波利輸底九 達摩底十 伽迦娜十一 莎訶其持迦底十二 薩婆婆毗輸底十三 摩訶娜耶十四 波利婆利莎訶十五
若有自書寫教人書寫是无量壽經典又能讀持供養即如恭敬供養一切十方佛土如來无有別
異陁羅尼曰
南謨薄伽勃底一 阿波利蜜多二 阿爾頞硯娜三 須毗你悉指陁四 羅佐耶五 怛他羯他耶六 怛姪他唵七 薩婆桑
悉遮羅八 波利輸底九 達摩底十 伽迦娜十一 莎訶其持底十二 薩婆婆毗輸底十三 摩訶娜耶十四
波利婆陀莎訶十五
布施力能成正覺 悟布施力人師子 布施力能聲香聞 慈悲階漸衆能入
持戒力能成正覺 悟持戒力人師子 持戒力能聲香聞 慈悲階漸衆能入
忍辱力能成正覺 悟忍辱力人師子 忍辱力能聲香聞 慈悲階漸衆能入
精進力能成正覺 悟精進力人師子 精進力能聲香聞 慈悲階漸衆能入
禪定力能成正覺 悟禪定力人師子 禪定力能聲香聞 慈悲階漸衆能入
智惠力能成正覺 悟智惠力人師子 智慧力能聲香聞 慈悲階漸衆能入
介時如來說是經已一切世間天阿脩羅揵闥婆等聞佛所說皆大歡喜信受奉行
佛說无量壽宗要經

BD04330號　無量壽宗要經　（5–5）

諸大德我今欲說波羅提木叉戒汝等諦聽
善思念之若自知有犯者即應自懺悔不犯
者默然默然者知諸大德清淨若有他問者
亦如是答如是比丘在於衆中乃至三問憶
念有罪不懺悔者得故妄語罪故妄語者
佛說障道法若彼比丘憶念有罪欲求清淨
者應懺悔懺悔安樂諸大德我已說戒經
序今問諸大德是中清淨不如是三 諸大德是
中清淨默然故是事如是持
諸大德是四波羅夷法半月半月說戒經中
來
若比丘共比丘同戒若不還戒戒羸不自悔
犯不淨行乃至共畜生是比丘波羅夷不
共住
若比丘若在村落若閑靜處不與勿盜心取
隨與取法若爲王大臣所捉若殺若縛若
驅出國汝是賊汝癡汝无所知是比丘波羅
夷不共住
若比丘故自手斷人命持刀與人歎譽死
快勸死咄男子用此惡活爲寧死不生作
如是心思惟種種方便歎譽死快勸死是比
波羅夷不共住

BD04331號　四分律比丘戒本　（4–1）

駈出國汝是賊汝癡汝无所知是比丘波羅
夷不共住
若比丘故自手斷人命持刀與人歎譽死
快勸死咄男子用此惡活爲寧死不生作
如是心思惟種種方便歎譽死快勸死是比丘
波羅夷不共住
若比丘實无所知自稱言我得上人法我已
入聖智勝法我知是我見是彼於異時若
問若不問欲自清淨故作是說我實不知不
見言知言見虛誑妄語除增上慢是比丘波
羅夷不共住
諸大德我已說四波羅夷法若比丘犯一一
波羅夷法不得與諸比丘共住如前後亦如
是是比丘得波羅夷罪不應共住今問諸
大德是中清淨不　如是至三
大德是中清淨默然故是事如是持
諸大德是十三僧伽婆尸沙法半月半月說
戒經中來
若比丘故弄陰出精除夢中僧伽婆尸沙
若比丘婬欲意與女人身相觸若捉手若捉
髮若觸一一身分者僧伽婆尸沙
若比丘婬欲意與女人麁惡婬欲語隨所
惡婬欲語僧伽婆尸沙
若比丘婬欲意於女人前自歎身言大姊我
修梵行持戒精進修善法可持是婬欲法供
養我如是供養第一最僧伽婆尸沙

BD04331 號　四分律比丘戒本　（4–2）

……身分者僧伽婆尸沙
若比丘婬欲意與女人麁惡婬欲語隨所
惡婬欲語僧伽婆尸沙
若比丘婬欲意於女人前自歎身言大姊我
修梵行持戒精進修善法可持是婬欲法供
養我如是供養第一最僧伽婆尸沙
若比丘往來彼此媒嫁持男意語女持女意
語男若爲成婦事若爲私通事乃至須臾
頃僧伽婆尸沙
若比丘自求作屋無主自爲己當應量作
是中量者長佛十二磔手內廣七磔手當將
餘比丘指授處所彼比丘當指示處所無難
處無妨處若比丘有難處妨處自作屋無
主自爲己不將餘比丘指授處所若過量作
者僧伽婆尸沙
若比丘欲作大房有主爲己作當將餘比丘
往指授處所彼比丘應指授處所无難處无
妨處若比丘有難處妨處作大房有主爲
己作不將餘比丘指授處所者僧伽婆尸沙
若比丘瞋恚所覆故非波羅夷比丘以无根
波羅夷法謗欲壞彼清淨行彼於異時若問
若不問知此事无根說我瞋恚故作是語若
比丘作是語者僧伽婆尸沙
若比丘以瞋恚故於異分事中取片非波羅
夷比丘以无根波羅夷法謗欲壞彼清淨行
彼於異時若問若不問知是異分事中取片
是比丘自言我瞋恚故作是語作是語者僧

BD04331 號　四分律比丘戒本　（4–3）

妨處若比丘有難處妨處作大房有主為
已作不將餘比丘指授處所者伽婆尸沙
若比丘瞋恚所覆故非波羅夷比丘以无根
波羅夷法謗欲懷彼清淨行彼於異時若問
若不問知此事无根說我瞋恚故作是語若
比丘作是語者僧伽婆尸沙
若比丘以瞋恚故於異分事中取片非波羅
夷比丘以无根波羅夷法謗欲壞彼清淨行
彼於異時若問若不問知是異分事中取片
是比丘自言我瞋恚故作是語作是語者僧
伽婆尸沙
若比丘欲壞和合僧方便受壞和合僧法堅持
不捨彼比丘應諫是比丘言大德莫壞和合
僧莫方便壞和合僧莫受壞僧法堅持不
捨大德應與僧和合與僧和合歡喜不諍同
一師學如水乳合於佛法中有增益安樂住
是比丘如是諫時堅持不捨彼比丘應三諫
捨此事故乃至三諫捨者善不捨者僧伽婆
尸沙

BD04331號　四分律比丘戒本　（4–4）

欲教化一切衆生故　於一心念前供養一
佛欲嚴淨一切佛刹欲守護受持一切佛法也
是一切大願欲知一切佛眷屬欲知一切衆生海
欲知一切衆生心心所行悉知一切衆生諸根輪欲知
一切世界一切數求著成敗欲知一切衆生煩惱習
氣欲斷一切衆煩惱欲滿一切衆生所故發菩提心
善男子瞻說菩薩有如是等百万阿僧祇方便
菩薩悉應究竟了知隨順智慧究竟脩習
行淨一切佛刹心无倒惑善男子是故我于
願淨一切刹我願乃滿斷一切衆生煩惱習氣
願乃滿大願此法門者名為何等善男子此法門
名離憂安隱幢我唯知此法門諸大菩薩其心如
海悉能容受一切佛法我當云何能知其行諸菩薩
心堅固正直如須弥山諸大菩薩則為見藥若有身
者除滅煩惱諸大菩薩則為淨日除滅一切衆生癡
闇諸大菩薩則為大地悉能載持一切衆生諸大
菩薩則為智風長養一切衆生實義諸大菩薩則為
自在以淨智光普照一切諸大菩薩則為慶雲隨
其所應雨甘露法諸大菩薩則為淨月放諸
功德光明之網諸大菩薩則為帝釋悉能守護一
切衆生我當云何能知其行善男子於此南方

BD04332號　大方廣佛華嚴經（晉譯五十卷本）卷四〇　（20–1）

自在以淨智光普照一切諸大菩薩則為慶雲隨
其所應雨甘露法諸大菩薩則為淨月放諸
功德光明之網諸大菩薩則為希有難能守護一
切眾生我當云何能知其行善男子於此南方
有一國名曰海潮彼有仙人名毗目多羅善能
辭說菩薩諸行汝詣彼問時善財童子頭面
禮足遶無數匝觀察無猒悲泣流淚正念思惟
得善投難遇善知識難得分上人共同止難得
菩薩諸根難滿足薩〻善正直心難復遇同意善
知識難觀真實難如法正教難出生妙心難
念一切智難長養法明難作是念已辭退南
行爾時善財童子思惟隨順菩薩正教淨善
菩薩行心能長養菩薩德力心見諸佛心欲菩
提心能發起長養大願心照十方一切諸法心見
法實心覆一切無有散亂心淨智慧觀諸法界除
滅癡闇心淨正直除滅慚恥心能降伏一切眾
魔漸〻進行海潮國周遍推求仙人毗目多
羅時彼仙人在大林中阿僧祇樹莊嚴此林
寶葉普覆諸花菓樹常以眾餝寶樹雨寶遍
散其地大栴檀樹周匝行列諸沈水樹常出妙
香尼俱律樹閻浮種樹雨甘香菓憂鉢羅鉢
曇摩分陁利花以為莊嚴爾時善財見彼仙人
在此林中服樹皮衣縈髮草坐一万仙人以為
眷屬如栴檀林栴檀圍遶往詣其所五體敬禮
念善知識能開導我菩薩法門念善知識現

香尼俱律樹閻浮種樹雨甘香菓憂鉢羅鉢
曇摩分陁利花以為莊嚴爾時善財見彼仙人
在此林中服樹皮衣縈髮草坐一万仙人以為
眷屬如栴檀林栴檀圍遶往詣其所五體敬禮
念善知識能開導我菩薩法門念善知識現
真實道念善知識能安置我一切智地念善
知識燃智寶燈明淨慧光長養十力智慧光明
善知識道即一切智無盡之藏善知識為燈照一
切智境界故善知識為橋度生死故善知識為
蓋生大慈力覆一切故善知識為靈照一切法真
實相故善知識為海潮蒲是大悲故作是念已遶無
數匝合掌而立白言大聖我已先發阿耨多羅
三藐三菩提心而未知菩薩云何學菩薩行脩菩
薩道時彼仙人觀察大眾而作是言汝等當知此
童子者已發阿耨多羅三藐三菩提心請一切眾生普
施無畏饒益一切眾生向趣智海欲飲一切諸佛法雨
欲盡一切法海源底欲成世間智慧大海欲興大
悲重雲欲雨甘露法雨欲出世間明淨智月欲
滅世間諸煩惱闇欲長養一切眾生善根爾時大
眾各持種〻金色妙花香甚可悅樂散童子上
頭面禮足曲躬敬遶作如是言此童子者志能
救護一切眾生滅三惡道難閻羅王趣一切諸難
消竭欲海除滅世間捨愚癡闇斷貪愛縛能勝
功德金剛圍山建立世間智慧須彌於世間出明
淨智日顯曜一切善根諸法示菓世間明識善惡時

樂說一切[illegible]三[illegible]道[illegible]王超一切[illegible]
消竭欲海除滅苦陰捨愚癡闇斷貪愛縛能勝
功德金剛圍山建立世間智慧須彌於世間出明
淨智日顯曜一切善根諸法禾稼世間明識善惡時
彼仙人告眾言若有能發阿耨多羅三藐三菩提心
者得一切智淨一切佛功德之地時彼仙人告善財
言善男子我已成就菩薩无壞幢智慧法門善財
白言大聖彼法門者境界云何時彼仙人即申右
手摩善財頂摩已執善財手即時善財自見其身在
於十方十佛世界微塵等佛所見彼諸佛相好莊
嚴以阿僧祇寶珎玩之具莊嚴其刹又見彼佛眷
屬大海所從聞法悉能受持乃至不失一句一味分別受
持正法梵輪轉受諸法雲入佛大願淨脩諸方清淨
願行究竟諸功德藏見彼諸佛隨應化度一切眾
生見一切佛清淨圓滿大光明網見已隨順无量
智慧光明究竟佛力或自見身於佛所一日一夜
或復自見於餘佛所七日七夜如是於餘
佛所或有半月一月一百歲千歲或百千歲百千億
歲或百億那由他歲或半劫一劫百劫千劫或百
億那由他劫乃至不〻可〻說〻那由他劫或閻浮提
微塵等劫乃至不〻可〻說〻世界微塵等劫尒時善
財為无壞幢智慧法門照故得明淨藏三昧无盡
法門三昧炤故得遊一切方陀羅尼光明金剛
圓滿光明法門炤故得分別智慧樓閣三昧住
平地莊嚴法藏般若波羅蜜精進炤故得佛
虛空藏三昧光明一切諸佛法輪三昧光明相炤

財為无壞幢智慧法門照故得明淨藏三昧无盡
法門三昧炤故得遊一切方陀羅尼光明金剛
圓滿光明法門炤故得分別智慧樓閣三昧住
平地莊嚴法藏般若波羅蜜精進炤故得佛
虛空藏三昧光明一切諸佛法輪三昧光明相炤
故得三世圓滿智无盡光明時彼仙人放善財
手尒時善財即自見身還在本處時彼仙人問
善財言汝憶念耶答言唯然大聖善知識力故善
男子我唯知此菩薩无壞幢慧法門我豈
能知大菩薩行諸大菩薩皆得一切眾生自在
三昧於一切時輪而得自在出生諸佛无盡
智慧證一切佛叢淨慧燈於一念中了三世
事於一切世間現淨慧身充滿法界隨生眾
所應悉現其前了知一切眾生所行圓滿清淨
志可貴樂我豈能知大菩薩行功德願叢淨
佛刹善察論微智慧境界甚深三昧神力自
在解脫境界遊戲神通法身音聲究竟智慧
如是等事非我境界善男子於此南方有一國土
名曰進求有婆羅門名方便命汝詣彼問云何菩
薩向菩薩道脩菩薩道時善財童子歡喜无量
恭敬禮足遶无數匝瞻仰觀察辭退南行尒時
善財童子為无壞幢智慧法門所照次了諸佛不
可思議自在神力善知菩薩不思議法門又不
可思議菩薩三昧智慧以照其心得一切時三昧光明
得一切相三昧境界光明[illegible]

恭敬礼已遶无數匝瞻仰觀察辭退南行尒時
善財童子為无壞幢智慧法門所照決了諸佛不
可思議自在神力善知菩薩不可思議法門又不
可思議菩薩三昧智慧以照其心得一切時三昧光明
得一切相三昧境界光明得明淨智令一切衆生得勝
妙處得一切至處道法門隨順世間行心无有二以明
淨智普照境界得一切聲聞明淨忍藏得无生忍
知法實相常行菩薩行不捨菩薩心增長薩婆
若心得十方明普照一切樂妙音心无癡是如說脩
行往薩婆若究竟一切智境界出生无量善莊嚴
心滿足菩薩清淨大願於一念頃遍至一切諸佛
剎網教化成就无量衆生海心无疲惓悉見菩
薩无量行境界悉分別見一切世間見諸佛剎種種
莊嚴於微細境界悉能安置无量世界入微見彼
種種莊嚴悉能分別无量世界諸語言法又知无量
衆生善知殊方隨其應化度衆生念善知識漸進
行至進求國周遍推求彼婆羅門時婆羅門脩諸苦
行求一切智四面火聚猶如大山中有刀山高峻无
極從彼山上自投火聚尒時善財詣婆羅門頭
面禮足合掌而立白言大聖我已先發阿耨
多羅三藐三菩提心而未知菩薩云何學
菩薩脩菩薩道願為我說答言善男子汝今
若能登此刀山投火聚者菩薩諸行皆悉清淨尒
時善財作如是念得人身難離諸難難得无難得

BD04332號　大方廣佛華嚴經（晉譯五十卷本）卷四〇　（20–6）

多羅三藐三菩提心而未知菩薩云何學
菩薩脩菩薩道願為我說答言善男子汝今
若能登此刀山投火聚者菩薩諸行皆悉清淨尒
時善財作如是念得人身難離諸難難得无難得
淨法難值佛世難具諸根難聞佛法難遇善知識難
得同止難得正教難得正命難順趣正法難此
將非魔魔所使非善知識而現善知識相將非
惡菩薩化而令為我作壽命難作善根難薩
婆若難此非正教險惡道耳盡離法門薩婆若
等一切佛法住是念時十方梵天在虛空中住
如是言善男子莫住是念莫住是念此是大聖具足金剛
智慧光明精進不退悉已究竟一切境界欲
竭一切衆生貪愛大海欲裂一切諸邪見網欲
燒一切衆生煩惱除滅愚闇普照一切令一切衆
生離生死險難除滅三世愚癡闇冥放淨光明
普照一切時諸梵天及自在天衆生生天等諸邪
見天作如是言我造衆生我為一切世間最勝我
為最上我為第一是諸天等見婆羅門脩大行苦行
五熱炙身見如是已各於諸禪不得滋味來
詣其所時婆羅門以自在力而為說法令滅邪
捨離我心發大慈悲普覆衆生長養善根正
直之心聞四種道末佛法教隨所應化悉能示
現佛微妙音一切悉聞无有斷尋復一万魔在
虛空中以種種摩尼寶花散婆羅門告善財言善

BD04332號　大方廣佛華嚴經（晉譯五十卷本）卷四〇　（20–7）

捨離我心發大慈悲普覆眾生長養菩提正
直之心開四種道來佛法身隨所應化悉能來
現佛微妙音一切悉聞无有斷尋復一万魔在
虛空中以種〻摩尼寶花散婆羅門告善財言善
男子此婆羅門苦行火故放大光明令我宮殿諸
莊嚴具悉如聚墨我不復樂即與无量諸天〻
女眷屬圍遶來詣其所為我說法悉於阿
耨多羅三藐三菩提得不退轉復有一万他化
自在天在虛空中各持天花恭敬供養作如
是言善男子此婆羅門苦行故放大光明令我宮
殿諸莊嚴具悉如聚墨我不復樂即眷〻與屬
來詣其所為我說法令我於心而得自在於
煩惱中而得自在於受生中而得自在除滅斷
尋而得自在於一切三昧而得自在於莊嚴具
而得自在於壽命中而得自在乃至令我於
一切佛法而得自在復有一万化自在天在
虛空中以天伎樂恭敬供養作如是言善男
子此婆羅門五熱炙身放大光明照我宮殿
及莊嚴具照已悉令我等不樂五欲不求欲
樂身心柔濡與眷屬俱來詣其所為我說法
淨心明淨善奇特心柔濡心歡喜心乃至逮得
清淨十力長養離生出生无量清淨之身乃至
得佛清淨法身得清淨口微妙音聲遍至一切无
所斷尋乃至得一切智復有一万兜率陀天與其
眷屬在虛空中雨一切末

BD04332號　大方廣佛華嚴經（晉譯五十卷本）卷四〇

（20–8）

淨心明淨善奇特心柔濡心歡喜心乃至逮得
清淨十力長養離生出生无量清淨之身乃至
得佛清淨法身得清淨口微妙音聲遍至一切无
所斷尋乃至得一切智復有一万兜率陀天與其
眷屬在虛空中雨一切末香雲恭敬供養作
如是言善男子此婆羅門五熱炙身時我自於宮
殿不樂須臾來詣其所為我解說无著之法少
欲知足長養善根發菩提心乃至究竟一切佛
法復有一万諸天卅三天及阿脩羅方眷屬俱
在虛空中雨曼陀羅花雲摩訶曼陀羅花
雲恭敬供養作如是言善男子此婆羅門五
熱炙身時我於天樂不須臾樂著來詣其所為
我說法遠離欲樂乃至為我說无光法憂易不住
斷一切放逸憍慢長養發起菩提之心大善男
子我見此婆羅門時須彌山頂六種震動我於尒時心
大恐怖尋來一切智復有一万大龍王伊那槃
龍難陀跋難陀等興黑栴檀香雲龍〻諸王女出
妙樂音雨天花雲天香水雲恭敬供養作如是言
善男子此婆羅門五熱炙身時放大光明普照一切龍
王宮殿令諸龍王離熱沙怖金翅鳥怖滅瞋恚
熱身體清涼發歡喜心已而為說法除惡龍趣
至誠悔過除滅業鄣發阿耨多羅三藐三菩提
心乃至住一切知復有一万夜叉王種〻供養此婆
羅門及以善財作如是言善男子此婆羅門五熱
炙身時我及羅剎鳩槃茶等悉於眾生發大慈

BD04332號　大方廣佛華嚴經（晉譯五十卷本）卷四〇

（20–9）

熱衆體清涼發歡喜心已而為說法咸悉發起
至誠悔過除滅業鄣發阿耨多羅三藐三菩提
心乃至住一切知復有一萬夜叉王種種供養此婆
羅門及以善財作如是言善男子此婆羅門五熱
炙身時我及羅剎鳩槃荼等悉於衆生發大慈
心無所嬈害慈心力故不樂宮殿与眷屬俱來
詣其所彼婆羅門以大慈心蔭覆我等令我歡喜
身心柔濡安隱快樂為我說法乃至令無量夜
叉羅剎鳩槃荼等發阿耨多羅三藐三菩提心復
有一萬乾闥婆王在虛空中住如是言善男子此婆
羅門五熱炙身時放大光光明照我宮殿悉令我
等不思議樂來詣其所為我說法乃至無數發阿耨
多羅三藐三菩提心得不退轉復有一萬阿脩羅
王在虛空中右膝胡跪一心合掌恭敬供養作如
是言善男子此婆羅門五熱炙身時一切阿脩羅
宮殿大海皆悉震動我等尒時除滅高心來詣
其所為我說法遠離一切諂曲心得深法忍安住
不住具足十力復有一萬伽樓羅王勇力持等化為
外道童子在虛空中住如是言乃至為我說法安
立大慈讚歎大悲度生死海沒於五欲淤者歎淨
直心門生慧方便翅隨其所應皆悉化度復有一
萬緊那羅王在虛空中住如是言善男子此婆羅
門五熱炙身時於我寶多羅樹中金鈴網中寶
瓔珞中諸寶樹中種種樂器中自然演出微妙
音聲佛聲法聲比丘僧聲不退轉諸菩薩

BD04332號　大方廣佛華嚴經（晉譯五十卷本）卷四〇　（20–10）

萬緊那羅王在虛空中住如是言善男子此婆羅
門五熱炙身時於我寶多羅樹中金鈴網中寶
瓔珞中諸寶樹中種種樂器中自然演出微妙
音聲佛聲法聲比丘僧聲不退轉諸菩薩
聲菩提心聲某國有某菩薩發菩提心脩
行苦行脩大布施度衆道場成往詣道場成
正覺聲善男子我聞是聲即大歡喜來詣
其所為我說法令無量衆生於阿耨多羅三
藐三菩提得不退轉復有無量欲界諸天在
虛空中恭敬供養作如是言善男子此婆羅
門五熱炙身時放大光明乃至普照阿鼻地獄
除滅苦痛若有衆生見斯光者命終生天知
報恩故捨欲樂來詣其所樂觀無厭為我說
法乃至令無量衆生發菩提心尒時善財童
子聞奇特法心大歡喜於婆羅門所發真實善知
識心頭面禮足如是白言向疑聖教違知識教
唯願大聖受我悔過時婆羅門為善財童子而說偈言
欲求菩提者　當順知識教　除滅諸疑惑　一心常恭敬
脩習於正道　知法真實相　安住於道場　成就佛菩提
尒時善財童子即登刀山自投火聚未至中間
即得菩薩安住三昧既觸火炎得菩薩寂靜安樂
照明三昧得三昧已白言甚奇大聖如是
刀山及大火聚我身觸時安隱快樂時婆
羅門告善財言善男子我唯成此菩薩無盡
法門明淨法王諸菩薩行滿足諸願悉滅衆生
煩惱邪見得不退轉不可盡心離懈怠一切無

BD04332號　大方廣佛華嚴經（晉譯五十卷本）卷四〇　（20–11）

照明三昧得三昧已白言甚奇大聖如是
力山及大火聚我身觸時安隱快樂時婆
羅門告財言善男子我唯成此菩薩无盡
法門明淨法王諸善行滿足諸願恚滅衆生
煩惱永見得不退轉不可盡心離顛倒一切无
畏得金剛那羅延藏究竟大境界无有疲惓
遠離諸難不動如風輪精進不退以大莊嚴而
自莊嚴饒益衆生如是法門我當云何能知能
說善男子於此南方有城名師子奮迅有一童
女名弥多羅尼汝詣彼問云何菩薩學菩薩行
脩菩薩道時善財童子頭面禮足遶无數匝
觀察无猒辭退南行尒時善財童起不可思議
恭敬之心好樂專向入乘來諸佛智親近如來
觀界法境界无所觀決定實際住實境界至
三世際辭了三世如虛空際決定了知三世法際不
住法際住无寻際不違業際決定了知佛際非際住
如來住滅一切妄想不著一切眷屬一切世界知
一切衆生非我无實一切音聲離語言道辭一切色
猶如電光漸漸南行至彼城已周遍推問弥多羅
女為在何所時有人答今在師子幢王宮內閨
郎詣門下求見彼女時无量人衆悉入宮中善財
羅女聽受正法尒時善財住如是念此王宮門
自在出入无所鄣寻善財即入見彼女人處在
明淨寶藏法堂地頗梨色瑠璃為柱金
剛為壁閻浮檀金蘭楯寶帳光明普照阿
[illegible]

BD04332號　大方廣佛華嚴經（晉譯五十卷本）卷四〇　（20–12）

羅女聽受正法尒時善財作如是念此王宮門
自在出入无所鄣寻善財即入見彼女人處在
明淨寶藏法堂地頗梨色瑠璃為柱金
剛為壁閻浮檀金蘭楯寶帳光明普照阿
僧祇摩尼寶而莊挍之又手寶織摩尼
寶鏡圍遶莊嚴衆生所樂明淨妙寶所以
嚴餝入阿僧祇摩尼寶網羅覆其上百千
金鈴出微妙音有如是等不可思議衆寶挍具莊
嚴講堂見彼女人身如真金目髮紺色處淨
水香寶師子坐覆以金網敷衆寶衣大衆圍
遶以梵音聲而為說法見已頭面禮足遶无
數匝合掌恭敬於一面住白言大聖我已先發
阿耨多羅三藐三菩提心而未知菩薩云何學
菩薩行脩菩薩道答言善男子汝諦觀此法
堂莊嚴尒時善財見一一瑠璃柱中一一金剛
壁中一一摩尼鏡中一一形像中一一寶中一一莊嚴
中一一金鈴中一一寶瓔珞中悉見法界等一切
如來從初發心脩菩薩行成滿大願功德
莊嚴成等正覺轉淨法輪乃至示現无餘
涅槃如淨水中見月影像善財童子於一
切境界莊嚴具中見一切佛從初發心乃至
示現无餘涅槃亦復如是皆是彼女過去
善根依果力故尒時善財正念諸佛恭敬合
掌白言大聖此何法門答言善男子是般
若波羅蜜普莊嚴法門我於卅六恒河沙佛
[illegible]

BD04332號　大方廣佛華嚴經（晉譯五十卷本）卷四〇　（20–13）

不現无餘涅槃然復如是皆是彼女過去
善根依果力故尒時善財正念諸佛恭敬合
掌白言大聖此何法門荅言善男子是般
若波羅蜜普莊嚴法門我於卅六恒河沙佛
所脩此法門彼諸如来各以異門令我入此
般若波羅蜜普莊嚴法門善財白言大聖此
法門者境界云何荅言善男子我入此法門正
念思惟分別受持生等〻平時得普門陀羅尼
等百万阿僧祇陀羅尼門所謂佛
刹陀羅尼門佛陀羅尼門法陀羅尼門衆生陀
羅尼門過去陀羅尼門未来陀羅尼門現在陀
羅尼門安住實際陀羅尼門功德陀羅尼門功德
具陀羅尼門諸願陀羅尼門分別諸願陀羅尼門
称集行陀羅尼門淨行陀羅尼門滿足行陀羅尼
門業陀羅尼門不壞業陀羅尼門業流陀羅尼
門業所作陀羅尼門遠離惡業陀羅尼門向正業
陀羅尼門業自在陀羅尼門善行陀羅尼門
善行三昧陀羅尼門三昧陀羅尼門隨順三昧陀羅
尼門分別三昧陀羅尼門天旋三昧陀羅門諸通明陀
羅尼門心海陀羅尼門種〻心陀羅尼門淨心陀羅
尼門普照童蒙心陀羅尼門心喜調伏陀羅尼
門發起衆生陀羅尼門煩惱陀羅尼門習氣陀
羅尼門煩惱方便陀羅尼門欲陀羅尼門衆生
所行陀羅尼門衆生種〻業行陀羅尼門衆生世間
自性陀羅尼門衆生相陀羅尼門方陀羅尼門說
法陀羅尼門大悲陀羅尼門大慈陀羅尼門寂滅
[illegible]

門發起衆生陀羅尼門煩惱陀羅尼門習氣陀
羅尼門煩惱方便陀羅尼門欲陀羅尼門衆生
所行陀羅尼門衆生種〻業行陀羅尼門衆生世間
自性陀羅尼門衆生相陀羅尼門方陀羅尼門說
法陀羅尼門大悲陀羅尼門大慈陀羅尼門寂滅
陀羅尼門諸語言道陀羅尼門方便非方便陀羅尼
門隨順陀羅尼門分別陀羅尼門攝取陀羅尼門无
导實際陀羅尼門普陀羅尼門佛法陀羅尼門菩
薩法陀羅尼門緣覺法陀羅尼門聲聞法陀羅尼門
世間法陀羅尼門世界起陀羅尼門世界滅陀羅尼
門世界形色陀羅尼門淨世界陀羅尼門垢世界陀
羅尼門於淨世界現垢濁刹陀羅尼門於垢世界現
清淨刹陀羅尼門純淨世界陀羅尼門純垢世界陀
羅尼門平等世界陀羅尼門幡覆世界陀羅尼門伏住
世界陀羅尼門入因陀羅網陀羅尼門迴轉世界陀羅尼
門住相陀羅尼門小乘置大陀羅尼門大乘置小陀羅
尼門分別佛身陀羅尼門放佛疾春光明網陀羅尼門分
別如来圓滿音聲陀羅尼門佛正法輪陀羅尼門生
佛法輪陀羅尼門分別佛法輪陀羅尼門无壞佛法輪
陀羅尼門佛轉法輪陀羅尼門向佛法輪陀羅尼門
能住佛事陀羅尼門向諸佛衆陀羅尼門分別諸佛
大衆陀羅尼門諸佛无盡大眷屬海陀羅尼門普照佛
力陀羅尼門如来三昧神力自在陀羅尼門如来三昧神力
自在陀羅尼門究竟佛事陀羅尼門住佛所住陀羅尼
門佛持陀羅尼門佛化陀羅尼門佛知衆生心〻所行
陀羅尼門佛神力自在陀羅尼門住[illegible]

大衆陀羅尼門諸佛无盡大眷屬海陀羅尼門普照佛
力陀羅尼門如來三昧神力自在陀羅尼門如來三昧神力
自在陀羅尼門究竟佛事陀羅尼門住佛所住陀羅尼
門佛持陀羅尼門佛化陀羅尼門佛知衆生心心所行
陀羅尼門佛神力自在陀羅尼門住皇章天陀羅
尼門乃至示現入般涅槃陀羅尼門饒益无量衆生
陀羅尼門諸甚深法陀羅尼門諸莊嚴法陀羅尼門
菩提心色法方便陀羅尼門菩提心起色陀羅尼門
頌色陀羅尼門行色阿羅尼門通明色陀羅
尼門出生死色陀羅尼門清淨慧色陀羅尼門
菩提无量色陀羅尼門自心淨色陀羅尼門
善男子我唯知此般若波羅蜜普莊嚴法門諸
大菩薩心知虛空入淨法界功德成滿安住世
法遠離世間行具足清淨離癡慧眼決定了
知无量法界智慧无量與虛空等得无导眼於
一切境界无所鄣閡住无导地藏普照一切善能
分別法義一切世間无能壞者行世間行无所染
著善巧方便饒益攝取一切衆生隨其所應悉能
示現於一切時轉正法輪而得自在如是功德我當
云何能知能說善男子於此南方有一國土名
曰救度彼有比丘名善現汝詣彼問云何菩薩
學菩薩行脩菩薩道時善財童子頭面礼足遶无
數匝辭退南行尒時善財童子正念思惟甚
深法門思惟甚深法界思惟甚深法地思惟
甚深衆生思惟甚深諸行思惟甚深衆生心流
思惟甚深衆生如光思惟甚深諸法之性思惟
甚深衆生語法思惟甚深法界圓滿莊嚴思

BD04332號　大方廣佛華嚴經（晉譯五十卷本）卷四〇　（20–16）

數匝辭退南行尒時善財童子正念思惟甚
深法門思惟甚深法界思惟甚深法地思惟
甚深衆生思惟甚深諸行思惟甚深衆生心流
思惟甚深衆生如光思惟甚深諸法之性思惟
甚深衆生語法思惟甚深法界圓滿莊嚴思
惟甚深種諸業行思惟甚深世間業所莊飾
漸漸遊行至救度國於城都聚落村邑市里仙
人住處山林曠野周遍推求善現比丘見彼比丘
在林經行形貌端嚴顏容殊妙其髮右旋如紺
青色頂有肉髻身色紫金其目長廣如青蓮
花脣口丹色如頻婆菓頸圓直脩短得所匈有
德字勝妙莊嚴七寶平滿其臂纖長手指網
縵金輪莊嚴臆膝鹿蹲腰腹不現師子上身如
尼天其身圓滿如尼拘樹王相好莊嚴如雪山
王出諸良藥圓光一尋諸根調伏目視安諦智慧
无尋猶如大海其心不動一切世間所不能
壞天龍八部恭敬圍遶彼比丘經行時地
天持地步天出寶蓮花隨履其跡天盡圓
天除滅衆闇覺天雨雜雲不動藏天現諸寶藏
普光勝虛空天莊嚴虛空妙德海天散寶
供養供雜瑞藏須弥山天合掌礼侍恭敬供
養无尋方天起香花風雲而供養之夜天
以莊嚴身五體敬礼常覺日天持明淨寶
幢莊嚴虛空除滅闇冥尒時善財往詣
其所頭面礼足白言大聖我有阿耨多
羅三藐三菩提求菩薩行我聞大聖善能

BD04332號　大方廣佛華嚴經（晉譯五十卷本）卷四〇　（20–17）

養無量方天起香花風雲而供養之尒時天
以莊嚴床五體敬禮常覺日天持明淨寶
幢莊嚴靈雲除滅闇冥尒時善財往詣
其所頭面礼足白言大聖我向阿耨多
羅三藐三菩提求菩薩行我聞大聖善能
開導諸菩薩道云菩薩學菩薩行修菩
薩道願分別說答言善男子我年既少出
家日近自義生來於卅八恒河沙佛所淨修
梵行或於一佛所七日七夜淨修梵行或餘
佛所半月一月一歲百億那由他歲乃至不々
可々說々歲或一小劫半劫一劫或阿僧祇劫
乃至不々可々說々阿僧祇劫淨修梵行於諸
佛所聞法受持不違其教莊嚴諸根究竟
淨修菩薩諸行具足六波羅蜜知菩提境
界知種々法輪守護佛法乃至正法滅盡嚴
淨一切諸佛世界出生三昧大願力故究竟菩
薩一切淨行出生菩薩一切行願力故淨一切
佛諸波羅蜜出生普賢諸行力故善男子我
不離此經行處悉見十方智慧無量故一切
法界悉現在前於一念中過不々可々說々諸
世界故於一念中悉能嚴淨不可說諸佛
世界出生大願力故不々可々說々衆生方便
門悉現在前具十方智出生普賢菩薩行
願力故見不々可々說々諸佛悉現在前於一念
中恭敬供養不々可々說々世界微塵等佛恭敬
供養如來願力故能聞受持不々可々說々

BD04332號　大方廣佛華嚴經（晉譯五十卷本）卷四〇　（20–18）

世界出生大願力故不々可々說々衆生方便
門悉現在前具十方智出生普賢菩薩行
願力故見不々可々說々諸佛悉現在前於一念
中恭敬供養不々可々說々世界微塵等佛恭敬
供養如來願力故能聞受持不々可々說々
諸佛法雲分別了知阿僧祇諸法起出生法
輪陀羅尼力故不々可々說々菩薩行悉現在
前一切諸行皆悉清淨滿足菩薩因陀羅網
行願力故不々可々說々諸三昧海悉現在前一切三
昧皆悉淨滿一三昧出生一切三昧力故不
々可々說々諸根海皆現在前一切根輪隨順時
輪出生安住諸根際願力故不可々說々時輪悉
現在前能一切時轉清淨法輪出生究竟衆
生願力故一切三世海悉現在前分別一切世
界三世出生隨順智慧光明願力故善男子
我唯知此隨順菩薩燈明法門諸金剛燈菩
薩生諸佛家具足成就不死命根無盡智慧
成無壞身究體具足隨其所應悉能頭現
具妙形色世無倫匹毒火刀所不能傷身如
金剛不可組壞降伏衆魔制諸外道身真
金色超出世間隨其所應光明見普觀世間
雨甘露法普照一切滅諸熱惱見者無厭
拔斷一切諸不善根起妙善根難遇難見我當云
何能知能說彼功德行善男子於此南方有一
國土名曰輪厭彼有童子名釋天主汝詣彼
問云何菩薩學菩薩行修菩薩道時善財

BD04332號　大方廣佛華嚴經（晉譯五十卷本）卷四〇　（20–19）

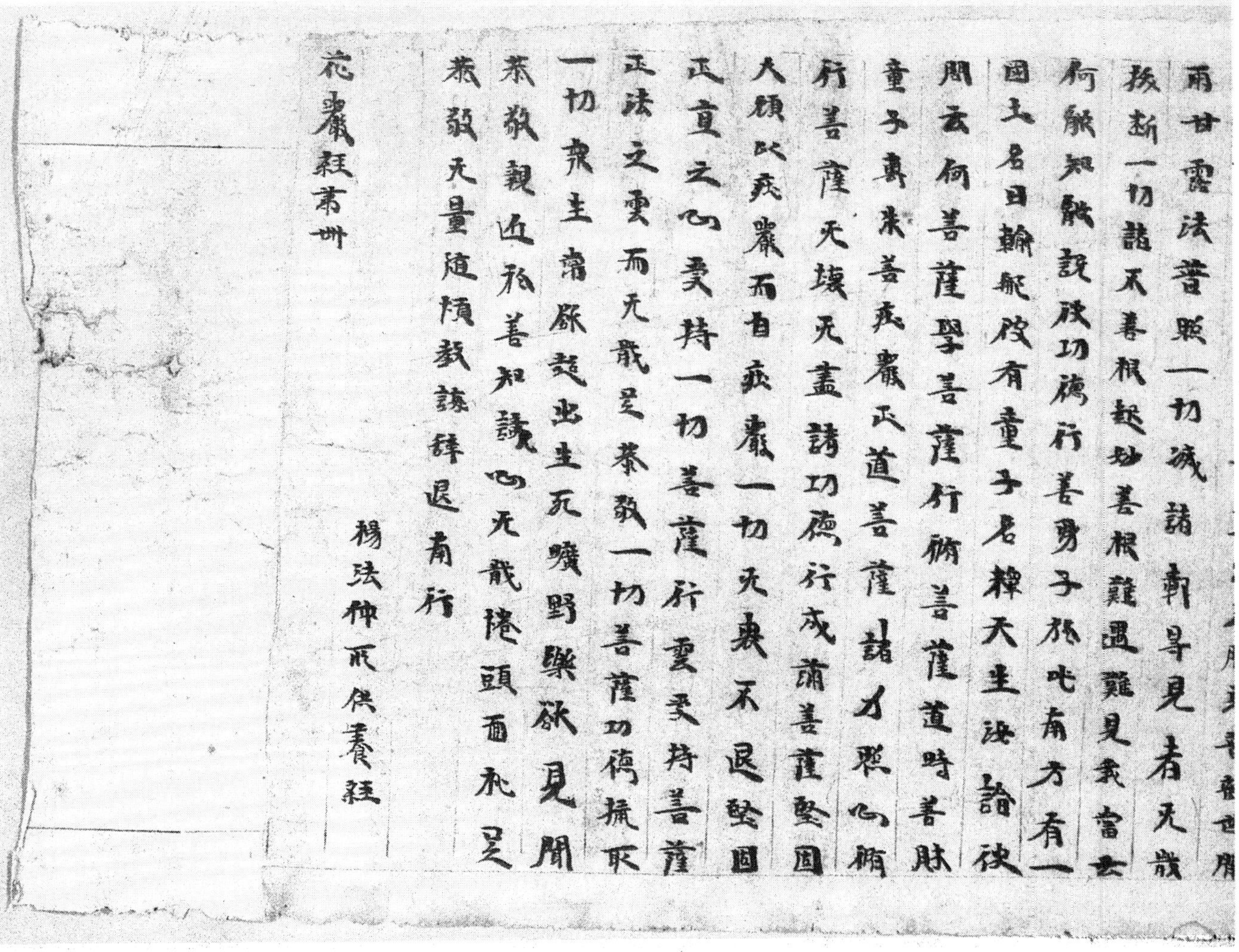

雨甘露法普照一切滅諸熱惱見者无厭
拔斷一切諸不善根起妙善根難遇難見我當云
何能知能說彼功德行善男子於此南方有一
國土名曰輸那彼有童子名釋天主汝詣彼
問云何菩薩學菩薩行脩菩薩道時善財
童子專求善疾嚴正道菩薩諸力照心脩
行菩薩无壞无盡諸功德行成滿菩薩堅固
大願以疾衆而自莊嚴一切无衆不退堅固
正直之心受持一切菩薩行雲受持菩薩
正法之雲而无猒足恭敬一切菩薩功德攝取
一切衆生常願超出生死曠野樂欲見聞
恭敬親近於善知識心无猒惓頭面礼足
恭敬无量隨順教誨辭退南行

楊法仲所供養經

花嚴經苐卅

BD04332號　大方廣佛華嚴經（晉譯五十卷本）卷四〇　　（20–20）

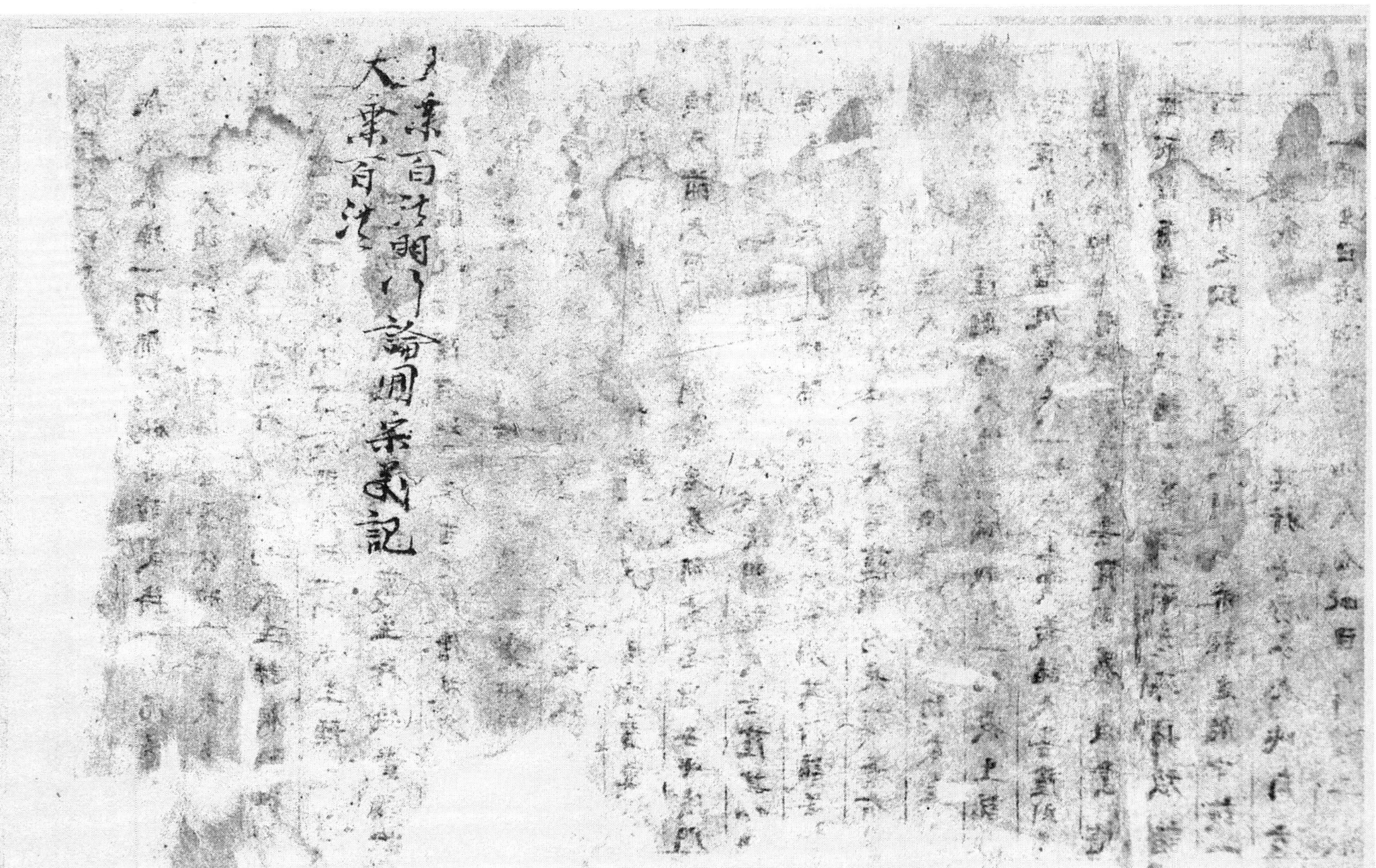

大乘百法明門論開宗義記
大乘百法

BD04332號背　雜寫　　（1–1）

諸衆生分別演說種種名相彼諸衆生隨所
說受受已脩習除斷煩惱如彼病人隨良醫
教所患得除復次善男子如有一人善解雜
語在大衆中是諸大衆熱渴所逼咸發聲言
我欲飲水我欲飲水是人即時以清冷水隨
其種類說言是水或言波尼或言鬱持或言
薩利藍或言婆利或言波耶或言甘露或言
牛乳以是等无量水名為大衆說善男子
如來亦尒以一聖道為諸聲聞種種演說從
信根等至八聖道復次善男子譬如金師以
一種金隨意造作種種瓔珞所謂鉗鏁環釧
釵鐺天冠臂印雖有如是差別不同然不離
金善男子如來亦尒以一佛道隨諸衆生種
種分別而為說之或說一種所謂諸佛一道
无二復說二種所謂定慧復說三種謂見智
慧復說四種所謂見道脩道无學道佛道復
說五種所謂信行道法行道信解脫道見到

BD04333號　大般涅槃經（北本）卷一三　（3–1）

一種金隨意造作種種瓔珞所謂鉗鏁環釧
釵鐺天冠臂印雖有如是差別不同然不離
金善男子如來亦尒以一佛道隨諸衆生種
種分別而為說之或說一種所謂諸佛一道
无二復說二種所謂定慧復說三種謂見智
慧復說四種所謂見道脩道无學道佛道復
說五種所謂信行道法行道信解脫道見到
道身證道復說六種所謂須陀洹道斯陀含
道阿那含道阿羅漢道辟支佛道佛道復說
七種所謂念覺分擇法覺分精進覺分喜覺
分除覺分定覺分捨覺分復說八種所謂正
見正思惟正語正業正命正精進正念正定
復說九種所謂八聖道及信復說十種所謂
十力復說十一種所謂十力大慈復說十二
種所謂十力大慈大悲復說十三種所謂十
力大慈大悲念佛三昧復說十六種所謂十
力大慈大悲念佛三昧及佛所得三正念處
復說二十道所謂十力四无所畏大慈大悲
念佛三昧三正念處善男子是道一體如來
昔日為衆生故種種分別復次善男子譬如
一火因可燃故得種種名所謂木火草火糠
火麩火牛馬糞火善男子佛道亦尒一而无
二為衆生故種種分別復次善男子譬如一
識分別說六若至於眼則名眼識乃至意識
亦復如是善男子道亦如是一而无二如來
為化諸衆生故種種分別復次善男子譬如
一色眼所見者則名為色耳所聞者則名為
聲鼻所嗅者則名為香舌所嘗者則名為

BD04333號　大般涅槃經（北本）卷一三　（3–2）

[illegible]衆生故種種分別說之善男子譬如
一火因可燃故得種種名所謂木火草火糠
火麩火牛馬糞火善男子佛道亦尒一而无
二為衆生故種種分別復次善男子譬如一
識分別說六若至於眼則名眼識乃至意識
亦復如是善男子道亦如是一而无二如来
為化諸衆生故種種分別復次善男子譬如
一色眼所見者則名為色耳所聞者則名為
聲鼻所嗅者則名為香舌所嘗者則名為
味身所覺者則名為觸善男子道亦如是一而
无二如来為欲化衆生故種種分別善男子
以是義故八聖道分名道聖諦善男子是四
聖諦諸佛世尊次第說之以是因緣无量衆
生得度生死
迦葉菩薩白佛言世尊昔佛一時在恒河岸
尸首林中尒時如来取其樹葉告諸比丘我
今手中所捉葉多一切因地草木葉多諸比
丘言世尊一切因地草木葉多不可稱計如
来所捉少不足言諸比丘我所覺了一切諸法
如因大地生草木等為諸衆生所宣說者
如手中葉上尊尒時說如是言如来所了无
已說若不入者應有

BD04333 號　大般涅槃經（北本）卷一三　（3–3）

十由旬
百億摩尼珠王以為映飾一一摩尼放千光
明其光如蓋七寶合成遍覆地上釋迦毗楞
伽寶以為其臺此蓮華臺八万金剛甄叔迦
寶梵摩尼寶妙真珠網以為交飾於其臺上
自然而有四柱寶幢一一寶幢如百千万億
須弥山幢上寶縵如夜摩天宫有五百億微
妙寶珠以為暎飾一一寶珠有八万四千光
一一光作八万四千異種金色一一金光遍
其寶土處處變化各作異相或為金剛臺或
作真珠網或作雜華雲於十方面隨意變現
施作佛事是為華想名第七觀佛告阿難如
此妙華是本法藏比丘願力所成若欲念彼
佛者當先作此華坐想作此想時不得雜觀
皆應一一觀之一一葉一一珠一一光一一
臺一一幢皆令　明如於鏡中自見面像此
想成者滅除五万劫生死之罪必定當生極
樂世界作是觀者名為正觀若他觀者名為
邪觀
佛告阿難及韋提希見此事已次當想佛所
以者何諸佛如来是法界身入一切衆生心

BD04334 號　觀無量壽佛經　（14–1）

皆應一一觀之一一葉一一珠一一光一一
量一一幢皆令　明如於鏡中自見面像此
想成者滅除五万劫生死之罪必定當生極
樂世界作是觀者名為正觀若他觀者名為
耶觀
佛告阿難及韋提希見此事已次當想佛所
以者何諸佛如來是法界身入一切衆生心
想中是故汝等心想佛時是心即是卅二相
八十隨形好是心作佛是心是佛諸佛正遍
知海從心想生是故應當一心繫念諦觀彼
佛多陁阿伽度阿羅呵三藐三佛陁想彼佛
者先當想像閉目開目見一寶像如閻浮檀
金色坐彼華上既見坐已心眼得開了了分
明見極樂國七寶莊嚴寶地寶池寶樹行列
諸天寶縵弥覆其上衆寶羅網滿虛空中見
如此事極令明了如觀掌中見此事已復當
更作一大蓮華在佛左邊如前蓮華等无有
異復作一大蓮華在佛右邊想一觀世音菩
薩像坐左華坐亦放金光如前无異想一大
勢至菩薩像坐右華坐此想成時佛菩薩像
皆放金色光其光金色照諸寶樹一一樹下
亦有三蓮華諸蓮華上各有一佛二菩薩像
遍滿彼國此想成時行者當聞水流光明及
諸寶樹鳧鴈鴛鴦皆說妙法出定入定恒聞
妙法行者所聞出定之時憶持不捨令與脩
多羅合若不合者名為妄想若合者名為麁
想見極樂世界是為像想名第八觀作是觀

BD04334號　觀無量壽佛經　（14–2）

遍滿彼國此想成時行者當聞水流光明及
諸寶樹鳧鴈鴛鴦皆說妙法出定入定恒聞
妙法行者所聞出定之時憶持不捨令與脩
多羅合若不合者名為妄想若合者名為麁
想見極樂世界是為像想名第八觀作是觀
者除无量億劫生死之罪於現身中得念佛
三昧
佛告阿難此想成已次當更觀无量壽佛身
相光明阿難當知无量壽佛身如百千万億
夜摩天閻浮檀金色佛身高六十万億那由
他恒河沙由旬眉間白毫右旋婉轉如五須
弥山佛眼如四大海水清白分明身諸毛孔
演出光明如須弥山彼佛圓光如百億三千
大千世界於圓光中有百万億那由他恒河
沙化佛一一化佛亦有衆多无數化菩薩以
為侍者无量壽佛有八万四千相一一相各
有八万四千隨形好一一好復有八万四千
光明一一光明遍照十方世界念佛衆生攝
取不捨其光相好及與化佛不可具說但當
憶想令心眼見見此事者即見十方一切諸
佛以見諸佛故名念佛三昧作是觀者名觀
一切佛身以觀佛身故亦見佛心佛心者大
慈悲是以无緣慈攝諸衆生作此觀者捨身
他世生諸佛前得无生法忍是故智者應當
繫心諦觀无量壽佛觀无量壽佛者從一相
好入但觀眉間白毫極令明了見眉間白毫
者八万四千相好自然當見見无量壽佛者

BD04334號　觀無量壽佛經　（14–3）

一切佛身以觀[illegible]
慈悲是以无緣慈攝諸衆生作此觀者捨身
他世生諸佛前得无生法忍是故智者應當
繫心諦觀无量壽佛觀无量壽佛者從一相
好入但觀眉間白豪極令明了見眉間白豪
者八万四千相好自然當見見无量壽佛者
即見十方无量諸佛得見无量諸佛故諸佛
現前授記是爲遍觀一切色想名第九觀作
此觀者名爲正觀若他觀者名爲耶觀
佛告阿難及韋提希見无量壽佛了了分明
已次應觀觀世音菩薩此菩薩身長八十億
那由他由旬身紫金色頂有肉髻項有圓光
面各有百千由旬其圓光中有五百化佛如
釋迦牟尼佛一一化佛有五百菩薩无量諸
天以爲侍者舉身光中五道衆生一切色相
皆於中現頂上毗楞伽摩尼寶以爲天冠其
天冠中有一立化佛高廿五由旬觀世音菩
薩面如閻浮檀金色眉間豪相備七寶色流
出八万四千種光明一一光明有无量无數
百千化佛一一化佛无數菩薩以爲侍者變
現自在滿十方世界譬如紅蓮華色有八十
億光明以爲瓔珞中普現一切現一切諸莊
嚴事手掌作五百億雜蓮華色手十指端一
一指端有八万四千畫猶如印文一一畫有
八万四千色一一色有八万四千光其光柔
濡普照一切以此寶手接引衆生舉足時足
下有千輻輪相自然化成五百億光明臺下

億光明以爲瓔珞中普現一切現一切諸莊
嚴事手掌作五百億雜蓮華色手十指端一
一指端有八万四千畫猶如印文一一畫有
八万四千色一一色有八万四千光其光柔
濡普照一切以此寶手接引衆生舉足時足
下有千輻輪相自然化成五百億光明臺下
足時有金剛摩尼華布散一切莫不彌滿其
餘身相衆好具足如佛无異唯頂上肉髻及
无見頂相不及世尊是爲觀觀世音菩薩真
實色身想名第十觀佛告阿難若欲觀觀世
音菩薩當作是觀作是觀者不遇諸禍淨除
業鄣除无數劫生死之罪如此菩薩但聞其
名獲无量福何況諦觀若有欲觀觀世音菩
薩者先觀頂上肉髻次觀天冠其餘衆相亦
次第觀之亦令明了如觀掌中作是觀者名
爲正觀若他觀者名爲耶觀
次觀大勢至菩薩此菩薩身量大小亦如觀
世音圓光面各百廿五由旬照二百五十由
旬舉身明照十方國作紫金色有緣衆生
皆悉得見但見此菩薩一毛孔光即見十方
无量諸佛淨妙光明是故号此菩薩名无邊
光以智慧光普照一切令離三塗得无上力
是故号此菩薩名大勢至此菩薩天冠有五
百寶華一一寶華有五百寶臺一一臺中十
方諸佛淨妙國土廣長之相皆於中現頂上肉
髻如鉢頭摩華於肉髻上有一寶瓶盛諸光明
普現佛事餘諸身相如觀世音等无有異此

光以智慧光普照一切令離三塗得无上力
是故号此菩薩名大勢至此菩薩天冠有五
百寶華一一蓮華有五百寶臺一一臺中十
方諸佛淨妙國土廣長之相皆於中現頂上肉
髻如鉢頭摩華於肉髻上有一寶瓶盛諸光明
普現佛事餘諸身相如觀世音等无有異此
菩薩行時十方世界一切震動當地動處有
五百億寶華一一寶華莊嚴高顯如極樂世
界此菩薩坐時七寶國土一時動搖從下方
金光佛刹乃至上方光明王佛刹於其中間
无量塵數分身无量壽佛分身觀世音大勢
至皆悉雲集極樂國土側塞空中坐蓮華坐
演說妙法度苦衆生作此觀者名為正觀大
勢至菩薩是為觀大勢至色身相觀此菩薩
者名第十一觀除无量阿僧祇生死之罪作
是觀者不處胞胎常遊諸佛淨妙國土此觀
成已名為具足觀觀世音大勢至
見此事時當起自心生於西方極樂世界於
蓮華中結跏趺坐作蓮華合想作蓮華開
想蓮華開時有五百色光來照身想眼目開想
見佛菩薩滿虛空中水鳥樹林及與諸佛所
出音聲皆演妙法與十二部經合出定之時
憶持不失見此事已名見无量壽佛極樂世
界是為普觀想名第十二觀无量壽佛化身
无數與觀世音大勢至常來至此行人之所
佛告阿難及韋提希若欲至心生西方者先

BD04334號　觀無量壽佛經　（14-6）

出音聲皆演妙法與十二部經合出定之時
憶持不失見此事已名見无量壽佛極樂世
界是為普觀想名第十二觀无量壽佛化身
无數與觀世音大勢至常來至此行人之所
佛告阿難及韋提希若欲至心生西方者先
當觀於一丈六像在池水上如先所說无量
壽佛身量无邊非是凡夫心力所及然彼如
來宿願力故有憶想者必得成就但想佛像
得无量福况復觀佛具足身相阿弥陁佛神
通如意於十方國變現自在或現大身滿虛
空中或現小身丈六八尺所現之形皆真金
色圓光化佛及寶蓮華如上所說觀世音菩
薩及大勢至於一切處身同衆生但觀首相
知是觀世音菩薩知是大勢至此二菩薩助
阿弥陁普化一切是為雜觀想名第十三觀
佛告阿難及韋提希上品上生者若有衆生
願生彼國者發三種心即便往生何等為三
一者至誠心二者深心三者迴向發願心具
三心者必生彼國復有三種衆生當得往生
何等為三一者慈心不煞具諸戒行二者讀
誦大乘方等經典三者脩行六念迴向發願
願生彼國具此功德一日乃至七日即得往
生生彼國時此人精進勇猛故阿弥陁如來
與觀世音大勢至无數化佛百千比丘聲聞
大衆无量諸天七寶宮殿觀世音菩薩執金
剛臺與大勢至菩薩行者前阿弥陁佛放

BD04334號　觀無量壽佛經　（14-7）

願生彼國具此功德一日乃至七日即得往
生生彼國時此人精進勇猛故阿弥陁如來
與觀世音大勢至无數化佛百千比丘聲聞
大衆无量諸天七寶宮殿觀世音菩薩執金
剛臺與大勢至菩薩行者前阿弥陁佛放
大光明照行者身與諸菩薩授手迎接觀世
音大勢至與无數菩薩讚嘆行者勸進其心
行者見已歡喜踊躍自見其身乘金剛臺隨
從佛後如彈指頃往生彼國生彼國已見佛
色身衆相具足見諸菩薩色相具足光明寶
林演說妙法聞已即悟无生法忍經須臾間
歷事諸佛遍十方界於諸佛前次第授記還
至本國得无量百千陁羅尼門是名上品上
生者
上品中生者不必受持讀誦方等經典善解
義趣於第一義心不驚動深信因果不謗大
乘以此功德迴向願求生極樂國行此行者
命欲終時阿弥陁佛與觀世音大勢至无量
大衆眷屬圍遶持紫金臺至行者前讚言法
子汝行大乘解第一義是故我今來迎接汝
與千化佛一時授手行者自見坐紫金臺合
掌叉手讚嘆諸佛如一念頃即生彼國七寶
池中此紫金臺如大寶華經宿即開行者身
作紫磨金色足下亦有七寶蓮華佛及菩薩
俱時放光照行者身目即開明因前宿習普
聞衆聲純說甚深第一義諦即下金臺礼佛

掌叉手讚嘆諸佛如一念頃即生彼國七寶
池中此紫金臺如大寶華經宿即開行者身
作紫磨金色足下亦有七寶蓮華佛及菩薩
俱時放光照行者身目即開明因前宿習普
聞衆聲純說甚深第一義諦即下金臺礼佛
合掌讚嘆世尊即於七日應時即於阿耨多
羅三藐三菩提得不退轉應時即能飛至十
方歷事諸佛於諸佛所脩諸三昧經一小劫
得无生忍現前授記是名上品中生者
上品下生者亦信因果不謗大乘但發无上
道心以此功德迴向願求生極樂國行者命
欲終時阿弥陁佛及觀世音大勢至與諸眷
屬持金蓮華化作五百化佛來迎此人五百化
佛一時授手讚言法子汝今清淨發无上道
心我來迎汝見此事時即自見身坐金蓮華
坐已華合隨世尊後即得往生七寶池中一
日一夜蓮華乃開七日之中乃得見佛雖見
佛身於衆相好心不明了於三七日後乃了
了見聞衆音聲皆演妙法遊歷十方供養諸
佛於諸佛前聞甚深法經三小劫得百法明
門住歡喜地是名上品下生者是名上輩生
想名第十四觀
復次阿難及韋提希中品上生者若有衆生
受持五戒持八戒齋脩行諸戒不造五逆无
衆過惡以此善根迴向願求生於西方極樂
世界臨命終時阿弥陁佛與諸比丘眷屬圍

復次阿難及韋提希中品上生者若有衆生
受持五戒持八戒齋脩行諸戒不造五逆无
衆過惡以此善根迴向願求生於西方極樂
世界臨命終時阿弥陁佛與諸比丘眷屬圍
遶放金色光至其人所演說苦空无常无我
讚嘆出家得離衆苦行者見已心大歡喜自
見己身坐蓮華臺長跪合掌為佛作礼未舉
頭頃即得往生極樂世界蓮華尋開當華敷
時聞衆音聲讚嘆四諦應時即得阿羅漢道
三明六通具八解脫是名中品上生者
中品中生者若有衆生若一日一夜受持八
戒齋若一日一夜持沙弥戒若一日一夜持具
足戒威儀无缺以此功德迴向願求生極樂
國戒香勳脩如此行者命欲終時見阿弥陁
佛與諸眷屬放金色光持七寶蓮華至行者
前行者自見空中有聲讚言善男子如汝善
人隨順三世諸佛教故我來迎汝行者自見
坐蓮華上蓮華即合生於西方極樂世界在
寶池中經於七日蓮華開敷華既敷已開目
合掌讚嘆世尊聞法歡喜得須陁洹經半劫
已成阿羅漢是名中品中生者
中品下生者若有善男子善女人孝養父母
行世仁慈此人命欲終時遇善知識為其廣
說阿弥陁佛國土樂事亦說法藏比丘卌八
大願聞此事已尋即命終譬如壯士屈申臂
頃即生西方極樂世界生經七日遇觀世音

中品下生者若有善男子善女人孝養父母
行世仁慈此人命欲終時遇善知識為其廣
說阿弥陁佛國土樂事亦說法藏比丘卌八
大願聞此事已尋即命終譬如壯士屈申臂
頃即生西方極樂世界生經七日遇觀世音
及大勢至聞法歡喜遇一小劫成阿羅漢是
名中品下生者是名中輩生想名第十五觀
復次阿難及韋提希下品上生者或有衆生
作衆惡業雖不誹謗方等經典如此愚人多
造衆惡无有慚愧命欲終時遇善知識為讚
大乘十二部經首題名姓以聞如是諸經名
故除却千劫極重惡業智者復教合掌叉手
稱南无阿弥陁佛稱佛名故除五十億劫生
死之罪尒時彼佛即遣化佛化觀世音化大
勢至至行者前讚言善男子汝稱佛名故諸
罪消滅我來迎汝作是語已行者即見化佛
光明遍滿其室見已歡喜即便命終乘寶蓮
華隨化佛後生寶池中經七七日蓮華乃敷
當華敷時大悲觀世音菩薩放大光明住其
人前為說甚深十二部經聞已信解發无上
道心經十小劫具百法明門得入初地是名
下品上生者得聞佛名法名及聞僧名聞三
寶名即得往生
復次阿難及韋提希下品中生者或有衆生
毀犯五戒八戒及具足戒如此愚人偷僧祇
物盜現前僧物不淨說法无有慚愧以諸惡
業而自莊嚴如此罪人以惡業故應墮地獄

寶石即得往生
復次阿難及韋提希下品中生者或有衆生
毀犯五戒八戒及具足戒如此愚人偷僧祇
物盜現前僧物不淨說法无有慚愧以諸惡
業而自莊嚴如此罪人以惡業故應墮地獄
命欲終時地獄衆火一時俱至遇善知識以
大慈悲為說阿彌陁佛十力威德廣說彼佛
光明神力亦讚戒定慧解脫解脫知見此人
聞已除八十億劫生死之罪地獄猛火化為
清涼風吹諸天華華上皆有化佛菩薩迎接
此人如一念頃即得往生七寶池中蓮華之
內經於六劫蓮華乃敷觀世大勢至以梵
音聲安慰彼人為說大乘甚深經典聞此法
已應時即發无上道心是名下品中生者
佛告阿難及韋提希下品下生者或有衆生
作不善業五逆十惡具諸不善如此愚人以
惡業故應墮惡道經歷多劫受苦无窮如此
愚人臨命終時遇善知識種種安慰為說妙
法教令念佛彼人苦逼不遑念佛善友告言
汝若不能念者應稱无量壽佛如是至心令
聲不絕具足十念稱南无佛稱佛名故於念
念中除八十億劫生死之罪命終之後見金
蓮華猶如日輪住其人前如一念頃即得往
生極樂世界於蓮華中滿十二大劫蓮華方
開觀世音大勢至以大悲音聲為其廣說諸
法實相除滅罪法聞已歡喜應時即發菩提

念中除八十億劫生死之罪命終之後見金
蓮華猶如日輪住其人前如一念頃即得往
生極樂世界於蓮華中滿十二大劫蓮華方
開觀世音大勢至以大悲音聲為其廣說諸
法實相除滅罪法聞已歡喜應時即發菩提
之心是名下品下生者是名下輩生想名第
十六觀
說是語時韋提希與五百侍女聞佛所說應
時即見極樂世界廣長之想得見佛身及二
菩薩心生歡喜嘆未曾有廓然大悟逮无生
忍五百侍女發阿耨多羅三藐三菩提心願
生彼國世尊悉記皆當往生生彼國已得諸
佛現前三昧无量諸天發无上道心
尒時阿難即從坐起前白佛言世尊當何名
此經此法之要當云何受持佛告阿難此經
名觀極樂國土无量壽佛觀世音菩薩大勢
至菩薩亦名淨除業鄣生諸佛前汝當受持
无令忘失行此三昧者現身得見无量壽佛
及二大士若善男子善女人但聞佛名二菩
薩名除无量劫生死之罪何況憶念若念佛
者當知此人是人中分陁利華觀世音菩薩
大勢至菩薩為其勝友當坐道場生諸佛家
佛告阿難汝好持是語持是語者即是持无
量壽佛名佛說此語時尊者目揵連阿難及
韋提希等聞佛所說皆大歡喜
尒時世尊足步虛空還耆闍崛山尒時阿難
廣為大衆說如上事无量諸天龍夜叉聞佛

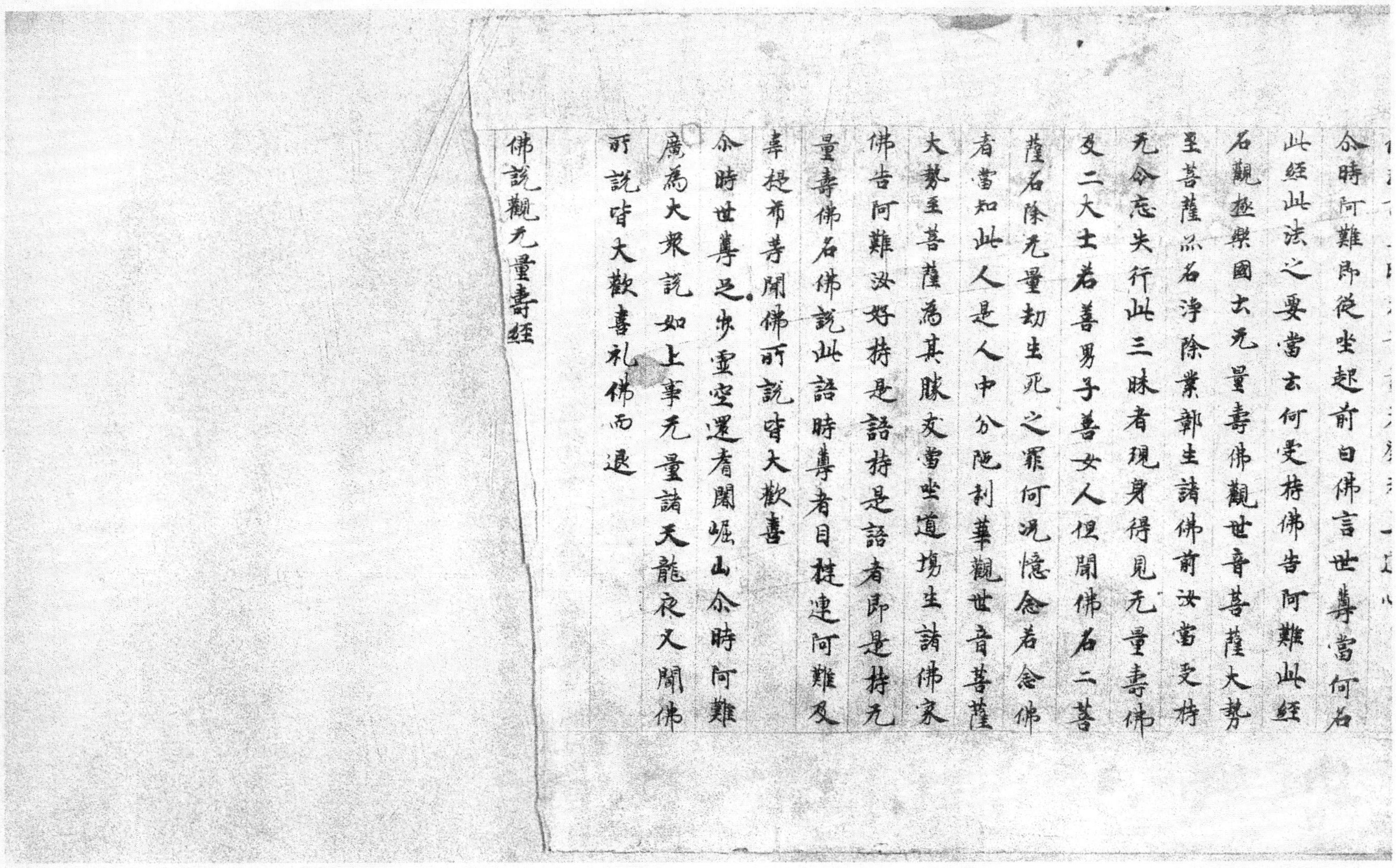

尒時阿難即從坐起前白佛言世尊當何名
此經此法之要當云何受持佛告阿難此經
名觀極樂國土无量壽佛觀世音菩薩大勢
至菩薩亦名淨除業鄣生諸佛前汝當受持
无令忘失行此三昧者現身得見无量壽佛
及二大士若善男子善女人但聞佛名二菩
薩名除无量劫生死之罪何況憶念若念佛
者當知此人是人中分陁利華觀世音菩薩
大勢至菩薩為其勝友當坐道場生諸佛家
佛告阿難汝好持是語持是語者即是持无
量壽佛名佛說此語時尊者目揵連阿難及
韋提希等聞佛所說皆大歡喜
尒時世尊足步虛空還耆闍崛山尒時阿難
廣為大衆說如上事无量諸天龍夜叉聞佛
所說皆大歡喜礼佛而退
佛說觀无量壽經

BD04334 號　觀無量壽佛經　（14–14）

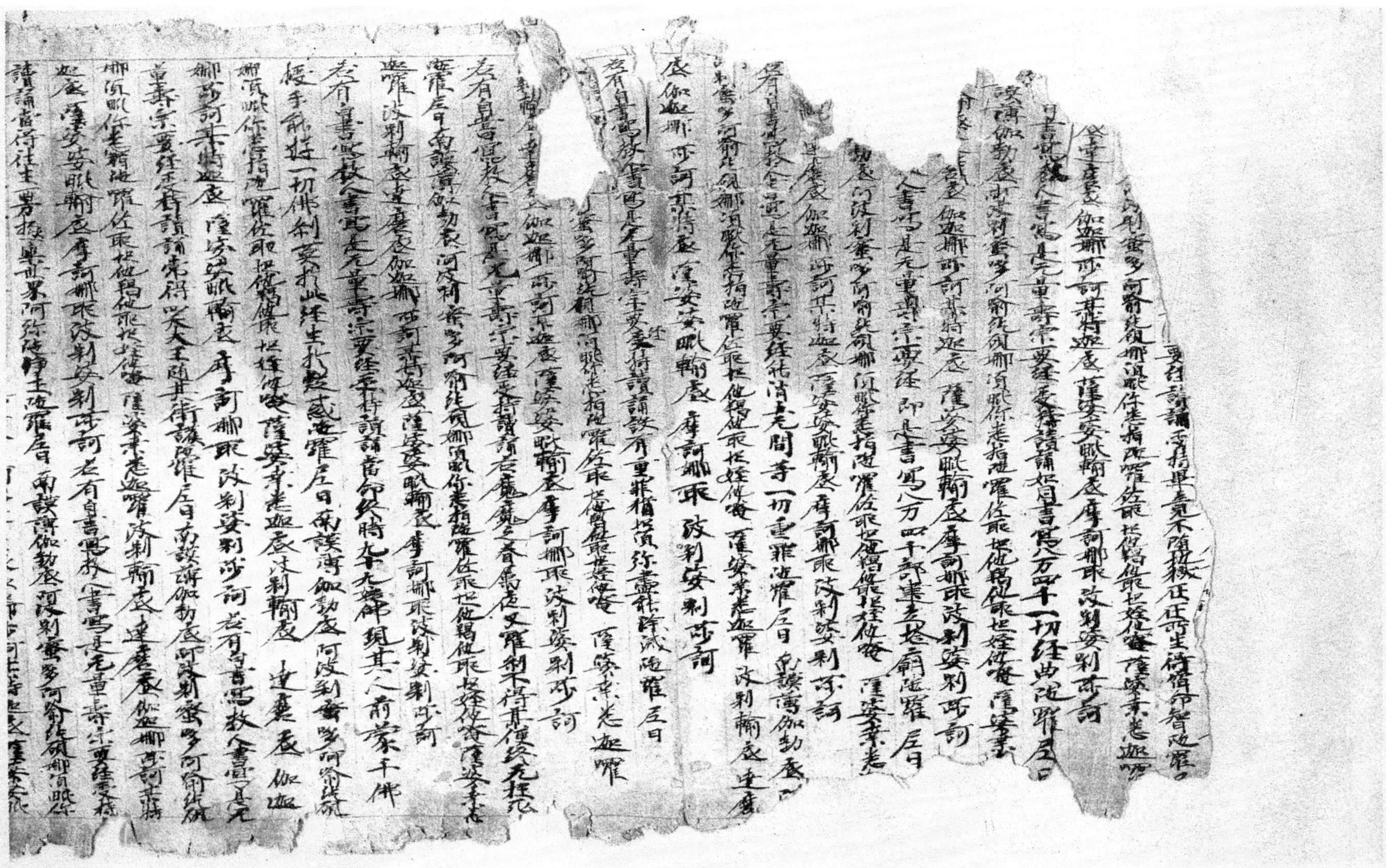

BD04335 號　無量壽宗要經　（3–1）

若有自書教人書是无量壽宗要經受持讀誦當命終時有九十九俱胝佛現其人前千佛
授手遊一切佛剎莫於此經生疑惑陁羅尼曰南謨薄伽勃底阿波唎蜜多阿喻紇硯
那須毗你悉指陀囉佐耶怛他羯他耶怛姪他唵薩婆桑悉迦囉波唎輸底達磨底伽伽
那娑摩訥伽底莎婆婆毗輸底摩訶娜耶波唎婆唎莎訶若有自書寫教人書寫是无
量壽宗要經受持讀誦常得四天大王隨其衛護陁羅尼曰南謨薄伽勃底阿波唎蜜多阿喻紇硯
那須毗你悉指陀囉佐耶怛他羯他耶怛姪他唵薩婆桑悉迦囉波唎輸底達磨底伽伽那娑摩
訥伽底莎婆婆毗輸底摩訶娜耶波唎婆唎莎訶若有自書寫教人書寫是无量壽宗要經受持
讀誦當得往生西方極樂世界阿彌陀佛淨土陁羅尼曰南謨薄伽勃底阿波唎蜜多阿喻紇硯那須毗你
悉指陀囉佐耶怛他羯他耶怛姪他唵薩婆桑悉迦囉波唎輸底達磨底伽伽那娑摩訥伽底莎婆婆毗
輸底摩訶娜耶波唎婆唎莎訶　若有方所自書可使人書是无量壽經典之處則為
是塔應當恭敬作禮若是畜生禽獸為耳聞是經如是等類自當不久得成一切種智陁羅
尼曰南謨薄伽勃底阿波唎蜜多阿喻紇硯那須毗你悉指陀囉佐耶怛他羯他耶怛姪他唵薩婆桑悉迦囉波
唎輸底達磨底伽伽那娑摩訥伽底莎婆婆毗輸底摩訶娜耶波唎婆唎莎訶
若有於是无量壽經自書使人書畢竟不受女人之身陁羅尼曰南謨薄伽勃底阿波唎
蜜多阿喻紇硯那須毗你悉指陀囉佐耶怛他羯他耶怛姪他唵薩婆桑悉迦囉波唎輸底達磨底伽伽那
娑摩訥伽底莎婆婆毗輸底摩訶娜耶波唎婆唎莎訶若有能於是經少分布
施者其於三千大千世界滿中七寶布施陁羅尼曰南謨薄伽勃底阿波唎蜜多阿喻紇硯那須毗你
悉指陀囉佐耶怛他羯他耶怛姪他唵薩婆桑悉迦囉波唎輸底達磨底伽伽那娑摩訥伽底
莎婆婆毗輸底摩訶娜耶波唎婆唎莎訶若有能供養是經者則是供養一切諸經等无
有別異陁羅尼曰南謨薄伽勃底阿波唎蜜多阿喻紇硯那須毗你悉指陀囉佐耶怛他羯
他耶怛姪他唵薩婆桑悉迦囉波唎輸底達磨底伽伽那娑摩訥伽底莎婆婆毗輸底
摩訶娜耶波唎婆唎莎訶
如毗婆尸佛　尸棄佛　毗舍浮佛　俱留孫佛　俱那含牟尼佛　迦葉佛　釋迦牟尼佛
若有人以七寶供養如是七佛是无量壽經典其福有限書寫所有功德不可限量陁羅尼曰
南謨薄伽勃底阿波唎蜜多阿喻紇硯那須毗你悉指陀囉佐耶怛他羯他耶怛姪他唵薩
婆桑悉迦囉波唎輸底達磨底伽伽那娑摩訥伽底莎婆婆毗輸底
摩訶娜耶波唎婆唎莎訶　若有七寶等於須彌以用布施其福上能知限
量是无量壽經典其福不可知數陁羅尼曰南謨薄伽勃底阿波唎蜜多
阿喻紇硯那須毗你悉指陀囉佐耶怛他羯他耶怛姪他唵薩婆桑悉迦囉波唎輸底
達磨底伽伽那娑摩訥伽底莎婆婆毗輸底摩訶娜耶波唎婆唎莎訶

BD04335號　無量壽宗要經　（3–2）

南謨薄伽勃底阿波唎蜜多阿喻紇硯那須毗你悉指陀囉佐耶怛他羯他耶怛姪他唵薩婆
桑悉迦囉波唎輸底達磨底伽伽那娑摩訥伽底莎婆婆毗輸底
摩訶娜耶波唎婆唎莎訶　若有七寶等於須彌以用布施其福上能知限
量是无量壽經典其福不可知數陁羅尼曰南謨薄伽勃底阿波唎蜜多
阿喻紇硯那須毗你悉指陀囉佐耶怛他羯他耶怛姪他唵薩婆桑悉迦囉波唎輸底
達磨底伽伽那娑摩訥伽底莎婆婆毗輸底摩訶娜耶波唎婆唎莎訶
如是四大海水可滴數是无量壽經典所生果報不可數量陁羅尼曰
南謨薄伽勃底阿波唎蜜多阿喻紇硯那須毗你悉指陀囉佐耶怛他羯他耶怛姪他唵
薩婆桑悉迦囉波唎輸底達磨底伽伽那娑摩訥伽底莎婆婆毗輸底
摩訶娜耶波唎婆唎莎訶　若有自書寫教人書寫是无量壽經典又能禮拜供養即是恭敬
供養一切十方佛土如來无有別異陁羅尼曰南謨薄伽勃底阿波唎蜜多阿喻紇硯那須毗
你悉指陀囉佐耶怛他羯他耶怛姪他唵薩婆桑悉迦囉波唎輸底達磨底伽伽那娑摩
訥伽底莎婆婆毗輸底摩訶娜耶波唎婆唎莎訶
布施力能成正覺　悟布施力人師子　布施力能聲普聞　慈悲階漸最能入
持戒力能成正覺　悟持戒力人師子　持戒力能聲普聞　慈悲階漸最能入
忍辱力能成正覺　悟忍辱力人師子　忍辱力能聲普聞　慈悲階漸最能入
精進力能成正覺　悟精進力人師子　精進力能聲普聞　慈悲階漸最能入
禪定力能成正覺　悟禪定力人師子　禪定力能聲普聞　慈悲階漸最能入
智慧力能成正覺　悟智慧力人師子　智慧力能聲普聞　慈悲階漸最能入
尒時如來說是經已一切世間天人阿脩羅揵闥婆等
聞佛所說皆大歡喜信受奉行
佛說无量壽宗要經
張涓

BD04335號　無量壽宗要經　（3–3）

療治愛瘡若不治者命
除菩薩是名瘡中瘡肉善男子云何暴風
如暴風能偃山夷岳拔深根栽愛暴大風然
復如是於父母所而生悪心能拔大智舍利
弗等无上深固菩提根栽唯除菩薩是名暴
風善男子云何彗星譬如彗星出現天下一
切人民飢饉病瘦嬰諸苦惱愛之彗星然復
如是能斷一切善根種子令凡夫人孤窮飢
饉生煩惱病流轉生死受種種苦唯除菩薩
是名彗星善男子菩薩摩訶薩住於大乘大
般涅槃觀察愛結如是九種善男子以是義
故諸凡夫人有苦无諦聲聞緣覺有苦有苦諦
而无真實諸菩薩等解苦无苦是故无苦而有
真諦諸凡夫人有集无諦聲聞緣覺有集有集
諦諸菩薩等解集无集是故无集而有真諦聲
聞緣覺有滅非真菩薩摩訶薩有滅有真諦
聲聞緣覺有道非真菩薩摩訶薩有道有真
諦善男子云何菩薩摩訶薩住於大乘大般
涅槃見滅見滅諦所謂斷除一切煩惱若煩

BD04336 號　大般涅槃經（北本　思溪本）卷一三　（6–1）

真諦諸凡夫人有集无諦聲聞緣覺有集有集
諦諸菩薩等解集无集是故无集而有真諦聲
聞緣覺有滅非真菩薩摩訶薩有滅有真諦
聲聞緣覺有道非真菩薩摩訶薩有道有真
諦善男子云何菩薩摩訶薩住於大乘大般
涅槃見滅見滅諦所謂斷除一切煩惱若煩
惱斷則名為常滅煩惱火則名寂滅煩惱滅
故則得受樂諸佛菩薩求因緣故故名為淨
更不復受二十五有故名出世以出世故名
為我常於色聲香味觸男女生住滅苦樂不
苦不樂不取相貌故名畢竟寂滅真諦善男
子菩薩如是住於大乘大般涅槃觀滅聖諦善
男子云何菩薩摩訶薩住於大乘大般涅槃
觀道聖諦善男子譬如闇中因燈得見麁細
之物菩薩摩訶薩亦復如是住於大乘大般
涅槃因八聖道見一切法所謂常无常有為
无為有眾生非眾生物非物苦樂我无我淨
不淨煩惱非煩惱業非業實非實乘非乘知
非知陀羅驃非陀羅驃求那非求那見非見
色非色道非道解非解善男子菩薩如是住
於大乘大般涅槃觀道聖諦迦葉菩薩白佛
言世尊若八聖道是道聖諦義不相應何以
故如來或說信心為道能度諸漏或時說道
不放逸是諸佛世尊不放逸故得阿耨多羅
三藐三菩提亦是菩薩助道之法或時說言
精進是道如告阿難若有人能勤脩精進則

BD04336 號　大般涅槃經（北本　思溪本）卷一三　（6–2）

故如来或說信心爲道能度諸漏或時說道
不放逸是諸佛世尊不放逸故得阿耨多羅
三藐三菩提然是菩薩助道之法或時說言
精進是道如告阿難若有人能勤脩精進則
得成於阿耨多羅三藐三菩提或時說言觀
身念處若有繫心精進脩習是身念處則得
成於阿耨多羅三藐三菩提或時說言正定
爲道如告大德摩訶迦葉夫正定者真實是
道非不正定而是道也若入禪定乃能思惟
五陰生滅非不入定能思惟也或說一法若
有脩習能淨衆生滅除一切憂悲苦惱逮得
正法所謂念佛三昧或復說言脩无常想是
名爲道如告比丘有能多脩无常想者能得
阿耨多羅三藐三菩提或說空寂阿蘭若處
獨坐思惟能得速成阿耨多羅三藐三菩提
或時說言爲人演法是名爲道若聞法已疑
網即斷疑網斷已則得阿耨多羅三藐三菩
提或時說言持戒是道如告阿難若有精勤
脩持禁戒是人則度生死大苦或時說言親
近善友是名爲道如告阿難若有親近善知
識者則具淨戒若有衆生能親近我則得發
於阿耨多羅三藐三菩提心或時說言脩慈
是道脩學慈者斷諸煩惱得不動處或時說
言智慧是道如佛昔爲波闍波提比丘尼說
姉妹如諸聲聞以智慧力能斷諸流諸流煩
惱或時如来說施是道如佛注昔告波斯匿
王大王當知我於注昔多行恵施以是因緣

是道脩學慈者斷諸煩惱得不動處或時說
言智慧是道如佛昔爲波闍波提比丘尼說
姉妹如諸聲聞以智慧力能斷諸流諸流煩
惱或時如来說施是道如佛注昔告波斯匿
王大王當知我於注昔多行恵施以是因緣
今日得成阿耨多羅三藐三菩提世尊若八
聖道是道諦者如是等經豈非虛妄若彼諸
經非虛妄者彼中何緣不說八道爲道聖諦
若彼不說如来注昔何故錯謬然我定知諸
佛如来久離錯謬尒時世尊讚迦葉菩薩善
哉善哉善男子汝今欲知菩薩大乘微妙經
典所有秘密故作是問善男子如是諸經悉
入道諦善男子如我所說若有信道如是信
道是信根本是能佐助菩提之道是故我說
无有錯謬善男子如来善知无量方便欲化
衆生故作如是種種說法善男子辟如良醫
識諸衆生種種病原隨其所患而爲合藥并
藥所禁唯水一種不在禁例或服薑水或甘
草水或細辛水或黑石蜜水或阿摩勒水或
尼婆羅水或鉢晝羅水或服冷水或服熱水
或蒲桃水或安石榴水善男子而是良醫善
知衆生所患種種藥雖多禁水不在例如来
然尒善知方便於一法相隨諸衆生分別演
說種種名相彼諸衆生隨所說受受已脩習
除斷煩惱如彼病人隨良醫教所患得除復
次善男子如有一人善解雜語在大衆中是
者大衆熱渴所逼咸發聲言我欲㱃水我欲

或蒲桃水或安石留水善男子而是良醫善
知衆生所患種種藥雖多䒥水不在例如来
亦尒善知方便於一法相随諸衆生分别演
說種種名相彼諸衆生随所說受受已脩習
除斷煩惱如彼病人随良醫教所患得除復
次善男子如有一人善解雜語在大衆中是
諸大衆熱渇所逼咸發聲言我欲飲水我欲
飲水是人即時以清冷水随其種類說言是
水或言波尼或言欝特或言漾利藍或言婆
梨或言婆耶或言甘露或言牛乳以如是等
无量水名為大衆說善男子如来亦尒以一
聖道為諸聲聞種種而說從信根等至八聖
道復次善男子辟如金師以一種金随意造
作種種瓔珞所謂鉗鎖鐶釧釵鐺天冠辟印
雖有如是差别不同然不離金善男子如来
亦尒以一佛道随諸衆生種種分别而為說
之或說一種所謂諸佛一道无二復說二種所
謂定慧復說三種謂見智慧復說四種所謂
見道脩道无學道佛道復說五種所謂信行
道法行道信解脫道見到道身證道復說六
種所謂須陁洹道斯陁含道阿那含道阿羅
漢道辟支佛道佛道復說七種所謂念覺分
擇法覺分精進覺分喜覺分除覺分定覺分
捨覺分復說八種所謂正見正思惟正語正
業正命正精進正念正定復說九種所謂八
聖道及信復說十種所謂十力復說十一種
所謂十力大慈復說十二種所謂十力大慈

BD04336號　大般涅槃經（北本　思溪本）卷一三　（6–5）

作種種瓔珞所謂鉗鎖鐶釧釵鐺天冠辟印
雖有如是差别不同然不離金善男子如来
亦尒以一佛道随諸衆生種種分别而為說
之或說一種所謂諸佛一道无二復說二種所
謂定慧復說三種謂見智慧復說四種所謂
見道脩道无學道佛道復說五種所謂信行
道法行道信解脫道見到道身證道復說六
種所謂須陁洹道斯陁含道阿那含道阿羅
漢道辟支佛道佛道復說七種所謂念覺分
擇法覺分精進覺分喜覺分除覺分定覺分
捨覺分復說八種所謂正見正思惟正語正
業正命正精進正念正定復說九種所謂八
聖道及信復說十種所謂十力復說十一種
所謂十力大慈復說十二種所謂十力大慈
大悲復說十三種所謂十力大慈大悲念佛
三昧復說十六種所謂十力大慈大悲念佛
三昧及佛所得三正念處復說二十道所謂十
力四无所畏大慈大悲念佛三昧三正念處
善男子是道一體如来昔日為衆生故種種
分别復次善男子辟如一火因可燃故得種
種名所謂木火草火糠火麩火牛馬糞火善
男子佛道亦尒一而无二為衆生故種種分

BD04336號　大般涅槃經（北本　思溪本）卷一三　（6–6）

……門身得度者即現
門身而為說法應以比丘比丘尼優婆塞優
婆夷身得度者即現比丘比丘尼優婆塞優
婆夷身而為說法應以長者居士宰官婆羅
門婦女身得度者即現婦女身而為說法應
以童男童女身得度者即現童男童女身而
為說法應以天龍夜叉乾闥婆阿脩羅迦樓
羅摩睺羅伽人非人等身得度者即
皆現之而為說法應以執金剛神得度者即
現執金剛神而為說法无盡意是觀世音菩
薩成就如是功德以種種形遊諸國土度脫
衆生是故汝等應當一心供養觀世音菩薩是
觀世音菩薩摩訶薩於怖畏急難之中能施
无畏是故此娑婆世界皆号之為施无畏者
无盡意菩薩白佛言世尊我今當供養觀世
音菩薩即解頸衆寶珠瓔珞價直百千兩金
而以與之作是言仁者受此法施珎寶瓔珞
時觀世音菩薩不肯受之无盡意復白觀世音
菩薩言仁者愍我等故受此瓔珞尒時佛告
觀世音菩薩當愍此无盡意菩薩及四衆天
龍夜叉乾闥婆阿脩羅迦樓羅緊那羅摩睺
羅伽人非人等故受是瓔珞即時觀世音菩

BD04337號　妙法蓮華經卷七　（12–1）

時觀世音菩薩不肯受之无盡意復白觀世音
菩薩言仁者愍我等故受此瓔珞尒時佛告
觀世音菩薩當愍此无盡意菩薩及四衆天
龍夜叉乾闥婆阿脩羅迦樓羅緊那羅摩睺
羅伽人非人等故受是瓔珞即時觀世音菩
薩愍諸四衆及於天龍人非人等受其瓔珞
分作二分一分奉釋迦牟尼佛一分奉多寶
佛塔无盡意觀世音菩薩有如是自在神力
遊於娑婆世界
尒時无盡意菩薩以偈問曰
世尊妙相具　我今重問彼　佛子何因緣　名為觀世音
具足妙相尊　偈荅无盡意　汝聽觀音行　善應諸方所
弘誓深如海　歷劫不思議　侍多千億佛　發大清淨願
我為汝略說　聞名及見身　心念不空過　能滅諸有苦
假使興害意　推落大火坑　念彼觀音力　火坑變成池
或漂流巨海　龍魚諸鬼難　念彼觀音力　波浪不能沒
或在須彌峯　為人所推墮　念彼觀音力　如日虛空住
或被惡人逐　墮落金剛山　念彼觀音力　不能損一毛
或值怨賊遶　各執刀加害　念彼觀音力　咸即起慈心
或遭王難苦　臨刑欲壽終　念彼觀音力　刀尋段段壞
或囚禁枷鎖　手足被杻械　念彼觀音力　釋然得解脫
呪咀諸毒藥　所欲害身者　念彼觀音力　還著於本人
或遇惡羅刹　毒龍諸鬼等　念彼觀音力　時悉不敢害
若惡獸圍遶　利牙爪可怖　念彼觀音力　疾走无邊方
蚖蛇及蝮蠍　氣毒煙火然　念彼觀音力　尋聲自迴去

BD04337號　妙法蓮華經卷七　（12–2）

或囚禁枷鎖　手足被杻械　念彼觀音力　釋然得解脫
呪咀諸毒藥　所欲害身者　念彼觀音力　還著於本人
或遇惡羅刹　毒龍諸鬼等　念彼觀音力　時悉不敢害
若惡獸圍遶　利牙爪可怖　念彼觀音力　疾走无邊方
蚖虵及蝮蝎　氣毒烟火然　念彼觀音力　尋聲自迴去
雲雷鼓掣電　降雹澍大雨　念彼觀音力　應時得消散
衆生被困厄　无量苦逼身　觀音妙智力　能救世間苦
具足神通力　廣脩智方便　十方諸國土　无刹不現身
種種諸惡趣　地獄鬼畜生　生老病死苦　以漸悉令滅
真觀清淨觀　廣大智慧觀　悲觀及慈觀　常念常瞻仰
无垢清淨光　慧日破諸闇　能伏災風火　普明照世間
悲體戒雷震　慈意妙大雲　澍甘露法雨　滅除煩惱炎
諍訟經官處　怖畏軍陣中　念彼觀音力　衆怨悉退散
妙音觀世音　梵音海潮音　勝彼世間音　是故須常念
念念勿生疑　觀世音淨聖　於苦惱死厄　能為作依怙
具一切功德　慈眼視衆生　福聚海无量　是故應頂礼
尒時持地菩薩即從坐起前白佛言世尊若
有衆生聞是觀世音菩薩品自在之業普門
示現神通力者當知是人功德不少佛說是
普門品時衆中八万四千衆生皆發无等等
阿耨多羅三藐三菩提心
妙法蓮華經陁羅尼品第廿六
尒時藥王菩薩即從坐起偏袒右肩合掌向
佛而白佛言世尊若善男子善女人有能受
持法華經者若讀誦通利若有書寫經卷得

阿耨多羅三藐三菩提心
妙法蓮華經陁羅尼品第廿六
尒時藥王菩薩即從坐起偏袒右肩合掌向
佛而白佛言世尊若善男子善女人有能受
持法華經者若讀誦通利若有書寫經卷得
幾所福佛告藥王若有善男子善女人供養
八百万億那由他恒河沙等諸佛於汝意云
何其所得福寧為多不甚多世尊佛言若善
男子善女人能於是經乃至受持一四句偈
讀誦解義如說脩行功德甚多尒時藥王菩
薩白佛言世尊我今當與說法者陁羅尼呪
以守護之即說呪曰
安尒一 曼尒二 摩祢三 摩摩祢四 旨隸五 遮棃
第六 賒咩羊鳴音七 賒履司雉反也多瑋八 羶帝輸千反九 目帝十
目多履十一 娑履十二 阿瑋娑履十三 桒履十四 娑履十五
叉裔十六 阿叉裔十七 阿耆膩十八 羶帝十九 賒履廿
陁羅尼廿一 阿盧伽婆娑蘇柰反也 簸蔗毗叉膩廿二 祢毗
剃廿三 阿便哆都餓反也 邏祢履剃廿四 阿亶哆波隸輸
地廿五 途買反 漚究隸廿六 牟究隸廿七 阿羅隸廿八 波羅
隸廿九 首迦差卅 康義反 阿三磨三履卅一 佛馱毗吉利
袠帝卅二 達磨波利差猜離反 帝卅三 僧伽涅瞿沙祢
卅四 婆舍婆舍輸地卅五 曼哆邏卅六 曼哆邏叉夜多
卅七 郵樓哆卅八 郵樓哆憍舍略來加反 卅九 惡叉邏四十
惡叉冶多冶卌一 阿婆盧卌二 阿摩若荏蔗反 卌三 那多夜卌四
世尊是陁羅尼神呪六十二億恒河沙等諸

裵帝二卌達磨波利差猜離反帝三卌僧伽涅瞿沙祢
卌四婆舍婆舍輸地卌五曼哆邏卌六曼哆邏叉夜多
卌七郵樓哆卌八郵樓哆憍舍略来加反三十九惡叉邏四十
惡叉冶多冶卌一阿婆盧卌二阿摩若荏蔗反四十三那多夜卌四
世尊是陁羅尼神呪六十二億恒河沙等諸
佛所說若有侵毀此法師者則為侵毀是諸
佛已時釋迦牟尼佛讚藥王菩薩言善哉善
哉藥王汝愍念擁護此法師故說是陁羅尼
於諸衆生多所饒益尒時勇施菩薩白佛言
世尊我亦為擁護讀誦受持法華經者說陁
羅尼若此法師得是陁羅尼若夜叉若羅剎
若富單那若吉蔗若鳩槃荼若餓鬼等伺求
其短无能得便即於佛前而說呪曰
痤搓壘反也隸一摩訶痤隸二郁枳三目枳四阿隸五
阿羅婆第六涅隸第七涅隸多婆第八伊緻猪履
反也抳九韋緻抳十指緻抳十一涅隸墀抳十二涅隸
墀婆底十三
世尊是陁羅尼神呪恒河沙等諸佛所說亦
皆隨喜若有侵毀此法師者則為侵毀是諸
佛已尒時毗沙門天王護世者白佛言世尊
我亦為愍念衆生擁護此法師故說是陁羅
尼即說呪曰
阿梨一那梨二㝹那梨三阿那盧四那履五
拘那履六
世尊以是神呪擁護法師我亦自當擁護持

我亦為愍念衆生擁護此法師故說是陁羅
尼即說呪曰
阿梨一那梨二㝹那梨三阿那盧四那履五
拘那履六
世尊以是神呪擁護法師我亦自當擁護持
是經者令百由旬内无諸衰患尒時持國天
王在此會中與千万億那由他乾闥婆衆恭
敬圍遶前詣佛所合掌白佛言世尊我亦以
陁羅尼神呪擁護持法華經者即說呪曰
阿伽祢一伽祢二瞿利三乾陁利四旃陁利五摩
蹬者六常求利七浮樓莎抳八頞底九
世尊是陁羅尼神呪卌二億諸佛所說若有
侵毀此法師者則為侵毀是諸佛已尒時有
羅剎女等一名藍婆二名毗藍婆三名曲齒
四名華齒五名黑齒六名多髮七名无猒足
八名持瓔珞九名睪帝十名奪一切衆生精
氣是十羅剎女與鬼子母并其子及眷屬俱
詣佛所同聲白佛言世尊我等亦欲擁護讀
誦受持法華經者除其衰患若有伺求法師
短者令不得便即於佛前而說呪曰
伊提履一伊提泯二伊提履三阿提履四伊提
履五泥履六泥履七泥履八泥履九泥履十
樓醯十一樓醯十二樓醯十三樓醯十四多醯十五多醯
十六多醯十七兜醯十八㝹醯十九
寧上我頭上莫惱於法師若夜叉若羅剎若

短者令不得便即於佛前而說呪曰
伊提履一伊提泯二伊提履三阿提履四伊提
履五泥履六泥履七泥履八泥履九泥履十
樓醯十一樓醯十二樓醯十三樓醯十四多醯十五多醯
十六多醯十七兜醯十八㝹醯十九
寧上我頭上莫惱於法師若夜叉若羅刹若
餓鬼若富單那若吉蔗若毗陁羅若揵馱若
烏摩勒伽若阿跋摩羅若夜叉吉蔗若人吉
蔗若熱病若一日若二日若三日若四日乃
至七日若常熱病若男形若女形若童男形
若童女形乃至夢中亦復莫惱即於佛前而
說偈言
若不順我呪　惱亂說法者　頭破作七分　如阿梨樹枝
如煞父母罪　亦如押油殃　斗秤欺誑人　調達破僧罪
犯此法師者　當獲如是殃
諸羅刹女等說此偈已白佛言世尊我等亦當身
自擁護受持讀誦脩行是經者令得安隱離
諸衰患消衆毒藥佛告諸羅刹女等善哉善
哉汝等但能擁護受持法華經名者福不可量
何況擁護具足受持供養經卷華香瓔珞末
香塗香燒香幡蓋伎樂然種種燈蘇燈油燈
諸香油燈蘇摩那華油燈瞻蔔華油燈婆師
迦華油燈優鉢羅華油燈如是等百千種供
養者皐帝汝等及眷屬應當擁護如是法師
說此陁羅尼品時六万八千人得无生法忍
妙法蓮華經妙莊嚴王本事品第廿七

BD04337號　妙法蓮華經卷七　（12–7）

諸香油燈蘇摩那華油燈瞻蔔華油燈婆師
迦華油燈優鉢羅華油燈如是等百千種供
養者皐帝汝等及眷屬應當擁護如是法師
說此陁羅尼品時六万八千人得无生法忍
妙法蓮華經妙莊嚴王本事品第廿七
尒時佛告諸大衆乃往古世過无量无邊不
可思議阿僧祇劫有佛名雲雷音宿王華智
多陁阿伽度阿羅呵三藐三佛陁國名光明
莊嚴劫名喜見彼佛法中有王名妙莊嚴其
王夫人名曰淨德有二子一名淨藏二名淨
眼是二子有大神力福德智慧久脩菩薩所
行之道所謂檀波羅蜜尸羅波羅蜜羼提波
羅蜜毗梨耶波羅蜜禪波羅蜜般若波羅蜜
方便波羅蜜慈悲喜捨乃至卅七助道法皆
悉明了通達又得菩薩淨三昧日星宿三
昧淨光三昧淨色三昧淨照明三昧長莊嚴
三昧大威德藏三昧於此三昧亦悉通達尒
時彼佛欲引導妙莊嚴王及愍念衆生故說
是法華經時淨藏淨眼二子到其母所合十
抓指掌白言願母往詣雲雷音宿王華智佛
所我等亦當侍從親覲供養礼拜所以者何
此佛於一切天人衆中說法華經宜應聽受
母告子言汝父信受外道深著婆羅門法汝
等應往白父與共俱去淨藏淨眼合十抓指
掌白母我等是法王子而生此邪見家母告

BD04337號　妙法蓮華經卷七　（12–8）

指爪掌白言願母往詣雲雷音宿王華智佛
所我等亦當侍從親覲供養礼拜所以者何
此佛於一切天人衆中說法華經宜應聽受
母告子言汝父信受外道深著婆羅門法汝
等應往白父與共俱去淨藏淨眼合十指爪
掌白母我等是法王子而生此邪見家母告
子言汝等當憂念汝父爲現神變若得見者
心必清淨或聽我等往至佛所於是二子念
其父故踊在虛空高七多羅樹現種種神變
於虛空中行住坐卧身上出水身下出火身
下出水身上出火或現大身滿虛空中而復
現小小復現大於空中滅忽然在地入地如
水履水如地現如是等種種神變令其父王
心淨信解時父見子神力如是心大歡喜得
未曾有合掌向子言汝等師爲是誰誰之弟
子二子白言大王彼雲雷音宿王華智佛今
在七寶菩提樹下法座上坐於一切世間天
人衆中廣說法華經是我等師我是弟子父
語子言我今亦欲見汝等師可共俱往於是
二子從空中下到其母所合掌白母父王今
已信解堪任發阿耨多羅三藐三菩提心我
等爲父已作佛事願母見聽於彼佛所出家
脩道尒時二子欲重宣其意以偈白母
願母放我等 出家作沙門 諸佛甚難值 我等隨佛學
如優曇波羅 值佛復難是 脫諸難亦難 願聽我出家
母即告言聽汝出家所以者何佛難值故於

BD04337 號　妙法蓮華經卷七　（12–9）

等爲父已作佛事願母見聽於彼佛所出家
脩道尒時二子欲重宣其意以偈白母
願母放我等 出家作沙門 諸佛甚難值 我等隨佛學
如優曇波羅 值佛復難是 脫諸難亦難 願聽我出家
母即告言聽汝出家所以者何佛難值故於
是二子白父母言善哉父母願時往詣雲雷
音宿王華智佛所親覲供養所以者何佛難
得值如優曇波羅華又如一眼之龜值浮木
孔而我等宿福深厚生值佛法是故父母當
聽我等令得出家所以者何諸佛難值時亦
難遇彼時妙莊嚴王後宫八万四千人皆悉
堪任受持是法華經淨眼菩薩於法華三昧
久已通達淨藏菩薩已於无量百千万億劫
通達離諸惡趣三昧欲令一切衆生離諸惡
趣故其王夫人得諸佛集三昧能知諸佛秘
密之藏二子如是以方便力善化其父令心
信解好樂佛法於是妙莊嚴王與群臣眷屬
俱淨德夫人與後宫婇女眷屬俱其王二子
與四万二千人俱一時共詣佛所到已頭面
礼足遶佛三帀却住一面尒時彼佛爲王說
法示教利喜王大歡悅尒時妙莊嚴王及其
夫人解頸真珠瓔珞價直百千以散佛上於
虛空中化成四柱寶臺臺中有大寶床敷百
千万天衣其上有佛結加趺坐放大光明尒
時妙莊嚴王作是念佛身希有端嚴殊特成

BD04337 號　妙法蓮華經卷七　（12–10）

礼足遶佛三帀却住一面尒時彼佛為王說
法示教利喜王大歡悅尒時妙莊嚴王及其
夫人解頸真珠瓔珞價直百千以散佛上於
虛空中化成四柱寶臺臺中有大寶床敷百
千万天衣其上有佛結跏趺坐放大光明尒
時妙莊嚴王作是念佛身希有端嚴殊特成
就苐一微妙之色時雲雷音宿王華智佛告
四衆言汝等見是妙莊嚴王於我前合掌立
不此王於我法中作比丘精懃脩習助佛道
法當得作佛号娑羅樹王國名大光劫名大
高王其娑羅樹王佛有无量菩薩衆及无量
聲聞其國平正功德如是其王即時以國付
弟與夫人二子并諸眷屬於佛法中出家脩
道王出家已於八万四千歲常勤精進脩行
妙法華經過是已後得一切淨功德莊嚴三
昧即昇虛空高七多羅樹而白佛言世尊此
我二子已作佛事以神通變化轉我邪心令
得安住於佛法中得見世尊此二子者是我
善知識為欲發起宿世善根饒益我故來生
我家尒時雲雷音宿王華智佛告妙莊嚴王
言如是如是如汝所言若善男子善女人種
善根故世世得值善知識其善知識能作佛
事示教利喜令入阿耨多羅三藐三菩提大
王當知善知識者是大因緣所謂化導令得
見佛發阿耨多羅三藐三菩提心大王汝見

BD04337號　妙法蓮華經卷七　（12–11）

善根故世世得值善知識其善知識能作佛
事示教利喜令入阿耨多羅三藐三菩提大
王當知善知識者是大因緣所謂化導令得
見佛發阿耨多羅三藐三菩提心大王汝見
此二子不此二子已曾供養六十五百千万
億那由他恒河沙等諸佛親覲恭敬於諸佛
所受持法華經愍念邪見衆生令住正見妙莊
嚴王即從虛空中下而白佛言世尊如來甚
希有以功德智慧故頂上肉髻光明顯照其
眼長廣而紺青色眉間豪相白如軻月齒白
齊密常有光明脣色赤好如頻婆菓尒時妙
莊嚴王讚歎佛如是等无量百千万億功德
已於如來前一心合掌復白佛言世尊未曾
有世如來之法具足成就不可思議微妙功
德教戒所行安隱快善我從今日不復自隨
心行不生邪見憍慢瞋恚諸惡之心說是語
已礼佛而出佛告大衆於意云何妙莊嚴王
豈異人乎今華德菩薩是其淨德夫人今佛
前光照莊嚴相菩薩是哀愍妙莊嚴王及諸
眷屬故於彼中生其二子者今藥王菩薩藥
上菩薩是是藥王藥上菩薩成就如此諸大
功德已於无量百千万億諸佛所殖衆德本
成就不可思議諸善功德若有人識是二菩
薩名字者一切世間諸天人民亦應礼拜佛

BD04337號　妙法蓮華經卷七　（12–12）

身或現毗沙門天王身或現轉輪聖王身或
現諸小王身或現長者身或現居士身或現
宰官身或現婆羅門身或現比丘比丘尼優
婆塞優婆夷身或現長者居士婦女身或
現宰官婦女身或現婆羅門婦女身或現童
男童女身或現天龍夜叉乾闥婆阿脩羅迦
樓羅緊那羅摩睺羅伽人非人等身而說是
經諸有地獄餓鬼畜生及眾難處皆能救
濟乃至於王後宮變為女身而說是經華德
是妙音菩薩能救護娑婆世界諸眾生者
是妙音菩薩如是種種變化現身在此娑婆
國土為諸眾生說是經典於神通變化智慧
無所損減是菩薩以若干智慧明照娑婆
世界令一切眾生各得所知於十方恒河沙世界
中亦復如是若應以聲聞形得度者現聲聞
形而為說法應以辟支佛形得度者現辟支佛
形而為說法應以菩薩形得度者現菩薩形而
為說法應以佛形得度者即現佛形而為說
法如是種種隨所應度而為現形乃至應
以滅度而得度者示現滅度華德妙音菩

BD04338號　妙法蓮華經（兌廢稿）卷七　（2–1）

濟乃至於王後宮變為女身而說是經華德
是妙音菩薩能救護娑婆世界諸眾生者
是妙音菩薩如是種種變化現身在此娑婆
國土為諸眾生說是經典於神通變化智慧
無所損減是菩薩以若干智慧明照娑婆
世界令一切眾生各得所知於十方恒河沙世界
中亦復如是若應以聲聞形得度者現聲聞
形而為說法應以辟支佛形得度者現辟支佛
形而為說法應以菩薩形得度者現菩薩形而
為說法應以佛形得度者即現佛形而為說
法如是種種隨所應度而為現形乃至應
以滅度而得度者示現滅度華德妙音菩
薩摩訶薩成就大神通智慧之力其事如
是爾時華德菩薩白佛言世尊是妙音菩薩
深種善根世尊是菩薩住何三昧而能如是
在所變現度脫眾生佛告華德菩薩善男子
其三昧名現一切色身妙音菩薩住是三昧中能
如是饒益無量眾生說是妙音菩薩品時與
妙音菩薩俱來者八萬四千人皆得現一切色
身三昧此娑婆世界無量菩薩亦得是三昧

BD04338號　妙法蓮華經（兌廢稿）卷七　（2–2）

德无量无邊不可稱計迦葉菩薩白佛言世
尊如佛所讚大涅槃經猶如醍醐最上最妙
若有能服衆病悉除一切諸藥悉入其中我
聞是已竊復思念若有不能聽受是經當知
是人為大愚癡无有善心世尊我於今者實
能堪忍剥皮為紙刺血為墨以髓為水折骨
為筆書寫如是大涅槃經書已讀誦令其通
利然後為人廣說其義世尊若有衆生貪著
財物我當施財然後以是大涅槃經勸之令
讀若尊貴者先以愛語而隨其意然後漸當
以是大乘大涅槃經勸之令讀若凡庶者當
以威勢逼之令讀若憍慢者我當為其而作
僕使隨順其意令其歡喜然後復當以大涅
槃而教導之若有誹謗方等經者當以勢力
摧之令伏既摧伏已然後勸令讀大涅槃若
有愛樂大乘經者我躬當往恭敬供養尊重
讚嘆尒時佛讚迦葉菩薩善哉善哉汝甚愛
樂大乘經典貪大乘經愛大乘經味大乘經
信敬尊重供養大乘善男子汝今以此善心
因緣當得超越无量无邊恒河沙等諸大菩
薩在前得成阿耨多羅三藐三菩提汝之不
久復當如我廣為大衆演說如是大般涅槃

BD04339號　大般涅槃經（北本）卷一四　（3–1）

讚嘆尒時佛讚迦葉菩薩善哉善哉汝甚愛
樂大乘經典貪大乘經愛大乘經味大乘經
信敬尊重供養大乘善男子汝今以此善心
因緣當得超越无量无邊恒河沙等諸大菩
薩在前得成阿耨多羅三藐三菩提汝之不
久復當如我廣為大衆演說如是大般涅槃
如來佛性諸佛所說祕密之藏善男子過去
之世佛日未出我於尒時作婆羅門脩菩薩
行悉能通達一切外道所有經論脩寂滅行
具足威儀其心清淨不為外來能生欲相之
所破壞滅瞋恚火受持常樂淨我之法周遍
求索大乘經典乃至不聞方等名字我於尒
時住於雪山其山清淨流泉浴池樹林藥木
充滿其地處處石間有清淨流水多諸香華
周遍嚴飾衆鳥禽獸不可稱計甘菓滋繁種
別難計復有无量藕根甘根青木香根我於
尒時獨處其中唯食諸菓食已繫心思惟坐
禪逕无量歲亦不聞有如來出世大乘經名
善男子我脩如是苦難行時釋提桓因等諸
天人心大驚怪即共集會各各相謂而說偈
言
各共相指示　清淨雪山中　寂靜離欲主　功德莊嚴王
已離貪瞋慢　永斷諂曲癡　口初未曾說　麤惡等語言
尒時衆中有一天子名曰歡喜復說偈言
如是離欲人　清淨懃精進　將不求帝釋　及以諸天耶
若是外道者　脩行諸苦行　是人多欲求　帝釋所坐處
尒時復有一仙天子即為帝釋而說偈言
天主憍尸迦　不應生是念　外道脩苦行　何必求帝處

BD04339號　大般涅槃經（北本）卷一四　（3–2）

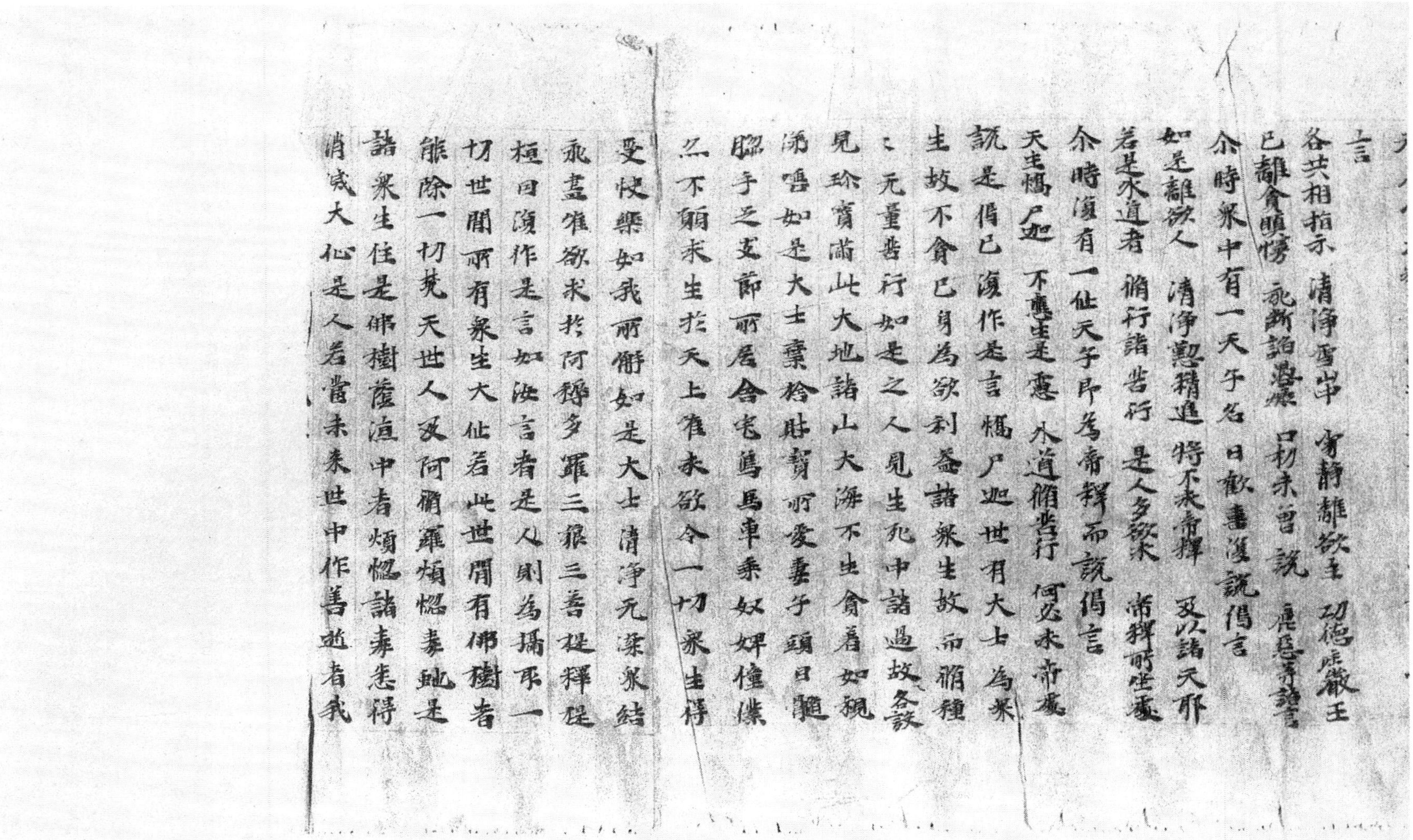

言
各共相指示 清淨雪山中 寂靜離欲主 功德莊嚴王
已離貪瞋慢 永斷諂誑癡 口初未曾說 麁惡等諸言
尒時衆中有一天子名曰歡喜復說偈言
如是離欲人 清淨懃精進 將不求帝釋 及以諸天耶
若是外道者 脩行諸苦行 是人多欲求 帝釋所坐處
尒時復有一仙天子即為帝釋而說偈言
天主憍尸迦 不應生是念 外道脩苦行 何必求帝處
說是偈已復作是言憍尸迦世有大士為衆
生故不貪已身為欲利益諸衆生故而脩種
〻无量苦行如是之人見生死中諸過故各設
見珍寶滿此大地諸山大海不生貪著如視
涕唾如是大士棄捨財寶所愛妻子頭目髓
腦手足支節所居舍宅象馬車乘奴婢僮僕
亦不願求生於天上唯求欲令一切衆生得
受快樂如我所解如是大士清淨无染衆結
永盡唯欲求於阿耨多羅三藐三菩提釋提
桓因復作是言如汝言者是人則為攝取一
切世間所有衆生大仙若此世間有佛樹者
能除一切諸天世人及阿脩羅煩惱毒蛇是
諸衆生住是佛樹蔭涼中者煩惱諸毒悉得
消滅大仙是人若當未來世中作善逝者我

BD04339 號　大般涅槃經（北本）卷一四　　（3–3）

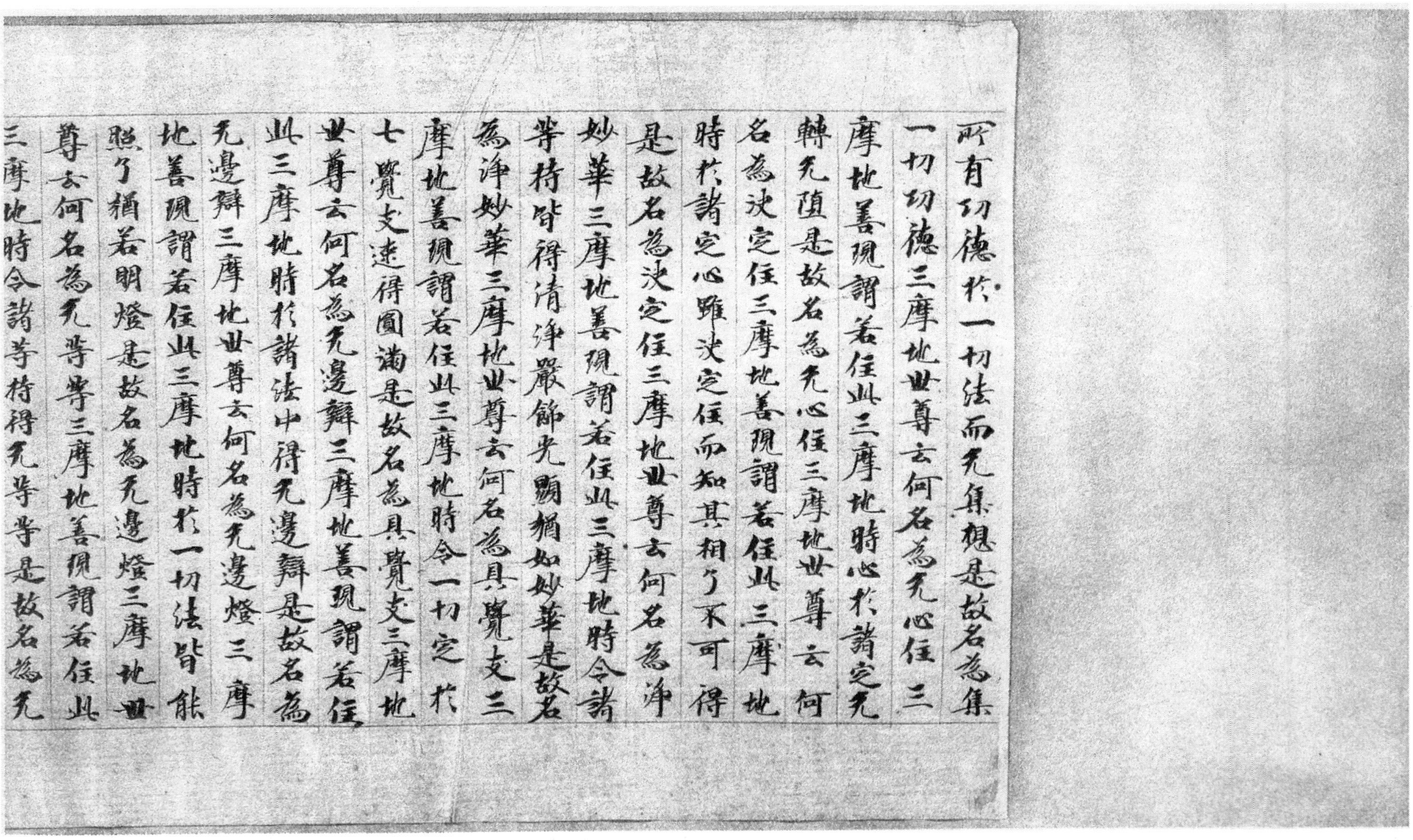

所有功德於一切法而无集想是故名為集
一切功德三摩地世尊云何名為无心住三
摩地善現謂若住此三摩地時心於諸定无
轉无墮是故名為无心住三摩地世尊云何
名為決定住三摩地善現謂若住此三摩地
時於諸定心雖決定住而知其相了不可得
是故名為決定住三摩地世尊云何名為淨
妙華三摩地善現謂若住此三摩地時令諸
等持皆得清淨嚴飾光顯猶如妙華是故名
為淨妙華三摩地世尊云何名為具覺支三
摩地善現謂若住此三摩地時令一切定於
七覺支速得圓滿是故名為具覺支三摩地
世尊云何名為无邊辯三摩地善現謂若住
此三摩地時於諸法中得无邊辯是故名為
无邊辯三摩地世尊云何名為无邊燈三摩
地善現謂若住此三摩地時於一切法皆能
照了猶若明燈是故名為无邊燈三摩地世
尊云何名為无等等三摩地善現謂若住此
三摩地時令諸等持得无等等是故名為无

BD04340 號　大般若波羅蜜多經卷五二　　（2–1）

妙華三摩地善現謂若住此三摩地時令諸
等持皆得清淨嚴飾光顯猶如妙華是故名
為淨妙華三摩地世尊云何名為具覺支三
摩地善現謂若住此三摩地時令一切定於
七覺支速得圓滿是故名為具覺支三摩地
世尊云何名為无邊辯三摩地善現謂若住
此三摩地時於諸法中得无邊辯是故名為
无邊辯三摩地世尊云何名為无邊燈三摩
地善現謂若住此三摩地時於一切法皆能
照了猶若明燈是故名為无邊燈三摩地世
尊云何名為无等等三摩地善現謂若住此
三摩地時令諸等持得无等等是故名為无
等等三摩地世尊云何名為超一切法三摩
地善現謂若住此三摩地時於三界法皆能
超度是故名為超一切法三摩地世尊云何
名為決判諸法三摩地善現謂若住此三摩
地時見諸勝定及一切法為諸有情分別无
亂是故名為決判諸法三摩地世尊云何名
為散疑三摩地善現謂若住此三摩地時於
諸等持及一切法所有疑網皆能除散是故
名為散疑三摩地世尊云何名為无所住三

BD04340 號　大般若波羅蜜多經卷五二　（2–2）

大般若波羅蜜多經卷第二百五十七
初分難信解品第卅四之七十六　三藏法師玄奘奉　詔譯
善現一切智智清淨故鼻界清淨鼻界清淨
故無性自性空清淨何以故若一切智智清
淨若鼻界清淨若無性自性空清淨無二無
二分無別無斷故一切智智清淨故香界鼻
識界及鼻觸鼻觸為緣所生諸受清淨香
界乃至鼻觸為緣所生諸受清淨故無性自
性空清淨何以故若一切智智清淨若香界乃
至鼻觸為緣所生諸受清淨若無性自性空
清淨無二無二分無別無斷故善現一切智
智清淨故舌界清淨舌界清淨故無性自性
空清淨何以故若一切智智清淨若香界清
淨若無性自性空清淨無二無二分無別無
斷故一切智智清淨故味界香識界及香觸
舌觸為緣所生諸受清淨味界乃至舌觸為
緣所生諸受清淨故無性自性空清淨何以
故若一切智智清淨若味界乃至香觸為緣
所生諸受清淨若無性自性空清淨無二無
二分無別無斷故善現一切智智清淨故身
[illegible]界清淨[illegible]故無性自性空清淨何以

BD04341 號　大般若波羅蜜多經卷二五七　（2–1）

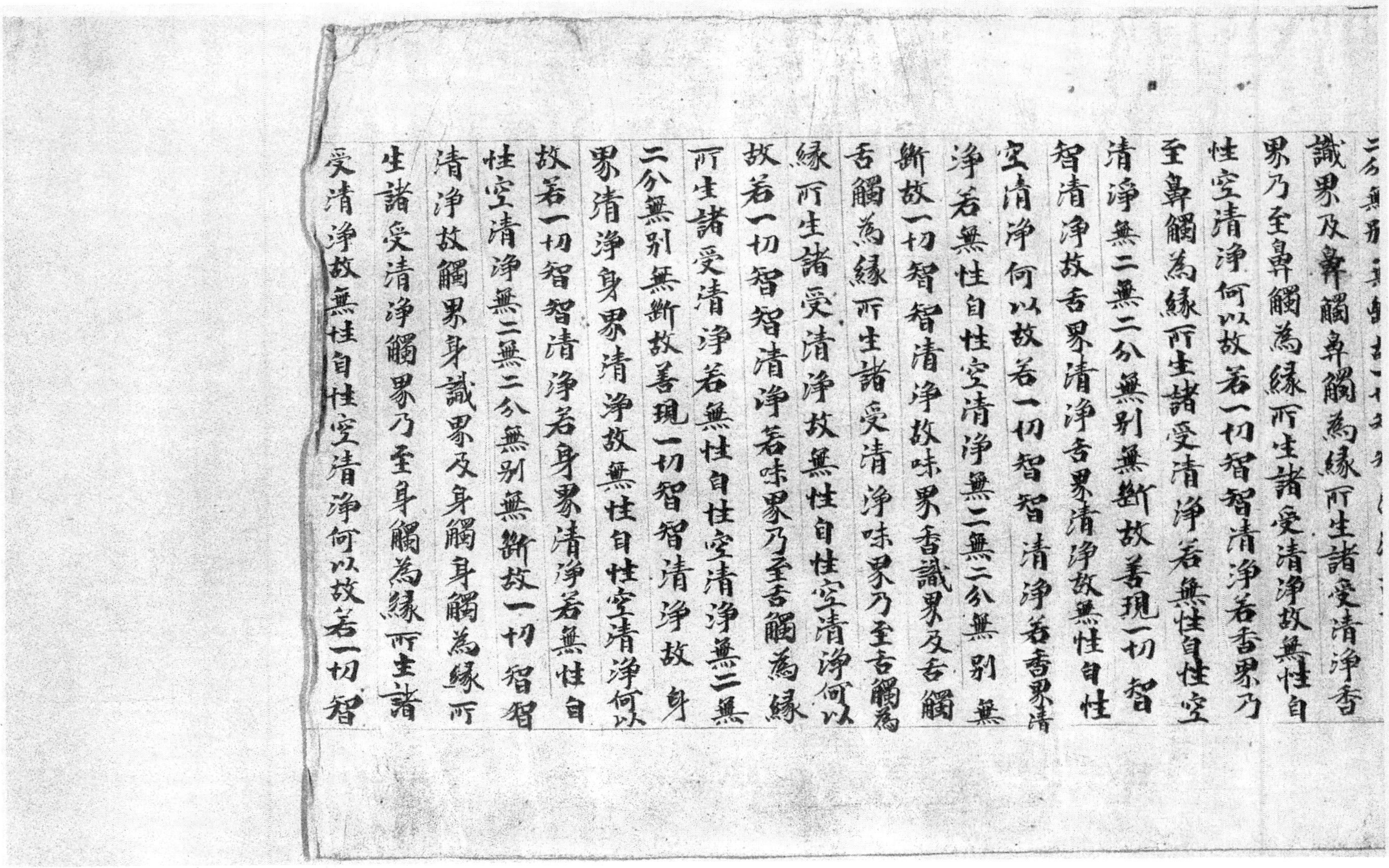

識界及鼻觸鼻觸為緣所生諸受清淨香
界乃至鼻觸為緣所生諸受清淨故無性自
性空清淨何以故若一切智智清淨若香界乃
至鼻觸為緣所生諸受清淨若無性自性空
清淨無二無二分無別無斷故善現一切智
智清淨故香界清淨香界清淨故無性自性
空清淨何以故若一切智智清淨若香界清
淨若無性自性空清淨無二無二分無別無
斷故一切智智清淨故味界舌識界及舌觸
舌觸為緣所生諸受清淨味界乃至舌觸為
緣所生諸受清淨故無性自性空清淨何以
故若一切智智清淨若味界乃至舌觸為緣
所生諸受清淨若無性自性空清淨無二無
二分無別無斷故善現一切智智清淨故身
界清淨身界清淨故無性自性空清淨何以
故若一切智智清淨若身界清淨若無性自
性空清淨無二無二分無別無斷故一切智智
清淨故觸界身識界及身觸身觸為緣所
生諸受清淨觸界乃至身觸為緣所生諸
受清淨故無性自性空清淨何以故若一切智

BD04341 號　大般若波羅蜜多經卷二五七　（2–2）

BD04341 號背　雜寫　（1–1）

用供養過是已後當復供養二百万億諸佛
亦復如是當得成佛号曰多摩羅䟦栴檀香
如來應供正遍知明行足善逝世間解无上
士調御丈夫天人師佛世尊劫名喜滿國名
意樂其土平正頗梨為地寶樹莊嚴散真珠
華周遍清淨見者歡喜多諸天人菩薩聲聞
其數无量佛壽二十四小劫正法住世四十
小劫像法亦住四十小劫尒時世尊欲重宣
此義而說偈言
我此弟子　大目揵連　捨是身已　得見八千
二百万億　諸佛世尊　為佛道故　供養恭敬
於諸佛所　常脩梵行　於无量劫　奉持佛法
諸佛滅後　起七寶塔　長表金剎　華香伎樂
而以供養　諸佛塔廟　漸漸具足　菩薩道已
於意樂國　而得作佛　号多摩羅　栴檀之香
其佛壽命　二十四劫　常為天人　演說佛道
聲聞无量　如恒河沙　三明六通　有大威德
菩薩无數　志固精進　於佛智慧　皆不退轉

BD04342號　妙法蓮華經卷三　（3–1）

而以供養　諸佛塔廟　漸漸具足　菩薩道已
於意樂國　而得作佛　号多摩羅　栴檀之香
其佛壽命　二十四劫　常為天人　演說佛道
聲聞无量　如恒河沙　三明六通　有大威德
菩薩无數　志固精進　於佛智慧　皆不退轉
佛滅度後　正法當住　四十小劫　像法亦尒
我諸弟子　威德具足　其數五百　皆當授記
於未來世　咸得成佛　我及汝等　宿世因緣
吾今當說　汝等善聽
妙法蓮華經化城喻品第七
佛告諸比丘乃往過去无量无邊不可思議
阿僧祇劫尒時有佛名大通智勝如來應供
正遍知明行足善逝世間解无上士調御丈
夫天人師佛世尊其國名好成劫名大相諸
比丘彼佛滅度已來甚大久遠譬如三千大
千世界所有地種假使有人磨以為墨過於
東方千國土乃下一點大如微塵又過千國土
復下一點如是展轉盡地種墨於汝等意
云何是諸國土若算師若算師弟子能得邊
際知其數不不也世尊諸比丘是人所經國
土若點不點盡末為塵一塵一劫彼佛滅度
已來復過是數无量无邊百千万億阿僧祇
劫我以如來知見力故觀彼久遠猶若今日
尒時世尊欲重宣此義而說偈言

BD04342號　妙法蓮華經卷三　（3–2）

[illegible]
土若點不點　盡抹為塵　一塵一劫　彼佛滅度
已來復過是數　无量无邊　百千万億　阿僧祇
劫　我以如来知見力故　觀彼久遠　猶若今日
介時世尊欲重宣此義而說偈言
我念過去世　无量无邊劫　有佛兩足尊　名大通智勝
如人以力磨　三千大千土　盡此諸地種　皆悉以為墨
過於千國土　乃下一塵點　如是展轉點　盡此諸塵墨
如是諸國土　點與不點等　復盡抹為塵　一塵為一劫
此諸微塵數　其劫復過是　彼佛滅度來　如是无量劫
如来无礙智　知彼佛滅度　及聲聞菩薩　如見今滅度
諸比丘當知　佛智淨微妙　无漏无所礙　通達无量劫
佛告諸比丘　大通智勝佛壽五百四十万億
那由他劫　其佛本坐道場　破魔軍已　垂得阿
耨多羅三藐三菩提　而諸佛法不現在前　如
是一小劫乃至十小劫　結跏趺坐　身心不動
而諸佛法猶不在前　介時忉利諸天先為彼
佛於菩提樹下敷師子座　高一由旬　佛於此
座當得阿耨多羅三藐三菩提　適坐此座
時　諸梵天王雨衆天華　面百由旬　香風時來　吹
去萎華　更雨新者　如是不絶　滿十小劫　供養
於佛　乃至滅度　常雨此華　四王諸天為供養
佛　常擊天鼓　其餘諸天作天伎樂　滿十小劫
至于滅度亦復如是　諸比丘　大通智勝佛過

BD04342 號　妙法蓮華經卷三　（3–3）

无量壽經
如是我聞一時薄伽梵在舍衛國祇樹給孤獨園與大苾蒭僧千二百五十人大菩薩
摩訶薩衆俱爾時世尊告曼殊室利童子曼殊上方有世界名无量功德聚
彼土有佛号无量壽智決定王如来阿耨多羅三藐三菩提現為衆生開示說法曼
殊師利聽南閻浮提人皆短壽大限百年於中殀枉横死者衆曼殊如是无量壽如来
功德名稱法要若有衆生得聞名号若自書或使人書能為經卷受持讀誦若於舍
宅所住之處以種種花鬘瓔珞塗香末香而為供養如其命盡復得延年滿足百歲如是
曼殊若有衆生得聞是无量壽智決定王如来一百八名号者益其長壽若有衆生大
命將盡憶念是如来名号更得增壽如是曼殊若有善男子善女人欲求長壽於是
无量壽如来一百八名号有得聞者或自書若使人書受持讀誦得如是等果報福
德具足陁羅尼曰
南无薄伽勃底　阿波唎蜜多　阿喻紇硯娜　須毗你志指陁　囉佐耶　怛他羯他耶　怛姪
他唵　薩婆桑悉迦囉　波唎輸底　達磨底　伽迦娜　莎訶某特迦底　薩婆婆毗輸
底　摩訶娜耶　波唎婆黶莎訶
世尊復告曼殊室利如是如来一百八名号若自書或使人書為經卷受持讀誦如壽命盡復滿
百年壽終此身後得往生无量福智世界无量壽淨土陁羅尼曰
南无薄伽勃底　阿波唎蜜多　阿喻紇硯娜　須毗你志指陁　囉佐耶　怛他羯他耶　怛姪他
唵　薩婆桑悉迦囉　波唎輸底　達磨底　伽迦娜　莎訶某特迦底　薩婆婆毗輸
底　摩訶娜耶　波唎婆黶莎訶
介時有九十九姟佛等一時同聲說是无量壽宗要經陁羅尼曰
南无薄伽勃底　阿波唎蜜多　阿喻紇硯娜　須毗你志指陁　囉佐耶　怛他羯他耶　怛姪
他唵　薩婆桑悉迦囉　波唎輸底　達磨底　伽迦娜　莎訶某特迦底　薩婆婆毗
輸底　摩訶娜耶　波唎婆黶莎訶
介時復有一百姟佛一時同聲說是无量壽宗要經陁羅尼曰
南无薄伽勃底　阿波唎蜜多　阿喻紇硯娜　須毗你志指陁　囉佐耶　怛他羯他耶
怛姪他唵　薩婆桑悉迦囉　波唎輸底　達磨底　伽迦娜　莎訶某特迦底　薩婆
婆毗輸底　摩訶娜耶　波唎婆黶莎訶
介時復有七姟佛一時同聲說是无量壽宗要經陁羅尼曰
南无薄伽勃底　阿波唎蜜多　阿喻紇硯娜　須毗你志指陁　囉佐耶　怛他羯他耶　怛
姪他唵　薩婆桑悉迦囉　波唎輸底　達磨底　伽迦娜　莎訶某特迦底　薩婆婆毗
[illegible]

BD04343 號　無量壽宗要經　（5–1）

婆毗輸底 摩訶娜耶 波唎婆嚩莎訶
尒時復有七姟佛一時同聲說是无量壽宗要經陀羅尼曰
南无薄伽勃底 阿波唎蜜多 阿瑜紇硯娜 須毗你志指陀 囉佐耶 怛他羯他耶 怛
姪他唵 薩婆桒悉迦囉 波唎輸底 達磨底 伽迦娜 莎訶某特迦底 薩婆婆毗
輸底 摩訶娜耶 波唎婆嚩莎訶
尒時復有六十五姟佛一時同聲說是无量壽宗要經陀羅尼曰
南无薄伽勃底 阿波唎蜜多 阿瑜紇硯娜 須毗你志指陀 囉佐耶 怛他羯他耶 怛
姪他唵 薩婆桒悉迦囉 波唎輸底 達磨底 伽迦娜 莎訶某特迦底 薩婆婆
毗輸底 摩訶娜耶 波唎婆嚩莎訶
尒時復有五十五姟佛一時同聲說是无量壽宗要經陀羅尼曰
南无薄伽勃底 阿波唎蜜多 阿瑜紇硯娜 須毗你志指陀 囉佐耶 怛他羯他耶 怛
姪他唵 薩婆桒悉迦囉 波唎輸底 達磨底 伽迦娜 莎訶某特迦底 薩婆婆
毗輸底 摩訶娜耶 波唎婆嚩莎訶
尒時復有四十五姟佛一時同聲說是无量壽宗要經陀羅尼曰
南无薄伽勃底 阿波唎蜜多 阿瑜紇硯娜 須毗你志指陀 囉佐耶 怛他羯他耶
怛姪他唵 薩婆桒悉迦囉 波唎輸底 達磨底 伽迦娜 莎訶某特迦底 薩婆
婆毗輸底 摩訶娜耶 波唎婆嚩莎訶
尒時復有三十六姟佛一時同聲說是无量壽宗要經陀羅尼曰
南无薄伽勃底 阿波唎蜜多 阿瑜紇硯娜 須毗你志指陀 囉佐耶 怛他羯他耶 六
姪他唵 薩婆桒悉迦囉 波唎輸底 達磨底 伽迦娜 莎訶某特迦底 薩婆
婆毗輸底 摩訶娜耶 波唎婆嚩莎訶
尒時復有二十五姟佛一時同聲說是无量壽宗要經陀羅尼曰
南无薄伽勃底 阿波唎蜜多 阿瑜紇硯娜 須毗你志指陀 囉佐耶 怛他羯他耶 怛
姪他唵 薩婆桒悉迦囉 波唎輸底
尒時復有恒河沙姟佛一時同聲說是无量壽宗要經陀羅尼曰
南无薄伽勃底 阿波唎蜜多 阿瑜紇硯娜 須毗你志指陀 囉佐耶 怛他羯他耶 怛
姪他唵 薩婆桒悉迦囉 波唎輸底 達磨底 伽迦娜 莎訶某特迦底 薩婆婆毗
輸底 摩訶娜耶 波唎婆嚩莎訶
善男子若有自書寫教人書寫是无量壽宗要經如其命盡復得長壽而滿百年陀羅尼曰
南无薄伽勃底 阿波唎蜜多 阿瑜紇硯娜 須毗你志指陀 囉佐耶 怛他羯他耶 怛姪
他唵 薩婆桒悉迦囉 波唎輸底 達磨底 伽伽娜 莎訶某特迦底 薩婆婆毗輸底
摩訶娜耶 波唎婆嚩莎訶
若有自書寫教人書寫是无量壽宗要經讀誦受持畢竟不墮地獄在在所生得宿
命智陀羅尼曰
南无薄伽勃底 阿波唎蜜多 阿瑜紇硯娜 須你毗志指陀 囉佐耶 怛他羯他耶 怛
姪他唵 薩婆桒悉迦囉 波唎輸底

BD04343 號　無量壽宗要經　（5–2）

善男子若有自書寫教人書寫是无量壽宗要經如其命盡復得長壽而滿百年陀羅尼曰
南无薄伽勃底 阿波唎蜜多 阿瑜紇硯娜 須毗你志指陀 囉佐耶 怛他羯他耶 怛姪
他唵 薩婆桒悉迦囉 波唎輸底 達磨底 伽伽娜 莎訶某特迦底 薩婆婆毗輸底
摩訶娜耶 波唎婆嚩莎訶
若有自書寫教人書寫是无量壽宗要經讀誦受持畢竟不墮地獄在在所生得宿
命智陀羅尼曰
南无薄伽勃底 阿波唎蜜多 阿瑜紇硯娜 須你毗志指陀 囉佐耶 怛他羯他耶 怛
姪他唵 薩婆桒悉迦囉 波唎輸底 達磨底 伽迦娜 莎訶某特迦底 薩婆婆
毗輸底 摩訶娜耶 波唎婆嚩莎訶
若有自書寫教人書寫是无量壽宗要經受持讀誦如同書寫八万四千一切經典陀羅尼曰
南无薄伽勃底 阿波唎蜜多 阿瑜紇硯娜 須毗你志指陀 囉佐耶 怛他羯他耶 怛
姪他唵 薩婆桒悉迦囉 波唎輸底 達磨底 伽迦娜 莎訶某特迦底 薩婆婆
毗輸底 摩訶娜耶 波唎婆嚩莎訶
若有自書寫教人書寫是无量壽宗要經即是書寫八万四千部經建立塔廟陀羅尼曰
南无薄伽勃底 阿波唎蜜多 阿瑜紇硯娜 須毗你志指陀 囉佐耶 怛他羯他耶 怛姪
他唵 薩婆桒悉迦囉 波唎輸底 達磨底 伽迦娜 莎訶某特迦底 薩婆婆
毗輸底 摩訶娜耶 波唎婆嚩莎訶
若有自書寫教人書寫是无量壽宗要經能消五无間等一切重罪陀羅尼曰
南无薄伽勃底 阿波唎蜜多 阿瑜紇硯娜 須毗你志指陀 囉佐耶 怛他羯他耶 怛姪
他唵 薩婆桒悉迦囉 波唎輸底 達磨底 伽迦娜 莎訶某特迦底 薩婆婆毗輸
底 摩訶娜耶 波唎婆嚩莎訶
若有自書寫教人書寫是无量壽宗要經受持讀誦設有重罪猶如須彌盡能除滅陀羅尼曰
南无薄伽勃底 阿波唎蜜多 阿瑜紇硯娜 須毗你志指陀 囉佐耶 怛他羯他耶 怛
姪他唵 薩婆桒悉迦囉 波唎輸底 達磨底 伽迦娜 莎訶某特迦底 薩婆婆
毗輸底 摩訶娜耶 波唎婆嚩莎訶
若有自書寫教人書寫是无量壽宗要經受持讀誦若魔子之眷屬夜叉羅剎不
得其便終无枉死陀羅尼曰
南无薄伽勃底 阿波唎蜜多 阿瑜紇硯娜 須毗你志指陀 囉佐耶 怛他羯他耶 怛
姪他唵 薩婆桒悉迦囉 波唎輸底 達磨底 伽迦娜 莎訶某特迦底 薩婆婆
毗輸底 摩訶娜耶 波唎婆嚩莎訶
若有自書寫教人書寫是无量壽宗要經受持讀誦當命終時有九十九姟佛現其人
前千佛授手能遊一切佛剎莫於此經生於疑惑陀羅尼曰
南无薄伽勃底 阿波唎蜜多 阿瑜紇硯娜 須毗你志指陀 囉佐耶 怛他羯他耶 怛
姪他唵 薩婆桒悉迦囉 波唎輸底 達磨底 伽迦娜 莎訶某特迦底 薩婆婆
毗輸底 摩訶娜耶 波唎婆嚩莎訶

BD04343 號　無量壽宗要經　（5–3）

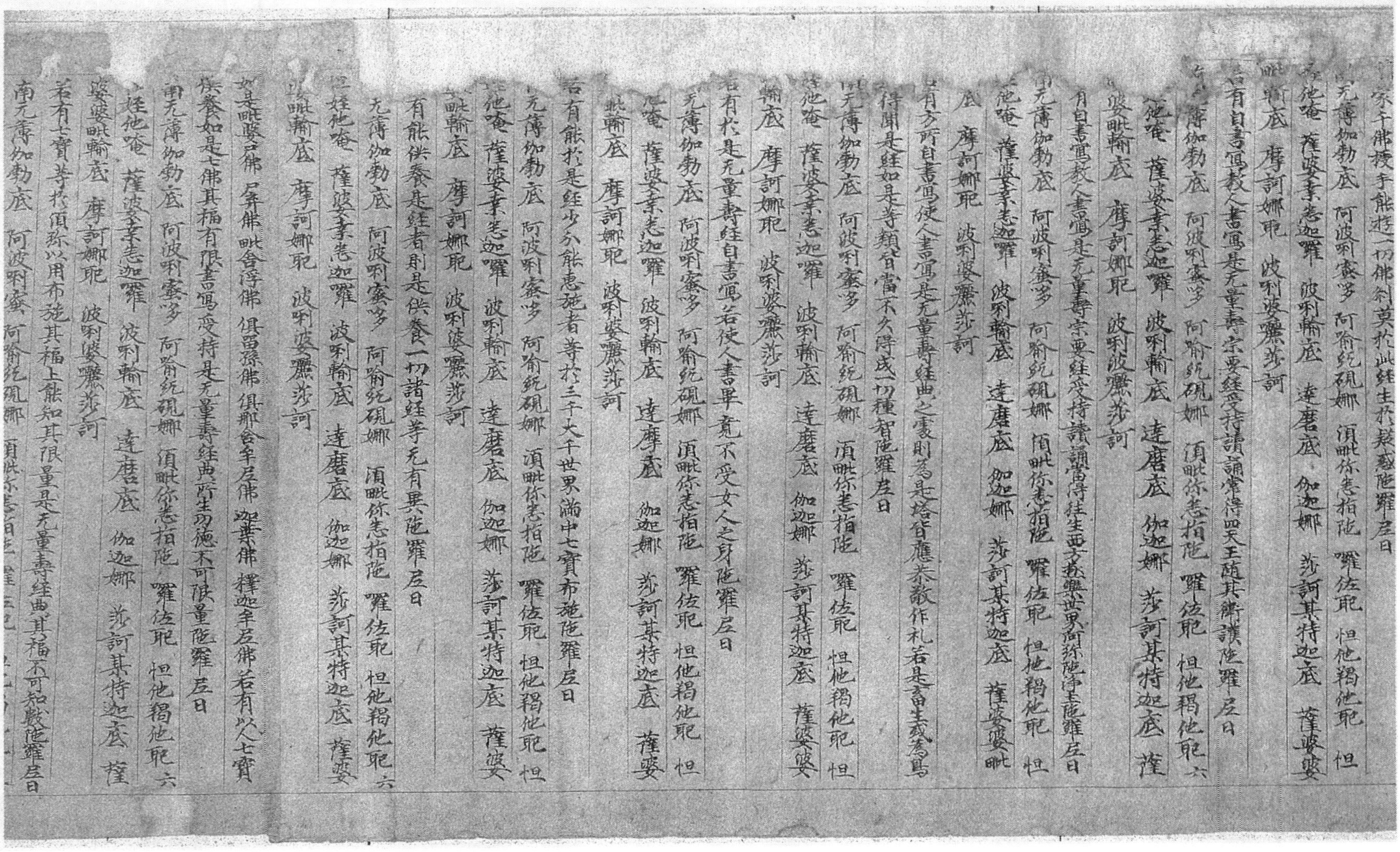

三千佛授手能遊一切佛剎莫於此經生於疑惑陁羅尼曰
□无薄伽勃底　阿波唎蜜多　阿喻紇硯娜　須毗你志指陁　囉佐耶　怛他羯他耶　怛
姪他唵　薩婆桒悉迦羅　波唎輸底　達磨底　伽迦娜　莎訶某特迦底　薩婆婆
毗輸底　摩訶娜耶　波唎婆曬莎訶
若有自書寫教人書寫是无量壽宗要經受持讀誦當得四天王隨其衛護陁羅尼曰
南无薄伽勃底　阿波唎蜜多　阿喻紇硯娜　須毗你志指陁　囉佐耶　怛他羯他耶　六
姪他唵　薩婆桒悉迦羅　波唎輸底　達磨底　伽迦娜　莎訶某特迦底　薩
婆毗輸底　摩訶娜耶　波唎波曬莎訶
有自書寫教人書寫是无量壽宗要經受持讀誦當得往生西方極樂世界阿彌陁淨土陁羅尼曰
南无薄伽勃底　阿波唎蜜多　阿喻紇硯娜　須毗你志指陁　囉佐耶　怛他羯他耶　怛
姪他唵　薩婆桒悉迦羅　波唎輸底　達磨底　伽迦娜　莎訶某特迦底　薩婆婆毗
輸底　摩訶娜耶　波唎婆曬莎訶
若有方所自書寫使人書寫是无量壽經典之處則為是塔皆應恭敬作礼若是畜生或為鳥
□聞是經如是等類皆當不久得成一切種智陁羅尼曰
南无薄伽勃底　阿波唎蜜多　阿喻紇硯娜　須毗你志指陁　囉佐耶　怛他羯他耶　怛
姪他唵　薩婆桒悉迦羅　波唎輸底　達磨底　伽迦娜　莎訶某特迦底　薩婆婆
輸底　摩訶娜耶　波唎婆曬莎訶
若有於是无量壽經自書寫若使人書畢竟不受女人之身陁羅尼曰
南无薄伽勃底　阿波唎蜜多　阿喻紇硯娜　須毗你志指陁　囉佐耶　怛他羯他耶　怛
姪他唵　薩婆桒悉迦羅　波唎輸底　達摩底　伽迦娜　莎訶某特迦底　薩婆
毗輸底　摩訶娜耶　波唎婆曬莎訶
若有能於是經少分能惠施者等於三千大千世界滿中七寶布施陁羅尼曰
南无薄伽勃底　阿波唎蜜多　阿喻紇硯娜　須毗你志指陁　囉佐耶　怛他羯他耶　怛
姪他唵　薩婆桒悉迦羅　波唎輸底　達磨底　伽迦娜　莎訶某特迦底　薩婆
毗輸底　摩訶娜耶　波唎婆曬莎訶
有能供養是經者則是供養一切諸經等无有異陁羅尼曰
南无薄伽勃底　阿波唎蜜多　阿喻紇硯娜　須毗你志指陁　囉佐耶　怛他羯他耶　六
姪他唵　薩婆桒悉迦羅　波唎輸底　達磨底　伽迦娜　莎訶某特迦底　薩婆
毗輸底　摩訶娜耶　波唎婆曬莎訶
如是毗婆尸佛　尸棄佛　毗舍浮佛　俱留孫佛　俱那含牟尼佛　迦葉佛　釋迦牟尼佛　若有以七寶
供養如是七佛其福有限書寫受持是无量壽經典所生功德不可限量陁羅尼曰
南无薄伽勃底　阿波唎蜜多　阿喻紇硯娜　須毗你志指陁　囉佐耶　怛他羯他耶　六
姪他唵　薩婆桒悉迦羅　波唎輸底　達磨底　伽迦娜　莎訶某特迦底　薩
婆婆毗輸底　摩訶娜耶　波唎婆曬莎訶
若有七寶等於須彌以用布施其福上能知其限量是无量壽經典其福不可知數陁羅尼曰
南无薄伽勃底　阿波唎蜜　阿喻紇硯娜　須毗你志……

BD04343 號　無量壽宗要經　（5–4）

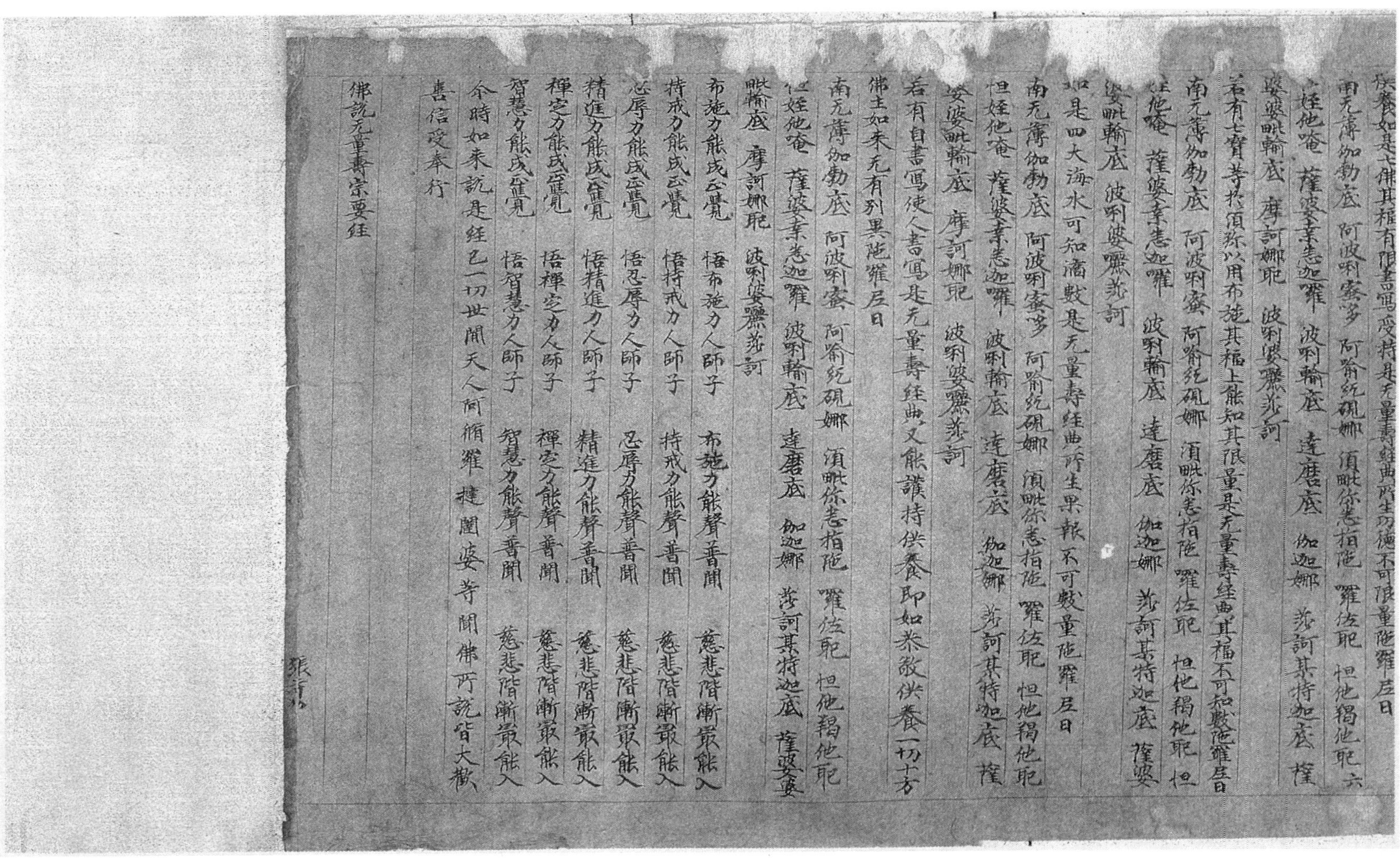

供養如是七佛其福有限書寫受持是无量壽經典所生功德不可限量陁羅尼曰
南无薄伽勃底　阿波唎蜜多　阿喻紇硯娜　須毗你志指陁　囉佐耶　怛他羯他耶　六
姪他唵　薩婆桒悉迦羅　波唎輸底　達磨底　伽迦娜　莎訶某特迦底　薩
婆婆毗輸底　摩訶娜耶　波唎婆曬莎訶
若有七寶等於須彌以用布施其福上能知其限量是无量壽經典其福不可知數陁羅尼曰
南无薄伽勃底　阿波唎蜜　阿喻紇硯娜　須毗你志指陁　囉佐耶　怛他羯他耶　怛
姪他唵　薩婆桒悉迦羅　波唎輸底　達磨底　伽迦娜　莎訶某特迦底　薩婆
婆毗輸底　波唎婆曬莎訶
如是四大海水可知滴數是无量壽經典所生果報不可數量陁羅尼曰
南无薄伽勃底　阿波唎蜜多　阿喻紇硯娜　須毗你志指陁　囉佐耶　怛他羯他耶
怛姪他唵　薩婆桒悉迦羅　波唎輸底　達磨底　伽迦娜　莎訶某特迦底　薩
婆婆毗輸底　摩訶娜耶　波唎婆曬莎訶
若有自書寫使人書寫是无量壽經典又能讚持供養即如恭敬供養一切十方
佛土如來无有別異陁羅尼曰
南无薄伽勃底　阿波唎蜜　阿喻紇硯娜　須毗你志指陁　囉佐耶　怛他羯他耶
怛姪他唵　薩婆桒悉迦羅　波唎輸底　達磨底　伽迦娜　莎訶某特迦底　薩婆婆
毗輸底　摩訶娜耶　波唎婆曬莎訶
布施力能成正覺　悟布施力人師子　布施力能聲善聞　慈悲階漸眾能入
持戒力能成正覺　悟持戒力人師子　持戒力能聲善聞　慈悲階漸眾能入
忍辱力能成正覺　悟忍辱力人師子　忍辱力能聲善聞　慈悲階漸眾能入
精進力能成正覺　悟精進力人師子　精進力能聲善聞　慈悲階漸眾能入
禪定力能成正覺　悟禪定力人師子　禪定力能聲善聞　慈悲階漸眾能入
智慧力能成正覺　悟智慧力人師子　智慧力能聲善聞　慈悲階漸眾能入
尒時如來說是經已一切世間天人阿脩羅揵闥婆等聞佛所說皆大歡
喜信受奉行
佛說无量壽宗要經
張□

BD04343 號　無量壽宗要經　（5–5）

大般涅槃經師子吼菩薩品第十一
尒時佛告一切大衆諸善男子汝若
佛无佛有法无法有僧无僧有苦无苦有集
无集有滅无滅有道无道有實无實有我无
我有苦无苦有淨无淨有常无常有乘无乘
有性无性有衆生无衆生有有无有有真无
真有因无因有果无果有作无作有業无業
有報无報者今恣汝問吾當為汝分別解說
善男子我實不見若天若人若魔若梵若沙
門若婆羅門有來問我不能答者尒時會中
有一菩薩名師子吼即從坐起檢容整服前
礼佛足長跪叉手白佛言世尊我適欲問如
來大慈復垂聽許尒時佛告諸大衆言諸善
男子汝等今當於是菩薩深生恭敬尊重讚
嘆應以種種香華伎樂瓔珞幡蓋衣服飲食
卧具醫藥房舍殿堂而供養之迎來送去所
以者何是人已於過去諸佛深種善根福德

礼佛足長跪叉手白佛言世尊我適欲問如
来大慈復垂聽許尒時佛告諸大衆言諸善
男子汝等今當於是菩薩深生恭敬尊重讚
嘆應以種種香華伎樂瓔珞幡蓋衣服飲食
卧具醫藥房舍殿堂而供養之迎来送去所
以者何是人已於過去諸佛深種善根福德
成就是故今於我前欲師子吼善男子如師
子王自知身力牙爪鋒鋩四足據地安住巖
穴振尾出聲若有能具如是諸相當知是則
能師子吼真師子王晨朝出穴頻申欠呿四
向顧望發聲震吼為十一事何等十一一為
欲壞實非師子詐作師子故二為欲試自身
力故三為欲令住處淨故四為諸子知處所
故五為群輩无怖心故六為眠者得悟悟故
七為一切放逸諸獸不放逸故八為諸獸来
依附故九為欲調大香象故十為教告諸子
息故十一為欲莊嚴自眷屬故一切禽獸聞
師子吼水性之屬潛沒深淵陸行之類藏伏
窟穴飛者墮落諸大香象怖走失糞諸善男
子如彼野干雖逐師子至于百年終不能作
師子吼也若師子子始滿三年則能哮吼如
師子王善男子如来正覺智慧牙爪四如意
足六波羅蜜滿足之身十力雄猛大悲為尾
安住四禪清淨窟宅為諸衆生而師子吼摧
破魔軍示衆十力開佛行處為諸邪見作歸

如佛世尊於百年中能作
師子吼也若師子子始滿三年則能哮吼如
師子王善男子如来正覺智慧牙爪四如意
足六波羅蜜滿足之身十力雄猛大悲爲尾
安住四禪清淨窟宅爲諸衆生而師子吼摧
破魔軍示衆十力開佛行處爲諸邪見作歸
依所安撫生死怖畏之衆覺悟无明睡眠衆
生行惡法者爲作悔心開示邪見一切衆生
令知六師非師子吼故破富蘭那等憍慢心
故爲令二乘生悔心故爲教五住諸菩薩等
生大力心故爲令正見四部之衆於彼邪見
四部徒衆不生怖畏故從聖行梵行天行窟
宅頻申而出爲欲令彼諸衆生等破憍慢故
欠呿爲令諸衆生等生善法故四向顧望爲
令衆生得四无礙故四足據地爲令衆生具
足安住尸波羅蜜故故師子吼師子吼者名
決定說一切衆生悉有佛性如来常住无有
變易善男子聲聞緣覺雖復隨逐如来世尊
无量百千阿僧祇劫而亦不能作師子吼十
住菩薩若能脩行是三行處當知是則能師
子吼諸善男子是師子吼菩薩摩訶薩今欲
如是大師子吼是故汝等應當深心供養恭
敬尊重讚嘆
尒時世尊告師子吼菩薩摩訶薩言善男子
汝若欲問今可隨意師子吼菩薩摩訶薩白
佛言世尊云何爲佛性以何義故名爲佛性

子吼諸善男子是師子吼菩薩摩訶薩今欲
如是大師子吼是故汝等應當深心供養恭
敬尊重讚嘆
尒時世尊告師子吼菩薩摩訶薩言善男子
汝若欲問今可隨意師子吼菩薩摩訶薩白
佛言世尊云何為佛性以何義故名為佛性
何故復名常樂我淨若一切眾生有佛性者
何故不見一切眾生所有佛性十住菩薩住
何等法不了了見佛住何法而了了見十住
菩薩以何等眼不了了見佛以何眼而了了
見佛言善男子善哉善哉若有人能為法諮
啓則為具足二種莊嚴一者智慧二者福德
若有菩薩具足如是二莊嚴者則知佛性亦
復解知名為佛性乃至能知十住菩薩以何
眼見諸佛世尊以何眼見師子吼菩薩言世
尊云何名為智慧莊嚴云何名為福德莊嚴
善男子慧莊嚴者謂從一地乃至十地是名
慧莊嚴福德莊嚴者謂檀波羅蜜乃至般若
非般若波羅蜜復次善男子慧莊嚴者所謂
諸佛菩薩福德莊嚴者謂聲聞緣覺九住菩
薩復次善男子福德莊嚴有為有漏有有有
果報有㝵非常是凡夫法慧莊嚴者无為无
漏无有无果報无㝵常住善男子汝今具足
是二莊嚴是故能問甚深妙義我亦具足是
二莊嚴能荅是義師子吼菩薩摩訶薩言世
尊若有菩薩具足如是二莊嚴者則不應問

薩復次善男子福德莊嚴有為有漏有有
果報有尋非常是凡夫法慧莊嚴者无為无
漏无有无果報无尋常住善男子汝今具足
是二莊嚴是故能問甚深妙義我亦具足是
二莊嚴能荅是義師子吼菩薩摩訶薩言世
尊若有菩薩具足如是二莊嚴者則不應問
一種二種云何世尊說言能荅一種二種所
以者何一切諸法无一二種一種二種者是
凡夫相佛言善男子若有菩薩无二種莊嚴
則不能知一種二種若有菩薩具二莊嚴則
能解知一種二種若言諸法无一二者是義
不然何以故若无一二云何得說一切諸法
无一无二善男子若言一二是凡夫相是乃
名為十住菩薩非凡夫也何以故一者名為
涅槃二者名為生死何故一者名為涅槃以
其常故何故二者名為生死愛无明故常涅
槃者非凡夫相生死二者亦非凡夫相以是
義故具二莊嚴者能問能荅善男子汝問云
何為佛性者諦聽諦聽吾當為汝分別解說
善男子佛性者名第一義空第一義空名為
智慧所言空者不見空与不空智者見空及
与不空常与无常苦之与樂我与无我空者
一切生死不空者謂大涅槃乃至无我者即
是生死我者謂大涅槃見一切空不見不空
不名中道乃至見一切无我不見我者不名

智慧所言空者不見空与不空智者見空及
与不空常与无常苦之与樂我与无我空者
一切生死不空者謂大涅槃乃至无我者即
是生死我者謂大涅槃見一切空不見不空
不名中道乃至見一切无我不見我者不名
中道中道者名為佛性以是義故佛性常
恒无有變易无明覆故令諸衆生不能得見
聲聞緣覺見一切空不見不空乃至見一切
无我不見於我以是義故不得第一義空不
得第一義空故不行中道不行中道故不見
佛性善男子見中道者凡有三種一定樂行
二定苦行三者苦樂行定樂行者所謂菩薩
摩訶薩憐愍一切諸衆生故雖復處在阿鼻
地獄如三禪樂定苦行者謂諸凡夫苦樂行
者謂聲聞緣覺聲聞緣覺行於苦樂作中道
想以是義故雖有佛性而不能見如汝所言
以何義故名佛性者善男子佛性者即是一
切諸佛阿耨多羅三藐三菩提中道種子復
次善男子道有三種謂下上中下者梵天无
常謬見是常上者生死无常謬見是常三寶
是常横計无常何故名上能得最上阿耨多
羅三藐三菩提故中者名第一義空无常見
无常常見於常第一義空不名為下何以故
一切凡夫所不得故不名為上何以故即是
上故諸佛菩薩所脩之道不上不下以是義

BD04344號　大般涅槃經（北本 思溪本）卷二七　（25–6）

常諦見是常上者生死无常諦見是常三寶
是常横計无常何故名上能得最上阿耨多
羅三藐三菩提故中者名第一義空无常見
无常常見於常第一義空不名爲下何以故
一切凡夫所不得故不名爲上何以故即是
上故諸佛菩薩所脩之道不上不下以是義
故名爲中道復次善男子生死本際凡有二
種一者无明二者有愛是二中間則有生老
病死之苦是名中道如是中道能破生死故
名爲中以是義故中道之法名爲佛性是故
佛性常樂我淨以諸衆生不能見故无常无
樂无我无淨佛性實非无常无我无樂无淨
善男子譬如貧人家有寶藏是人不見以不
見故无常无樂无我无淨有善知識而語之
言汝舍宅中有金寶藏何故如是貧窮困苦
无常无樂无我无淨即以方便令彼得見以
得見故是人即得常樂我淨佛性亦尒衆生
不見以不見故无常无樂无我无淨有善知
識諸佛菩薩以諸方便種種教告令彼得見
以得見故衆生即得常樂我淨復次善男子
衆生起見凡有二種一者常見二者斷見如
是二見不名中道无常无斷乃名中道无常
无斷即是觀照十二緣智如是觀智是名佛
二乘之人雖觀因緣猶亦不得名爲佛性
佛性雖常以諸衆生无明覆故不能得見又
未能度十二緣河猶如兎馬何以故不見佛

衆生起見凡有二種一者常見二者斷見如
是二見不名中道无常无斷乃名中道无常
无斷即是觀照十二緣智如是觀智是名佛
性二乘之人雖觀因緣猶亦不得名為佛性
佛性雖常以諸衆生无明覆故不能得見又
未能度十二緣河猶如兎馬何以故不見佛
性故善男子是觀十二因緣智慧即是阿耨
多羅三藐三菩提種子以是義故十二因緣
名為佛性善男子譬如胡𤓰名為熱病何以
故能為熱病作因緣故十二因緣亦復如是
善男子佛性者有因有因因有果有果果有
因者即十二因緣因因者即是智慧有果者
即是阿耨多羅三藐三菩提果果者即是无
上大般涅槃善男子譬如无明為因諸行為
果行因識果以是義故彼无明體亦因亦因
因識亦果亦果果佛性亦尒善男子以是義
故十二因緣不出不滅不常不斷非一非二
不来不去非因非果善男子是因非果如佛
性是果非因如大涅槃是因是果如十二因
緣所生之法非因非果名為佛性非因果故
常恒无變以是義故我經中說十二因緣其
義甚深无知无見不可思惟乃是諸佛菩薩
境界非諸聲聞緣覺所及以何義故甚深甚
深衆生業行不常不斷而得果報雖念念滅
而无所失雖无作者而有作業雖无受者而

常恒无變以是義故我經中說十二因緣其
義甚深无知无見不可思惟乃是諸佛菩薩
境界非諸聲聞緣覺所及以何義故甚深甚
深衆生業行不常不斷而得果報雖念念滅
而无所失雖无作者而有作業雖无受者而
有果報受者雖滅果不敗亡无有慮知和合
而有一切衆生雖与十二因緣共行而不見
知不見知故无有終始十住菩薩唯見其終
不見其始諸佛世尊見始見終以是義故諸
佛了了得見佛性善男子一切衆生不能見
於十二因緣是故輪轉善男子如蠶作繭自
生自死一切衆生亦復如是不見佛性故自
造結業流轉生死猶如拍毱善男子是故我
於諸經中說若有人見十二緣者即是見法
見法者即是見佛佛者即是佛性何以故一
切諸佛以此為性善男子觀十二緣智凡有
四種一者下二者中三者上四者上上下智
觀者不見佛性以不見故得聲聞道中智觀
者不見佛性以不見故得緣覺道上智觀者
見不了了不了了故住十住地上上智者見
了了故得阿耨多羅三藐三菩提道以是義
故十二因緣名為佛性佛性者即第一義空
第一義空名為中道中道者即名為佛佛者
名為涅槃
尒時師子吼菩薩摩訶薩白佛言世尊若佛

…故得阿耨多羅三藐三菩提道以是義
故十二因緣名為佛性佛性者即第一義空
第一義空名為中道中道者即名為佛佛者
名為涅槃
尒時師子吼菩薩摩訶薩白佛言世尊若佛
与佛性无差別者一切衆生何用脩道佛言
善男子如汝所問是義不然佛与佛性雖无
差別然諸衆生悉未具足善男子譬如有人
惡心害母害已生悔三業雖善是人故名地
獄人也何以故是人定當墮地獄故是人雖
无地獄陰界諸入猶故得名為地獄人善男
子是故我於諸經中說若見有人脩行善者
名見天人脩行惡者名見地獄何以故定受
報故善男子一切衆生定得阿耨多羅三藐
三菩提是故我說一切衆生悉有佛性一
切衆生真實未有卅二相八十種好以是義
故我於此經而說是偈
本有今无　本无今有　三世有法　无有是處
善男子有者凡有三種一未來有二現在有
三過去有一切衆生未來之世當有阿耨多
羅三藐三菩提是名佛性一切衆生現在悉
有煩惱諸結是故現在无有卅二相八十種
好一切衆生過去之世有斷煩惱是故現在
得見佛性以是義故我常宣說一切衆生悉
有佛性乃至一闡提等亦有佛性一闡提等
无有善法佛性亦善以未來有故一闡提等

羅三藐三菩提是无佛性一切衆生現在悉
有煩惱諸結是故現在无有卅二相八十種
好一切衆生過去之世有斷煩惱是故現在
得見佛性以是義故我常宣說一切衆生悉
有佛性乃至一闡提等亦有佛性一闡提等
无有善法佛性亦善以未來有故一闡提等
悉有佛性何以故一闡提等定當得成阿耨
多羅三藐三菩提故善男子譬如有人家有
乳酪有人問言汝有蘇耶荅言我有酪實非
蘇以巧方便定當得故故言有蘇衆生亦尒悉
皆有心凡有心者定當得成阿耨多羅三
藐三菩提以是義故我常宣說一切衆生悉
有佛性善男子畢竟有二種一者莊嚴畢竟
二者究竟畢竟一者世間畢竟二者出世畢
竟莊嚴畢竟者六波羅蜜究竟畢竟者一切
衆生所得一乘一乘者名為佛性以是義故我
說一切衆生悉有佛性一切衆生悉有一乘
以无明覆故不能得見善男子如欝單曰卅
三天果報覆故此間衆生不能得見佛性亦
尒諸結覆故衆生不見復次善男子佛性者
即首楞嚴三昧性如醍醐即是一切諸佛之
毋以首楞嚴三昧力故而令諸佛常樂我淨
一切衆生悉有首楞嚴三昧以不脩行故不
得見是故不能得成阿耨多羅三藐三菩提
善男子首楞嚴三昧者有五種名一者首楞

尒諸結覆故衆生不見復次善男子佛性者
即首楞嚴三昧性如醍醐即是一切諸佛之
毋以首楞嚴三昧力故而令諸佛常樂我淨
一切衆生悉有首楞嚴三昧以不脩行故不
得見是故不能得成阿耨多羅三藐三菩提
善男子首楞嚴三昧者有五種名一者首楞
嚴三昧二者般若波羅蜜三者金剛三昧四
者師子吼三昧五者佛性隨其所作處處得
名善男子如一三昧得種種名如禪名四禪
根名定根力名定力覺名定覺正名正定八
大人覺名為定覺首楞嚴定亦復如是善男
子一切衆生具足三定謂上中下上者謂佛
性也以是義故言一切衆生悉有佛性中者
一切衆生具足初禪有因緣時則能脩集若
无因緣則不能脩因緣二種一謂火災二謂
破欲界結以是故言一切衆生悉具中定下
定者十大地中心數定也以是故言一切衆
生悉具下定一切衆生悉有佛性煩惱覆故
不能得見十住菩薩雖見一乘不知如來是
常住法以是故言十住菩薩雖見佛性而不
明了善男子首楞者名一切事竟嚴者名堅
一切畢竟而得堅固名首楞嚴以是故言首
楞嚴定名為佛性善男子我於一時住尼連
禪河告阿難言我今欲洗汝可取衣及以澡
豆我既入水一切飛鳥水陸之屬悉來觀我

明了善男子首楞者名一切事竟嚴者名堅
一切畢竟而得堅固名首楞嚴以是故言首
楞嚴定名為佛性善男子我於一時住尼連
禪河告阿難言我今欲洗汝可取衣及以澡
豆我既入水一切飛鳥水陸之屬悉來觀我
尒時復有五百梵志來在河邊因到我所各
相謂言云何而得金剛之身若使瞿曇不說
斷見我當從其啓受齋法善男子我於尒時
以他心智知是梵志心之所念告梵志言云
何謂我說於斷見彼梵志言瞿曇先於處處
經中說諸衆生悉无有我既言无我云何而
言非斷見耶若无我者持戒者誰破戒者誰
佛言我亦不說一切衆生悉无有我我常宣
說一切衆生悉有佛性佛性者豈非我耶以
是義故我不說斷一切衆生不見佛性故无
常无我无樂无淨如是則名說斷見也時諸
梵志聞說佛性即是我故即發阿耨多羅三
藐三菩提心尋時出家脩菩提道一切飛鳥
水陸之屬亦發无上菩提之心既發心已尋
得捨身善男子是佛性者實非我也為衆生
故說名為我善男子如来有因緣故說无
我為我真實无我雖作是說无有虛妄善男
子有因緣故說我為无我而實有我為世界
故雖說无我而无虛妄佛性无我如来說我
以其常故如来是我而說无我得自在故尒

得捨身善男子是佛性者實非我也為衆生
故說名為我善男子如来有因緣故說无
我為我真實无我雖作是說无有虛妄善男
子有因緣故說我為无我而實有我為世界
故雖說无我而无虛妄佛性无我如来說我
以其常故如来是我而說无我得自在故尒
時師子吼菩薩摩訶薩言世尊若一切衆生
悉有佛性如金剛力士者以何義故一切衆
生不能得見佛言善男子辟如色法雖有青
黄赤白之異長短質像盲者不見雖復不見
亦不得言无青黄赤白長短質像何以故盲
雖不見有目見故佛性亦尒一切衆生雖不
能見十住菩薩見少分故如来全見十住菩
薩所見佛性如夜見色如来所見如晝見色
善男子辟如瞎者見色不了有善良醫而為
治目以藥力故得了了見十住菩薩亦復如
是雖見佛性不能明了以首楞嚴三昧力故
能得明了善男子若有人見一切諸法无常
无我无樂无淨見非一切无常无樂无我无
淨如是之人不見佛性一切者名為生死非
一切者名為三寶聲聞緣覺見一切法无常
无我无樂无淨非一切法亦見无常无我无
樂无淨以是義故不見佛性十住菩薩見一
切法无常无我无樂无淨非一切法分見常
樂我淨以是義故十分之中得見一分諸佛

淨如是之人不見佛性一切者名為生死非
一切者名為三寶聲聞緣覺見一切法无常
无我无樂无淨非一切法亦見无常无我无
樂无淨以是義故不見佛性十住菩薩見一
切法无常无我无樂无淨非一切法分見常
樂我淨以是義故十分之中得見一分諸佛
世尊見一切法无常无我无樂无淨非一切
法見常樂我淨以是義故見於佛性如觀掌
中阿摩勒菓以是義故首楞嚴定名為畢竟
善男子譬如初月雖不可見不得言无佛性
亦尒一切凡夫雖不得見亦不得言无佛性
也善男子佛性者所謂十力四无所畏大慈
大悲三念處一切眾生悉有三種破煩惱故
然後得見一闡提等破一闡提然後能得十
力四无所畏大悲三念處以是義故我常宣
說一切眾生悉有佛性善男子十二因緣一
切眾生等共有之亦內亦外何等十二過去
煩惱名為无明過去業者則名為行現在世
中初始受胎是名為識入胎五分四根未具
名為名色具足四根未名觸時是名六入未
別苦樂是名為觸染習一愛是名為受習近
五欲是名為愛內外貪求是名為取為內外
事起身口意業是名為有現在世識名未來
生現在名色六入觸受名未來世老病死也
是名十二因緣善男子一切眾生雖有如是

BD04344號　大般涅槃經（北本 思溪本）卷二七　（25–15）

名為名色具足四根未名觸時是名六入未
別苦樂是名為觸染習一愛是名為受習近
五欲是名為愛內外貪求是名為取為內外
事起身口意業是名為有現在世識名未來
生現在名色六入觸受名未來世老病死也
是名十二因緣善男子一切眾生雖有如是
十二因緣或有未具如歌羅羅時死則无十
二從生乃至老死得具十二色界眾生无三
種受三種觸三種愛无有老病亦得名為具
足十二无色眾生无色乃至无有老病亦得
名為具足十二以定得故故名眾生平等具
有十二因緣善男子佛性亦尒一切眾生定
當得成阿耨多羅三藐三菩提故是故我說
一切眾生悉有佛性善男子雪山有草名為
忍辱牛若食者則出醍醐更有異草牛若食
者則无醍醐雖无醍醐不可說言雪山之中
无忍辱草佛性亦尒雪山者名為如來忍辱
草者名大涅槃異草者十二部經眾生若能
聽受諮啓大般涅槃則見佛性十二部中雖
不聞有不可說言无佛性也善男子佛性者
亦色非色非色非非色亦相非相非相非非
相亦一非一非一非非一非常非斷非非常非
非斷亦有亦无非有非无亦盡非盡非盡非
非盡亦因亦果非因非果亦義非義非義非
非義亦字非字非字非非字云何為色金剛

不斷有不可說言无佛性也善男子佛性者
〻色非色非非色〻相非相非相非非
相〻一非一非非一非常非斷非非常非
非斷〻有〻无非有非无〻盡非盡非盡非
非盡〻因〻果非因非果〻義非義非義非
非義〻字非字非字非字云何為色金剛
身故云何非色十八不共非色法故云何非色
非非色色非色无定相故云何為相三十二相
故云何非相一切衆生相不現故云何非相非
非相相非相不決定故云何為一一切衆生
悉一乘故云何非一說三乘故云何非一非
非一无數法故云何非常從緣見故云何非
斷離斷見故云何非非常非非斷无終始故
云何為有一切衆生悉皆有故云何為无從
善方便而得見故云何非有非无虛空性故
云何名盡得首楞嚴三昧故云何非盡以其
常故云何非盡非非盡一切盡相斷故云何
為因以了因故云何為果果決定故云何非
因非果以其常故云何名義悉皆攝取義无
㝵故云何非義不可說故云何非義非非義
畢竟空故云何為字有名稱故云何非字名
无名故云何非字非非字斷一切字故云何
非苦非樂斷一切受故云何非我未能具得
八自在故云何非非我以其常故云何非我
非非我不作不受故云何為空第一義空故

无名故云何非字非非字斷一切字故云何
非苦非樂斷一切受故云何非我未能具得
八自在故云何非非我以其常故云何非我
非非我不作不受故云何為空第一義空故
云何非空以其常故云何非空非非空能為
善法作種子故善男子若有人能思惟解了
大涅槃經如是之義當知是人則見佛性佛
性者不可思議乃是諸佛如來境界非諸聲
聞緣覺所知善男子佛性者非陰界入非本
无今有非已有還无從善因緣衆生得見譬
如黑鐵入火則赤出冷還黑而是黑色非內
非外因緣故有佛性亦尒一切衆生煩惱火滅
則得聞見善男子如種滅已牙則得生而是
牙性非內非外乃至華菓亦復如是從緣故
有善男子是大涅槃微妙經典成就具足无
量功德佛性亦尒悉是无量无邊功德之所
成就
尒時師子吼菩薩摩訶薩言世尊菩薩具足
成就幾法得見佛性而不明了諸佛世尊成
就幾法得了了見善男子菩薩具足成就十
法雖見佛性而不明了云何為十一者少欲
二者知足三者寂靜四者精進五者正念六
者正定七者正慧八者解脫九者讚嘆解脫
十者以大涅槃教化衆生師子吼菩薩言世
尊少欲知足有何差別善男子少欲者不求

二者知足三者寂靜四者精進五者正念六者正定七者正慧八者解脫九者讚嘆解脫十者以大涅槃教化衆生師子吼菩薩言世尊少欲知足有何差別善男子少欲者不求不取知足者得少之時心不悔恨少欲者少有所欲知足者但為法事心不愁惱善男子欲者有三一者惡欲二者大欲三者欲欲惡欲者若有比丘心生貪欲欲為一切大衆上首令一切僧隨逐我後令諸四衆悉皆供養恭敬讚嘆尊重於我令我先為四衆說法皆令一切信受我語亦令國王大臣長者皆恭敬我令我大得衣服飲食臥具醫藥上妙舍宅為生死欲是名惡欲云何大欲若有比丘生於欲心云何當令四部之衆悉皆知我得初住地乃至十住得阿耨多羅三藐三菩提得阿羅漢果乃至須陁洹果我得四禪乃至四无导智為於利養是名大欲欲欲者若有比丘欲生梵天魔天自在天轉輪聖王若刹利若婆羅門皆得自在為利養故是名欲欲若不為是三種惡欲之所害者是名少欲欲者名為廿五愛无有如是廿五愛是名少欲不求未來所欲之事是名少欲得而不著是名知足不求恭敬是名少欲得不積聚是名知足善男子有少欲不名知足有知足不名少欲有亦少欲亦知足有不知足不少欲少

者名為廿五愛无有如是廿五愛是名少欲
不求未来所欲之事是名少欲得而不著是
名知足不求恭敬是名少欲得不積聚是名
知足善男子有少欲不名知足有知足不名
少欲有六少欲六知足有不知足不少欲少
欲者謂須陁洹知足者謂辟支佛少欲知足
者謂阿羅漢不少欲不知足者所謂菩薩善
男子少欲知足復有二種一者善二者不善
不善者所謂凡夫善者聖人菩薩一切聖人
雖得道果不自稱說不稱說故心不惱恨是
名知足善男子菩薩摩訶薩脩集大乘大涅
槃經欲見佛性是故脩集少欲知足云何寂
静寂静有二一者心寂静二者身寂静身寂
静者終不造作身三種惡心寂静者亦不造
作意三種惡是則名為身心寂静身寂静者
不親近四衆不豫四衆所有事業心寂静者
終不染集貪欲恚癡是則名為身心寂静或
有比丘身雖寂静心不寂静有心寂静身不
寂静有身心寂静又有身心俱不寂静身寂
静者或有比丘坐禪静處遠離四衆心常積
集貪欲恚癡是名身寂静心不寂静心寂静
身不寂静者或有比丘親近四衆國王大臣
斷貪恚癡是名心寂静身不寂静身心寂静
者諸佛菩薩身心不静者謂諸凡夫何以故
凡夫之人身心雖静不能深觀无常无樂无

集貪欲恚癡是名身寂静心不寂静
身不寂静者或有比丘親近四衆國王大臣
斷貪恚癡是名心寂静身不寂静身心寂静
者諸佛菩薩身心不静者謂諸凡夫何以故
凡夫之人身心雖静不能深觀无常无樂无
我无淨以是義故凡夫之人不能寂静身口
意業一闡提輩犯四重禁作五逆罪如是之人
亦不得名身心寂静云何精進若有比丘欲
令身口意業清淨遠離一切諸不善業脩集
一切諸善業者是名精進是懃進者繫念六
處所謂佛法僧戒施天是名正念具正念者
所得三昧是名正定具正定者觀見諸法猶
如虚空是名正慧具正慧者遠離一切煩惱
諸結是名解脫得解脫者為諸衆生稱美解
脫言是解脫常恒不變是名讚嘆解脫即是
无上大般涅槃涅槃者即是煩惱諸結火滅
又涅槃者名為屋宅何以故能遮煩惱悪風
雨故又涅槃者名為歸依何以故能過一切
諸怖畏故又涅槃者名為洲渚何以故四大
暴河不能漂故何等為四一者欲暴二者有
暴三者見暴四者无明暴是故涅槃名為洲
渚又涅槃者名畢竟歸何以故能得一切畢竟
樂故若有菩薩摩訶薩成就具足如是十法
雖見佛性而不明了復次善男子出家之人
有四種病是故不得四沙門果何等四病謂四

槃河不能渡故何等為四一者欲槃二者有
槃三者見槃四者无明槃是故涅槃名為洲
渚又涅槃者名畢竟歸何以故能得一切畢竟
樂故若有菩薩摩訶薩成就具足如是十法
雖見佛性而不明了復次善男子出家之人
有四種病是故不得四沙門果何等四病謂四
惡欲一為衣欲二為食欲三為卧具欲四為
有欲是名四惡欲是出家病有四良藥能療
是病謂糞掃衣能治比丘為衣惡欲乞食能破
為食惡欲樹下能破卧具惡欲身心寂靜能
破比丘為有惡欲以是四藥除是四病是名
聖行如是聖行則得名為少欲知足寂靜者
有四種樂何等為四一者出家樂二寂靜樂三永
滅樂四畢竟樂得是四樂名為寂靜具四精
進故名精進具四念處故名正念具四禪故
故名正定見四聖實故名正慧永斷一切煩惱
結故名解脫呵諸一切煩惱過故是名讚
歎解脫善男子菩薩摩訶薩安住具足如是
十法雖見佛性而不明了復次善男子菩薩
摩訶薩聞是經已親近脩集遠離一切世間
之事是名少欲既出家已不生悔心是名知
足既知足已近空閑處遠離憒閙是名寂靜
不知足者不樂空閑夫知足者常樂空寂於
空寂處常作是念一切世間悉謂我得沙門
道果然我今者實未能得我今云何誑惑於

足既知足已近空閑處遠離憒丙是名寂靜
不知足者不樂空閑夫知足者常樂空寂於
空寂處常作是念一切世間悉謂我得沙門
道果然我今者實未能得我今云何誑惑於
人作是念已精懃脩集沙門道果是名精進
親近脩進大涅槃者是名正念隨順天行是
名正定安住是定正見正知是名正慧正見
知者能得遠離煩惱結縛是名解脫十住菩
薩為衆生故稱美涅槃是則名為讚嘆解脫
善男子菩薩摩訶薩安住具足如是十法雖
見佛性而不明了復次善男子夫少欲者若
有比丘住空閑處端坐不卧或住樹下或在
冢間或在露處隨有草地而坐其上乞食而
食隨得為足或一坐食不過一食唯畜三衣
糞衣毛衣是名少欲既行是事心不生悔是
名知足脩空三昧是名寂靜得四果已於阿
耨多羅三藐三菩提心不休息是名精進繫
心思惟如來常恒无有變易是名正念脩八
解脫是名正定得四无礙是名正慧遠離七
漏是名解脫稱美涅槃无有十相名嘆解脫
十相者謂生老病死色聲香味觸无常遠離
十相者名大涅槃善男子是菩薩摩訶薩安
住具足如是十法雖見佛性而不明了復次
善男子為多欲故親近國王大臣長者剎利
婆羅門毗舍首陁自稱我得須陁洹果至阿

十相者謂生老病死色聲香味觸无常遠離
十相者名大涅槃善男子是菩薩摩訶薩安
住具足如是十法雖見佛性而不明了復次
善男子為多欲故親近國王大臣長者剎利
婆羅門毗舍首陁自稱我得須陁洹果至阿
羅漢果為利養故行住坐卧乃至大小便利
若見檀越猶行恭敬接引語言破惡欲者名
為少欲雖未能壞諸結煩惱而能同於如來
行處是名知足善男子如是二法乃是念定
近因緣也常為師宗同學所讚我亦常於處
處經中稱美讚嘆如是二法若能具足是二
法者則得近於大涅槃門及五種樂是名寂
靜堅持戒者名為精進有慙愧者名為正念
不見心相者名為正定不求諸法性相因緣
是名正慧无有想故煩惱則斷是名解脫稱
美如是大涅槃經名讚解脫善男子是名菩
薩摩訶薩安住十法雖見佛性而不明了善
男子如汝所問十住菩薩以何眼見故雖見
佛性而不了了諸佛世尊以何眼故見於佛
性而得明了善男子慧眼見故不得明了佛
眼見故故得明了為菩提行故則不了了若
无行故則得了了住十地故雖見不了不住
不去故則得了了菩薩摩訶薩智慧因故見
不了了諸佛世尊斷因果故見則了了一切覺
者名為佛性十住菩薩不得名為一切覺故

佛性而不了了諸佛世尊以何眼故見於佛
性而得明了善男子慧眼見故不得明了佛
眼見故故得明了為菩提行故則不了了若
无行故則得了了住十地故雖見不了不住
不去故則得了了菩薩摩訶薩智慧因故見
不了了諸佛世尊斷因果故見則了了一切覺
者名為佛性十住菩薩不得名為一切覺故
是故雖見而不明了善男子見有二種一者
眼見二者聞見諸佛世尊眼見佛性如於掌
中觀阿摩勒菓十住菩薩聞見佛性故不了
了十住菩薩唯能自知定得阿耨多羅三藐
三菩提而不能知一切衆生悉有佛性

大般涅槃經卷第廿七

善法則得阿耨多羅三藐三菩提須菩提
所言善法者如來說非善法是名善法
須菩提若三千大千世界中所有諸須弥山
王如是等七寶聚有人持用布施若人以此
般若波羅蜜經乃至四句偈等受持讀誦
為他人說於前福德百分不及一百千万億
分乃至筭數辟喻不不能及
須菩提於意云何汝等勿謂如來作是念
我當度衆生須菩提莫作是念何以故實
无有衆生如來度者若有衆生如來度者如
來則有我人衆生壽者須菩提如來說有
我者則非有我而凡夫之人以為有我須菩
提凡夫者如來說則非凡夫
須菩提於意云何可以卅二相觀如來不須
菩提言如是如是以卅二相觀如來佛言須
菩提若以卅二相觀如來者轉輪聖王則
是如來須菩提白佛言世尊如我解佛所說
義不應以卅二相觀如來
尒時世尊而說偈言
若以色見我 以音聲求我 是人行邪道 不能見如來

BD04345號　金剛般若波羅蜜經　（2–1）

分乃至筭數辟喻不不能及
須菩提於意云何汝等勿謂如來作是念
我當度衆生須菩提莫作是念何以故實
无有衆生如來度者若有衆生如來度者如
來則有我人衆生壽者須菩提如來說有
我者則非有我而凡夫之人以為有我須菩
提凡夫者如來說則非凡夫
須菩提於意云何可以卅二相觀如來不須
菩提言如是如是以卅二相觀如來佛言須
菩提若以卅二相觀如來者轉輪聖王則
是如來須菩提白佛言世尊如我解佛所說
義不應以卅二相觀如來
尒時世尊而說偈言
若以色見我 以音聲求我 是人行邪道 不能見如來
須菩提汝若作是念如來不以具是相故得
阿耨多羅三藐三菩提須菩提莫作是念如
來不以具是相故得阿耨多羅三藐三菩提
須菩提汝若作是念發阿耨多羅三藐三菩
是者說諸法斷滅莫作是念何以故發阿耨

BD04345號　金剛般若波羅蜜經　（2–2）

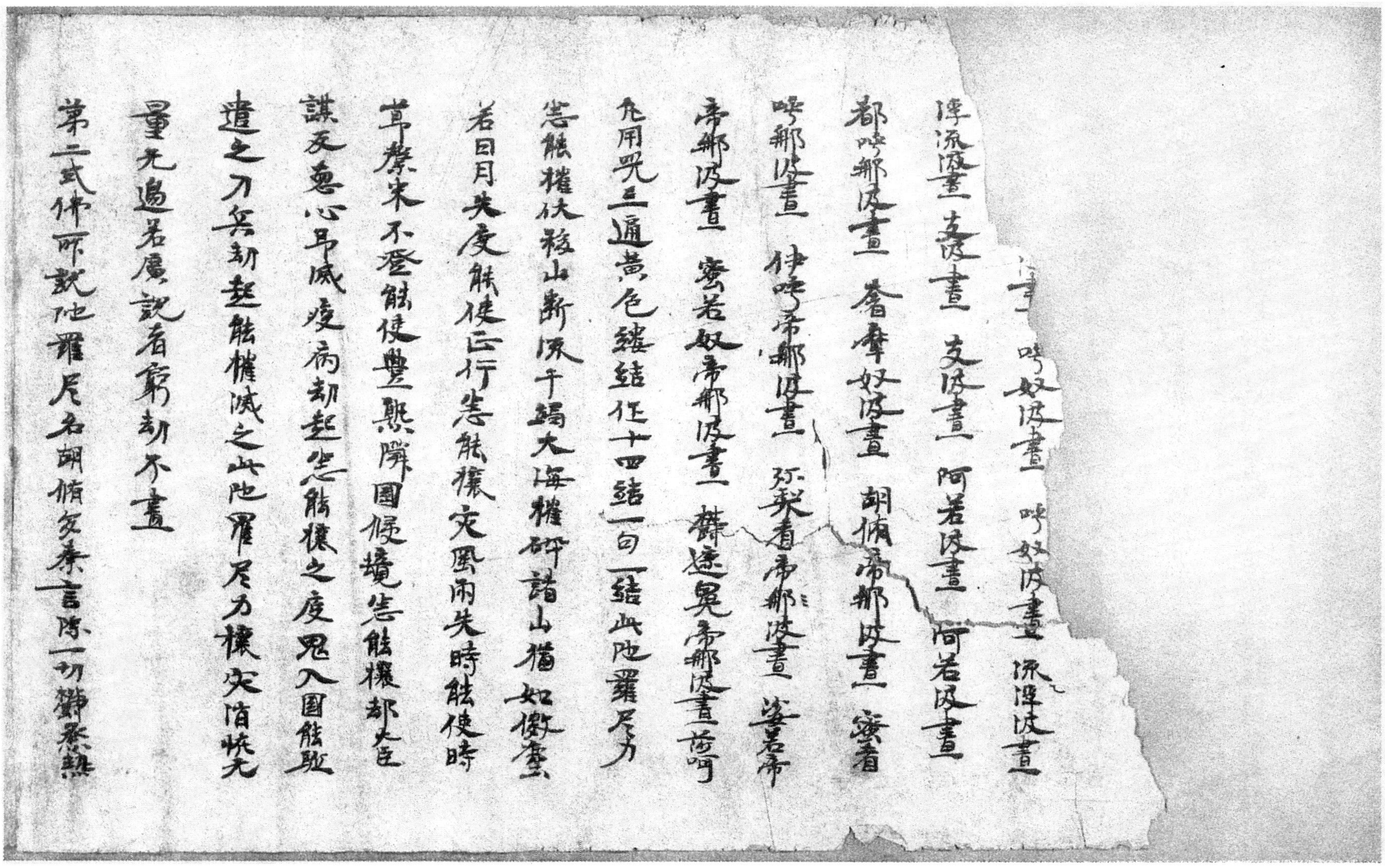
〔浮〕……呼奴波晝　呼奴波晝　流浮波晝
浮流波晝　支波晝　支波晝　阿若波晝　阿若波晝
都呼鄉波晝　耆牽奴波晝　胡偷帝鄉波晝　婆耆
呼鄉波晝　伊呼帝鄉波晝　弥梨耆帝鄉波晝　婆若帝
帝鄉波晝　婆若奴帝鄉波晝　彌遮冥帝鄉波晝　莎呵
凡用呪三遍黃色縷結作十四結一句一結此陀羅尼力
悉能摧伏裂山斷流干竭大海摧碎諸山猶如微塵
若日月失度能使正行悉能攘災風雨失時能使時
節禁采不登能使豐熟隣國侵境悉能攘却大臣
謀反惡心自滅疫病劫起悉能攘之度鬼入國能驅
遣之刀兵劫起能摧滅之此陀羅尼力攘災消殃无
量无邊若廣說者窮劫不盡
第二式佛所說陀羅尼名胡偷多秦言除一切欝蒸熱

BD04346 號 1　七佛八菩薩所說大陀羅尼神呪經鈔（擬）　（9–1）

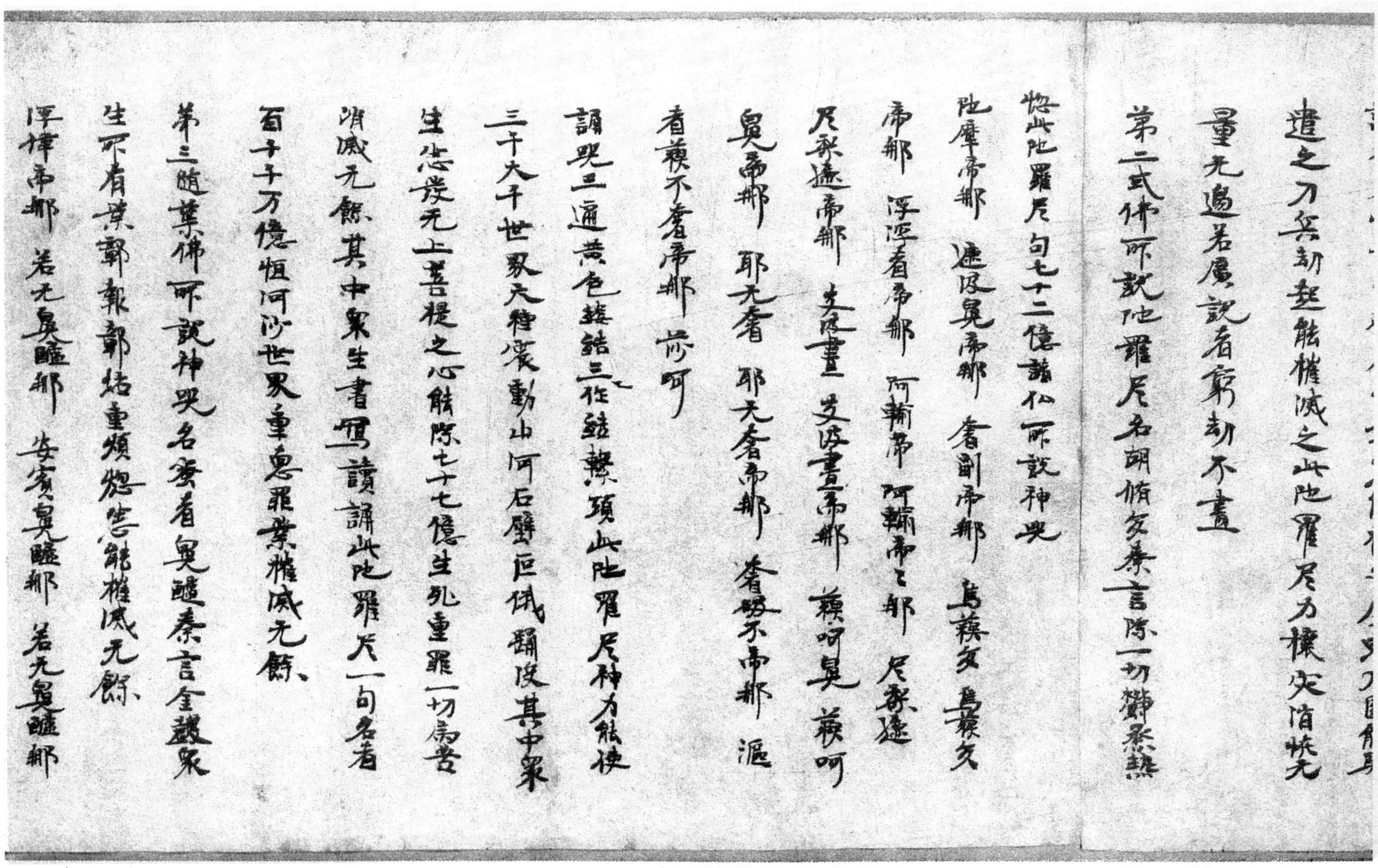
遣之刀兵劫起能摧滅之此陀羅尼力攘災消殃无
量无邊若廣說者窮劫不盡
第二式佛所說陀羅尼名胡偷多秦言除一切欝蒸熱
惣此陀羅尼句七十二億諸佛所說神呪
陀摩帝鄉　遮波冥帝鄉　耆副帝鄉　烏蘇多　烏蘇多
帝鄉　浮浮耆帝鄉　阿輸帝　阿輸帝鄉　尼梨遮
尼梨遮帝鄉　支波晝　支波晝帝鄉　蘇呵冥　蘇呵
冥帝鄉　耶无耆　耶无耆帝鄉　耆婆不帝鄉　滬
耆蘇不耆帝鄉　莎呵
誦呪三遍黃色縷結三作結繫項此陀羅尼神力能使
三千大千世界六種震動山河石壁屈伏踊沒其中眾
生悉發无上菩提之心能除七十七億生死重罪一切病苦
消滅无餘其中眾生書寫讀誦此陀羅尼一句名者
百千万億恒河沙世界重惡罪業摧滅无餘
第三隨葉佛所說神呪名婆耆冥醯秦言金鼓眾
生所有業鄣報鄣結重煩惱悉能摧滅无餘
浮律帝鄉　若无冥醯鄉　安賓冥醯鄉　若无冥醯鄉

BD04346 號 1　七佛八菩薩所說大陀羅尼神呪經鈔（擬）　（9–2）

百千万億恒河沙世界重惡罪業摧滅無餘、
第三隨葉佛所說神咒名賓耆臭醯秦言金藏衆
生所有業鄣報鄣結重煩惱悉能摧滅無餘、
浮律帝那　若无臭醯那　安賓臭醯那　若无臭醯那
遮浮浮臭醯那　烏耆浮浮醯那　若无臭醯那　賜婆咻咻醯那
究梨叱咻咻醯那　支修都醯那　若畫都醯三都那　烏倉咻醯那
遮臭梨那　莎呵
誦咒七遍黃色縷結作四結繫項此陀羅尼句恒河沙等諸
佛所說其有書寫讀誦此陀羅尼者此人恒河沙等劫
所有重罪殺重報鄣道鄣及以五逆一闡提罪悉滅无
餘衆生所有重病鄣道罪垢及以業結聞其所說悉滅
无餘、其有書寫讀誦之者所至到處國邑聚落
林延墓其中衆生得聞說此陀羅尼名一逕耳者
命終已後悉得往生阿閦仏國乃至成佛不墮三塗
行此咒法於四月十五日夜東向於塔内一日遶塔八十遍於塔
西壁下東向誦咒廿四遍乃至七日七夜不得睡眠須胡麻
油燈若麻油燈七枚安置塔四角須伸懷條焰著新

BD04346 號 1　七佛八菩薩所說大陀羅尼神咒經鈔（擬）　（9–3）

行此咒法於四月十五日夜東向於塔内一日遶塔八十遍於塔
西壁下東向誦咒廿四遍乃至七日七夜不得睡眠須胡麻
油燈若麻油燈七枚安置塔四角須伸懷條焰著新
懷衣不食酒肉五辛遍中一食我於爾時當現其
人前放大光明以金色手摩其頂上身与受使此人所有
業鄣罪垢悉滅无餘
第四拘樓秦佛所說大陀羅尼名金剛幢并能療治三界五
濁衆生諸惡煩惱創瘡重病一切業鄣及以報鄣諸垢
煩惱悉能除禪那臭醯以晉言救衆生苦今出叡欲深閻者
脫三垢貪欲瞋恚愚
阿若那畫　波耆醯畫　伊那波梨　帝那醯畫　耆菩阿若
那畫　耆買摩醯畫　无不醯畫　烏耆欽摩醯畫　遮
臭耆浮摩醯畫　遮臭梨那醯畫　浮梨帝那醯畫
阿嘍嘍若醯畫　浮梨帝那醯畫　莎呵　禪那牟梨帝
晉言大豐饒　耆浮牟牟咻　拘以牟牟咻　牟梨遮浮浮咻
婆若臭浮浮咻　支不破浮浮咻　鴦耆奴浮浮咻
不梨帝那浮浮咻　莎呵

BD04346 號 1　七佛八菩薩所說大陀羅尼神咒經鈔（擬）　（9–4）

晉言大豐饒滿　耆浮牟牟昧　枸叱牟牟昧　牟梨遮浮浮昧
婆若莫浮浮昧　支不破浮浮昧　耆耆奴浮浮昧
不梨帝那浮浮昧　莎呵
誦哭一遍黃色縷結作十二結繫頭上來所說陀羅尼
句及我所說悉是過去九十九億諸仏所說其有讀
誦書寫之者現身得金剛幢三昧所有結使權滅
无餘救衆生苦如上所說神力自在不可限量
第五拘那含牟尼仏欲說大陀羅尼名畢多羅呵羨
晉言聲震十方莫不歸伏覺悟衆生猶如雷震
无明衆生令得惠眼此陀羅尼句乃是過去七十二億諸仏
所說我今說之
禪那波羅帝囊　阿那者呵囊　烏奢者阿囊
陀无者阿囊　不梨帝者呵囊　又耶者囊呵囊　欽
婆羅帝囊者呵囊　賓者帝囊者呵囊　阿蘭者帝
囊毗呵囊　嗲婆帝囊者蘭囊　蜜者吳帝囊
若无吳帝囊　烏烏烏烏呵帝囊　支不破帝囊　莎呵

陀无者阿囊　不梨帝者呵囊　又耶者囊呵囊　欽
婆羅帝囊者呵囊　賓者帝囊者呵囊　阿蘭者帝
囊毗呵囊　嗲婆帝囊者蘭囊　蜜者吳帝囊
若无吳帝囊　烏烏烏烏呵帝囊　支不破帝囊　莎呵
誦哭三遍黃色縷結肩繫此陀羅尼力能令三
千世界六變震動其中衆生所有一切衆生得
聞說此陀羅尼句一逕耳者百千万億恒沙億劫
所有重罪誹謗五逆悉滅无餘其有衆生
脩行讀誦七日七夜滅塵睡眠其人現身得師
子王定三昧百千諸佛現前受記又其國土隣
國侵敵欲來侵陵國王尓時与諸群臣淨潔洗
第六迦葉佛所說
阿者提婆梨帝　遮賈摩提婆梨帝　烏奢耶提婆梨帝　沙丘波羅
帝　提婆梨帝　呼婆都波羅帝　提婆梨帝　那咗波羅帝　提
婆梨帝　那支賈波羅帝　提婆梨帝　那呼支羅帝　提婆梨帝
婆若不羅帝　提婆梨帝　那婆都羅帝　提婆梨帝　奢若
蜜都羅帝　提婆梨帝　莎呵
第七釋迦牟尼佛所說
首告八帝那置　星首帝那置　烏蘇支那帝置　者牟支鄉

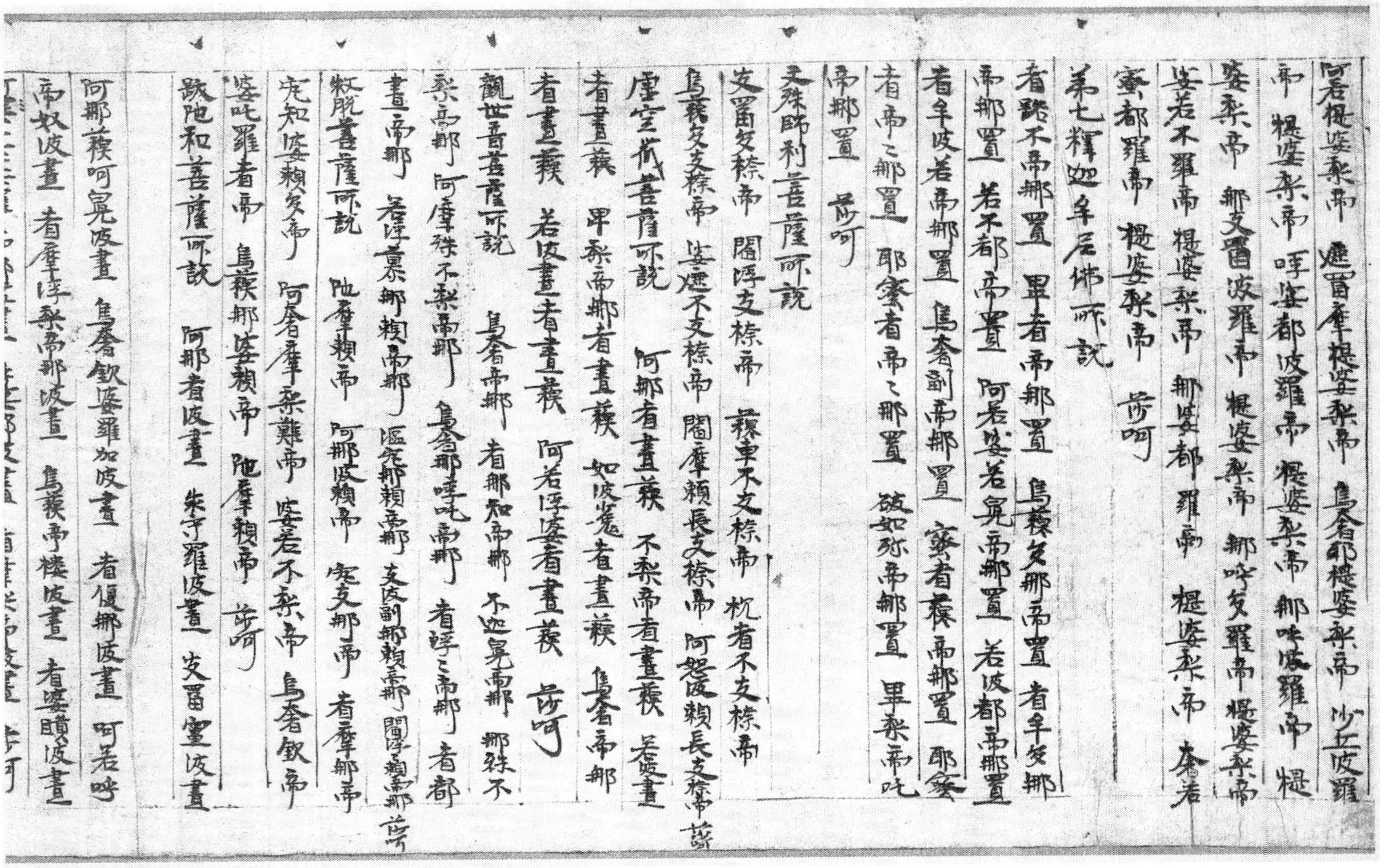

阿若提婆梨帝　遮置摩提婆梨帝　烏奢那提婆梨帝　沙丘波羅
帝　提婆梨帝　呼婆都波羅帝　那吒波羅帝　提
婆梨帝　那支置波羅帝　提婆梨帝　提婆梨帝　那吒多羅帝　提婆梨帝
婆若不羅帝　提婆梨帝　那婆都　羅帝　提婆梨帝　奢若
蜜都羅帝　提婆梨帝　莎呵
第七釋迦牟尼佛所說
者跢不帝那置　畢者帝那置　烏稚多那帝置　者牟多那
帝那置　若不都帝置　阿若婆若晃帝那置　若波都帝那置
者牟波若帝那置　烏奢副帝那置　蜜者稚帝那置　耶蜜
者帝々那置　耶蜜者帝々那置　破如彌帝那置　畢梨帝吒
帝那置　莎呵
文殊師利菩薩所說
支置多棕帝　闍浮支棕帝　稚車不支棕帝　枕者不支棕帝
烏稚多支棕帝　婆遮不支棕帝　闍摩賴長支棕帝　阿毘波賴長支棕帝　莎
虛空藏菩薩所說　阿那者畫稚　不梨帝者畫稚　若婆畫
者畫稚　畢梨帝那者畫稚　如波篾者畫稚　烏奢帝那
者畫稚　若波畫者畫稚　阿若浮婆者畫稚　莎呵
觀世音菩薩所說　烏奢帝那　者那知帝那　不迦晃帝那　那殊不
梨帝那　阿摩殊不梨帝那　烏奢那嗟吒帝那　者浮々帝那　者都
畫帝那　若浮慕那賴帝那　遮究那賴帝那　支波副那賴帝那　闍浮賴帝那　莎
救脫菩薩所說　陁摩賴帝　阿那波賴帝　宪支那帝　者摩那帝
宪知婆賴多帝　阿奢摩梨難帝　婆若不梨帝　烏奢欽帝
婆吒羅者帝　烏稚那婆賴帝　陁摩賴帝　莎呵
跋陁和菩薩所說　阿那者波畫　朱守羅波畫　支置蜜波畫
阿那稚呵晃波畫　烏奢欽婆羅加波畫　者復那波畫　呵若呼
帝奴波畫　者摩浮梨帝那波畫　烏稚帝樓波畫　者婆瞶波畫
[illegible]

BD04346 號 1　七佛八菩薩所說大陀羅尼神呪經鈔（擬）　（9–7）

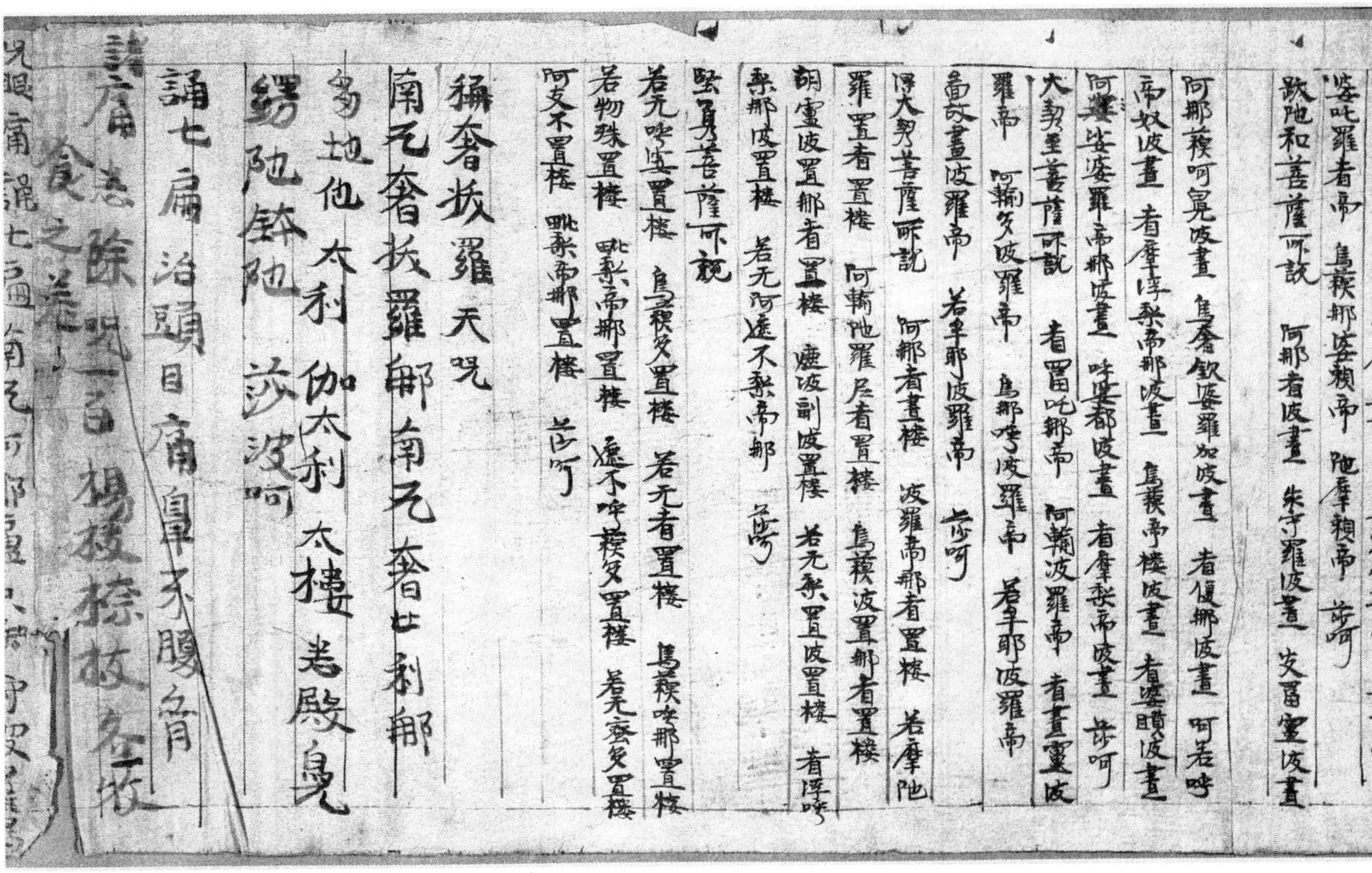

婆吒羅者帝　烏稚那婆賴帝　陁摩賴帝　莎呵
跋陁和菩薩所說　阿那者波畫　朱守羅波畫　支置蜜波畫
阿那稚呵晃波畫　烏奢欽婆羅加波畫　者復那波畫　呵若呼
帝奴波畫　者摩浮梨帝那波畫　烏稚帝樓波畫　者婆瞶波畫
阿婆婆婆羅帝那波畫　呼婆都波畫　者摩梨帝波畫　莎呵
大勢至菩薩所說　者置吒那帝　阿輸波羅帝　者畫蜜波
羅帝　阿輸多波羅帝　烏那嗟波羅帝　若牟耶波羅帝
㝹故畫波羅帝　若牟耶波羅帝　莎呵
得大勢菩薩所說　阿那者畫樓　波羅帝那者置樓　若摩陁
羅置者置樓　阿輸陁羅尼者置樓　烏稚波置那者置樓
胡盧波置那者置樓　遮波副波置樓　若无梨置波置樓　者浮嗟
梨那波置樓　若无阿遮不梨帝那　莎呵
堅勇菩薩所說
若无嗟婆置樓　烏稚多置樓　若无者置樓　烏稚嗟那置樓
若物殊置樓　毗梨帝那置樓　遮不嗟稚多置樓　若无蜜多置樓
阿支不置樓　毗梨帝那置樓　莎呵
稱奢拔羅天呪
南无奢拔羅那南无奢廿刹那
多地他　太利　伽太利　太樓　羌殿昆
鍚陁鉢陁　莎波呵
誦七扁治頭目痛鼻耳腹胷
請痛志除呪一百　楊枝棕枝各一枚　食之差
呪眼痛誦七遍南无[illegible]

BD04346 號 1　七佛八菩薩所說大陀羅尼神呪經鈔（擬）　（9–8）
BD04346 號 2　《治病雜呪》（擬）

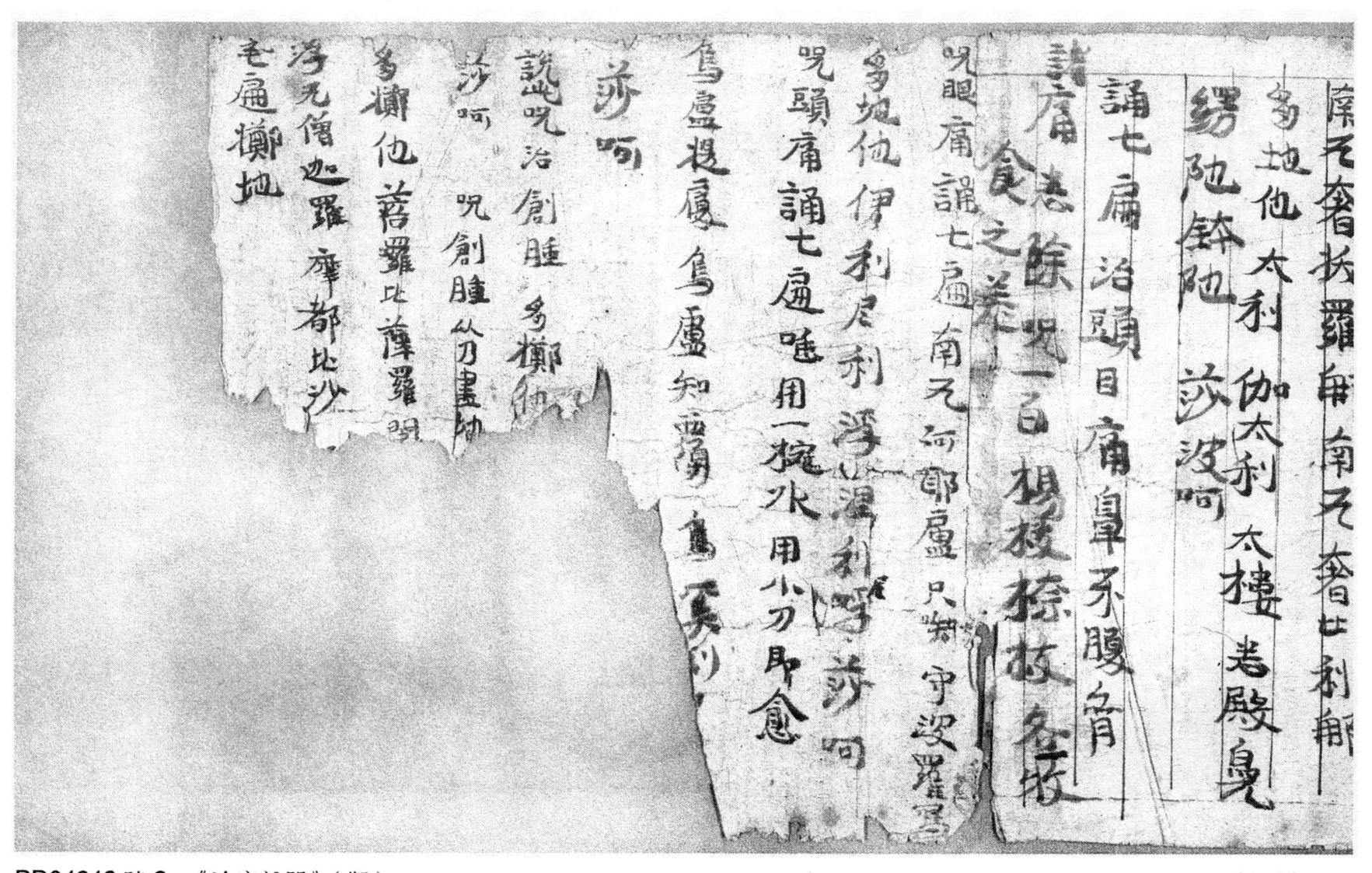

南无奢拔羅南无奢廿利鞞
多地他 太利 伽太利 太樓 耆殿 鼻
娑陁鉢陁 莎波呵
誦七遍 治頭目痛鼻耳腹骨
諸痛悉除 呪一百 楊枝榡枝 各一枚
食之差
呪眼痛誦七遍 南无訶那盧只蜊 守娑羅
多地他 伊利尼利 浮浮濕利浮浮 莎呵
呪頭痛誦七遍 唾用一椀水 用小刀即愈
烏盧提憂 烏盧知雪彌 烏 …
莎呵
讖此呪治創腫 多㰖他
莎呵 呪創腫 以刀畫地
多㰖他 菩羅比 薩羅 …
浮无僧迦羅 摩都比沙
毛遍㰖地

BD04346 號 2 《治病雜咒》（擬） （9–9）

摩地善現謂若住此三摩地時不見諸法有
所住處是故名為无所住三摩地世尊云何
名為一相莊嚴三摩地善現謂若住此三摩
地時不見諸法而有二相是故名為一相莊
嚴三摩地世尊云何名為引發行相三摩地
善現謂若住此三摩地時於諸等持及一切
法雖能引發種種行相而都不見能引發者
是故名為引發行相三摩地世尊云何名為
一行相三摩地善現謂若住此三摩地時見
諸等持无二行相是故名為一行相三摩地世
尊云何名為離諸行相三摩地善現謂若住
此三摩地時見諸等持都无行相是故名為
離諸行相三摩地世尊云何名為妙行三摩
地善現謂若住此三摩地時令諸等持雖起
種種微妙勝行而无所執是故名為妙行三
摩地世尊云何名為達諸有底遠離三摩地
善現謂若住此三摩地時於諸等持及一切
法得通達智得此智已於諸有法通達遠離
是故名為達諸有底遠離三摩地世尊云何
名為入一切施設語言三摩地善現謂若住

BD04347 號 大般若波羅蜜多經卷五二 （2–1）

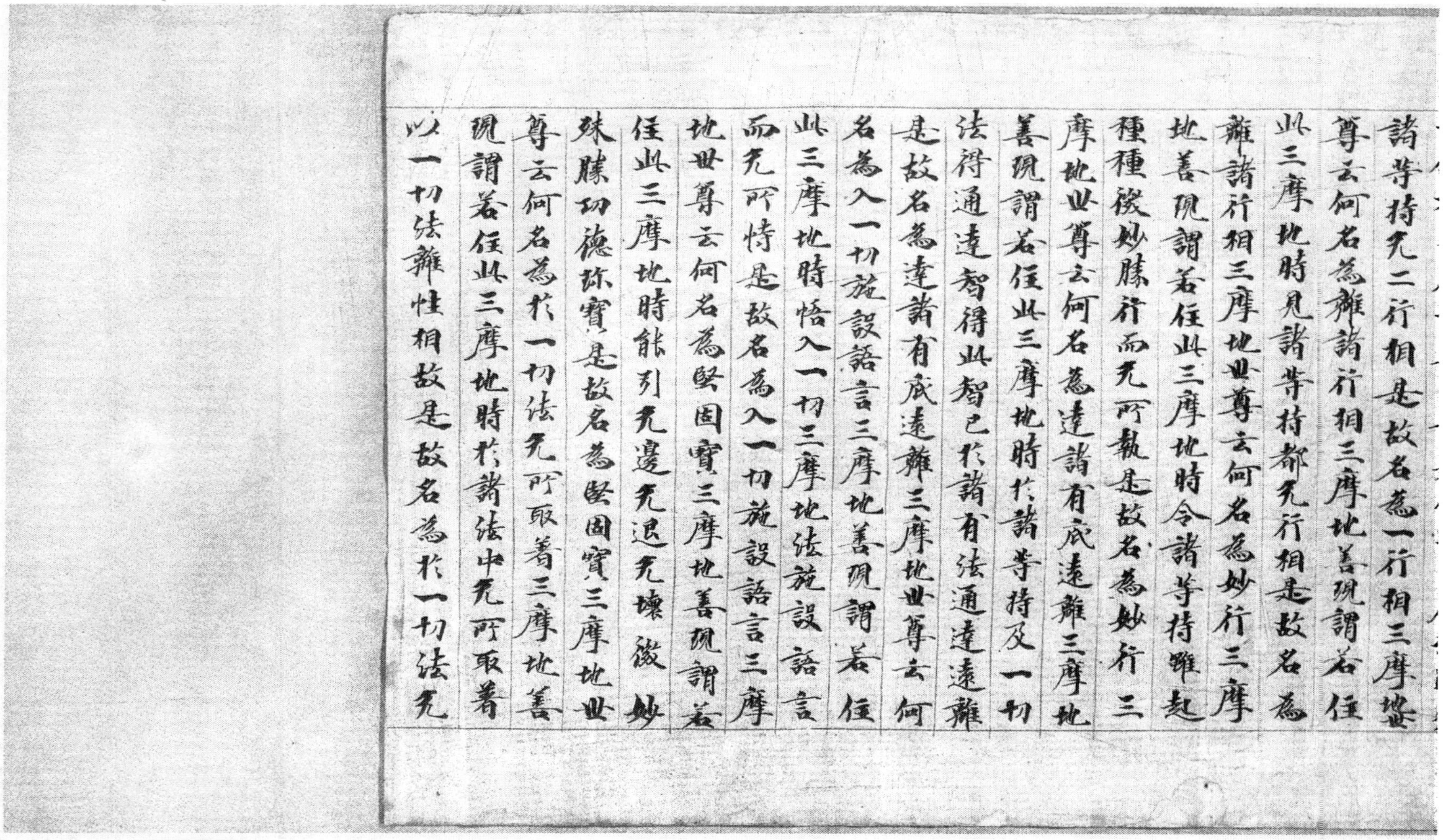

諸等持无二行相是故名為一行相三摩地世
尊云何名為離諸行相三摩地善現謂若住
此三摩地時見諸等持都无行相是故名為
離諸行相三摩地世尊云何名為妙行三摩
地善現謂若住此三摩地時令諸等持雖起
種種微妙勝行而无所執是故名為妙行三
摩地世尊云何名為達諸有底遠離三摩地
善現謂若住此三摩地時於諸等持及一切
法得通達智得此智已於諸有法通達遠離
是故名為達諸有底遠離三摩地世尊云何
名為入一切施設語言三摩地善現謂若住
此三摩地時悟入一切三摩地法施設語言
而无所持是故名為入一切施設語言三摩
地世尊云何名為堅固寶三摩地善現謂若
住此三摩地時能引无邊无退无壞微妙
殊勝功德珍寶是故名為堅固寶三摩地世
尊云何名為於一切法无所取著三摩地善
現謂若住此三摩地時於諸法中无所取著
以一切法離性相故是故名為於一切法无

BD04347號　大般若波羅蜜多經卷五二　（2–2）

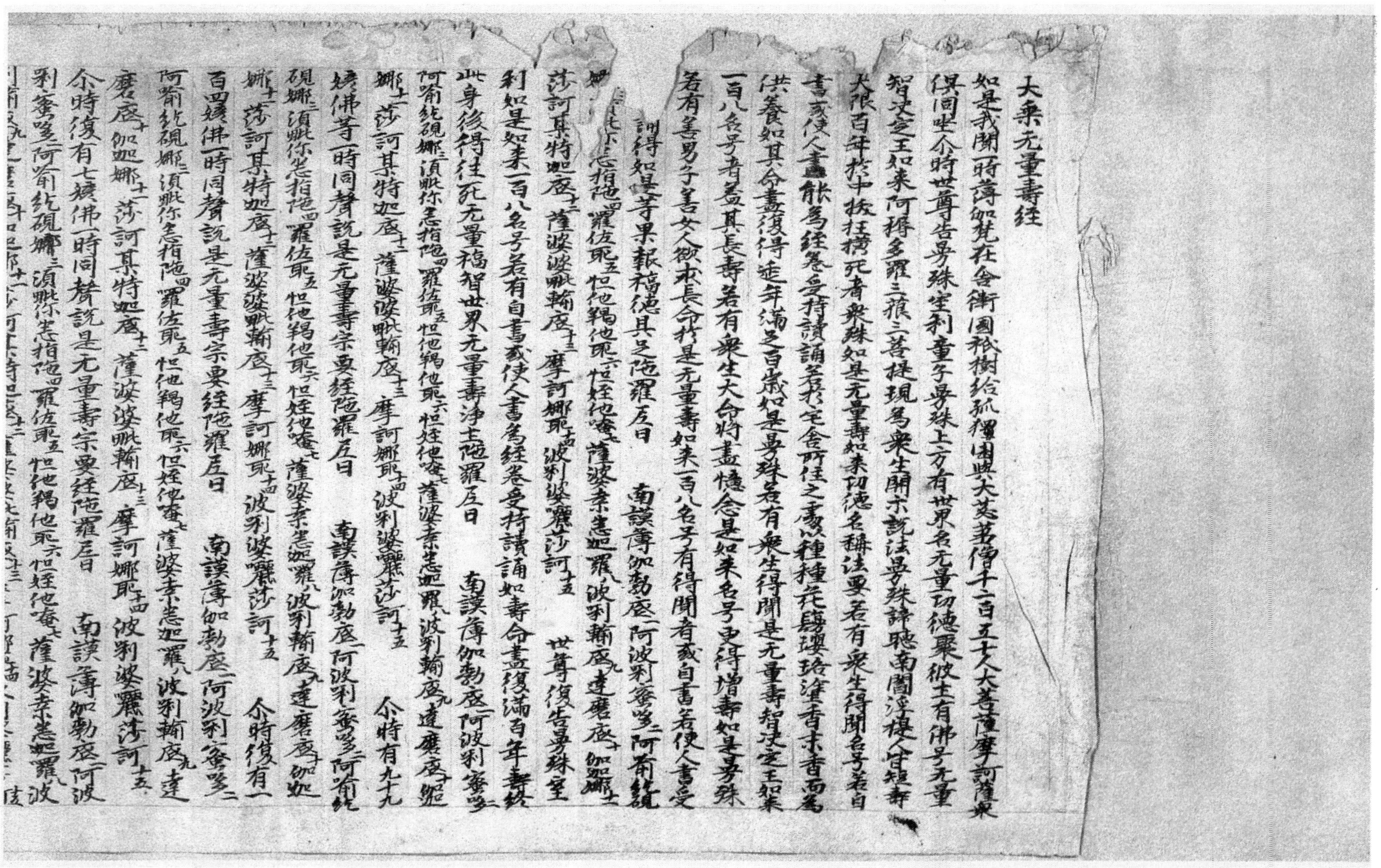

大乘无量壽经
如是我聞一時薄伽梵在舍衛國祇樹給孤獨園與大苾蒭僧千二百五十人大菩薩摩訶薩衆
俱同坐爾時世尊告曼殊室利童子曼殊上方有世界名无量功德聚彼土有佛号无量
智決定王如来阿耨多羅三藐三菩提現為衆生開示說法曼殊諦聽南閻浮提人皆短壽
大限百年於中枉横死者衆殊如是无量壽如来功德名稱法要若有衆生得聞名号若自
書或使人書能為经卷受持讀誦若於宅舍所住之處以種種花鬘瓔珞塗香末香而為
供養如其命盡復得延年滿足百歲如是曼殊若有衆生得聞是无量壽智決定王如来
一百八名号者益其長壽若有衆生大命將盡憶念是如来名号更得增壽如是曼殊
若有善男子善女人欲求長命於是无量壽如来一百八名号有得聞者或自書若使人書受
誦得如是等果報福德具足陁羅尼曰　南謨薄伽勃底一阿波唎蜜多二阿喻紇硯
娜三須毗你悉指陁四羅佐耶五怛他羯他耶六怛姪他七唵薩婆桑悉迦羅八波唎輸底九達磨底十伽迦娜十一
莎訶其特伽底十二　薩婆婆毗輸底十三　摩訶娜耶十四　波唎婆囉莎訶十五　世尊復告曼殊室
利如是如来一百八名号若有自書或使人書為经卷受持讀誦如壽命盡復滿百年壽終
此身後得往生无量福智世界无量壽淨土陁羅尼曰　南謨薄伽勃底一阿波唎蜜多二
阿喻紇硯娜三須毗你悉指陁四羅佐耶五怛他羯他耶六怛姪他七唵薩婆桑悉迦羅八波唎輸底九達磨底十伽迦
娜十一莎訶其特伽底十二　薩婆婆毗輸底十三　摩訶娜耶十四　波唎婆囉莎訶十五　爾時有九十九
姟佛等一時同聲說是无量壽宗要經陁羅尼曰　南謨薄伽勃底一阿波唎蜜多二阿喻紇
硯娜三須毗你悉指陁四羅佐耶五怛他羯他耶六怛姪他七唵薩婆桑悉迦羅八波唎輸底九達磨底十伽迦
娜十一莎訶其特伽底十二　薩婆婆毗輸底十三　摩訶娜耶十四　波唎婆囉莎訶十五　爾時復有一
百四姟佛一時同聲說是无量壽宗要經陁羅尼曰　南謨薄伽勃底一阿波唎蜜多二
阿喻紇硯娜三須毗你悉指陁四羅佐耶五怛他羯他耶六怛姪他七唵薩婆桑悉迦羅八波唎輸底九達
磨底十伽迦娜十一莎訶其特伽底十二　薩婆婆毗輸底十三　摩訶娜耶十四　波唎婆囉莎訶十五
爾時復有七姟佛一時同聲說是无量壽宗要經陁羅尼曰　南謨薄伽勃底一阿波
唎蜜多二阿喻紇硯娜三須毗你悉指陁四羅佐耶五怛他羯他耶六怛姪他七唵薩婆桑悉迦羅八波

BD04348號　無量壽宗要經　（5–1）

姟佛等一時同聲說是无量壽宗要經陀羅尼曰　南謨薄伽勃底一阿波唎蜜多二阿喻紇
硯娜三須毗你悉指陀四囉佐耶五怛他羯他耶六怛姪他唵七薩婆桑悉迦羅八波唎輸底九達磨底十伽迦
娜十一莎訶某特迦底十二薩婆婆毗輸底十三摩訶娜耶十四波唎婆囉莎訶十五　介時復有一
百四姟佛一時同聲說是无量壽宗要經陀羅尼曰　南謨薄伽勃底一阿波唎蜜多二
阿喻紇硯娜三須毗你悉指陀四囉佐耶五怛他羯他耶六怛姪他唵七薩婆桑悉迦羅八波唎輸底九達
磨底十伽迦娜十一莎訶某特迦底十二薩婆婆毗輸底十三摩訶娜耶十四波唎婆囉莎訶十五
介時復有七姟佛一時同聲說是无量壽宗要經陀羅尼曰　南謨薄伽勃底一阿波
唎蜜多二阿喻紇硯娜三須毗你悉指陀四囉佐耶五怛他羯他耶六怛姪他唵七薩婆桑悉迦羅八波
唎輸底九達磨底十伽迦娜十一莎訶某特迦底十二薩婆婆毗輸底十三摩訶娜耶十四波唎婆囉莎訶十五
介時復有六十五姟佛一時同聲說是无量壽宗要經陀羅尼曰　南謨薄伽勃底一阿波唎蜜
多二阿喻紇硯娜三須毗你悉指陀四囉佐耶五怛他羯他耶六怛姪他唵七薩婆桑悉迦羅八波唎輸底九達磨底十
伽迦娜十一莎訶某特迦底十二薩婆婆毗輸底十三摩訶娜耶十四波唎婆囉莎訶十五　介時復有五
十五姟佛一時同聲說是无量壽宗要經陀羅尼曰　南謨薄伽勃底一阿波唎蜜多二阿喻
紇硯娜三須毗你悉指陀四囉佐耶五怛他羯他耶六怛姪他唵七薩婆桑悉迦羅八波唎輸底九達磨底十
伽迦娜十一莎訶某特迦底十二薩婆婆毗輸底十三摩訶娜耶十四波唎婆囉莎訶十五　介時復
有四十五姟佛一時同聲說是无量壽宗要經陀羅尼曰　南謨薄伽勃底一阿波唎蜜多二
阿喻紇硯娜三須毗你悉指陀四囉佐耶五怛他羯他耶六怛姪他唵七薩婆桑悉迦羅八波唎輸底九
達磨底十伽迦娜十一莎訶某特迦底十二薩婆婆毗輸底十三摩訶娜耶十四波唎婆囉莎訶十五
介時復有三十六姟佛一時同聲說是无量壽宗要經陀羅尼曰　南謨薄伽勃底一阿波唎蜜
多二阿喻紇硯娜三須毗你悉指陀四囉佐耶五怛他羯他耶六怛姪他唵七薩婆桑悉迦羅八波唎輸底九
達磨底十伽迦娜十一莎訶某特迦底十二薩婆婆毗輸底十三摩訶娜耶十四波唎婆囉莎訶十五
介時復有三十五姟佛一時同聲說是壽宗要經陀羅尼曰　南謨薄伽勃底一阿波唎蜜多二
阿喻紇硯娜三須毗你悉指陀四囉佐耶五怛他羯他耶六怛姪他唵七薩婆桑悉迦羅八波唎輸底九達
磨底十伽迦娜十一莎訶某特迦底十二薩婆婆毗輸底十三摩訶娜耶十四波唎婆囉莎訶十五
介時復有恒河沙姟佛一時同聲說是无量壽宗要經陀羅尼曰　南謨薄伽勃底一
阿波唎蜜多二阿喻紇硯娜三須毗你悉指陀四囉佐耶五怛他羯他耶六怛姪他唵七薩婆桑悉
迦羅八波唎輸底九達磨底十伽迦娜十一莎訶某特迦底十二薩婆婆毗輸底十三摩訶娜
耶十四波唎婆囉莎訶十五　善男子若有自書寫教人書寫是无量壽宗要經
如其命盡復得長壽而滿百年陀羅尼曰　南謨薄伽勃底一阿波唎蜜多二阿喻紇
硯娜三須毗你悉指陀四囉佐耶五怛他羯他耶六怛姪他唵七薩婆桑悉迦羅八波唎輸底九達磨
底十伽迦娜十一莎訶某特迦底十二薩婆婆毗輸底十三摩訶娜耶十四波唎婆囉莎訶十五

BD04348號　無量壽宗要經　（5–2）

阿波唎蜜多二阿喻紇硯娜三須毗你悉指陀四囉佐耶五怛他羯他耶六怛姪他唵七薩婆桑悉
迦羅八波唎輸底九達磨底十伽迦娜十一莎訶某特迦底十二薩婆婆毗輸底十三摩訶娜
耶十四波唎婆囉莎訶十五　善男子若有自書寫教人書寫是无量壽宗要經
如其命盡復得長壽而滿百年陀羅尼曰　南謨薄伽勃底一阿波唎蜜多二阿喻紇
硯娜三須毗你悉指陀四囉佐耶五怛他羯他耶六怛姪他唵七薩婆桑悉迦羅八波唎輸底九達磨
底十伽迦娜十一莎訶某特迦底十二薩婆婆毗輸底十三摩訶娜耶十四波唎婆囉莎訶十五
若有自書寫教人書寫是无量壽宗要經讀誦受持畢竟不墮地獄在在所生得宿命
智陀羅尼曰　南謨薄伽勃底一阿波唎蜜多二阿喻紇硯娜三須毗你悉指陀四囉佐耶五怛
他羯他耶六怛姪他唵七薩婆桑悉迦羅八波唎輸底九達磨底十伽迦娜十一莎訶某特迦底十二薩
婆婆毗輸底十三摩訶娜耶十四波唎婆囉莎訶十五　若有自書教人書寫是无量壽宗要
經受持讀誦如同書寫八万四千一切經典陀羅尼曰　南謨薄伽勃底一阿波唎蜜多二
阿喻紇硯娜三須毗你悉指陀四囉佐耶五怛他羯他耶六怛姪他唵七薩婆桑悉迦羅八波唎輸底九達
磨底十伽迦娜十一莎訶某特迦底十二薩婆婆毗輸底十三摩訶娜耶十四波唎婆囉莎訶十五
若有自書寫教人書寫是无量壽宗要經即是書寫八万四千部建立塔廟陀羅尼曰
南謨薄伽勃底一阿波唎蜜多二阿喻紇硯娜三須毗你悉指陀四囉佐耶五怛他羯他耶六怛姪他唵七
薩婆桑悉迦羅八波唎輸底九達磨底十伽迦娜十一莎訶某特迦底十二薩婆婆毗輸底十三摩訶
娜耶十四波唎婆囉莎訶十五　若有自書寫教人書寫是无量壽宗要經能消五无間
等一切重罪陀羅尼曰　南謨薄伽勃底一阿波唎蜜多二阿喻紇硯娜三須毗你悉指陀四囉佐耶五
怛他羯他耶六怛姪他唵七薩婆桑悉迦羅八波唎輸底九達磨底十伽迦娜十一莎訶某特迦底十二薩婆
婆毗輸底十三摩訶娜耶十四波唎婆囉莎訶十五　若有自書寫教人書寫是无量壽宗要
經受持讀誦設有重罪猶如須弥盡能除滅陀羅尼曰　南謨薄伽勃底一阿波唎
蜜多二阿喻紇硯娜三須毗你悉指陀四囉佐耶五怛他羯他耶六怛姪他唵七薩婆桑悉迦羅八波唎
輸底九達磨底十伽迦娜十一莎訶某特迦底十二薩婆婆毗輸底十三摩訶娜耶十四波唎婆囉莎訶十五
若有自書寫教人書寫是无量壽宗要經受持讀誦若魔魔之眷屬夜叉羅剎不得
其便終无枉死陀羅尼曰　南謨薄伽勃底一阿波唎蜜多二阿喻紇硯娜三須毗你悉指
陀四囉佐耶五怛他羯他耶六怛姪他唵七薩婆桑悉迦羅八波唎輸底九達磨底十伽迦娜十一莎訶
某特迦底十二薩婆婆毗輸底十三摩訶娜耶十四波唎婆囉莎訶十五　若有自書教
書寫是无量壽宗要經受持讀誦當命終時有九十九姟佛現其人前蒙千佛授
手能遊一切佛剎莫於此經生於疑惑陀羅尼曰　南謨薄伽勃底一阿波唎蜜多二阿
喻紇硯娜三須毗你悉指陀四囉佐耶五怛他羯他耶六怛姪他唵七薩婆桑悉迦羅八波唎輸底九達
磨底十伽迦娜十一莎訶某特迦底十二薩婆婆毗輸底十三摩訶娜耶十四波唎婆囉莎訶十五

BD04348號　無量壽宗要經　（5–3）

陀四羅佐耶五怛他羯他耶六怛姪他唵七薩婆桑悉迦羅八波唎輸底九達磨底十伽伽娜十一莎訶
某特迦底十二薩婆婆毗輸底十三摩訶娜耶十四波唎婆羅莎訶十五　若有自書教
書寫是无量壽宗要経受持讀誦當命終時有九十九姟佛現其人前豪千佛授
手能遊一切佛剎莫於此経生於疑惑陀羅尼曰
南謨薄伽勃底一阿波唎蜜多二阿
喻紇硯娜三須毗你悉指陀四羅佐耶五怛他羯他耶六怛姪他唵七薩婆桑悉迦羅八波唎輸底九達
磨底十伽伽娜十一莎訶某特迦底十二薩婆婆毗輸底十三摩訶娜耶十四波唎婆羅莎訶十五
若有自書寫教人書寫是无量壽宗要経受持讀誦常得四天大王隨其衛護陀羅尼
曰　南謨薄伽勃底一阿波唎蜜多二阿喻紇硯娜三須毗你悉指陀四羅佐耶五怛他羯他耶六
怛姪他唵七薩婆桑悉迦羅八波唎輸底九達磨底十伽伽娜十一莎訶某特迦底十二薩婆婆毗輸
底十三摩訶娜耶十四波唎婆羅莎訶十五　若有自書教人書寫是无量壽宗要経受持
讀誦當得往生西方極樂世界阿弥陀淨土陀羅尼曰　南謨薄伽勃底一阿波唎蜜多二
阿喻紇硯娜三須毗你悉指陀四羅佐耶五怛他羯他耶六怛姪他唵七薩婆桑悉迦羅八波唎輸底九達
磨底十伽伽娜十一莎訶某特迦底十二薩婆婆毗輸底十三摩訶娜耶十四波唎婆羅莎訶十五
若有方所自書寫使人書寫是无量壽経典之處則為是塔皆應恭敬作礼若是畜
生致為鳥獸得聞是経如是等類皆當不久得成一切種智陀羅尼曰　南謨薄伽
勃底一阿波唎蜜多二阿喻紇硯娜三須毗你悉指陀四羅佐耶五怛他羯他耶六怛姪他唵七薩婆桑悉
迦羅八波唎輸底九達磨底十伽伽娜十一莎訶某特迦底十二薩婆婆毗輸底十三摩訶娜耶十四波
唎婆羅莎訶十五　若有於是无量壽経自書寫若使人書畢竟不受女人之身陀羅
尼曰　南謨薄伽勃底一阿波唎蜜多二阿喻紇硯娜三須毗你悉指陀四羅佐耶五怛他羯他耶六
怛姪他唵七薩婆桑悉迦羅八波唎輸底九達磨底十伽伽娜十一莎訶某特迦底十二薩婆婆毗輸
底十三摩訶娜耶十四波唎婆羅莎訶十五　若有能於是経少分能惠施者等於三千大千界
滿中七寶布施陀羅尼曰　南謨薄伽勃底一阿波唎蜜多二阿喻紇硯娜三須毗你悉指陀四
羅佐耶五怛他羯他耶六怛姪他唵七薩婆桑悉迦羅八波唎輸底九達磨底十伽伽娜十一莎訶某特迦底十二
薩婆婆毗輸底十三摩訶娜耶十四波唎婆羅莎訶十五　若有能供養是経者則是供養一切
諸経等无有異陀羅尼曰　南謨薄伽勃底一阿波唎蜜多二阿喻紇硯娜三須毗你悉指陀四
羅佐耶五怛他羯他耶六怛姪他唵七薩婆桑悉迦羅八波唎輸底九達磨底十伽伽娜十一莎訶某特
迦底十二薩婆婆毗輸底十三摩訶娜耶十四波唎婆羅莎訶十五　如是毗婆尸佛尸弃佛毗
舍浮佛俱留孫佛俱那含牟尼佛　加葉佛　釋迦牟尼佛　若有人以七寶供養如是
七佛其福有限書寫受持是无量壽経典所有功德不可限量陀羅尼曰　南謨薄
伽勃底一阿波唎蜜多二阿喻紇硯娜三須毗你悉指陀四羅佐耶五怛他羯他耶六怛姪他唵七薩婆桑

BD04348號　無量壽宗要經　（5–4）

諸経等无有異陀羅尼曰　南謨薄伽勃底一阿波唎蜜多二阿喻紇硯娜三須毗你悉指陀四
羅佐耶五怛他羯他耶六怛姪他唵七薩婆桑悉迦羅八波唎輸底九達磨底十伽伽娜十一莎訶某特
迦底十二薩婆婆毗輸底十三摩訶娜耶十四波唎婆羅莎訶十五　如是毗婆尸佛尸弃佛毗
舍浮佛俱留孫佛俱那含牟尼佛　加葉佛　釋迦牟尼佛　若有人以七寶供養如是
七佛其福有限書寫受持是无量壽経典所有功德不可限量陀羅尼曰　南謨薄
伽勃底一阿波唎蜜多二阿喻紇硯娜三須毗你悉指陀四羅佐耶五怛他羯他耶六怛姪他唵七薩婆桑
悉迦羅八波唎輸底九達磨底十伽伽娜十一莎訶某特迦底十二薩婆婆毗輸底十三摩訶娜耶十四波
唎婆羅莎訶十五　若有七寶等於須弥山用布施其福上能知其限量是无量壽経典
其福不可知數陀羅尼曰　南謨薄伽勃底一阿波唎蜜多二阿喻紇硯娜三須毗你悉指陀四羅
佐耶五怛他羯他耶六怛姪他唵七薩婆桑悉迦羅八波唎輸底九達磨底十伽伽娜十一莎訶某特迦底十二
薩婆婆毗輸底十三摩訶娜耶十四波唎婆羅莎訶十五　如是四大海水可知滴數是无量
壽経典所生果報不可數量陀羅尼曰　南謨薄伽勃底一阿波唎蜜多二阿喻紇硯娜三須
毗你悉指陀四羅佐耶五怛他羯他耶六怛姪他唵七薩婆桑悉迦羅八波唎輸底九達磨底十伽伽娜十一莎
訶某特迦底十二薩婆婆毗輸底十三摩訶娜耶十四波唎婆羅莎訶十五　若有自書使人書寫
是无量壽経典又能護持供養即如恭敬供養一切十方佛土如來无有異別陀羅尼曰
南謨薄伽勃底一阿波唎蜜多二阿喻紇硯娜三須毗你悉指陀四羅佐耶五怛他羯他耶六怛姪他唵七
薩婆桑悉迦羅八波唎輸底九達磨底十伽伽娜十一莎訶某特迦底十二薩婆婆毗輸底十三摩訶娜
耶十四波唎婆羅莎訶十五
布施力能成正覺　悟布施力人師子　布施力能聲普聞　慈悲階漸最能入
持戒力能成正覺　悟持戒力人師子　持戒力能聲普聞　慈悲階漸最能入
忍辱力能成正覺　悟忍辱力人師子　忍辱力能聲普聞　慈悲階漸最能入
精進力能成正覺　悟精進力人師子　精進力能聲普聞　慈悲階漸最能入
禪定力能成正覺　悟禪定力人師子　禪定力能聲普聞　慈悲階漸最能入
智慧力能成正覺　悟智慧力人師子　智慧力能聲普聞　慈悲階漸最能入
尒時如來說是経已一切世間天人阿脩羅揵闥婆等聞佛所說皆大歡喜信受奉行
佛說无量壽宗要経

BD04348號　無量壽宗要經　（5–5）

故名為一切法平等性三摩地世尊云何名
為棄捨塵愛三摩地善現謂若住此三摩地
時於諸定法棄捨塵愛是故名為棄捨塵愛
三摩地世尊云何名為法涌圓滿三摩地善
現謂若住此三摩地時令諸佛法涌現圓滿
是故名為法涌圓滿三摩地世尊云何名為
入法頂三摩地善現謂若住此三摩地時能
永滅除一切法闇亦超諸定而為上首是故名
為入法頂三摩地世尊云何名為寶性三摩地
善現謂若住此三摩地時能出无邊大功德
寶是故名為寶性三摩地世尊云何名為捨
喧諍三摩地善現謂若住此三摩地時捨諸
世間種種喧諍是故名為捨喧諍三摩地世
尊云何名為飄散三摩地善現謂若住此三
摩地時飄散一切等持法執是故名為飄散三
摩地世尊云何名為分別法句三摩地善現
謂若住此三摩地時善能分別諸定法句是故
名為分別法句三摩地世尊云何名為決定
三摩地善現謂若住此三摩地時於法等持

BD04349號　大般若波羅蜜多經卷五二　（2–1）

善現謂若住此三摩地時能出无邊大功德
寶是故名為寶性三摩地世尊云何名為捨
喧諍三摩地善現謂若住此三摩地時捨諸
世間種種喧諍是故名為捨喧諍三摩地世
尊云何名為飄散三摩地善現謂若住此三
摩地時飄散一切等持法執是故名為飄散三
摩地世尊云何名為分別法句三摩地善現
謂若住此三摩地時善能分別諸定法句是故
名為分別法句三摩地世尊云何名為決定
三摩地善現謂若住此三摩地時於法等持
皆得決定是故名為決定三摩地世尊云何
名為无垢行三摩地善現謂若住此三摩地
時能發无邊清淨勝行是故名為无垢行三
摩地世尊云何名為字平等相三摩地善
現謂若住此三摩地時得諸等持字平等
相是故名為字平等相三摩地世尊云何名
為離文字相三摩地善現謂若住此三摩地
時於諸等持不得一字是故名為離文字相
三摩地世尊云何名為斷所緣三摩地善

BD04349號　大般若波羅蜜多經卷五二　（2–2）

次舍利弗菩
受聲聞辟支佛心但学
摩訶薩行羼提波羅蜜時尸婆羅蜜
利弗菩薩摩訶薩行羼提波羅蜜時應
若心身心精進不住不息是菩薩摩訶
羼提波羅蜜時毗梨耶波羅蜜復次舍
菩薩摩訶薩行羼提波羅蜜時攝心一
有若事心不散乱是名菩薩摩訶薩行
波羅蜜時禪波羅蜜復次舍利弗菩薩摩訶
薩行羼提波羅蜜時應薩婆若心觀諸法空
无作者无受者若有呵罵割截者心如幻如
夢是名菩薩摩訶薩行羼提波羅蜜時般若
波羅蜜復次舍利弗菩薩摩訶薩行毗梨耶
波羅蜜時應薩婆若心布施不令身心懈怠
是名菩薩摩訶薩行毗梨耶波羅蜜時檀波
羅蜜復次舍利弗菩薩摩訶薩行毗梨耶波
羅蜜時應薩婆若心始終具足清淨持戒是
名菩薩摩訶薩行毗梨耶波羅蜜時尸波羅
蜜復次舍利弗菩薩摩訶薩行毗梨耶波羅

BD04350號　摩訶般若波羅蜜經（聖語藏本）卷六　（19–1）

是名菩薩摩訶薩行毗梨耶波羅蜜時檀波
羅蜜復次舍利弗菩薩摩訶薩行毗梨耶波
羅蜜時應薩婆若心始終具足清淨持戒是
名菩薩摩訶薩行毗梨耶波羅蜜時尸波羅
蜜復次舍利弗菩薩摩訶薩行毗梨耶波羅
蜜時應薩婆若心脩行忍辱是名菩薩摩訶
薩行毗梨耶波羅蜜時羼提波羅蜜復次舍
利弗菩薩摩訶薩行毗梨耶波羅蜜時應薩
婆若心攝心離欲入諸禪定是名菩薩摩訶
薩行毗梨耶波羅蜜時禪波羅蜜復次舍利
弗菩薩摩訶薩行毗梨耶波羅蜜時應薩婆
若心不取一切諸法相於不取相亦不著是
名菩薩摩訶薩行毗梨耶波羅蜜時般若波
羅蜜如是舍利弗菩薩摩訶薩行毗梨耶波
羅蜜時攝諸波羅蜜復次舍利弗菩薩摩訶
薩行禪波羅蜜時應薩婆若心定心布施不
令心乱是名菩薩摩訶薩行禪波羅蜜時檀
波羅蜜復次舍利弗菩薩摩訶薩行禪波羅
蜜時應薩婆若心持戒禪定力故破戒諸法
不令得入是名菩薩摩訶薩行禪波羅蜜時
尸波羅蜜復次舍利弗菩薩摩訶薩行禪波
羅蜜時應薩婆若心慈悲定故忍諸惱害是
名菩薩摩訶薩行禪波羅蜜時羼提波羅蜜
復次舍利弗菩薩摩訶薩行禪波羅蜜時應
薩婆若心於禪不味不著常求增進之一禪

BD04350號　摩訶般若波羅蜜經（聖語藏本）卷六　（19–2）

尸波羅蜜復次舍利弗菩薩摩訶薩行禪波
羅蜜時應薩婆若心慈悲之故忍諸惱害是
名菩薩摩訶薩行禪波羅蜜時羼提波羅蜜
復次舍利弗菩薩摩訶薩行禪波羅蜜時應
薩婆若心於禪不味不著常求增進從一禪
至一禪是名菩薩摩訶薩行禪波羅蜜時毗
梨耶波羅蜜復次舍利弗菩薩摩訶薩行禪
波羅蜜時應薩婆若心於一切法无所依止
亦不隨禪生是名菩薩摩訶薩行禪波羅蜜
時般若波羅蜜如是舍利弗菩薩摩訶薩行
禪波羅蜜時攝諸波羅蜜復次舍利弗菩薩
摩訶薩行般若波羅蜜時應薩婆若心布施
内外所有无所愛惜不見與者受者及以財
物是名菩薩摩訶薩行般若波羅蜜時檀波
羅蜜復次舍利弗菩薩摩訶薩行般若波羅
蜜時應薩婆若心持戒破戒二事不見故是
名菩薩摩訶薩行般若波羅蜜時尸波羅蜜
復次舍利弗菩薩摩訶薩行般若波羅蜜時
應薩婆若心不見呵者罵者打者殺者亦不
見用是空能忍辱是名菩薩摩訶薩行般若
波羅蜜時羼提波羅蜜復次舍利弗菩薩摩
訶薩行般若波羅蜜時應薩婆若心觀諸法
畢竟空以大悲心故行諸善法是名菩薩摩
訶薩行般若波羅蜜時毗梨耶波羅蜜復次

BD04350號　摩訶般若波羅蜜經（聖語藏本）卷六　（19–3）

見用是空能忍辱是名菩薩摩訶薩行般若
波羅蜜時羼提波羅蜜復次舍利弗菩薩摩
訶薩行般若波羅蜜時應薩婆若心觀諸法
畢竟空以大悲心故行諸善法是名菩薩摩
訶薩行般若波羅蜜時毗梨耶波羅蜜復次
舍利弗菩薩摩訶薩行般若波羅蜜時應薩
婆若心入禪定觀諸禪離相空相无相无
作相是名菩薩摩訶薩行般若波羅蜜時禪
波羅蜜如是舍利弗菩薩摩訶薩行般若波
羅蜜時攝諸波羅蜜舍利弗如是名為菩薩
摩訶薩大誓莊嚴是大誓莊嚴菩薩十方諸
佛歡喜於大衆中稱名讃嘆某國土某菩薩
摩訶薩大誓莊嚴成就衆生淨佛國土慧命
舍利弗問富樓那弥多羅尼子云何菩薩摩
訶薩發趣大乘富樓那語舍利弗菩薩摩訶
薩行六波羅蜜離諸欲惡不善法有覺有觀
離生喜樂入初禪乃至入第四禪中以慈廣
大无二无量无怨恨无惱心行遍滿一方二
三四方四維上下遍一切世間悲喜捨心亦
如是是菩薩入禪時起時諸禪无量心及枝
共一切衆生迴向薩婆若是名菩薩摩訶薩
禪波羅蜜發趣大乘是菩薩摩訶薩住禪无
量心作是念我當得一切種智為斷一切衆
生煩惱故當說法是名菩薩摩訶薩行禪波

BD04350號　摩訶般若波羅蜜經（聖語藏本）卷六　（19–4）

共一切衆生迴向薩婆若是名菩薩摩訶薩
禪波羅蜜發趣大乘是菩薩摩訶薩住禪无
量心作是念我當得一切種智爲斷一切衆
生煩惱故當説法是名菩薩摩訶薩行禪波
羅蜜時檀波羅蜜若菩薩摩訶薩應薩婆若
心脩初禪住初禪二三四禪亦如是不受餘
心所謂聲聞辟支佛心是名菩薩摩訶薩行
禪波羅蜜時尸波羅蜜若菩薩摩訶薩應薩
婆若心入諸禪作是念我爲斷一切衆生煩
惱故當説法是諸心欲樂忍是名菩薩摩訶
薩行禪波羅蜜時羼提波羅蜜若菩薩摩訶
薩應薩婆若心入諸禪諸善根皆迴向薩婆
若懃脩不息是名菩薩摩訶薩行禪波羅蜜
時毗梨耶波羅蜜若菩薩摩訶薩應薩婆若
心入四禪及枝觀无常相若相无我相空相
无相相无作相共一切衆生迴向薩婆若是
名菩薩摩訶薩行禪波羅蜜時般若波羅蜜
舍利弗是名菩薩摩訶薩發趣大乘復次菩
薩摩訶薩發趣大乘行慈心作是念我當安
樂一切衆生入悲我當救濟一切衆生入喜我
當度一切衆生入捨我當令一切衆生得諸
漏盡是名菩薩摩訶薩行无量心時檀波羅
蜜復次菩薩摩訶薩是諸禪无量心不向聲
聞辟支佛地但迴向薩婆若是名菩薩摩訶

BD04350號　摩訶般若波羅蜜經（聖語藏本）卷六　（19–5）

樂一切衆生入悲我當救濟一切衆生入喜我
當度一切衆生入捨我當令一切衆生得諸
漏盡是名菩薩摩訶薩行无量心時檀波羅
蜜復次菩薩摩訶薩是諸禪无量心不向聲
聞辟支佛地但迴向薩婆若是名菩薩摩訶
薩行无量心時尸波羅蜜復次舍利弗菩薩
摩訶薩行四无量心不貪聲聞辟支佛地但
忍樂欲薩婆若是名菩薩摩訶薩行无量心
時羼提波羅蜜若菩薩摩訶薩應薩婆若
心行四无量心但行清淨行是名菩薩摩訶
薩行无量心時毗梨耶波羅蜜復次菩薩摩
訶薩入禪无量心時亦不隨禪无量心生是
名菩薩摩訶薩行无量心時方便般若波羅
蜜舍利弗是名菩薩摩訶薩發趣大乘復次
舍利弗菩薩摩訶薩發趣大乘一切種脩四
念處乃至一切種脩八聖道分一切種脩三
解脫門乃至十八不共法是名菩薩摩訶薩
發趣大乘復次舍利弗菩薩摩訶薩內空中
智慧用无所得故乃至无法有法空中智慧
用无所得故是名菩薩摩訶薩發趣大乘復
次舍利弗菩薩摩訶薩一切法中不亂不定
智慧是名菩薩摩訶薩發趣大乘復次舍利
弗菩薩摩訶薩發趣大乘非常非无常智慧
非樂非苦非實非虛非我非无我智慧是名

BD04350號　摩訶般若波羅蜜經（聖語藏本）卷六　（19–6）

用无所得故是名菩薩摩訶薩發趣大乘復
次舍利弗菩薩摩訶薩一切法中不亂不定
智慧是名菩薩摩訶薩發趣大乘復次舍利
弗菩薩摩訶薩發趣大乘非常非无常智慧
非樂非苦非實非虛非我非无我智慧是名
菩薩摩訶薩發趣大乘用无所得故復次舍
利弗菩薩摩訶薩智不行過去世不行未來
世不行現在世亦非不知三世是名菩薩摩
訶薩發趣大乘用无所得故復次菩薩摩訶
薩發趣大乘智不行欲界不行色界不行无
色界亦非不智欲界色界无色界用无所得
故舍利弗是名菩薩摩訶薩發趣大乘復次
菩薩摩訶薩發趣大乘智不行世間法不行
出世間法不行有為法不行无為法不行有
漏法不行无漏法亦非不知世間法出世間
法有為无為有漏无漏法用无所得故舍利
弗是名菩薩摩訶薩發趣大乘

摩訶般若波羅蜜乘大乘品第十六

尒時慧命舍利弗問富樓那云何名菩薩摩
訶薩乘於大乘富樓那荅舍利弗言菩薩摩
訶薩行般若波羅蜜乘檀波羅蜜亦不得檀
波羅蜜亦不得菩薩亦不得受者是法用无
所得故是名菩薩摩訶薩乘檀波羅蜜菩薩
摩訶薩行般若波羅蜜乘尸波羅蜜羼提波

尒時慧命舍利弗問富樓那云何名菩薩摩
訶薩乘於大乘富樓那荅舍利弗言菩薩摩
訶薩行般若波羅蜜乘檀波羅蜜亦不得檀
波羅蜜亦不得菩薩亦不得受者是法用无
所得故是名菩薩摩訶薩乘檀波羅蜜菩薩
摩訶薩行般若波羅蜜乘尸波羅蜜羼提波
羅蜜毗梨耶波羅蜜禪波羅蜜乘般若波羅
蜜亦不得般若波羅蜜亦不得菩薩是法用
无所得故是為菩薩摩訶薩乘於般若波羅
蜜如是舍利弗是為菩薩摩訶薩乘於大乘
復次舍利弗菩薩摩訶薩摩訶衍一心應薩
婆若脩四念處法壞故乃至一心應薩婆若
脩十八不共法法壞故是亦不可得如是舍
利弗是名菩薩摩訶薩乘於大乘復次舍利
弗菩薩摩訶薩作是念菩薩但有名字衆生
不可得故是名菩薩摩訶薩乘於大乘復次
舍利弗菩薩摩訶薩作是念色但有名字色
不可得故受想行識但有名字識不可得故
眼但有名字眼不可得故乃至意亦如是四
念處但有名字四念處不可得故乃至八聖
道分但有名字八聖道分不可得故內空但
有名字內空不可得故乃至无法有法空但
有名字无法有法空不可得故乃至十八不
共法但有名字十八不共法不可得故諸法
如但有名字如不可得故法相法性法位實

道分但有名字八聖道分不可得故內空但
有名字內空不可得故乃至无法有法空但
有名字无法有法空不可得故乃至十八不
共法但有名字十八不共法不可得故諸法
如但有名字如不可得故法相法性法住實
際但有名字實際不可得故阿耨多羅三藐
三菩提及佛但有名字佛不可得故如是舍
利弗是名菩薩摩訶薩乘於大乘復次舍利
弗菩薩摩訶薩從初發意以來具足菩薩神
通成就衆生從一佛國至一佛國恭敬供養
尊重讚嘆諸佛從諸佛聽受法教所謂菩薩
大乘是菩薩乘此大乘從一佛國至一佛國
淨佛國土成就衆生初无佛國想亦无衆生
想此人住不二地中為衆生受身隨其所應
自變其形而教化之乃至一切智終不離菩
薩乘是菩薩得一切種智已轉法輪聲聞辟
支佛及天龍鬼神阿脩羅世間人民所不能
轉尒時十方如恒河沙等諸佛皆歡喜稱名
讚嘆作是言某方某國某菩薩摩訶薩乘於
大乘得一切種智轉法輪舍利弗是名菩薩
摩訶薩乘於大乘

摩訶般若波羅蜜无縛无脫品第十七

尒時須菩提白佛言世尊菩薩摩訶薩大誓

大乘得一切種智轉法輪舍利弗是名菩薩
摩訶薩乘於大乘

摩訶般若波羅蜜无縛无脫品第十七

尒時須菩提白佛言世尊菩薩摩訶薩大誓
莊嚴何等是大誓莊嚴何等菩薩能大誓莊
嚴佛語須菩提菩薩摩訶薩行大誓莊嚴
嚴所謂檀波羅蜜乃至般若波羅蜜莊嚴四
念處莊嚴乃至八聖道分內空莊嚴乃至无
法有法空十力乃至十八不共法及一切種
智莊嚴變身如佛莊嚴光明遍照三千大千
國土亦照東方如恒河沙等國土南西北方
四維上下亦復如是三千大千國土六種振
動亦動東方如恒河沙等諸國土南西北方
四維上下亦復如是如是菩薩摩訶薩住檀波羅
蜜摩訶衍大誓莊嚴是三千大千國土變
為瑠璃化作轉輪聖王須食與食須飲與飲
衣服卧具華香瓔珞擣香擇香房舍燈燭醫
藥種種所須盡給與之與已而為說法所謂
六波羅蜜法衆生聞是法者終不離六波羅
蜜乃至阿耨多羅三藐三菩提如是須菩提
是名菩薩摩訶薩摩訶衍大誓莊嚴須菩提
辟如幻師若幻師弟子於四衢道中化作大
衆於前須食與食須飲與飲乃至種種所須

六波羅蜜法衆生聞是法者終不離六波羅
蜜乃至阿耨多羅三藐三菩提如是須菩提
是名菩薩摩訶薩衍大誓莊嚴須菩提
辟如幻師若幻師弟子於四衢道中化作大
衆於前須食與食須飲與飲乃至種種所須
盡給與之於須菩提意云何是幻師實有衆
生有所與不須菩提言不也世尊須菩提菩
薩摩訶薩亦如是化作轉輪聖王種種具足
須食與食須飲與飲乃至種種所須盡給與
之雖有所施實无所與何以故須菩提諸法
相如幻故復次須菩提菩薩摩訶薩住尸波
羅蜜現生轉輪聖王家以十善道教化衆生
亦以四禪四无量心四无色定四念處乃至
十八不共法教化衆生衆生聞是法者至阿
耨多羅三藐三菩提終不離是法辟如幻師若
幻師弟子於四衢道中化作大衆以十善道
教化令行又以四禪四无量心四无色定四
念處乃至十八不共法教化令行須菩提於
汝意云何是幻師實有衆生教令行十善道
乃至行十八不共法不須菩提言不也世尊
須菩提菩薩摩訶薩亦如是以十善道教化
衆生乃至十八不共法實无衆生行十善道
乃至十八不共法何以故諸法相如幻故須
菩提是名菩薩摩訶薩大誓莊嚴復次須菩

BD04350 號　摩訶般若波羅蜜經（聖語藏本）卷六　（19–11）

乃至行十八不共法不須菩提言不也世尊
須菩提菩薩摩訶薩亦如是以十善道教化
衆生乃至十八不共法實无衆生行十善道
乃至十八不共法何以故諸法相如幻故須
菩提是名菩薩摩訶薩大誓莊嚴復次須菩
提菩薩摩訶薩住羼提波羅蜜教衆生忍辱
須菩提云何菩薩摩訶薩住羼提波羅蜜教
衆生忍辱波羅蜜須菩提菩薩摩訶薩從初
發心已來如是大誓莊嚴若一切衆生來罵
詈刀杖傷害菩薩不起一念亦教一切衆生
行忍辱辟如幻師若幻師弟子於四衢道中
化作大衆令行忍辱餘如上說須菩提是名
菩薩摩訶薩大誓莊嚴復次須菩提菩薩摩
訶薩住毗梨耶波羅蜜教一切衆生令行毗
梨耶波羅蜜須菩提云何菩薩摩訶薩住毗
梨耶波羅蜜教一切衆生令行毗梨耶波羅
蜜須菩提菩薩摩訶薩應薩婆若心身心精
進教化衆生辟如幻師若幻師弟子於四衢
道中化作大衆教令行身心精進餘如上說
是名菩薩摩訶薩大誓莊嚴復次須菩提菩
薩摩訶薩住禪波羅蜜教一切衆生令行禪波
羅蜜須菩提云何菩薩摩訶薩住禪波羅蜜
教一切衆生令行禪波羅蜜須菩提菩薩摩
訶薩住諸法等不見法若亂若定如是須菩

BD04350 號　摩訶般若波羅蜜經（聖語藏本）卷六　（19–12）

是名菩薩摩訶薩大誓莊嚴復次須菩提菩
薩摩訶薩住禪波羅蜜教一切衆生令行禪波
羅蜜須菩提云何菩薩摩訶薩住禪波羅蜜
教一切衆生令行禪波羅蜜須菩提菩薩摩
訶薩住諸法等不見法若亂若定如是須菩
提菩薩摩訶薩住禪波羅蜜教一切衆生令
行禪波羅蜜乃至阿耨多羅三藐三菩提終
不離禪波羅蜜譬如幻師若幻師弟子於四
衢道中化作大衆教令行禪波羅蜜餘如上
說須菩提是名菩薩摩訶薩大誓莊嚴復次
須菩提菩薩摩訶薩住般若波羅蜜教一切
衆生令行般若波羅蜜須菩提云何菩薩摩
訶薩住般若波羅蜜教一切衆生令行般若
波羅蜜須菩提菩薩摩訶薩行般若波羅蜜
无有法得此岸彼岸如是菩薩摩訶薩住般
若波羅蜜教一切衆生令行般若波羅蜜譬
如幻師若幻師弟子於四衢道中化作大衆
教令行般若波羅蜜須菩提是名菩薩摩訶
薩大誓莊嚴復次須菩提菩薩摩訶薩大誓
莊嚴十方如恒河沙等國土中衆生隨其所
應自變其身住檀波羅蜜乃至般若波羅蜜
亦教衆生令行檀波羅蜜乃至般若波羅蜜
是衆生行是法乃至阿耨多羅三藐三菩提
終不離是法須菩提譬如幻師若幻師弟子

BD04350號　摩訶般若波羅蜜經（聖語藏本）卷六　（19–13）

應自變其身住檀波羅蜜乃至般若波羅蜜
亦教衆生令行檀波羅蜜乃至般若波羅蜜
是衆生行是法乃至阿耨多羅三藐三菩提
終不離是法須菩提譬如幻師若幻師弟子
於四衢道中化作衆生教令行六波羅蜜餘
如上說如是須菩提是名菩薩摩訶薩大誓
莊嚴復次須菩提菩薩摩訶薩大誓莊嚴應
薩婆若心不生是念我教若干人住檀波羅
蜜不教若干人住檀波羅蜜乃至般若波羅
蜜亦如是不生是念我教若干人住四念處
不教若干人住四念處乃至十八不共法亦
如是亦不生是念我教若干人令得須陁洹
果斯陁含果阿那含果阿羅漢果辟支佛道
一切種智亦不教若干人令得須陁洹果乃
至一切種智我當令无量无邊阿僧祇衆生
住檀波羅蜜乃至般若波羅蜜立衆生於四
念處乃至十八不共法令无量无邊阿僧祇
衆生得須陁洹果乃至一切種智譬如幻師
若幻師弟子於四衢道中化作大衆教令行
六波羅蜜乃至得一切智餘如上說須菩提
是名菩薩摩訶薩大誓莊嚴尒時須菩提白
佛言世尊如我從佛所聞義菩薩摩訶薩无
大誓莊嚴為大誓莊嚴諸法自相空故所謂
色色相空受想行識識相空眼眼相空耳

BD04350號　摩訶般若波羅蜜經（聖語藏本）卷六　（19–14）

六波羅蜜乃至得一切智餘如上說須菩提是名菩薩摩訶薩大莊嚴尒時須菩提白佛言世尊如我從佛所聞義菩薩摩訶薩无大莊嚴為大莊嚴諸法自相空故所謂色色相空受想行識識想空眼眼相空乃至意意相空色色相空乃至法法相空眼識眼識相空乃至意識意識相空眼觸眼觸相空乃至意觸意觸相空眼觸因緣生受受相空乃至意觸因緣生受受相空世尊檀波羅蜜檀波羅蜜相空乃至般若波羅蜜般若波羅蜜相空內空內空相空乃至无法有法无法有法相空四念處四念處相空乃至十八不共法十八不共法相空菩薩菩薩相空世尊以是因緣故當知菩薩摩訶薩无大莊嚴為大莊嚴佛告須菩提如是如是如汝所言須菩提薩婆若非作法眾生亦非作法菩薩為是眾生大莊嚴須菩提白佛言世尊何因緣故薩婆若非作法是眾生亦非作法菩薩為是眾生大莊嚴佛語須菩提作者不可得故以是故薩婆若非作非起法是諸眾生亦非作非起法何以故須菩提色非作非不作受想行識非作非不作眼非作非不作乃至意非作非不作色乃至法眼識乃至

BD04350號　摩訶般若波羅蜜經（聖語藏本）卷六　（19–15）

不可得故以是故薩婆若非作非起法是諸眾生亦非作非起法何以故須菩提色非作非不作受想行識非作非不作眼非作非不作乃至意非作非不作色乃至法眼識乃至意識眼觸乃至意觸眼觸因緣生受乃至意觸因緣生受非作非不作須菩提我非作非不作乃至知者見者非作非不作何以故諸法畢竟不可得故須菩提夢非作非不作何以故畢竟不可得故幻響影炎化非作非不作何以故畢竟不可得故須菩提內空非作非不作畢竟不可得故乃至无法有法空非作非不作畢竟不可得故須菩提四念處非作非不作畢竟不可得故乃至十八不共法非作非不作何以故是法皆畢竟不可得故須菩提諸法如法相法性法住法位實際非作非不作畢竟不可得故須菩提菩薩非作非不作畢竟不可得故薩婆若及一切種智非作非不作畢竟不可得故以是因緣故須菩提薩婆若非作非起法眾生亦非作非起法菩薩為是眾生大莊嚴尒時須菩提白佛言如我觀佛所說世尊色无縛无脫受想行識无縛无脫尒時富樓那彌多羅尼子語須菩提色是无縛无脫受想行識是无縛无脫須菩提言如是如是色是无

BD04350號　摩訶般若波羅蜜經（聖語藏本）卷六　（19–16）

時須菩提白佛言如我觀佛所説世尊色无
縛无脫受想行識无縛无脫尒時富樓那弥
多羅尼子語須菩提色是无縛无脫受想行
識是无縛无脫須菩提言如是如是色是无
縛无脫受想行識是无縛无脫富樓那問須
菩提何等色无縛无脫何等受想行識无縛
无脫須菩提言如夢色无縛无脫如夢受想
行識无縛无脫如響如影如幻如炎如化色
受想行識无縛无脫富樓那弥多羅尼子過
去色无縛无脫過去受想行識无縛无脫未
来色无縛无脫未来受想行識无縛无脫現
在色无縛无脫現在受想行識无縛无脫何
以故是色无所有故无縛无脫受想行識无
所有故无縛无脫離故寂滅故不生故无縛
无脫富樓那善色受想行識无縛无脫不善
色受想行識无縛无脫无記色受想行識无
縛无脫世間出世間有漏无漏色受想行識
亦无縛无脫何以故无所有故離故寂滅故
不生故无縛无脫富樓那一切法亦无縛无
脫无所有故離故寂滅故不生故无縛无脫
富樓那檀波羅蜜无縛无脫尸波羅蜜羼提
波羅蜜毗梨耶波羅蜜禪波羅蜜般若波羅
蜜无縛无脫无所有故離故寂滅故不生故
无縛无脫富樓那內空无縛无脫乃至无法

BD04350 號　摩訶般若波羅蜜經（聖語藏本）卷六　　（19–17）

脫无所有故離故寂滅故不生故无縛无脫
富樓那檀波羅蜜无縛无脫尸波羅蜜羼提
波羅蜜毗梨耶波羅蜜禪波羅蜜般若波羅
蜜无縛无脫无所有故離故寂滅故不生故
无縛无脫富樓那內空无縛无脫乃至无法
有法空无縛无脫四念處无縛无脫乃至十
八不共法无縛无脫无所有故離故寂滅故
不生故无縛无脫阿耨多羅三藐三菩提无
縛无脫一切智一切種智无縛无脫菩薩无
縛无脫佛无縛无脫无所有故離故寂滅故
不生故无縛无脫富樓那諸法如法相法性
法住法位實際无為法无縛无脫无所有故
離故寂滅故不生故无縛无脫富樓那是名
菩薩摩訶薩无縛无脫檀波羅蜜乃至般若
波羅蜜无縛无脫四念處乃至一切種智是
菩薩摩訶薩住无縛无脫檀波羅蜜中乃至
住无縛无脫般若波羅蜜住无縛无脫四念
處乃至住无縛无脫一切種智无縛无脫成
就衆生无縛无脫淨佛國土无縛无脫當供
養諸佛无縛无脫當聽受法无縛无脫終不
離諸佛无縛无脫終不離諸神通无縛无脫
終不離五眼无縛无脫終不離陁羅尼門无
縛无脫終不離諸三昧无縛无脫當生道種
智无縛无脫當得一切種智无縛无脫轉法
輪

BD04350 號　摩訶般若波羅蜜經（聖語藏本）卷六　　（19–18）

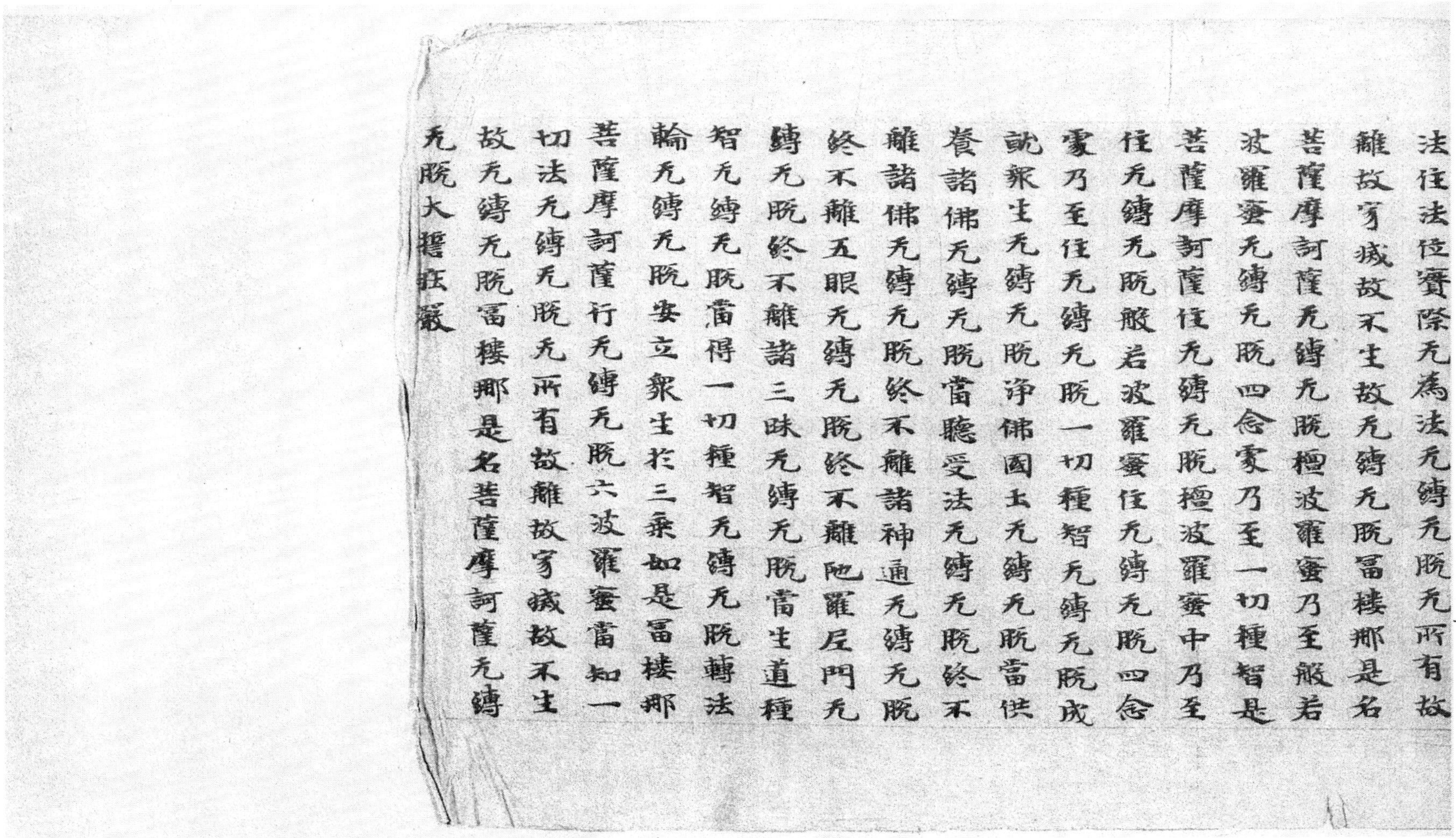

法住法位實際无為法无縛无脫无所有故
離故寂滅故不生故无縛无脫冨樓那是名
菩薩摩訶薩无縛无脫檀波羅蜜乃至般若
波羅蜜无縛无脫四念處乃至一切種智是
菩薩摩訶薩住无縛无脫檀波羅蜜中乃至
住无縛无脫般若波羅蜜住无縛无脫四念
處乃至住无縛无脫一切種智无縛无脫成
就衆生无縛无脫淨佛國土无縛无脫當供
養諸佛无縛无脫當聽受法无縛无脫終不
離諸佛无縛无脫終不離諸神通无縛无脫
終不離五眼无縛无脫終不離陁羅尼門无
縛无脫終不離諸三昧无縛无脫當生道種
智无縛无脫當得一切種智无縛无脫轉法
輪无縛无脫安立衆生於三乘如是冨樓那
菩薩摩訶薩行无縛无脫六波羅蜜當知一
切法无縛无脫无所有故離故寂滅故不生
故无縛无脫冨樓那是名菩薩摩訶薩无縛
无脫大誓莊嚴

BD04350 號　摩訶般若波羅蜜經（聖語藏本）卷六　（19–19）

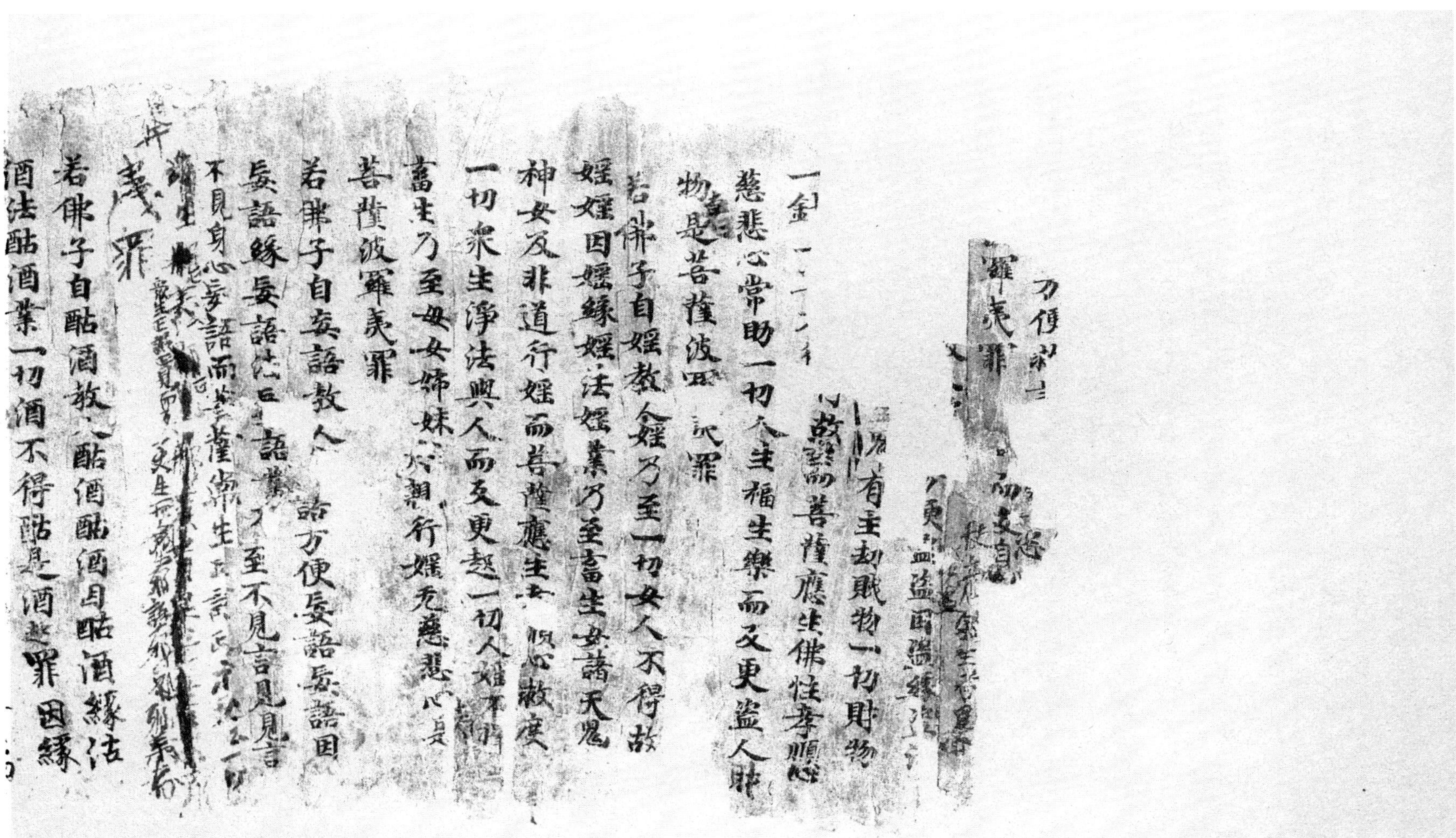

有主劫賊物一切財物
一釦……故盜而菩薩應生佛性孝順心
慈悲心常助一切人生福生樂而反更盜人財
物者是菩薩波羅夷罪
若佛子自婬教人婬乃至一切女人不得故
婬婬因婬緣婬法婬業乃至畜生女諸天鬼
神女及非道行婬而菩薩應生孝順心救度
一切衆生淨法與人而反更起一切人婬不
畜生乃至母女姊妹六親行婬无慈悲心者
菩薩波羅夷罪
若佛子自妄語教人妄語方便妄語妄語因
妄語緣妄語法妄語業乃至不見言見見言
不見身心妄語而菩薩常生正語
波羅夷罪
若佛子自酤酒教人酤酒酤酒因酤酒緣酤
酒法酤酒業一切酒不得酤是酒起罪因緣

BD04351 號　梵網經盧舍那佛說菩薩心地戒品第十卷下　（2–1）

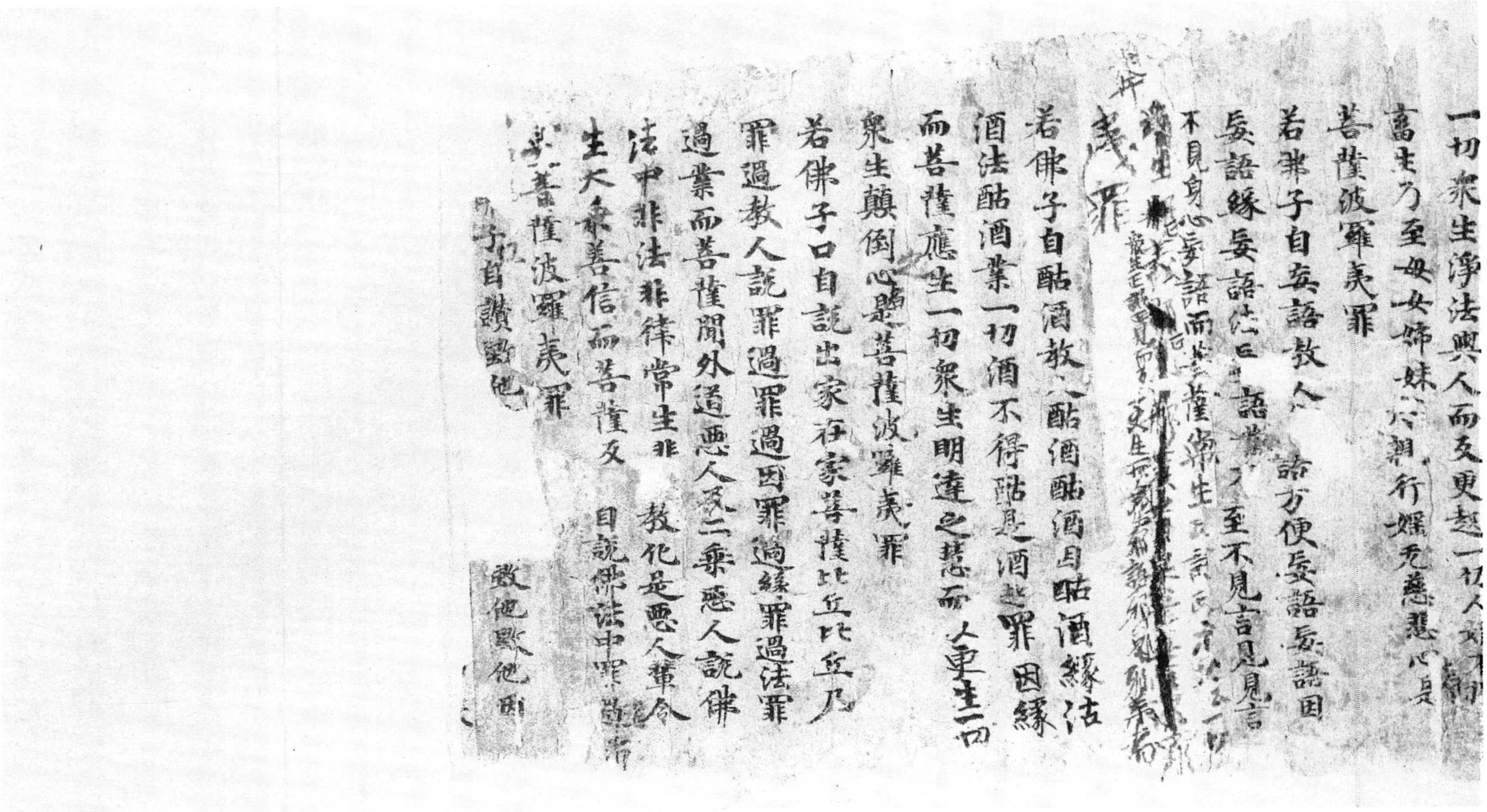

一切衆生淨法與人而反更起一切人
畜生乃至母女姊妹六親行婬无慈悲心是
菩薩波羅夷罪
若佛子自妄語教人妄語方便妄語妄語因
妄語緣妄語法妄語業乃至不見言見見言
不見身心妄語而菩薩常生正語正見亦生一切
若佛子自酤酒教人酤酒酤酒因酤酒緣酤
酒法酤酒業一切酒不得酤是酒起罪因緣
而菩薩應生一切衆生明達之慧而反更生一切
衆生顛倒之心者是菩薩波羅夷罪
若佛子口自說出家在家菩薩比丘比丘尼
罪過教人說罪過罪過因罪過緣罪過法罪
過業而菩薩聞外道惡人及二乘惡人說佛
法中非法非律常生悲心教化是惡人輩令
生大乘善信而菩薩反更自說佛法中罪過者
是菩薩波羅夷罪

BD04351 號　梵網經盧舍那佛說菩薩心地戒品第十卷下　（2–2）

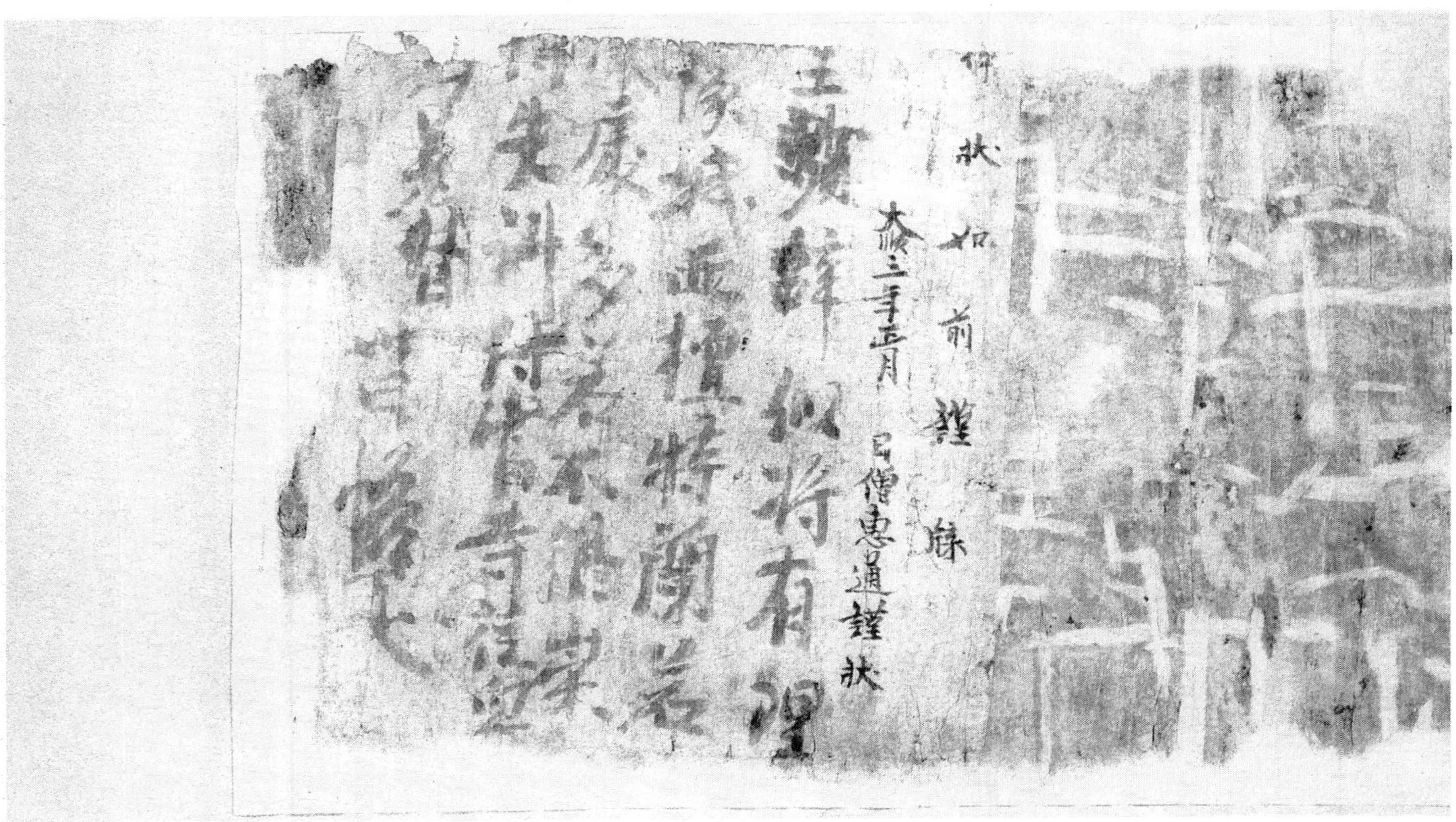

狀如前謹牒
大順三年五月　日僧惠通謹狀

BD04351 號背　大順三年（892）僧惠通狀及悟真判（擬）　（1–1）

在空解
無顚解脫
解脫門空未來無相無顚解脫
門未來無相無顚解脫門空現在無相無顚
解脫門現在無相無顚解脫門空所以者何
善現空中過去空解脫門不可得何以故過
去空解脫門即是空空性亦空空中空尚不
可得何況空中有過去空解脫門可得善現
空中未來空解脫門不可得何以故未來空
解脫門即是空空性亦空空中空尚不可得
何況空中有未來空解脫門可得善現空中
現在空解脫門不可得何以故現在空解脫
門即是空空性亦空空中空尚不可得何況
空中有現在空解脫門可得善現空中過去
未來現在空解脫門不可得何以故過去未
來現在空解脫門即是空空性亦空空中空
尚不可得何況空中有過去未來現在空解脫
門　可得善現空中過去無相無顚解脫門不
可得何以故過去無相無顚解脫門即是空
空性亦空空中空尚不可得何況空中有過
去無相無顚解脫門可得善現空中未來無

BD04352號　大般若波羅蜜多經卷六〇　（19–1）

未來現在空解脫門不可得何以故過去未
來現在空解脫門即是空空性亦空空中空
尚不可得何況空中有過去未來現在空解脫
門　可得善現空中過去無相無顚解脫門不
可得何以故過去無相無顚解脫門即是空
空性亦空空中空尚不可得何況空中有過
去無相無顚解脫門可得善現空中未來無
相無顚解脫門不可得何以故未來無相無
顚解脫門即是空空性亦空空中空尚不可
得何況空中有未來無相無顚解脫門可得
善現空中現在無相無顚解脫門不可得何
以故現在無相無顚解脫門即是空空性亦
空空中空尚不可得何況空中有現在無
相無顚解脫門可得善現空中過去未來現
在無相無顚解脫門不可得何以故過去未來
現在無相無顚解脫門即是空空性亦空空
中空尚不可得何況空中有過去未來現在
無相無顚解脫門可得
善現過去五眼過去五眼空未來五眼未來五
眼空現在五眼現在五眼空過去六神通過去
六神通空未來六神通未來六神通空現在
六神通現在六神通空所以者何善現空中
過去五眼不可得何以故過去五眼即是空
空性亦空空中空尚不可得何況空中有過
去五眼可得善現空中未來五眼不可得何
以故未來五眼即是空空性亦空空中空尚

BD04352號　大般若波羅蜜多經卷六〇　（19–2）

六神通現在六神通空所以者何善現空中
過去五眼不可得何以故過去五眼即是空
空性亦空空中空尚不可得何况空中有過
去五眼可得善現空中未來五眼不可得何
以故未來五眼即是空空性亦空空中空尚
不可得何况空中有未來五眼可得善現空
中現在五眼不可得何以故現在五眼即是空
空性亦空空中空尚不可得何况空中有
現在五眼可得善現空中過去未來現在五
眼不可得何以故過去未來現在五眼即是
空空性亦空空中空尚不可得何况空中有
過去未來現在五眼可得善現空中過去六神
通不可得何以故過去六神通即是空空性
亦空空中空尚不可得何况空中有過去
六神通可得善現空中未來六神通不可得
何以故未來六神通即是空空性亦空空中
空尚不可得何况空中有未來六神通可得
善現空中現在六神通不可得何以故現在
六神通即是空空性亦空空中空尚不可得
何况空中有現在六神通可得善現空中過
去未來現在六神通不可得何以故過去未
來現在六神通即是空空性亦空空中空尚
不可得何况空中有過去未來現在六神通
可得
善現過去佛十力過去佛十力空未來佛十

去未來現在六神通不可得何以故過去未
來現在六神通即是空空性亦空空中空尚
不可得何况空中有過去未來現在六神通
可得
善現過去佛十力過去佛十力空未來佛十
力未來佛十力空現在佛十力現在佛十力
空過去四無所畏四無礙解大慈大悲大喜大
捨十八佛不共法一切智道相智一切相智過
去四無所畏乃至一切相智空未來四無所
畏四無礙解大慈大悲大喜大捨十八佛不
共法一切智道相智一切相智未來四無
所畏乃至一切相智空現在四無所畏四無礙
解大慈大悲大喜大捨十八佛不共法一切
智道相智一切相智現在四無所畏乃至
一切相智空所以者何善現空中過去佛十
力不可得何以故過去佛十力即是空空性
亦空空中空尚不可得何况空中有過去佛
十力可得善現空中未來佛十力不可得何
以故未來佛十力即是空空性亦空空中
空尚不可得何况空中有未來佛十力可得
善現空中現在佛十力不可得何以故現在
佛十力即是空空性亦空空中空尚不可得
何况空中有現在佛十力可得善現空中過
去未來現在佛十力不可得何以故過去未來
現在佛十力即是空空性亦空空中空尚不
可得何况空中有過去未來現在佛十力可

佛十力即是空空性亦空空中空尚不可得
何况空中有現在佛十力可得善現空中過
去未來現在佛十力不可得何以故過去未來
現在佛十力即是空空性亦空空中空尚不
可得何况空中有過去未來現在佛十力可
得善現空中過去四無所畏四無礙解大慈
大悲大喜大捨十八佛不共法一切智道相智
一切相智不可得何以故過去四無所畏乃至
一切相智即是空空性亦空空中空尚不
可得何况空中有過去四無所畏乃至一切
相智可得善現空中未來四無所畏四無礙
解大慈大悲大喜大捨十八佛不共法一切智
道相智一切相智不可得何以故未來四無
所畏乃至一切相智即是空空性亦空空
中空尚不可得何况空中有未來四無所畏
乃至一切相智可得善現空中現在四無所
畏四無礙解大慈大悲大喜大捨十八佛不
共法一切智道相智一切相智不可得何以故
現在四無所畏乃至一切相智即是空空性
亦空空中空尚不可得何况空中有現在
四無所畏乃至一切相智可得善現空中過去
未來現在四無所畏四無礙解大慈大悲大喜
大捨十八佛不共法一切智道相智一切相智不
可得何以故過去未來現在四無所畏乃
至一切相智即是空空性亦空空中空

BD04352 號　大般若波羅蜜多經卷六〇　（19–5）

四無所畏乃至一切相智可得善現空中過去
未來現在四無所畏四無礙解大慈大悲大喜
大捨十八佛不共法一切智道相智一切相智不
可得何以故過去未來現在四無所畏乃
至一切相智即是空空性亦空空中空
尚不可得何况空中有過去未來現在四無
所畏乃至一切相智可得
善現過去異生空未來異生未來
異生空現在異生空過去聲聞獨
覺菩薩如來過去聲聞獨覺菩薩如來空未來
聲聞獨覺菩薩如來未來聲聞獨覺菩薩如來
空現在聲聞獨覺菩薩如來現在聲聞獨覺
菩薩如來空所以者何善現空中過去異生
不可得何以故過去異生即是空空性亦空
空中空尚不可得何况空中有過去異生可
得善現空中未來異生不可得何以故未來
異生即是空空性亦空空中空尚不可得
何况空中有未來異生可得善現空中現在
異生不可得何以故現在異生即是空空性
亦空空中空尚不可得何况空中有現在異
生可得善現空中過去未來現在異生不可
得何以故過去未來現在異生即是空空性
亦空空中空尚不可得何况空中有過去未
來現在異生可得以我有情乃至知者見者
不可得故善現空中過去聲聞獨覺菩薩如

BD04352 號　大般若波羅蜜多經卷六〇　（19–6）

生可得善現空中過去未來現在異生不可
得何以故過去未來現在異生即是空空性
亦空空中空尚不可得何況空中有過去未
來現在異生可得以我有情乃至知者見者
不可得故善現空中過去聲聞獨覺菩薩如
來不可得何以故過去聲聞獨覺菩薩如來
即是空空性亦空空中空尚不可得何況空
中有過去聲聞獨覺菩薩如來可得善現空
中未來聲聞獨覺菩薩如來不可得何以故
未來聲聞獨覺菩薩如來即是空空性亦空
空中空尚不可得何況空中有未來聲聞獨
覺菩薩如來可得善現空中現在聲聞獨覺
菩薩如來不可得何以故現在聲聞獨覺菩
薩如來即是空空性亦空空中空尚不可得
何況空中有現在聲聞獨覺菩薩如來可得
善現空中過去未來現在聲聞獨覺菩薩如
來不可得何以故過去未來現在聲聞獨覺
菩薩如來即是空空性亦空空中空尚不可
得何況空中有過去未來現在聲聞獨覺菩
薩如來可得以我有情乃至知者見者不可
得故
復次善現前際色不可得後際色不可得中
際色不可得三世平等中色亦不可得所以
者何善現平等中過去未來現在色皆不可
得何以故平等中平等性尚不可得何況平
等中有過去未來現在色可得善現前際受

BD04352號　大般若波羅蜜多經卷六〇　（19–7）

際色不可得三世平等中色亦不可得所以
者何善現平等中過去未來現在色皆不可
得何以故平等中平等性尚不可得何況平
等中有過去未來現在色可得善現前際受
想行識不可得後際受想行識不可得中際
受想行識不可得三世平等中受想行識亦
不可得所以者何善現平等中過去未來現
在受想行識皆不可得何以故平等中平等
性尚不可得何況平等中有過去未來現在
受想行識可得
善現前際眼處不可得後際眼處不可得中
際眼處不可得三世平等中眼處亦不可得
所以者何善現平等中過去未來現在眼處
皆不可得何以故平等中平等性尚不可得
何況平等中有過去未來現在眼處可得善
現前際耳鼻舌身意處不可得後際耳鼻舌
身意處不可得中際耳鼻舌身意處不可得
三世平等中耳鼻舌身意處亦不可得所以
者何善現平等中過去未來現在耳鼻舌身
意處皆不可得何以故平等中平等性尚不
可得何況平等中有過去未來現在耳鼻舌
身意處可得善現前際色處不可得後際色
處不可得中際色處不可得三世平等中色
處亦不可得所以者何善現平等中過去未
來現在色處皆不可得何以故平等中平等
性尚不可得何況平等中有過去未來現在

BD04352號　大般若波羅蜜多經卷六〇　（19–8）

身意處可得善現前際色處不可得後際色
處不可得中際色處不可得三世平等中色
處亦不可得所以者何善現平等中過去未
来現在色處皆不可得何以故平等中平等
性尚不可得何况平等中有過去未来現在
色處可得善現前際聲香味觸法處不可得
後際聲香味觸法處不可得中際聲香味觸
法處不可得三世平等中聲香味觸法處亦
不可得所以者何善現平等中過去未来現在
聲香味觸法處皆不可得何以故平等中
平等性尚不可得何况平等中有過去未来
現在聲香味觸法處可得
善現前際眼界不可得後際眼界不可得中
際眼界不可得三世平等中眼界亦不可
得所以者何善現平等中過去未来現在眼界
皆不可得何以故平等中平等性尚不可得
何况平等中有過去未来現在眼界可得善
現前際色界眼識界及眼觸眼觸為緣所生諸
受不可得後際色界眼識界及眼觸眼觸為
緣所生諸受不可得中際色界眼識界及眼
觸眼觸為緣所生諸受不可得三世平等中
色界眼識界及眼觸眼觸為緣所生諸受亦
不可得所以者何善現平等中過去未来
現在色界眼識界及眼觸眼觸為緣所生諸受
皆不可得何以故平等中平等性尚不可得何
况平等中有過去未来現在色界眼識界及

BD04352 號　大般若波羅蜜多經卷六〇　（19-9）

色界眼識界及眼觸眼觸為緣所生諸受亦
不可得所以者何善現平等中過去未来
現在色界眼識界及眼觸眼觸為緣所生諸受
皆不可得何以故平等中平等性尚不可得何
况平等中有過去未来現在色界眼識界及
眼觸眼觸為緣所生諸受可得善現前際
耳界不可得後際耳界不可得中際耳界不
可得三世平等中耳界亦不可得所以者何
善現平等中過去未来現在耳界皆不可得
何以故平等中平等性尚不可得何况平等
中有過去未来現在耳界耳界可得善現前際
聲界耳識界及耳觸耳觸為緣所生諸受不
可得後際聲界耳識界及耳觸耳觸為緣所
生諸受不可得中際聲界耳識界及耳觸耳
觸為緣所生諸受不可得三世平等中聲界
耳識界及耳觸耳觸為緣所生諸受亦不可
得所以者何善現平等中過去未来現在聲界
耳識界及耳觸耳觸為緣所生諸受皆不可
得何以故平等中平等性尚不可得何况平
等中有過去未来現在聲界耳識界及耳觸
耳觸為緣所生諸受可得善現前際鼻界不
可得後際鼻界不可得中際鼻界不可得三
世平等中鼻界亦不可得所以者何善現平
等中過去未来現在鼻界皆不可得何以故
平等中平等性尚不可得何况平等中有過

BD04352 號　大般若波羅蜜多經卷六〇　（19-10）

耳觸為緣所生諸受可得善現前際鼻界不
可得後際鼻界不可得中際鼻界不可得三
世平等中鼻界亦不可得所以者何善現平
等中過去未來現在鼻界皆不可得何以故
平等中平等性尚不可得何况平等中有過
去未來現在鼻界可得善現前際香界鼻
識界及鼻觸鼻觸為緣所生諸受不可得後際
香界鼻識界及鼻觸鼻觸為緣所生諸受不
可得中際香界鼻識界及鼻觸鼻觸為緣所
生諸受不可得三世平等中香界鼻識界及
鼻觸鼻觸為緣所生諸受亦不可得所以者
何善現平等中過去未來現在香界鼻識界
及鼻觸鼻觸為緣所生諸受皆不可得何以
故平等中平等性尚不可得何况平等中有
過去未來現在香界鼻識界及鼻觸鼻觸為
緣所生諸受可得善現前際舌界不可得後
際舌界不可得中際舌界不可得三世平等
中舌界亦不可得所以者何善現平等中過
去未來現在舌界皆不可得何以故平等中平
等性尚不可得何况平等中有過去未來現
在舌界可得善現前際味界舌識界及舌
觸舌觸為緣所生諸受不可得後際味界舌
識界及舌觸舌觸為緣所生諸受不可得中
際味界舌識界及舌觸舌觸為緣所生諸受
不可得三世平等中味界舌識界及舌觸舌觸

BD04352號　大般若波羅蜜多經卷六〇　（19–11）

在舌界可得善現前際味界舌識界及舌
觸舌觸為緣所生諸受不可得後際味界舌
識界及舌觸舌觸為緣所生諸受不可得中
際味界舌識界及舌觸舌觸為緣所生諸受
不可得三世平等中味界舌識界及舌觸舌觸
為緣所生諸受亦不可得所以者何善現平
等中過去未來現在味界舌識界及舌觸
舌觸為緣所生諸受皆不可得何以故平等
中平等性尚不可得何况平等中有過去未
來現在味界舌識界及舌觸舌觸為緣所生諸
受可得善現前際身界不可得後際身界
不可得中際身界不可得三世平等中身界
亦不可得所以者何善現平等中過去未來現
在身界皆不可得何以故平等中平等性尚不
可得何况平等中有過去未來現在身界
可得善現前際觸界身識界及身觸身觸為
緣所生諸受不可得後際觸界身識界及身
觸身觸為緣所生諸受不可得中際觸界身
識界及身觸身觸為緣所生諸受不可得三
世平等中觸界身識界及身觸身觸為緣所
生諸受亦不可得所以者何善現平等中過去
未來現在觸界身識界及身觸身觸為緣所
生諸受皆不可得何以故平等中平等性尚
不可得何况平等中有過去未來現在觸界
身識界及身觸身觸為緣所生諸受可得善

BD04352號　大般若波羅蜜多經卷六〇　（19–12）

生諸受亦不可得所以者何善現平等中過去
未來現在觸界身識界及身觸身觸為緣所
生諸受皆不可得何以故平等中平等性尚
不可得何况平等中有過去未來現在觸界
身識界及身觸身觸為緣所生諸受可得善
現前際意界不可得後際意界不可得中際
意界不可得三世平等中意界亦不可得
所以者何善現平等中過去未來現在意
界皆不可得何以故平等中平等性尚不可得
何况平等中有過去未來現在意界可得
善現前際法界意識界及意觸意觸為緣所
生諸受不可得後際法界意識界及意觸意
觸為緣所生諸受不可得中際法界意識界
及意觸意觸為緣所生諸受不可得三世平等
中法界意識界及意觸意觸為緣所生諸受
亦不可得所以者何善現平等中過去未來
現在法界意識界及意觸意觸為緣所生諸
受皆不可得何以故平等中平等性尚不可
得何况平等中有過去未來現在法界意識
界及意觸意觸為緣所生諸受可得
善現前際地界不可得後際地界不可得中
際地界不可得三世平等中地界亦不可得
所以者何善現平等中過去未來現在地界
皆不可得何以故平等中平等性尚不可得
何况平等中有過去未來現在地界可得善
現前際水火風空識界不可得後際水火風

BD04352號　大般若波羅蜜多經卷六〇　（19–13）

善現前際地界不可得後際地界不可得中
際地界不可得三世平等中地界亦不可得
所以者何善現平等中過去未來現在地界
皆不可得何以故平等中平等性尚不可得
何况平等中有過去未來現在地界可得善
現前際水火風空識界不可得後際水火風
空識界不可得中際水火風空識界不可得
三世平等中水火風空識界亦不可得所以者
何善現平等中過去未來現在水火風空識
界皆不可得何以故平等中平等性尚不可
得何况平等中有過去未來現在水火風空
識界可得
善現前際無明不可得後際無明不可得中
際無明不可得三世平等中無明亦不可得
所以者何善現平等中過去未來現在無明
皆不可得何以故平等中平等性尚不可得
何况平等中有過去未來現在無明可得善
現前際行識名色六處觸受愛取有生老死
愁歎苦憂惱不可得後際行乃至老死愁歎
苦憂惱不可得中際行乃至老死愁歎苦憂惱
不可得三世平等中行乃至老死愁歎苦憂
惱亦不可得所以者何善現平等中過去
未來現在行乃至老死愁歎苦憂惱皆不可
得何以故平等中平等性尚不可得何况平
等中有過去未來現在行乃至老死愁歎苦

BD04352號　大般若波羅蜜多經卷六〇　（19–14）

不可得三世平等中行乃至老死愁歎苦憂
惱亦不可得所以者何善現平等中過去
未來現在行乃至老死愁歎苦憂惱皆不可
得何以故平等中平等性尚不可得何況平
等中有過去未來現在行乃至老死愁歎苦
憂惱可得
善現前際布施波羅蜜多不可得後際布施
波羅蜜多不可得中際布施波羅蜜多不可
得三世平等中布施波羅蜜多亦不可得所
以者何善現平等中過去未來現在布施波羅
蜜多皆不可得何以故平等中平等性尚不
可得何況平等中有過去未來現在布施波
羅蜜多可得善現前際淨戒安忍精進靜慮
般若波羅蜜多不可得後際淨戒安忍精進
靜慮般若波羅蜜多不可得中際淨戒安忍
精進靜慮般若波羅蜜多不可得三世平等
中淨戒安忍精進靜慮般若波羅蜜多亦不
可得所以者何善現平等中過去未來現在
淨戒安忍精進靜慮般若波羅蜜多皆不可
得何以故平等中平等性尚不可得何況平等
中有過去未來現在淨戒安忍精進靜慮般
若波羅蜜多可得
善現前際四靜慮不可得後際四靜慮不可
得中際四靜慮不可得三世平等中四靜慮
亦不可得所以者何善現平等中過去未來
現在四靜慮皆不可得何以故平等中平等

若波羅蜜多可得
善現前際四靜慮不可得後際四靜慮不可
得中際四靜慮不可得三世平等中四靜慮
亦不可得所以者何善現平等中過去未來
現在四靜慮皆不可得何以故平等中平等
性尚不可得何況平等中有過去未來現在
四靜慮可得善現前際四無量四無色定不
可得後際四無量四無色定不可得中際四
無量四無色定不可得三世平等中四無量四
無色定亦不可得所以者何善現平等中過
去未來現在四無量四無色定皆不可得何
以故平等中平等性尚不可得何況平等中
有過去未來現在四無量四無色定可得善
現前際四念住不可得後際四念住不可
得中際四念住不可得三世平等中四念住
亦不可得所以者何善現平等中過去未來
現在四念住皆不可得何以故平等中平等
性尚不可得何況平等中有過去未來現在
四念住可得善現前際四正斷四神足五根五
力七等覺支八聖道支不可得後際四正
斷乃至八聖道支不可得中際四正斷乃至
八聖道支不可得三世平等中四正斷乃至
八聖道支亦不可得所以者何善現平等中
過去未來現在四正斷乃至八聖道支皆不
可得何以故平等中平等性尚不可得何況
平等中有過去未來現在四正斷乃至八聖道

斷乃至八聖道支不可得中際四正斷乃至
八聖道支亦不可得所以者何善現平等中
過去未來現在四正斷乃至八聖道支皆不
可得何以故平等中平等性尚不可得何況
平等中有過去未來現在四正斷乃至八聖道
支可得善現前際空解脫門不可得後際空
解脫門不可得中際空解脫門不可得三
世平等中空解脫門亦不可得所以者何善
現平等中過去未來現在空解脫門皆不可
得何以故平等中平等性尚不可得何況平
等中有過去未來現在空解脫門不可得善
現前際無相無願解脫門不可得後際無相無
願解脫門不可得中際無相無願解脫門不
可得三世平等中無相無願解脫門亦不可得
所以者何善現平等中過去未來在現無相無
願解脫門皆不可得何以故平等中平等性
尚不可得何況平等中有過去未來現在無
相無願解脫門可得
善現前際五眼不可得後際五眼不可得中
際五眼不可得三世平等中五眼亦不可得
所以者何善現平等中過去未來現在五眼
皆不可得何以故平等中平等性尚不可得
何況平等中有過去未來現在五眼可得善
現前際六神通不可得後際六神通不可得
中際六神通不可得三世平等中六神通亦

所以者何善現平等中過去未來現在五眼
皆不可得何以故平等中平等性尚不可得
何況平等中有過去未來現在五眼可得善
現前際六神通不可得後際六神通不可得
中際六神通不可得三世平等中六神通亦
不可得所以者何善現平等中過去未來現
在六神通皆不可得何以故平等中平等性
尚不可得何況平等中有過去未來現在六
神通可得
善現前際佛十力不可得後際佛十力不可
得中際佛十力不可得三世平等中佛十力
亦不可得所以者何善現平等中過去未來
現在佛十力皆不可得何以故平等中平等
性尚不可得何況平等中有過去未來現在
佛十力可得善現前際四無所畏四無礙解
大慈大悲大喜大捨十八佛不共法一切智道
相智一切相智不可得後際四無所畏乃至
一切相智不可得中際四無所畏乃至一切
相智不可得三世平等中四無所畏乃至一
切相智亦不可得所以者何善現平等中
過去未來現在四無所畏乃至一切相智皆
不可得何以故平等中平等性尚不可得何
況平等中有過去未來現在四無所畏乃至
一切相智可得

亦不可得所以者何善現平等中過去未來
現在佛十力皆不可得何以故平等中平等
性尚不可得何況平等中有過去未來現在
佛十力可得善現前際四無所畏四無礙解
大慈大悲大喜大捨十八佛不共法一切智道
相智一切相智不可得後際四無所畏乃至
一切相智不可得中際四無所畏乃至一切
相智不可得三世平等中四無所畏乃至一
切相智亦不可得所以者何善現平等中
過去未來現在四無所畏乃至一切相智皆
不可得何以故平等中平等性尚不可得何
況平等中有過去未來現在四無所畏乃至
一切相智可得

大般若波羅蜜多經卷第六十

BD04352號　大般若波羅蜜多經卷六〇　（19–19）

若一施主但施
何況令得阿羅漢果世
汝是人以一切樂具施
界六趣　又令得阿
不如是第五十人聞法華
百分千分百千万億分
譬喻所不能知阿逸多
聞法華經隨喜功德尚
況最初於會中聞而隨喜
无邊阿僧祇不可得比
經故往詣僧坊若坐若
故轉身所生得好上妙
及乘天宮若復有人於講
勸令坐聽若分座令坐是人
釋坐處若梵王坐處若轉輪
又阿逸多若復有人語餘人言
可共往聽即受其教乃至須臾
德轉身得與陀羅尼菩薩共生
慧百千万世終不瘖瘂口氣不臭
口亦无病齒不垢黑不黃不踈亦不
不曲脣不下垂亦不褰縮不麁澀不
不缺壞亦不喎邪不厚不大亦不黧黑无諸
可惡鼻不匾㔸亦不曲戾面色不黑亦不狹
亦不窪曲无有一切不可喜相脣舌牙齒

BD04353號　妙法蓮華經卷六　（25–1）

德轉身得與陁羅尼菩薩共生一
慧百千万世終不瘖瘂口氣不臭
口亦无病齒不垢黑不黃不踈亦不
不曲脣不下垂亦不褰縮不麁澁不
不缺壞亦不喎斜不厚不大亦不黧黑无諸
可惡鼻不匾㔸亦不曲戾面色不黑亦不狹
長亦不窊曲无有一切不可喜相脣舌牙齒
悉皆嚴好鼻脩高直面貌圓滿眉高而長額
廣平正人相具足世世所生見佛聞法信受
教誨阿逸多汝且觀是勸於一人令往聽法
功德如此何況一心聽說讀誦而於大衆為
人分別如說脩行尒時世尊欲重宣此義而
說偈言

若人於法會　得聞是經典　乃至於一偈　隨喜為他說
如是展轉教　至於第五十　最後人獲福　今當分別之
如有大施主　供給无量衆　具滿八十歲　隨意之所欲
見彼衰老相　髮白而面皺　齒踈形枯竭　念其死不久
我今應當教　令得於道果　即為方便說　涅槃真實法
世皆不牢固　如水沫泡焰　汝等咸應當　疾生猒離心
諸人聞是法　皆得阿羅漢　具足六神通　三明八解脫
最後第五十　聞一偈隨喜　是人福勝彼　不可為譬喻
如是展轉聞　其福尚无量　何況於法會　初聞隨喜者
若有勸一人　將引聽法華　言此經深妙　千万劫難遇
即受教往聽　乃至須臾聞　斯人之福報　今當分別說
世世无口患　齒不踈黃黑　脣不厚褰缺　无有可惡相
舌不乾黑短　鼻高脩且直　額廣而平正　面目悉端嚴
為人所喜見　口氣无臭穢　優鉢華之香　常從其口出
若故詣僧坊　欲聽法華經　須臾聞歡喜　今當說其福
後生天人中　得妙象馬車　珎寶之輦輿　及乘天宮殿

BD04353號　妙法蓮華經卷六　（25–2）

即受教往聽　乃至須臾聞　斯人之福報　今當分別說
世世无口患　齒不踈黃黑　脣不厚褰缺　无有可惡相
舌不乾黑短　鼻高脩且直　額廣而平正　面目悉端嚴
為人所喜見　口氣无臭穢　優鉢華之香　常從其口出
若故詣僧坊　欲聽法華經　須臾聞歡喜　今當說其福
後生天人中　得妙象馬車　珎寶之輦輿　及乘天宮殿
若於講法處　勸人坐聽經　是福因緣得　釋梵轉輪坐
何況一心聽　解說其義趣　如說而脩行　其福不可限

妙法蓮華經法師功德品第十九

尒時佛告常精進菩薩摩訶薩若善男子善
女人受持是法華經若讀若誦若解說若書
寫是人當得八百眼功德千二百耳功德八
百鼻功德千二百舌功德八百身功德千二
百意功德以是功德莊嚴六根皆令清淨是
善男子善女人父母所生清淨肉眼見於三
千大千世界內外所有山林河海下至阿鼻
地獄上至有頂亦見其中一切衆生及業因
緣果報生處悉見悉知尒時世尊欲重宣此
義而說偈言

若於大衆中　以无所畏心　說是法華經　汝聽其功德
是人得八百　功德殊勝眼　以是莊嚴故　其目甚清淨
父母所生眼　悉見三千界　內外弥樓山　須弥及鐵圍
并諸餘山林　大海江河水　下至阿鼻獄　上至有頂處
其中諸衆生　一切皆悉見　雖未得天眼　肉眼力如是

復次常精進若善男子善女人受持此經若
讀若誦若解說若書寫得千二百耳功德以
是清淨耳聞三千大千世界下至阿鼻地獄
上至有頂其中內外種種語言音聲象聲馬
聲牛聲車聲啼哭聲愁歎聲螺聲鼓聲鍾聲
鈴聲笑聲語聲男聲女聲童子聲童女聲法

BD04353號　妙法蓮華經卷六　（25–3）

復次常精進若善男子善女人受持此經若
讀若誦若解說若書寫得千二百耳功德以
是清淨耳聞三千大千世界下至阿鼻地獄
上至有頂其中內外種種語言音聲象聲馬
聲牛聲車聲啼哭聲愁歎聲螺聲鼓聲鍾聲
鈴聲咲聲語聲男聲女聲童子聲童女聲法
聲非法聲苦聲樂聲凡夫聲聖人聲喜聲不
喜聲天聲龍聲夜叉聲乾闥婆聲阿脩羅聲
迦樓羅聲緊那羅聲摩睺羅伽聲火聲水聲
風聲地獄聲畜生聲餓鬼聲比丘聲比丘尼
聲聲聞聲辟支佛聲菩薩聲佛聲以要言之
三千大千世界中一切內外所有諸聲雖未
得天耳以父母所生清淨常耳皆悉聞知如
是分別種種音聲而不壞耳根尒時世尊欲
重宣此義而說偈言

父母所生耳　清淨无濁穢　以此常耳聞　三千世界聲
象馬車牛聲　鍾鈴螺鼓聲　琴瑟箜篌聲　簫笛之音聲
清淨好歌聲　聽之而不著　无數種人聲　聞悉能解了
又聞諸天聲　微妙之歌音　及聞男女聲　童子童女聲
山川嶮谷中　迦陵頻伽聲　命命等諸鳥　悉聞其音聲
地獄衆苦痛　種種楚毒聲　餓鬼飢渴逼　求索飲食聲
諸阿脩羅等　居在大海邊　自共言語時　出于大音聲
如是說法者　安住於此間　遙聞是衆聲　而不壞耳根
十方世界中　禽獸鳴相呼　其說法之人　於此悉聞之
其諸梵天上　光音及遍淨　乃至有頂天　言語之音聲
法師住於此　悉皆得聞之　一切比丘衆　及諸比丘尼
若讀誦經典　若爲他人說　法師住於此　悉皆得聞之
復有諸菩薩　讀誦於經法　若爲他人說　撰集解其義
如是諸音聲　悉皆得聞之　諸佛大聖尊　教化衆生者
於諸大衆中　演說微妙法　持此法華者　悉皆得聞之

BD04353號　妙法蓮華經卷六　（25–4）

其諸梵天上　光音及遍淨　乃至有頂天　言語之音聲
法師住於此　悉皆得聞之　一切比丘衆　及諸比丘尼
若讀誦經典　若爲他人說　法師住於此　悉皆得聞之
復有諸菩薩　讀誦於經法　若爲他人說　撰集解其義
如是諸音聲　悉皆得聞之　諸佛大聖尊　教化衆生者
於諸大衆中　演說微妙法　持此法華者　悉皆得聞之
三千大千界　內外諸音聲　下至阿鼻獄　上至有頂天
皆聞其音聲　而不壞耳根　其耳聰利故　悉能分別知
持是法華者　雖未得天耳　但用所生耳　功德已如是

復次常精進若善男子善女人受持是經若
讀若誦若解說若書寫成就八百鼻功德以
是清淨鼻根聞於三千大千世界上下內外
種種諸香須曼那華香闍提華香末利華香
瞻蔔華香波羅羅華香赤蓮華香青蓮華香
白蓮華香華樹香菓樹香栴檀香沈水香多
摩羅跋香多伽羅香及千万種和香若末若
丸若塗香持是經者於此間住悉能分別又
復別知衆生之香象香馬香牛羊等香男香
女香童子香童女香及草木叢林香若近若
遠所有諸香悉皆得聞分別不錯持是經者
雖住於此亦聞天上諸天之香波利質多羅
拘鞞陀羅樹香及曼陀羅華香摩訶曼陀羅
華香曼殊沙華香摩訶曼殊沙華香栴檀沈
水種種末香諸雜華香如是等天香和合所
出之香无不聞知又聞諸天身香釋提桓因
在勝殿上五欲娛樂嬉戲時香若在妙法堂
上爲忉利諸天說法時香若於諸園遊戲時
香及餘天等男女身香皆悉遙聞如是展轉
乃至梵世上至有頂諸天身香亦皆聞之并

BD04353號　妙法蓮華經卷六　（25–5）

出之香无不聞知又聞諸天身香釋提桓因
在勝殿上五欲娛樂嬉戲時香若在妙法堂
上為忉利諸天說法時香若於諸園遊戲時
香及餘天等男女身香皆悉遙聞如是展轉
乃至梵世上至有頂諸天身香亦皆聞之并
聞諸天所燒之香及聲聞香辟支佛香菩薩
香諸佛身香亦皆遙聞知其所在雖聞此香
然於鼻根不壞不錯若欲分別為他人說憶
念不謬尒時世尊欲重宣此義而說偈言
是人鼻清淨　於此世界中　若香若臭物　種種悉聞知
須曼那闍提　多摩羅栴檀　沉水及桂香　種種華菓香
及知衆生香　男子女人香　說法者遠住　聞香知所在
大勢轉輪王　小轉輪及子　群臣諸宮人　聞香知所在
身所著珎寶　及地中寶藏　轉輪王寶女　聞香知所在
諸人嚴身具　衣服及瓔珞　種種所塗香　聞香知其身
諸天若行坐　遊戲及神變　持是法華經　聞香悉能知
諸樹華菓實　及蘇油香氣　持經者住此　悉知其所在
諸山深嶮處　栴檀樹華敷　衆生在中者　聞香皆能知
鐵圍山大海　地中諸衆生　持經者聞香　悉知其所在
阿脩羅男女　及其諸眷屬　鬪諍遊戲時　聞香皆能知
曠野嶮隘處　師子象虎狼　野牛水牛等　聞香知所在
若有懷妊者　未辯其男女　无根及非人　聞香悉能知
以聞香力故　知其初懷妊　成就不成就　安樂產福子
以聞香力故　知男女所念　染欲癡恚心　亦知脩善者
地中衆伏藏　金銀諸珎寶　銅器之所盛　聞香悉能知
種種諸瓔珞　无能識其價　聞香知貴賤　出處及所在
天上諸華等　曼陁曼殊沙　波利質多樹　聞香悉能知
天上諸宮殿　上中下差別　衆寶華莊嚴　聞香悉能知
天園林勝殿　諸觀妙法堂　在中而娛樂　聞香悉能知
諸天若聽法　或受五欲時　來往行坐臥　聞香悉能知

BD04353號　妙法蓮華經卷六　（25–6）

以聞香力故　知男女所念　染欲癡恚心　亦知脩善者
地中衆伏藏　金銀諸珎寶　銅器之所盛　聞香悉能知
種種諸瓔珞　无能識其價　聞香知貴賤　出處及所在
天上諸華等　曼陁曼殊沙　波利質多樹　聞香悉能知
天上諸宮殿　上中下差別　衆寶華莊嚴　聞香悉能知
天園林勝殿　諸觀妙法堂　在中而娛樂　聞香悉能知
諸天若聽法　或受五欲時　來往行坐臥　聞香悉能知
天女所著衣　好華香莊嚴　周旋遊戲時　聞香悉能知
如是展轉上　乃至於梵世　入禪出禪者　聞香悉能知
光音遍淨天　乃至于有頂　初生及退沒　聞香悉能知
諸比丘衆等　於法常精進　若坐若經行　及讀誦經法
或在林樹下　專精而坐禪　持經者聞香　悉知其所在
菩薩志堅固　坐禪若讀誦　或為人說法　聞香悉能知
在在方世尊　一切所恭敬　愍衆而說法　聞香悉能知
衆生在佛前　聞經皆歡喜　如法而脩行　聞香悉能知
雖未得菩薩　无漏法生鼻　而是持經者　先得此鼻相
復次常精進若善男子善女人受持是經若
讀若誦若解說若書寫得千二百舌功德若
好若醜若美若不美及諸苦澀物在其舌根皆
變成上味如天甘露无不美者若以舌根於
大衆中有所演說出深妙聲能入其心皆令
歡喜快樂又諸天子天女釋梵諸天聞是深
妙音聲有所演說言論次第皆悉來聽及諸
龍龍女夜叉夜叉女乾闥婆乾闥婆女阿脩
羅阿脩羅女迦樓羅迦樓羅女緊那羅緊那
羅女摩睺羅伽摩睺羅伽女為聽法故皆來
親近恭敬供養及比丘比丘尼優婆塞優婆
夷國王王子群臣眷屬小轉輪王大轉輪王
七寶千子內外眷屬乘其宮殿俱來聽法以
是菩薩善說法故婆羅門居士國內人民盡

BD04353號　妙法蓮華經卷六　（25–7）

羅女摩睺羅伽摩睺羅伽女為聽法故皆来
親近恭敬供養及比丘比丘尼優婆塞優婆
夷國王王子群臣眷屬小轉輪王大轉輪王
七寶千子内外眷屬乘其宮殿俱来聽法以
是菩薩善說法故婆羅門居士國内人民盡
其形壽隨侍供養又諸聲聞辟支佛菩薩諸
佛常樂見之是人所在方面諸佛皆向其處
說法悉能受持一切佛法又能出於深妙法
音尒時世尊欲重宣此義而說偈言
是人舌根淨　終不受惡味　其有所食噉　悉皆成甘露
以深淨妙聲　於大衆說法　以諸因緣喻　引導衆生心
聞者皆歡喜　設諸上供養
諸天龍夜叉　及阿脩羅等　皆以恭敬心　而共来聽法
是說法之人　若欲以妙音　遍滿三千界　隨意即能至
大小轉輪王　及千子眷屬　合掌恭敬心　常来聽受法
諸天龍夜叉　羅刹毗舍闍　亦以歡喜心　常樂来供養
梵天王魔王　自在大自在　如是諸天衆　常来至其所
諸佛及弟子　聞其說法音　常念而守護　或時為現身
復次常精進若善男子善女人受持是經若
讀若誦若解說若書寫得八百身功德得清
淨身如淨琉璃衆生喜見其身淨故三千大
千世界衆生生時死時上下好醜生善處惡
處悉於中現及鐵圍大鐵圍弥樓山摩訶弥
樓山等諸山及其中衆生悉於中現下至阿
鼻地獄上至有頂所有及衆生悉於中現若
聲聞辟支佛菩薩諸佛說法皆於身中現其
色像尒時世尊欲重宣此義而說偈言
若持法華者　其身甚清淨　如彼淨琉璃　衆生皆喜見
又如淨明鏡　悉見諸色像　菩薩於淨身　皆見世所有
唯獨自明了　餘人所不見　三千世界中　一切諸群萌

BD04353 號　妙法蓮華經卷六　（25–8）

聲聞辟支佛菩薩諸佛說法皆於身中現其
色像尒時世尊欲重宣此義而說偈言
若持法華者　其身甚清淨　如彼淨琉璃　衆生皆喜見
又如淨明鏡　悉見諸色像　菩薩於淨身　皆見世所有
唯獨自明了　餘人所不見　三千世界中　一切諸群萌
天人阿脩羅　地獄鬼畜生　如是諸色像　皆於身中現
諸天等宮殿　乃至於有頂　鐵圍及弥樓　摩訶弥樓山
諸大海水等　皆於身中現　諸佛及聲聞　佛子菩薩等
若獨若在衆　說法悉皆現　雖未得无漏　法性之妙身
以清淨常體　一切於中現
復次常精進若善男子善女人如来滅後受
持是經若讀若誦若解說若書寫得千二百
意功德以是清淨意根乃至聞一偈一句通
達无量无邊之義解是義已能演說一句一
偈至於一月四月乃至一歲諸所說法隨其
義趣皆與實相不相違背若說俗間經書治
世語言資生業等皆順正法三千大千世界
六趣衆生心之所行心所動作心所戲論皆
悉知之雖未得无漏智慧而其意根清淨如
此是人有所思惟籌量言說皆是佛法无不
真實亦是先佛經中所說尒時世尊欲重宣
此義而說偈言
是人意清淨　明利无穢濁　以此妙意根　知上中下法
乃至聞一偈　通達无量義　次第如法說　月四月至歲
是世界内外　一切諸衆生　若天龍及人　夜叉鬼神等
其在六趣中　所念若干種　持法華之報　一時皆悉知
十方无數佛　百福莊嚴相　為衆生說法　悉聞能受持
思惟无量義　說法亦无量　終始不忘錯　以持法華故
悉知諸法相　隨義識次第　達名字語言　如所知演說

BD04353 號　妙法蓮華經卷六　（25–9）

乃至聞一偈　通達无量義　次第如法說　月四月至歲
是世界內外　一切諸衆生　若天龍及人　夜叉鬼神等
其在六趣中　所念若干種　持法華之報　一時皆悉知
十方无數佛　百福莊嚴相　為衆生說法　悉聞能受持
思惟无量義　說法亦无量　終始不忘錯　以持法華故
悉知諸法相　隨義識次第　達名字語言　如所知演說
此人有所說　皆是先佛法　以演此法故　於衆无所畏
持法華經者　意根淨若斯　雖未得无漏　先有如是相
是人持此經　安住希有地　為一切衆生　歡喜而愛敬
能以千万種　善巧之語言　分別而說法　持法華經故

妙法蓮華經常不輕菩薩品第廿

尒時佛告得大勢菩薩摩訶薩汝今當知若
比丘比丘尼優婆塞優婆夷持法華經者若
有惡口罵詈誹謗獲大罪報如前所說其所
得功德如向所說眼耳鼻舌身意清淨得大
勢乃往古昔過无量无邊不可思議阿僧祇
劫有佛名威音王如來應供正遍知明行足
善逝世間解无上士調御丈夫天人師佛世
尊劫名離衰國名大城其威音王佛於彼世
中為天人阿脩羅說法為求聲聞者說應四
諦法度生老病死究竟涅槃為求辟支佛者
說應十二因緣法為諸菩薩因阿耨多羅三
藐三菩提說應六波羅蜜法究竟佛慧得大
勢是威音王佛壽卌万億那由他恒河沙劫
正法住世劫數如一閻浮提微塵像法住世
劫數如四天下微塵其佛饒益衆生已然後
滅度正法像法滅盡之後於此國土復有佛
出亦号威音王如來應供正遍知明行足善
逝世間解无上士調御丈夫天人師佛世尊如
是次第有二万億佛皆同一号最初威音

正法住世劫數如一閻浮提微塵像法住世
劫數如四天下微塵其佛饒益衆生已然後
滅度正法像法滅盡之後於此國土復有佛
出亦号威音王如來應供正遍知明行足善
逝世間解无上士調御丈夫天人師佛世尊如
是次第有二万億佛皆同一号最初威音
王如來既已滅度正法滅後於像法中增上
慢比丘有大勢力尒時有一菩薩比丘名常
不輕得大勢以何因緣名常不輕是比丘凡
有所見若比丘比丘尼優婆塞優婆夷皆悉
礼拜讚歎而作是言我深敬汝等不敢輕慢
所以者何汝等皆行菩薩道當得作佛而是
比丘不專讀誦經典但行礼拜乃至遠見四
衆亦復故往礼拜讚歎而作是言我不敢輕
於汝等汝等皆當作佛四衆之中有生瞋恚
心不淨者惡口罵詈言是无智比丘從何所
來自言我不輕汝而與我等受記當得作佛
我等不用如是虛妄受記如此經歷多年常
被罵詈不生瞋恚常作是言汝當作佛說是
語時衆人或以杖木瓦石而打擲之避走遠
住猶高聲唱言我不敢輕汝汝等皆當作佛
以其常作是語故增上慢比丘比丘尼優婆
塞優婆夷号之為常不輕是比丘臨欲終
時於虛空中具聞威音王佛先所說法華經
廿千万億偈悉能受持即得如上眼根清淨
耳鼻舌身意根清淨得是六根清淨已更增
壽命二百万億那由他歲廣為人說是法華
經於時增上慢四衆比丘比丘尼優婆塞優
婆夷輕賤是人為作不輕名者見其得大神
通力樂說辯力大善寂力聞其所說皆信伏

時於虛空中具聞威音王佛先所說法華經
廿千万億偈悉能受持即得如上眼根清淨
耳鼻舌身意根清淨得是六根清淨已更增
壽命二百万億那由他歲廣為人說是法華
經於時增上慢四眾比丘比丘尼優婆塞優
婆夷輕賤是人為作不輕名者見其得大神
通力樂說辯力大善寂力聞其所說皆信伏
隨從是菩薩復化千万億眾令住阿耨多羅
三藐三菩提命終之後得值二千億佛皆号
日月燈明於其法中說是法華經以是因緣
復值二千億佛同号雲自在燈王於此諸佛
法中受持讀誦為諸四眾說此經典故得是
常眼清淨耳鼻舌身意諸根清淨於四眾中
說法心无所畏得大勢是常不輕菩薩摩訶
薩供養如是若干諸佛恭敬尊重讚歎種諸
善根於後復值千万億佛亦於諸佛法中說
是經典功德成就當得作佛得大勢於意云
何尒時常不輕菩薩豈異人乎則我身是若
我於宿世不受持讀誦此經為他人說者不
能疾得阿耨多羅三藐三菩提我於先佛所
受持讀誦此經為人說故疾得阿耨多羅三
藐三菩提得大勢彼時四眾比丘比丘尼優
婆塞優婆夷以瞋恚意輕賤我故二百億劫
常不值佛不聞法不見僧千劫於阿鼻地獄
受大苦惱畢是罪已復遇常不輕菩薩教化
阿耨多羅三藐三菩提得大勢於汝意云何
尒時四眾常輕是菩薩者豈異人乎今此會
中颰陁婆羅等五百菩薩師子月等五百比
丘尼思佛等五百優婆塞皆於阿耨多羅三

受大苦惱畢是罪已復遇常不輕菩薩教化
阿耨多羅三藐三菩提得大勢於汝意云何
尒時四眾常輕是菩薩者豈異人乎今此會
中颰陁婆羅等五百菩薩師子月等五百比
丘尼思佛等五百優婆塞皆於阿耨多羅三
藐三菩提不退轉者是得大勢當知是法華
經大饒益諸菩薩摩訶薩能令至於阿耨多
羅三藐三菩提是故諸菩薩摩訶薩於如來滅
後常應受持讀誦解說書寫是經尒時世尊
欲重宣此義而說偈言
過去有佛　号威音王　神智无量　将導一切
天人龍神　所共供養
是佛滅後　法欲盡時　有一菩薩　名常不輕
時諸四眾　計着於法　不輕菩薩　往到其所
而語之言　我不輕汝　汝等行道　皆當作佛
諸人聞已　輕毀罵詈　不輕菩薩　能忍受之
其罪畢已　臨命終時　得聞此經　六根清淨
神通力故　增益壽命　復為諸人　廣說是經
諸著法眾　皆蒙菩薩　教化成就　令住佛道
不輕命終　值无數佛　說是經故　得无量福
漸具功德　疾成佛道　彼時不輕　則我身是
時四部眾　着法之者　聞不輕言　汝當作佛
以是因緣　值无數佛　此會菩薩　五百之眾
并及四部　清信士女　今於我前　聽法者是
我於有世　勸是諸人　聽受斯經　第一之法
開示教人　令住涅槃　世世受持　如是經典
億億万劫　至不可議　時乃得聞　是法華經
億億万劫　至不可議　諸佛世尊　時說是經
是故行者　於佛滅後　聞如是經　勿生疑惑
應當一心　廣說此經　世世值佛　疾成佛道

我於有世　勸是諸人　聽受斯經　第一之法
開示教人　令住涅槃　世世受持　如是經典
億億万劫　至不可議　時乃得聞　是法華經
億億万劫　至不可議　諸佛世尊　時說是經
是故行者　於佛滅後　聞如是經　勿生疑惑
應當一心　廣說此經　世世值佛　疾成佛道

妙法蓮華經如来神力品第二十二

尒時千世界微塵等菩薩摩訶薩從地踊出
者皆於佛前一心合掌瞻仰尊顔而白佛言
世尊我等於佛滅後世尊分身所在國土滅
度之處當廣說此經所以者何我等亦自欲
得是真淨大法受持讀誦解說書寫而供養
之尒時世尊於文殊師利等无量百千万億
舊住娑婆世界菩薩摩訶薩及諸比丘比丘
尼優婆塞優婆夷天龍夜叉乾闥婆阿脩羅
迦樓羅緊那羅摩睺羅伽人非人等一切衆
前現大神力出廣長舌上至梵世一切毛孔
放於无量无數色光皆悉遍照十方世界衆
寶樹下師子坐上諸佛亦復如是出廣長舌
放无量光
釋迦牟尼佛及寶樹下諸佛現神力時滿百
千歲然後還攝舌相一時謦欬俱共彈指是
二音聲遍至十方諸佛世界地皆六種震動
其中衆生天龍夜叉乾闥婆阿脩羅迦樓羅
緊那羅摩睺羅伽人非人等以佛神力故皆
見此娑婆世界无量无邊百千万億衆寶
樹下師子座上諸佛及見釋迦牟尼佛共多寶
如来在寶塔中坐師子坐又見无量无邊百
千万億菩薩摩訶薩及諸四衆恭敬圍遶釋

見此娑婆世界无量无邊百千万億衆寶
樹下師子座上諸佛及見釋迦牟尼佛共多寶
如来在寶塔中坐師子坐又見无量无邊百
千万億菩薩摩訶薩及諸四衆恭敬圍遶釋
迦牟尼佛既見是已皆大歡喜得未曾有即
時諸天於虛空中高聲唱言過此无量无邊
百千万億阿僧祇世界有國名娑婆是中有
佛名釋迦牟尼今為諸菩薩摩訶薩說大乘
經名妙法蓮華教菩薩法佛所護念汝等當
深心隨喜亦當礼拜供養釋迦牟尼佛彼諸
衆生聞虛空中聲已合掌向娑婆世界作如
是言南无釋迦牟尼佛南无釋迦牟尼佛以
種種華香瓔珞播蓋及諸嚴身之具珎寶妙
物皆共遥散娑婆世界所散諸物從十方来
譬如雲集變成寶帳遍覆此間諸佛之上于
時十方世界通達无㝵如一佛土
尒時佛告上行等菩薩大衆諸佛神力如是
无量无邊不可思議若我以是神力於无量
无邊百千万億阿僧祇劫為囑累故說此經
功德猶不能盡以要言之如来一切所有之
法如来一切自在神力如来一切秘要之藏
如来一切甚深之事皆於此經宣示顯說是
故汝等於如来滅後應一心受持讀誦解說
書寫如說脩行所在國土若有受持讀誦解
說書寫如說脩行若經卷所住之處若於園
中若於林中若於樹下若僧坊若白衣舍若
在殿堂若山谷曠野是中皆應起塔供養所
以者何當知是處即是道場諸佛於此得
阿耨多羅三藐三菩提諸佛於此轉于法輪

中若於林中若於樹下若僧坊若白衣舍若
在殿堂若山谷曠野是中皆應起塔供養所
以者何當知是處即是道場諸佛於此得
阿耨多羅三藐三菩提諸佛於此轉于法輪
諸佛於此而般涅槃尒時世尊欲重宣此義
而說偈言
諸佛救世者　住於大神通　為悅眾生故　現无量神力
舌相至梵天　身放无數光　為求佛道者　現此希有事
諸佛謦欬聲　及彈指之聲　周聞十方國　地皆六種動
以佛滅度後　能持是經故　諸佛皆歡喜　現无量神力
囑累是經故　讚美受持者　於无量劫中　猶故不能盡
是人之功德　无邊无有窮　如十方虛空　不可得邊際
能持是經者　則為已見我　亦見多寶佛　及諸分身者
又見我今日　教化諸菩薩　能持是經者　令我及分身
滅度多寶佛　一切皆歡喜　十方現在佛　并過去未來
亦見亦供養　亦令得歡喜　諸佛坐道場　所得秘要法
能持是經者　不久亦當得　能持是經者　於諸法之義
名字及言辭　樂說无窮盡　如風於空中　一切无鄣㝵
於如來滅後　知佛所說經　因緣及次第　隨義如實說
如日月光明　能除諸幽冥　斯人行世間　能滅眾生闇
教无量菩薩　畢竟住一乘　是故有智者　聞此功德利
於我滅度後　應受持斯經　是人於佛道　決定无有疑
妙法蓮華經囑累品第二十二
尒時釋迦牟尼佛從法坐起現大神力以右
手摩无量菩薩摩訶薩頂而作是言我於无
量百千万億阿僧祇劫脩習是難得阿耨多
羅三藐三菩提法今以付囑汝等汝等應當
一心流布此法廣令增益如是三摩諸菩薩
摩訶薩頂而作是言我於无量百千万億阿
僧祇劫脩習是難得阿耨多羅三藐三菩提

BD04353 號　妙法蓮華經卷六　（25–16）

手摩无量菩薩摩訶薩頂而作是言我於无
量百千万億阿僧祇劫脩習是難得阿耨多
羅三藐三菩提法今以付囑汝等汝等應當
一心流布此法廣令增益如是三摩諸菩薩
摩訶薩頂而作是言我於无量百千万億阿
僧祇劫脩習是難得阿耨多羅三藐三菩提
法今以付囑汝等汝等當受持讀誦廣宣此
法令一切眾生普得聞知所以者何如來有
大慈悲无諸慳恡亦无所畏能與眾生佛之
智慧如來智慧自然智慧如來是一切眾生
之大施主汝等亦應隨學如來之法勿生慳
恡於未來世若有善男子善女人信如來智
慧者當為演說此法華經使得聞知為令其
人得佛慧故若有眾生不信受者當於如來
餘深妙法中示教利喜汝等若能如是則為
已報諸佛之恩時諸菩薩摩訶薩聞佛作是
說已皆大歡喜遍滿其身益加恭敬曲躬低
頭合掌向佛俱發聲言如世尊勑當具奉行
唯然世尊願不有慮諸菩薩摩訶薩眾如是
三反俱發聲言如世尊勑當具奉行唯然世
尊願不有慮尒時釋迦牟尼佛令十方來諸
分身佛各還本土而作是言諸佛各隨所安
多寶佛塔還可如故說是語時十方无量分
身諸佛坐寶樹下師子座上者及多寶佛并
上行等无邊阿僧祇菩薩大眾舍利弗等聲
聞四眾及一切世間天人阿脩羅等聞佛所
說皆大歡喜
妙法蓮華經藥王菩薩本事品第二十三
尒時宿王華菩薩白佛言世尊藥王菩薩云

BD04353 號　妙法蓮華經卷六　（25–17）

上行等无邊阿僧祇菩薩大衆舍利弗等聲
聞四衆及一切世間天人阿脩羅等聞佛所
說皆大歡喜

妙法蓮華經藥王菩薩本事品第二十三

尒時宿王華菩薩白佛言世尊藥王菩薩云
何遊於娑婆世界世尊是藥王菩薩有若干
百千万億那由他難行苦行善哉世尊願少
解說諸天龍神夜叉乾闥婆阿脩羅迦樓羅
緊那羅摩睺羅伽人非人等又他國土諸来
菩薩及此聲聞衆聞皆歡喜尒時佛告宿王
華菩薩乃往過去无量恒河沙劫有佛号日
月淨明德如来應供正遍知明行足善逝世
間解无上士調御丈夫天人師佛世尊其佛
有八十億大菩薩摩訶薩七十二恒河沙大
聲聞衆佛壽四万二千劫菩薩壽命亦等彼
國无有女人地獄餓鬼畜生阿脩羅等及以
諸難地平如掌瑠璃所成寶樹莊嚴寶帳覆
上垂寶華幡寶瓶香鑪周遍國界七寶為臺
一樹一臺其樹去臺盡一箭道此諸寶樹皆
有菩薩聲聞而坐其下諸寶臺上各有百億
諸天作天伎樂歌嘆於佛以為供養尒時彼
佛為一切衆生喜見菩薩及衆菩薩諸聲聞
衆說法華經是一切衆生喜見菩薩樂習苦
行於日月淨明德佛法中精進經行一心求
佛滿万二千歲已得現一切色身三昧得此
三昧已心大歡喜即作念言我得現一切色
身三昧皆是得聞法華經力我今當供養日
月淨明德佛及法華經即時入是三昧於虛
空中雨曼陁羅華摩訶曼陁羅華細抹堅

BD04353號　妙法蓮華經卷六　（25–18）

佛滿万二千歲已得現一切色身三昧得此
三昧已心大歡喜即作念言我得現一切色
身三昧皆是得聞法華經力我今當供養日
月淨明德佛及法華經即時入是三昧於虛
空中雨曼陁羅華摩訶曼陁羅華細抹堅
黑栴檀滿虛空中如雲而下又雨海此岸栴
檀之香此香六銖價直娑婆世界以供養佛作
是供養已從三昧起而自念言我雖以神力
供養於佛不如以身供養即服諸香栴檀薰
陸兜樓婆畢力迦沉水膠香又飲瞻蔔諸華
香油滿千二百歲已香油塗身於日月淨明
德佛前以天寶衣而自纏身灌諸香油以神
通力願而自然身光明遍照八十億恒河沙
世界其中諸佛同時讚言善哉善哉善男子
是真精進是名真法供養如来若以華香瓔
珞燒香抹香塗香天繒幡蓋及海此岸栴檀
之香如是等種種諸物供養所不能及假使
國城妻子布施亦所不及善男子是名第一
之施於諸施中最尊最上以法供養諸如来
故作是語已而各嘿然其身火然千二百歲
過是已後其身乃盡一切衆生喜見菩薩作
如是法供養已命終之後復生日月淨明德
佛國中於淨德王家結加趺坐忽然化生即
為其父而說偈言

大王今當知　我經行彼處　即時得一切　現諸身三昧
懃行大精進　捨所愛之身

說是偈已而白父言日月淨明德佛今故現
在我先供養佛已得解一切衆生語言陁羅
尼復聞是法華經八百千万億那由他甄迦

BD04353號　妙法蓮華經卷六　（25–19）

大王今當知　我經行彼處　即時得一切　現諸身三昧
懃行大精進　捨所愛之身
說是偈已而白父言日月淨明德佛今故現
在我先供養佛已得解一切衆生語言陁羅
尼復聞是法華經八百千万億那由他甄迦
羅頻婆羅阿閦婆等偈大王我今當還供養
此佛白已即坐七寶之臺上昇虛空高七多
羅樹往到佛所頭面禮足合十指爪以偈讃
佛
容顏甚奇妙　光明照十方　我適曾供養　今復還親覲
尒時一切衆生憙見菩薩說是偈已而白佛
言世尊世尊猶故在世尒時日月淨明德佛
告一切衆生憙見菩薩善男子我涅槃時到
滅盡時至汝可安施牀座我於今夜當般涅
槃又勑一切衆生憙見菩薩善男子我以佛
法囑累於汝及諸菩薩大弟子并阿耨多
羅三藐三菩提法亦以三千大千七寶世界諸
寶樹寶臺及給侍諸天悉付於汝我滅度後
所有舍利亦付囑汝當令流布廣設供養應
起若干千塔如是日月淨明德佛勑一切衆
生憙見菩薩已於夜後分入於涅槃尒時一
切衆生憙見菩薩見佛滅度悲感懊惱戀慕
於佛即以海此岸栴檀為𧂐供養佛身而以
燒之火滅已後收取舍利作八万四千寶瓶
以起八万四千塔高三世界表刹莊嚴垂諸
幡蓋懸衆寶鈴尒時一切衆生憙見菩薩復
自念言我雖作是供養心猶未足我今當更
供養舍利便語諸菩薩大弟子及天龍夜叉
等一切大衆汝等當一心念我今供養日月

BD04353號　妙法蓮華經卷六　（25–20）

以起八万四千塔高三世界表刹莊嚴垂諸
幡蓋懸衆寶鈴尒時一切衆生憙見菩薩復
自念言我雖作是供養心猶未足我今當更
供養舍利便語諸菩薩大弟子及天龍夜叉
等一切大衆汝等當一心念我今供養日月
淨明德佛舍利作是語已即於八万四千塔
前然百福莊嚴臂七万二千歲而以供養令
无數求聲聞衆无量阿僧祇人發阿耨多羅
三藐三菩提心皆使得住現一切色身三昧
尒時諸菩薩天人阿脩羅等見其无臂憂惱
悲哀而作是言此一切衆生憙見菩薩是我
等師教化我者而今燒臂身不具足于時一
切衆生憙見菩薩於大衆中立此誓言我捨
兩臂必當得佛金色之身若實不虛令我兩
臂還復如故作是誓已自然還復由斯菩薩
福德智慧淳厚所致當尒之時三千大千世
界六種震動天雨寶華一切人天得未曾有
佛告宿王華菩薩於汝意云何一切衆生憙
見菩薩豈異人乎今藥王菩薩是也其所捨
身布施如是无量百千万億那由他數宿王
華若有發心欲得阿耨多羅三藐三菩提者
能然手指乃至足一指供養佛塔勝以國城
妻子及三千大千國土山林河池諸珍寶物
而供養者若復有人以七寶滿三千大千世
界供養於佛及大菩薩辟支佛阿羅漢是人
所得功德不如受持此法華經乃至一四句
偈其福最多宿王華譬如一切川流江河諸
水之中海為第一此法華經亦復如是於諸
如來所說經中最為深大又如土山黑山小

BD04353號　妙法蓮華經卷六　（25–21）

界供養於佛及大菩薩辟支佛阿羅漢是人
所得功德不如受持此法華經乃至一四句
偈其福㝡多宿王華譬如一切川流江河諸
水之中海為第一此法華經亦復如是於諸
如來所說經中㝡為深大又如土山黑山小
鐵圍山大鐵圍山及十寶山衆山之中須弥
山為第一此法華經亦復如是於諸經中㝡
為其上又如衆星之中月天子㝡為第一此
法華經亦復如是於千万億種諸經法中㝡
為照明又如日天子能除諸闇此經亦復如
是能破一切不善之闇又如諸小王中轉輪
聖王㝡為第一此經亦復如是於衆經中㝡
為其尊又如帝釋於三十三天中王此經亦
復如是諸經中王又如大梵天王一切衆生
之父此經亦復如是一切賢聖學无學及發
菩薩心者之父又如一切凡夫人中須陁洹斯
陁含阿那含阿羅漢辟支佛為第一此經亦
復如是一切如來所說若菩薩所說若聲
聞所說諸經法中㝡為第一有能受持是經
典者亦復如是於一切衆生中亦為第一
切聲聞辟支佛中菩薩為第一此經亦復如
是於一切諸經法中㝡為第一如佛為諸法
王此經亦復如是諸經中王宿王華此經能
救一切衆生者此經能令一切衆生離諸苦
惱此經能大饒益一切衆生充滿其願如清
涼池能滿一切諸渴乏者如寒者得火如裸
者得衣如商人得主如子得母如渡得船如
病得醫如暗得燈如貧得寳如民得王如賈
客得海如炬除暗此法華經亦復如是能令

惱此經能大饒益一切衆生充滿其願如清
涼池能滿一切諸渴乏者如寒者得火如裸
者得衣如商人得主如子得母如渡得船如
病得醫如暗得燈如貧得寳如民得王如賈
客得海如炬除暗此法華經亦復如是能令
衆生離一切苦一切病痛能解一切生死之
縛若人得聞此法華經若自書若使人書所
得功德以佛智慧籌量多少不得其邊若書
是經卷華香瓔珞燒香抹香塗香幡蓋衣服
種種之燈蘇燈油燈諸香油燈瞻蔔油燈須
曼那油燈波羅羅油燈婆利師迦油燈那婆
摩利油燈供養所得功德亦復无量宿王華
若有人聞是藥王菩薩本事品者亦得无量
无邊功德若有女人聞是藥王菩薩本事品
能受持者盡是女身後不復受若如來滅後
後五百歲中若有女人聞是經典如說脩行
於此命終即往安樂世界阿弥陁佛大菩薩
衆圍繞住處生蓮華中寳座之上不復為貪
欲所惱亦復不為瞋恚愚癡所惱亦復不為
憍慢嫉妬諸垢所惱得菩薩神通无生法忍
得是忍已眼根清淨以是清淨眼根見七百
万二千億那由他恒河沙等諸佛如來是時
諸佛遥共讃言善哉善哉善男子汝能於釋
迦牟尼佛法中受持讀誦思惟是經為他人
說所得福德无量无邊火不能焚水不能漂
汝之功德千佛共說不能令盡汝今已能破
諸魔賊壞生死軍諸餘怨敵皆悉摧滅善男
子百千諸佛以神通力共守護汝於一切世
間天人之中无如汝者唯除如來其諸聲
聞辟支佛乃至菩薩智慧禪定无有與汝等

諸佛遥共讚言善哉善哉善男子汝能於釋
迦牟尼佛法中受持讀誦思惟是經為他人
說所得福德无量无邊火不能焚水不能漂
汝之功德千佛共說不能令盡汝今已能破
諸魔賊壞生死軍諸餘怨敵皆悉摧滅善男
子百千諸佛以神通力共守護汝於一切世
間天人之中无如汝者唯除如來其諸聲
聞辟支佛乃至菩薩智慧禪定无有與汝等
者宿王華此菩薩成就如是功德智慧之力
若有人聞是藥王菩薩本事品能隨喜讚善
者是人現世口中常出青蓮華香身毛孔中
常出牛頭栴檀之香所得功德如上所說是
故宿王華以此藥王菩薩本事品囑累於汝
我滅度後後五百歲中廣宣流布於閻浮提
无令斷絕惡魔魔民諸天龍夜叉鳩槃荼等
得其便也宿王華汝當以神通之力守護是
經所以者何此經則為閻浮提人病之良藥若
人有病得聞是經病即消滅不老不死宿王
華汝若見有受持是經者應以青蓮華盛滿
沫香供散其上散已作是念言此人不久必
當取草坐於道場破諸魔軍當吹法螺擊大
法鼓度脫一切眾生老病死海是故求佛道
者見有受持是經典人應當如是生恭敬心
說是藥王菩薩本事品時八万四千菩薩得
解一切眾生語言陁羅尼多寶如來於寶塔
中讚宿王華菩薩言善哉善哉宿王華汝成
就不可思議功德乃能問釋迦牟尼佛如是
之事利益无量一切眾生
妙法蓮華經卷第六

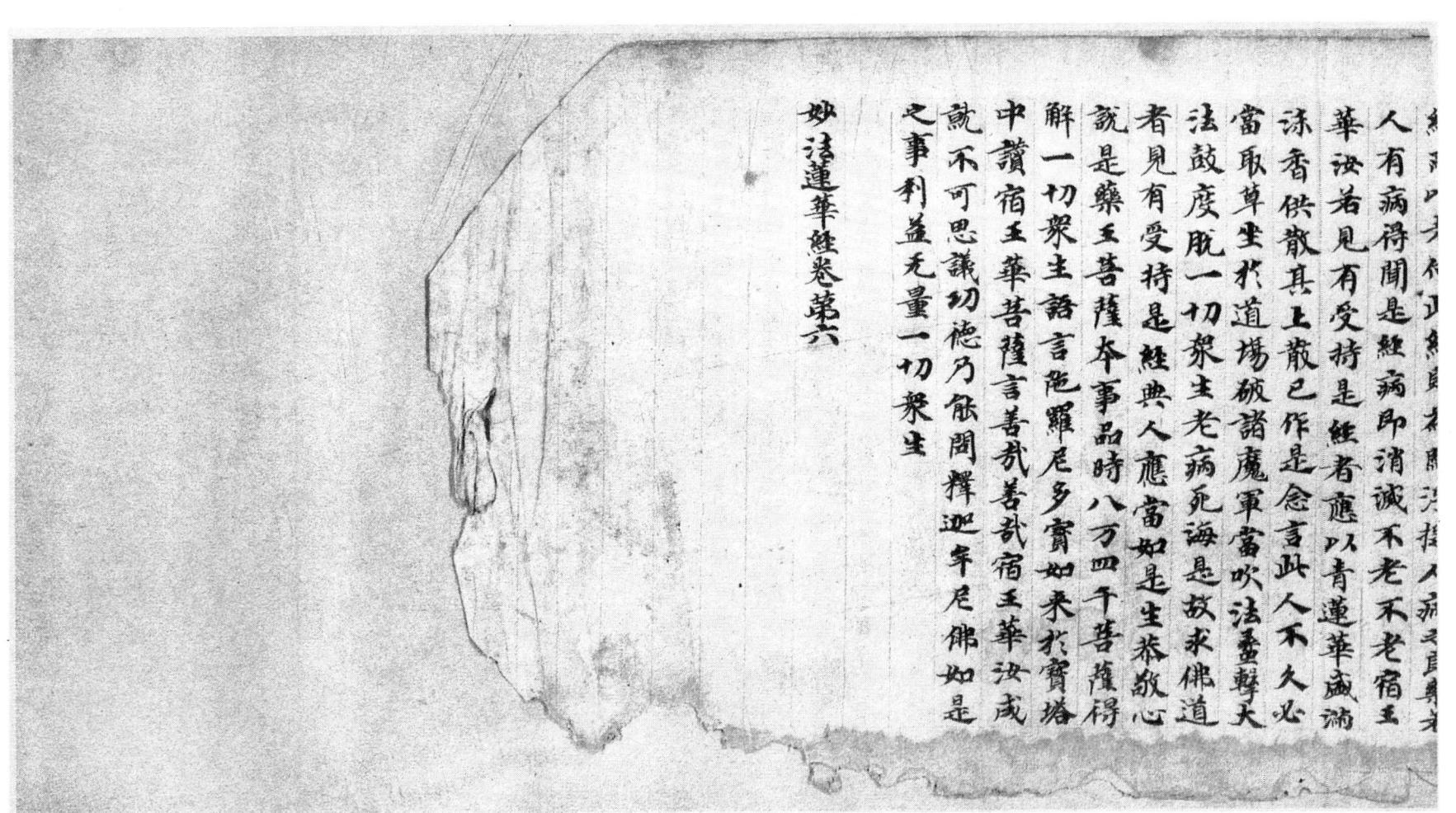

BD04353號　妙法蓮華經卷六　（25–24）

經所以者何此經則為閻浮提人病之良藥若
人有病得聞是經病即消滅不老不死宿王
華汝若見有受持是經者應以青蓮華盛滿
沫香供散其上散已作是念言此人不久必
當取草坐於道場破諸魔軍當吹法螺擊大
法鼓度脫一切眾生老病死海是故求佛道
者見有受持是經典人應當如是生恭敬心
說是藥王菩薩本事品時八万四千菩薩得
解一切眾生語言陁羅尼多寶如來於寶塔
中讚宿王華菩薩言善哉善哉宿王華汝成
就不可思議功德乃能問釋迦牟尼佛如是
之事利益无量一切眾生
妙法蓮華經卷第六

BD04353號　妙法蓮華經卷六　（25–25）

香及餘天華男女身香皆悉遙
乃至梵世上至有頂諸天身香亦
聞諸天所燒之香及聲聞香辟支佛香
香諸佛身香亦皆遙聞知其所在雖聞此香
然於鼻根不壞不錯若欲分別為他人說憶
念不謬爾時世尊欲重宣此義而說偈言
是人鼻清淨　於此世界中　若香若臭物　種種悉聞知
須曼那闍提　多摩羅栴檀　沈水及桂香　種種華菓香
及知眾生香　男子女人香　說法者遠住　聞香知所在
大勢轉輪王　小轉輪及子　群臣諸宮人　聞香知所在
身所著珎寶　及地中寶藏　轉輪王寶女　聞香知所在
諸人嚴身具　衣服及瓔珞　種種所塗香　聞則知其身
諸天若行坐　遊戲及神變　持是法華者　聞香悉能知
諸樹華菓實　及蘇油香氣　持經者住此　悉知其所在
諸山深嶮處　栴檀樹華敷　眾生在中者　聞香皆能知
鐵圍山大海　地中諸眾生　持經者聞香　悉知其所在
阿脩羅男女　及其諸眷屬　鬪諍遊戲時　聞香皆能知
曠野險隘處　師子象虎狼　野牛水牛等　聞香知所在
若有懷妊者　未辯其男女　无根及非人　聞香悉能知
以聞香力故　知其初懷妊　成就不成就　安樂產福子

BD04354 號　妙法蓮華經卷六　　（2–1）

念不謬爾時世尊欲重宣此義而說偈言
是人鼻清淨　於此世界中　若香若臭物　種種悉聞知
須曼那闍提　多摩羅栴檀　沈水及桂香　種種華菓香
及知眾生香　男子女人香　說法者遠住　聞香知所在
大勢轉輪王　小轉輪及子　群臣諸宮人　聞香知所在
身所著珎寶　及地中寶藏　轉輪王寶女　聞香知所在
諸人嚴身具　衣服及瓔珞　種種所塗香　聞則知其身
諸天若行坐　遊戲及神變　持是法華者　聞香悉能知
諸樹華菓實　及蘇油香氣　持經者住此　悉知其所在
諸山深嶮處　栴檀樹華敷　眾生在中者　聞香皆能知
鐵圍山大海　地中諸眾生　持經者聞香　悉知其所在
阿脩羅男女　及其諸眷屬　鬪諍遊戲時　聞香皆能知
曠野險隘處　師子象虎狼　野牛水牛等　聞香知所在
若有懷妊者　未辯其男女　无根及非人　聞香悉能知
以聞香力故　知其初懷妊　成就不成就　安樂產福子
以聞香力故　知男女所念　染欲癡恚心　亦知脩善者
地中眾伏藏　金銀諸珎寶　銅器之所盛　聞香悉能知
種種諸瓔珞　无能識其價　聞香知貴賤　出處及所在
天上諸華等　曼陀曼殊沙　波利質多樹　聞香悉能知

BD04354 號　妙法蓮華經卷六　　（2–2）

[illegible]
還責槖无所以是因緣喪失
聲聞亦復如是雖聞如來慇懃教戒不
持令得久住如彼老人受他寄付我今无智
於諸戒律當何所問佛告諸比丘汝等今者
若問於我則能利益一切衆生是故告汝聽
隨所疑意而問尒時諸比丘白佛言世尊
譬如有人年二十五盛壯端政多有財寶金
銀瑠璃父母妻子眷屬宗親皆悉存在亦有
人來寄其寶物語其人言我有緣事欲至他
處事訖當還汝當還我是時壯人守護是物
如自己有其人遇病即命家屬如是金寶是
他所寄彼若來索悉皆還之智者如是善知
籌量行還槖物皆悉得之无所亡失世尊亦
尒若以法寶付囑阿難及諸比丘不得久住
何以故一切聲聞及大迦葉悉當无常如彼
老人受他寄物是故應以无上佛法付諸菩
薩以諸菩薩善能問答如是法寶則得久住
无量千世增益熾盛利安衆生如彼壯人受

BD04355號　大般涅槃經（北本　思溪本）卷三　（24–1）

他所寄彼若來索悉皆還之智者如是善知
籌量行還槖物皆悉得之无所亡失世尊亦
尒若以法寶付囑阿難及諸比丘不得久住
何以故一切聲聞及大迦葉悉當无常如彼
老人受他寄物是故應以无上佛法付諸菩
薩以諸菩薩善能問答如是法寶則得久住
无量千世增益熾盛利安衆生如彼壯人受
他寄物以是義故諸大菩薩乃能問耳我等
智慧猶如蚊蝱何能諮請如來深法時諸聲
聞嘿然而住尒時佛讚諸比丘言善哉善哉
汝等善得无漏之心阿羅漢心我亦冨念以
此二緣應以大乘付諸菩薩令是妙法久住
於世尒時佛告一切大衆善男子善女人我
之壽命不可稱量樂說之辯亦不可盡汝等
宜可隨意諮問若戒若歸第二第三亦復如
是尒時衆中有一菩薩摩訶薩本是多羅聚
落人也姓大迦葉婆羅門種年在幼稚以佛
神力即從坐起偏袒右肩遶百千匝右膝著
地合掌向佛而白佛言世尊我於今者欲少
諮問若佛聽者乃敢發言佛告迦葉如來應
正遍知恣汝所問當為汝說斷汝所疑令汝
歡喜尒時迦葉菩薩摩訶薩白佛言世尊如
來哀愍垂聽許今當問之然我所有智慧
微少猶如蚊蝱如來世尊道德巍巍純以栴
檀師子難伏不可壞衆而為眷屬如來之身
[illegible]

BD04355號　大般涅槃經（北本　思溪本）卷三　（24–2）

正遍知恣汝所問當為汝說斷汝所疑令汝
歡喜尒時迦葉菩薩摩訶薩白佛言世尊如
來哀愍已垂聽許今當問之然我所有智慧
微少猶如蚉蝱如來世尊道德巍巍純以栴
檀師子難伏不可壞眾而為眷屬如來之身
猶真金剛色如瑠璃真寶難壞復為如是大
智慧海之所圍遶是眾會中諸大菩薩摩訶
薩等皆悉成就无量无邊深妙功德猶如香
象於如是等大眾之前豈敢發問為當承佛
神通之力及因大眾善根威德少發問耳即
於佛前說偈問曰
云何得長壽　金剛不壞身　復以何因緣　得大堅固力
云何於此經　究竟到彼岸　願佛開微密　廣為眾生說
云何得廣大　為眾作依止　實非阿羅漢　而與羅漢等
云何知天魔　為眾作留難　佛說波旬說　云何分別知
云何諸調御　心喜說真諦　正善具成就　演說四顛倒
云何作善業　大仙今當說
云何諸菩薩　能見難見性　云何解滿字　及與半字義
云何共聖行　如娑羅娑鳥　迦隣提日月　太白與歲星
云何未發心　而名為菩薩　云何於大眾　而得无所畏
猶如閻浮金　无能說其過
云何處濁世　不污如蓮華　云何處煩惱　煩惱不能污
如醫療眾病　不為病所污　生死大海中　而作大船師
云何捨生死　如蛇脫故皮
云何觀三寶　猶如天意樹　三乘若无性　云何而得說

BD04355號　大般涅槃經（北本　思溪本）卷三　（24–3）

云何未發心　而名為菩薩　云何於大眾　而得无所畏
猶如閻浮金　无能說其過
云何處濁世　不污如蓮華　云何處煩惱　煩惱不能污
如醫療眾病　不為病所污　生死大海中　而作大船師
云何捨生死　如蛇脫故皮
云何觀三寶　猶如天意樹　三乘若无性　云何而得說
猶如樂未生　云何名受樂
云何諸菩薩　而得不壞眾　云何為生盲　而作眼目導
云何示多頭　唯願大仙說
云何說法者　增長如初月　云何復示現　究竟於涅槃
云何勇進者　示人天魔道　云何知法性　而受於法樂
云何諸菩薩　遠離一切病　云何為眾生　演說於秘密
云何說畢竟　及與不畢竟　如其斷疑網　云何不定說
云何而得近　最勝无上道　我今請如來　為諸菩薩故
願為說甚深　微妙諸行等
一切諸法中　悉有安樂性　唯願大仙尊　為我分別說
眾生大依止　兩足尊妙藥　今欲問諸陰　而我无智慧
精進諸菩薩　亦復不能知　如是等甚深　諸佛之境界
尒時佛讚迦葉菩薩善哉善哉善男子汝今
未得一切種智我已定得之然汝所問甚深
密藏如一切智之所諮問等无有異善男子
我坐道場菩提樹下初成正覺尒時无量阿
僧祇恒河沙等諸佛世界有諸菩薩亦曾問
我是甚深義然其所問句義功德亦皆如是
等无有異如是問者則能利益无量眾生尒

BD04355號　大般涅槃經（北本　思溪本）卷三　（24–4）

密藏如一切智之所[illegible]
我坐道場菩提樹下初成正覺尒時无量阿
僧祇恒河沙等諸佛世界有諸菩薩亦曾問
我是甚深義然其所問句義功德亦皆如是
等无有異如是問者則能利益无量衆生尒
時迦葉菩薩復白佛言世尊我无智力能問
如來如是深義世尊譬如蚊蝱不能飛過大
海彼岸周遍虛空我亦如是不能諸問如來
如是智慧大海法性虛空甚深之義世尊譬
如國王髻中明珠付典藏臣藏臣得已頂戴
恭敬增加守護我亦如是頂戴恭敬增加守
護如來所說方等深義何以故令我廣得深
智慧故尒時佛告迦葉菩薩善男子諦聽諦
聽當為汝說如來所得長壽之業菩薩以是
業因緣故得壽命長是故應當至心聽受若
業能為菩提因者應當誠心聽受是義既聽
受已轉為人說善男子我已修習如是業故
獲得阿耨多羅三藐三菩提今復為人廣說
是義善男子譬如王子犯罪繫獄王甚憐愍
愛念子故躬自迴駕至其繫所菩薩亦尒欲
得長壽應當護念一切衆生同於子想生大
慈大悲大喜大捨授不殺戒教修善法亦當
安止一切衆生於五戒十善復入地獄餓鬼
畜生阿脩羅等一切諸趣拔濟是中苦惱衆
生脫未脫者度未度者未涅槃者令得涅槃

BD04355號　大般涅槃經（北本　思溪本）卷三　（24-5）

慈大悲大喜大捨授不殺戒教修善法亦當
安止一切衆生於五戒十善復入地獄餓鬼
畜生阿脩羅等一切諸趣拔濟是中苦惱衆
生脫未脫者度未度者未涅槃者令得涅槃
安慰一切諸怖畏者以如是等業因緣故菩
薩則得壽命長遠於諸智慧而得自在隨所
壽終生於天上尒時迦葉菩薩復白佛言世
尊菩薩摩訶薩等視衆生同於子想是義深
隱我未能解世尊如來不應說言菩薩於諸
衆生脩平等心同於子想所以者何於佛法
中有破戒者作逆罪者毀正法者云何當於
如是等人同子想耶佛告迦葉如是如是我
於衆生實作子想如羅睺羅迦葉菩薩復白
佛言世尊昔十五日僧布薩時曾於受具清
淨衆中有一童子不善脩習身口意業在屏
覆處盜聽說戒密迹力士承佛神力以金剛
杵碎之如塵世尊是金剛神極盛暴惡乃能
斷是童子命根云何如來視諸衆生同於子
想如羅睺羅佛告迦葉汝今不應作如是言
是童子者即是化人非真實也為驅遣破戒
毀法令出衆故金剛密迹示是化耳迦葉毀
謗正法及一闡提或有殺生乃至邪見及故
犯禁我於是等悲生慈心同於子想如羅睺
羅善男子譬如國王諸群臣等有犯王法隨
罪誅戮終不捨置如來世尊不如是也於毀

BD04355號　大般涅槃經（北本　思溪本）卷三　（24-6）

是童子[illegible]

毁法令出衆故金剛密迹亦是化耳迦葉毁
謗正法及一闡提或有殺生乃至邪見及故
犯禁我於是等悲心同於子想如羅睺
羅善男子譬如國王諸群臣等有犯王法隨
罪誅戮而不捨置如來世尊不如是也於毁
法者與駈遣羯磨呵責羯磨置羯磨舉罪羯
磨不可見羯磨滅羯磨未捨惡見羯磨善男
子如來所以與謗法者作如是等降伏羯磨
為欲示諸行惡之人有果報故善男子汝今
當知如來即是施惡衆生无畏者放一光
若二若五或有遇者悉令遠離一切諸惡
如來今者具有如是无量勢力善男子未可
見法汝欲見者今當為汝說其相貌我涅槃
已隨其方面有持戒比丘威儀具足護持正
法見壞法者即能駈遣呵責徵治當知是人
得福无量不可稱計善男子譬如有王專行
暴惡會遇重病有鄰國王聞其名聲興兵而
来規欲殄滅是時病王无力勢故方乃恐怖
改心修善而是鄰王得无量福持法比丘亦
復如是駈遣呵責壞法之人令行善法得福
无量善男子譬如長者所居之處田澤屋舍
生諸毒樹長者知已即便斫伐永令滅盡又
如壯人首生白髮慚愧而鑷不令生長持法
比丘亦復如是見有破戒壞正法者即應駈
[illegible]壞法者置不可責

BD04355號　大般涅槃經（北本　思溪本）卷三　（24–7）

无量善男子譬如長者所居之處田澤屋舍
生諸毒樹長者知已即便斫伐永令滅盡又
如壯人首生白髮慚愧而鑷不令生長持法
比丘亦復如是見有破戒壞正法者即應駈
遣呵責舉處若善比丘見壞法者置不呵責
駈遣舉處當知是人佛法中怨若能駈遣呵
責舉處是我弟子真聲聞也迦葉菩薩復白
佛言世尊如佛所言則不等視一切衆生同
於子想如羅睺羅世尊若有一人以刀害佛
復有一人持栴檀塗佛於此二若生等心云
何復言當治毁禁若治毁禁是言則失佛造
迦葉菩薩善男子譬如國王大臣宰相產育
諸子顏貌端政聰明黠慧若二三四將付嚴
師而作是言君可為我教詔諸子威儀礼節
伎藝書疏校計筭數悉令成就我今四子就
君受學假使三子病杖而死餘有一子必當
苦治要令成就雖喪三子我終不恨迦葉是
父及師得殺罪不不也世尊何以故以愛念
故為欲成就无有惡心如是教誨得福无
量善男子如來亦尒視壞法者等如一子如
来今以无上正法付囑諸王大臣宰相比丘
比丘尼優婆塞優婆夷是諸國王及四部衆
應當勸厲諸學人等令得增上戒定智慧若
有不學是三品法懈怠破戒毁正法者王者
大臣四部之衆應當苦治善男子是諸國王

BD04355號　大般涅槃經（北本　思溪本）卷三　（24–8）

來今以无上正法付囑諸王大臣宰相比丘
比丘尼優婆塞優婆夷是諸國王及四部衆
應當勸厲諸學人等令得增上戒定智慧若
有不學是三品法懈怠破戒毀正法者王者
大臣四部之衆應當苦治善男子是諸國王
及四部衆當有罪不不也世尊善男子是諸
國王及四部衆尚无有罪何況如來善男子
如來善脩如是平等於諸衆生同一子想如
是脩者是名菩薩脩平等心於諸衆生同一
子想善男子菩薩如是脩習此業得壽命長
亦能善知宿世之事迦葉菩薩復白佛言世
尊如佛所說菩薩若有脩平等心視諸衆生
同於子想得壽命長如來不應作如是說何
以故如知法人能說種種孝順之法還至家
中以諸凡石打擲父母而是父母是良福田
多所利益難遭難遇應好供養反生惱害是
知法人言行相違如來所言亦復如是菩薩
脩習平等心衆生同子想者應得長壽善知宿
命常住於世无有變易今者世尊以何因緣
壽命極短同人間耶如來將无於諸衆生生
惡憎想世尊昔日作何惡業斷幾命根得是
短壽不滿百年佛告迦葉善男子汝今何緣
於如來前發是麁言如來長壽於諸壽中最
上最勝所得常法於諸常中最爲第一迦葉

BD04355號　大般涅槃經（北本　思溪本）卷三　（24–9）

壽命極短同人間耶如來將无於諸衆生生
惡憎想世尊昔日作何惡業斷幾命根得是
短壽不滿百年佛告迦葉善男子汝今何緣
於如來前發是麁言如來長壽於諸壽中最
上最勝所得常法於諸常中最爲第一迦葉
菩薩復白佛言世尊云何如來得壽命長佛
告迦葉善男子如八大河一名恒伽二名閻
摩羅三名薩羅四名阿利披提五名摩訶六
名辛頭七名博叉八名私陀是八大河及諸
小河悉入大海迦葉如是一切人中天上地
及虛空壽命大河悉入如來壽命海中是故
如來壽命无量復次迦葉譬如阿耨婆踏多
池出四大河如來亦尒出一切命迦葉譬如
一切諸常法中虛空第一如來亦尒於諸常
中最爲第一迦葉譬如諸藥醍醐第一如來
亦尒於衆生中壽命第一迦葉菩薩復白佛
言世尊如來壽命若如是者應住一劫若減
一劫常宣妙法如注大雨迦葉汝今不應於
如來所生滅盡想迦葉若有比丘比丘尼優
婆塞優婆夷乃至外道五通神仙得自在者
若住一劫若減一劫經行空中坐臥自在左
脅出火右脅出水身出烟炎猶如大火聚若欲
住壽能得如意於壽命中脩短自在如是五
通尚得如是隨意神力豈況如來於一切法
得自在力而當不能住壽半劫若一劫若百

BD04355號　大般涅槃經（北本　思溪本）卷三　（24–10）

婆塞優婆夷乃至外道五通神仙得自在者
若住一劫若減一劫經行空中坐卧自在左
脅出火右脅出水身出烟炎猶如大火聚若欲
住壽能得如意於壽命中脩短自在如是五
通尚得如是隨意神力豈況如來於一切法
得自在力而當不能住壽半劫若一劫若百
劫若百千劫若无量劫以是義故當知如來
是常住法不變易法如來此身是變化身非
雜食身為度衆生示同毒樹是故現捨入於
涅槃迦葉當知佛是常法不變易法汝等於
涅槃迦葉當知佛是常法不變易法汝等於
是第一義中應懃精進一心脩習既脩習已
廣為人說尒時迦葉菩薩白佛言世尊出世
之法與世間法有何差別如佛言曰佛是常
法不變易法世間亦說梵天是常自在天常
无有變易我常性常微塵亦常若言如來是
常法者如來何故不常現耶若不常現有
何差別何以故梵天乃至微塵世性亦不現
故佛告迦葉譬如長者多有諸牛色雖種種
同共一群付放牧人令逐水草但為提湖不
求酪乳彼牧牛者搆已自食長者命終所有
諸牛悉為群賊之所抄掠賊得牛已无有婦
女即自搆捋得已而食尒時群賊各相謂言
彼大長者畜養此牛不期乳酪但為提湖我
等今者當設何方得之耶夫提湖者名為世

BD04355號　大般涅槃經（北本　思溪本）卷三　（24-11）

求酪乳彼牧牛者搆已自食長者命終所有
諸牛悉為群賊之所抄掠賊得牛已无有婦
女即自搆捋得已而食尒時群賊各相謂言
彼大長者畜養此牛不期乳酪但為提湖我
等今者當設何方得之耶夫提湖者名為世
間第一上味我等无器設使得乳无安置處
復共相謂唯有皮囊可以盛之雖有盛處不
知攢搖漿猶難得況復生蘇尒時諸賊以提
湖故加之以水以水多故乳酪提湖一切俱
失凡夫亦尒雖有善法皆是如來正法之餘
何以故如來世尊入涅槃後盜竊如來遺餘
善法若戒定慧如彼諸賊劫掠群牛諸凡夫
人雖復得是戒定智慧无有方便不能解脫
以是義故不能獲得常戒常定常慧解脫如
彼群賊不知方便喪失提湖亦如群賊為提
湖故加之以水凡夫亦尒為解脫故說我衆
生壽命士夫梵天自在天微塵世性戒定智
慧及與解脫非想非非想天即是涅槃實亦
不得解脫涅槃如彼群賊不得提湖是諸凡
夫有少梵行供養父母以是因緣得生天上
受少安樂如彼群賊加水之乳而是凡夫實
不知因脩少梵行供養父母得生天上又不
能知戒定智慧歸依三寶以不知故說常樂
我淨雖復說之而實不知是故如來出世之

BD04355號　大般涅槃經（北本　思溪本）卷三　（24-12）

不得離尼涅槃如彼群賊不得提湖是諸凡
夫有少梵行供養父母以是因緣得生天上
受少安樂如彼群賊加水之乳而是凡夫實
不知因脩少梵行供養父母得生天上又不
能知戒定智慧歸依三寶以不知故說常樂
我淨雖復說之而實不知是故如来出世之
後乃為演說常樂我淨如轉輪王出現於世
福德力故群賊退散牛无損命時轉輪王即
以諸牛付一牧人多巧便者是人方便即得
提湖以提湖故一切衆生无有患苦法輪聖
王出現世時諸凡夫人不能演說戒定慧者
即便退散如賊退散尒時如来善說世法及
出世法為衆生故令諸菩薩隨而演說菩薩
摩訶薩既得提湖復令无量无邊衆生推得
无上甘露法味所謂如来常樂我淨以是義
故善男子如来是常不變易法非如世間凡
夫愚人謂梵天等是常法也此常法稱要是
如来非是餘法迦葉應當如是知如来身迦
葉諸善男子善女人常當繫心脩此二字佛
是常住迦葉若有善男子善女人脩此二字
當知是人隨我所行至我至處善男子若有
脩習如此二字為滅相者當知如来則於其
人為般涅槃善男子涅槃義者即是諸佛之
法性也迦葉菩薩白佛言世尊佛法性者其
義云何世尊我今欲知法性之義唯願如来

BD04355號　大般涅槃經（北本　思溪本）卷三　（24–13）

脩習如此二字為滅相者當知如来則於其
人為般涅槃善男子涅槃義者即是諸佛之
法性也迦葉菩薩白佛言世尊佛法性者其
義云何世尊我今欲知法性之義唯願如来
哀愍廣說夫法性者即是捨身捨身者名无
所有若无所有身云何存身若存者云何而
言身有法性身有法性云何得存我今云何
當知是義佛告迦葉菩薩善男子汝今不應
作如是說滅是法性夫法性者无有滅也善
男子譬如无想天成就色陰而无色想不應
問言是諸天等云何而住歡娛受樂云何行
想云何見聞善男子如来境界非諸聲聞緣
覺所知善男子不應說言如来身者是滅法
也善男子如来滅法是佛境界非諸聲聞緣
覺所知善男子不應說言如来身者是滅法
也善男子如来滅法是佛境界非諸聲聞緣
覺所及善男子汝今不應思量如来何處住
何處行何處見何處樂善男子如是之義亦
非汝等之所知及諸佛法身種種方便不可
思議復次善男子應當脩習佛法及僧而作
常想是三法者无有異相无常相无變異
相若於三法脩異想者當知是輩清淨三歸
則无依處所有禁戒皆不具足終不能證聲
聞緣覺菩提之果若能於是不可思議脩常
想者則有歸處善男子譬如因樹則有樹影

BD04355號　大般涅槃經（北本　思溪本）卷三　（24–14）

相若於三法脩異想者當知是輩清淨三歸
則无依處所有禁戒皆不具足終不能證聲
聞緣覺菩提之果若能於是不可思議脩常
想者則有歸處善男子譬如因樹則有樹影
如來亦尒有常法故則有歸依非是无常若
言如來是无常者如來則非諸天世人所歸
依處迦葉菩薩白佛言世尊譬如闇中有樹
无影迦葉汝不應言有樹无影但非肉眼之
所見耳善男子如來亦尒其性常住是不變
異无智慧眼不能得見如彼闇中不見樹影
凡夫之人於佛滅後說言如來是无常法亦
復如是若言如來異法僧者則不能成三歸
依處如汝父母各各異故故使无常迦葉菩
薩復白佛言世尊我從今始當以佛法衆僧
三事常住啓悟父母乃至七世皆令奉持甚
奇世尊我今當學如來法僧不可思議既自
學已亦當為人廣說是義若有諸人不能信
受當知是輩久脩无常如是之人我當為其
而作霜雹尒時佛讚迦葉菩薩善哉善哉汝
今善能護持正法如是護法不欺於人以不
欺人善業緣故而得長壽善知宿命

大般涅槃經金剛身品第二

尒時世尊復告迦葉善男子如來身者是常
住身不可壞身金剛之身非雜食身即是法

BD04355號　大般涅槃經（北本　思溪本）卷三　（24–15）

大般涅槃經金剛身品第二

尒時世尊復告迦葉善男子如來身者是常
住身不可壞身金剛之身非雜食身即是法
身迦葉菩薩白佛言世尊如佛所說如是等
身我悉不見唯見无常破壞微塵雜食等身
何以故如來當入於涅槃故佛言迦葉汝今
莫謂如來之身不堅可壞如凡夫身善男子
汝今當知如來之身无量億劫堅牢難壞非
人天身非恐怖身非雜食身如來之身非身
是身不生不滅不習不脩无量无邊无有足
跡无知无形畢竟清淨无有動搖无受无行
不住不作无味无雜非是有為非業非果非
行非滅非心非數不可思議常不可議无識
離心亦不離心其心平等无有亦有无有去
來而亦去來不破不壞不斷不絕不出不滅
非主亦主非有亦有非覺非觀非字非不字
非定非不定不可見了了見无處亦處无宅
亦宅无闇无明无有寂靜而亦寂靜是无所
有不受不施清淨无垢无諍斷諍住无住處
不取不墮非法非非法非福田非不福田无
盡不盡離一切盡是空離空雖不常住非念
念滅无有垢濁无字離字非聲非說亦非脩
習非稱非量非一非異非像非相諸相莊嚴
非勇非畏无寂不寂无熱不熱不可覩見无
有相貌如來度脫一切衆生无度脫故能解

BD04355號　大般涅槃經（北本　思溪本）卷三　（24–16）

盡不盡離一切盡是空離空雖不常住非念
念捨无有垢濁无字離字非聲非說亦非脩
習非稱非量非一非異非像非相諸相莊嚴
非勇非畏无寂不寂无熱不熱不可覩見无
有相貌如来度脫一切衆生无度脫故能解
衆生无有解故覺了衆生无覺了故如實說
法无有二故不可量无等平如虛空无有形
貌同无生性不斷不常常行一乘衆生見
三不還不轉斷一切結不戰不觸非性住性
非合非散非長非短非圓非方非陰入界亦
陰入界非增非損非勝非負如来之身成就
如是无量功德无有知者无不知者无有見
者无不見者非有為非无為非世非不世非
作非不作非依非不依非四大非不四大非
因非不因非衆生非不衆生非沙門非婆羅
門是師子大師子非身非不身不可宣說除
一法相不可筭數般涅槃時不般涅槃如来
法身皆悉成就如是无量微妙功德迦葉唯
有如来乃知是相非諸聲聞緣覺所知迦葉
如是功德成如来身非是雜食所長養身迦
葉如来真身功德如是云何復得諸疾患苦
危脆不堅如坏器耶迦葉如来所以示病苦
者為欲調伏諸衆生故善男子汝今當知如
来之身即金剛身汝從今日常當專心思惟
此義莫念食身亦當為人說如来身即是法

如是功德成如来身非是雜食所長養身迦
葉如来真身功德如是云何復得諸疾患苦
危脆不堅如坏器耶迦葉如来所以示病苦
者為欲調伏諸衆生故善男子汝今當知如
来之身即金剛身汝從今日常當專心思惟
此義莫念食身亦當為人說如来身即是法
身迦葉菩薩白佛言世尊如来成就如是功
德其身云何當有病苦无常破壞我從今日
常當思惟如来之身是常法身安樂之身亦
當為他如是廣說唯然世尊如来法身金剛
不壞而未能知所因云何佛言迦葉以能護
持正法因緣故得成就是金剛身迦葉我於
往昔護法因緣今得成就是金剛身常住不
壞善男子護持正法者不受五戒不脩威儀
應持刀劍弓箭鉾矟守護持戒清淨比丘迦
葉菩薩白佛言世尊若有比丘離於守護獨
處空閑冢間樹下當說是人為真比丘若有
隨逐守護者行當知是輩是禿居士佛告迦
葉莫作是語言禿居士若有比丘隨所至處
供身趣足讀誦經典思惟坐禪有来問法即
為宣說所謂布施持戒福德少欲知足雖能
如是種種說法然故不能作師子吼不為師
子之所圍遶不能降伏非法惡人如是比丘
不能自利及利衆生當知是輩懈怠懶墮雖
能持戒守護淨行當知是人无所能為若有

供身趣足讀誦經典思惟坐禪有來問法即
為宣說所謂布施持戒福德少欲知足雖能
如是種種說法然故不能作師子吼不為師
子之所圍遶不能降伏非法惡人如是比丘
不能自利及利衆生當知是輩懈怠懶墮雖
能持戒守護淨行當知是人无所能為若有
比丘供身之具亦常豐足復能護持所受禁
戒能師子吼廣說妙法謂脩多羅祇夜受記
伽陁優陁那伊帝曰多伽闍陁伽毗佛略阿
浮陁達摩以如是等九部經典為他廣說利
益安樂諸衆生故唱如是言涅槃經中制諸
比丘不應畜養奴婢牛羊非法之物若有比
丘畜如是等不淨之物應當治之如來先於
異部經中說有比丘畜如是等非法之物某
甲國王如法治之驅令還俗若有比丘能作
如是師子吼時有破戒者聞是語已咸共瞋
恚害是法師是說法者設復命終故名持戒
自利利他以是緣故我聽國主群臣宰相諸
優婆塞護說法人若有欲得護正法者當如
是學迦葉如是破戒不護法者名禿居士非
持戒者得如是名善男子過去之世无量无
邊阿僧祇劫於此拘尸那城有佛出世号歡
喜增益如來應正遍知明行足善逝世間解
无上士調御丈夫天人師佛世尊尒時世界
廣博嚴淨豐樂安隱人民熾盛无有飢渴如

BD04355號　大般涅槃經（北本　思溪本）卷三　（24–19）

持戒者得如是名善男子過去之世无量无
邊阿僧祇劫於此拘尸那城有佛出世号歡
喜增益如來應正遍知明行足善逝世間解
无上士調御丈夫天人師佛世尊尒時世界
廣博嚴淨豐樂安隱人民熾盛无有飢渴如
安樂國諸菩薩等彼佛世尊住世无量化衆
生已然後乃於娑羅雙樹入般涅槃佛涅槃
後正法住世无量億歲餘四十年尒時有一
持戒比丘名曰覺德多有徒衆眷屬圍遶能
師子吼頒宣廣說九部經典制諸比丘不得
畜養奴婢牛羊非法之物尒時多有破戒比
丘聞作是說皆生惡心執持刀杖逼是法師
是時國王名曰有德聞是事已為護法故即
便往至說法者所與是破戒諸惡比丘極共
戰鬪令說法者得免危害王於尒時身被刀
劍箭槊之瘡體无完處如芥子許尒時覺德
尋讚王言善哉善哉王今真是護正法者當
來之世此身當為无量法器王於是時得聞
法已心大歡喜尋即命終生阿閦佛國而為
彼佛作第一弟子其王將從人民眷屬有戰
鬪者有隨喜者一切不退菩提之心命終悉
生阿閦佛國覺德比丘却後壽終亦得往生
阿閦佛國而為彼佛作聲聞衆中第二弟子
若有正法欲滅盡時應當如是受持擁護迦

BD04355號　大般涅槃經（北本　思溪本）卷三　（24–20）

被佛作第一弟子其王將從人民眷屬有戰
闘者有隨喜者一切不退菩提之心命終悉
生阿閦佛國覺德比丘却後壽終亦得往生
阿閦佛國而為彼佛作聲聞衆中第二弟子
若有正法欲滅盡時應當如是受持擁護迦
葉尒時王者則我身是說法比丘迦葉佛是
迦葉護正法者得如是等無量果報以是因
緣我於今日得種種相以自莊嚴成就法身
不可壞身迦葉菩薩復白佛言世尊如來常
身猶如畫石佛告迦葉菩薩善男子以是因
緣故比丘比丘尼優婆塞優婆夷應當懃加
護持正法護法果報廣大無量善男子是故
護法優婆塞等應執刀杖擁護如是持法比
丘若有受持五戒之者不得名為大乘人也
受不五戒為護正法乃名大乘護正法者應
當執持刀劒器杖侍說法者迦葉白佛言世
尊若諸比丘與如是等諸優婆塞持刀杖者
共為伴侶為有師耶為無師乎為是持戒為
是破戒佛告迦葉莫謂是等為破戒人善男
子我涅槃後濁惡之世國土荒亂互相抄掠
人民飢餓尒時多有為飢餓故發心出家如
是之人名為禿人是禿人輩見有持戒威儀
具足清淨比丘護持正法驅逐令出若殺若
害迦葉菩薩復白佛言世尊是持戒人護正
法者云何當得遊行村落城邑教化善男子

子我涅槃後濁惡之世國土荒亂互相抄掠
人民飢餓尒時多有為飢餓故發心出家如
是之人名為禿人是禿人輩見有持戒威儀
具足清淨比丘護持正法驅逐令出若殺若
害迦葉菩薩復白佛言世尊是持戒人護正
法者云何當得遊行村落城邑教化善男子
是故我今聽持戒人依諸白衣持刀杖者以
為伴侶諸國王大臣長者優婆塞等為護法
故雖持刀杖我說是等名為持戒雖持刀杖
不應斷命若能如是即得名為第一持戒迦
葉言護法者謂具正見能廣宣說大乘經典
終不捉持王者寶蓋油瓶穀米種種菓蓏不
為利養親近國王大臣長者於諸檀越心無
諂曲具足威儀摧伏破戒諸惡人等是名持
戒護法之師能為衆生真善知識其心弘廣
譬如大海迦葉若有比丘以利養故為他說
法是人所有徒衆眷屬亦效是師貪求利養
是人如是便自壞衆迦葉衆有三種一者犯
戒雜僧二者愚癡僧三者清淨僧破戒雜僧
則易可壞持戒淨僧利養因緣所不能壞云
何破戒雜僧若有比丘雖持禁戒為利養故
與破戒者坐起行來共相親附同其事業是
名破戒亦名雜僧云何愚癡僧若有比丘在
阿蘭若處諸根不利闇鈍矇瞢少欲乞食
於說戒日及自恣時教諸弟子清淨懺悔見

則易可壞持戒淨僧利養因緣所不能壞云
何破戒雜僧若有比丘雖持禁戒為利養故
與破戒者坐起行來共相親附同其事業是
名破戒亦名雜僧云何愚癡僧若有比丘在
阿蘭若處諸根不利闇鈍蹇澀少欲乞食
於說戒日及自恣時教諸弟子清淨懺悔見
非弟子多犯禁戒不能教令清淨懺悔而便
與共說戒自恣是名愚癡僧云何名清淨僧
有比丘僧不為百千億數諸魔之所沮壞是
菩薩衆本性清淨能調如上二部之衆悉令
安住清淨衆中是名護法无上大師善持律
者為欲調伏利衆生故知諸戒相若輕若重
非是律者則不證知若是律者則便證知云
何調衆生故若諸菩薩為化衆生常入聚落
不擇時節或至寡婦婬女舍宅與同止住經
歷多年若是聲聞所不應為是名調伏利益
衆生云何知重若見如來因事制戒汝從今
日慎更莫犯如四重禁出家之人所不應作而
便故作非是沙門非釋種子是名為重云何
為輕若犯輕事如是三諫若能捨者是名為
輕非律不讚者若有讚說不清淨物應受用
者不共同止是律應證者善學戒律不近破
戒見有所行隨順戒律心生歡喜如是能知
佛法所作善能解說是名律師善解一字善
持契經亦復如是如是善男子佛法无量不

BD04355 號　大般涅槃經（北本　思溪本）卷三　（24–23）

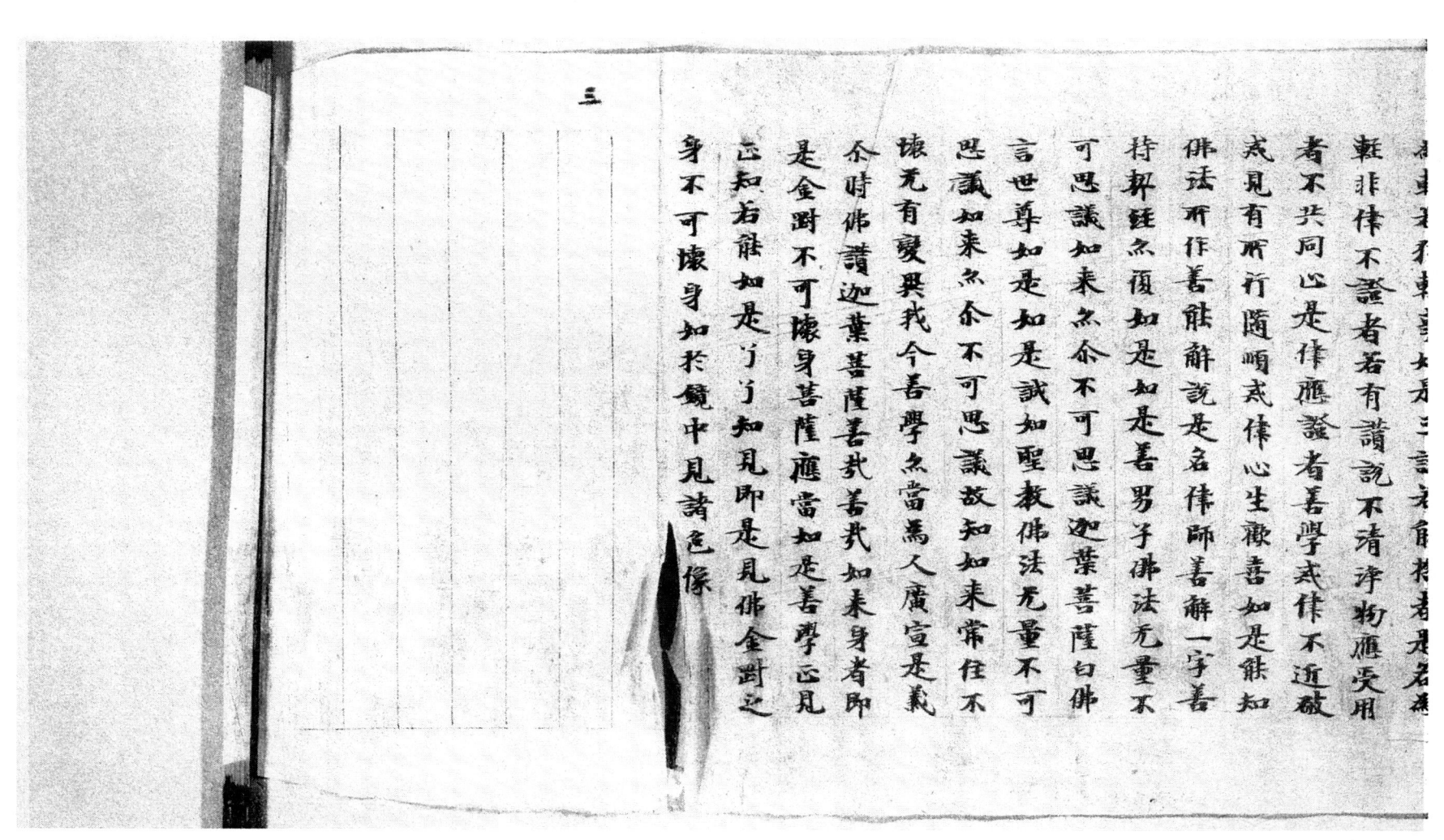

為輕若犯輕事如是三諫若能捨者是名為
輕非律不讚者若有讚說不清淨物應受用
者不共同止是律應證者善學戒律不近破
戒見有所行隨順戒律心生歡喜如是能知
佛法所作善能解說是名律師善解一字善
持契經亦復如是如是善男子佛法无量不
可思議如來亦尒不可思議迦葉菩薩白佛
言世尊如是如是誠如聖教佛法无量不可
思議如來亦尒不可思議故知如來常住不
壞无有變異我今善學亦當為人廣宣是義
尒時佛讚迦葉菩薩善哉善哉如來身者即
是金剛不可壞身菩薩應當如是善學正見
正知若能如是了了知見即是見佛金剛之
身不可壞身如於鏡中見諸色像

三

BD04355 號　大般涅槃經（北本　思溪本）卷三　（24–24）

著　錄　凡　例

本目錄採用條目式著錄法。諸條目意義如下：

1.1　著錄編號。用漢語拼音首字“BD”表示，意為“北京圖書館藏敦煌遺書”，簡稱“北敦號”。文獻寫在背面者，標註為“背”。一件遺書上抄有多個文獻者，用數字1、2、3等標示小號。一號中包括幾件遺書，且遺書形態各自獨立者，用字母A、B、C等區別。

1.2　著錄分類號。本條記目錄暫不分類，該項空缺。

1.3　著錄文獻的名稱、卷本、卷次。

1.4　著錄千字文編號。

1.5　著錄縮微膠卷號。

2.1　著錄遺書的總體數據。包括長度、寬度、紙數、正面抄寫總行數與每行字數、背面抄寫總行數與每行字數。如該遺書首尾有殘破，則對殘破部分單獨度量，用加號加在總長度上。凡屬這種情況，長度用括弧標註。

2.2　著錄每紙數據。包括每紙長度及抄寫行數或界欄數。

2.3　著錄遺書的外觀。包括：(1) 裝幀形式。(2) 首尾存況。(3) 護首、軸、軸頭、天竿、縹帶，經名是書寫還是貼簽，有無經名號，扉頁、扉畫。(4) 卷面殘破情況及其位置。(5) 尾部情況。(6) 有無附加物（蟲繭、油污、線繩及其他）。(7) 有無裱補及其年代。(8) 界欄。(9) 修整。(10) 其他需要交待的問題。

2.4　著錄一件遺書抄寫多個文獻的情況。

3.1　著錄文獻首部文字與對照本核對的結果。

3.2　著錄文獻尾部文字與對照本核對的結果。

3.3　著錄錄文。

3.4　著錄對文獻的說明。

4.1　著錄文獻首題。

4.2　著錄文獻尾題。

5　著錄本文獻與對照本的不同之處。

6.1　著錄本遺書首部可與另一遺書綴接的編號。

6.2　著錄本遺書尾部可與另一遺書綴接的編號。

7.1　著錄題記、題名、勘記等。

7.2　著錄印章。

7.3　著錄雜寫。

7.4　著錄護首及扉頁的內容。

8　著錄年代。

9.1　著錄字體。如有武周新字、合體字、避諱字等，予以說明。

9.2　著錄卷面二次加工的情況。包括句讀、點標、科分、間隔號、行間加行、行間加字、硃筆、墨塗、倒乙、刪除、兌廢等。

10　著錄敦煌遺書發現後，近現代人所加內容，裝裱、題記、印章等。

11　備註。著錄揭裱互見、圖版本出處及其他需要說明的問題。

上述諸條，有則著錄，無則空缺。

為避文繁，上述著錄中出現的各種參考、對照文獻，暫且不列版本說明。全目結束時，將統一編制本條記目錄出現的各種參考書目。

本條記目錄為農曆年份標註其公曆紀年時，未進行歲頭年末之換算，請讀者使用時注意自行換算。

條 記 目 錄

BD04279—BD04355

1.1 BD04279 號
1.3 金剛般若波羅蜜經
1.4 玉 079
1.5 094:4157
2.1 118.5×25.5 厘米；4 紙；70 行，行 17 字。
2.2 01：18.0，10； 02：47.0，28； 03：46.5，28； 04：07.0，04。
2.3 卷軸裝。首尾均殘。有烏絲欄。
3.1 首殘→大正 235，8/750C11。
3.2 尾殘→8/751B25。
8 8 世紀。唐寫本。
9.1 楷書。
11 圖版：《敦煌寶藏》，82/262A～263B。

1.1 BD04280 號
1.3 金光明最勝王經卷一〇
1.4 玉 080
1.5 083:1996
2.1 197.1×28.2 厘米；6 紙；111 行，行 19～23 字。
2.2 01：14.0，08； 02：41.2，25； 03：41.2，25； 04：41.2，25； 05：41.5，25； 06：18.0，03。
2.3 卷軸裝。首殘尾全。卷面刷黄。有烏絲欄。
3.1 首殘→大正 665，16/455A2。
3.2 尾全→16/456C19。
4.2 金光明最勝王經卷第十（尾）。
5 尾附音義。
8 8～9 世紀。吐蕃統治時期寫本。
9.1 楷書。
11 圖版：《敦煌寶藏》，71/295A～297B。

1.1 BD04281 號
1.3 金剛三昧經
1.4 玉 081
1.5 114:6283
2.1 （2.7+377.8）×28.2 厘米；9 紙；255 行，行 22 字。
2.2 01：2.7+32.5，23； 02：42.7，31； 03：43.4，31； 04：43.4，30； 05：43.4，29； 06：43.5，29； 07：43.6，29； 08：43.6，30； 09：41.7，23。
2.3 卷軸裝。首殘尾全。首紙殘破嚴重，第 6、7 紙接縫處有破損，卷尾殘破。有燕尾。卷背有近代裱補。折疊欄。
3.1 首 2 行上下殘→大正 273，9/370B10～12。
3.2 尾全→9/374B28。
4.2 金剛三昧經（尾）。
8 7～8 世紀。唐寫本。
9.1 楷書。
9.2 有硃、墨筆校改。有行間校加字。
11 圖版：《敦煌寶藏》，97/534B～539A。

1.1 BD04282 號
1.3 大般涅槃經（北本）卷一三
1.4 玉 082
1.5 115:6374
2.1 138.5×27 厘米；3 紙；81 行，行 17 字。
2.2 01：46.5，28； 02：46.5，28； 03：45.5，25。
2.3 卷軸裝。首脱尾全。經黄打紙。卷尾有小殘洞。有烏絲欄。
3.1 首殘→大正 374，12/444B24。
3.2 尾全→12/445B20。
4.2 大般涅槃經卷第十三（尾）。
8 7～8 世紀。唐寫本。
9.1 楷書。
11 圖版：《敦煌寶藏》，98/430B～432A。

1.1 BD04283 號
1.3 妙法蓮華經卷五
1.4 玉 083
1.5 105:5477

2.1　(4.7 +918.3) ×26.9 厘米；19 紙；494 行，行 17 字。
2.2　01：4.7 +19.7，14；　02：49.0，28；　03：49.7，28；
04：49.5，28；　05：50.8，26；　06：50.0，26；
07：50.0，27；　08：50.0，27；　09：49.8，26；
10：50.0，26；　11：50.0，27；　12：50.0，27；
13：50.2，27；　14：50.0，27；　15：50.0，27；
16：50.2，27；　17：49.9，27；　18：50.0，27；
19：49.5，22。
2.3　卷軸裝。首殘尾全。前 3 紙殘破，斷為兩截；前 2 紙有殘洞；卷尾有火燒殘洞。卷面有水漬，油污變色。有烏絲欄。
3.1　首 3 行上下殘→大正 262，9/38C16 ~ 19。
3.2　尾全→9/46B14。
4.2　妙法蓮華經卷第五（尾）。
8　9 ~ 10 世紀。歸義軍時期寫本。
9.1　楷書。
11　圖版：《敦煌寶藏》，92/392B ~ 406A。

1.1　BD04284 號
1.3　金光明最勝王經卷二
1.4　玉 084
1.5　083: 1544
2.1　(1 +97.5) ×25.7 厘米；3 紙；61 行，行 17 字。
2.2　01：1 +13，08；　02：43.0，27；　03：41.5，26。
2.3　卷軸裝。首尾均殘。有烏絲欄。
3.1　首行上下殘→大正 665，16/409A24。
3.2　尾殘→16/410A2。
8　8 ~ 9 世紀。吐蕃統治時期寫本。
9.1　楷書。
11　圖版：《敦煌寶藏》，68/363A ~ 364A。

1.1　BD04285 號
1.3　佛名經（十六卷本）卷一四
1.4　玉 085
1.5　063: 0795
2.1　(1.6 +55.5 +2) ×32 厘米；2 紙；34 行，行字不等。
2.2　01：1.6 +16，10；　02：39.5 +2，24。
2.3　卷軸裝。首尾均殘。有烏絲欄。
3.1　首 1 行中下殘→《七寺古逸經典研究叢書》，3/722 頁第 475 行。
3.2　尾 1 行中下殘→《七寺古逸經典研究叢書》，3/725 頁第 512 行。
8　9 ~ 10 世紀。歸義軍時期寫本。
9.1　楷書。
11　圖版：《敦煌寶藏》，62/336A ~ 336B。

1.1　BD04286 號
1.3　大般若波羅蜜多經卷一九四
1.4　玉 086
1.5　084: 2484
2.1　(658.8 +22.3) ×26 厘米；15 紙；396 行，行 17 字。
2.2　01：46.0，26；　02：47.8，28；　03：48.0，28；
04：48.0，28；　05：48.2，28；　06：48.2，28；
07：48.2，28；　08：48.2，28；　09：48.0，28；
10：48.1，28；　11：48.3，28；　12：48.1，28；
13：48.2，28；　14：35.5 +12.3，28；15：10.0，06。
2.3　卷軸裝。首全尾殘。卷首多破損，有殘洞；卷中上下邊多殘破；卷尾殘破。背有鳥糞。第 1 紙背有古代裱補，紙上有雜寫四、五字，難以辨認。有烏絲欄。已修整。
3.1　首全→大正 220，5/1038A15。
3.2　尾 13 行中下殘→5/1042B25 ~ C9。
4.1　大般若波羅蜜多經卷第一百九十四，/初分難信解品第卌四之十三，三藏法師玄奘奉詔譯（首）。
7.1　首紙背下有勘記"廿"，為本文獻所屬袟次。
8　8 世紀。唐寫本。
9.1　楷書。
9.2　有行間校加字。
11　圖版：《敦煌寶藏》，73/451A ~ 460B。

1.1　BD04287 號
1.3　妙法蓮華經卷三
1.4　玉 087
1.5　105: 5180
2.1　293.3 ×25.5 厘米；6 紙；166 行，行 16 ~ 18 字。
2.2　01：49.0，28；　02：48.9，28；　03：48.7，28；
04：48.8，28；　05：48.8，28；　06：49.1，26。
2.3　卷軸裝。首脫尾全。有烏絲欄。
3.1　首殘→大正 262，9/24C16。
3.2　尾全→9/27B9。
4.2　妙法蓮華經卷第三（尾）。
8　8 世紀。唐寫本。
9.1　楷書。
11　圖版：《敦煌寶藏》，89/343A ~ 347A。

1.1　BD04288 號
1.3　大通方廣懺悔滅罪莊嚴成佛經卷中
1.4　玉 088
1.5　450: 8652
2.1　(13.5 +51.7 +3) ×25.2 厘米；3 紙；43 行，行 17 字。
2.2　01：13.5 +14.2，17；　02：34.5，22；　03：3 +3，04。
2.3　卷軸裝。首尾均殘。卷首殘破嚴重，卷面有 2 個殘洞，通卷上下邊殘破。有烏絲欄。
3.1　首 8 行下殘→大正 2871，85/1348A17 ~ 25。
3.2　尾行下殘→85/1348C2。
8　6 世紀。南北朝寫本。

9.1 楷書。
9.2 有重文號。
11 圖版：《敦煌寶藏》，111/90A～91A。

1.1 BD04289 號
1.3 四分比丘尼戒本
1.4 玉 089
1.5 157:6957
2.1 884×28 厘米；20 紙；532 行，行 20 字。
2.2 01：44.5，27； 02：44.5，27； 03：44.5，27；
04：44.5，27； 05：44.5，27； 06：44.5，27；
07：44.5，27； 08：44.5，27； 09：44.5，27；
10：44.5，27； 11：44.5，27； 12：44.5，27；
13：44.5，27； 14：44.5，27； 15：44.5，27；
16：44.5，27； 17：44.5，27； 18：44.5，27；
19：44.5，27； 20：38.5，19。
2.3 卷軸裝。首脫尾殘。第 1、2 紙下部殘缺。首紙背有現代裱補。卷尾有古代裱補。有烏絲欄。
3.1 首殘→大正 1431，22/1033B5。
3.2 尾全→22/1041A18。
4.2 四分尼戒一卷（尾）。
8 8～9 世紀。吐蕃統治時期寫本。
9.1 楷書。
11 圖版：《敦煌寶藏》，103/113A～124A。

1.1 BD04290 號
1.3 觀世音經
1.4 玉 090
1.5 105:6165
2.1 78.5×25 厘米；3 紙；38 行，行 字。
2.2 01：12.0，素紙； 02：28.5，16； 03：38.0，22。
2.3 卷軸裝。首全尾殘。經黄紙。有後接護首，護首天竿位置粘一木軸。首題前有半行殘字。通卷中下部殘缺，上邊有破裂。有烏絲欄。
3.1 首殘→大正 262，9/56C2。
3.2 尾殘→9/57A9。
4.1 妙法蓮華經觀世音普門品第二□□（首）。
8 7～8 世紀。唐寫本。
9.1 楷書。
11 圖版：《敦煌寶藏》，97/164B～165B。

1.1 BD04291 號 1
1.3 七階佛名經
1.4 玉 091
1.5 305:8317
2.1 （3.5＋471.4）×25 厘米；12 紙；正面 290 行，行 20 字；背面 8 行，行字不等。
2.2 01：3.5＋24.5，15； 02：41.0，22； 03：41.5，25；
04：41.0，25； 05：41.0，23； 06：41.5，25；
07：41.8，26； 08：41.8，25； 09：41.6，26；
10：41.7，26； 11：41.0，29； 12：33.0，23。
2.3 卷軸裝。首殘尾全。卷尾中部繫有縹帶。第 1 紙背有現代裱補，第 3 紙有 2 個殘洞。有烏絲欄。
2.4 本遺書包括 3 個文獻：（一）《七階佛名經》，172 行，抄寫在正面，今編為 BD04291 號 1。（二）《八戒文》，118 行，抄寫在正面，今編為 BD04291 號 2。（三）《詩五首》（擬），8 行，抄寫在背面，今編為 BD04291 號背。
3.4、說明：
《七階佛名經》爲敦煌地區流行的禮懺典籍，形態複雜。未為歷代大藏經所收。
8 7～8 世紀。唐寫本。
9.1 楷書。
11 圖版：《敦煌寶藏》，109/630B～637A。

1.1 BD04291 號 2
1.3 八戒文
1.4 玉 091
1.5 305:8317
2.4 本遺書由 3 個文獻組成，本號為第 2 個，118 行，抄寫在正面。餘參見 BD04291 號之第 2 項、第 11 項。
3.4 說明：
本文獻為舉行受八戒儀式時所用。未為歷代大藏經所收。
4.1 八戒文（首）。
8 7～8 世紀。唐寫本。
9.1 楷書。

1.1 BD04291 號背
1.3 詩五首（擬）
1.4 玉 091
1.5 305:8317
2.4 本遺書由 3 個文獻組成，本號為第 3 個，8 行。餘參見 BD04291 號之第 2 項、第 11 項。
3.3 錄文：
那日兜頭見，當初便有心。數度門前過，何曾見一人。
高門出貴子，存（好）木/出良在（材）。丈夫不學聞（文），觀/（官）從何處來。
由由（悠悠）天尚（上）云（雲），父母生我身。小來學里（裏）坐，金（今）日得城（成）人。
孔子高山坐，若水不欲流。之君在學聞（文），觀（官）從何處來？
張功（公）節度城力湮（?），帶鉀（甲）玄宮去烏長。不處（?）煞御蟲（?）/兵蓋，願我張功（公）人帶長。
已年六月十二日沙彌索惠惠善已（記）。
（錄文完）

7.3　卷面有 3 字被塗抹。
8　8～9 世紀。歸義軍時期寫本。
9.1　行書。

1.1　BD04292 號 1
1.3　大唐三藏聖教序
1.4　玉 092
1.5　349: 8409
2.1　(14.5 +32) ×26 厘米; 1 紙; 28 行, 行 17 字。
2.3　卷軸裝。首殘尾脫。卷右上殘缺, 上下邊有殘裂。有烏絲欄。已修整。
2.4　本遺書包括 2 個文獻: (一)《大唐三藏聖教序》, 22 行, 今編為 BD04292 號 1。(二)《大唐皇帝述聖記》, 6 行, 今編為 BD04292 號 2。
3.1　首 9 行中上殘→大正 2103, 52/258B23。
3.2　尾殘→52/258C1。6
8　7～8 世紀。唐寫本。
9.1　楷書。
11　圖版:《敦煌寶藏》, 110/228B～229A。

1.1　BD04292 號 2
1.3　大唐皇帝述聖記
1.4　玉 092
1.5　349: 8409
2.4　本遺書由 2 個文獻組成, 本號為第 2 個, 6 行。餘參見 BD04292 號 1 之第 2 項、第 11 項。
3.1　首全→大正 2103, 52/259A11。
3.2　尾殘→52/259A16。
4.1　大唐皇帝述　聖記, 在春宮日製 (首)。
5　《大正藏》本首題作"皇太子臣治述　聖記三藏經序"。
8　7～8 世紀。唐寫本。
9.1　楷書。
11　圖版:《敦煌寶藏》, 110/228B～229A。

1.1　BD04293 號
1.3　維摩詰所說經卷上
1.4　玉 093
1.5　070: 1023
2.1　288 ×25 厘米; 6 紙; 168 行, 行 17 字。
2.2　01: 48.5, 28;　02: 48.0, 28;　03: 48.0, 28;
04: 48.0, 28;　05: 48.0, 28;　06: 47.5, 28。
2.3　卷軸裝。首尾均脫。後 2 紙下邊有破裂。背有古代裱補。有烏絲欄。
3.1　首殘→大正 475, 14/540A7。
3.2　尾殘→14/542A14。
8　9～10 世紀。歸義軍時期寫本。
9.1　楷書。

11　圖版:《敦煌寶藏》, 64/404B～408B。

1.1　BD04294 號
1.3　金剛般若波羅蜜經
1.4　玉 094
1.5　094: 4011
2.1　(96 +3.5) ×26.3 厘米; 3 紙; 57 行, 行 17 字。
2.2　01: 48.0, 28;　02: 48.0, 28;　03: 03.5, 01。
2.3　卷軸裝。首脫尾殘。經黄打紙。首紙第 11～22 行下部殘缺。有烏絲欄。
3.1　首殘→大正 235, 8/750A19。
3.2　尾行上殘→8/750C17～18。
8　7～8 世紀。唐寫本。
9.1　楷書。
11　圖版:《敦煌寶藏》, 81/500B～501B。

1.1　BD04295 號
1.3　觀世音經
1.4　玉 095
1.5　111: 6267
2.1　84.4 ×25 厘米; 3 紙; 49 行, 行 17 字。
2.2　01: 04.7, 03;　02: 41.0, 26;　03: 38.7, 20。
2.3　卷軸裝。首殘尾全。第 2、3 紙接縫處脫開。有烏絲欄。
3.1　首 3 行上殘→大正 262, 9/57B20～22。
3.2　尾全→9/58B7。
4.2　觀世音經 (尾)。
8　7～8 世紀。唐寫本。
9.1　楷書。
11　圖版:《敦煌寶藏》, 97/501A～502A。

1.1　BD04296 號
1.3　金光明最勝王經卷六
1.4　玉 096
1.5　083: 1786
2.1　(5.2 +519.2) ×26.3 厘米; 13 紙; 295 行, 行 17 字。
2.2　01: 5.2 +18.6, 14;　02: 43.0, 25;　03: 43.2, 25;
04: 43.2, 25;　05: 43.2, 25;　06: 43.2, 25;
07: 43.2, 25;　08: 43.2, 25;　09: 43.3, 25;
10: 43.2, 25;　11: 43.2, 25;　12: 43.0, 25;
13: 25.7, 06。
2.3　卷軸裝。首殘尾全。經黄打紙。下邊有等距離殘缺。卷背有烏糞。背有古代裱補。有烏絲欄。
3.1　首 3 行下殘→大正 665, 16/429A16～19。
3.2　尾全→16/432C10。
4.2　金光明最勝王經卷第六 (尾)。
5　尾附音義。
8　7～8 世紀。唐寫本。

9.1　楷書。
11　圖版：《敦煌寶藏》，70/79A～85B。

1.1　BD04297 號
1.3　佛名經（十六卷本）卷一四
1.4　玉 097
1.5　063:0778
2.1　（4＋37.5）×25 厘米；1 紙；正面 26 行，行 11 字；背面 4 行，行字不等。
2.3　卷軸裝。首殘尾脫。經黃紙。卷面多破裂，地角殘破。卷背有鳥糞。有烏絲欄。
2.4　本遺書包括 3 個文獻：（一）《佛名經（十六卷本）》卷一四，26 行，抄寫在正面，今編為 BD04297 號。（二）《社司轉帖》，3 行，抄寫在背面，今編為 BD04297 號背 1。（三）《白畫人頭》（擬），1 行，今編為 BD04297 號背 2
3.1　首 2 行中下殘→《七寺古逸經典研究叢書》，3/688 頁第 29～30 行。
3.2　尾殘→《七寺古逸經典研究叢書》，3/690 頁第 54 行。
7.3　地脚有雜寫“佛”、“光”2 字。
8　7～8 世紀。唐寫本。
9.1　楷書。
11　圖版：《敦煌寶藏》，62/255B～256A。

1.1　BD04297 號背 1
1.3　社司轉帖
1.4　玉 097
1.5　063:0778
2.4　本遺書由 3 個文獻組成，本號為第 2 個，3 行。餘參見 BD04297 號之第 2 項、第 11 項。
3.3　錄文：
社司轉 右年支買□□次到大佛齋佛麵□/
半斗，粟一碩。貼至今月□日◇時大佛齋/
□。/
（錄文完）
3.4　說明：
從左向右書寫。
7.3　有雜寫“般若紹□”。
8　7～8 世紀。唐寫本。
9.1　楷書。

1.1　BD04297 號背 2
1.3　白畫人頭（擬）
1.4　玉 097
1.5　063:0778
2.4　本遺書由 3 個文獻組成，本號為第 3 個，1 行。餘參見 BD04297 號之第 2 項、第 11 項。
3.4　說明：
有一白畫人頭像，下寫有：“◇目師畫也”。
8　7～8 世紀。唐寫本。
9.1　楷書。

1.1　BD04298 號
1.3　佛名經（十二卷本）卷一
1.4　玉 098
1.5　061:0520
2.1　（4＋62）×24.3 厘米；2 紙；37 行，行 14 字。
2.2　01：4＋12，09；　02：50.0，28。
2.3　卷軸裝。首殘尾脫。經黃紙。通卷殘破。背有古代裱補。有烏絲欄。已修整。
3.1　首 2 行下殘→大正 440，14/114B05。
3.2　尾殘→14/114C16。
5　與《大正藏》本相比，略有差異。
8　9～10 世紀。歸義軍時期寫本。
9.1　楷書。
11　圖版：《敦煌寶藏》，59/520B～521A。

1.1　BD04299 號
1.3　妙法蓮華經卷一
1.4　玉 099
1.5　105:4681
2.1　201.3×26.5 厘米；5 紙；115 行，行 20 字（偈）。
2.2　01：46.7，28；　02：46.9，28；　03：46.8，28；
04：46.7，28；　05：14.2，03。
2.3　卷軸裝。首脫尾全。經黃紙。第 1 至 4 紙接縫處上方開裂。第 4 紙上邊有蟲繭。有燕尾。有烏絲欄。
3.1　首殘→大正 262，9/7C25。
3.2　尾全→9/10B21。
4.2　妙法蓮華經卷第一（尾）。
8　7～8 世紀。唐寫本。
9.1　楷書。
9.2　有刮改。
11　圖版：《敦煌寶藏》，85/267A～269B。

1.1　BD04300 號
1.3　賢劫經（十三卷本）卷四
1.4　玉 100
1.5　069:0853
2.1　717×27.3 厘米；16 紙；421 行，行 17 字。
2.2　01：46.5，26；　02：46.5，28；　03：46.5，28；
04：46.5，28；　05：46.5，28；　06：46.5，28；
07：46.5，28；　08：46.5，28；　09：46.5，28；
10：46.5，28；　11：46.5，28；　12：46.5，28；
13：46.5，28；　14：46.5，28；　15：46.5，28；
16：19.5，03。

2.3　卷軸裝。首尾均全。有烏絲欄。
3.1　首全→大正0425，14/17B14。
3.2　尾全→14/22B21。
4.1　賢劫經無際品之下，卷第四（首），
4.2　賢劫經卷第四（尾）。
5　與《大正藏》本對照，分卷不同。相當於《大正藏》卷二“無際品第八”中至卷三“聞持品第九”終。品次亦不相同。與《聖語藏》本分卷相同。
8　8~9世紀。吐蕃統治時期寫本。
9.1　楷書。有武周新字“國”。
11　圖版:《敦煌寶藏》，63/86B~95B。

1.1　BD04301號
1.3　大般若波羅蜜多經（兌廢稿）卷五二二
1.4　出001
1.5　084:3285
2.1　48.5×27.2厘米；1紙；26行，行17字。
2.3　卷軸裝。首尾均脫。卷下邊有殘損，尾有餘空。有烏絲欄。
3.1　首殘→大正220，7/676C23。
3.2　尾缺→7/677A19。
8　8~9世紀。吐蕃統治時期寫本。
9.1　楷書。卷天頭有2處寫有“兌”字。
11　圖版:《敦煌寶藏》，77/116A。

1.1　BD04302號
1.3　妙法蓮華經卷一
1.4　出002
1.5　105:6166
2.1　(7+37+3.5)×25厘米；1紙；28行，行17字。
2.3　卷軸裝。首尾均脫。通卷殘破嚴重。脫落1殘片，已綴接。有烏絲欄。已修整。
3.1　首4行中上殘→大正262，9/4A15~18。
3.2　尾2行上下殘→9/4B13~15。
8　7~8世紀。唐寫本。
9.1　楷書。
11　圖版:《敦煌寶藏》，97/166A~B。

1.1　BD04303號
1.3　釋迦牟尼請佛心真言
1.4　出003
1.5　265:7672
2.1　41.5×29.6厘米；1紙；正面24行，背面6行，行字不等。
2.3　卷軸裝。首尾均全。背面經文接續正面經文。
3.4　說明:
本文獻為敦煌地區流行的佛教儀軌，未為歷代大藏經所收。
4.1　釋迦牟尼請佛心真言（首）。
8　9~10世紀。歸義軍時期寫本。
9.1　行楷。
9.2　有重文符號。
11　圖版:《敦煌寶藏》，107/286B~287A。

1.1　BD04304號
1.3　勸善經
1.4　出004
1.5　297:8288
2.1　42.5×30.2厘米；1紙；16行，行20~21字。
2.3　卷軸裝。首尾均全。折疊欄。
3.1　首全→大正2916，85/1462A3。
3.2　尾全→85/1462A20。
4.1　勸善經一卷（首）。
4.2　勸善經一卷（尾）。
5　與《大正藏》對照，文字略有不同。
8　9~10世紀。歸義軍時期寫本。
9.1　楷書。
11　圖版:《敦煌寶藏》，109/523A。

1.1　BD04305號
1.3　無量壽宗要經
1.4　出005
1.5　275:8163
2.1　(4.5+57.5+17)×31厘米；3紙；52行，行30餘字。
2.2　1：4.5+12.5，11；　02：45.0，30；　03：17.0，11。
2.3　卷軸裝。首尾均殘。通卷上下邊殘缺，第3紙中間有橫向撕裂和殘缺。有烏絲欄。已修整。
3.1　首3行上下殘→大正936，19/82B17~21。
3.2　尾11行上下殘→19/83C1~25。
8　8~9世紀。吐蕃統治時期寫本。
9.1　行楷。
9.2　有校改。
11　圖版:《敦煌寶藏》，109/167B~168A。
從該件揭下古代裱補紙21塊，今編爲BD16271號到BD16274號。

1.1　BD04306號
1.3　妙法蓮華經卷六
1.4　出006
1.5　105:5832
2.1　(96.8+3)×24.5厘米；4紙；60行，行17字。
2.2　01：05.6，03；　02：45.6，28；　03：45.6，28；
04：03.0，01。
2.3　卷軸裝。首尾均殘。卷面多黴斑，第3、4紙接縫處上部開裂。有烏絲欄。
3.1　首殘→大正262，9/52A2。
3.2　尾行下殘→9/52C21。

8　8 世紀。唐寫本。
9.1　楷書。
11　圖版：《敦煌寶藏》，95/314A～315A。

1.1　BD04307 號
1.3　觀世音經
1.4　出 007
1.5　105:5969
2.1　37×18 厘米；1 紙；20 行，行 17 字。
2.2　存護封與兩個半葉。護封長 8.3 厘米，第 1 半葉 14.7 厘米，第 2 半葉 14.2 厘米。每半葉 10 行，有書口欄。
2.3　經折裝。首全尾斷。有烏絲欄。
3.1　首全→大正 262，9/56C2。
3.2　尾殘→9/56C23。
4.1　妙法蓮華經觀世音菩薩普門品第廿五（首）。
8　8～9 世紀。吐蕃統治時期寫本。
9.1　楷書。
11　圖版：《敦煌寶藏》，96/237A。

1.1　BD04308 號
1.3　無量壽宗要經
1.4　出 008
1.5　275:7808
2.1　(208.5+13.5)×30.5 厘米；6 紙；140 行，行 30 餘字。
2.2　01：17.0，09；　02：41.0，28；　03：41.5，28；
04：41.5，28；　05：41.5，28；　06：26+13.5，19。
2.3　卷軸裝。首全尾殘。經卷正背兩面有鳥糞。第 1 紙上下邊殘缺，第 2、3 紙天頭殘缺，第 2、3 紙接縫處中部開裂，第 3、4 紙接縫處上部開裂，卷尾殘缺。有烏絲欄。
3.1　首全→大正 936，19/82A3。
3.2　尾全→19/84C29。
4.1　大乘無量壽經（首）。
4.2　佛說無量壽宗要經（尾）。
7.1　第 1 紙首有藏文題名：vwang－hen－bris（昻漢寫）。
7.3　第 2 紙背有雜寫："五月十一日記六月看宅"。
第 3 紙背有雜寫《金剛般若波蜜經持誦功德》6 行：
《金剛般若波羅蜜》/若有人誦持《金剛般若波羅蜜經》，先須至心念淨口業真/言。然後啓請八金剛、四菩薩。/《金剛般若波羅蜜經》，若有人誦持《金剛般若波羅蜜經》，先/須至心念淨口業真/言。然後啓八金剛光。/
8　8～9 世紀。吐蕃統治時期寫本。
9.1　行楷。
11　圖版：《敦煌寶藏》，108/4A～7A。

1.1　BD04309 號
1.3　大般若波羅蜜多經卷四二
1.4　出 009
1.5　084:2109
2.1　(6.5+759)×25.7 厘米；17 紙；458 行，行 17 字。
2.2　1：6.5+19.9，16；　02：46.2，28；　03：46.3，28；
04：46.1，28；　05：46.2，28；　06：46.1，28；
07：46.3，28；　08：46.2，28；　09：46.2，28；
10：46.2，28；　11：46.2，28；　12：46.3，28；
13：46.2，28；　14：46.2，28；　15：46.2，28；
16：46.2，28；　17：46.0，22。
2.3　卷軸裝。首殘尾全。第 1、6 紙背面有古代裱補。有燕尾。有烏絲欄。
3.1　首 4 行中下殘→大正 220，5/234A24～28。
3.2　尾全→5/239B21。
4.2　大般若波羅蜜多經卷第卌二（尾）。
7.1　卷尾有題記"曇真寫了"。
8　8～9 世紀。吐蕃統治時期寫本。
9.1　楷書。
9.2　有行間校加字。
11　圖版：《敦煌寶藏》，72/3A～12B。

1.1　BD04310 號
1.3　佛名經（十六卷本）卷九
1.4　出 010
1.5　063:0696
2.1　(1.5+1089.7)×26.1 厘米；24 紙；610 行，行 17 字。
2.2　01：1.5+43，26；　02：46.0，26；　03：46.0，26；
04：46.0，26；　05：46.0，26；　06：46.0，26；
07：46.0，26；　08：46.0，26；　09：46.0，26；
10：46.0，26；　11：46.0，26；　12：46.2，26；
13：46.2，26；　14：46.3，26；　15：46.3，26；
16：46.5，26；　17：46.5，26；　18：46.5，26；
19：46.3，26；　20：46.3，26；　21：46.5，26；
22：46.3，26；　23：46.2，26；　24：30.6，12。
2.3　卷軸裝。首殘尾全。卷首殘破嚴重。卷面有水漬。尾有蟲繭。背有近代裱補。有燕尾。有烏絲欄，甚淡。
3.1　首 1 行上殘→《七寺古逸經典研究叢書》，3/431 頁第 24 行。
3.2　尾全→《七寺古逸經典研究叢書》，3/480 頁第 654 行。
4.2　佛說佛名經卷第九（尾）。
5　與《七寺古逸經典研究叢書》對照，文字略有出入。
8　9～10 世紀。歸義軍時期寫本。
9.1　楷書。
9.2　有行間校加字。
11　圖版：《敦煌寶藏》，61/356B～371B。

1.1　BD04311 號
1.3　無量壽宗要經
1.4　出 011

1.5　275∶7809
2.1　（16＋139）×31 厘米；4 紙；110 行，行 30 餘字。
2.2　1：16＋13.5，21；　02：42.5，32；　03：42.5，32；
　04：40.5，25。
2.3　卷軸裝。首殘尾全。卷首殘破嚴重。脫落 1 殘片，可與第 1 紙 6、7 行下部綴接。有烏絲欄。
3.1　首 11 行上下殘→大正 936，19/82A3～23。
3.2　尾全→19/84C29。
4.1　□…□壽經（首）。
4.2　佛說無量壽宗要經（尾）。
7.1　第 1 紙背面有寺院勘記“修”。第 4 紙末有題名“呂日興”。
8　8～9 世紀。吐蕃統治時期寫本。
9.1　行楷。
9.2　有刮改。
11　圖版：《敦煌寶藏》，108/7B～9A。

1.1　BD04312 號
1.3　佛名經（十六卷本）卷一
1.4　出 012
1.5　061∶0550
2.1　（1＋46＋5.5）×32 厘米；2 紙；31 行，行約 21 字。
2.2　01：1＋22，14；　02：24＋5.5，17。
2.3　卷軸裝。首尾均殘。有烏絲欄。
3.1　首 1 行上下殘→《七寺古逸經典研究叢書》，3/30 頁 319 行。
3.2　尾 3 行上中殘→《七寺古逸經典研究叢書》，3/33 頁第 354 行～358 行。
8　9～10 世紀。歸義軍時期寫本。
9.1　楷書。
11　圖版：《敦煌寶藏》，60/13B～14A。

1.1　BD04313 號
1.3　無量壽宗要經
1.4　出 013
1.5　275∶8019
2.1　（3.5＋177.5）×31.5 厘米；5 紙；119 行，行 30 餘字。
2.2　01：3.5＋6.5，6；　02：42.5，29；　03：43.0，29；
　04：43.0，29；　05：42.5，26。
2.3　卷軸裝。首殘尾全。卷首殘破嚴重，多污漬。第 4、5 紙接縫處下部開裂。背有古代裱補。有烏絲欄。
3.1　首 2 行上殘→大正 936，19/82B17～19。
3.2　尾全→19/84C29。
4.2　佛說無量壽宗要經（尾）。
7.1　第 5 紙尾有題記“張良友寫”。
8　8～9 世紀。吐蕃統治時期寫本。
9.1　行楷。
11　圖版：《敦煌寶藏》，108/527B～529B。

1.1　BD04314 號
1.3　妙法蓮華經卷一
1.4　出 014
1.5　105∶4517
2.1　（25.7＋850.9）×27.4 厘米；19 紙；496 行，行 15～18 字不等。
2.2　01：25.7，15；　02：49.2，28；　03：49.1，28；
　04：49.4，28；　05：49.2，28；　06：49.5，28；
　07：49.3，28；　08：49.2，28；　09：49.3，28；
　10：49.6，28；　11：49.6，28；　12：49.3，28；
　13：49.5，28；　14：49.2，28；　15：49.3，28；
　16：49.4，28；　17：49.1，28；　18：49.3，28；
　19：12.4，05。
2.3　卷軸裝。首殘尾全。卷首右上殘缺。卷面刷潢。第 17 紙下部有殘洞。有烏絲欄。
3.1　首 15 行上殘→大正 262，9/2A4～18。
3.2　尾全→9/10B21。
4.2　妙法蓮華經卷第一（尾）。
8　8 世紀。唐寫本。
9.1　楷書。
9.2　有行間校加字。
11　圖版：《敦煌寶藏》，83/646A～657A。

1.1　BD04315 號
1.3　合部金光明經卷一
1.4　出 015
1.5　083∶1494
2.1　39.8×26.5 厘米；2 紙；24 行，行 17 字。
2.2　01：35.3，21；　02：04.5，03。
2.3　卷軸裝。首尾均斷。卷背有古代及現代裱補。有烏絲欄。已修整。
3.1　首殘→大正 664，16/361C8。
3.2　尾殘→16/362A6。
8　7～8 世紀。唐寫本。
9.1　楷書。
11　圖版：《敦煌寶藏》，68/102B。

1.1　BD04316 號
1.3　無量壽宗要經
1.4　出 016
1.5　275∶7810
2.1　211.5×31.5 厘米；5 紙；141 行，行 30 餘字。
2.2　01：42.5，29；　02：42.5，30；　03：42.5，29；
　04：42.5，30；　05：41.5，23。
2.3　卷軸裝。首尾均全。第 1 紙上下邊有撕裂，第 1、2 紙接縫處上下端開裂。有烏絲欄。
3.1　首全→大正 936，19/82A3。

3.2　尾全→19/84C29。
4.1　大乘無量壽經（首）。
4.2　佛說無量壽宗要經（尾）。
7.1　第5紙末有題名“田廣談”。
8　8~9世紀。吐蕃統治時期寫本。
9.1　楷書。
11　圖版：《敦煌寶藏》，108/9B~12A。

1.1　BD04317號
1.3　梵網經盧舍那佛說菩薩心地戒品第十卷下
1.4　出017
1.5　143:6750
2.1　（10+20+25.5）×26.5厘米；2紙；30行，行27字。
2.2　01：10.0，05；　2：20+25.5，25。
2.3　卷軸裝。首尾均殘。通卷碎損。有烏絲欄。已修整。
3.1　首5行上中殘→大正1484，24/1007A27。
3.2　尾14行中下殘→24/1008A2。
8　9~10世紀。歸義軍時期寫本。
9.1　楷書。
9.2　有硃筆斷句。
11　圖版：《敦煌寶藏》，101/474B~475A。

1.1　BD04318號
1.3　維摩詰所說經卷中
1.4　出018
1.5　070:1081
2.1　（3+830）×25厘米；19紙；526行，行17字。
2.2　01：3+36，25；　02：44.5，28；　03：44.0，28；
04：44.0，28；　05：44.0，28；　06：44.0，28；
07：44.0，28；　08：44.0，28；　09：44.0，28；
10：44.0，28；　11：44.0，28；　12：44.0，28；
13：44.0，28；　14：44.0，28；　15：44.0，28；
16：44.5，28；　17：44.5，28；　18：44.5，28；
19：44.0，25。
2.3　卷軸裝。首殘尾全。尾有蟲繭。有烏絲欄。
3.1　首2行中下殘→大正475，14/544C29~545A1。
3.2　尾全→14/551C27。
4.2　維摩第二（尾）。
8　9~10世紀。歸義軍時期寫本。
9.1　楷書。
9.2　有刮改。
11　圖版：《敦煌寶藏》，65/155A~166A。

1.1　BD04319號
1.3　阿彌陀經
1.4　出019
1.5　014:0157
2.1　（15+167.2）×25.8厘米；5紙；101行，行17字。
2.2　1：15+8.5，14；　02：48.5，28；　03：48.5，28；
04：48.5，28；　05：13.2，03。
2.3　卷軸裝。首殘尾全。經黃紙。首紙碎裂嚴重，3、4紙接縫處下部開裂，首紙背有現代裱補。有燕尾。有烏絲欄。已修整。
3.1　首9行上下殘→大正366，12/346C12~347A5。
3.2　尾全→12/348A29。
4.2　佛說阿彌陀經一卷（尾）。
5　與《大正藏》本對照，卷尾少“作禮而去”4字。
8　7~8世紀。唐寫本。
9.1　楷書。
11　圖版：《敦煌寶藏》，57/16A~18B。

1.1　BD04320號
1.3　金剛般若波羅蜜經
1.4　出020
1.5　094:3867
2.1　（8.5+437）×25.5厘米；11紙；246行，行17字。
2.2　1：8.5+11，10；　02：43.0，24；　03：43.0，24；
04：42.8，24；　05：43.0，24；　06：42.5，24；
07：42.0，24；　08：42.5，24；　09：42.5，24；
10：42.9，24；　11：41.8，20。
2.3　卷軸裝。首殘尾全。卷面多水漬，有黴斑；第1紙上邊殘缺；背有古代裱補。有燕尾。有烏絲欄。
3.1　首4行上殘→大正235，8/749B26~29。
3.2　尾全→8/752C3。
4.2　金剛般若波羅蜜經（尾）。
5　與《大正藏》本對照，本卷經文無冥司偈，參見《大正藏》，8/751C16~19。
8　7~8世紀。唐寫本。
9.1　楷書。
11　圖版：《敦煌寶藏》，80/658B~664A。

1.1　BD04321號
1.3　大般涅槃經（北本）卷一三
1.4　出021
1.5　115:6359
2.1　（6.5+66.5+6.5）×25.6厘米；2紙；46行，行17字。
2.2　01：6.5+40，27；　02：26.5+6.5，19。
2.3　卷軸裝。首尾均殘。紙張焦脆變色，上邊有等距殘損，首紙有殘洞。有烏絲欄。
3.1　首3行上殘→大正374，12/440A16~21。
3.2　尾3行上殘→12/440C4~7。
4.1　□般涅槃經聖行品之三，十三（首）。
8　8世紀。唐寫本。
9.1　楷書。
11　圖版：《敦煌寶藏》，98/384B~385B。

1.1 BD04322 號
1.3 佛名經（二十卷本）卷九
1.4 出 022
1.5 62:0583
2.1 （6+347.2）×27.5 厘米；9 紙；192 行，行 17 字。
2.2 01：6+32，21； 02：43.0，24； 03：43.2，24；
04：43.5，24； 05：43.0，24； 06：41.0，23；
07：34.0，19； 08：33.5，19； 09：34.0，14。
2.3 卷軸裝。首殘尾全。經黄紙。首紙上下部殘破，中部横向撕裂，第 2 紙上部撕裂，第 4 紙下部撕裂，第 5 紙上下方均撕裂。有燕尾。前 6 紙有烏絲欄，第 7 至 9 紙無。
3.4 説明：
本文獻首 3 行上下殘，尾全。未為歷代大藏經所收。
4.2 佛名經卷第九（尾）。
8 8 世紀。唐寫本。
9.1 楷書。
11 圖版：《敦煌寶藏》，60/158B～163A。

1.1 BD04323 號
1.3 佛名經（二十卷本）卷七
1.4 出 023
1.5 062:0577
2.1 （15+800.5）×26.6 厘米；18 紙；423 行，行 17 字。
2.2 1：15+28.5，23； 02：47.5，25； 03：47.5，25；
04：47.2，25； 05：47.2，25； 06：47.0，25；
07：47.0，25； 08：47.0，25； 09：47.0，25；
10：47.2，25； 11：47.5，25； 12：47.5，25；
13：47.0，25； 14：47.5，25； 15：47.2，25；
16：47.2，25； 17：47.0，25； 18：16.5，拖尾。
2.3 卷軸裝。首殘尾全。首紙上下部撕裂，卷首上部 7 行斷落，能夠綴接上。有烏絲欄。
3.4 説明：
本文獻首 8 行中下殘，尾全。未為歷代大藏經所收。
4.2 佛名經卷第七（尾）。
8 8 世紀。唐寫本。
9.1 楷書。
11 圖版：《敦煌寶藏》，60/130A～141A。

1.1 BD04324 號
1.3 無量壽宗要經
1.4 出 024
1.5 275:8020
2.1 （3.5+94.5）×31 厘米；3 紙；65 行，行 30 餘字。
2.2 01：3.5+22.5，17； 02：43.5，29； 03：28.5，19。
2.3 卷軸裝。首尾均殘。有烏絲欄。
3.1 首 2 行上下殘→大正 936，19/82A17～21。
3.2 尾全→19/84C28。
8 8～9 世紀。吐蕃統治時期寫本。
9.1 行楷。
11 圖版：《敦煌寶藏》，108/530A～531B。

1.1 BD04325 號
1.3 無量壽宗要經
1.4 出 025
1.5 275:7811
2.1 178×31.2 厘米；4 紙；118 行，行 30 餘字。
2.2 01：47.0，31； 02：46.5，32； 03：46.5，31；
04：38.0，24。
2.3 卷軸裝。首尾均全。有烏絲欄。
3.1 首全→大正 936，19/82A3。
3.2 尾全→19/84C29。
4.1 大乘無量壽經（首）。
4.2 佛説無量壽宗要經（尾）。
7.1 第 4 紙末有題名“氾華”。
8 8～9 世紀。吐蕃統治時期寫本。
9.1 楷書。
9.2 有行間校加字。有校改。有刮改。
11 圖版：《敦煌寶藏》，108/12B～14B。

1.1 BD04326 號
1.3 無量壽宗要經
1.4 出 026
1.5 275:7812
2.1 （10.5+170.5）×31.5 厘米；4 紙；118 行，行 30 餘字。
2.2 01：10.5+36.5，31； 02：46.5，32； 03：44.0，30；
04：43.5，25。
2.3 卷軸裝。首尾均全。卷首右上殘缺、油污，下邊殘損。有烏絲欄。
3.1 首 6 行上殘→大正 936，19/82A3～12。
3.2 尾全→19/84C29。
4.1 □□無量壽經（首）。
4.2 佛説無量壽宗要經（尾）。
7.1 第 4 紙末有題名“氾華”。
8 8～9 世紀。吐蕃統治時期寫本。
9.1 楷書。
9.2 有行間校加字。有校改。
11 圖版：《敦煌寶藏》，108/15A～17A。

1.1 BD04327 號
1.3 大般若波羅蜜多經卷五三四
1.4 出 027
1.5 084:3301
2.1 436.1×24.9 厘米；10 紙；255 行，行 17 字。
2.2 01：47.1，28； 02：47.5，28； 03：46.2，28；

04：46.0，28；　05：45.9，28；　06：45.9，28；
07：46.7，29；　08：46.9，29；　09：44.9，28；
10：19.0，03。
2.3　卷軸裝。首斷尾全。卷首多污漬。卷面有油污、水漬。首紙有撕裂殘損；第 2 紙天頭有殘損，尾端下有撕裂；個別紙接縫處上開裂。有燕尾。有烏絲欄。
3.1　首殘→大正 220，7/742C16。
3.2　尾全→7/745C12。
4.2　大般若波羅蜜多經卷第五百卌四（尾）。
6.1　首→BD06988 號。
8　8～9 世紀。吐蕃統治時期寫本。
9.1　楷書。
9.2　有行間校加字。有刮改。
11　圖版：《敦煌寶藏》，77/158B～164A。

1.1　BD04328 號
1.3　大般若波羅蜜多經卷五二
1.4　出 028
1.5　084:2142
2.1　48×26 厘米；1 紙；28 行，行 17 字。
2.3　卷軸裝。首尾均脫。有烏絲欄。
3.1　首殘→大正 220，5/294B22。
3.2　尾殘→5/294C21。
6.1　首→BD04514 號。
6.2　尾→BD04349 號。
8　8 世紀。唐寫本。
9.1　楷書。
11　圖版：《敦煌寶藏》，72/107。

1.1　BD04329 號
1.3　文殊師利所說般若波羅蜜經（異本）
1.4　出 029
1.5　093:3497
2.1　（236.2＋3）×26.8 厘米；6 紙；141 行，行 17 字。
2.2　01：47.5，28；　02：47.3，28；　03：46.9，28；
04：47.3，28；　05：47.2，28；　06：03.0，01。
2.3　卷軸裝。首脫尾殘。前 2 紙接縫處脫開，卷尾有等距離水漬。有烏絲欄。
3.4　說明：

本經又名《文殊說摩訶般若經》、《文殊般若經》，爲我國歷代大藏經收錄。但《高麗藏》本與《資福藏》等本行文差異較大，已經形成異本。可參見《大正藏》及《中華藏》的相關校記。

本號將全經列爲四十二分，一一具列標題，使全經綱目清楚，主題突出，並增加偈頌與序言。形態與已經收入大藏經的兩種異本均不相同，是流通過程中，經過中國人加工而產生的新的異本。

6.1　首→BD00219 號。
8　8 世紀。唐寫本。
9.1　楷書。
11　圖版：《敦煌寶藏》，78/298A～301A。

1.1　BD04330 號
1.3　無量壽宗要經
1.4　出 030
1.5　275:7813
2.1　172.5×31 厘米；4 紙；111 行，行 30 餘字。
2.2　01：44.0，28；　02：43.0，30；　03：43.0，30；
04：42.5，23。
2.3　卷軸裝。首尾均全。卷首上端有蟲繭。上邊有撕裂。有烏絲欄。
3.1　首全→大正 936，19/82A3。
3.2　尾全→19/84C29。
4.1　大乘無量壽經（首）。
4.2　佛說無量壽宗要經（尾）。
7.1　第 4 紙末有題名“曹興朝”。
8　8～9 世紀。吐蕃統治時期寫本。
9.1　楷書。
9.2　有行間校加字。
11　圖版：《敦煌寶藏》，108/17B～19B。

1.1　BD04331 號
1.3　四分律比丘戒本
1.4　出 031
1.5　156:6834
2.1　120.5×26.7 厘米；3 紙；72 行，行 17 字。
2.2　01：47.0，28；　02：47.0，28；　03：26.5，16。
2.3　卷軸裝。首脫尾殘。卷首橫向撕裂。有烏絲欄。
3.1　首殘→大正 1429，22/1015B22。
3.2　尾殘→22/1016B15。
8　8～9 世紀。吐蕃統治時期寫本。
9.1　楷書。
11　圖版：《敦煌寶藏》，102/150A～151B。

1.1　BD04332 號
1.3　大方廣佛華嚴經（晉譯五十卷本）卷四〇
1.4　出 032
1.5　001:0028
2.1　（5＋712.5）×27 厘米；17 紙；405 行，行 17～21 字不等。
2.2　01：5＋26，18；　02：46.0，26；　03：45.5，26；
04：45.5，25；　05：45.5，25；　06：45.5，26；
07：45.5，25；　08：45.5，26；　09：46.0，26；
10：45.5，26；　11：45.5，26；　12：46.0，26；
13：45.5，27；　14：45.5，27；　15：45.0，26；

16：41.5，24；　　17：07.0，拖尾。
2.3　卷軸裝。首殘尾全。卷面多水漬。首紙碎損殘缺，第2、9紙上部有開裂。有烏絲欄。已修整。
3.1　首2行下殘→大正278，9/699A19～21。
3.2　尾全→9/704B22。
4.2　花嚴經第卌（尾）。
5　相當於《大正藏》本卷四十七《入法界品》第三十四之四的後部分及卷四十八同品第三十四之五的前部分。與《大正藏》本相比，卷之開合不同，且本號《入法界品》不分細目。與日本宮内寮本分卷相同。
7.1　尾有題記："楊法仲所供養經"。
7.3　卷首背有經名雜寫兩行："大乘百法明門論開宗義記"、"大乘百法"。
8　5～6世紀。南北朝寫本。
9.1　隸楷。
9.2　有行間校加字。有倒乙。有重文符號。
11　圖版：《敦煌寶藏》，56/139B～150A。

1.1　BD04333號
1.3　大般涅槃經（北本）卷一三
1.4　出033
1.5　115:6367
2.1　(2.5+77.8+4.6)×25.3厘米；3紙；51行，行17字。
2.2　01：2.5+30.8，20；　02：45.5，28；　03：1.5+4.6，03。
2.3　卷軸裝。首尾均殘。紙張油污變脆。有烏絲欄。已修整。
3.1　首行中下殘→大正374，12/441C23。
3.2　尾2行上殘→12/442B15～16。
6.1　首→BD04676號。
6.2　尾→BD04563號。
8　8～9世紀。吐蕃統治時期寫本。
9.1　楷書。
11　圖版：《敦煌寶藏》，98/416B～417B。

1.1　BD04334號
1.3　觀無量壽佛經
1.4　出034
1.5　016:0209
2.1　(4+469)×27.8厘米；11紙；277行，行17字。
2.2　01：4+7.8，6；　02：47.0，28；　03：47.3，28；
04：47.4，28；　05：47.5，28；　06：47.5，28；
07：47.5，28；　08：47.7，28；　09：47.6，28；
10：47.5，28；　11：34.2，19。
2.3　卷軸裝。首殘尾全。卷面有黴爛。前2紙有殘洞，第2紙天頭地腳各有1處撕裂。有烏絲欄。已修整。
3.1　首2行下殘→大正365，12/342C27～29。
3.2　尾全→12/346B21。
4.2　佛說觀無量壽經（尾）。
8　7～8世紀。唐寫本。
9.1　楷書。
9.2　有金黄色塗改。
11　圖版：《敦煌寶藏》，57/185A～191B。

1.1　BD04335號
1.3　無量壽宗要經
1.4　出035
1.5　275:8021
2.1　(17.5+83)×32厘米；3紙；64行，行30餘字。
2.2　01：17.5，12；　02：41.5，28；　03：41.5，24。
2.3　卷軸裝。首殘尾全。卷首殘破嚴重；有1殘片脱落，可綴接。有烏絲欄。
3.1　首12行上下殘→大正936，19/82A23～B18。
3.2　尾全→19/84C29。
4.2　佛說無量壽宗要經（尾）。
7.1　第3紙末有題名"張涓"。
8　8～9世紀。吐蕃統治時期寫本。
9.1　行楷。
11　圖版：《敦煌寶藏》，108/531B～532B。

1.1　BD04336號
1.3　大般涅槃經（北本　思溪本）卷一三
1.4　出036
1.5　115:6364
2.1　(3+185.1)×27厘米；4紙；112行，行17字。
2.2　01：3+44.3，28；　02：47.3，28；　03：47.0，28；
04：46.5，28。
2.3　卷軸裝。首殘尾脱。打紙。有烏絲欄。
3.1　首行下殘→大正374，12/440C28～29。
3.2　尾殘→12/442A27。
6.1　首→BD04442號。
6.2　尾→BD04428號。
8　7～8世紀。唐寫本。
9.1　楷書。
11　圖版：《敦煌寶藏》，98/412A～414A。

1.1　BD04337號
1.3　妙法蓮華經卷七
1.4　出037
1.5　105:5954
2.1　(1.5+424)×25.5厘米；9紙；241行，行17字。
2.2　01：1.5+28，17；　02：49.5，28；　03：49.5，28；
04：49.5，28；　05：49.5，28；　06：49.5，28；
07：49.5，28；　08：49.5，28；　09：49.5，28。
2.3　卷軸裝。首殘尾脱。經黄打紙，研光上蠟。卷首殘破嚴重，上邊殘缺。背有古代裱補。有烏絲欄。

3.1　首行上下殘→大正 262，9/57B9～10。
3.2　尾殘→9/61A2。
8　7～8 世紀。唐寫本。
9.1　楷書。
11　圖版：《敦煌寶藏》，96/193A～198B。

1.1　BD04338 號
1.3　妙法蓮華經（兌廢稿）卷七
1.4　出 038
1.5　105:5936
2.1　49.5×25.5 厘米；1 紙；28 行，行 17 字。
2.3　卷軸裝。首尾均脱。卷面多污穢。有烏絲欄。
3.1　首殘→大正 262，9/56A17。
3.2　尾殘→9/56B19。
8　7～8 世紀。唐寫本。
9.1　楷書。
11　圖版：《敦煌寶藏》，96/65B～66A。

1.1　BD04339 號
1.3　大般涅槃經（北本）卷一四
1.4　出 039
1.5　116:6550
2.1　92.5×26.4 厘米；4 紙；58 行，行 17 字。
2.2　01：03.0，01；　02：39.5，25；　03：39.5，25；
04：10.5，07。
2.3　卷軸裝。首尾均殘。第 2、3 紙上下方有撕裂。有劃界欄針孔。有烏絲欄。
3.1　首殘→大正 374，12/0449A14。
3.2　尾殘→12/0449C19。
8　5～6 世紀。南北朝寫本。
9.1　隸楷。
11　圖版：《敦煌寶藏》，100/290A～291A。
《大般涅槃經》（南本）卷一三亦有相同內容。參見大正 375，12/691A8～C15。

1.1　BD04340 號
1.3　大般若波羅蜜多經卷五二
1.4　出 040
1.5　084:2145
2.1　47.8×26 厘米；1 紙；28 行，行 17 字。
2.3　卷軸裝。首尾均脱。有烏絲欄。
3.1　首殘→大正 220，5/295B18。
3.2　尾殘→5/295C17。
6.1　首→BD04521 號。
6.2　尾→BD04347 號。
8　8 世紀。唐寫本。
9.1　楷書。
11　圖版：《敦煌寶藏》，72/110。

1.1　BD04341 號
1.3　大般若波羅蜜多經卷二五七
1.4　出 041
1.5　084:2676
2.1　46.2×27.7 厘米；1 紙；26 行，行 17 字。
2.3　卷軸裝。首全尾脱。背有古代裱補。有烏絲欄。
3.1　首全→大正 220，6/299A21。
3.2　尾殘→6/299B20。
4.1　大般若波羅蜜多經卷第二百五十七，/初分難信解品第卌四之七十六，三藏法師玄奘奉詔譯/（首）。
7.3　背有雜寫“大般”2 字。
8　8～9 世紀。吐蕃統治時期寫本。
9.1　楷書。
9.2　有刮改。
11　圖版：《敦煌寶藏》，74/408B。

1.1　BD04342 號
1.3　妙法蓮華經卷三
1.4　出 042
1.5　105:5102
2.1　101.9×25.1 厘米；2 紙；56 行，行 17 字。
2.2　01：51.0，28；　02：50.9，28。
2.3　卷軸裝。首尾均脱。經黄打紙。通卷下邊有等距離火燒殘缺。有烏絲欄。
3.1　首殘→大正 262，9/21C20。
3.2　尾殘→9/22C2。
8　7～8 世紀。唐寫本。
9.1　楷書。
11　圖版：《敦煌寶藏》，89/2B～4A。

1.1　BD04343 號
1.3　無量壽宗要經
1.4　出 043
1.5　275:7814
2.1　（5.5+206.5）×31.5 厘米；5 紙；142 行，行 30 餘字。
2.2　01：5.5+36.5，27；　02：42.5，29；　03：42.5，29；
04：42.5，29；　05：42.5，28。
2.3　卷軸裝。首殘尾全。通卷上邊殘損。第 4、5 紙接縫處上部開裂。有烏絲欄。已修整。
3.1　首 2 行上殘→大正 936，19/82A3。
3.2　尾全→19/84C29
4.1　□乘無量壽經（首）。
4.2　佛說無量壽宗要經（尾）。
7.1　第 5 紙末有題名“張寺加”。
8　8～9 世紀。吐蕃統治時期寫本。

9.1 楷書。
9.2 有刮改。
11 圖版：《敦煌寶藏》，108/20A～22B。

1.1 BD04344 號
1.3 大般涅槃經（北本 思溪本）卷二七
1.4 出 044
1.5 116:6561
2.1 （7＋873.5）×25.5 厘米；18 紙；477 行，行 17 字。
2.2 01：7＋42.5，26； 02：50.0，28； 03：50.0，28；
04：50.0，28； 05：50.0，28； 06：50.0，28；
07：50.0，28； 08：50.0，28； 09：50.0，28；
10：50.0，28； 11：50.0，28； 12：50.5，28；
13：50.5，28； 14：50.5，28； 15：50.5，28；
16：50.5，28； 17：50.5，28； 18：28.0，03。
2.3 卷軸裝。首尾均全。卷面有等距離黴斑。首紙上下部殘缺。尾有原軸，兩端塗黑漆，頂端點硃漆。背有古代裱補。有烏絲欄。
3.1 首殘→大正 375，12/522B2。
3.2 尾全→12/528A4。
4.1 大般涅槃經師子吼菩薩品第十一（首）。
4.2 大般涅槃經卷第廿七（尾）。
5 與《大正藏》本對照，分卷不同，經文相當於卷第二十七師子吼菩薩品第十一之大部。與《思溪藏》本、《普寧藏》本分卷相同。
8 6 世紀。隋寫本。
9.1 隸楷。
11 圖版：《敦煌寶藏》，100/329A～340B。

1.1 BD04345 號
1.3 金剛般若波羅蜜經
1.4 出 045
1.5 094:4365
2.1 42×26 厘米；1 紙；25 行，行 17 字。
2.3 卷軸裝。首殘尾脫。經黄打紙。中部有横向破裂。有烏絲欄。
3.1 首殘→大正 235，8/751C26。
3.2 尾殘→8/752A24。
5 與《大正藏》本對照，文字略有參差。
8 7～8 世紀。唐寫本。
9.1 楷書。
11 圖版：《敦煌寶藏》，83/63A。

1.1 BD04346 號 1
1.3 七佛八菩薩所說大陀羅尼神咒經鈔（擬）
1.4 出 046
1.5 242:7453
2.1 （5.8＋285.6＋8.6）×28.2 厘米；8 紙；130 行，行字不等。
2.2 01：5.8＋31.6，13； 02：41.7，16； 03：41.7，16；
04：41.4，15； 05：40.8，14； 06：41.6，25；
07：39.6，21； 08：7.2＋8.6，10。
2.3 卷軸裝。首尾均殘。卷首殘損。第 7、8 紙接縫處下開裂。有烏絲欄。
2.4 本遺書包括 2 個文獻：（一）《七佛八菩薩所說大陀羅尼神咒經鈔》（擬），113 行，今編為 BD04346 號 1。（二）《治病雜咒》（擬），17 行，今編為 BD04346 號 2。
3.1 首行上殘→大正 1332，21/536B16。
3.2 尾缺→21/540C21。
3.4 說明：
1～74 行與《大正藏》本大致相同，75 行～113 行，祇抄寫咒語，未抄寫經文。
8 5～6 世紀。南北朝寫本。
9.1 楷書。
9.2 有行間校加字。有點標、刪除符號。
11 圖版：《敦煌寶藏》，106/308A～312A。

1.1 BD04346 號 2
1.3 治病雜咒（擬）
1.4 出 046
1.5 242:7453
2.4 本遺書由 2 個文獻組成，本號為第 2 個，17 行。餘參見 BD04346 號 1 之第 2 項、第 11 項。
3.4 說明：
所抄為《稱奢拔羅天咒》及咒眼痛、頭痛、創腫等咒。筆跡與前不同。
8 5～6 世紀。南北朝寫本。
9.1 楷書。

1.1 BD04347 號
1.3 大般若波羅蜜多經卷五二
1.4 出 047
1.5 084:2146
2.1 48.2×26 厘米；1 紙；28 行，行 17 字。
2.3 卷軸裝。首尾均脫。有烏絲欄。
3.1 首殘→大正 220，5/295C17。
3.2 尾殘→5/296A16。
6.1 首→BD04340 號。
6.2 尾→BD04455 號。
8 8 世紀。唐寫本。
9.1 楷書。
11 圖版：《敦煌寶藏》，72/111。

1.1 BD04348 號

1.3　無量壽宗要經
1.4　出 048
1.5　275:7815
2.1　170.5×30.5 厘米；4 紙；116 行，行 30 餘字。
2.2　01：43.0，29；　02：42.5，30；　03：42.5，29；
　　04：42.5，28。
2.3　卷軸裝。首尾均全。第 1 紙上邊殘缺，第 2 紙上邊有撕裂。有烏絲欄。
3.1　首全→大正 936，19/82A3。
3.2　尾全→19/84C29。
4.1　大乘無量壽經（首）。
4.2　佛說無量壽宗要經（尾）。
8　8～9 世紀。吐蕃統治時期寫本。
9.1　楷書。
9.2　有刮改。
11　圖版：《敦煌寶藏》，108/23A～25A。

1.1　BD04349 號
1.3　大般若波羅蜜多經卷五二
1.4　出 049
1.5　084:2143
2.1　48×26 厘米；1 紙；28 行，行 17 字。
2.3　卷軸裝。首尾均脫。有烏絲欄。
3.1　首殘→大正 220，5/294C21。
3.2　尾殘→5/295A20。
6.1　首→BD04328 號。
6.2　尾→BD04521 號。
8　8 世紀。唐寫本。
9.1　楷書。
11　圖版：《敦煌寶藏》，72/108。

1.1　BD04350 號
1.3　摩訶般若波羅蜜經（聖語藏本）卷六
1.4　出 050
1.5　088:3429
2.1　（14.4+639.8）×25.8 厘米；13 紙；350 行，行 17 字。
2.2　01：14.4+28，23；　02：52.3，28；　03：52.4，28；
　　04：52.4，28；　05：52.6，28；　06：52.9，28；
　　07：52.8，28；　08：52.6，28；　09：52.8，28；
　　10：52.7，28；　11：51.9，28；　12：51.6，28；
　　13：34.8，19。
2.3　卷軸裝。首尾均殘。卷首下部殘缺，首紙上下有撕損。有烏絲欄。
3.1　首 8 行下殘→大正 223，8/245B28～C8。
3.2　尾殘→8/249C28。
5　與《大正藏》本對照，分卷不同。此卷經文相當於卷四第十五品之前部、第十六品及卷五之第十七品，卷中品名亦有與《大正藏》不同。與《聖語藏》本分卷相同，品名亦大體相應。
8　6 世紀。南北朝寫本。
9.1　楷書。
9.2　有刮改。
11　圖版：《敦煌寶藏》，77/588A～596B。

1.1　BD04351 號
1.3　梵網經盧舍那佛說菩薩心地戒品第十卷下
1.4　出 051
1.5　143:6711
2.1　（7+36.5+4）×23 厘米；5 紙；28 行，行 17 字。
2.2　01：03.5，02；　02：15.5，09；　03：06.0，04；
　　04：03.5，02；　05：19.0，11。
2.3　卷軸裝。首尾均殘。通卷破碎嚴重。卷首脫落 1 塊殘片，已綴接。背有古代裱補，裱補紙上有字。已修整。
2.4　本遺書包括 2 個文獻：（一）《梵網經盧舍那佛說菩薩心地戒品第十》卷下，28 行，抄寫在正面，今編為 BD04351 號。（二）《大順三年（892）僧惠通牒及悟真判》（擬），8 行，抄寫在背面裱補紙上，今編為 BD04351 號背。
3.1　首 6 行上下殘→大正 1484，24/1004B19～24。
3.2　尾 4 行中上殘→24/1004C16～20。
8　7～8 世紀。唐寫本。
9.1　楷書。
11　圖版：《敦煌寶藏》，101/297B～298B。

1.1　BD04351 號背
1.3　大順三年（892）僧惠通狀及悟真判（擬）
1.4　出 051
1.5　143:6711
2.4　本遺書由 2 個文獻組成，本號為第 2 個，抄寫在背面裱補紙上，8 行。餘參見 BD04351 號之第 2 項、第 11 項。
3.3　錄文：
　　［牒］件狀如前謹牒/
　　大順三年正月 日僧惠通謹狀/
　　□…□王頻辭，似將有理。/
　　□…□隊城西檀特蘭若/
　　□…□承（依?）處多，若不修崇（祟?），/
　　□…□將先科（?）付當寺徒衆/
　　□…□與差替。/
　　卅日 悟真。/
8　892 年。歸義軍時期寫本。
9.1　行楷。

1.1　BD04352 號
1.3　大般若波羅蜜多經卷六〇
1.4　出 052
1.5　084:2172

2.1　(5.5 +646.8) ×26.6 厘米；14 紙；367 行，行 17 字。
2.2　01：5.5 +35，23；　02：49.3，28；　03：49.4，28；
04：49.4，28；　05：49.3，28；　06：49.5，28；
07：49.5，28；　08：49.4，28；　09：49.3，28；
10：49.3，28；　11：49.3，28；　12：49.3，28；
13：49.3，28；　14：19.5，08。
2.3　卷軸裝。首殘尾全。第 1 紙地腳有殘缺。有烏絲欄。
3.1　首 3 行上下殘→大正 220，5/338C6 ~9。
3.2　尾全→5/343A1。
4.2　大般若波羅蜜多經卷第六十（尾）。
8　8 世紀。唐寫本。
9.1　楷書。
9.2　有刮改。
11　圖版：《敦煌寶藏》，72/171A ~179A。

1.1　BD04353 號
1.3　妙法蓮華經卷六
1.4　出 053
1.5　105:5675
2.1　(32.1 +852.3) ×25.5 厘米；21 紙；572 行，行 17 字。
2.2　01：32.1，21；　02：41.6，28；　03：42.6，28；
04：42.3，28；　05：42.5，28；　06：42.8，28；
07：42.7，28；　08：42.8，28；　09：42.7，28；
10：42.8，28；　11：42.8，28；　12：42.8，28；
13：42.8，28；　14：42.8，28；　15：42.9，28；
16：42.7，28；　17：42.8，28；　18：42.7，28；
19：42.7，28；　20：42.5，28；　21：42.0，19。
2.3　卷軸裝。首殘尾全。第 1 紙破損嚴重，與全卷脫開；第 2 紙中上部殘缺；第 3 紙首行中部有殘洞。卷面多水漬，有油污、黴斑。有烏絲欄。有燕尾。
3.1　首 21 行下殘→大正 262，9/46C21 ~47A14；
3.2　尾全→9/55A9。
4.2　妙法蓮華經卷第六（尾）。
8　9 ~10 世紀。歸義軍時期寫本。
9.1　楷書。
11　圖版：《敦煌寶藏》，94/143B ~157A。

1.1　BD04354 號
1.3　妙法蓮華經卷六
1.4　出 054
1.5　105:5771
2.1　(35 +7) ×25.5 厘米；1 紙；24 行，行 17 字。
2.3　卷軸裝。首殘尾脫。經黄打紙。卷面油污。下邊有 2 處撕裂。有烏絲欄。
3.1　首 4 行下殘→大正 262，9/48C6 ~10。
3.2　尾殘→9/49A19。
8　7 ~8 世紀。唐寫本。
9.1　楷書。
11　圖版：《敦煌寶藏》，94/657B ~658A。

1.1　BD04355 號
1.3　大般涅槃經（北本　思溪本）卷三
1.4　出 055
1.5　115:6299
2.1　(4.5 +847.6) ×24.8 厘米；18 紙；460 行，行 17 字。
2.2　01：4.5 +14.5，11；　02：51.2，28；　03：51.2，28；
04：51.2，28；　05：51.4，28；　06：51.1，28；
07：51.3，28；　08：51.3，28；　09：51.2，28；
10：50.5，28；　11：51.5，28；　12：51.5，28；
13：51.3，28；　14：51.5，28；　15：51.5，28；
16：51.2，28；　17：50.7，28；　18：13.5，01。
2.3　卷軸裝。首殘尾全。卷後部有黴爛。第 16 紙有破損。第 17、18 紙接縫處下方開裂。尾有原軸，兩端塗黑漆，頂端點硃漆。背有古代裱補。有烏絲欄。
3.1　首 3 行上下殘→大正 374，12/379A28 ~B2。
3.2　尾全→12/384C25。
5　與《大正藏》對照，分卷與《大正藏》不同，相當於《大正藏》卷三壽命品第一之三的大部至金剛身品第二的全部。與《思溪藏》本分卷相同。
7.1　尾紙上邊有勘記“三”。
8　6 世紀。南北朝寫本。
9.1　楷書。
11　圖版：《敦煌寶藏》，98/1A ~12B。

新舊編號對照表

一、千字文號與北敦號、縮微膠卷號對照表

千字文號	北敦號	縮微膠卷號
玉 079	BD04279 號	094：4157
玉 080	BD04280 號	083：1996
玉 081	BD04281 號	114：6283
玉 082	BD04282 號	115：6374
玉 083	BD04283 號	105：5477
玉 084	BD04284 號	083：1544
玉 085	BD04285 號	063：0795
玉 086	BD04286 號	084：2484
玉 087	BD04287 號	105：5180
玉 088	BD04288 號	450：8652
玉 089	BD04289 號	157：6957
玉 090	BD04290 號	105：6165
玉 091	BD04291 號 1	305：8317
玉 091	BD04291 號 2	305：8317
玉 091	BD04291 號背	305：8317
玉 092	BD04292 號 1	349：8409
玉 092	BD04292 號 2	349：8409
玉 093	BD04293 號	070：1023
玉 094	BD04294 號	094：4011
玉 095	BD04295 號	111：6267
玉 096	BD04296 號	083：1786
玉 097	BD04297 號	063：0778
玉 097	BD04297 號背 1	063：0778
玉 097	BD04297 號背 2	063：0778
玉 098	BD04298 號	061：0520
玉 099	BD04299 號	105：4681
玉 100	BD04300 號	069：0853
出 001	BD04301 號	084：3285
出 002	BD04302 號	105：6166
出 003	BD04303 號	265：7672
出 004	BD04304 號	297：8288
出 005	BD04305 號	275：8163
出 006	BD04306 號	105：5832
出 007	BD04307 號	105：5969
出 008	BD04308 號	275：7808
出 009	BD04309 號	084：2109
出 010	BD04310 號	063：0696
出 011	BD04311 號	275：7809
出 012	BD04312 號	061：0550
出 013	BD04313 號	275：8019
出 014	BD04314 號	105：4517
出 015	BD04315 號	083：1494
出 016	BD04316 號	275：7810
出 017	BD04317 號	143：6750
出 018	BD04318 號	070：1081
出 019	BD04319 號	014：0157
出 020	BD04320 號	094：3867
出 021	BD04321 號	115：6359
出 022	BD04322 號	062：0583
出 023	BD04323 號	062：0577
出 024	BD04324 號	275：8020
出 025	BD04325 號	275：7811
出 026	BD04326 號	275：7812
出 027	BD04327 號	084：3301
出 028	BD04328 號	084：2142
出 029	BD04329 號	093：3497
出 030	BD04330 號	275：7813
出 031	BD04331 號	156：6834
出 032	BD04332 號	001：0028
出 033	BD04333 號	115：6367
出 034	BD04334 號	016：0209
出 035	BD04335 號	275：8021
出 036	BD04336 號	115：6364
出 037	BD04337 號	105：5954
出 038	BD04338 號	105：5936
出 039	BD04339 號	116：6550
出 040	BD04340 號	084：2145
出 041	BD04341 號	084：2676

出 042	BD04342 號	105：5102	出 049	BD04349 號	084：2143
出 043	BD04343 號	275：7814	出 050	BD04350 號	088：3429
出 044	BD04344 號	116：6561	出 051	BD04351 號	143：6711
出 045	BD04345 號	094：4365	出 051	BD04351 號背	143：6711
出 046	BD04346 號 1	242：7453	出 052	BD04352 號	084：2172
出 046	BD04346 號 2	242：7453	出 053	BD04353 號	105：5675
出 047	BD04347 號	084：2146	出 054	BD04354 號	105：5771
出 048	BD04348 號	275：7815	出 055	BD04355 號	115：6299

二、縮微膠卷號與北敦號、千字文號對照表

縮微膠卷號	北敦號	千字文號	縮微膠卷號	北敦號	千字文號
001：0028	BD04332 號	出 032	094：4157	BD04279 號	玉 079
014：0157	BD04319 號	出 019	094：4365	BD04345 號	出 045
016：0209	BD04334 號	出 034	105：4517	BD04314 號	出 014
061：0520	BD04298 號	玉 098	105：4681	BD04299 號	玉 099
061：0550	BD04312 號	出 012	105：5102	BD04342 號	出 042
062：0577	BD04323 號	出 023	105：5180	BD04287 號	玉 087
062：0583	BD04322 號	出 022	105：5477	BD04283 號	玉 083
063：0696	BD04310 號	出 010	105：5675	BD04353 號	出 053
063：0778	BD04297 號	玉 097	105：5771	BD04354 號	出 054
063：0778	BD04297 號背 1	玉 097	105：5832	BD04306 號	出 006
063：0778	BD04297 號背 2	玉 097	105：5936	BD04338 號	出 038
063：0795	BD04285 號	玉 085	105：5954	BD04337 號	出 037
069：0853	BD04300 號	玉 100	105：5969	BD04307 號	出 007
070：1023	BD04293 號	玉 093	105：6165	BD04290 號	玉 090
070：1081	BD04318 號	出 018	105：6166	BD04302 號	出 002
083：1494	BD04315 號	出 015	111：6267	BD04295 號	玉 095
083：1544	BD04284 號	玉 084	114：6283	BD04281 號	玉 081
083：1786	BD04296 號	玉 096	115：6299	BD04355 號	出 055
083：1996	BD04280 號	玉 080	115：6359	BD04321 號	出 021
084：2109	BD04309 號	出 009	115：6364	BD04336 號	出 036
084：2142	BD04328 號	出 028	115：6367	BD04333 號	出 033
084：2143	BD04349 號	出 049	115：6374	BD04282 號	玉 082
084：2145	BD04340 號	出 040	116：6550	BD04339 號	出 039
084：2146	BD04347 號	出 047	116：6561	BD04344 號	出 044
084：2172	BD04352 號	出 052	143：6711	BD04351 號	出 051
084：2484	BD04286 號	玉 086	143：6711	BD04351 號背	出 051
084：2676	BD04341 號	出 041	143：6750	BD04317 號	出 017
084：3285	BD04301 號	出 001	156：6834	BD04331 號	出 031
084：3301	BD04327 號	出 027	157：6957	BD04289 號	玉 089
088：3429	BD04350 號	出 050	242：7453	BD04346 號 1	出 046
093：3497	BD04329 號	出 029	242：7453	BD04346 號 2	出 046
094：3867	BD04320 號	出 020	265：7672	BD04303 號	出 003
094：4011	BD04294 號	玉 094	275：7808	BD04308 號	出 008

275：7809	BD04311 號	出 011	275：8021	BD04335 號	出 035
275：7810	BD04316 號	出 016	275：8163	BD04305 號	出 005
275：7811	BD04325 號	出 025	297：8288	BD04304 號	出 004
275：7812	BD04326 號	出 026	305：8317	BD04291 號 1	玉 091
275：7813	BD04330 號	出 030	305：8317	BD04291 號 2	玉 091
275：7814	BD04343 號	出 043	305：8317	BD04291 號背	玉 091
275：7815	BD04348 號	出 048	349：8409	BD04292 號 1	玉 092
275：8019	BD04313 號	出 013	349：8409	BD04292 號 2	玉 092
275：8020	BD04324 號	出 024	450：8652	BD04288 號	玉 088